KB152231

동아시아 미술, 젠더Gender로 읽다

동아시아 미술, 젠더Gender로 읽다

한중일 여성을 생각하는 11개의 시선

고연희 엮음

유미나 · 고연희 · 지민경
유순영 · 유재빈 · 이정은
조인수 · 서윤정 · 김수진
김소연 · 김지혜 지음

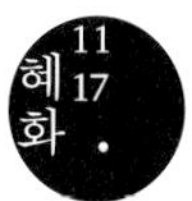

책을 펴내며

2018년 겨울, 성균관대학교 동아시아학술원의 지원으로 첫발을 뗀 회화사 공부 모임의 목적은 한국회회사에서의 젠더 문제를 다루어보자는 단기적 발상이었다.

이 주제에 동의한 연구자들이 2019년 정초에 첫모임을 가졌다. 그런데 우리는 한국회화사에서 가장 중요한 남성 화가들이 의미화된 역사를 먼저 살펴야 한다는 생각을 하게 되었다. 한국회화사를 결정짓는 '남성' 화가들에 대한 우리의 전복적 해석은 모종의 의기투합 효과를 가져왔고, 우리의 공부 모임은 장기화되었으며 새로운 구성원이 더해졌다.

그 이듬해인 2020년 우리는 좀 더 근본적인 문제로 진입, '예술'이 만들어지는 사회적 구성 요소와 조건들을 살펴보기로 했다. 예술을 예술로 인식시키고 작동시키는 에이전시는 무엇인가라는 인류학자의 질문에 공감하면서, 우리는 작품의 제작과 소통에 대한 논의를 펼쳤다. 이렇게 두 해의 숙고와 두 번의 학술대회 결과는 『명화의 탄생 대가의 발견』과 『예술의 주체』로 출판되었다.

2021년 우리는 비로소 젠더라는 과제를 꺼냈다. 그러나 막상 페미니즘과 젠더에 관한 우리 모두의 이해가 충분치 못함을 깨달았고, 여성학의 지성사에 돌입하고자, 한 세대의 여성학과를 이끌어온 조주현 선생님께 배움을 청했다. 그가 정해준 책을 함께 읽으며 우리 앞에 존재한 수많은 여성학자를 만났고, 우리가 품었던 문제의식의 미숙함을 조금이나마 성장시킬 수 있었다. 그 다음으로는 미술사학자 김현주 선생님을 모시고 페미니즘 미술사의 전개와 우리가 계획하는 연구 주제의 구체적 가능성에 대해 토론했다. 2022년 여름을 함께 한 두 분 선배 학자들의 가르침과 진심 어린 우려 속에 우리는 모종의 연대감과 책임감을 느꼈다. 이 책의 출간을 두 분이 가장 먼저 반겨 주실 듯하다.

*

우리는 한국의 여성들이 자리할 수 있는 미술사의 판도를 새로 짜야 한다는 데 동의했다. 그러나 그것이 어떠한 모습이어야 할지 결론을 보류한 채, 우리는 다양한 모색으로 출발했다. 한글이나 자수 같은 매체의 젠더성, 조선 시대 그림 속 여성 이미지에 대한 재검토, 중국과 일본의 여성 표현의 비교 및 근대기에 변화된 양상들을 나누어 살폈다.

이러한 구성으로 학술대회를 준비할 때, 조인수 선생님의 한글 논의가 더해진 것은 그야말로 행운이었다. 미술사학계에 영향력이 큰, 게다가 생물학적 남성학자의 흔쾌한 동행과 그의 열린 마음은 큰 힘이 되었다. 선생님은 애당초 미국 LA카운티미술관LACMA의 한국서예 특별전 도록, 플로리다대학미술관의 아시아 여성 미술에 관한 책에 쓰신 글을 애써 추리고 보완하여 '젠더하기' 학술대회에서 발표하신 뒤 이 책을 위해 거듭 손을 봐주셨다. 감사한 마음을 전한다.

*

2021년 겨울, 이러한 논의를 중심으로 온라인 학술대회 '젠더하기'를 열었다. 온라인상으로 많은 분들이 참석해주셨다. 이 분들과 이야기를 나누며 우리는 적어도 '해야 할 일을 하고 있다'는 보람을 느꼈다. 학술대회에서 토론을 맡아 의견을 더해주신, 최석원·장준구·신정훈·이숙인·권행가 선생님께 감사 드린다.

그후 몇 달 동안 다듬어진 논의들은 『대동문화연구』 118호 특집호로 구성되었다. 아쉽게도 우리 모두의 글은 하나의 특집호에 함께 실리지 못하고 흩어져 실리게 되었는데, 이는 젠더라는 관점의 제안으로 학계의 심사자를 설득하는 데 다소 어려움이 있었기 때문이다. 하지만 결과적으로 우리의 발표문은 모두 한국연구재단 등재 학술지에 실렸으니 이 또한 보람이 아닐 수 없다. 이 책은 이러한 과정을 거쳐 쌓인 결과물이다.

*

본문에 들어가기 앞서, 이 책에 실린 글을 간단히 소개하려 한다.

책의 첫머리에 실린, **유미나**의 「미인도 감상을 둘러싼 조선 문인들의 딜레마」는 국립중앙박물관 소장품인 《고사인물도》 화첩에 함께 전하는 9점의 미인도 시리즈를 대상으로 펼쳐 놓고, 조선 시대 남성 문인들이 미인도를 언제, 어떻게, 왜 보았는지를 질문한다. 9점의 미인도 내용과 관련 있는 남성들의 시문을 여러 문집에서 찾고, 그림 자체의 양식을 분석한 결과 이 미인도들이 17세기 말 18세기 초 명나라 화풍의 화려함을 반영하면서도 동시에 남송대 규각의 고전적 여인상을 주제로 하고 있음을 밝혀냄은 물론 조선 후기 남성들이 미인도 감상을 위한 정당성을 확보하기 위해 노력한 과정과 양상까지를 아울러 추적해서 보여준다.

그 다음으로 이어지는 **고연희**의 「그림 속 책 읽는 여인을 향한 두 개의 시선」은 조선 후기 문인화가가 그린, 조선 여인의 독서상 한 점을 대상으로 이를 향유한 남성들의 내면을 살핀다. 치마저고리를 입은 조선 여인이 중국 정원의 야외 공간에 안치되어 있는 이 그림의 특이한 조합에 주목한 이 글은, 여성의 독서와 남성의 독서를 차별화하고, 다시 중국 여성과 조선 여성을 다르게 보았던 조선 남성들의 사고방식을 들여다본다. 조선의 남성들은 중국과 조선의 문화적 위계를 내면화한 상태로 중국에서 들여온 미인 독서상의 기녀들을 사녀仕女로 오인했으며, 조선의 여성이 조선의 공간에서 독서하는 이미지를 끝내 만들어내지 못했다. 남녀의 차별, 한중 문화에 대한 위계 인식의 복합 속에서 이 그림처럼 비현실적 이미지가 생산된 것으로 진단했다.

시선은 조선을 벗어나 명·청 시대로 나아간다. **지민경**은 「그림 속 박제된 여성들, 다시 보는 명·청대 여성 초상화」에서 남성 관료의 복장을 입은 여성 초상이 명·청대 상류층은 물론 서민층에 이르기까지 다양한 층위로 제작되었던 현상을 조사했다. 이러한 여성 초상들이 해당 집안의 후손에게 가문을 수호하는 가택신家宅神 즉, 조상신으로 기능했으며, 가정의 의례는 물론 나아가 벽사기복을 구하는 부적과 같이 절기에 사용되었음을 밝히고 있는 이 글은 또한 당시 남성들이 고인이 된 어머니와 할머니의 실제 모습을 기리고 기억하기 위해 언어와 이미지의 형성을 구하기보다, 고인이 된 여성에게 남성의 옷을 입힌 조작적 이미지를 제작, 자신들의 가문을 높이는 장치로 사용하려는 의도로 해석했다.

유순영의 「꽃에 빗대 품평받은 명나라 말기, 그림 속 기녀들」은 17세기 명나라 청루문화에서 놀아난 남성 엘리트들의 성적 욕망과 심리 내면을 파헤친다. 이 글이 주목한 텍스트는 『오희백미吳姬百媚』와 『금릉백미金陵百媚』로, 소주蘇州와 금릉金陵의 명기名妓를 품평品評한 책이다. 남성 문인들의 시문을 담은 문학 작품이자, 기녀들의 모습을 삽도로 그려넣은 화보畫譜다. 그동안 우리 학계에 제대로 소개되지 못한 이 책을 통해 유순영은 기녀들이 여러 가지 꽃으로 타자화되어 품평을 받았으며 이러한 기녀들에 대한 평가가 과거 시험의 품계와 같은 등급이었던 양상을 보여주었고, 나아가 과거 시험에서 낙방한 이들이 장원의 등급에 오른 기녀를 향유했던 심리 내면, 기녀들 이미지에 노출된 남성의 성적 욕망과 관음적 시선 등을 분석하고 있다.

이어지는 **유재빈**의 「조선의 열녀, 폭력과 관음의 이중굴레」는 정조대에 출판된 도덕서 『오륜행실도五倫行實圖』에 담긴 남성의 폭력성과 관음적 시선을 고발했다는 점에서 매우 도전적이다. 『오륜행실도』의 화면은 주인공이 한 번 등장하는 화면으로 개정되면서 회화적 가치가 더해졌다는 특성이 있는데, 이 글은 열녀편烈女篇의 개정된 그림들이 여성 신체에 대한 폭력 장면을 강조하고 여성이 느낀 고통을 삭감하여 표현했으며 무엇보다 수려한 배경을 설정하여 독자가 여성의 공간을 깊숙이 들여다보도록 하고 이를 통해 특히 여성의 신체 절단 장면은 남성의 관음적 시선을 이끌게 된다고 분석했다. 이 글에 따르면, 『오륜행실도』는 여성을 폭력의 대상으로 명시했고 관음의 대상으로 노출시켰으며, 이로써 여성에게 자살을 권장하고 열녀를 양산하려던 이 시대 남성들의 요구를 관철시켰다.

논의는 조선과 명·청을 넘어 일본까지 아우른다. **이정은**은 「일본 경직도 속 여성의 노동, 드러나는 젠더」에서 일본 우키요에 속 미인들이 비단을 생산하고, 직물을 짜는 잠직도 장면에 주목, 그 유래와 기능을 논한다. 무로마치 시대 수용된 중국 경직도로 거슬러 올라가 남성의 경작과 여성의 잠직이 함께 그려진 남송대 경직도가 일본의 중국 취향과 결부되어 성행한 후 지속적으로 그려진 역사를 살핌으로써 경작도와 잠직도가 분리되어 여성 잠직만이 빈번하게 그려진 우키요에의 특성을 보여주고, 또한 대중적 매체의 풍속 장면이지만 여성 덕목을 상징하는 노동이라는 인식으로 여성 잠직도가 속俗이 아닌 아雅의 영역으로 간주된 점을 밝혀주고 있다. 이 글의 조심스런 분석을 따라가노라면, 우키요에의 빈번한 주제였던 여성 잠직도는 잠직의 경제성이 부가되는 산업 구조에서 여성의 생산성을 요구한 강력한 사회적 음모였고, 특히 고급 비단 제작을 위한 젊은 여성의 노동을 구하면서 젊은 그들의 노동 장면을 아름답고 화려하게 보여주었던 복합적 이면의 결과였음을 헤아리게 된다.

조인수의 「조선 여성, 글씨 쓰기」에는 “왜 위대한 조선의 여성 서예가는 없었는가?”라는 패러디 질문이 등장한다. 이로써, 서書의 역사와 서법書法에 대한 조선 시대 학자들의 사유 체제가 오늘날의 학계로 지속되면서 한글 서예를 제외시키는 관습이 고착화되었고, 한글 서체의 특수성과 그 역사 및 그것을 담당했던 서예가들에 대한 연구가 소홀했음을 일깨운다. 이 글의 통찰은 그러나 여성 서예가의 복권에 머물지 않는다. 조선 시대 한글 편지가 가족 내 남녀를 잇는 소통 매체였고, 상류층 남성 자제에게 집안의 여성 어른이 한글을 교육시켰으며, 여성의 한글 서적을 남성들이 한문으로 번역하였던 실상들을 두루 조망하고, 궁녀들의 왕실체로 알려져 있는 ‘궁체宮體’를 공식적으로 제작한 남성들의 존재를 새롭게 제시하기에 이른다. 이를 통해 이 글이 요구한 것은 한글의 ‘글씨’에 대한 인식과 논의의 출발이 ‘한글-여성’이라는 선입견적 코드를 깨뜨리는 전복적 사유이다.

서윤정은 「서화, 불화, 책, 자수에 쓰인 한글 텍스트」를 통해 조선 시대 문화예술의 젠더 지도 구축을 시도한다. 남성과 한문이 상위에 자리하고 여성과 한글이 하위에 설정된 젠더 구조 속에서 당시 여성들이 문화 예술 현상에 어떻게 소외되었으며 또 한편 참여했는가를 추적한다. 이를 위해 사대부 여성이 그린 산수화, 노비 여성이 그린 산수화, 비구니가 추진한 불교 회화, 여성이 독자로 설정된 유교적 교화서, 나아가 여성이 자수 공양에 한글로 자신의 이름을 수놓은 행위 등 다양한 측면을 해석하면서, 이에 수반된 문자 문화의 관계와 그 의미망의 구조를 폭넓게 조망한다. 이 글의 의도 속에 고안된 거대한 지도, 즉 조선 시대 여성이 예술의 제작자/소비자/후원자로서 보여준 행위와 조선 시대 이중(혹은 삼중)의 언어 사용 구조의 관계는 향후 조선 시대 미술사의 젠더 연구에 하나의 틀이 될 것이다.

시대는 이제 근대를 향한다. **김수진**의 「남성에 의한, 남성을 위한, 남성의 자수」는 ‘자수’의 ‘여성성’이라는 젠더 코드가 뒤집힌 시공간을 보여준다. 조선 시대 민간과 왕실에서 주로 여성이 전담한 정성스런 자수는 여성의 공간을 위한 경우가 많았다. 그러나 근대기 국제적인 자수 산업의 부흥과 함께 자수의 경제적 가치가 부상했고, 자수병풍이 국가의 권위를 장식하는 거대한 장식물로 요구되면서, 자수는 남성 권력자의 시공간, 예컨대 광무제와 융희제를 위해 제작되었다. 이러한 남성용 자수를 담당한 이들은 전문적 남성 수사繡師, 혹은 수공繡工이었다. 이 글은, 평안도 안주安州의 전문 수사가 제작한 자수병풍이 철도를 타고 경성의 황실로 운반되었고 상당한 비용이 지출되었던 상황들을 자세히 보고하고, 정치·사회·경제적 가치가 상승된 물품이 남성의 세계로 편입되었던 드라마틱한 자수 문화가 한국만의 현상이 아니었음을 알려줌으로써, 젠더의 사회적 형성과 전환에 관련한 성찰을 제공한다.

김소연은 「금강산을 향한 근대 이후의 젠더적 시선」을 통해 근대기 금강산의 인식과 묘사에서 두드러지게 나타나는 남성적 외금강과 여성적 내금강의 젠더 표상화를 살폈다. 이 글은 장대한 암석의 외금강과 얌전한 계곡의 내금강으로 경관의 차이를 극대화하면서 남성미와 여성미로 구별하는 감상 방식이 금강산을 세속적 관광지로 대상화시키고 그것을 향유한 일본인들에 의해 시작되었음을 밝히면서, 한국의 저명한 근대기 문인들이 이러한 일제의 감상법을 반복 서술했으며, 이로 인해 한국인에게 내면화된 금강산에 대한 젠더화된 미의식이 오늘날까지 지속되고 있음을 지적하고 있다. 나아가 근대기 금강산도와 시각물에서 유독 강조되었던 외금강의 남성미는 남성성 우위의 의식 구조에 기반한 인식 아래 외금강으로의 관광을 유도했던 분위기와 결부된 것으로 해석하고 있다.

이 책의 마지막은 일본에서 유입된 '소녀少女'라는 용어와 개념이 남성의 시선으로 타자화되어 지속되는 현상을 포착한 **김지혜**의 「근대, 소녀의 탄생」이다. 이 글에 따르면, '소녀'는 그것의 평등한 상대어로 보이는 '소년少年'에 기대어 기생적으로 출생했다. 즉, 소년은 세계를 향한 독립자존의 근대적 추체로 표상되었다면, 소녀는 순결·순응·감상 등을 의미하는 불안정한 기표로 머물면서 사회와 제도의 요구에 따라 부국강병을 위한 민족 구성원, 근대적 가족 구성원, 혹은 상업적 소비자 등의 존재로 구현되어왔다. 이 글은 소녀의 개념을 스스로 활용하는 현대 한국의 당찬 소녀들에 대한 공감과 성찰을 시도하면서도, 수줍어하면서 성적 매력을 가진 사랑스러운 소녀의 이미지는 미성숙과 성숙의 경계선에 있는 여성 신체에 대한 남성의 시선과 혹은 제도의 요구 속에서 시각화되는 내용이라고 지적한다.

이러한 내용을 한 권의 책에 담으면서, 미지의 독자분들의 이해를 돕기 위해 논문의 문투는 가능한 지웠고, 논문에 싣지 못한 도판을 추가하는 등 저자들 모두 다 함께 노력을 기울였다.

*

이 책이 나오기까지 많은 분들의 도움이 있었다. 회화연구사 모임을 지지해 주시는 성균관대학교 동아시아학술원 김경호 원장님, 학술대회 주관을 도와주시는 대동문화연구원 정우택 회장님, 우리의 공부 모임과 학술대회와 출판에 이르는 모든 과정을 관리해 주신 학술원 행정실의 직원분들과 발표 원고를 모으고 정리했던 동아시아학과 박사수료생 원세진님에게 감사 드린다. 또한 '젠더하기' 학술대회에서 사회를 맡아주고 관련 논문을 함께 내고 그후의 모든 진행을 도와준 성균관대학교 미술학과 김계원 교수님에게도 감사 드린다. 끝으로 누구보다 이 책의 저자들 개개인을 존중하면서 출간의 과정을 맡아주신 '혜화1117' 이현화 대표님께 감사 드린다.

2023년 봄

저자들을 대신하여,

고연희

차례

책을 펴내며 004

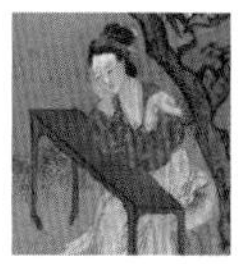

01. 미인도 감상을 둘러싼 조선 문인들의 딜레마_유미나 015

아름다운 용모의 여성을 그린 그림 9점 | 그들은 왜 미인도를 감상했을까 | 송나라의 그림처럼 고전적 미인도이기에

*글을 마치며 051

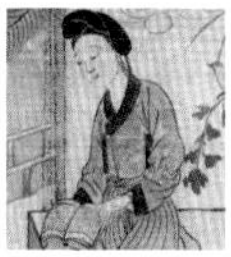

02. 그림 속 책 읽는 여인을 향한 두 개의 시선_고연희 053

그림 한 점으로 시작하는 이야기 | 조선 시대 여성에게 독서란? | 조선 후기 남성들 눈에 비친 중국의 그림 속 책 읽는 여인들 | 다시, 그림 속 책 읽는 여인을 살피다 | 이 그림을 향한 이중의 시선

*글을 마치며 078

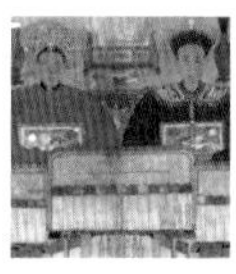

03. 그림 속 박제된 여성들, 다시 보는 명·청대 여성 초상화_지민경 081

그 옛날, 왜 여성의 초상화는 그려지지 않았을까? | 여성 초상화를 위해 만들어진 맥락 | 여성 초상화를 위한 시각적 장치 | 그림 속 여성, 신이 되었으나 정체성은 사라진

*글을 마치며 108

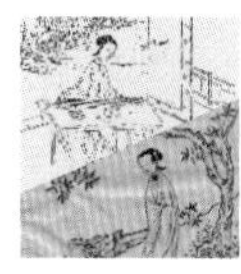

04. 꽃에 빗대 품평받은 명나라 말기, 그림 속 기녀들_유순영 111

명말 기녀들의 등급표, 『오희백미』와 『금릉백미』 | 소주 기녀 54명, 남경 기녀 55명의 등급을 매기다 | 지적 소양, 예술적 재능을 갖춘 그녀들 | 그림에 담긴 그녀들의 사랑과 이별 그리고 그리움 | 에로틱, 관음, 춘정, 신체 접촉… 그녀들을 향한 남성들의 성적 욕망 | 남성의 욕망, 발견된 여성성

*글을 마치며 150

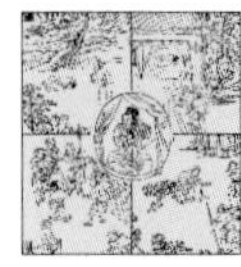

05. 조선의 열녀, 폭력과 관음의 이중 굴레_유재빈 153

『오륜행실도』의 열녀들, 어떻게 보아야 할까 | 『삼강행실도』와 『이륜행실도』를 합하다, 원문은 살리되 언해와 그림은 새롭게 | 중국의 전기에서 조선의 교화서로, 조선 왕실의 행실도 편찬 | 『오륜행실도』의 절개, 명대 『열녀전』의 사랑 | 연극적 제스처, 화려한 배경, 미인도에 가려진, 그림이 진짜 전하려는 이야기 | 자의인가, 타의인가! 여성의 몸에 가해진 그 모호한 폭력의 실체 | 그림에 가득한, 여성의 몸을 향한 가학과 관음 | 여성 이미지에 담긴 폭력과 관음의 이중 굴레

*글을 마치며 178

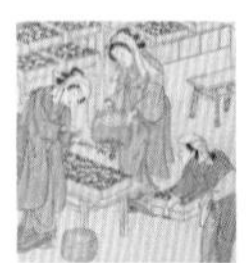

06. 일본 경직도 속 여성의 노동, 드러나는 젠더_이정은 181

경직도, 나라와 시대를 거치다, 다양한 함의를 품다 | 일본에 가장 먼저 들어온 경직도, 무로마치 시대 쇼군 가家 수장품으로 | 에도 시대, 중국과는 다른 경직도를 제작하다 | 봄, 여름, 가을, 겨울 풍경과 경작이 어우러진 병풍의 등장 | 양잠과 직조, 우키요에의 주제로 | 양잠과 직조의 과정에 내포한 여성 관련 의미, 세 가지 | 검열을 넘나드는 수단으로, 여성의 노동을 둘러싼 현실 풍자의 도구로 | 일본의 경직도 수용과 변용 과정에 나타난 젠더 구조

*글을 마치며 212

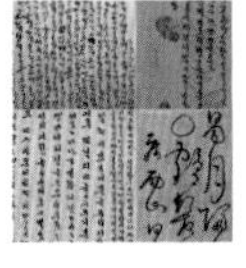

07. 조선 여성, 글씨 쓰기_조인수 215

여성, 그리고 한글……이중으로 소외된 질문 | 여성 화가도 드물진대, 하물며 여성 서예가라는 존재 | 공부는 금지, 잘 따르는 여성에게는 칭찬을 | 여성, 한글을 통해 기록자가 되다 | 한글 편지, 양반가 여성 가족의 소통 수단 | 왕실 여성의 한글 편지 | 서사상궁, 보이지 않는 손 | 궁녀도 상류층 여성들도 한글 소설 필사 대유행 | 궁녀가 쓴 글씨? 궁체를 둘러싼 오해 | 누구의 글씨인가, 한글 글씨체 성별 논란 | '서예'에서 '글씨'로, 한문 중심에서 벗어나 한글 그 자체로

*글을 마치며 248

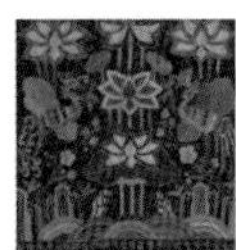

08. 서화, 불화, 책, 자수에 쓰인 한글 텍스트_서윤정 251

조선 시대 시각문화 속, 한글 텍스트의 출현과 사용을 둘러싼 젠더적 관점 | 남성 문인들의 세계, 서화 속 여성의 존재 | 종교화에 담긴 여성의 말하기, 그들의 목소리 | 여성의 교화를 위해 만들어진 책, 한글 텍스트의 등장 | 여성의 고유한 노동의 세계, 자수에 한글을 수놓다

*글을 마치며 274

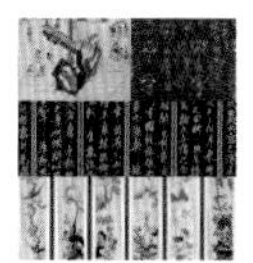

09. 남성에 의한, 남성을 위한, 남성의 자수_김수진 277

자수, 여성에 의한, 여성의 전유물? | 왕실 자수의 전통, 궁수宮繡는 여성의 손으로 | 대한제국 황실, 궁 바깥 평안도 안주로 자수를 주문하다 | 남성 자수가의 활약, 철도가 확산시킨 안주 자수 | 안주 자수, 근대 군주의 표상이 되다 | 안주 자수의 재발견, 식산흥업을 위하여 | 전국으로 퍼져나간 안주 자수와 남성 수사繡師들 | 자수에 드러난 젠더의 의미

*글을 마치며 330

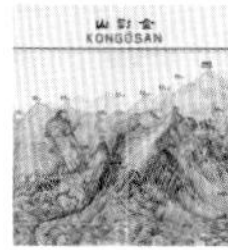

10. 금강산을 향한 근대 이후의 젠더적 시선_김소연 333

하나의 금강산, 그러나 '남성적'인 외금강과 '여성적'인 내금강 | 일제강점기, 금강산 관광 인프라의 본격 개발! 접근성의 획기적 개선! | "내금강은 분 바른 미인, 외금강은 대장부의 낯빛" | '외금강은 남성', '내금강은 여성'이 표상하는 것, 근대와 전근대 그리고 문명과 비문명 | 남성적인 외금강, 금강산 대표 이미지로 급부상 | 다시 금강산을 이야기하는 이유에 관하여

*글을 마치며 356

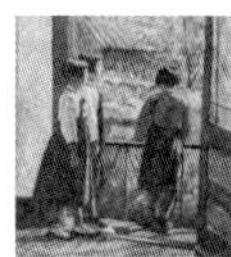

11. 근대, 소녀의 탄생_김지혜 359

지금은 소녀시대 | 소녀 이전의 소녀들 | 근대 교육의 시작, 소년에 이어 등장한 소녀들 | 가족 풍경에서 소외되던 딸들, 근대 가족의 구성원이자 국가의 일원으로 | 소비문화 확산, 또 다른 '걸', '못된껄', '모던걸'을 부르다 | 조선의 향토적 장면의 모델, 아기 업은 가난한 소녀들 | 그림, 광고, 잡지 등의 인기 모델, 엄마와 아들 대신 엄마와 딸 | 여학생, 이상적인 연애의 대상 | 타락하고 못된, 순진하고 순결한, 그 경계에 세워진 소녀들 | 근대의 구상품, 소녀의 시대는 지금도 현재진행형

*글을 마치며 394

부록

- 주 398
- 참고문헌 423
- 찾아보기 440

일러두기

1. 이 책은 성균관대학교 동아시아학술원의 지원으로 이루어지는 한국회화사 전공 학자들의 자발적 공부 모임의 결과물이다. 2019년부터 시작한 이 모임은 '동아시아 회화사 연구'라는 시리즈명으로 공부의 결과물을 해마다 출간해왔으며, 이 책은 그 세 번째 권이다. 여기에 실린 글들은 『대동문화연구』 118~119, 2022, 또는 한국연구재단 등재 학술지에 실린 것을 바탕으로 하였고, 게재 관련 내역은 개별 글에 밝혀 두었다.

2. 그림 작품명은 홑꺾쇠표(〈 〉), 여러 개의 그림이 수록된 화첩은 겹꺾쇠표(《 》), 시문이나 논문 제목은 홑낫표(「 」), 문헌과 책자의 제목 등은 겹낫표(『 』), 간접 인용문 또는 강조하고 싶은 내용 등은 작은따옴표(' ')로 표시하였다.

3. 본문에 수록한 도판 중 그림 작품의 기본 정보는 아래와 같은 순서로 표시했다.

   도판 번호, 작가명, 작품명, 재질, 크기(세로×가로, cm), 제작 시기, 소장처.

   예) 도01_01. 〈의목제선도〉, 《고사인물도》, 비단에 채색, 20.6×21.5, 17세기 후반, 국립중앙박물관.

   크기의 단위는 센티미터(cm)로, 기본 정보 표시에서 단위 표기는 모두 생략했다. 또한 작자 미상, 제작 시기 및 크기 등 관련 정보가 밝혀지지 않았거나 정확하지 않은 경우 항목을 생략했다. 본문에 한자명이 없는 경우에만 기본 정보에 병기했고, 본문에 있는 경우는 가급적 반복하지 않았다.

4. 도판의 번호는 각 장 번호와 장 안에서의 일련번호를 기준으로 매겼고, 같은 도판의 세부를 다른 페이지에서 보여주거나 따로 설명할 경우 하위 일련번호를 매겨 원 도판과의 상관 관계를 밝혀 두었다. 이 경우 '부분' 또는 '세부'라고 밝혀 두었다.

   예) 도01_14. 구영, 〈한궁춘효도〉, 비단에 채색, 30.6×574.1, 16세기, 타이베이국립고궁박물원.
   도01_14_01. 〈한궁춘효도〉 부분.

5. 본문의 해당 내용 옆에는 도판 번호를 표시하되, 최초의 경우에만 표시했다. 다만, 다른 장의 도판이 언급되거나 따로 설명할 경우 필요에 따라 다시 한 번 표시하기도 했다. 그림 작품의 경우 한 권 안에서 중복 수록하지 않는 것을 원칙으로 삼았으나 여러 필자의 글을 묶은 책의 특성상 서술의 중요도에 따라 중복 수록하기도 했다. 이런 경우 부득이 새롭게 도판 번호를 매겼으나 크기의 비중을 달리했다.

6. 주요 인물 및 용어, 작품명 등은 최초 노출시 한자 표기와 생몰년을 밝혀 두었으나 관련 정보가 정확하지 않은 경우 생략하기도 했고, 역시 여러 필자의 글을 묶은 책의 특성상 필요한 경우 반복하여 노출하기도 했다.

7. 본문의 이해를 돕거나 출처를 밝히기 위해 작성한 주석과 참고한 문헌의 목록 등은 책 뒤에 따로 '부록'을 구성하여 실었다. 여러 필자의 글을 묶은 책의 특성상 각 장별로 따로 정리하여 실었다. 참고문헌은 고전문헌, 한국 단행본 및 논문, 중국, 일본, 서양 언어권의 순서로 게재했다. '부록'에는 이외에 찾아보기도 포함했다.

8. 수록한 도판은 필요한 경우 모두 소장처 및 관계 기관의 허가를 거쳤으며, 이밖에 소장처가 분명치 않은 도판의 경우 추후 확인되는 대로 허가 절차를 밟을 것이다.

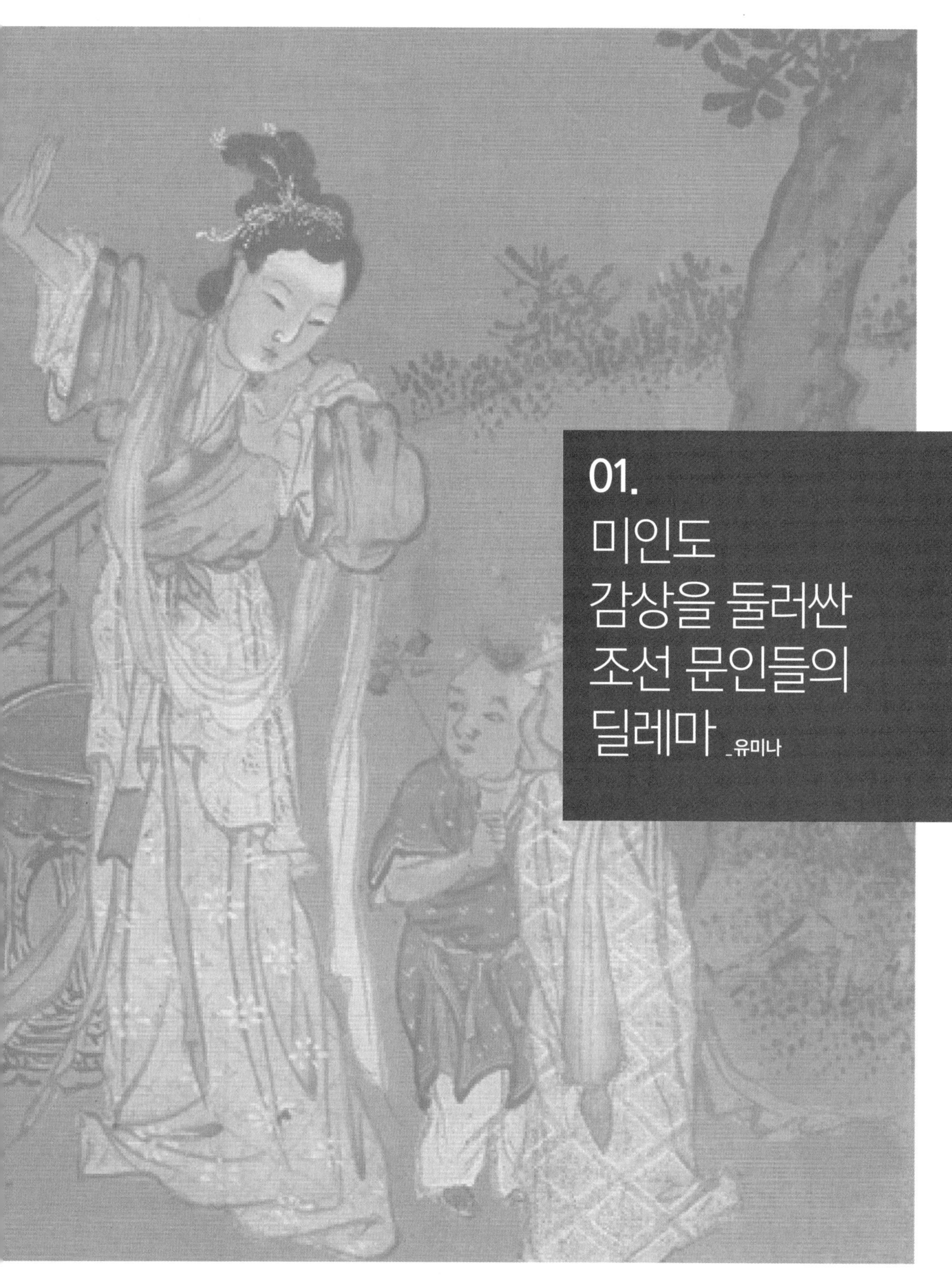

01. 미인도 감상을 둘러싼 조선 문인들의 딜레마

_유미나

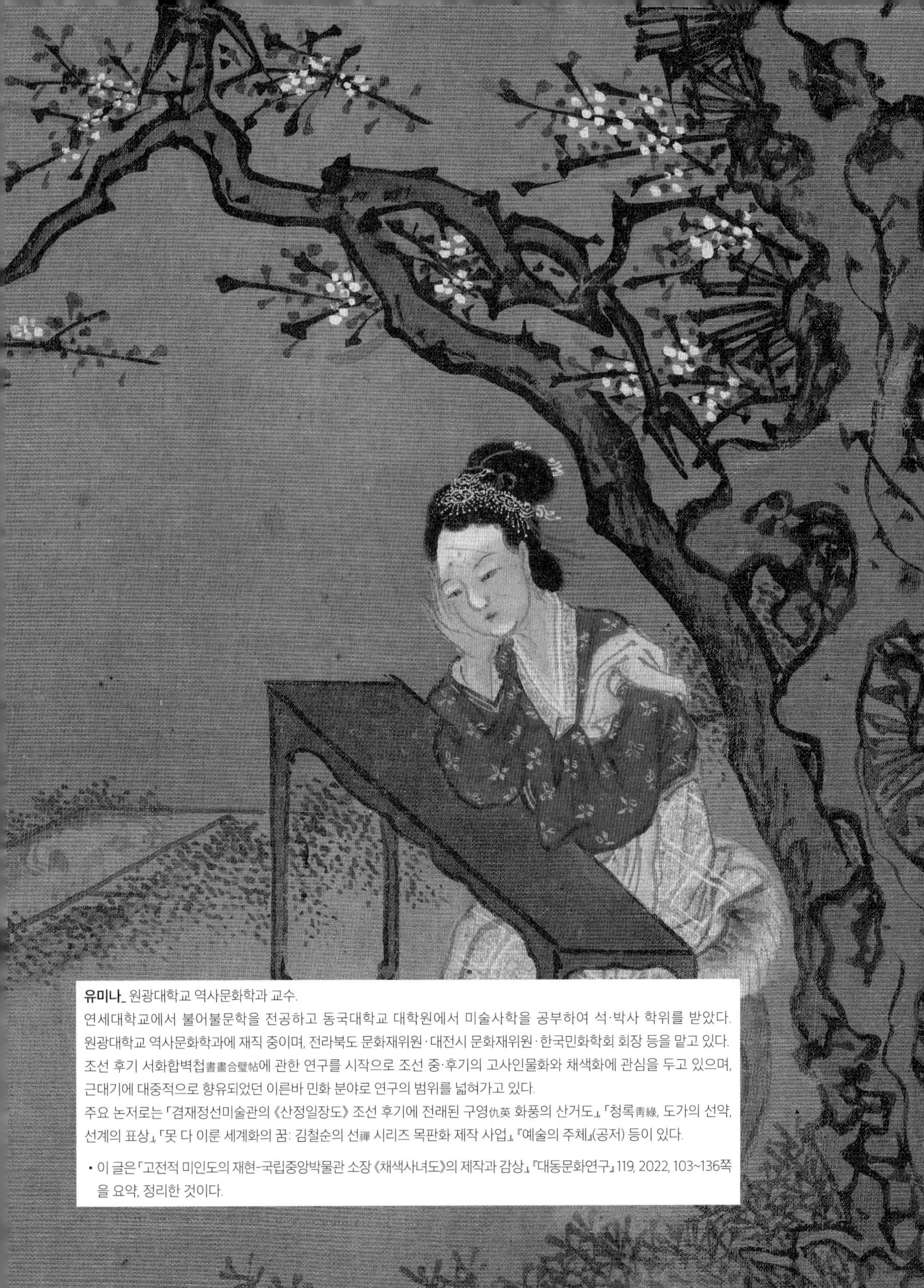

유미나_ 원광대학교 역사문화학과 교수.
연세대학교에서 불어불문학을 전공하고 동국대학교 대학원에서 미술사학을 공부하여 석·박사 학위를 받았다. 원광대학교 역사문화학과에 재직 중이며, 전라북도 문화재위원·대전시 문화재위원·한국민화학회 회장 등을 맡고 있다. 조선 후기 서화합벽첩書畫合璧帖에 관한 연구를 시작으로 조선 중·후기의 고사인물화와 채색화에 관심을 두고 있으며, 근대기에 대중적으로 향유되었던 이른바 민화 분야로 연구의 범위를 넓혀가고 있다.
주요 논저로는 「겸재정선미술관의 《산정일장도》 조선 후기에 전래된 구영仇英 화풍의 산거도」, 「청록靑綠, 도가의 선약, 선계의 표상」, 「못 다 이룬 세계화의 꿈: 김철순의 선禪 시리즈 목판화 제작 사업」, 『예술의 주체』(공저) 등이 있다.

• 이 글은 「고전적 미인도의 재현-국립중앙박물관 소장 《채색사녀도》의 제작과 감상」, 『대동문화연구』 119, 2022, 103~136쪽을 요약, 정리한 것이다.

아름다운 용모의 여성을 그린 그림 9점

국립중앙박물관 소장품인 9점의 사녀도仕女圖는 정원수와 괴석이 배치된 잘 다듬어진 정원에서 편지를 쓰거나 악기를 연주하거나 혹은 어린 아들을 돌보는 여성을 그린 그림으로 다채로운 채색과 금니金泥를 사용하여 정교하게 그린 작품들이다. 아름다운 용모에 우아한 자태의 이 여인들은 그냥 바라보기만 해도 눈이 즐겁고, 그림을 벽에 걸어둔다면 온 방 안이 화사하게 빛날 듯하다.

그림 속 이 여인들은 어떤 내용의 편지를 쓰고, 어떤 곡을 연주하며, 나무에 기대서는 무슨 생각을 하고 있는 걸까. 화가는 이런 그림을 왜 그렸으며, 감상하는 사람은 그림을 보며 어떤 느낌을 공유한 걸까. 이들 그림에는 제목도 쓰여 있지 않으니 수백 년이 지난 오늘의 감상자는 그림을 어떻게 이해해야 할지 막막하다. 그림을 이해하기 위해서는 당시 사람들의 목소리를 들어봐야 한다.

조선 시대에는 이처럼 아름다운 용모의 여성을 그린 그림을 미인도 혹은 사녀도라 불렀다. 아름다운 여성을 그렸기에 미인도라 했고, 궁중이나 상류층 여인의 생활 모습을 담았기 때문에 사녀도라 칭하기도 했다.[1]

조선 시대 문인들은 미인도를 감상하고 더러 제화시題畫詩를 남기곤 했다. 조선의 문인들은 대개 남성들이었으니 미인도의 주요 감상자 또한 남성이었을 것이다. 성리학적 가치를 중시하여 절제와 수양에 힘썼을 이들 문인들이 매혹적인 여성상을 놓고 감상했던 이유는 무엇일까. 이러한 궁금증을 풀어보기에 앞서 먼저 9점의 사녀도에 담긴 내용과 뜻을 알아보자. 문인들의 제화시를 통해서 어느 정도 파악이 가능하다.[도01_01]~[도01_09]

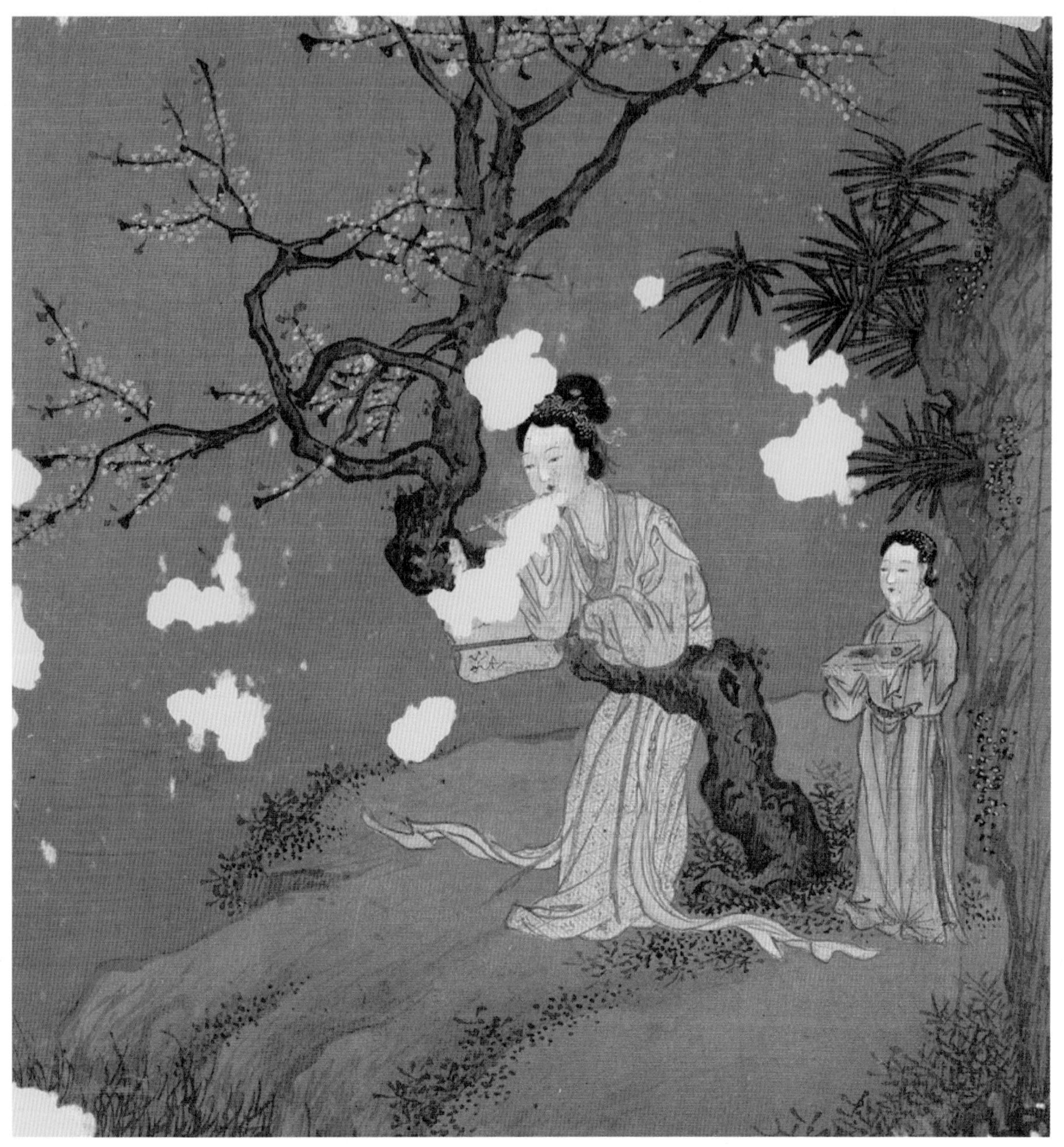

도01_01. 〈의목제선도〉, 《고사인물도》, 비단에 채색, 20.6×21.5, 17세기 후반, 국립중앙박물관.

나무에 기대서 부채에 시를 쓰다 의목제선倚木題扇

복사꽃이 만발한 나무가 봄을 알리고 있다. 여인은 굽은 나무줄기에 기대어 한 손에는 부채를, 또 한 손에는 붓을 들고 생각에 잠겨 있다. 부채 면에 적다가 만 글씨가 보이는 것으로 보아 여인은 잠시 고개를 들고 시상詩想을 가다듬고 있는 듯하다. 여인의 높이 올린 머리는 장신구를 꽂아 화려하고, 얼굴에는 이마와 콧등, 턱을 하얗게 칠한 삼백법三白法의 화장을 하였다. 비단옷의 소매가 풍성하고 섬세한 문양이 수 놓여 있으며 허리에 두른 치마 띠裙帶가 늘어져 하늘거리고 있다.

한편, 여인의 옆에 남성 관복을 착용한 시녀의 모습이 눈에 들어오는데 이처럼 시녀가 이성異姓의 복장을 하는 것이 당唐대 궁중에서 유행했던 관습이었으며[2], 이는 이후 송·명대의 사녀도에도 종종 등장하는 설정이다.

사녀도에서 봄이라는 계절과 만발한 꽃은 시간의 유한성을 은유한다. 활짝 핀 꽃은 지기 마련이다. 그림 속 여인의 아름다움도 곧 시들고 말 것이다. 그림에 함축된 이러한 의미를 조선의 문사들도 동일하게 이해했던 듯하다. 조선 후기 문신 조귀명趙龜命, 1693~1737이 미인도를 감상하며 지은 제화시를 보자. 꽃피는 봄날의 여인을 노래한 대목이 그림을 이해하는 데 도움이 된다.

> 한 해의 봄빛이 눈 깜짝할 사이 지나가고 春色一年駒隙駛
> 님은 만 리나 떨어져 편지도 아니오네 良人萬里鴈書稀
> 미인은 꽃을 꺾어 바라보건만 美人折花看
> 아쉬워라 봄이여, 아쉬워라 봄이여 惜春也惜春[3]

조귀명의 시에서 미인은 세월의 흐름을 한탄하며 멀리 떠난 님의 편지를 기다리고 있다. 이 그림 속 여인 또한 님을 향한 그리운 마음을 시에 담으려는 것이리라.

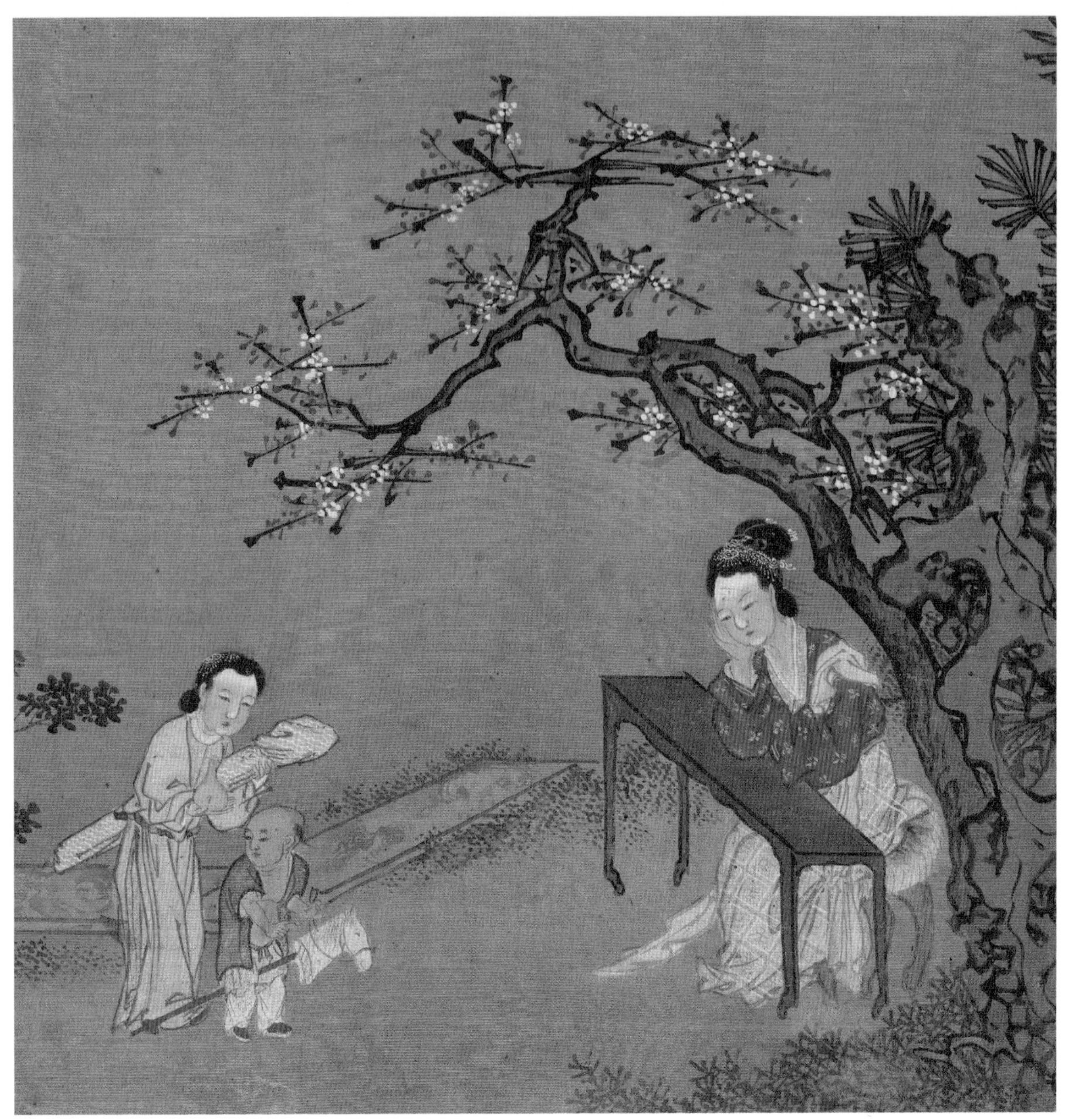

도01_02. 〈도하지이도〉, 《고사인물도》, 비단에 채색, 20.6×21.5, 17세기 후반, 국립중앙박물관.

복사꽃 아래에서 생각에 잠기다 도하지이桃下支頤

화사하게 꽃이 핀 복사꽃 나무 아래에서 여인은 손에 턱을 괴고 앉아 생각에 잠겨 있다. 여인은 무슨 생각을 하고 있는 걸까. 미인도 제화시를 참고해보면 대개 떠나버린 사랑에 대한 그리움과 갈망, 흐르는 세월이 주는 허무함, 버림받은 처지에 대한 한탄으로 점철되어 있다.[4]
이 그림 속의 여인도 다르지 않을 것이다. 조선 말기 문신 박지원朴趾源, 1737~1805의 글 중에는 미인의 다양한 포즈에 함축된 메시지를 설명한 대목이 있어 그림을 이해하는 데 유용한 실마리가 된다.

> 미인을 관찰해보면 그로써 시를 이해할 수 있다.
> 그녀가 고개를 나직이 숙인 것은 부끄러워하고 있음을, 턱을 고인 것은 한스러워하고 있음을, 홀로 선 것은 누군가 그리워하고 있음을, 눈썹을 찌푸린 것은 시름에 잠겨 있음을 보이는 것이다. 기다리는 것이 있으면 난간 아래 선 모습을, 바라는 것이 있으면 파초 아래 선 모습을 보여 준다.[5]

박지원에 따르면 턱을 괸 미인은 한스러워하는 모습을 표현한 것이다. 그런데 그의 설명을 보니 여인들은 어떤 자세든 누군가를 그리워하고, 시름에 잠겨 있고, 기다리고, 바라는 모습이다. 결국 미인의 정서는 근심하고 원망하는 '규원閨怨'으로 귀결된다.

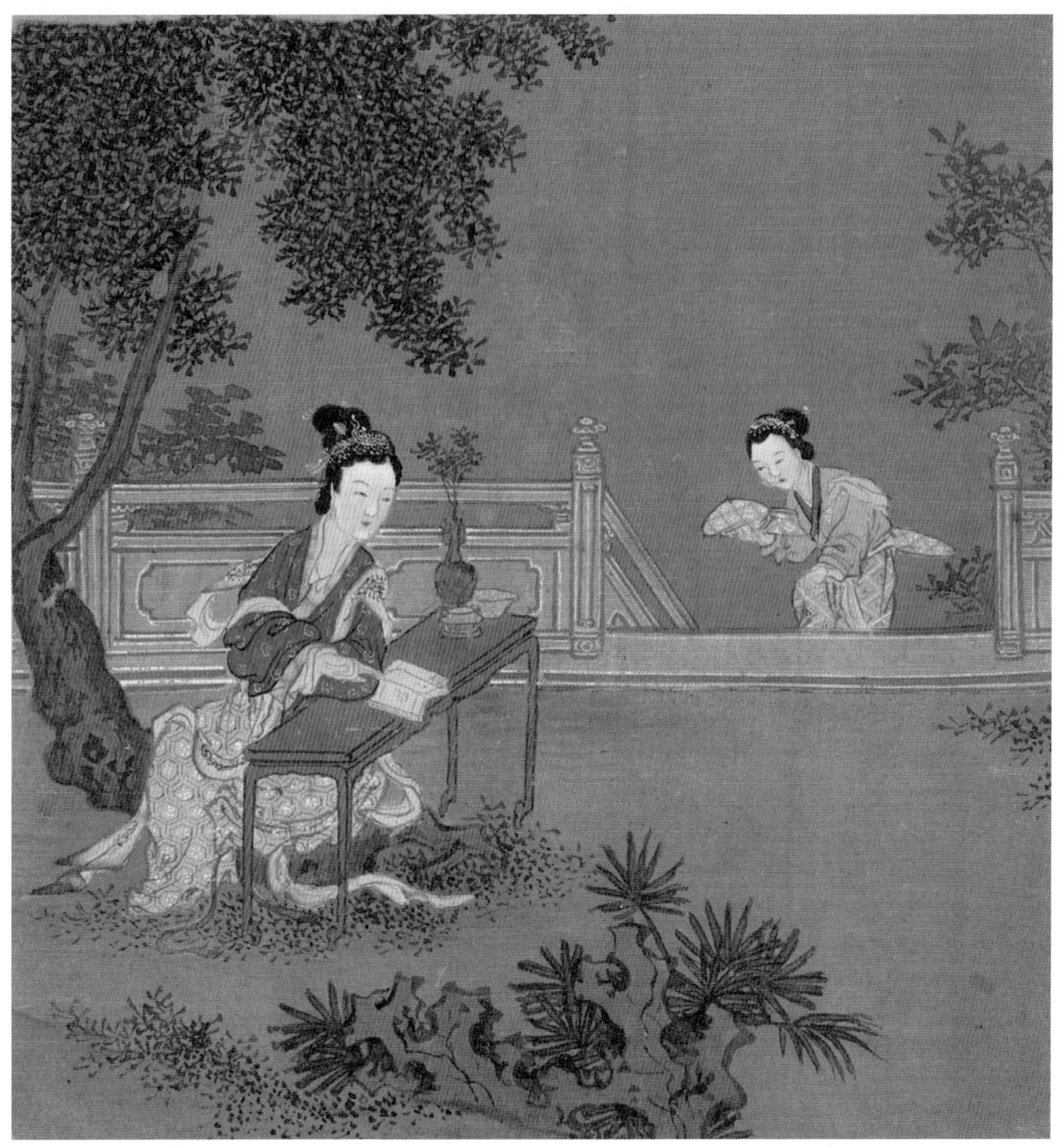

도01_03. 〈수음독서도〉, 《고사인물도》, 비단에 채색, 20.6×21.5, 17세기 후반, 국립중앙박물관.

나무 그늘 아래에서 책을 읽다 수음독서樹蔭讀書

무성한 나무 그늘이 여름을 느끼게 한다. 여인은 휘어진 나무 밑동에 편히 앉았으며 탁상 위에 왼팔을 기대고 오른손으로 책장을 넘기며 책을 읽고 있다. 독서하는 미인은 '재덕才德'을 겸비한 여성임을 드러낸다. 이는 부녀자가 갖추어야 할 네 가지 덕행, 덕德·언言·용容·공功을 상기시킨다. 부인으로서 가정에서의 의무를 다하고 용모를 가꾸라는 덕德과 용容, 그리고 글을 읽고 쓰는 능력과 예술적 소양을 겸비하라는 언言과 공功이다.[6]

그림 속 여인이 읽고 있는 책은 무엇일까. 조선 초기의 문신 이승소李承召, 1422~1484가 미인도를 감상하고 지은 시詩에서는 도경道經을 읽는 미인이 언급되어 흥미롭다.

> 금향로의 향 다 타자 잠에서 막 깨어나서 金爐香盡睡初醒
> 구름 병풍 기대앉아 도경 펼쳐 읽는구나 坐倚雲屛讀道經
> 부용꽃을 따라 성안을 지나가지 아니하고 不向芙蓉城裏過
> 퉁소 부는 봉새 따라 하늘 위로 올라가네 定隨簫鳳上青冥[7]

이승소의 이 제화시는 아마도 양귀비를 염두에 두고 지은 것이기에 미인이 도경을 읽는 것으로 보았던 듯하다. 같은 시의 첫 연에서 "연꽃이 말을 할 줄 알게 한다 하더라도, 어찌 경국 새로 꾸민 것만이야 하겠는가縱使荷花能解語 爭如傾國倚新粧"라는 표현이 있는데 '해어화解語花'와 '경국지색'으로 칭해졌던 양귀비를 떠올리게 하는 구절이다. 실제로 양귀비는 도경을 베껴 썼는데 그 필치가 매우 우아했다고 한다.

> 서풍 불어 기수에는 열매 새로 맺혔기에 琪樹西風著子新
> 묵묵히 글 보건마는 은근히 맘 상하누나 看書脈脈暗傷神
> 단지 공자 그리운 맘 많이 품고 있는 탓에 只緣公子多情思
> 아침 구름 되어서는 꿈속 자주 드는구나 化作朝雲入夢頻[8]

그런데 이어지는 다음 연에서 미인은 글을 읽고 있지만 도통 집중을 못하고 있다. 님을 향한 연정戀情을 못 이겨 밤이면 운우지정雲雨之情의 꿈을 꾼다는 것이다. 운우지정이란 중국 초나라의 회왕懷王이 꿈속에서 어떤 부인과 잠자리를 같이했는데, 그 부인이 떠나면서 자기는 아침에는 구름이 되고 저녁에는 비가 되어 양대陽臺 아래에 있겠다고 했다는 고사에서 유래한다. 그림 속 여인이 읽고 있는 책이 무엇이든 결국 애정을 갈망하고 기다리며 한탄하는 '수원愁怨'으로 이어진다.

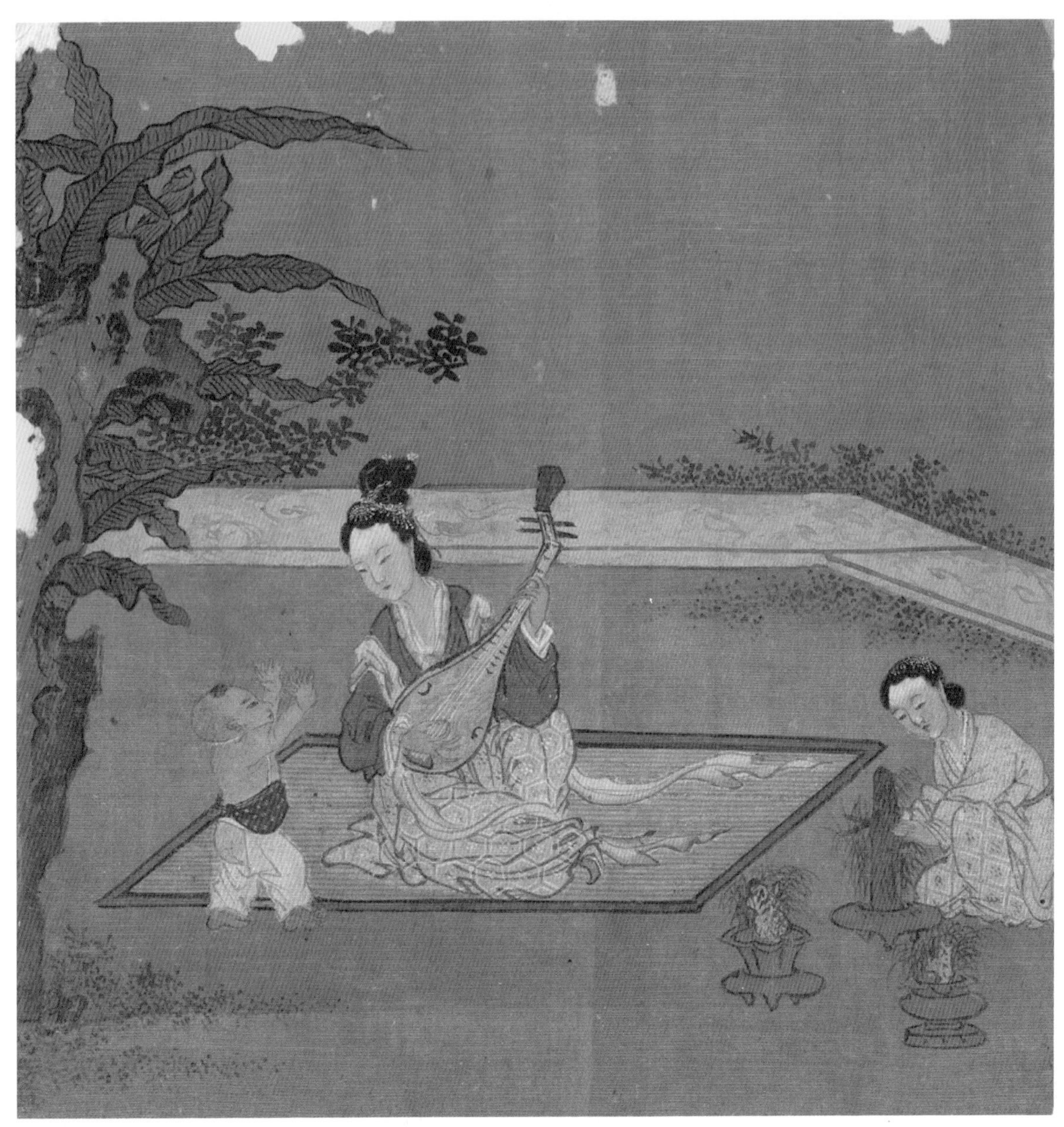

도01_04. 〈탄슬농아도〉, 《고사인물도》, 비단에 채색, 20.6×21.5, 17세기 후반, 국립중앙박물관.

비파를 연주하며 아이를 돌보다 탄슬농아彈瑟弄兒

태호석과 파초가 어우러진 아름다운 정원에서 여인은 비파를 연주한다. 어린 아들이 다가오고 있지만 여인은 아이에게 무심하고 음악에 빠져 있다. 그녀가 연주하는 곡조는 무엇일까? 조선 초기 서거정徐居正, 1420~1488의 미인도 제화시 중 비파 타는 미인을 노래한 대목이 힌트가 된다.

> 아랑은 백설같이 새하얀 섬섬옥수로 阿娘纖指白雪柔
> 산호의 갈고리에 주렴을 높직이 걸고 珠簾高掛珊瑚鉤
> 상사의 시름을 비파에 몽땅 실어 타누나 琵瑟彈盡相思愁
> 미인들 높은 쪽머리는 꽃에 눌려 나직해라 阿姝高髻壓花低[9]

비파의 곡조에 상사의 시름을 실었다는 구절을 통해 여인이 상사곡을 연주하며 시름에 겨워하고 있음을 짐작할 수 있다.

한편, 오른편에 시녀가 괴석이 어우러진 분재를 손보고 있는데, 분재를 가꾸고 완상하는 것은 명말에 성행했던 고아한 문인 취미의 하나로서 여인이 누리는 품격 있는 생활상을 말해준다. 앞에서 본 그림, 〈수음독서도〉[도01_03]에서도 독서하는 여인의 탁상 위에 청동기古銅器와 나뭇가지, 향로와 도자기가 놓인 것을 볼 수 있는데, 이 또한 여인이 지적이고 아취 있는 물질문화에 둘러싸였음을 보여준다. 화면 하단의 태호석 사이로 보이는 종려나무는 중국 남동부 지역에서 자생하는 수종으로서 중국 강남 지방의 부유하고 호화로운 정원 문화를 대변한다.

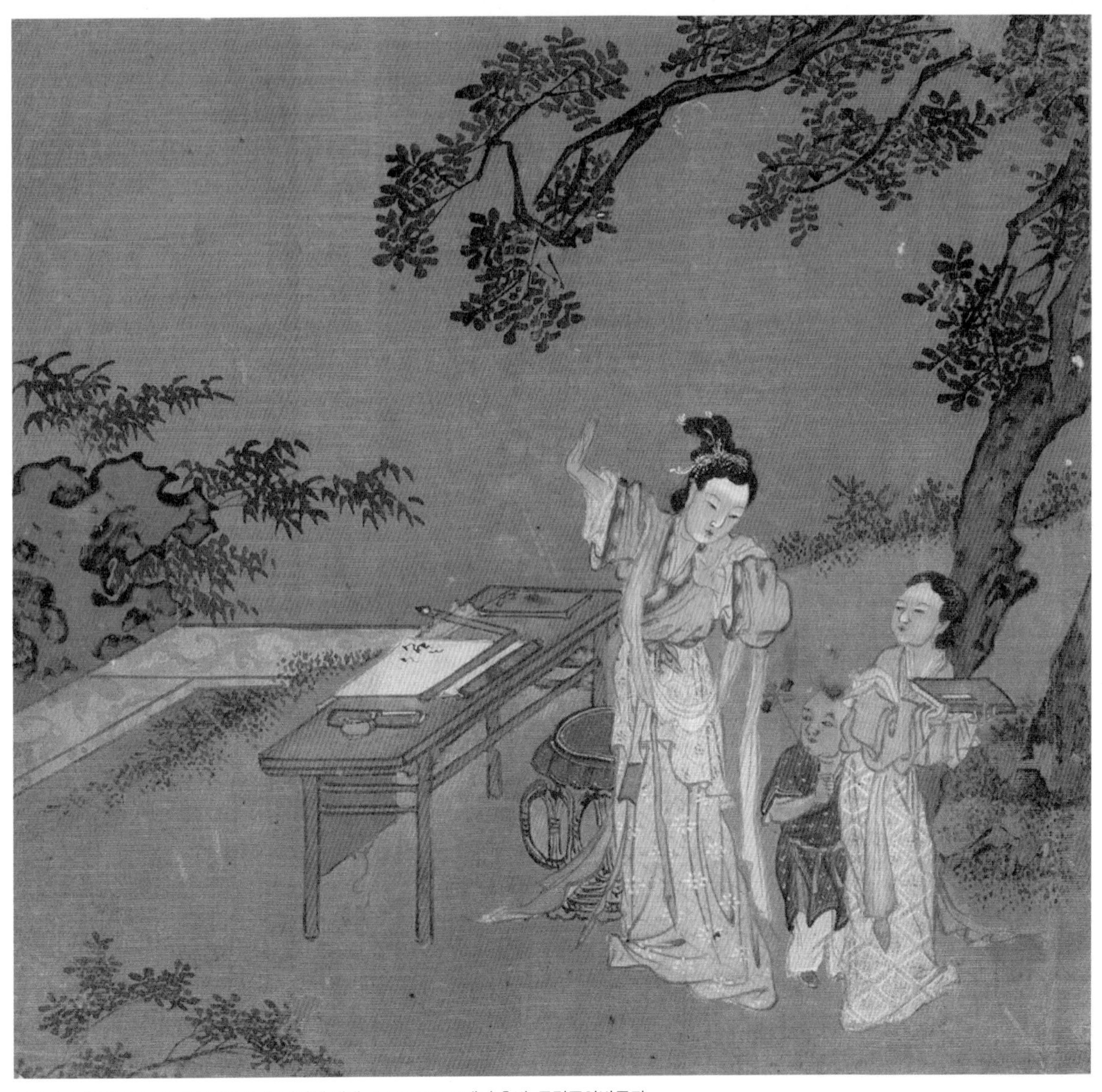

도01_05. 〈정필서수도〉, 《고사인물도》, 비단에 채색, 20.6×21.5, 17세기 후반, 국립중앙박물관.

붓을 멈추고 기지개를 켜다 정필서수停筆舒手

여인이 글씨를 쓰다가 잠시 붓을 놓고 양팔을 뻗어 기지개를 켠다.

탁상에는 쓰다가 만 서폭이 펼쳐져 있고, 그 옆에는 벼루와 붓이 놓여 있다.

서폭은 장황이 된 족자축軸이니 서예에 능한 이 여인은 작품을 완성하고 있는 것으로 보인다.

송대에는 궁중 여인들의 서예가 특히 성행했고 특히 남송 고종高宗, 재위 1127~1162의 오황후吳皇后, 1115~1197와 영종寧宗, 재위 1194~1224의 양황후楊皇后는 글씨로 이름이 높았다. 귀족 여인들의 생활에서도 독서와 서예가 비중 있는 활동으로 자리 잡았음을 같은 시기의 무덤 벽화에서 확인할 수 있다.[10]

등받이가 없는 돈墩이라는 의자에는 금실로 테두리를 한 호화로운 방석이 갖추어져 있다. 장난감을 든 아이와 책을 든 시녀가 옆에 서 있다.

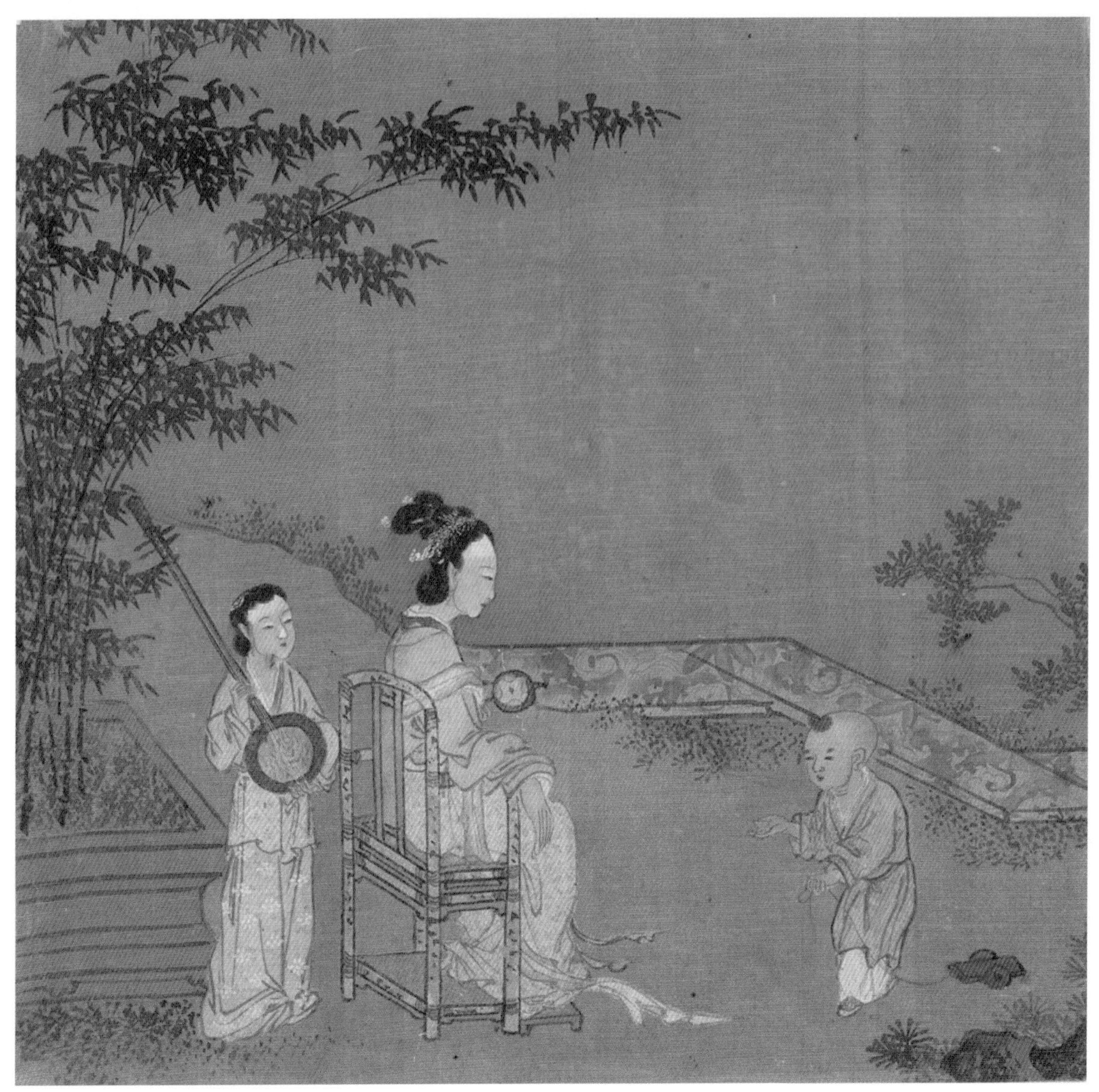

도 01_06. 〈후원희영도〉, 《고사인물도》, 비단에 채색, 20.6×21.5, 17세기 후반, 국립중앙박물관.

후원에서 아이와 놀아주다 후원희영後園戲嬰

여인이 장난감을 들고 아이를 어르고 있다. 여인이 앉은 상죽湘竹 의자는 고급스러운 가구이기도 하지만, 그 의미 또한 특별하다. 상죽은 중국 호남성의 소상강瀟湘江 유역에서 자생하는 대나무로, 줄기에 반점이 있어 반죽斑竹이라고도 불린다. 이 반점은 순舜 임금이 순수巡狩 중에 죽자 남편을 찾아 소상강가를 배회한 아황娥皇과 여영女英이 흘린 눈물이 대나무에 닿아서 생긴 것이라는 전설이 있어 상죽은 열녀의 이미지를 연상시킨다.

또한 아이와 노는 모습을 통해 육아에 힘쓰는 부녀자의 이미지를 내세운 것으로 보인다. 이는 자녀 양육을 부녀자의 역할로 중시했던 조선의 감상자의 취향과 요구가 반영된 것이 아닐까. 조선 초기 미인도 중에 모자母子가 그려진 경우가 종종 있는 것을 제화시에서 확인할 수 있는데, 서거정이 지은 미인도 제시 중에 "아이는 옷자락 당기며 말을 한창 배우는데, 튼튼하긴 송아지요 귀엽긴 꾀꼬리 같네阿兒牽衣學語聲 健如黃犢嬌如鶯"라는 구절이 그 예이다.[11] 또한 문신 이승소의 〈미인도〉 제시에도 문재文才를 갖춘 사녀가 아이를 교육한다는 내용이 언급되고 있다.

천부적인 재질 절로 여상여와 같거니와 天才自是女相如
매일 아동 데려와서 글을 읽게 하는구나 日引群童課讀書
붓 들어서 시를 지어 흥 녹이려 하는 차에 拈筆欲題詩遣興
연못 위에 훈풍 불어 붉은 연꽃 가득하네. 薰風池面滿紅蕖[12]

이 시에서 '여상여女相如'란 여자 사마상여司馬相如, BC 179~BC 117를 뜻하며 이는 시문을 잘 짓는 여성을 비유한다. 문재를 갖춘 여성이 아이의 교육에 힘쓰는 것을 아름답게 여긴 것이다. 한편, 문학가 중에 사마상여를 비유 대상으로 삼은 것도 의미를 부여할 수 있다. 사마상여는 한무제漢武帝, 재위 BC 150 ~BC 141의 총애를 잃은 진황후陳皇后를 대신하여 『장문부長門賦』를 지어 바쳐서 황후가 사랑을 되찾게 해주었다는 고사가 전해지는 인물이다. 『장문부』는 떠난 님의 마음을 돌린 문학 작품이라는 의미를 지니며 조선 시대 궁사宮詞에서도 종종 언급된다.

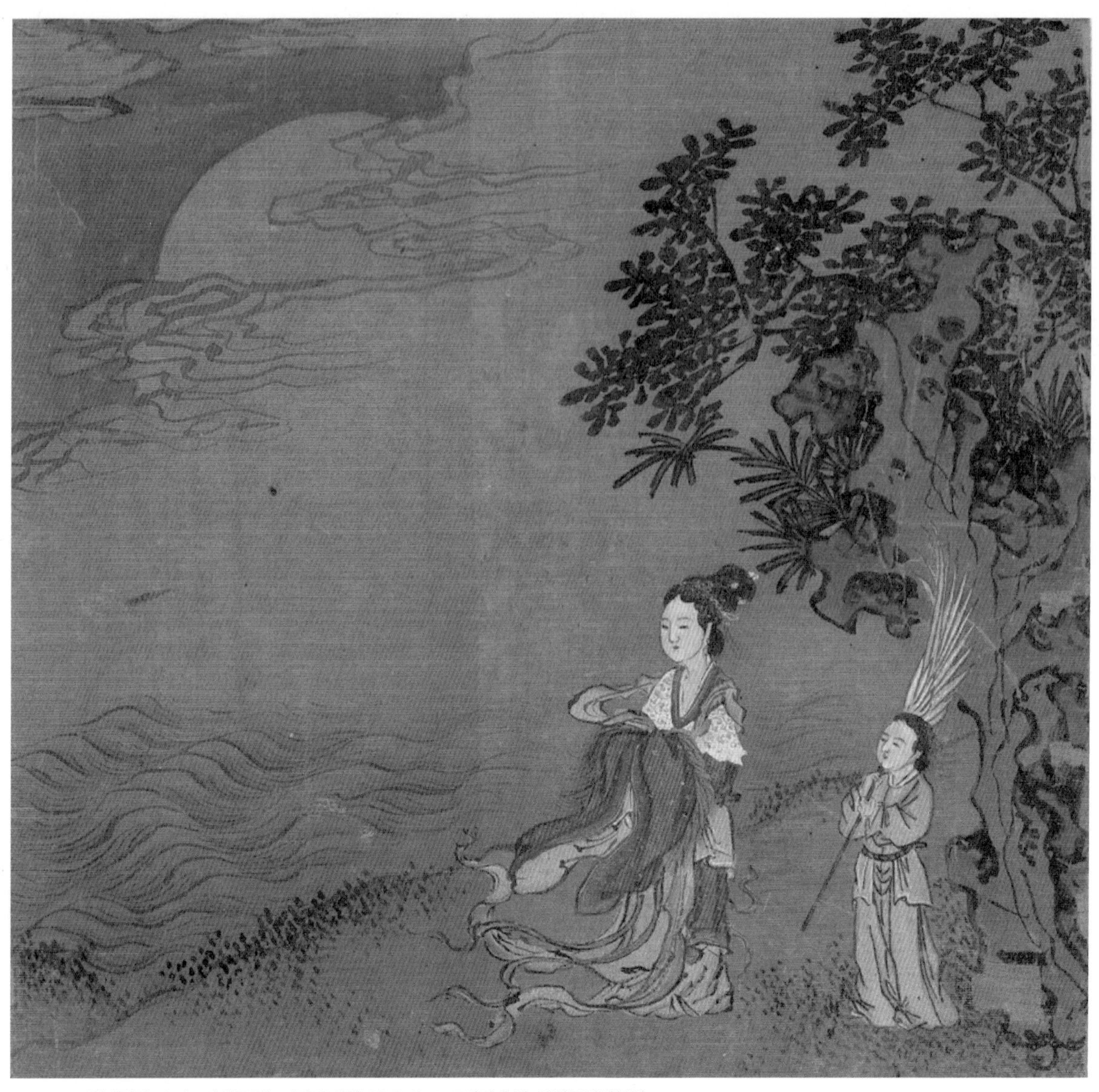

도 01_07. 〈월하관란도〉, 《고사인물도》, 비단에 채색, 20.6×21.5, 17세기 후반, 국립중앙박물관.

달밤에 파도를 바라보다 월하관란月下觀瀾

9점의 사녀도 중 유일하게 밤을 배경으로 삼았다. 보름달이 뜬 밤, 후원의 연못가에서 여인은 세차게 일렁이는 물결을 바라본다. 옷은 바람에 날리고, 연못의 물결은 거칠게 일고 있다. 중국에서는 송대 이래 황실과 사찰 내부를 파도문 가리개장자障子나 병풍으로 장식하는 전통이 있었고, 이에 따라 남송 사녀도에 등장한 파도문 가리개의 경우 여성성을 상징한 것으로 주목되기도 하였다.[13] 이 그림에서는 물결이 병풍 속 그림에서 벗어나 실제 연못에서 일렁이고 있는데, 이는 여인의 불안한 내면과 연결된다. 외로운 밤 잠 못 드는 여인의 처지는 위태롭고 그 내면은 수심이 가득할 수밖에 없다.

한편, 보름달은 가을이라는 계절을 나타내고, 일렁이는 물결은 추파秋波라는 중의重義의 상징을 지녔다. 추파는 가을철의 맑고 서늘한 물결을 말하지만, 북송 소식蘇軾, 1036~1101의 "미인이 추파에 회답하지 않네佳人未肯回秋波"라는 시구로 인하여 '사모의 정을 나타내는 은근한 눈빛'을 의미하기도 한다.[14] 그림 속 여인이 님에게 보내는 추파를 시각화했다고도 볼 수 있다.

한편, 고려말의 문신 이제현李齊賢, 1287~1367이 칠월칠석에 견우와 직녀가 상봉하는 오작교 아래 흐르는 은하수를 '추파'라고 표현하였던 점도 주목된다.[15] 조선 중기의 문신 송상기宋相琦, 1657~1723의 시에서도 '추파'를 같은 의미로 사용하였다.

오늘 밤 두 별이 은하에서 만나니 雙星今夜會天河
만고의 신비한 광채 마침내 어떠한가 萬古神光竟若何
난새 장막 같은 옅은 구름에 달빛 어리고 鸞帳淡雲籠月色
오작교 신령한 비가 가을 물결 흔드네 鵲橋靈雨動**秋波**
애틋한 정 끊이지 않아 베 짜기도 잊었는데 深情脈脈忘機杼
이별의 눈물이 아롱아롱 소매를 적시네 別淚斑斑染綺羅
거미줄 빽빽하게 얽지 마라 莫遣蛛絲煩曲綴
세상에 영악한 사람 많음을 한하노라 世間剛恨巧人多[16]

이렇듯 추파라는 시어는 헤어진 연인과의 상봉을 기대하는 애절한 마음을 담았던 듯하다.

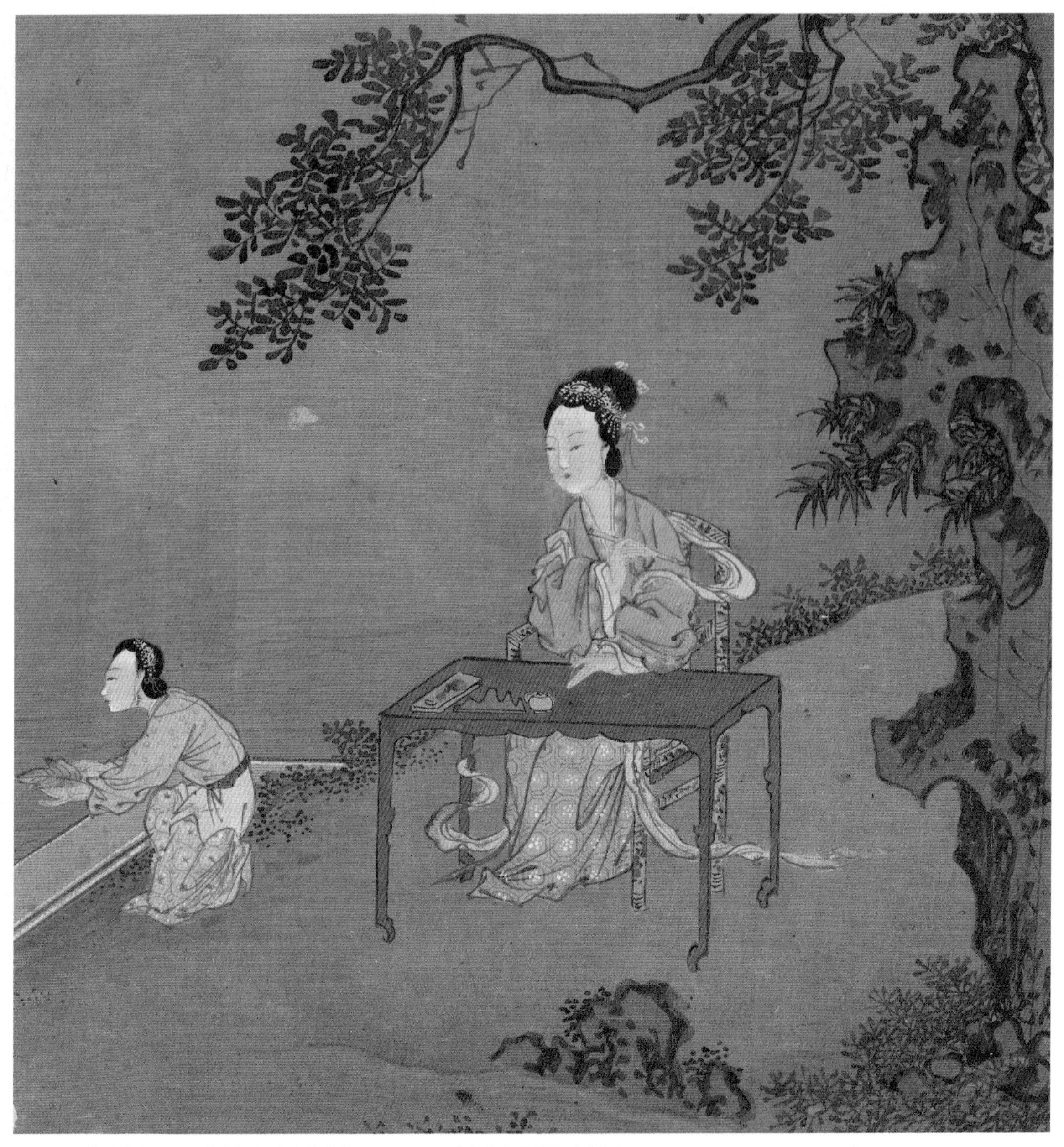

도01_08. 〈홍엽제시도〉, 《고사인물도》, 비단에 채색, 20.6×21.5, 17세기 후반, 국립중앙박물관.

붉은 낙엽에 시를 써서 띄우다 홍엽제시紅葉題詩

여인은 붉은 낙엽, 즉 홍엽紅葉에 시를 썼고 그 낙엽을 시녀가 막 물에 띄우려는 참이다. 붉은 낙엽을 물에 흘려보내는 것에는 유래가 있다. 옛날 당 선종宣宗, 재위 846~859 때 한 궁인宮人이 나뭇잎에 시를 써서 물에 띄웠는데 그 나뭇잎을 주운 노악盧渥이라는 사람과 부부로 맺어졌다는 이야기다.[17] 궁인은 평생 임금만을 모시도록 되어 있으니 이는 매우 예외적인 사례였다.
붉은 낙엽에 시를 써서 물에 띄워 보내는 일은 새로운 인연을 소망하거나 사랑이 맺어지기를 기원하는 뜻을 담은 것이라 할 수 있다. 조선 중기 문신 이항복李恒福, 1556~1618이 감상한 그림 중에도 '나뭇잎에 시를 쓰다 제엽題葉'라는 제목을 볼 수 있다. 그가 지은 시는 다음과 같다.

> 단풍 짙은 늙은 나무는 비단처럼 고운데 霜酣老樹明如綺
> 찬 가을 굽은 못엔 부용이 시들었구나 曲池秋冷芙蓉死
> 서늘한 비녀 자리에 비추어 막 잠이 깨이니 涼簪照簟初睡覺
> 분분한 낙엽 소리에 먼 생각 일어나네 墜葉紛紛撩遠思
> 몸 돌려 붓에 먹 찍어서 시를 구상하여라 側身點筆意徘徊
> 한가한 시름 쓰면서 여사는 수줍어하네 欲寫閒愁羞女史
> 세월이 오래도록 낭군은 오지 않는데 歲華悠悠君不來
> 돌난간의 금앵은 벌써 열매를 맺었구나 石欄金櫻已結子
> 이상은 나뭇잎에 시를 쓰는 것을 두고 읊은 것이다. 右**題葉**[18]

계절은 서늘한 가을로 바뀌고 낙엽이 떨어지니 마음이 스산하다. 시의 내용을 보면 여성은 오래도록 돌아오지 않는 님을 기다리며 그리움에 사무쳐 있다. 그 애절한 마음을 낙엽에 적어 다시 맺어지기를 바라는 소망을 담고 있다.

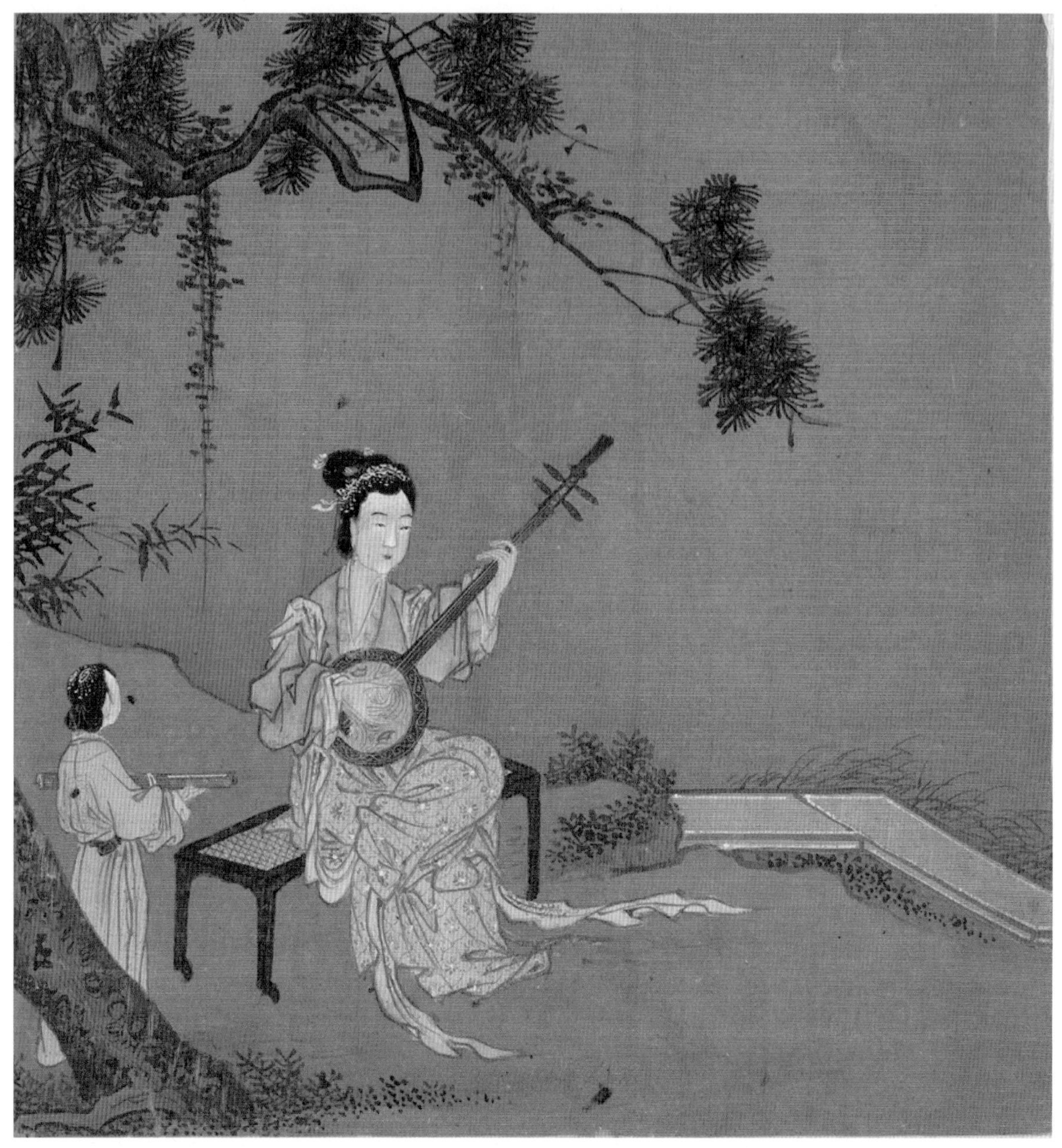

도01_09. 〈송하탄금도〉, 《고사인물도》, 비단에 채색, 20.6×21.5, 17세기 후반, 국립중앙박물관.

소나무 아래에서 월금을 연주하다 송하탄금松下彈琴

그림에서 여인은 소나무 아래 의자에 앉아 월금月琴을 연주하고 있다. 곁에 서 있는 시녀는 두루마리를 들고 있어 이 여인의 취미가 다만 음악에 그치지 않고, 서화를 애호하는 재덕을 갖추었음을 나타낸다.

국립중앙박물관 소장품인 9점의 사녀도는 중국식 원림園林에 자리한 중국 사녀의 모습이다. 거대한 태호석과 종려나무, 야외에 가구를 배치한 형식은 중국 강남 지방의 부유하고 호화로운 저택에 딸린 정원이다. 풍성하게 높이 올린 머리와 화려한 장신구, 곱게 화장을 한 아름다운 용모, 품이 넓은 복식에 정교한 문양이 장식되어 있고, 고급 가구와 문방·고동의 기물이 갖추어져 호화롭고 아취 있는 삶의 일단을 보여준다. 여인은 시詩·서書·악樂의 우아한 취미를 즐기고 있지만, 이 모든 사치스러운 시설과 호화로운 삶의 진정한 주인은 아니다. 가부장제 사회에서 여성의 입지는 취약할 수밖에 없었다. 미인도 제화시에서도 읊고 있듯이 여인들은 떠난 사랑을 그리워하고 갈망하고 있으며, 버림받은 처지에 대해 한탄하고 원망하고 있다. '규원'이 그림에 내재된 핵심 개념이다.

그들은 왜 미인도를 감상했을까

미인도를 주문하고 감상했던 주체에 대해서 생각해보자. 지금까지 살펴본 국립중앙박물관 소장품인 사녀도 9점은 아름다운 여성의 용모를 담은 그림으로서 성적 매력을 대상화했다고 할 수 있다. 사녀도 혹은 미인도의 제화시를 남긴 이들이 대부분 조선 시대 문사들이었으니 그림의 주된 주문자 및 감상자는 남성이었다고 말할 수 있을 것이다.

조선 시대 문사들이 사녀화를 감상하는 데는 딜레마가 있었다. 군자로서 '성색盛色을 멀리해야 한다'는 절제의 준칙과 보고 즐기고 싶은 욕망 사이의 갈등이다.[19] 조선 초기의 문사 성현成俔, 1439~1504은 성종成宗, 재위 1469~1494이 〈채녀도〉를 하사하자 서재에 걸어놓았는데, 그의 동료들은 그것이 서재의 완상품으로 가하냐고 놀렸다. 성현은 말하기를 "심지가 굳건하면 외물外物이 접근해도 동요됨이 없을 것이고, 심지가 안정되지 않았다면 외물이 들지 못하게 빗장을 걸어놓는다 해도 소용없을 것이다"라고 답했다.[20] 이는 바꾸어 말하면 〈채녀도〉는 마음을 어지럽히는 외물이고 이에 동요되지 않기 위해서는 심지를 굳건히 다질 필요가 있다는 말이 된다. 조선 중기의 문신 허균許筠, 1569~1618은 미인도를 감상하고 "아리따운 자태로 인해 밤잠을 설칠까 두렵다"라고 내심을 밝혔는데, 사녀도 이미지가 주는 성적 감흥과 이를 경계하는 마음의 충돌을 솔직하게 내비친 것이다.[21]

사녀화를 감상하기 위해서 군자연하는 문사들은 자타自他를 의식하지 않을 수 없었고 이를 합리화하는 논리가 필요했을 것이다. 이 때문이었을까. 미인도의 감상에는 대략 세 가지 정도의 이유가 개입되었음을 볼 수 있다.

첫째, 세화歲畫이기에 완상했고,

둘째, 고사도故事圖로서 감계의 효능을 지녔기에 완상했으며,

셋째, 중국으로부터 입수된 대가大家의 명품이기 때문에 완상했다.

가장 먼저, 세화로서 감상된 사녀도는 어떤 것이었을까. 중국에서는 계절에 따라 월별

로 다른 그림을 꺼내어 걸어놓고 감상하는 풍속이 명말 문인 사회에서 유행했다. 문진형文震亨, 1585~1645의 저술인 『장물지長物志』1621에는 「현화월령懸畵月令」에 대한 설명이 있는데 월별로 어떤 그림을 집 안에 걸어놓을지를 설명하고 있어 흥미롭다.[22] 월령화 중에는 '사녀화'도 포함되어 있어 참고할 필요가 있다.

> 설날에는 송대의 복신福神과 고대의 명현名賢을 그린 그림이 적당하다. 정월 대보름 전후로는 등불 구경이나 괴뢰傀儡를 그린 그림이 적당하고, 정월과 2월에는 춘유春遊 · **사녀** 및 매화 · 살구 · 동백 · 목련 · 복사꽃과 배꽃 종류가 적당하다. 3월 3일에는 송대 진무眞武의 상이 적당하고, 청명절 전후로는 모란과 작약이 적당하다. 4월 초파일에는 송원인宋元人의 불상과 송나라의 자수 불상이 적당하고, 4월 14일에는 송대 순양純陽의 상이 적당하다. 단오에는 진인옥부眞人玉符와 송원宋元의 명필이 그린 단오 경관, 용선, 쑥호랑이艾虎, 오독五毒의 종류가 적당하다. 6월에는 송원 시기의 대형 누각, 대폭 산수, 무성한 나무와 바위, 대폭 운산, 채련, 피서하는 장면 등의 그림이 적당하다. 칠석에는 천침걸교穿針乞巧하는 광경, 천손직녀, 누각, 파초, **사녀** 등의 그림이 적당하다. 8월에는 늙은 계수나무 · 모란 · 서옥書屋 등의 그림이 적당하며, 9 · 10월에는 국화 · 부용 · 추강秋江 · 추산秋山 · 풍림楓林 등의 그림이 적당하다. 11월에는 설경, 납매臘梅, 수선화, 취양비 등의 그림이 적당하다. 12월에는 종규鐘馗가 복을 맞아들이고 귀신을 쫓으며 누이를 시집 보내는 그림이 적당하고, 12월 25일에는 옥황상제 · 오색운거 등의 그림이 적당하다.[23]

위의 내용을 통해서 명대에 문사들이 정월과 2월, 그리고 칠석에 사녀도를 벽에 걸어놓고 감상했음을 알 수 있다. 조선에서는 세시歲時에 거는 그림인 세화가 있었다. 앞서 언급한 성현의 일화가 이에 해당되는데, 그가 받았던 〈채녀도〉는 성종이 승정원에 하사한 세화 중의 하나였으며, 성현은 〈채녀도〉를 "매년 새봄이 되면 벽에 걸어두고 바라보았다"고 했다.[24] 실물 작품으로도 그 사례를 살필 수 있는데, 국립중앙박물관 소장품인 〈사녀도〉[도 01_10]가 그 가운데 하나다. 화려하게 치장한 여인이 매화와 동백꽃이 핀 정원에 앉아 있는 그림이다. 매화와 동백꽃 모두 이른 봄에 피는 꽃이어서 계절감이 뚜렷하다. 정월이나 2월

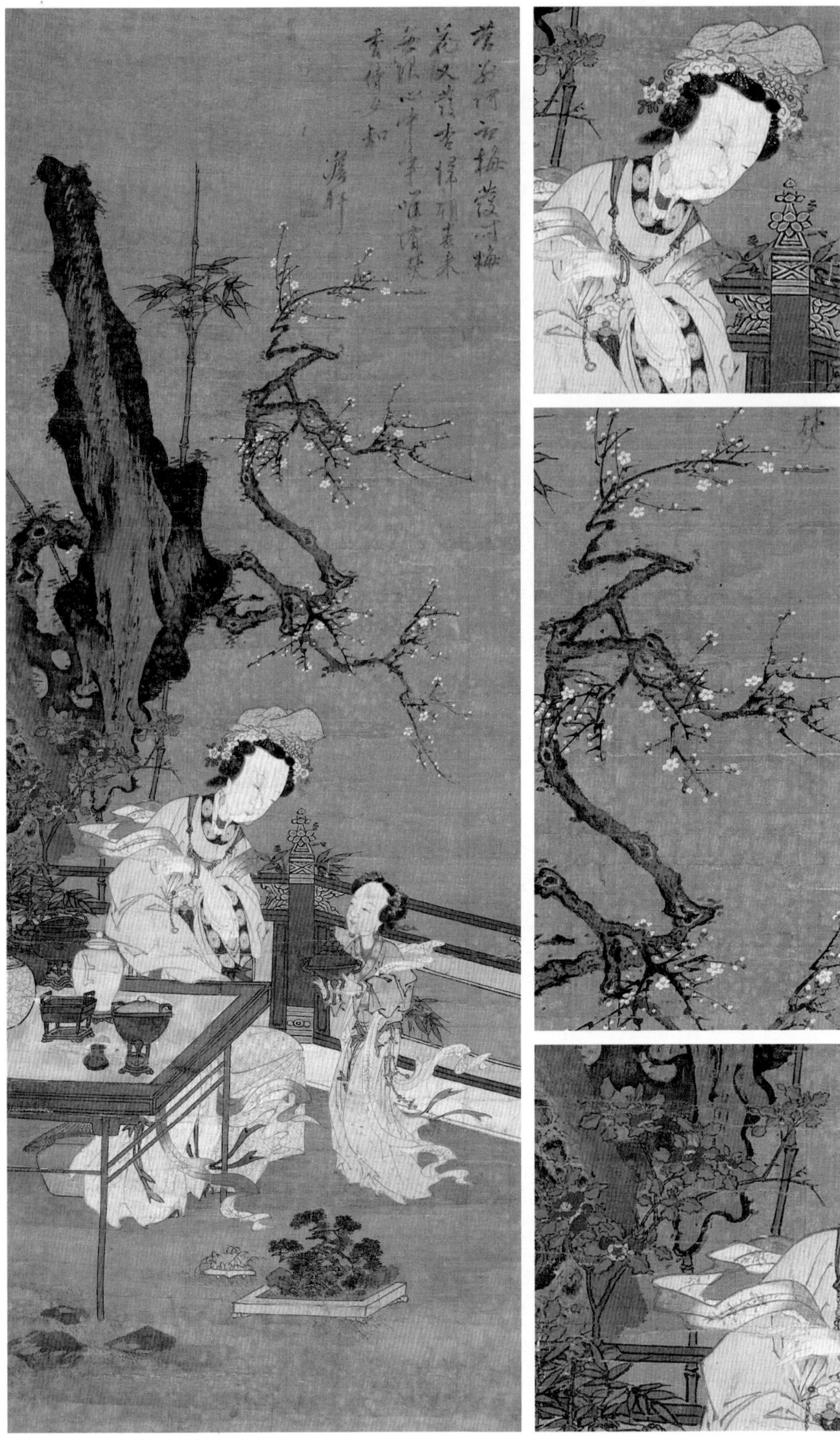

도01_10. 〈사녀도〉, 비단에 채색, 129.4×48.9, 청대, 국립중앙박물관.

에 걸 수 있는 월령화이거나 세화였을 것으로 보인다. 그림 상단에 제시가 적혀 있는데 "매화가 피는 계절에 아랑과 헤어졌네, 매화가 또 피어나니 다시 생각나네. 봄이 왔건만 심중의 일은 한이 없네, 향을 피우는 시녀가 알 뿐이네. 담헌"이라고 했다. '담헌'은 조선 후기 문신 이하곤李夏坤, 1677~1724의 호다. 글씨 또한 그의 서체와 부합되고, 시는 이하곤의 자작시로서 그의 문집에 수록되어 있다.[25] 화풍으로 보아 조선 그림은 아니고, 17세기 말~18세기 초 조선으로 전래된 중국 그림으로 여겨진다.

두 번째로는 사녀도가 고사를 주제로 하여 감계의 효능을 지닐 때 수용될 수 있었다. 조선 초기에는 양귀비 고사를 그린 〈여인도麗人圖〉가 여러 문사들의 제화시에 언급되었고, 원나라 화가 조맹부趙孟頫, 1254~1322의 〈여인도麗人圖〉가 국내에 들어와 모사되기도 하는 등 유행이었다. 세종世宗, 재위 1418~1450이 명하여 편찬한 『명황계감明皇戒鑑』에는 당 현종玄宗, 재위 712~756과 양귀비 고사를 담은 여러 점의 판화가 삽입되어 있었다고 한다. 양귀비를 그린 미인도는 '안일하고 향락에 빠짐을 막고자' 반면교사로 삼을 수 있는 감계화로서 조선 초기에 널리 감상되었다.[26] 이 밖에 조선 중기 조세걸曺世傑, 1635~?이 임모했던 〈문희별자도文姬別子圖〉, 강희언姜熙彦, 1738~1784 이전의 〈명비출새도〉 등 고사를 주제로 한 그림을 감계를 위해서 완상했다.[27] 조선 중기 문신 이식李植, 1584~1647의 다음 글은 감계화로서 사녀도의 효능을 분명히 밝히고 있다.

> 예로부터 여인을 그림으로 그릴 때에는 대개 감계하는 뜻을 부치고자 함이니, 예컨대 열녀도에 절개를 묘사한 것이나 주왕紂王이 술에 취해서 달기妲己에게 기대고 있는 그림 같은 것이 바로 그것이다.[28]

마지막 세 번째로, 중국에서 들어온 대가의 그림인 경우 완상할 만한 이유가 되었다. 조선에 전래되었던 중국의 사녀도로는 앞에서 언급한 조맹부의 〈여인도〉[29] 그리고 김상헌金尙憲, 1570~1652이 병자호란 후 억류되어 있던 심양에서 1645년에 귀국하면서 가지고 온 조맹부의 〈문희별자도〉 등이 있었다.[30] 17세기 들어서는 명나라의 화가 구영仇英, 1494~1552의 미인도가 주로 언급되었다. 신익성申翊聖, 1588~1644이 소장한 구영의 〈여협도女俠圖〉가 한때 큰 화제가 되어 문인들 사이에서 감상되었고, 이 외에 구영의 〈팔협도八俠圖〉·〈십미인도

十美人圖〉가 감상되었다. 구영의 그림에 대해서 여러 문사들이 '정묘精妙'하다며 상찬을 아끼지 않았고, 이하곤은 '고금의 사람들이 따라가지 못하는' 출중한 화가라는 세간의 평을 전했다.[31] 이현석李玄錫, 1647-1703은 〈십미인도〉에 붙인 제화시에서 '백년 옛 자취 위대한 명나라 사람이네'라고 읊으며 구영을 대가로 일컫기도 했다.[32]

구영이 그린 〈여협도〉는 여성 협객을 주인공으로 한 소설을 제재로 한 것으로 명말 대중적 소설이 융성하며 등장한 새로운 미인도 유형이다.[33] 하지만 상업적, 대중적 문화가 아직은 생소했던 당시의 조선 문사들에게 '여협'의 주제는 쉽게 수용될 수 있는 제재는 아니었던 것 같다. "구영이 유독 여협을 그린 것은 무슨 까닭에서인가"라며 의문을 표한 것이 이를 말해준다.[34] 하지만 대부분 문사들은 명대 유명 화가인 구영의 그림이라는 점을 인식하고 "화품이 뛰어나 보배로 삼을 만하다"고 상찬을 쏟아냈다.[35]

그렇다면 앞서 살펴본, 국립중앙박물관 소장품인 사녀도 9점은 어떤가. 세화도 아니고, 역사 속 인물 이야기를 담은 고사도도 아니니 감계의 효능도 말하기 어렵다. 작자 미상이니 유명 화가의 그림도 아니다. 중국 미인의 다양한 모습을 담은 9점의 그림은 조선 중기의 문사들에게 어떻게 수용되었을까.

송나라의 그림처럼 고전적 미인도이기에

사녀화의 전통은 당대에 시작되었지만, 이른바 '규원'을 함축한 사녀화의 전형이 확립된 것은 송대였다.[36] 소한신蘇漢臣, 1120년대~1160년대 활동, 유송년劉松年, 1175~1224, 이숭李嵩, 1190년경~1230년경 등이 대표적인 남송 화가들이다.[37] 국립중앙박물관 소장품인 사녀도 9점은 이들 남송 사녀화의 전통과 맥이 닿아 있다. 남송 사녀도는 화책畵冊이나 선면扇面, 부채 소품이 대부분이다. 먼저 유송년의 사녀도를 보자. 도쿄국립박물관 소장품인 〈관녀도官女圖〉는 두 궁녀가 후원에서 수를 놓다가 잠시 쉬고 있는 모습을 담았다.[도01_11] 전체적으로 차분하고 은은한 채색에 선명한 주색을 사용하여 화면에 긴장감을 준다. 인물의 희고 둥근 얼굴과 화려한 머리

장식이 아름다우며, 세부 묘사가 매우 정밀하다. 두 팔을 뻗어 기지개를 켜는 궁녀의 뒷모습은 매우 인상적인데, 이 도상이 국립중앙박물관 소장품인 사녀도 9점 중 〈정필서수도〉에도 사용된 점이 흥미롭다.[도01_05_01] 두 팔을 쭉 펴고 기지개 켜는 포즈가 송대부터 전승되었고 조선 시대 사녀도에도 계승되었음을 보여준다.

왕선王詵, 1036~1104의 전칭작으로 타이베이국립고궁박물원 소장품인 〈수롱효경도繡櫳曉鏡圖〉는 아침 단장을 하려고 거울 앞에 선 여인의 옆모습을 포착했는데,[도01_12] 이는 국립중앙박물관 소장품인 사녀도 9점 중 〈후원희영도〉의 여성 표현과 연결된다.[도01_06_01] 또한 왕거정王居正, 11세기 초의 전칭작 〈조앵도調鸚圖〉에서는 화사하게 꽃 핀 복사꽃 나무 아래에 비스듬히 앉아 탁자에 기대어 있는 궁녀가 그려졌는데,[도01_13] 국립중앙박물관 소장품인 사녀도 9점 중 〈수음독서도〉에서 책장을 넘기고 있는 사녀의 편안하게 앉은 자세와 유사하다.[38][도01_03_01]

이처럼 국립중앙박물관 소장품인 사녀도 9점은 그림의 크기와 주제, 도상, 공간감 등 여러 면에서 송대 사녀화를 계승하고 있다. 하지만 표현 양식에 있어서는 미인도의 신기원을 열었던 명 중기 당인唐寅, 1470~1523, 구영의 인물화 양식과 밀접한 관련이 있다. 특히 채색을 잘 구사했던 구영의 미인도와 관련이 깊다. 구영의 대표작 중 하나인 〈한궁춘효도漢宮春曉圖〉와[도01_14] 비교해보자. 그림 중에 주전자와 탁잔을 들고 있는 사녀상은 그 용모가 특히 빼어난데,[도01_14_01] 이를 국립중앙박물관 소장품인 사녀도 9점 중 〈월하관란도〉의 사녀상과 비교해보면[도01_07_01] 얼굴에 살이 살짝 올라 이중턱을 보인 점과 눈꼬리를 살짝 올라가게 표현한 점, 콧등을 둥글게 마무리하고 입술을 작게 표현한 점 등에서 비슷한 점이 느껴진다. 또한 국립중앙박물관 소장품인 사녀도 9점 중 〈송하탄금도〉의 사녀상은[도01_09_01] 〈한궁춘효도〉 중의 비파 연주자와[도01_14_02] 비견된다. 머리의 구슬 장식을 흰 점으로 섬세하게 표현한 방식도 비슷하다. 또한 〈한궁춘효도〉 중 아이를 어르는 궁녀와[도01_14_03] 국립중앙박물관 소장품인 사녀도 9점 중 〈탄슬농아도〉를[도01_04_01] 비교하면 치마의 귀갑문과 꽃 문양 세부가 매우 흡사하여 양식상 연관성을 지목할 수 있다.

필치를 보면 구영의 미인도는 굵기가 일정한 철선묘 위주로 그려진 데 반해, 국립중앙박물관 소장품인 사녀도 9점은 필선이 더 굵고 선 굵기의 변화가 풍부한 것이 차이점이다. 이러한 필선의 특징은 사녀도와 함께 한 세트를 구성한 〈수하독서도樹下讀書圖〉의 인물 묘법

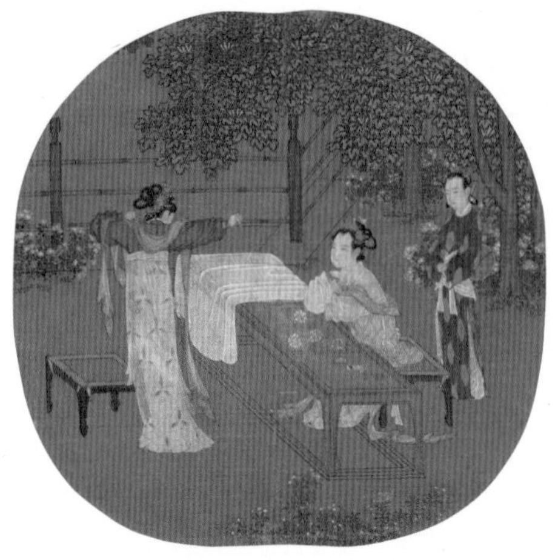

도01_11. 전 유송년, 〈관녀도〉, 《당회수감필경원唐繪手鑑筆耕園》, 비단에 채색, 24.5×25.8, 남송~명대, 도쿄국립박물관.

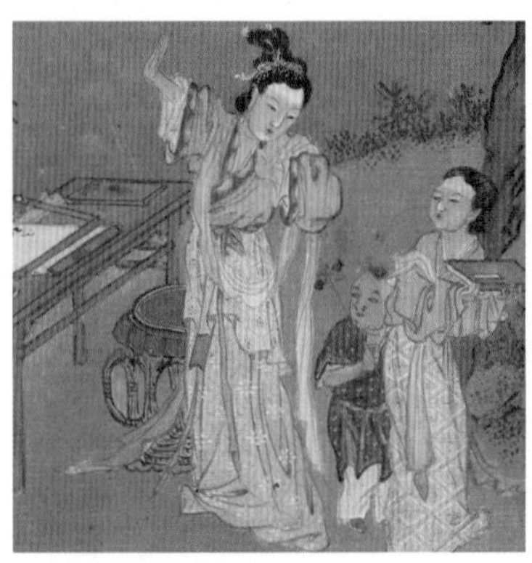

도01_05_01. 〈정필서수도〉 부분.

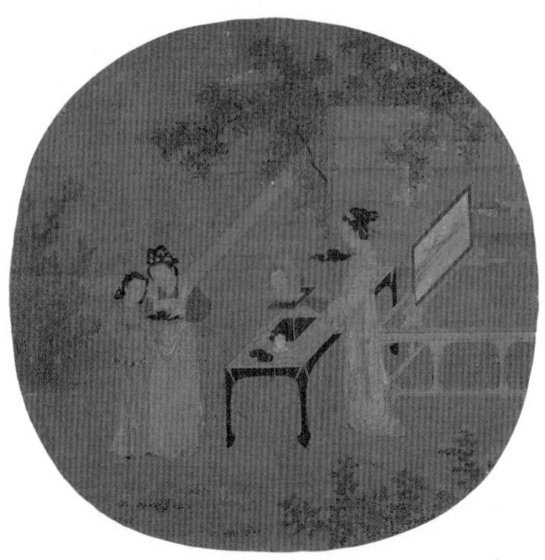

도01_12. 전 왕선, 〈수롱효경도〉, 비단에 채색, 24.2×25, 송대, 타이베이국립고궁박물원.

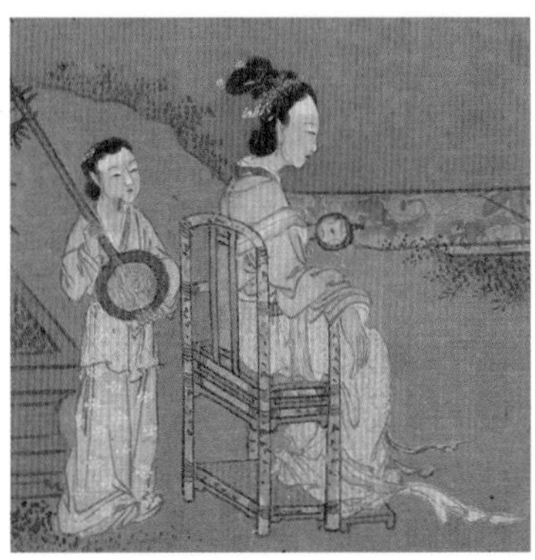

도01_06_01. 〈후원희영도〉 부분.

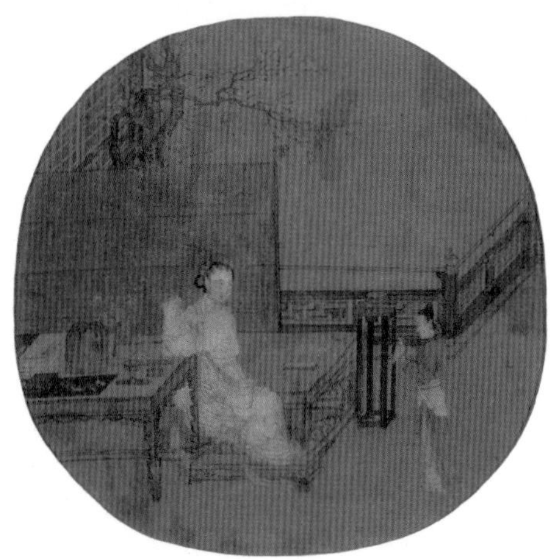

도01_13. 전 왕거정, 〈조앵도〉, 비단에 채색, 23.4×24.2, 송대, 보스턴미술관.

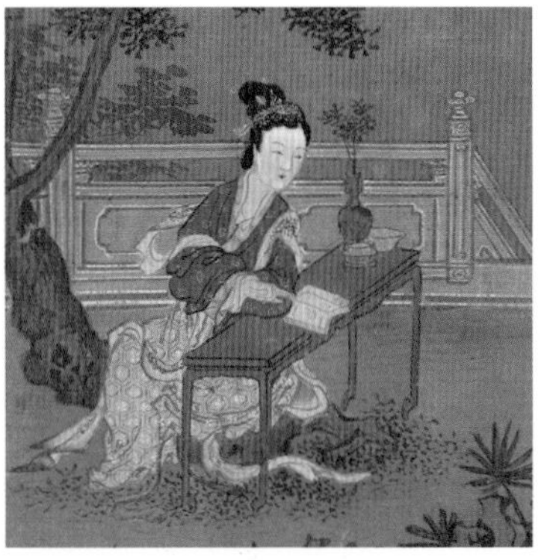

도01_03_01. 〈수음독서도〉 부분.

에서 더욱 두드러지는데,[도01_15] 못 대가리처럼 굵게 시작해서 쥐꼬리처럼 가늘게 마무리하는 선묘법인 정두서미묘釘頭鼠尾描와 대추 씨가 맺힌 것처럼 묘사한 조해묘棗核描 등의 인물화 묘법이 적극 구사된 것을 볼 수 있다. 이는 절파화풍의 인물화에 능숙한 화가의 필치로, 이 화첩 제작 시기를 17세기로 올려보게 해주는 요인이다. 또한 1715년 작 〈숙종어제 어초문답도〉와[도01_16] 비견할 만한 필치와 채색 수준을 보여주고 있어 17세기 후반에서 18세기 초의 기량이 뛰어난 화원의 그림으로 추정된다. 요컨대 국립중앙박물관 소장품인 사녀도 9점의 인물 재현 방식은 기존에 익숙했던 절파화풍의 인물화 표현 기법을 근간으로 새로운 명대 미인도 양식을 수용한 것이다.

17세기 조선에 구영의 미인도가 들어왔던 점은 문헌 기록을 통해 확인할 수 있으며, 이에 대해서는 앞에서 언급했다. 그런데 당인과 구영의 미인도는 명대에 크게 발달한 청루문화青樓文化를 반영하여 종종 문사와 명기名妓의 교제를 주제로 다루었고, 나아가 통속 소설을 다룬 대중적·상업적 미인도 제작에도 관여했다.[39] 앞에서 언급했던 〈여협도〉와 〈팔협도〉는 구영의 이름을 가탁한 소주편蘇州片 즉, 명말청초 중국 소주에서 생산되었던 위작僞作의 일종으로서 대중적 제재의 미인도를 조선에서 어떻게 받아들였는지를 말해준다.

신범화申範華, 1647~?의 선면 〈여협도〉는[도01_17] 당시 들어왔던 구영 〈여협도〉의 유형이 어떤 것이었는지를 짐작케 해준다. 부채에 괴석과 수목이 어우러진 정원에 앉아 바느질을 하고 있는 여인을 채색으로 그린 사녀도로서, 석조 탑상榻床 위에 놓인 칼을 통해 검을 쓰는 여협임을 말해준다. 또한 이현석이 감상했던 구영의 〈십미인도〉를 앞에서 언급했었다. 〈십미인도〉는 원래 그의 할아버지뻘인 이민구李敏求, 1589~1670의 소장품이었는데, 이민구 사후인 1696년에 이현석도 그림을 감상할 기회를 얻었던 것으로 보인다. 반세기의 시차를 두고 이민구와 이현석이 같은 그림을 두고 제화시를 썼던 것이다. 이민구에 따르면 구영의 〈십미인도〉는 왕소군王昭君을 포함한 미인 고사를 담은 화폭이었던 것으로 여겨진다. 한나라 궁정에서 왕소군의 초상화를 그렸던 화원 '모연수毛延壽'의 이름을 거론했기 때문이다. 또한 "팔자 눈썹이 열 가지로 새롭네八字雙眉十樣新"라는 구절을 통해 미인의 눈썹이 팔자형으로 양끝이 처진 양식이었음을 알 수 있다. 이현석 또한 제화시에서 '운정월태雲情月態'라는 표현을 사용하고 있어 〈십미인도〉는 성적 매력의 표출에 치중한 미인도였던 것으로 짐

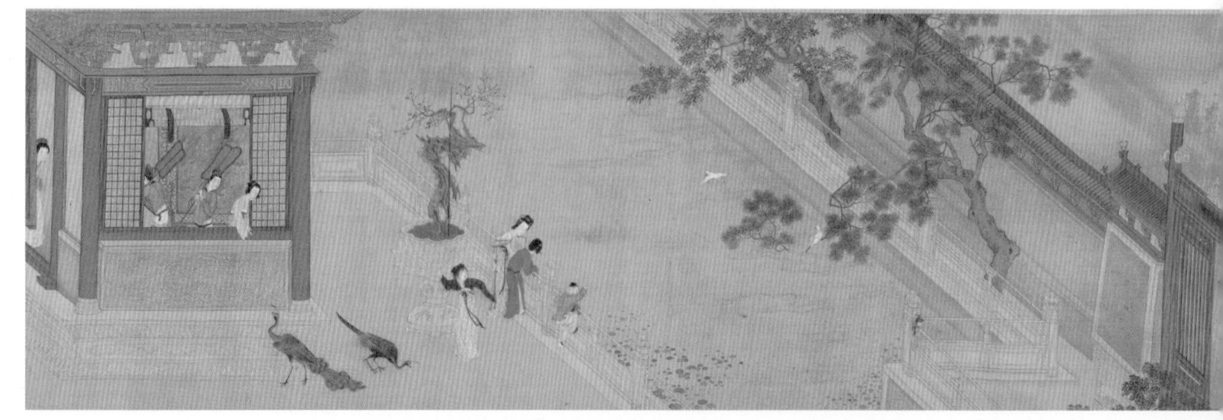

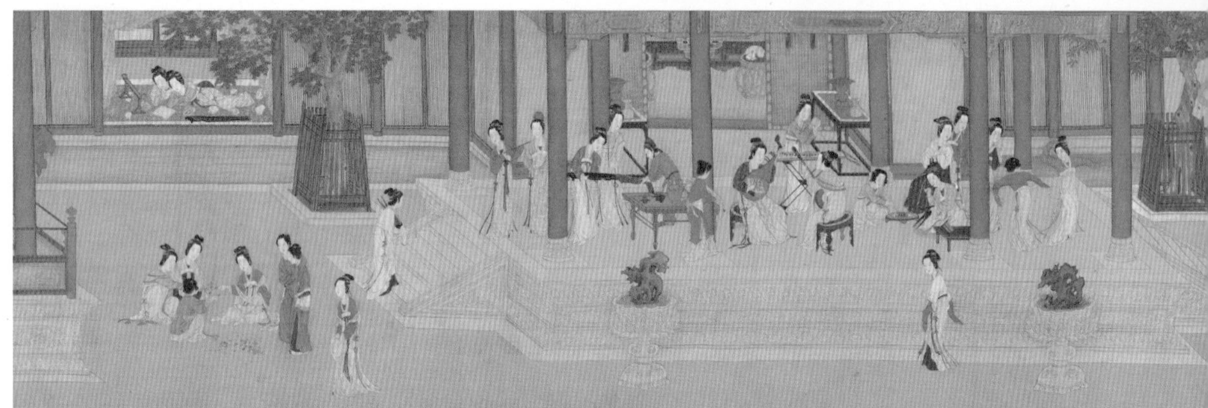

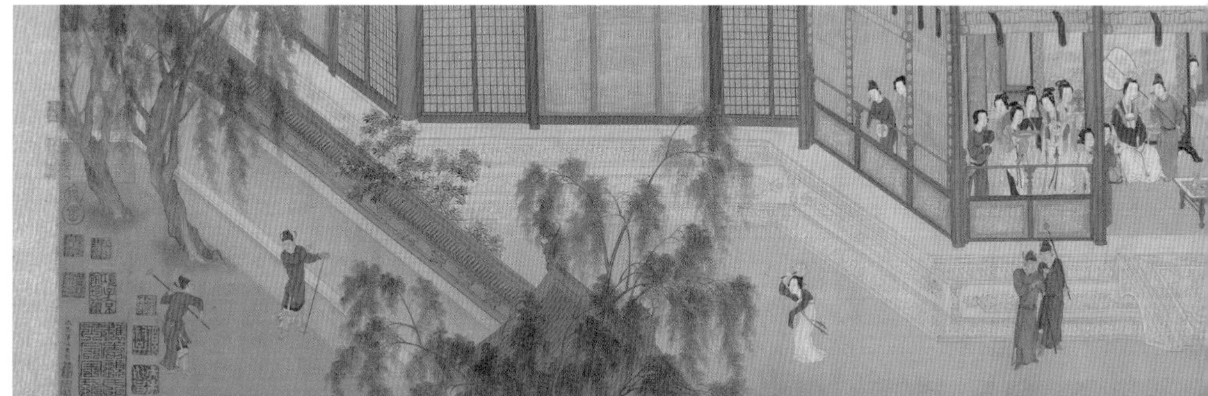

도01_14. 구영, 〈한궁춘효도〉, 비단에 채색, 30.6×574.1, 명대, 타이베이국립고궁박물원.

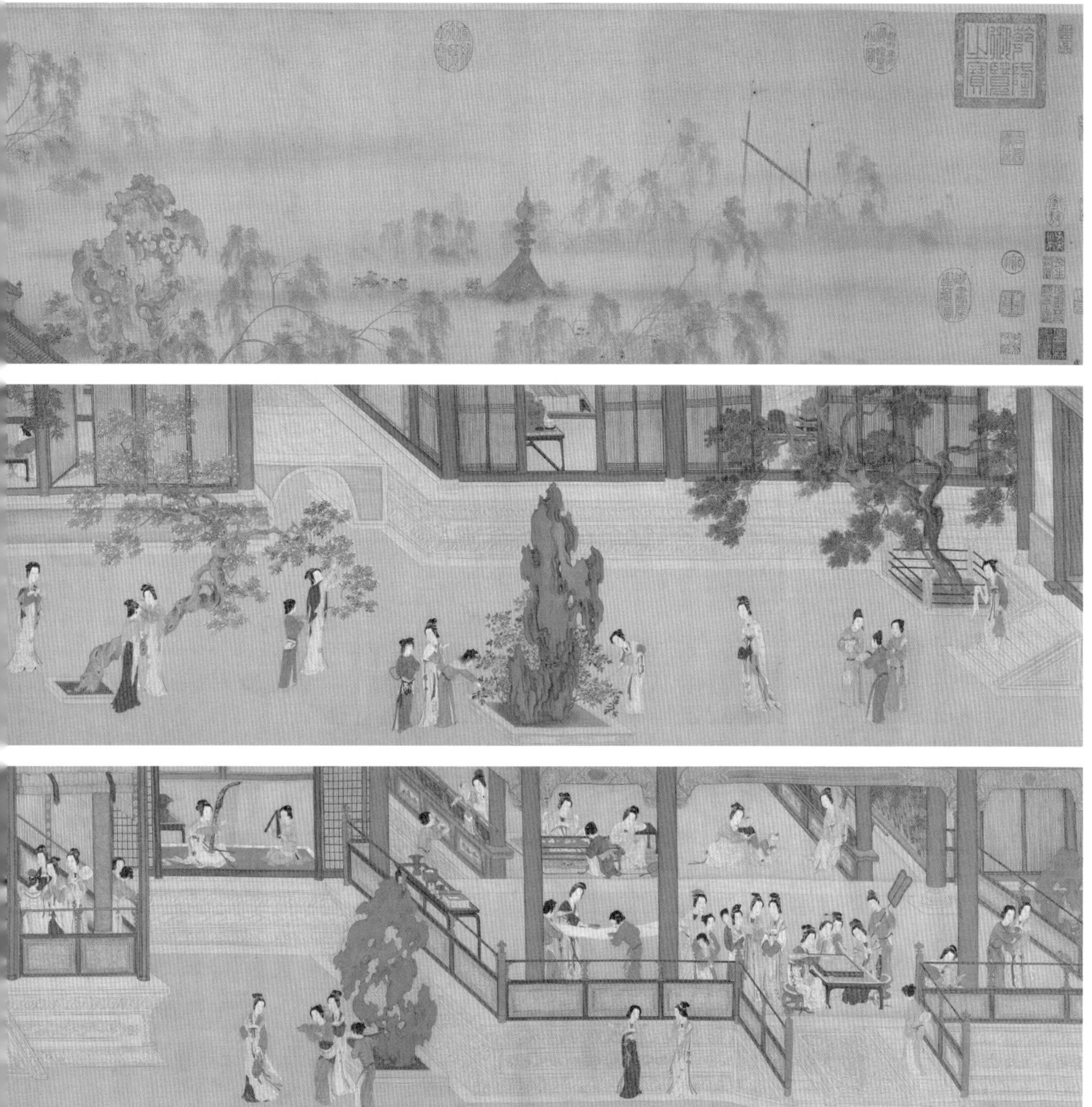

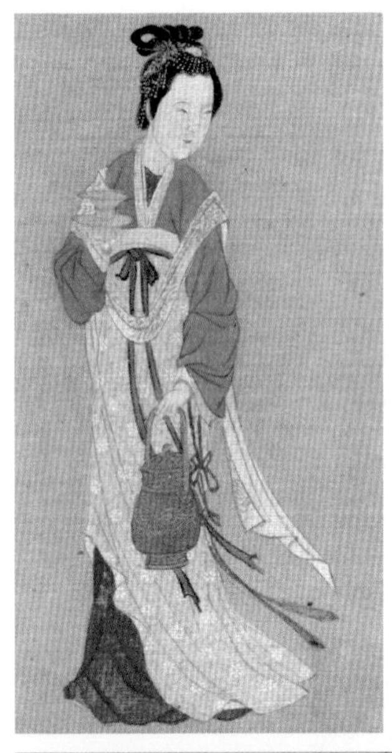
도01_14_01.
〈한궁춘효도〉 부분.

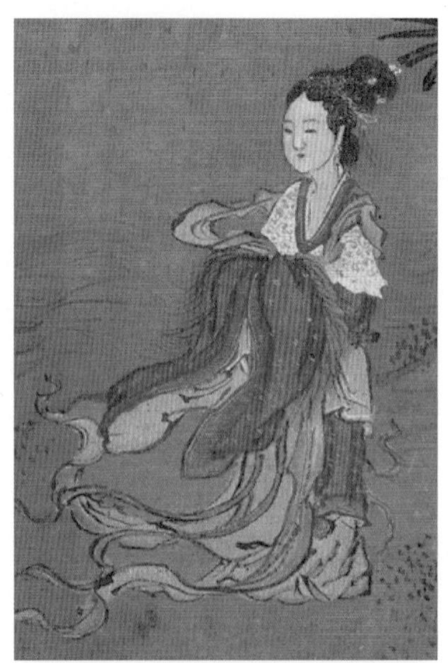
도01_07_01.
〈월하관란도〉 부분.

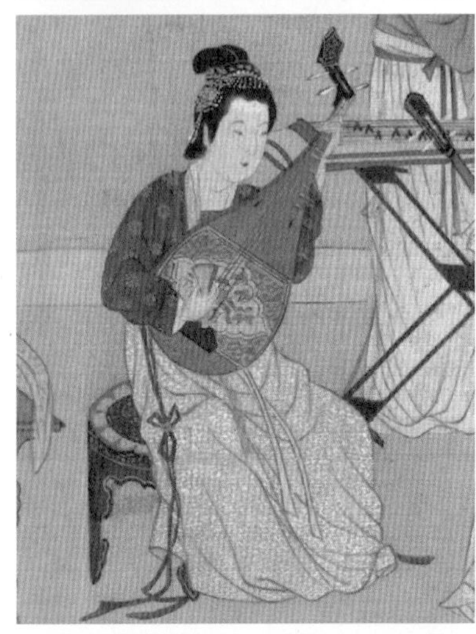
도01_14_02.
〈한궁춘효도〉 부분.

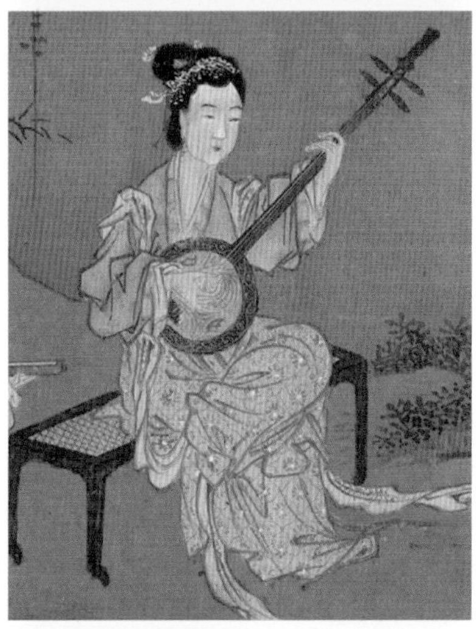
도01_09_01.
〈송하탄금도〉 부분.

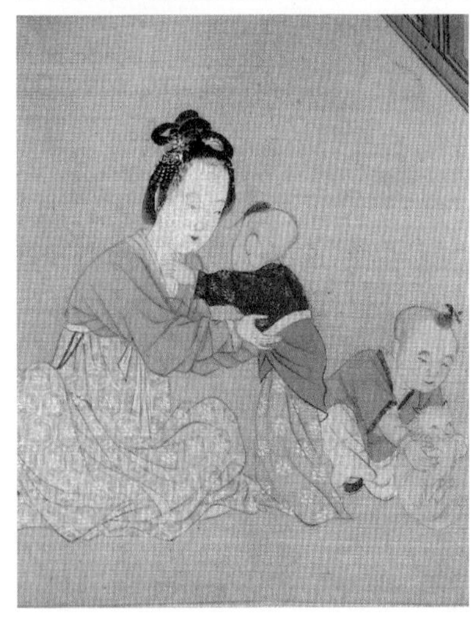
도01_14_03.
〈한궁춘효도〉 부분.

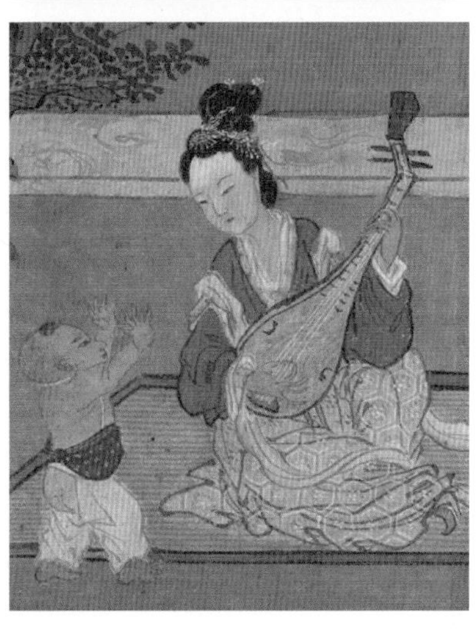
도01_04_01.
〈탄슬농아도〉 부분.

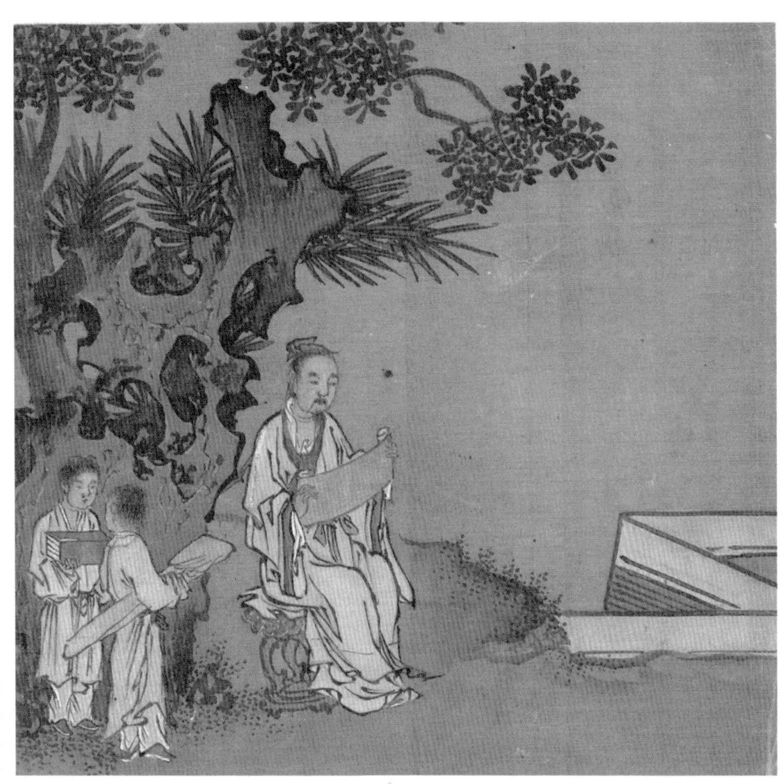

도01_15.
〈수하독서도〉, 《고사인물도》,
비단에 채색, 21.1×22, 17세기 후반,
국립중앙박물관.

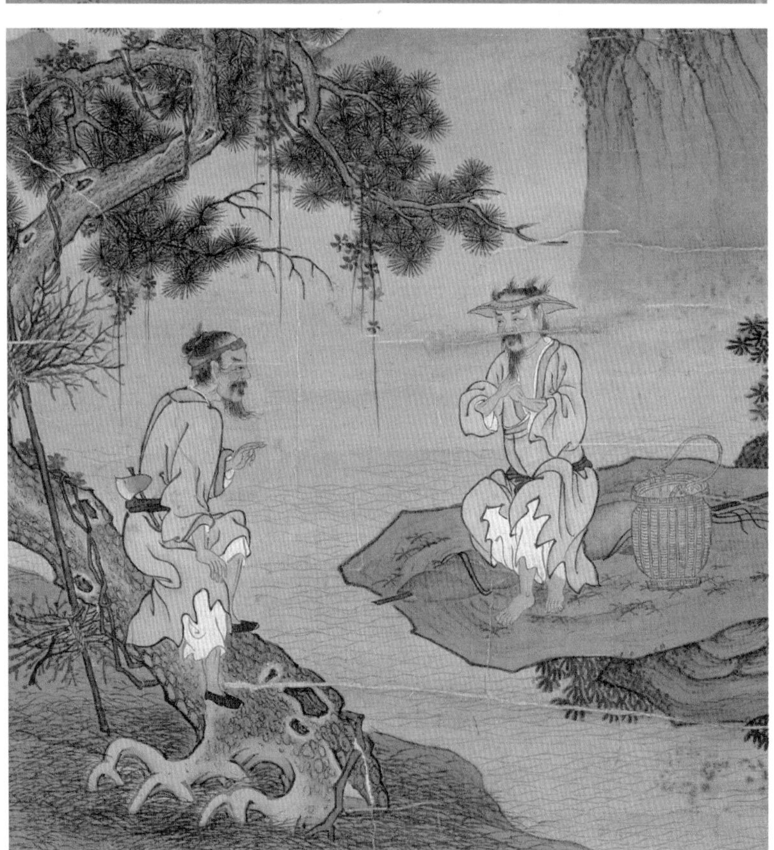

도01_16.
〈숙종어제 어초문답도〉 부분,
비단에 채색, 58.7×43, 1715,
국립중앙박물관.

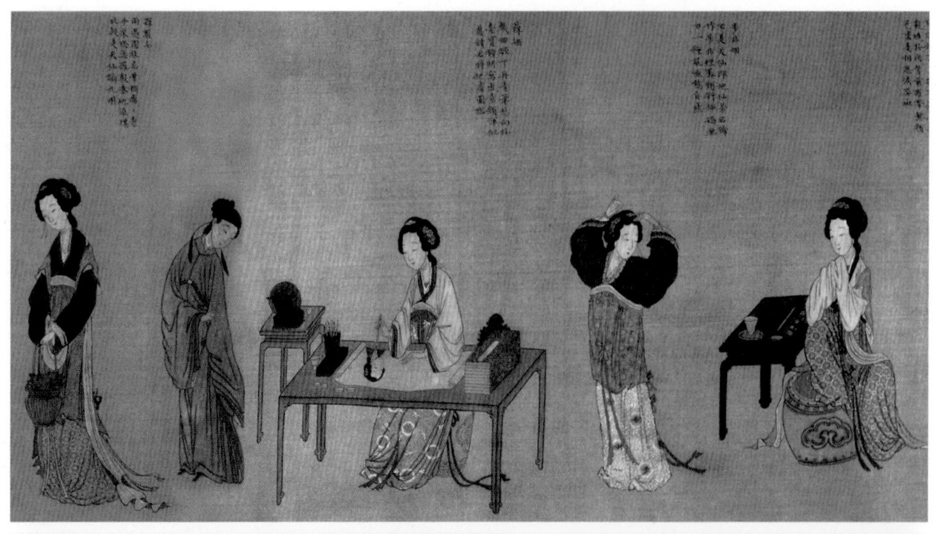

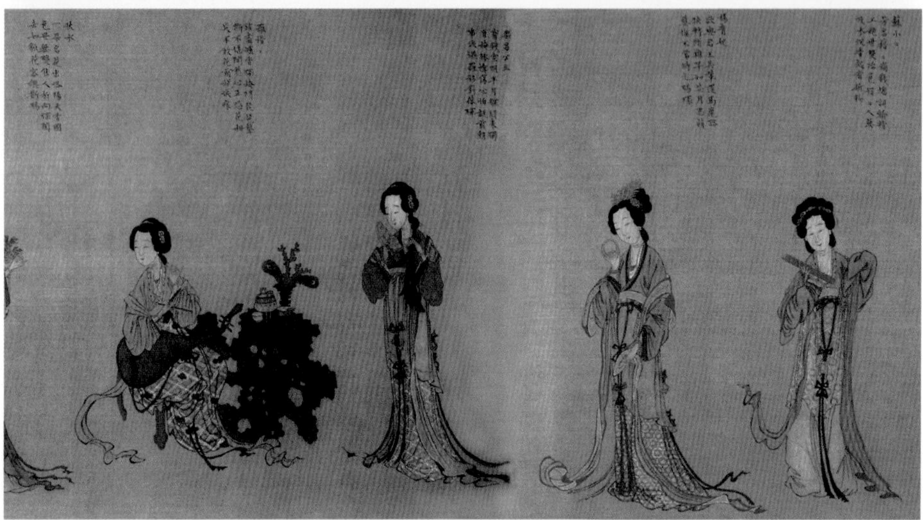

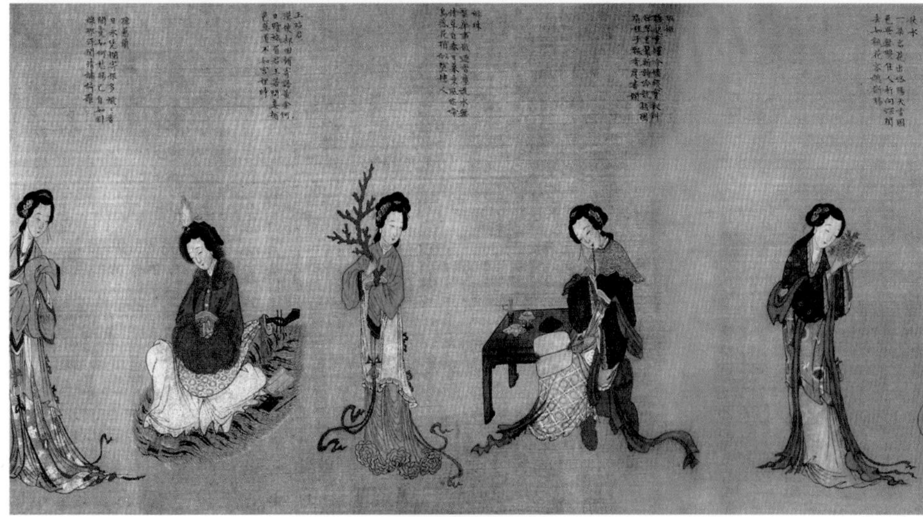

도01_18. 〈천추절염도〉 부분, 비단에 채색, 명말청초, 중국국가박물관.

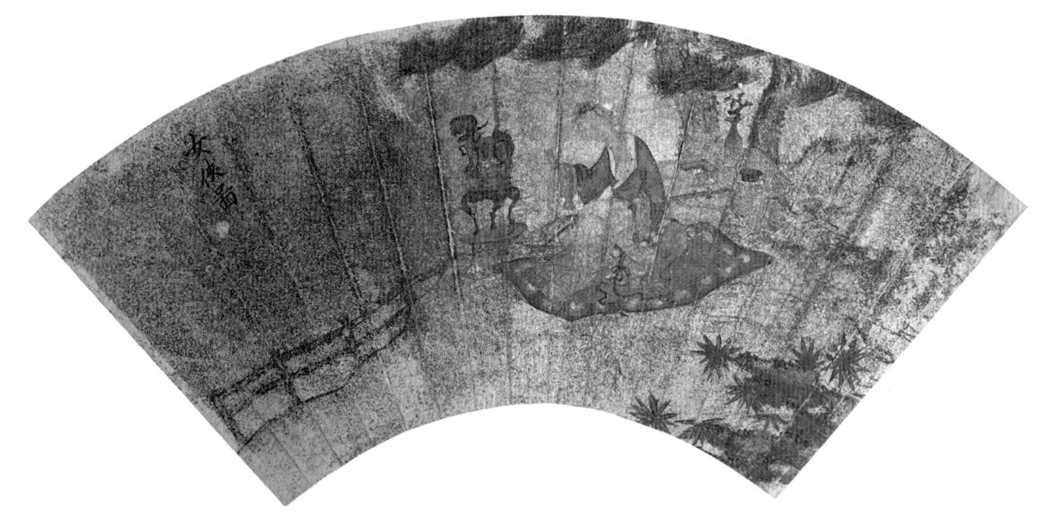

도01_17. 신범화, 〈여협도〉, 부채에 채색, 15.5×41, 17세기, 국립중앙박물관.

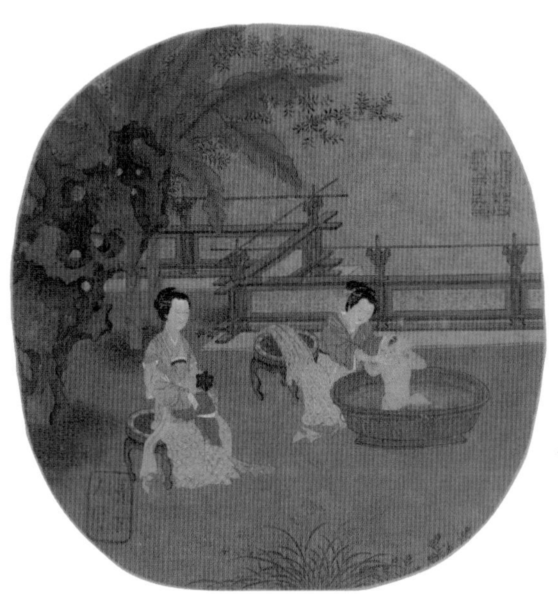

도01_19. 구영, 〈빈비욕아도〉, 《임송인화책》, 비단에 채색, 27.2×25.5, 명대, 상하이박물관.

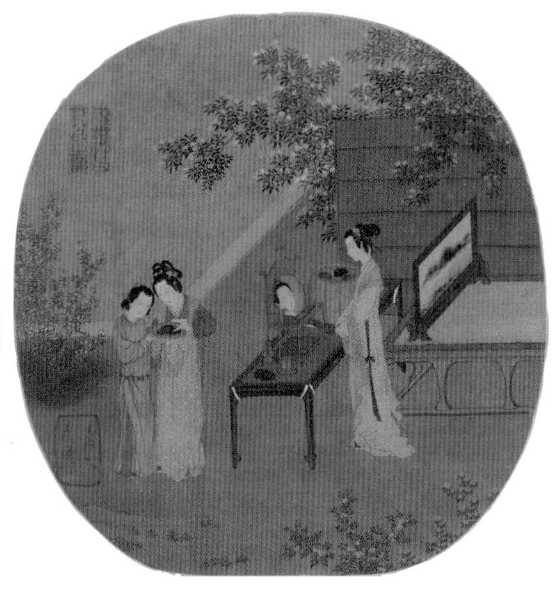

도01_20. 구영, 〈반한추광도〉, 《임송인화책》, 비단에 채색, 27.2×25.5, 명대, 상하이박물관.

작된다. 명말청초 정형화된 미인도 양식을 대변하는 〈천추절염도千秋絶艶圖〉 같은 유형의 미인도에 가까웠을 것이다.[도01_18] 그런데 국립중앙박물관 소장품인 사녀도 9점은 청루문화 혹은 여협 소설과 같은 통속문학이 아닌, 고전적인 '규각지태閨閣之態'의 사녀도 유형에 속한다고 할 수 있다. 즉, 남송의 사녀도 양식을 되살린 그림인 것이다. 왜 구영의 새로운 미인도 유형이 아닌 복고풍의 미인도를 재현한 것일까? 구영이 대수장가로 이름난 항원변項元汴, 1525~1590 집에 기거하면서 수많은 송원 명적을 임모했던 행적은 잘 알려져 있다.[40] 항원변의 천뢰각天籟閣에 있던 명적을 임모한 작품집으로 알려진 구영의 《임송인화책臨宋人畵冊》은 현재 중국 상하이박물관 소장품으로 총 15점의 산수·영모·인물·누각으로 구성되었는데, 이 가운데 남송 사녀도를 임모한 작품이 포함되어 있다.[41] 소한신蘇漢臣의 〈세아도〉를 임모한 〈빈비욕아도嬪妃浴兒圖〉와[도01_19] 왕선의 〈수롱효경도〉를 임모한 〈반한추광도半閑秋光圖〉가[도01_20] 그것이다. 구영의 당·송 임모작은 원작과 분간이 안 될 정도로 치밀한 묘사력으로 유명했고, 구영의 임모작이 다시 임모 혹은 위조의 대상이 되기도 했다.

구영의 임모작이 아니더라도 송·원 회화를 임모 혹은 위조한 그림이 명대에 범람했다.[42] 오늘날 타이베이국립고궁박물원의 소장품 목록에는 《유송년진적劉松年眞蹟》 화첩이나 《송원집회宋元集繪》 화책, 《진도회질珍圖薈帙》 서화책 등 송·원 화책이 다수 눈에 띄는데, 그림은 대개 명말 혹은 청대에 제작된 위작들로 보인다.[43] 송·원 회화 위작의 존재는 그 수요가 그만큼 컸음을 말해준다. 명말 문진형이 남긴『장물지』의「현화월령」목록에도 송화宋畵·송원화宋元畵가 빈번히 등장했음을 보았다.[44] 명말의 과시적 소비 형태와 사치 풍조의 만연 속에 문인들뿐 아니라 경제적 능력이 올라간 상인들까지 문인 문화를 모방하고 골동, 서화 수집에 가세하여 고화古畵에 대한 수요가 증가했다.[45] 명말청초의 물질문화에서 호고好古 취향은 주요 가치였고, 회화에서는 송화宋畵의 유행을 불러왔다.

국립중앙박물관 소장품인 사녀도 9점은 정교한 필치와 세심한 세부 묘사, 풍부한 채색이 돋보이는 우수한 기량의 화원 솜씨로 보인다. 아마도 17세기 당시 왕실 혹은 상류층 감상자의 고화古畵에 대한 관심과 취향을 반영했을 것이다. 다시 말해 먼 과거인 남송 사녀도를 소환하여 규각지태를 살린 고전적 미인의 이미지라 할 수 있다. 이렇듯 송대의 회화를 재현함으로써 조선 문사들은 감상의 정당성을 확보했던 것이다.

글을 마치며

"그림 속 여인들을 감상했던 조선의 남성 문인들은
그녀들의 고립된 처지와 '규원'의 메시지를 이해하고 공감했을까.
더 나아가 같은 처지로 살아가는 여인들이
그들 곁에도 존재한다는 사실을 알고 있었을까?"

미인도나 사녀도를 보면 늘 궁금했다. 저 미모의 여성들은 무슨 생각을 하며 왜 저기에 앉아 있을까. 그들의 이야기를 알지 못하니 그림 속 공간은 마치 진공 상태인 것 같고, 그림 속 사람들은 말하지도 듣지도 못하니 먹먹하고 답답하기만 했다.

그동안의 궁금증은 국립중앙박물관 소장품인 사녀도 9점을 자세히 살피면서 많이 풀렸다. 미인도 제화시에 답이 있었다. 더하여 그림 속 미인들의 외로움과 기다림, 갈망, 한탄에 대해서도 알게 되었다.

그림에 제화시를 지은 조선 시대 문인들은 그림 속 여인들의 고립된 처지와 '규원'의 메시지를 이해하고 공감했을까. 더 나아가 같은 상황 속에서 한을 품고 살아가는 여인들이 그들 곁에도 존재한다는 사실을 인지하였을까.

명말의 문진형은『장물지』에서 "도석인물 · 사녀 · 우마牛馬는 근래의 작품이 고대에 미치지 못하고, 산수 · 숲과 바위 · 꽃과 대나무 · 새와 물고기는 고대의 작품이 근래에 미치지 못한다"고 했다. 여기서 근래는 명대이고 고대는 당 · 송을 말한다. 멀리 당 · 송대 양식의 사녀도가 명대에 반복 제작되었던 이유이고, 조선에서도 그것을 선호했던 이유일 것이다.

그렇게 사녀도는 당 · 송대의 현실이 박제된 채 그 모습 그대로 수백 년 동안 이어졌다. 그림과 마찬가지로 여인들의 삶도 규중閨中 깊숙한 폐쇄된 공간에서 자유를 꿈꾸지도 못한 채 외로움을 견디고 사랑을 기다리며 그 모습 그대로 오랜 세월 이어졌던 건 아닐까. 21세기를 사는 여성의 현실은 어떤지 돌아볼 계기로 삼았으면 한다._유미나

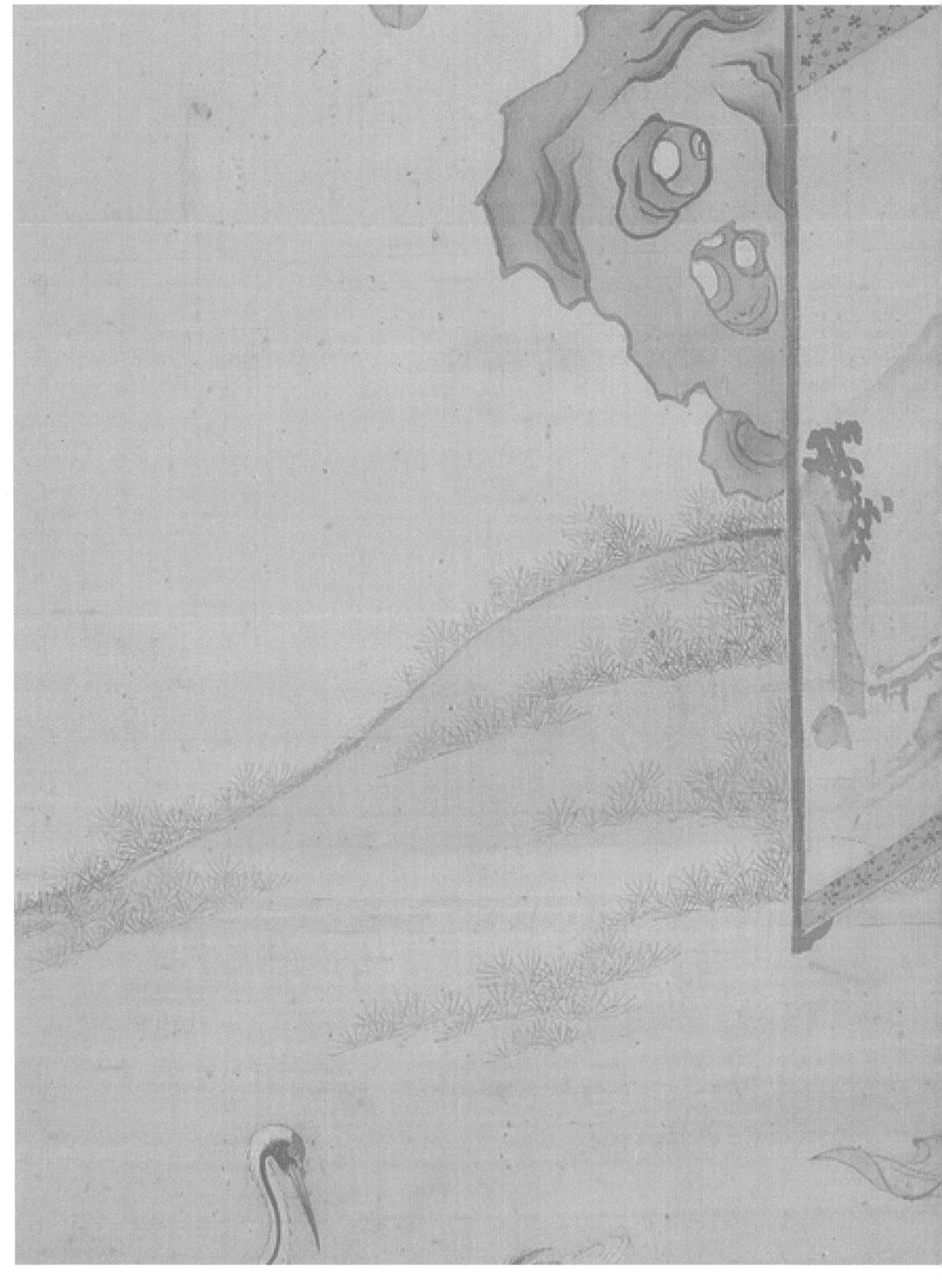

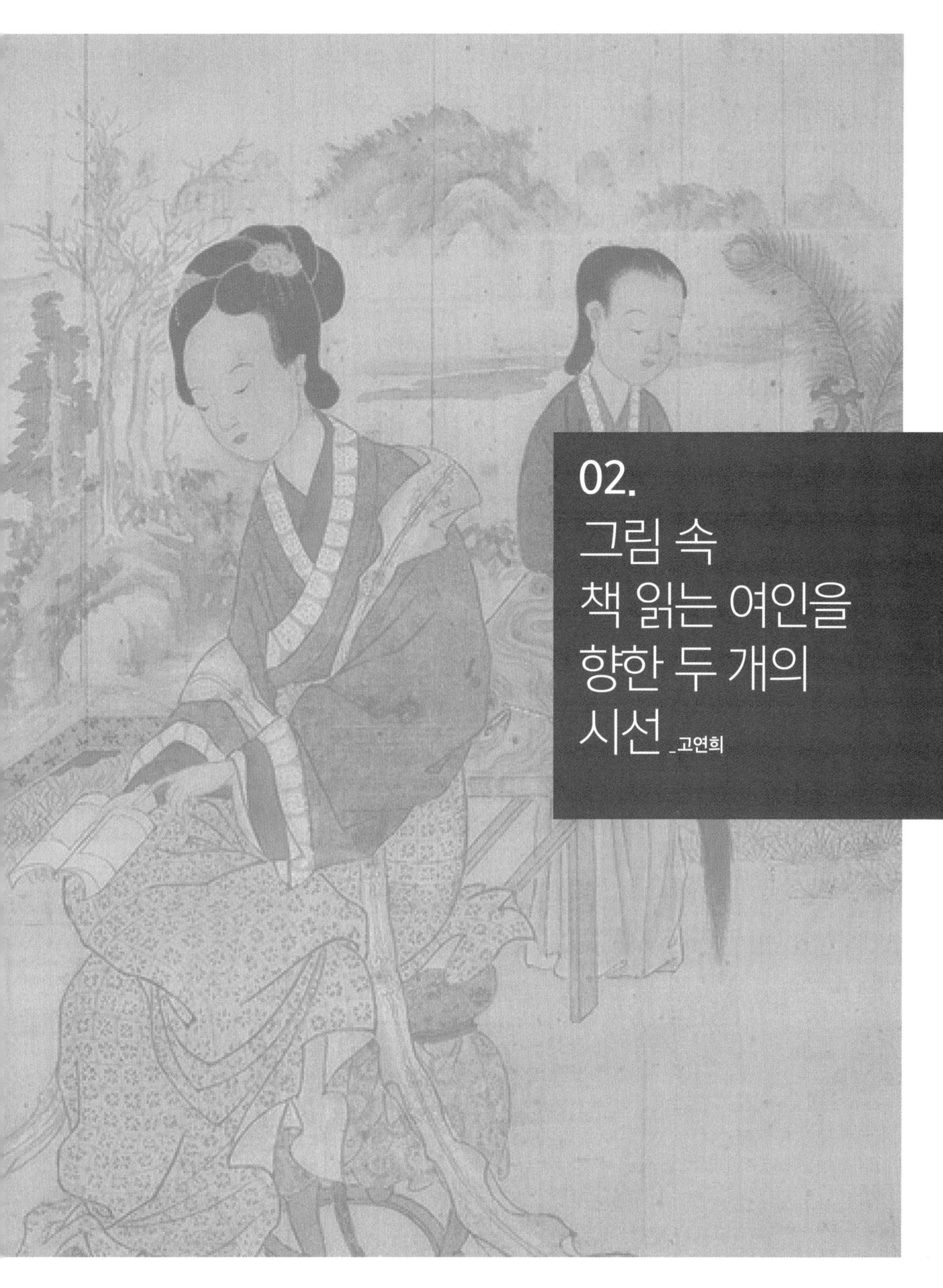

02.
그림 속 책 읽는 여인을 향한 두 개의 시선

_고연희

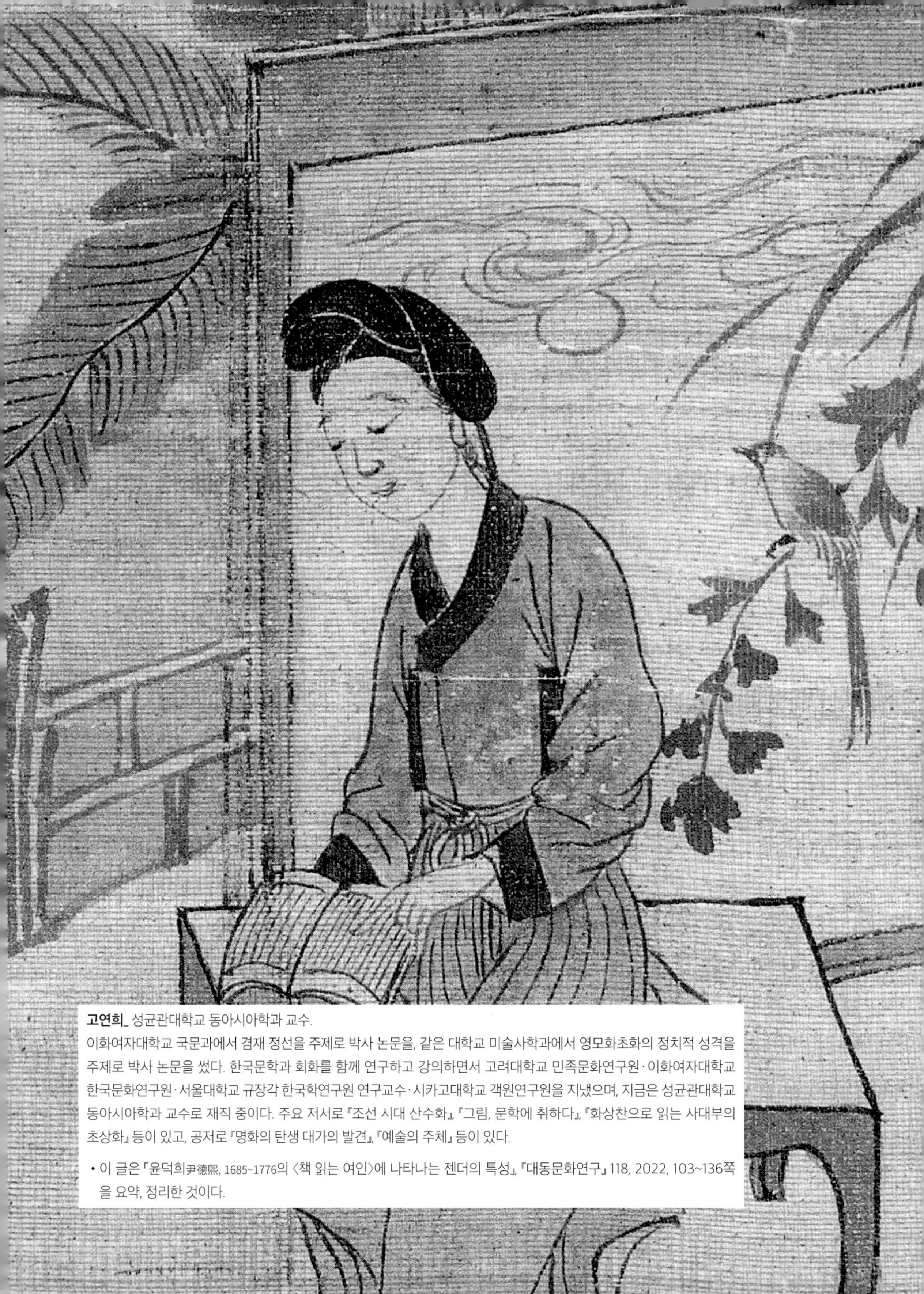

고연희_ 성균관대학교 동아시아학과 교수.
이화여자대학교 국문과에서 겸재 정선을 주제로 박사 논문을, 같은 대학교 미술사학과에서 영모화초화의 정치적 성격을 주제로 박사 논문을 썼다. 한국문학과 회화를 함께 연구하고 강의하면서 고려대학교 민족문화연구원·이화여자대학교 한국문화연구원·서울대학교 규장각 한국학연구원 연구교수·시카고대학교 객원연구원을 지냈으며, 지금은 성균관대학교 동아시아학과 교수로 재직 중이다. 주요 저서로 『조선 시대 산수화』, 『그림, 문학에 취하다』, 『화상찬으로 읽는 사대부의 초상화』 등이 있고, 공저로 『명화의 탄생 대가의 발견』, 『예술의 주체』 등이 있다.

• 이 글은 「윤덕희尹德熙, 1685~1776의 〈책 읽는 여인〉에 나타나는 젠더의 특성」, 『대동문화연구』 118, 2022, 103~136쪽을 요약, 정리한 것이다.

그림 한 점으로 시작하는 이야기

독서하는 조선의 여성을 보여주는 조선 시대 그림으로는 윤덕희尹德熙, 1685~1766가 그린 〈책 읽는 여인〉이 유일하게 전한다.[1][도02_01] 조선 시대 회화 작품들에서 남성의 독서상은 흔하게 등장하지만 여인의 독서상은 거의 찾아볼 수 없기에, '독서여인讀書女人'을 주제로 한 이 그림의 인상은 퍽 신선하다. 그림 속 여성은 삼회장三回裝 저고리에 트레머리계髻 혹은 고계高髻를 올리고 반듯하게 앉아 무릎 위에 펼친 책을 손가락으로 짚어가며 차분하게 독서하고 있다. 아마도 상류층으로 보이는 조선 후기 여성을 재현한 듯하다. 그리하여 이 그림은 조선의 '풍속화'로 분류되어왔다.[2] 그런데 이 그림의 배경을 보면, 여인의 뒤로 세워진 거대한 야외 삽병揷屛, 긴 꽃가지에 새가 앉은 삽병 속 화면, 그리고 여인이 걸터앉은 야외용 목재 의자 등 중국 명나라 상류층 정원을 특징짓는 이질적 물상들로 채워져 있다. 이를 보노라면, 이 그림이 온전한 풍속화가 될 수 없다는 점을 깨닫게 된다. 또한 이 그림 자체가 남성 화가에 의해 제작되었고 남성 관람자에게 대상화對象化된 여성 이미지였던 점을 고려하여 보면, 그림이 향유된 정황에 대하여 여러 가지 의구심이 일게 된다. 이 글은 여기서 출발한다. 이 그림의 주제는 과연 무엇이었을까?

이 그림을 파악하는 중요한 또 다른 자료는 〈미인 독서도美人讀書圖〉다.[3][도02_02] 윤덕희의 부친 윤두서尹斗緖, 1668~1715의 전칭작으로 전하는 이 그림은 중국 그림을 옮겨 그렸다고 알려져 있다. 그림 속 여인은 중국 여인이지만 그 자세가 윤덕희의 〈책 읽는 여인〉과 매우 흡사하여, 이 두 그림을 놓고 보면, 윤덕희의 〈책 읽는 여인〉이 중국에서 유입된 여인 독서도의 모사본에서 유래된 번안 화면임을 알 수 있다. 이에 더해 윤두서가 나물 캐는 조선 여인의 풍속 장면을 잘 그렸던 점을 고려하면,[도02_03] 〈책 읽는 여인〉은 중국 미인도의 궤적과 조선 풍속도의 전통 사이에 놓인 애매한 장르의 그림이었다고 설명할 수 있겠다.

단, 이러한 설명만으로는 조선 여성을 중국 정원에 배치한 〈책 읽는 여인〉의 특이 사항과 이에 따른 주제의 궁금증, 혹은 문화적 위계 문제와 관련된 모종의 혐의와 같은 의구심이 풀리지 않는다.

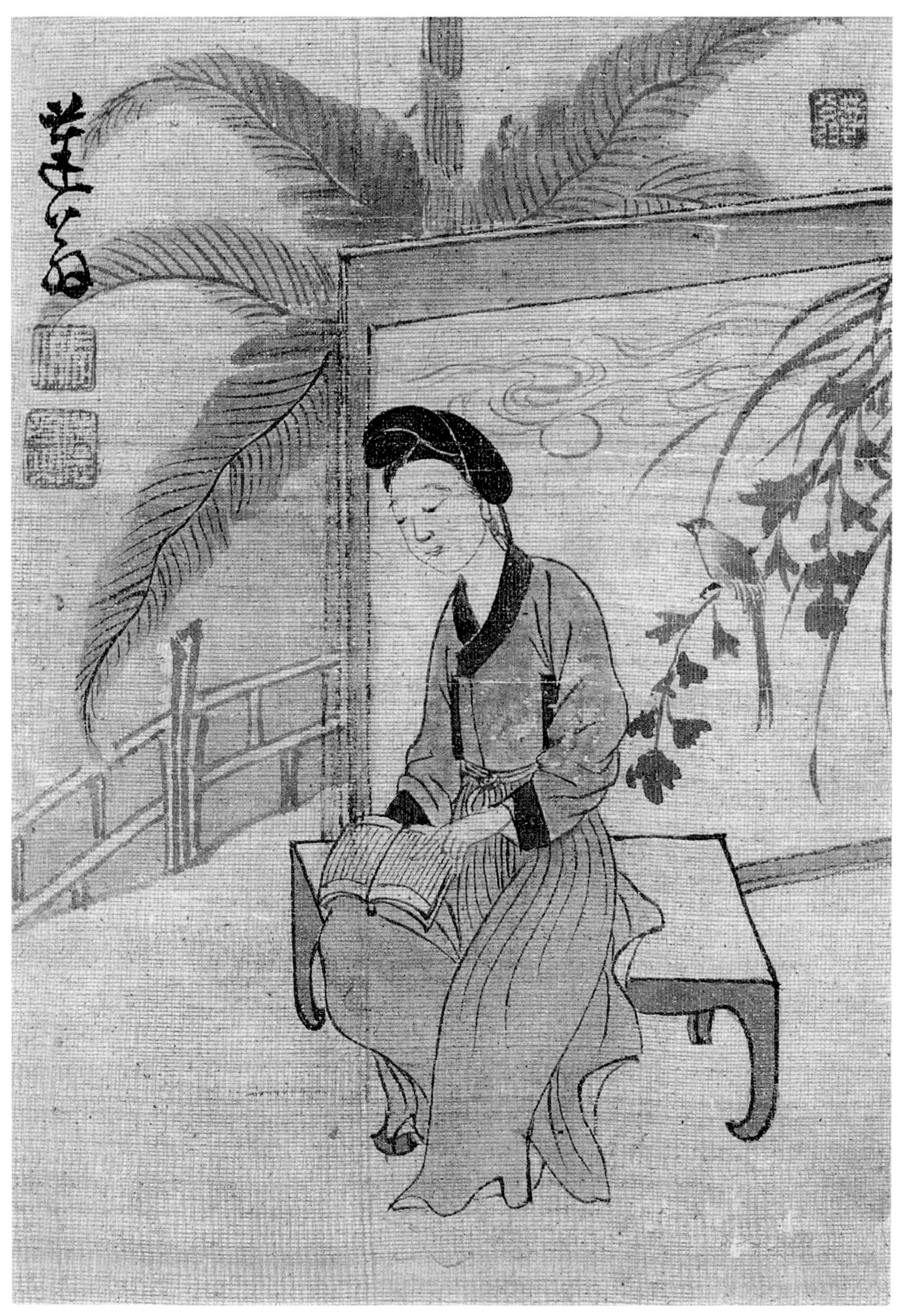

도02_01. 윤덕희, 〈책 읽는 여인〉, 비단에 수묵담채, 20×14.3, 18세기 중반, 서울대학교박물관.

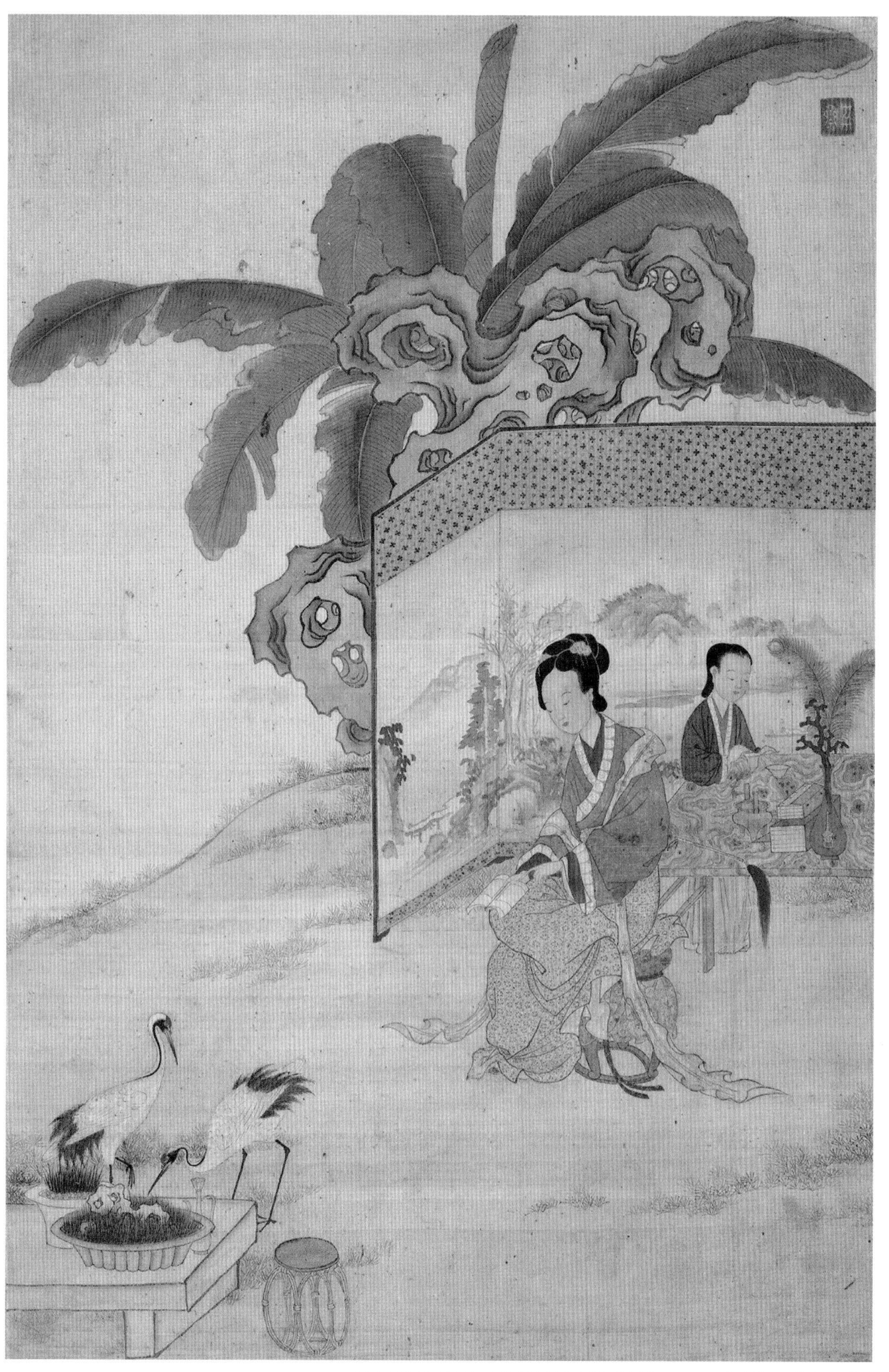

도02_02. 전 윤두서, 〈미인 독서도〉, 비단에 채색, 61×41, 17세기 말~18세기 초, 개인.

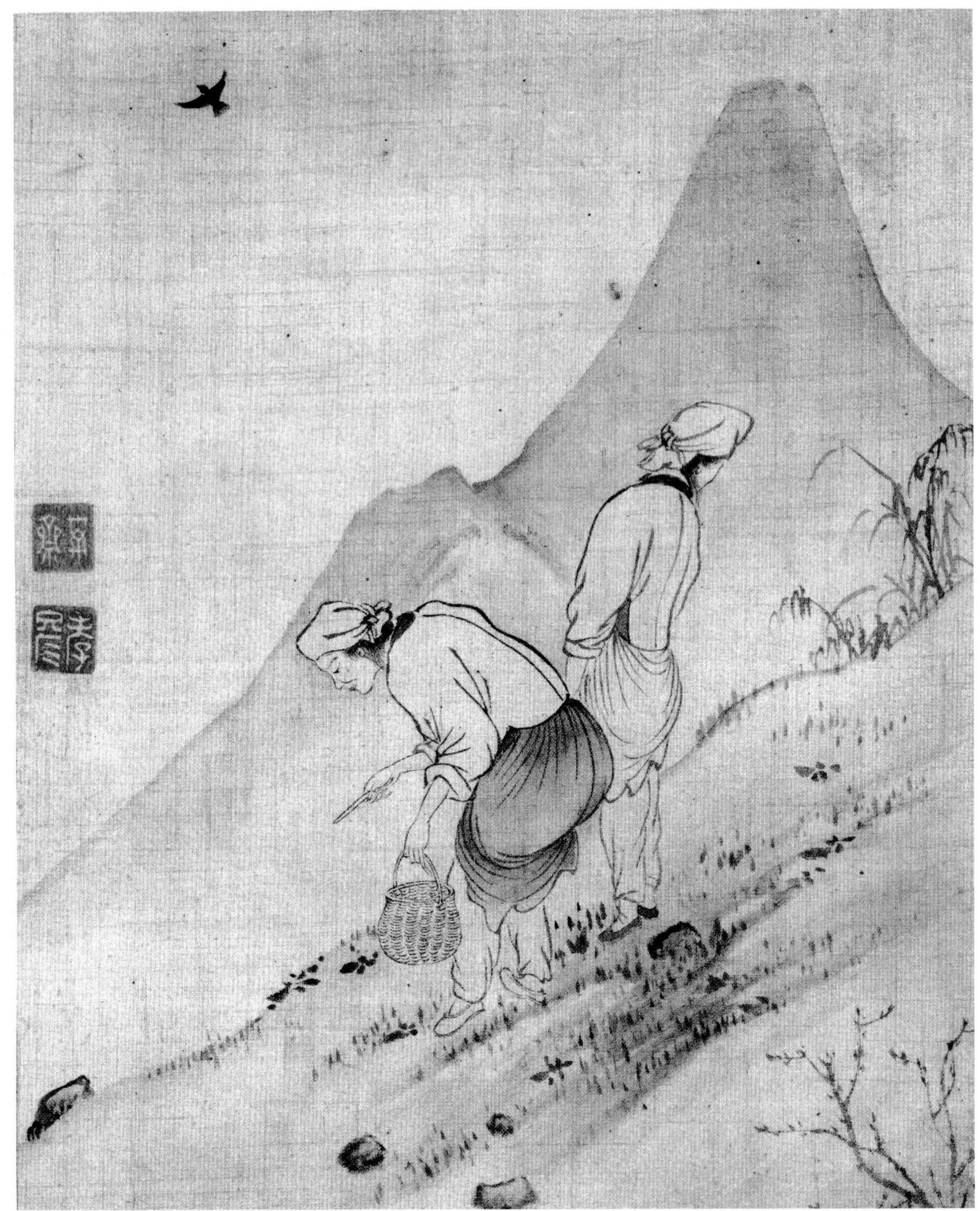

도02_03. 윤두서, 〈나물 캐는 여인(채애도)〉, 모시에 수묵, 30.4×25, 17세기 말~18세기 초, 녹우당.

조선 시대 여성에게 독서란?

조선 시대 과거 제도는 독서를 통한 입신양명을 요구하였기에 평민 이상의 남성들에게 독서는 지극히 중시되는 행위였다. 조선 후기 실학자 이익李瀷, 1681~1763은 다음과 같이 말했다.

"독서하고 뜻을 논하는 것은 장부의 일이다… 우리나라 (글자) 풍속이 중국과 달라 무릇 문자文字 공부란 힘을 쓰지 않으면 되지 않으니, 부녀자는 처음부터 유의할 일이 아니다.『소학』,『내훈』등도 장부가 익힐 일이며, 부녀자는 묵묵히 듣고 익혀 그 논설만 알고 일에 따라 훈계할 따름이다. 만약 부녀자가 누에와 길쌈을 소홀히 하고 책을 먼저 들면 어찌 옳겠는가?"[4]

이익은 남성에게도 힘겨운 한문 서적을 여성이 읽을 필요는 없다고 하고 또한 여성 훈육용 서적도 남성으로부터 그 내용만 전달받으라는 요령을 여성에게 권하고 있다. 이후 반세기 후의 홍대용洪大容,1731~1783이 조선 시대 여성의 독서에 대하여 다음과 같이 기술했다.

"우리나라 부인은 오직 언문으로 편지를 쓰고 일찍이 독서는 시키지 않았으며 더욱이 시작詩作은 부인에게 마땅한 것이 아니니 간혹 하는 사람이 있긴 하여도 안으로 하고 밖으로 내놓지 않습니다."

"…바느질하고 남는 시간에 곁으로 **서사**書史를 통하고『여계女誡』를 거듭 익혀서 행실 규범을 지키는 것은 부녀의 일이지만, 시문을 지어 이름을 얻는 것은 정도正道가 아니지요."[5]

홍대용은 서사와 『여계』를 익히는 것은 행실 규범을 지키는 데 도움이 된다고 하여 그 독서를 권하고 있다. 여기서 『여계』란 한나라 반고班固의 누이 반소班昭가 지었다고 알려지는 책으로 조선 초기부터 중시된 서적이다.[6] 김원행金元行, 1703~1772은 이 책에 대해 이렇게 평했다.

> "뜻이 정미하고 내용이 간략하며, 인정과 사태를 살핀 것이 또 매우 분명하고 지극히 핍절하다. 세상의 부녀자들이 정말 잘 익힌다면 몸을 정숙하게 하고 집안을 화목하게 하고도 남음이 있다."[7]

『여계』와 같이 남성 우위적 사회 규범을 익히도록 조선 여성에게 권장된 서적으로는 『내훈』, 『열녀전』, 『소학』, 『효경』 『삼강행실도』, 『여사서女四書』, 『계녀서戒女書』 등이 있다.[8] 이러한 서적이 갖는 극단적 효력은 실학자 안정복安鼎福, 1712~1791이 숙인 조씨1706~1758가 남편상을 치른 후 순절殉節하고자 음독자살한 것을 칭송한 글에서 확인할 수 있다. 그는 숙인 조씨가 "조금 자라서 『여계』, 『열녀전』을 잘 익혀서" 그녀가 순절하기에 이르렀으니, "참으로 사람이 행할 큰 절의는 오직 삼강三綱에 있기에 굳게 세우고 권장하여 그만둘 수 없는 것"임을 일깨워준다고 하였다.[9] 이 글은 여성을 자살로 이끄는 『여계』, 『열녀전』 등의 효력을 권장하고 있다.

한편, 홍대용이 말한 '서사'란 남성들도 여가에 즐기는 독서물로 대개 심성을 안정시켜주는 역할을 한다고 여겨졌다. 홍대용이 서사를 언급한 것은, 17세기 이래로 여성들의 역사서나 경전류 독서를 집안의 자랑으로 기록하는 상황과 상통하는 양상으로 보인다.[10]

송시열宋時烈, 1607~1689은 그의 고모인 숙인 송씨가 경전과 사서에 두루 통하였다고 기록했고, 오도일吳道一, 1645~1703은 그의 어머니가 어려서 『사략史略』을 읽고 늙어서는 책을 놓지 않았다고 했다. 김창협金昌協, 1651~1708은 그의 딸 김운金雲, 1679~1700과 학문적 대화를 즐겼다고 했고, 임윤지당任允摯堂, 1721~1793이 "경전을 익혀, 나이가 일흔이 되도록 매일 경전을 소리 내어 읽는 것이 마치 경전을 공부하는 학자와 같았다"고 이규상李奎象, 1727-1799이 기록했다.[11]

하지만 이러한 비범한 여성들은 손에 꼽을 만큼 드물었고, 게다가 대개는 스스로 독서가 여성의 일이 아님을 인정하여 그 재주를 밖으로 드러내지 않아서 그녀들의 시댁에서는 이를 아는 사람은 드물었다는 내용이 함께 칭송되는 경우가 많았다.[12]

이와 같은 조선 후기 여성의 독서 실태와 남성 문인의 태도로 미루어 보건대, 18세기 중후반에 제작되었을 〈책 읽는 여인〉은 홍대용의 글에서 허용된 여계류의 도덕서이거나 적어도 사서류를 넘어서지 않는 독서로 상정되어 제작되고 감상되었을 것으로 보인다.

조선 후기 남성들 눈에 비친 중국의 그림 속 책 읽는 여인들

명대에 다양하고 활발하게 제작되던 미인도는 청대로 이어지면서, 미인의 신체는 점점 '유약柔弱'하여져 '병태미病態美'를 보여주기에 이르고, 이로써 미인의 '근심과 원망수원愁怨'의 내면과 '차갑고 고요함냉정冷靜'의 분위기로 박명미인薄命美女의 이미지를 제공하는 형식적 특성이 지목되어왔다.[13]

또한 명대 소설류의 출판과 함께 삽도插圖로 그려지는 주인공 여성, 선녀仙女와 신녀神女, 예컨대, 항아姮娥 · 낙신洛神 · 홍선紅線 등 비현실의 여인상도[14] 미인도 향유에 반영되면서, 가녀린 신체적 특징을 보여주고 있었다.[도02_04], [도02_05]

이러한 가운데 독서여인상도 그려졌는데, 그 출발은 '청루문화青樓文化'에서 만난 재능 있는 남성 명사名士와 아름다운 명기名妓의 낭만적이면서 대개는 불우한 연애 이야기였다. 오위吳偉, 약1459~1508의 〈무릉춘도武陵春圖〉의[도02_06] 주인공은 기녀 제혜진齊慧眞, 호 무릉춘武陵春으로, "어려서 독서를 좋아하여自少喜讀書, 오언칠언시를 읊을 줄" 알았지만, 외로움과 비애로 죽음에 이르게 되었던 이야기의 주인공이다.[15] 그림 속 기녀들은 남성 문인의 정원 혹은 서재 공간에 배치되어 있다.

명 · 청대의 미인 독서상은 그 자체가 주제가 되어 상당량이 그려졌다. 그림 속 미인들이 읽은 책은 사랑 시가 적힌 시집인 경우가 많고, 이러한 독서는 남성을 기다리는 여성을 표현하는 방법이었다. 남성들은 이러한 여성 독서상에서 여성에 대한 쟁취의 욕망을 즐겼

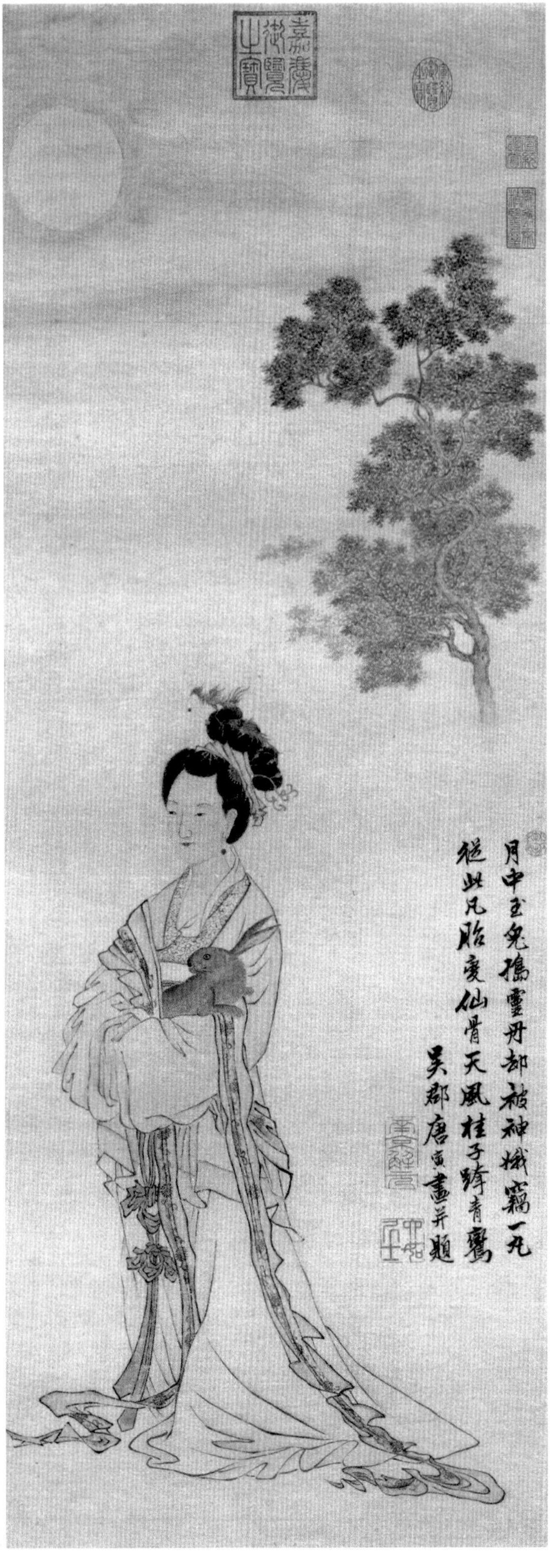

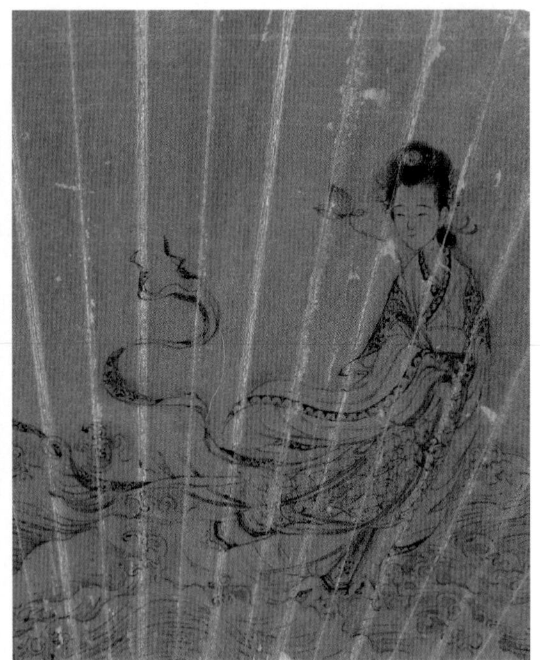

도02_05. 유구尤求, 〈화락신도畵洛神圖〉 종이에 수묵, 부채 그림의 부분, 16.4×50. 유구는 구영의 사위로 구영의 인물화를 계승했다.

도02_04. 당인, 〈화항아분월畵嫦娥奔月〉, 비단에 채색, 146.4×72.6, 명대, 타이베이국립고궁박물원.

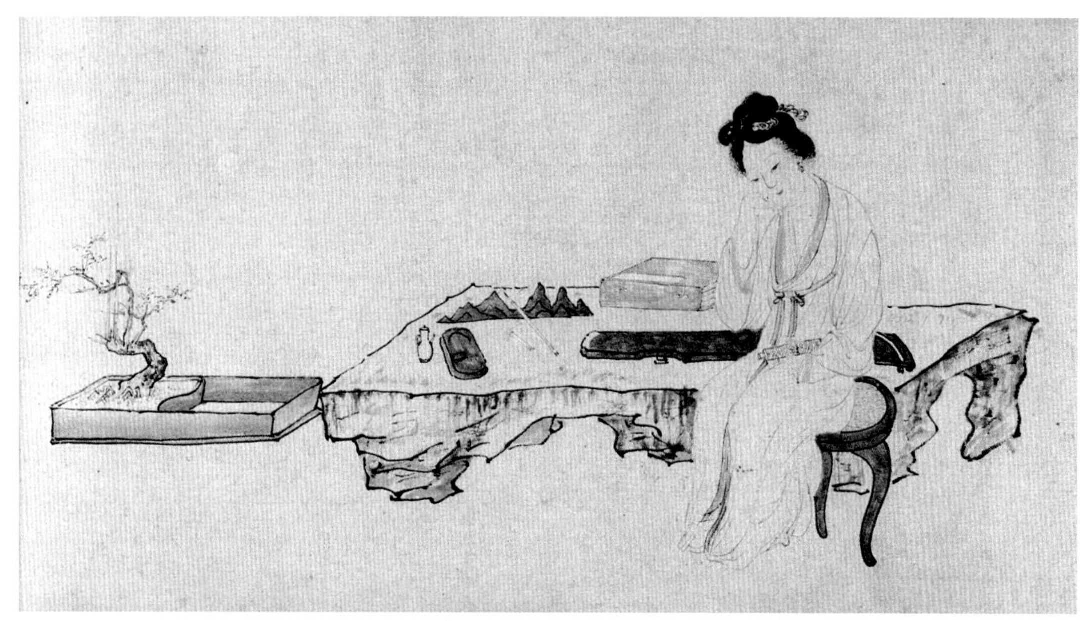

도02_06. 오위, 〈무릉춘도〉 부분, 종이에 수묵, 27.5×93.9, 15세기 후반~16세기 초, 베이징고궁박물원.

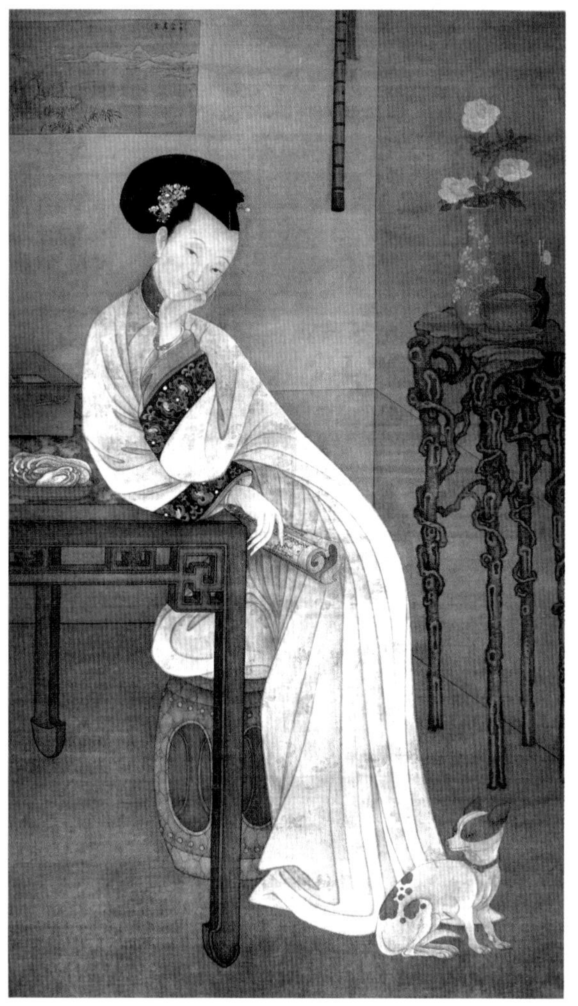

도02_07. 냉매冷枚, 〈춘규권독도春閨倦讀圖〉, 비단에 채색, 175×104, 청대, 톈진박물관.

다. 이는 청나라 황실의 미인 독서도에서 더욱 적극적으로 적용된다. 예컨대 만주족 황제의 후궁을 그린 미인 독서상에서[도02_07] 한족漢族 미인이 당나라의 애정 시집을 들고 후궁에서 황제를 기다리는 이미지는 한족 여인과 중국 전통에 대한 만주족 황제의 정치적 지배력을 함축하고 있다고 설명될 수 있기 때문이다.[16] 이러한 식의 미인 독서상은 남성의 지배욕과 성적 요구를 시각적으로 반영하고 있다는 해석을 가능하게 한다.[17]

이와 상반된 해석도 등장했다. 명·청대의 미인 독서도들은 여성의 독서 능력과 여성의 사회적 지위 상승을 반영하고 있다는 주장이 그것이다. 지적으로 재능 있는 기녀가 육성되던 명나라의 교육 시스템, 뛰어난 기녀들의 사회적 영향력, 남성 문인의 여제자들이 행사하는 능력, 상인 계급의 경제적·문화적 상승과 함께 고도로 훈련된 지적 기녀가 모종의 전문 계급으로 발달했던 상황 등이 명대 미인 독서도에 반영되어 있다는 해석이다.[18]

명나라에서 미인도로 저명한 화가는 당인과 구영이었다. 이들의 미인화 명성은 청대로 이어졌다. 명·청대 중국 남성 문인들은 존정尊情의 가치관을 내세워 이러한 그림들을 용인하고 즐겼고,[19] 민간에서도 만력년간1573~1620 이래 청대까지 지속된 "소주편蘇州片, 소주를 중심으로 제작된 상업적 모조작"으로 당인과 구영의 미인도 모사작들을 구입할 수 있었다. 이 가운데 일부는 조선으로 유입되었다.[20]

조선 중기 1555년을묘왜변을 거치면서 윤근수尹根壽, 1537~1616는 명나라 당인의 '미인반상美人半像'을 얻었다. 이 그림에는 흰 꽃의 향기를 맡는 여인과 이 여인의 외로움을 읊은 절구시가 적혀 있었다고 한다.[21] 김상헌, 김창업金昌業, 1658~1722, 조현명趙顯命, 1690~1752 등이 남긴 연행 기록에는 중국에서 직접 만난 중국 미인도들이 거론되고 있다.[22] 정문부鄭文孚, 1565-1624의 시로 남은 〈무산신녀도巫山神女圖〉, 소현세자와 함께 조선으로 온 중국의 문인화가 맹영광孟永光, 孟榮光, 17세기 중반 활동의 그림을 조선의 조세걸에게 모사하도록 한 〈낙신홍선도洛神紅線圖〉,[23] 조선의 문인들이 거듭 감상한 구영의 '여협도' 등은 명·청대 유행한 비현실적 신녀 미인도들이 조선으로 유입되어 애호된 현상을 보여준다.

그 시절의 뛰어난 화가 이징李澄, 1581~?, 이정李楨, 1578~1607, 이홍효李興孝,1537~1593 등이 모두 미인도를 제작하기 시작했다. 허균은 이징에게 중국화보《고씨화보顧氏畫譜》속 아이를 씻기는 여인을 그리도록 했고,[24] 박미朴瀰, 1592~1648는 이홍효와 이정의 채녀도綵女圖를 수장하고 있었다.

화가는 알 수 없지만, 17세기 후반 무렵 명나라의 그림을 옮겨 그린 듯한 인물화첩 《고사인물도》에 9점의 중국 미인이 그려져 있고,[도01_01]~[도01_09] 그 가운데 책을 책상 위에 펼쳐 놓고 앉은 여인이[도02_08] 포함되어 있다.[25] 이 화첩은 조선 후기에 이루어진 명대 미인도의 제작, 중국 소주편과 같은 모사작의 유통을 추정하게 해주고, 또한 중국 미인의 독서상이 17세기 말 18세기 초 조선에서 모사되고 있었음을 알려준다.

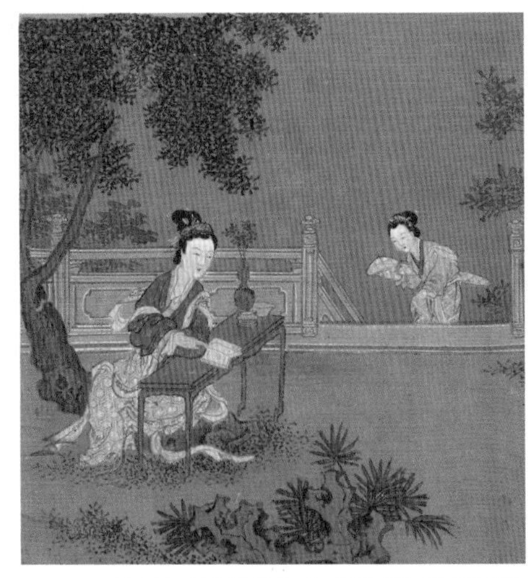

도02_08. 〈수음독서도〉, 《고사인물도》, 비단에 채색, 20.6×21.5, 17세기 후반, 국립중앙박물관.

앞에서 살핀 윤두서 전칭작 〈미인 독서도〉도[도02_02] 명대 미인도가 조선에서 해석되어 모사된 예다. 이와 비교할 만한 중국 미인 독서도로 진홍수陳洪綬의 〈여인독서도〉, 중국 난징박물관에 소장된 구영 전칭작 〈춘정행락도春庭行樂圖〉가 제안된 바 있다.[26] 이 외에도 여인의 자세와 너울거리는 옷자락 및 파초의 배경 등에서는 루스앤드셔먼리일본연구소The Ruth and Sherman Lee Institute for Japanese Art에 소장된 당인 전칭작 〈홍엽제시사녀도紅葉題詩仕女圖〉[도02_09]에서 그 흡사함을 찾을 수 있다. 이 그림들에서 여인의 곁에 놓인 낮은 탁자는 여인이 마치 나무 벤치에 앉은 듯한 느낌을 줄 수 있다는 점에서, 윤덕희의 〈책 읽는 여인〉이[도02_01] 탁자에 앉은 듯한 표현과 연관성을 보여준다.

조선의 문인들은 이러한 명대 미인도들을 어떻게 향유했을까. 크게 두 가지 양상이 혼재하며 나타난다.

하나는 감각적인 감상이다. 위에서 언급한 바의, 이징에게 아기를 씻기는 중국 여인을 그리도록 하였던 허균이 "이정의 수준에는 미치지 못하지만, 자세히 보면 풍성한 살결과 아양 떠는 웃음이 요염함을 한껏 발하여 아리따운 자태가 핍진하니 신묘한 작품이다. 이것을 오래도록 펴놓고 싶지 않은 것은 오래 펴놓으면 밤잠을 설칠까 두려워서"[27]라고 한 것

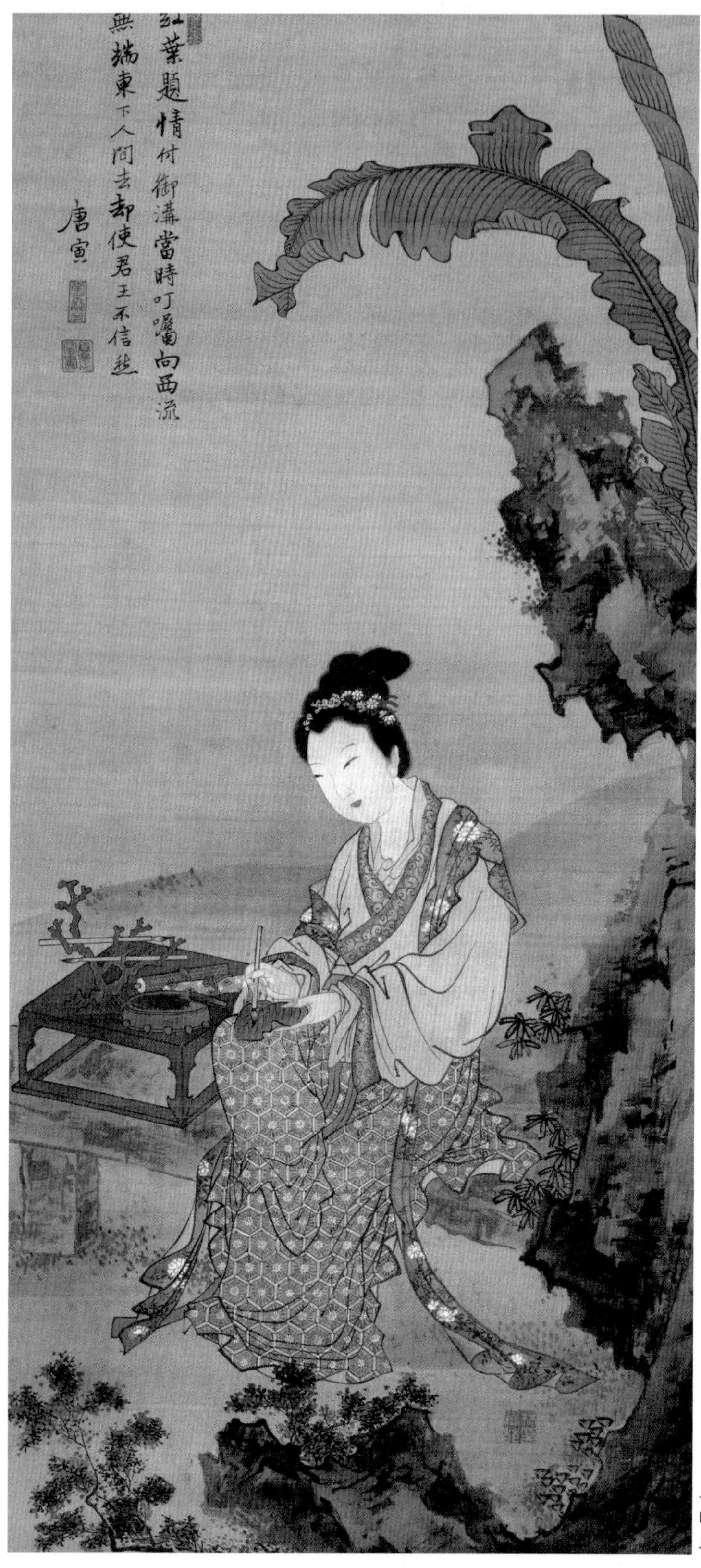
紅葉題情付御溝當時叮囑向西流
無端東下人間去却使君王不信
唐寅

도02_09. 전 당인, 〈홍엽제시사녀도〉, 비단에 채색, 104×48, 명대, 루스앤드셔먼리일본연구소.

처럼, 명대 미인도들이 유입되던 즈음, '존정'을 주장한 허균이 미인에 대한 감각적 감상을 드러내 소통한 태도를 보여주고 있다. 이러한 미인도 감상과 제작은 그 이전의 조선 사회에서 양귀비나 왕소군王昭君 등의 역사적 미인을 주제로 감계 혹은 충성의 제화시를 부쳤던 상황과 사뭇 다른 코드다.[28]

또 다른 하나는 명대 미인도 속 여인을 상류층 여성으로 이해하는 방식이다. 대개는 그림 속 여인을 '미인美人' 혹은 '사녀仕女'라 칭하였는데, 특히 '사녀'라는 칭호에는 중국 미인도 속 여인에 대한 존중의 어감이 담겼던 것으로 보인다. 윤두서와 친밀했던 이하곤李夏坤, 1677~1724이 명나라 맹영광의 그림에 대하여 "인물, 선불仙佛, 귀신神鬼, 사녀"를 잘 그렸다고 하고, 또한 「제사녀장자題仕女障子, 사녀를 그린 가리개그림에 부치노라」라는 제목으로 그림 속 '사녀'의 모습을 읊었다.[29]

조선에서의 사녀라는 용어는 조선의 상류층 여인을 칭할 때 사용된 사례를 보여준다. 중국 미인도 속 여인을 사녀라 부르는 호칭은, 19세기의 신위申緯, 1769~1847에게로 지속되었다. 신위는 특히 명나라 미인도 속의 독서여인을 중국 역사상 최고의 여류 문인이라고 추정하였고, 심지어[30] 명나라의 당인이 그렸다는 〈독서사녀도讀書仕女圖〉를 보면서, "글 쓰는 자태가 얌전하고 우아하고, 꾸며진 창문에는 티끌 하나 없구나. 만약 이이안李易安이 아니라면, 관부인管夫人이라 생각된다"라고 읊었다. 이이안과 관부인, 즉 송나라의 이청조李淸照, 1084~?와 원나라의 관도승管道昇, 1262~1319은 대표적인 중국 여성 문인들이었다.[31] 신위는 또한 명나라 무명씨의 그림 〈사녀독서도〉를 보면서 "금비녀 비껴 봉황 깃털에 흘러내리네. 이향군李香君일까? 소청小靑일까?"라고 했다. 여기서의 이향군은 공상임孔尙任, 1648~1718의 소설 『도화선桃花扇』에 등장하는 지적이고 용감한 여주인공이며, 소청은 청대 희곡에서 능력을 발휘한 여인이다. 신위는 명나라의 문인화가 진홍수가 그렸다는 〈독서사녀도〉에도 시를 부쳤다.

명나라 미인 독서도에 대한 이러한 신위의 태도는, 이재관李在寬,1783~1849이 그린 당나라 여성 시인 설도薛濤의 화면으로 이어졌다.[32] 신위는 문식이 높은 중국 여성을 이상적 반려자로 생각했고, 이러한 태도는 19세기 조선 경화세족의 여성관 형성과 깊은 연관성을 보여준다.[33] 그 배경에는 중국의 여성 문인과 여성 예술가의 이야기가 조선에 알려진 상황, 다양한 지적 재능을 발휘한 중국 여인들의 모습을 엮어서 보여주는 중국의 화보들이 제작되어 조선으로 전해져 있던 상황이 있었다.[34] 신위의 시대에는 그러한 화보류의 독서여인상들도 유입되어 있었다.

19세기에 드러나는 이러한 정황을 두루 살피면, 중국 명나라 청루문화 속에서 사랑을 구하던 기녀가 독서상으로 표현되었던 현상에 대한 정보가 부족했던 18세기 조선의 문인들이, 그림으로 유입된 명대 미인도 속 여인들을 '미인' 혹은 '사녀'의 칭호로 불렀고, 특히 독서하는 여인은 '사녀'의 품격으로 감상했던 사정을 미루어 알 수 있다. 신위 이전의 시기에도 독서상은 중국 상류층의 지적 여성으로 감상되었을 가능성이 크다는 뜻이다. 윤두서가 그렸다고 전하는 〈미인 독서도〉[도02_02] 속 중국 여인의 진지한 독서 장면 역시 사랑을 구하는 외로운 기녀의 분위기로 표현되지 않았다.

다시, 그림 속 책 읽는 여인을 살피다

〈책 읽는 여인〉에[도02_01] 그려진 인물은 조선 후기 양반층 '미인'을 보여주면서, 동시에 18세기 조선 후기 남성들이 수용한 용어 '사녀'의 품격을 가진 여성이었다고 할 수 있다.

이 여인의 독서 태도는 차분하고 진지하여 자못 숙연하기까지 해보인다. 이 여인의 독서는 조선 시대 남성 문인들이 추구한 주자朱子의 독서법, 즉 마음이 이르고 눈이 이르고 입이 이른다는 내용의 "심도心到 · 안도眼到 · 구도口到"의 삼도三到의 집중상을[35] 구현한 듯하며, 특히 윤덕희 집안의 녹우당綠雨堂에 전하고 있는 『영모첩永慕帖』에 실린 윤이석尹爾錫의 「독서약계讀書約戒」1681 중 '심도'와 '안도'를 해석한 다음의 글을 떠올리게 한다.

> "이른다도到라는 것은, 한곳에 집중하여 다른 곳으로 흘러가지 않고 맘을 가라앉히고 뜻을 붙여 모든 외물로 옮겨가지 않는 것을 이른다. 글을 읽을 때는 반드시 마음을 거두고 생각을 가라앉히고 오똑하니 단정하게 앉아 눈을 책 위에 붙여 한 자字 한 줄행行을 함부로 지나쳐서 착오를 나지 않도록 한다. 그래야 반드시 안도眼到라 할 수 있다."[36]

그림 속 여인은 실로 오똑하니 단정하게 앉아서 눈을 책 위에 붙이고 한 자字 한 줄行 을 놓치지 않는 모습이다. 그리하여 〈책 읽는 여인〉은 남성들이 스스로 독서에 부여한 권위와 가치를 구현하고 있는 듯하다.

18세기 남성 문인들이 신랄하게 비난했던 여성들의 소설小說 독서, 즉 비교육적인 서적을 독서하는 여성의 독서 이미지는 이와 다른 도상으로 형성되고 있었다. 신윤복申潤福, 1758~?의 풍속화로 알려진 그림들 중 치마저고리를 입고 비스듬히 함께 누워 춘화를 구경하는 두 여인의 모습이 그것에 해당한다.[도02_10] 사실, 이 그림도 단순한 풍속화라 할 수 없다. 유사한 도상이 명나라 〈한궁춘효도〉에[도02_11] 보이기 때문이며, 이 도상의 의미는 소설류의 홍미진진한 서적을 즐기는 여인들의 흐트러진 자세다. 여성들이 소설에 빠져드는 것을 비난한 조선 후기 남성 사회에서 춘화를 감상하는 여성의 모습이 제작된 것은 무엇을 의미할까. 여성의 소설 독서에 대한 남성의 비난은 대사회적 교육적 발언이었다면, 춘화의 정서를 여성과 공유하려는 또 다른 내면의 욕구가 이러한 그림의 감상을 이끌던 것이 아니었을까. 여성의 구애 욕망을 상상으로 즐기려는 남성 심리가 아니라면 이 화면에 대한 남성들의 향유 방식을 설명하기 어렵다. 그럼에도 이러한 도상의 존재는 〈책 읽는 여인〉의 건전하고 바람직한 독서상을 대비적으로 강조하는 역할을 한다.

건전한 독서를 하는 조선의 여인은 중국 남성의 공간에 배치되어 있다. 여인의 뒤로 놓인 커다란 삽병은 단폭의 그림을 꽂아서 만든 형식으로 그 틀이 비교적 장대하다.[도02_01_01] 이러한 규모의 삽병은 중국의 부유한 저택을 장식하던 형식이며, 조선에서는 거의 제작되지 않았다.[37]

명나라 '남성' 문인들의 고급 정원을 보여주는 중국 회화 작품에서 이와 유사한 삽병이 종종 등장한다. 당인의 〈도곡증사도陶穀贈詞圖〉와 구영의 《인물고사도》에 포치된 삽병들이[도02_12], [도02_13] 그 예다. 이 명나라 그림 속 삽병들과 윤덕희가 그린 삽병에는 모두 보름달 아래 꽃가지 하나가 유난히 길게 늘어지고 그 위로 새가 앉은 화면이 그려져 있다. 윤덕희는 책 읽는 조선 여인을 정성스럽게 그리고 그 배경에 보란 듯 명나라 고급 삽병을 그렸다. 윤덕희에게는 건전하고 우아한 여성의 독서 배경으로 적절한 조선의 여성 공간이 떠오르지 않았던 걸까.

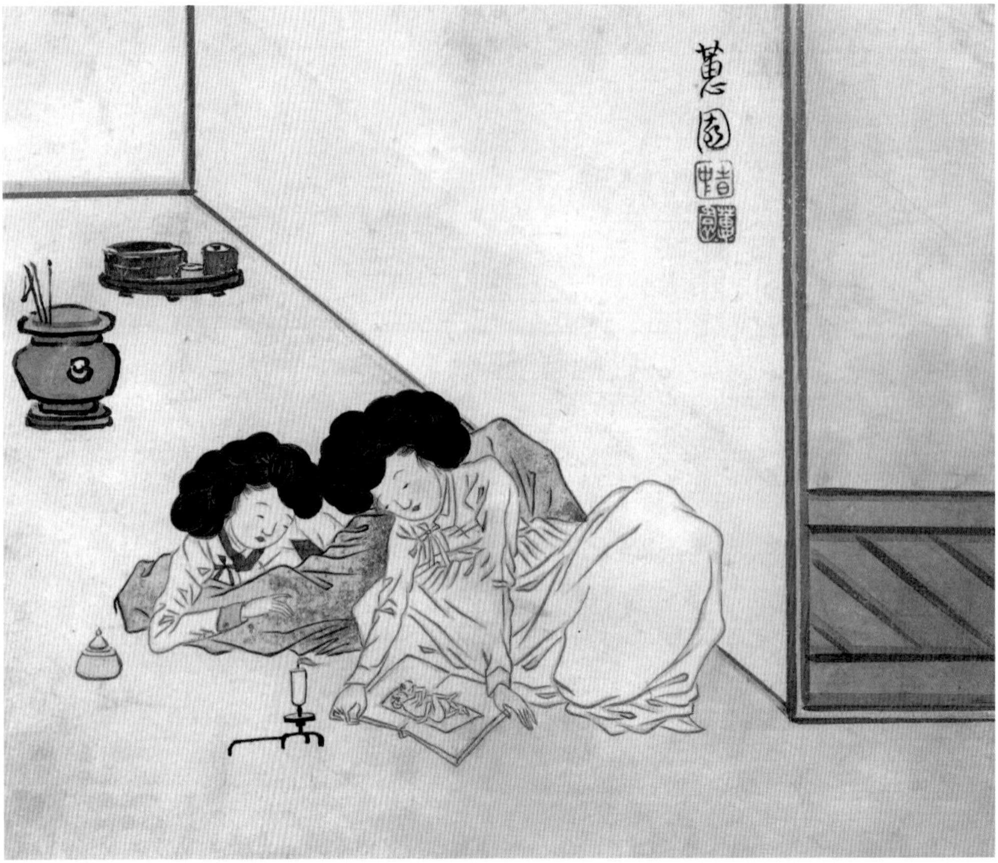

도02_10. 신윤복, 《건곤일회도첩乾坤一會圖帖》 중 한 면, 종이에 수묵담채, 23.3×27.5, 조선 후기, 간송미술관.

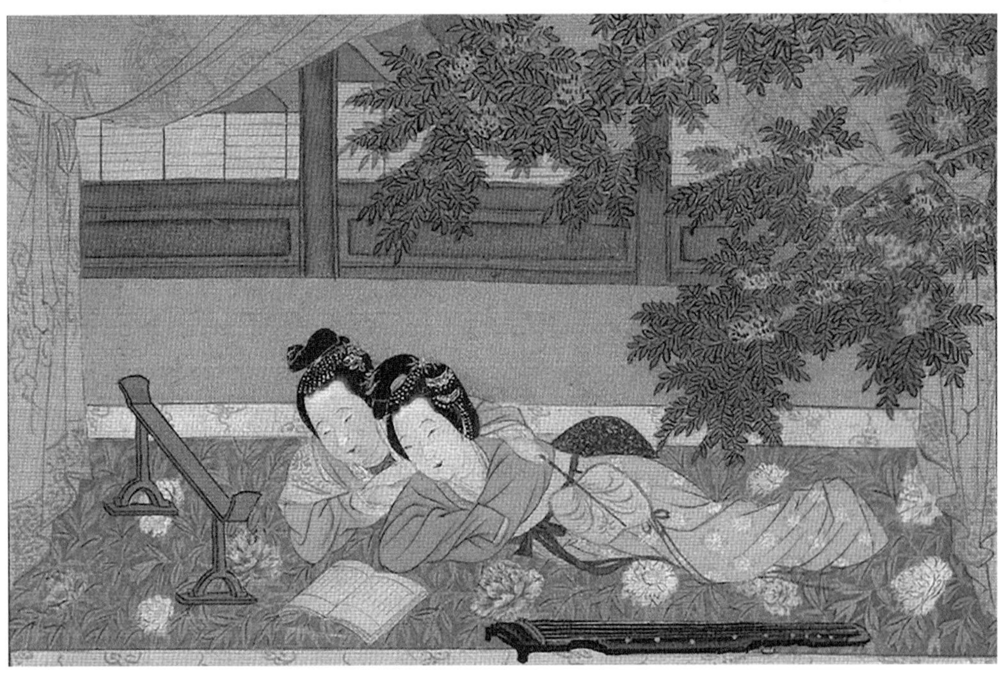

도02_11. 구영, 〈한궁춘효도〉 부분, 비단에 채색, 전체 30.6×574.1, 명대, 타이베이국립고궁박물원. (전체 그림 도01_14 참조)

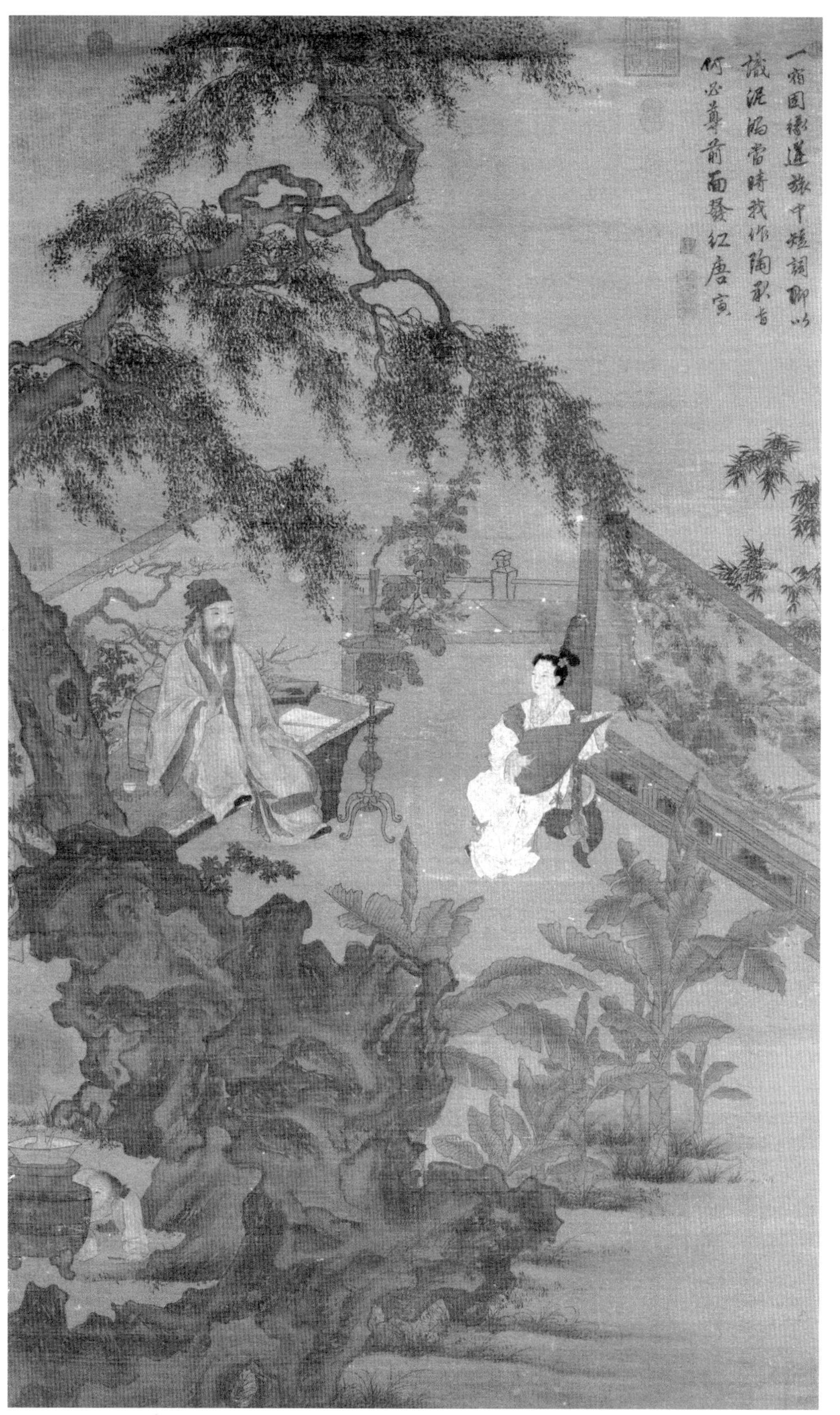

도02_12. 당인, 〈도곡증사도〉, 비단에 채색, 168.8×102.1, 명대, 타이베이국립고궁박물원.

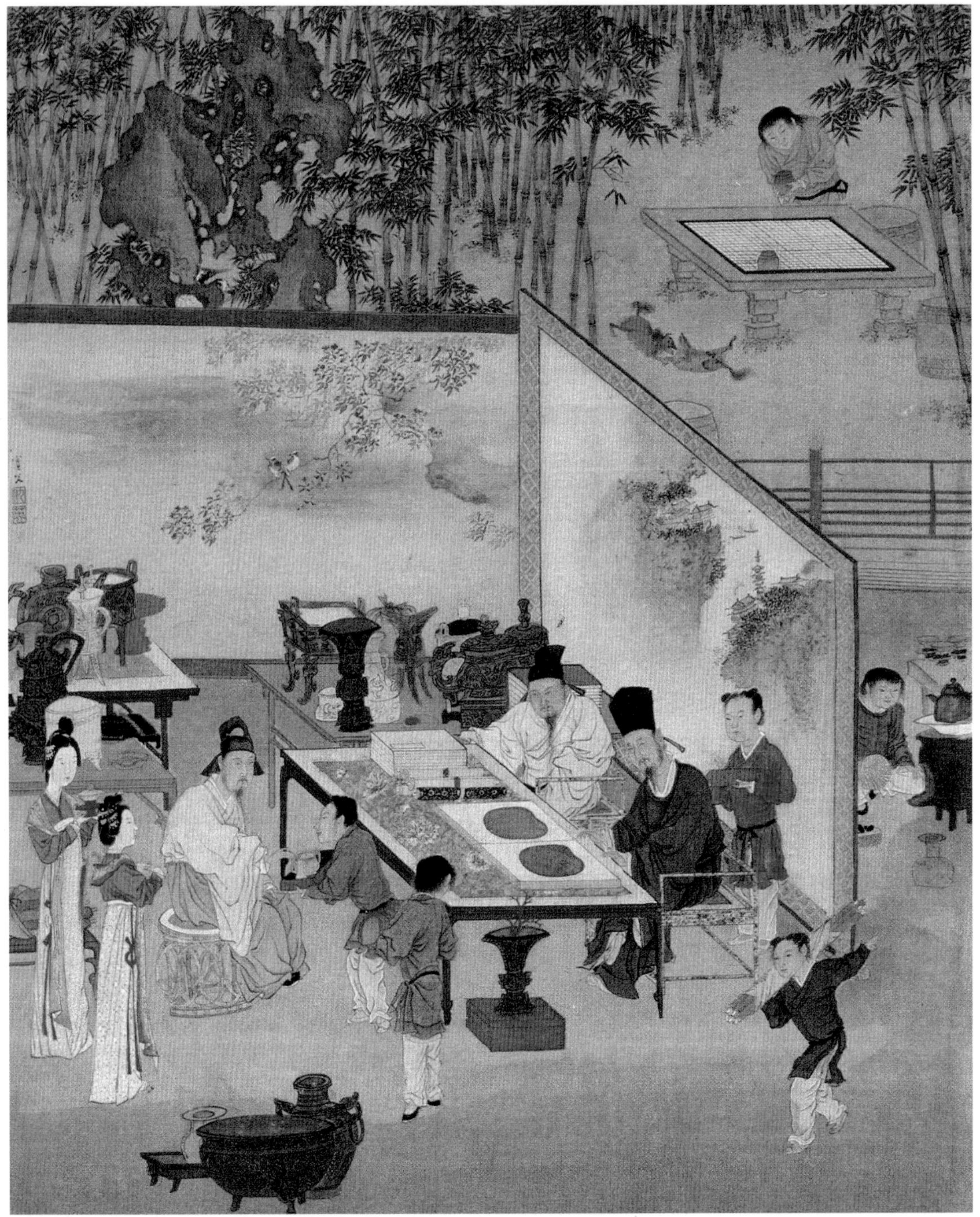

도02_13. 구영, 〈죽원품고竹院品古〉, 《인물고사도》, 비단에 채색, 41.1×33.8, 명대, 베이징고궁박물원.

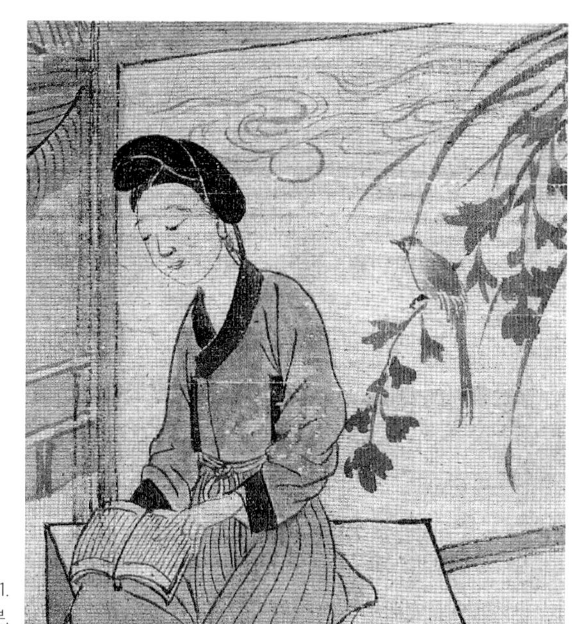

도02_01_01.
〈책 읽는 여인〉 부분.

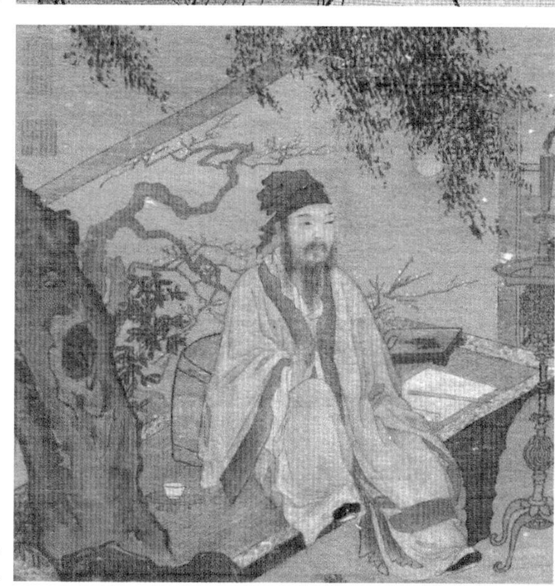

도02_12_01.
〈도곡증사도〉 부분.

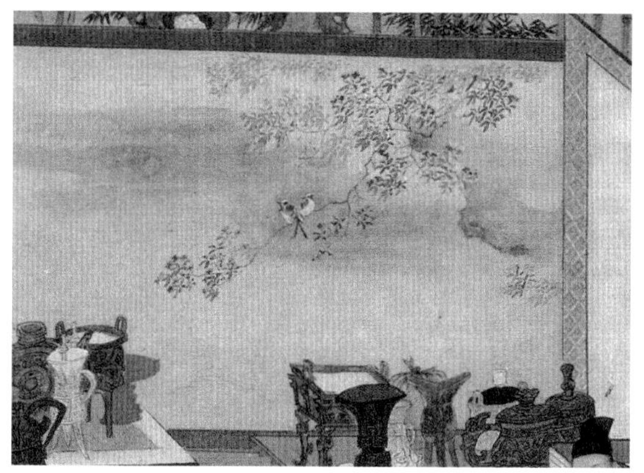

도02_13_01.
〈죽원품고〉 부분.

이처럼 〈책 읽는 여인〉의 인물, 행위, 배경의 내용을 자세히 들여다보노라면 이 그림 속 인물이 과연 조선의 여성인지 의심스럽기까지 하다. 애당초 명나라 여인 독서상의 출발은 청루의 기녀가 대부분이었는데, 〈책 읽는 여인〉 속 주인공은 조선 사대부가의 여인으로 그 국적과 신분을 달리 하고, 이 와중에 독서물은 사랑 시집에서 교육적이고 교양적인 독서물로 바뀌었을 뿐 아니라, 그녀의 태도는 남성이 추구한 독서의 태도를 취하고 있다. 더하여, 그녀의 배경은 중국 상류층의 문물로 배치되었다.

남성/여성, 중국/조선 등의 거대한 대립항으로 이를 보면, 이 그림 한 폭은 남성의 권위와 여성의 대상화, 중국의 문화 우위, 중국 여성에 대한 숭모와 조선 여성에 대한 차별적 시선 등이 모두, 혹은 무의식적으로 반영되었다. 이 가운데 조선 여성의 존재와 그 실상은 오히려 배제되었던 것으로 보인다.

윤덕희의 〈책 읽는 여인〉 이후, 조선 여인의 독서상은 조선에서 다시 제작되지 않았다. 19세기에 이르면 조선에서도 기녀들과 남성 문인들과의 예술 교류 기류가 형성되고 있었다.[38] 명대 미인 독서도 속 기녀 주인공들이 비슷하게 조선에서도 존재하고 활동하게 되었다는 뜻이다. 조선의 문인들은 이러한 기녀들을 여타 여성들과 구별하여 '여사女史'라고 특별히 불렀다. 그러나 그들은 이 '여사'들의 모습을 그림으로 남기려 하지 않았다. 중국에서는 청나라로 접어들면서 매우 크고 정밀하고 화려한 미인 독서도가 그려졌고 그 속에서 기녀나 후궁이 우아한 자태로 애정시를 읽는 그림이 지속적으로 제작되었지만,[도02_06], [도02_07] 조선에서는 그러한 그림 문화가 전개되지 않았다. 앞에서 언급한 바와 같이 중국에서는 한편으로 실제로 문식 있는 역사 속 여성들의 독서상을 담은 화보가 판화집으로 나왔다.

중국 18세기 상관주上官周가 엮은 인물 화보 《만소당죽장화전晩笑堂竹莊畫傳》1743에 실린 〈반소班昭〉와 〈소혜蘇惠〉를[도02_14], [도02_15] 신위가 언급한 경우를 보면, 아들 신명연申命衍, 1809~?이 그린 중국 여인의 명원도名媛圖에 그 영향이 있었음을 알 수 있지만,[39] 조선에서는 그러한 류의 조선 여인을 그린 그림이 제작되지 않았다. 19세기 조선의 남성들이 애호한 미인 독서도는, 명나라의 미인 독서도로 전해지는 그림들 즉, 중국 '사녀'의 독서로 해석되는 그림들이었다.

19세기 조선 여인 독서상의 부재는 18세기의 〈책 읽는 여인〉의 내용 이해에 도움을

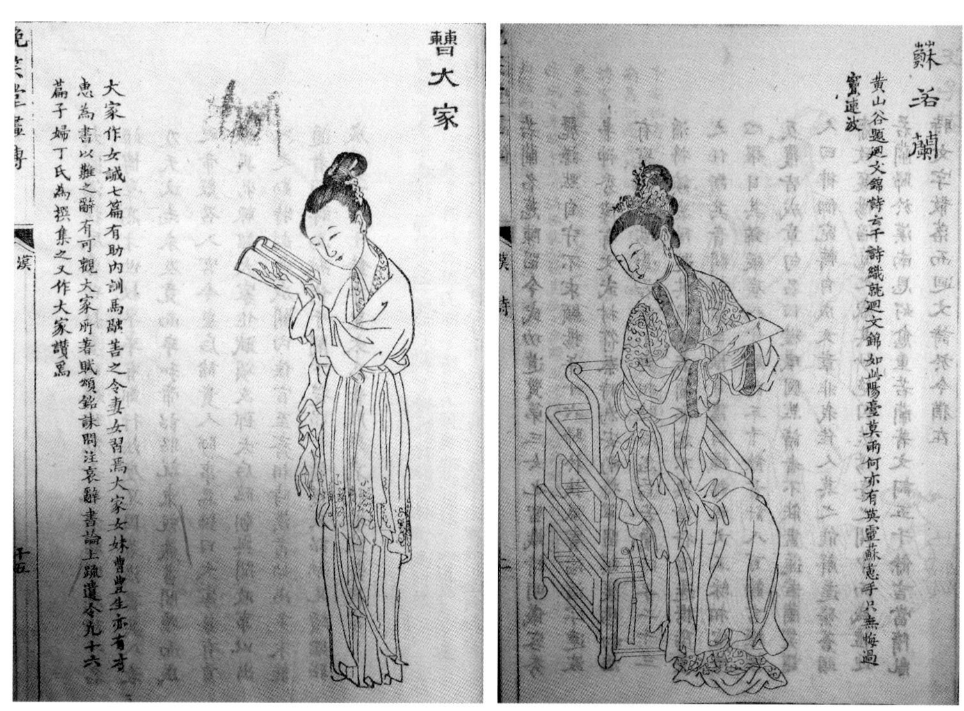

도02_14. 도02_15. 상관주, 〈반소〉(왼쪽)와 〈소혜〉(오른쪽), 《만소당죽장화전》, 석판화, 1743, 규장각 한국학연구원.

준다. 극단적으로 말하자면, 조선에서는 온전한 조선 여인 독서상이 회화 작품으로 표현되지 못했다. 조선 남성 문인들이 누리던 상상 속 우아한 중국 '사녀'에 대한 그리움은 조선 남성 문인들이 누리고 싶은 우월적 문명으로의 상상이었고, 〈책 읽는 여인〉은 그 범주를 넘어서지 못했던 것이다.

이 그림을 향한 이중의 시선

독서란 그 자체로 독해력과 사유력을 향상시키는 능력을 배양한다. 그리하여 부채나 꽃을 들고 사랑을 구하는 미인의 이미지 속에서는 남녀의 상하 구도가 안정적으로 유지된다면, 독서상은 그렇지 않을 가능성을 내포하는 것으로 보인다.[40] 롤랑 바르트Roland Barthes, 1915~1980

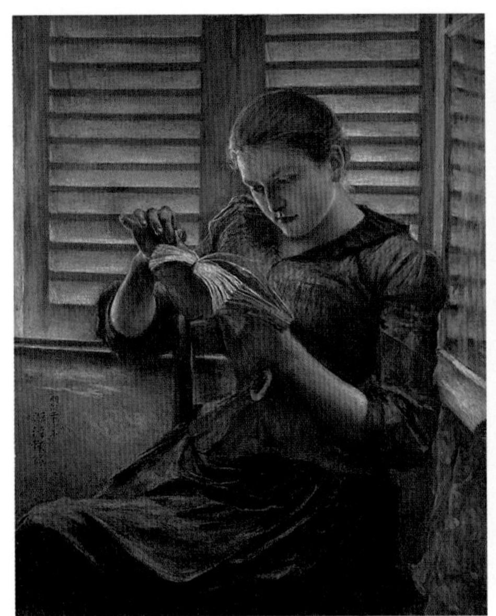

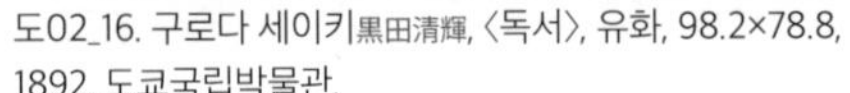
도02_16. 구로다 세이키黒田清輝, 〈독서〉, 유화, 98.2×78.8, 1892, 도쿄국립박물관.

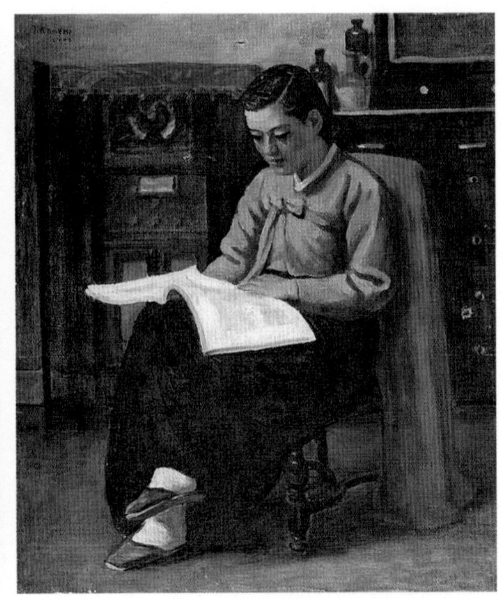
도02_17. 김인승, 〈독서하는 여인〉, 유화, 53×45, 1942, 개인.

에 따르면, 독서란 그 서적의 차이에 따라 기존의 규범에 안식시키는 정도의 '즐거움'이 있고, 기존의 규칙에 도전하는 성찰을 제공하는 이른바 '축복'이 있다.[41] 〈책 읽는 여인〉 속 치마저고리를 입은 조선 여성, 그러나 숙연한 삼도의 독서를 하고 있는 이 인물에게는 그러한 독서의 '축복'이 허락되거나 기대되었을까.

〈책 읽는 여인〉에 대한 해석이 여기에서 닫히기를 원하지 않는다. 마치 명·청대 미인 독서상에서 남성 향유자의 여성에 대한 쟁취적 요소를 강조한 제임스 캐힐James Cahill의 논의 반면에, 여성 독서의 이미지가 그 자체로 여성의 능력과 여성의 사회적 역량이 발전해 나가는 조짐을 보여준다는 줄리아 화이트Julia M. White의 해석처럼,[42] 이 그림에 대한 다른 방향의 해석이 펼쳐질 수 있다.[43]

다만 이 글은, 남성이라는 젠더적 우위성과 중국이라는 정치적 문화적 우위성이 병존하여 나타난 이 그림의 특성에 초점을 두었다. 이러한 특성은 남/녀의 젠더 구조에 국가 및 민족 간의 구조와 질서가 개입되어 나타나는 현상이기도 하다.[44] 조선의 남성 문인들은 독서하는 중국의 여성상을 그들이 흠모하는 중국 문명의 일부로 수용하면서, 중국 기녀의 독서상을 문식 있는 사녀의 품격으로 향유하려 했다. 이러한 향유는 현실보다 높은 문명의 고아함을 확보하려는 그들의 욕구에 부응했을 것이다. 윤덕희가 중국 미인을 조선 여성으로 바꾸어 그린 뒤, 그 배경에 중국 정원을 배치했던 이유를 한마디로 단정하기는 여전히 어렵지만, 이 글에서는 독서하는 조선의 여인을 중국의 정원에 배치하는 이중의 장치로, 그림 속 조선 여성과 현실의 조선 여성 사이의 거리감을 형성시키고 이로써 탈속적 고상함의 향유를 보장할 수 있었던 정황을 설명해보려고 했다.

마무리 전에 20세기 초 일본과 한국에서 성행했던 여성 독서도와의 관련성에 대해 첨언하고자 한다. 노먼 브라이슨Norman Bryson은 일본 근대기에 일본 남성이 그린 서양 여성의 독서상 속에서 서양과 근대를 바라보는 일본의 인식을 분석했다.[45] [도02_16] 한편 하야시 미치코林 みちこ는 여성 독서상이 가지는 근대기 여성 교육과의 실제적 의미를 논했다.[46] 일본의 회화 문화가 한국의 근대로 '이식'되면서, 한국에서는 서구적 가구와 의자를 배경으로 단아한 한복 혹은 양장을 입은 여성이 독서하는 그림이 유행처럼 그려졌다.[도02_17] 근대기 한국의 여성 독서상이 보여주는 대상화된 여성 이미지의 문제, 서양 문명에 대한 추구와 한국 전통이 경합하는 대립항들을 보노라면, 〈책 읽는 여인〉에서 읽어낸 이중성의 시선들이 떠오르게 된다.

글을 마치며

대학원 시절, 신문기자를 팽개치고 미술사 공부를 시작한 동료의 발표가 떠오른다. 그 발표는 '조선 시대 그림 속 독서상'이었다. 그녀가 준비한 발표 자료에는 독서하느라 등이 구부정한 조그만 선비들의 모습이 끝도 없이 등장했다. 보노라니, 그림 속 독서하는 모습이 우습기도 하고 측은하기도 했다. 그들에게 독서가 저렇게나 중요한 일이었다니! 그런데 그 당시 나는 그림 속에서 책을 읽는 이들이 모두 남성이고, 이를 감상하는 나는 여성이라는 것을 생각하지 않았다.

늦은 질문이다. '여성'들은 어떠했는가? 내가 〈책 읽는 여인〉이라는 그림에 관심을 둔 것은 조선 시대 여성의 독서에 대한 은근한 기대였다. 그런데 이 그림 속으로 들어가면 갈수록 나에게 여성은 보이지 않았다. 그림 속 책은 남성들이 기대할 만한 책 즉, 그림 속 그녀에게 주어진 사회적 질서를 실천하는 데 위배되지 않는 책이었다. 이 그림의 제작자와 향유자는 남성이었다. 이 그림이 보여주는 모순의 양상과 그 모순이 내포한 한계는, 그리하여 여성의 문제가 아니라 남성의 문제, 혹은 남성의 전략, 혹은 남성의 한계였다. 그리고 나는 겨우 그것을 설명하는 데에서 이 논의를 그치고 말았다.

어떠한 남성의 문제이든 한계이든 그 환경을 버티고 살아준 여성이 있었다. 그녀들의 전략이 있었고 또 한계가 있었다는 뜻이다. 이 논의를 발표할 때 토론자였던 이숙인 선생님은 이 그림 뒤에 실제로 존재했을 여성들에 대해 질의하셨다. 남성들에 의해 제작되고 향유된 이 이미지 속에 여성들의 실상은 어떻게 투영되었는가? 그 여성들의 실제 역할은

"그림 속 책은 남성들이 기대할 만한 책, 즉 그림 속 그녀에게 주어진 사회적 질서를 실천하는 데 위배되지 않는 책이었다. 이 그림의 제작자와 향유자는 남성이었다. 이 그림이 보여주는 모순의 양상과 그 모순이 내포한 한계는, 그리하여 여성의 문제가 아니라 남성의 문제, 혹은 남성의 전략, 혹은 남성의 한계였다."

무엇이었나?

2000년, 나의 국문학과 지도교수님이신 **이혜순** 선생님이 '고전여성문학회'를 발족했을 때가 떠오른다. 나는 그때 걱정했다. 누가 조선 시대 여성의 문학으로 연구를 한다고 이 학회를 꾸리시나? '고전여성문학회'는 지금까지 22년 동안 성장하면서, '여성'을 살피는 젠더하기의 고민으로 전근대기 문화에 대한 다각적이고 광범위한 조사와 도전적 해석을 허락하면서 시대의 내면으로 깊숙이 들어가게 하는 역할을 수행하고 있다. 만약, '고전여성문학회'의 주축으로 활동하는 선배 연구자들이 조선 후기 여성들의 독서에 대한 진지한 연구를 해놓지 않았더라면, 나의 윤덕희의 〈책 읽는 여인〉 연구는 몹시도 지난했을 것이다.

우리 미술사가 여성을 생각하는 것은 또 다른 세계로의 돌입이며 훨씬 더 온전한 우리의 미술사 구축을 가능하게 해주는 돌파구임에 의심이 없다. 내가 다하지 못한 이 논의가 누군가에게 이어지기를 바란다._고연희

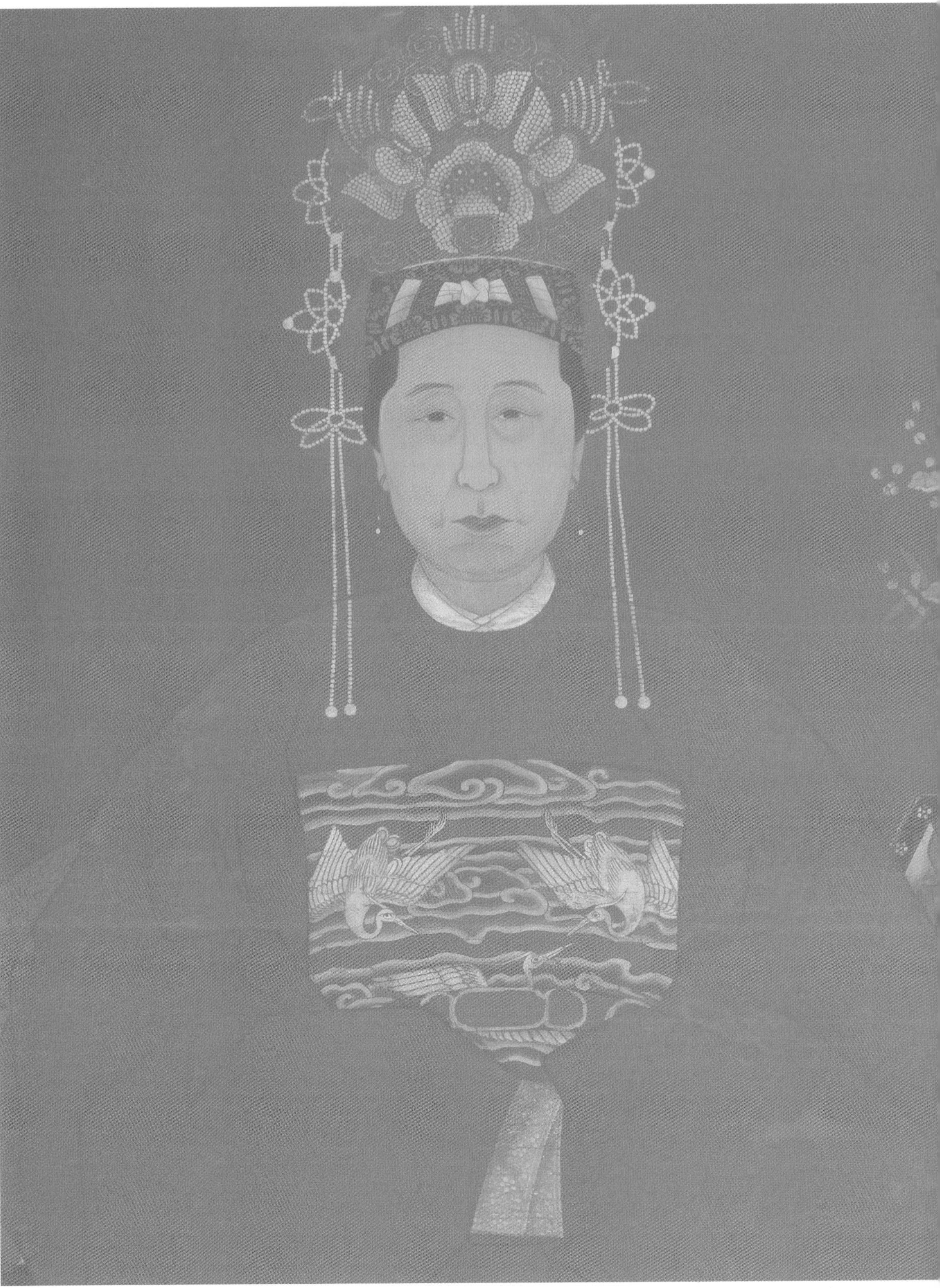

03.
그림 속 박제된 여성들, 다시 보는 명·청대 여성 초상화 _지민경

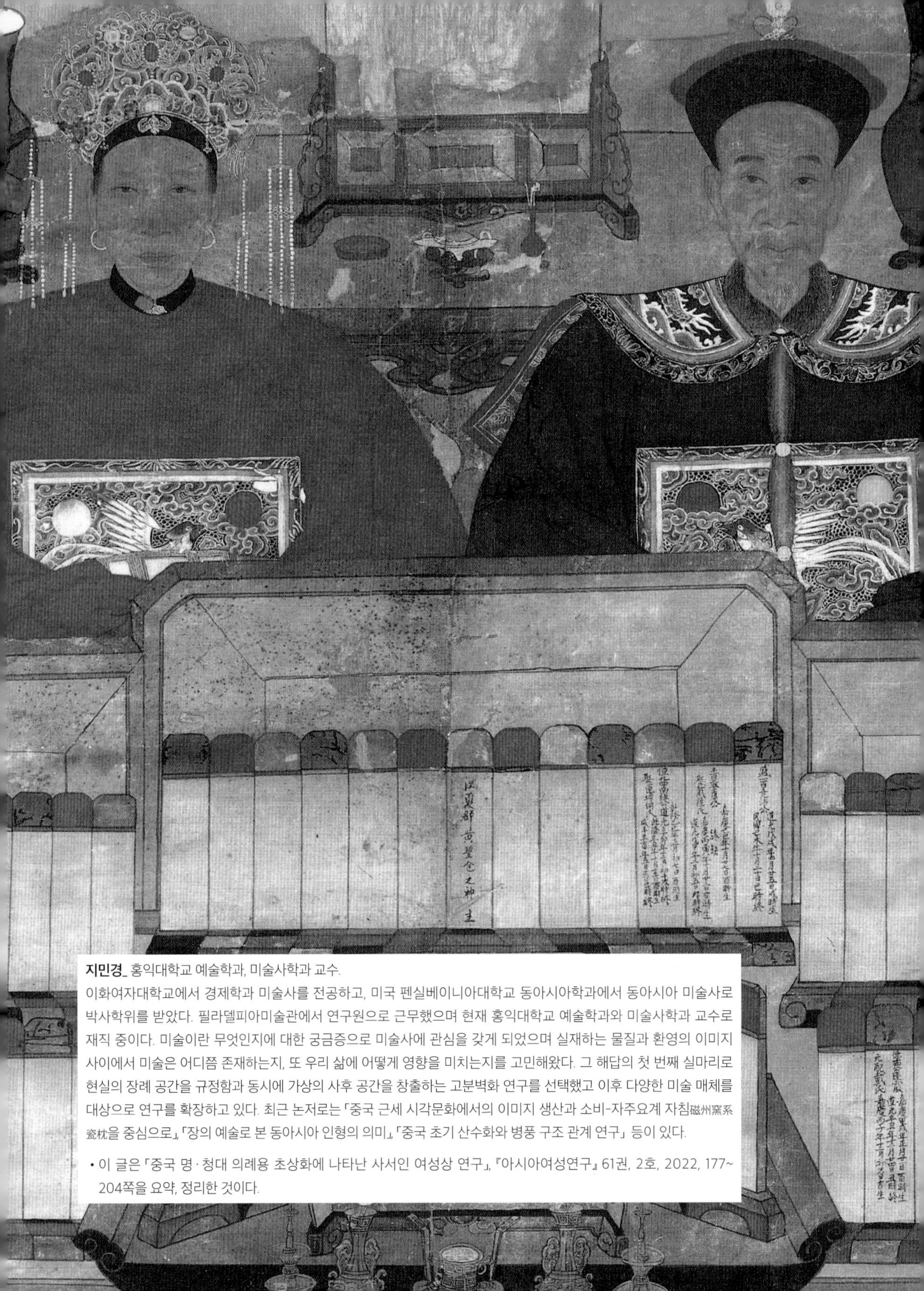

지민경_ 홍익대학교 예술학과, 미술사학과 교수.

이화여자대학교에서 경제학과 미술사를 전공하고, 미국 펜실베이니아대학교 동아시아학과에서 동아시아 미술사로 박사학위를 받았다. 필라델피아미술관에서 연구원으로 근무했으며 현재 홍익대학교 예술학과와 미술사학과 교수로 재직 중이다. 미술이란 무엇인지에 대한 궁금증으로 미술사에 관심을 갖게 되었으며 실재하는 물질과 환영의 이미지 사이에서 미술은 어디쯤 존재하는지, 또 우리 삶에 어떻게 영향을 미치는지를 고민해왔다. 그 해답의 첫 번째 실마리로 현실의 장례 공간을 규정함과 동시에 가상의 사후 공간을 창출하는 고분벽화 연구를 선택했고 이후 다양한 미술 매체를 대상으로 연구를 확장하고 있다. 최근 논저로는 「중국 근세 시각문화에서의 이미지 생산과 소비-자주요계 자침磁州窯系瓷枕을 중심으로」, 「장의 예술로 본 동아시아 인형의 의미」, 「중국 초기 산수화와 병풍 구조 관계 연구」 등이 있다.

- 이 글은 「중국 명·청대 의례용 초상화에 나타난 사서인 여성상 연구」, 『아시아여성연구』 61권, 2호, 2022, 177~204쪽을 요약, 정리한 것이다.

그 옛날, 왜 여성의 초상화는 그려지지 않았을까?

근대 이전 중국에서 초상화는 다른 그림 장르에 비해 탄생도 늦었지만 발전 과정도 순탄치만은 않았다. 재현을 최우선 목적으로 하는 서양화와 달리 뜻을 그려내기 위해 존재하는 동양화에서 맥락이 제거된 채 인물 표현을 위주로 하는 초상화는 고대 그림들이 전하는 교훈과 서사를 담아내기에 부족했다. 한편 진정한 그림에는 대상의 정신과 본질이 깃들어야 한다는 동양화의 가치를 인물의 형상을 통해 이루어낼 수 있는 화가도 그리 많지 않았다. 그러다 보니 '그림으로 과연 실재하는(던) 인물을 엄밀하게 되살려낼 수 있는가'와 같은 의심은 언제나 있을 수밖에 없었고 이는 결국 초상화 제작과 사용에 끝없는 논란과 회의를 일으키기까지 했다.[1]

여기에 더해 피사인물이 극히 제한되었던 것도 초상화의 늦은 발전에 영향을 미쳤다. 불교 사찰 의례에 쓰이던 고승 진영과 소상에 기원을 둔 초상은 그 본질적인 성격 때문에 아무나 그 표현의 대상이 되지는 못했던 것이다. 이처럼 초상화는 물론이거니와 여성의 초상화는 거의 그려질 일이 없었다.

중국 송나라 황실에서 시작된 초상 제작은 같은 시기 유교 의례의 보편화로 민간 차원에서도 이루어졌다고 했지만 여전히 초상화를 금기시하던 유학자들의 비판을 받으며 눈에 띌 정도의 발전을 보이지 못했다. 그러다 명대 이후 유교 문화의 부흥, 가례의 확산, 그림을 비롯한 다양한 물질의 폭발적 생산 등의 환경 속에서 초상화도 새로운 국면을 맞이하게 된다. 이때에 황후 이하 명부命婦와 서인에 이르기까지 여성의 초상화 또한 적지 않게 그려졌다.

다만 남성의 초상화가 인물의 특성과 사회적 지위, 초상화의 사용처에 따라 다양한 모습을 보여주는 것과 달리 여성의 초상, 특히 품계를 받지 못한 사서인 여성의 초상은 거의 의례에 사용되기 위한 목적으로 제작되어 일정한 전형을 벗어나지 않는다. 중국 초상화 속에서 여성들은 대개 단독으로 표현되지 못하고 대부분 남성 가족과의 관계 속에서 경직된 자세와 평면화된 신체를 보이며 가슴에는 그들의 신분과 맞지 않는 품등 보자補子, 한국에서의 흉배胸背를 달고 인형처럼 앉아 있다.[도03_01]

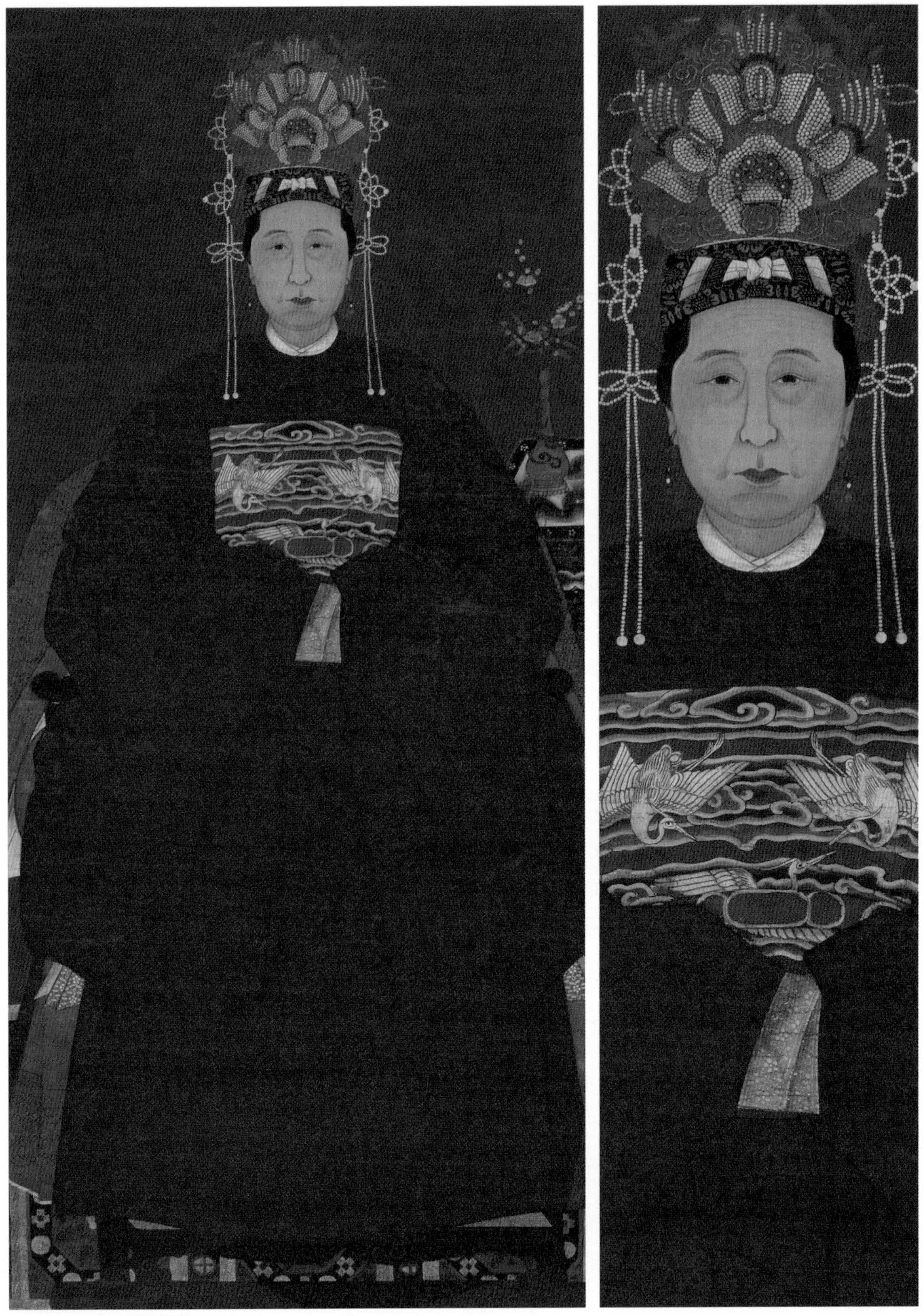

도03_01. 청나라 때 그려진 초상화, 비단에 채색, 158.4×80, 윌리엄스대학교미술관.

이와 같은 여성 초상화가 인물의 내면과 정신, 개성을 담아내는 진정한 의미의 초상화일까 생각한다면 쉽게 수긍하기 어렵다. 그렇다면 이 틀에 박힌 여성의 모습들은 그저 한 시대의 특정 장르의 미술 양식으로 생각해버리면 그만일까? 오히려 그러한 모습으로밖에 표현될 수 없는 어떤 이유가 있지는 않았을까? 가령 애초에 여성 개개인의 기질과 특성을 나타내는 다양한 시각적 언어가 존재하지 않았다든지 하는 이유 말이다.

여성 초상화 고유의 특징들이 무엇인지 따져보고 그것이 형성된 정황을 추적해본다면 우리가 이들로부터 느끼는 묘한 이질감의 근원, 그리고 그것이 뜻하는 바를 조금이나마 밝혀낼 수 있을 것이다. 그렇다면 전형적인 중국의 여성 초상화로서 명·청대 민간 의례용 초상화를 '정형성'과 '비독립성'이라는 두 가지 키워드로 들여다보면 어떨까. '정형성'은 초상화에서 여성 피사인물의 특성이 드러나는 대신 특정 모티브나 표현만을 이용된 현상을, '비독립성'은 여성의 이미지가 제작에서부터 사용에 이르기까지 남성 이미지로부터 분리되지 못하는 모습을 일컫는 특성을 아우른다. 또한 이 두 가지 키워드는 여성 초상화에서 그림의 주문자인 남성들의 진의를 드러내고 또 은폐하기 위해 작동하고 있는 원리를 대변하기도 하니 의미가 있지 않을까?

그렇다고 해서 실재하는 인물을 그린 그림으로서 초상화를 논할 때 흔히 그래왔듯, '(과거 중국 혹은 동아시아에) 초상화로 그 위대함을 드러낼 만한 여성은 과연 없었는가?'와 같은 오래된 여성학적 논제를 환기하려는 것은 아니다.[2] 그보다 과거에 뭇 여성처럼 대상화할 수 없고 감히 세간의 잣대로도 평가할 수 없지만 그렇다고 해서 남성 조상과 같은 위치에 둘 수도 없었던 '여성 조상들'을 기억하는 방식이 어떠했는지를 살펴보면서 여기에 드러난 '남성 후손들'의 이중 가치를 드러낸다면 그림을 이해하는 또다른 길이 아닐까.

여성 초상화를 위해 만들어진 맥락

중국의 초상화는 인물화의 한 갈래로 분류되지만 정체가 명확한 대상을 표현한다는 점에 있어서 단지 사람을 주요 대상으로 하여 그린, 일반적인 인물화와는 성격을 달리한다. 초상화는 그 대상의 실재 여부와 그림의 쓰임에 따라 가상 초상, 실제 초상, 자화상, 의례용 초상, 감계적 초상, 기념 초상 등으로 다양하게 구분된다.[3] 그러나 종류와 관계없이 중국 초상화는 본질적으로 피사인물을 통해 상징화된 특정 사회나 집단의 도덕적 가치를 영속하기 위한 목적을 지닌다.[4] 따라서 대상을 실제와 닮게 그리는 것, 즉 핍진성逼眞性이 초상화에서는 최고의 가치기준이기는 했지만, 북송대 곽약허郭若虛, 11세기와 같은 비평가들은 대상의 덕망을 강조하기 위해 초상화 속 인물을 어느 정도 이상화하여 표현할 필요가 있다고 보기도 했다.[5] 한편 초상화는 조상 숭배와 혈통 계승을 위한 의례에서도 중요한 역할을 했기 때문에 후손들의 입장에서는 조상의 초상화를 제작하는 일 자체가 조상에 대한 책임을 다하고 공경심을 표현하는 도구였으며 또한 그 대가로 조상에게 '복'을 구하는 수단이 되었다. 그리하여 조상의 위대함이 좀 더 잘 드러날 수 있도록 초상화를 꾸미는 일은 거짓된 표현으로서 피해야 할 일이 아니라 후손으로서 당연히 신경써야 하는 일이었다.

이와 같은 관점에서 보았을 때, 초상화를 제작할 때 관건으로 대두되었을 부분은 크게 두 가지로 나누어볼 수 있다.

첫째, 현세를 넘어 후대에 이르기까지 널리 인정받을 수 있는 피사인물의 가치를 찾아내고 정리하는 일.
둘째, 인물의 사실적 재현과 초상화의 기능을 위해 필요했던 이상화 작업 사이를 중재하는 예술적 양식과 장치의 고안.

이 두 가지 중 전자의 경우, 피사인물의 신분과 지위나 생전 업적이 뚜렷한 경우, 특히 조상의 초상을 그릴 때 피사인물의 위치가 혈통적 위계질서 하에서 명확할 경우 어렵지 않게 해결되었다. 기록에 해당되는 전자와 달리 후자의 경우는 단순히 시각적 표현 문제로 보이지만, 이것 역시 기록과 관련이 깊다. 왜냐하면 시각적 표현들은 모든 관람자들이 납득할 만한 '문헌적 전거'를 갖춰야 했기 때문이다. 가령 명대 이후 황제의 초상화처럼 배경이 없고 좌우대칭의 정면상으로 표현되는 구도는 그 자체만으로도 피사인물의 통치자로서의 절대성과 위엄을 강화하고 있기는 해도, 황제의 통치권과 권위를 상징하는 곤복袞服 위에 수놓아진 각종의 문양들은 그 의미를 밝힌 문헌적 전거가 없었다면 대를 이어 그 의미가 내려오지도 못하고 이해되지도 못했을 것이다. 마찬가지로 위인이나 조상의 인품과 행동거지를 포함하여 그들의 상징 등이 문헌적으로 정리되어 내려오지 않았다면 대상이 되는 인물을 시각화할 근거가 마땅치 않았을 것이다.

같은 맥락으로 초상화에서 여성의 존재가 뚜렷하게 드러나지 못했던 이유는 서구의 역사에서도 그러하듯 여성이 사회적으로 인식될 기회가 적기 때문이기도 했으나, 최소한 가문 내에서조차도 여성 조상을 문헌적으로 '기록'할 필요성을 느끼지 못했다는 데에 있다. 여성은 대외적으로 드러나서는 안 되었고 이들의 에너지는 단지 가문의 남성 일원들이 외부 활동에 집중할 수 있도록 하는 가내 활동으로 수렴되어야 했으며 또한 소모적인 것이었으므로 이렇다 할 흔적이 남지 않기도 했다. 이러한 가부장적 사회 속에서 여성에 대한 기록과 표현이 아예 존재하지 않은 것은 아니었지만 그 유형은 남성에 대한 것과는 사뭇 달랐다. 남성에 대한 기록이 개인의 업적과 인품을 세세하게 그려냈다면 고사故事 등을 통해 전해진 여성에 대한 기억은 그것이 역사 속에 존재했던 개인의 삶을 조망하는 것처럼 보일지라도 실제로는 여성을 유형화하기 위해 사용된 캐릭터 묘사에 불과했다. 여성 인물이 주인공인 서사로부터 정절녀, 효녀, 악녀 등의 여성 유형이 만들어졌지만 정작 주인공인 여성들의 진실한 정체성은 사라져버렸다. 그에 비해 남성들은 타자인 여성들을 유형적으로 분류하고 평가하기 편리한 도구를 얻은 셈이 되었다.[6]

남성들은 자신들의 높은 격과 품, 행적과 모범적 면모를 드러내기 위한 시각적 표현을 위해 각종 전기와 역사서뿐 아니라 문집에 전해져 오는 인물들에 대한 평가와 묘사 방식을 참고해왔다. 여성을 대상으로 하는 경우도 시작은 같았다. 특히 문헌기록에 등장하는 역사 속 모범적인 사례들은 여성을 긍정적으로 평가할 때 대입, 비교할 대상이 되었다. 이들 문헌이란 전한前漢 유향劉向의 『열녀전』을 필두로 청대까지 끊임없이 재생산된 여훈서女訓書가 대표적인데, 시대와 저자의 성별 · 지위를 막론하고 여훈서는 여성이라면 반드시 갖춰야 할 덕목을 논하며 훌륭한 여성이 되기 위한 공통된 기준을 제시한다. 즉, 정절을 지키고 시부모를 봉양하며 자녀를 잘 키워내고 남편의 처첩을 질투하지 않으며 자손을 번성시켜야 하는 의무는 이미 한나라 이후 여성의 규범으로 확립되어 내려온 것이다.[7] 한편 시대에 따라 기준 간의 우선순위가 변하기도 하였지만, 정절을 지키는 것은 항상 다른 어떠한 덕목보다도 우선시되었음을 주목할 필요가 있다. 여기에는 전란과 기근 등으로 인한 사회 혼란기에 부계 중심의 사회 구조를 안정화하기 위한 남성 지배자들의 계획이 개입되어 있다.[8] 이 글이 주목하는 명 또한 원을 무너뜨리고 일어나는 과정에서 엄청난 사회적 혼란을 야기했고 왕조 말엽에는 내란을 겪으면서 자연스럽게 여성들에게 전통적인 가치 기준 하의 희생 즉, 정절을 통해 가정을 지킬 것을 강요하였다. 이때 여훈서 속 여성들은 다시금 여성들이 따라야 하는 모범적 인물로 인식되었다.

남녀 공히 생사의 명인들을 기념하고 기록하는 글 속에 나타난 모범적이고 이상적인 인간에 대한 평가 기준은 그림에 적용되면서 그와 같은 가치기준이 더욱 널리 유포되었다. 여훈서류의 문헌 속에 등장하는 여성들도 이후 미술의 주제로 활용되었는데 이와 같은 선례는 이후 여성에 대한 기록이 초상화의 발전 과정에 개입되는 근거가 된다. 비록 고인이 된 가족에 관한 글이 대부분이긴 했지만 명대 이후 여성을 기록한 글이 증가하면서 여성을 시각적으로 표현할 문헌적 근거도 서서히 확장되었다. 묘지墓誌, 묘표墓表, 제문祭文, 선비행장先妣行狀 등을 비롯하여 사서와 지방지의 열녀전 등이 그 대표적인 예이다. 그러나 수적인 차이는 차치하고라도 동류의 남성을 위한 글이 대상자의 탄생 이후의 비범한 성장 일화, 과장된 생전 업적을 비롯하여 인품과 능력에 대한 찬탄으로 가득한 것에 비해, 여성을 위한 글은 효열孝烈과 관계되는 일이 아니라면 대체로 가족관계 사항을 중심으로 소략하게 기록되었다.[9] 이와 같은 차이는 결국 남성을 평가하고 기록해온 역사와 비지碑誌, 전장傳狀, 애제哀祭 등의 문학 장르가 발전해온 역사가 궤를 같이 한다는 사실과도 연관된다. 남성들은 자신에 대한 평가 기준을 스스로 설립하고 그것을 수용한 뒤 다시 자신의 사회적 지위와 영향력을 강화하는 데 활용하기 위해 적합한 용어와 문법들을 꾸준히 생성해내었지만, 남성의 평가 기준을 수용하기만 한 여성들은 스스로 그 결과를 기념하는 입장이 되지 못했기 때문에 자신들을 위한 글을 쓰면서 고유의 표현을 개발해낼 동력을 갖추지 못했다.

가부장적 유교 질서의 강화로 여성을 폐쇄적인 환경으로 몰아넣었던 명대에는 '위대한 여성'이 되기 위한 조건이 경직되었고 그 조건을 충족시키기 위한 방법들은 제한되면서 여성을 묘사하는 언어는 더욱더 빈곤해졌다. 물론 명대 중엽 이후에는 재주 많은 여자에 대한 선호가 생겨나기는 했으나 어디까지나 출가를 염두에 둔 딸과 연애 대상으로서의 여성에 대한 기준이었지 가정을 보호할 의무가 있던 아내나 어머니에 대한 기준은 아니었다. 여전히 아내와 어머니로서의 덕목은 가정을 유지하고 번성시키는 데 필요한 충성심과 성실성에 있었다. 그런데 이러한 평가 기준을 남편 혹은 아들 된 입장에서 아내와 어머니에게 적용하려 할 때는 난감해질 수밖에 없었다. 더군다나 여성들이 고인이 되어 조상으로서 새로운 입지를 갖추게 되었을 때 이들을 칭송하는 글에는 더욱이 당시 유행하던 여성 묘사의 언어들은 무용했다. 한편 사자를 추모하고 기리기 위해 쓰인 대표적인 문학 장르로서 전장류傳狀類의 글은 "그 사람의 행위가 그가 어떤 사람인지를 보여준다."[10]는 인식을 바탕으로 하기 때문에 세간의 평가 기준에 적합한 모범적, 위인적 행위를 기록하기 마련이었다. 그런데 여성들의 행위 중에서 칭송받는 것들은 과거 정절녀로부터 전해 내려온 대부분 신체훼손의 극단적인 것들이었기 때문에 이러한 행위를 어머니에게 강요할 수도, 없는 일을 거짓으로 꾸며 전장에 적을 수도, 나아가 이것을 그림으로 표현할 수도 없었다. 따라서 남성들의 입장에서 여성 조상을 기억하고 기록할 때는 별도의 기준을 세울 필요가 있었는데 이 부분에 대해서는 매우 소극적이었으며 전례가 없다는 이유로 기록 자체를 남기기를 꺼리기까지 했다고 한다.[11]

명대 관료이자 문필가였던 귀유광歸有光, 1506~1571이 돌아가신 어머니를 위해 지은 글, 「선비사략先妣事略」은[12] 이와 같은 정황을 극명하게 보여주는 예이다.

> "외조부와 세 형제분들은 모두 재물로 이름이 높았으며 간소함과 성실함을 좋아하였고, 사람들과 화기애애하게 어울리며 마을 이야기를 나누곤 하였다. 젊은 자제들과 생질들을 보면 예뻐하지 않은 적이 없었다. …어머니께서는 쌀이나 소금 따위를 걱정할 처지가 아니었는데도 오히려 마치 저녁 끼니조차 해결하지 못할 것처럼 고생스럽게 일하셨다. …어머니께서는 한밤중에 잠에서 깨어 나에게 『효경』을 암송할 것을 재촉하셨으며 내가 능숙하게 읽어서 한 자도 어긋나는 것이 없으면 기뻐하셨다."

이처럼 극단적 정절 행위 이외에 조상이 된 어머니의 지위를 높일 수 있는 표현은 명망 있는 집안의 여식으로 태어나 근면 성실했으며 훌륭한 아들을 길러내어 가문의 명예를 드높였음으로 정리될 수밖에 없었다. 이와 같은 글들이 결국에 어떻게 여성의 시각적인 표현으로 연결되는가는 같은 글에 저자의 어머니가 사망하자 초상화를 주문한 대목으로부터도 짐작 가능하다.

"…이에 식구들이 화공을 불러와 (어머니의 초상을) 그리게 하였는데, 두 자식을 불러내어 화공에게 고하기를 "코 위쪽은 유광을 그리고 코 아래쪽은 큰 누님을 그리면 된다"고 하였으니 두 자식이 어머니를 닮은 까닭이다."

위의 글에서도 보듯이 귀유광과 가족들은 어머니가 돌아가신 후 비로소 제사에 쓰기 위한 초상화를 주문한다. 남성들은 생전에도 때때로 그들 자신의 인품과 덕망을 가족과 지역 사회에 알리고 기념하기 위해 초상화를 그렸고 이때의 초상화는 실사를 기본으로 하였다. 또 초상화가 그려진 다음에는 초상화 속 인물의 모습이 어떻게 그의 위대함을 반영하는가가 논해지곤 하였다. 그런데 위의 글에서도 보듯, 이미 고인이 된 어머니는 생전에 그려진 바가 없고, 또 고인이 되고 난 뒤에는 관찰이 불가하여 두 자녀의 얼굴에서 비슷한 부분을 취하여 그리도록 주문하고 있음이 확인된다. 이렇듯 어머니는 죽고 나서야 비로소 글과 그림으로 그 존재가 인식되는 것이고, 심지어 초상화에는 한 인간으로서의 고유의 특징이 담기지도 않음을 보여준다.

여성 초상화를 위한 시각적 장치

앞서 언급한 대로 송대 이후 초상화가 조상숭배에 사용되기는 하였으나 이에 대한 유학자들의 비판이 명대 이르기까지 지속적으로 있어왔기 때문에 명망 있는 가문을 비롯한 사가에서 초상화가 많이 제작되지는 않았다.[13] 그러나 명말에 이르러 엄격했던 유교의 예법이 다소 해이해지고 물질 풍요의 시대를 맞이하게 되면서 조상 제사에서도 각종의 '물질'이 의례 제도 안에 편입되는 변화가 일어났다. 이때 금기시되던 초상화의 사용이 급증하는데, 돈이 없는 사람들조차도 초상화 기성품을 구입하여 조상제사에 활용하기에 이르렀다고 한다.[14] 이로써 여성 조상의 초상화 수요 또한 높아지기 시작한다. 이에 따라 남성들은 여성 조상을 추모하고 기념하기 위한 시각적 표현들을 만들어내야 했다.

전통시대 그림 속 여성 인물 도상과 표현에서의 특이점은 그림 주문자들과 그림의 대상자들과의 관계로부터 발현되어왔다. 대개 남성이 여성 대상자를 시각적으로 소비하는 입장에서 여성 인물화, 가령 사녀도나 미인도를 제작했기 때문에 여성 이미지에는 남성들이 여성을 바라보는 시각과 관점이 투영되기 마련이었다. 그러한 까닭에 여성 조상을 대상으로 하는 초상화는 남성 초상화와 같은 방식으로 표현되지 못했을 뿐 아니라 조상의 이미지는 소비의 대상이 될 수 없으므로 종전의 여성 인물화의 전형을 따르지도 못했다. 이에 여성 초상화에는 남성들의 이중 잣대가 개입될 수밖에 없었는데, 때문에 여성 초상화에는 이러한 남성 자손들의 여성 조상에 대한 모호한 태도를 감추기 위한 시각적 장치가 마련되었다.

명대에는 이미 초상화에 관상법觀相法을 적용한다든지, 피사인물 주변으로 그들의 성품을 표현하고 덕을 칭송할 기물이나 배경을 그려넣는 것이 유행이었는데,[15] 이러한 일반적인 초상화의 언어조차도 여성을 대상으로 그린 초상화에는 거의 적용되지 않았다. 물론 일반적으로 남성들의 초상화에서 보이는 고동기古銅器와 서화, 화초 등의 배경 사물은 피사인물의 고아高雅한 취미와 취향을 칭송하는 것을 넘어 그러한 물건을 많이 소유할 수 있는 재력을 과시하는 목적도 있었으므로,[도03_02] 이러한 관점에서 여성 초상화에도 그와 같은 배경 사물들이 그려진 경우도 더러 있기는 하다. 그러나 이보다 효과적으로 피사인물로서의 여성 조상을 드높일 표현이 필요했는데, 이때 그와 같은 장치로서의 역할을 한 것이 바로 복식의 표현이었다. 즉, 초상화에서 여성이 입고 있는 옷의 형태·색·장식 문양 등을 이용하여 상징적으로 여성 조상의 지위를 드높이려 했다.

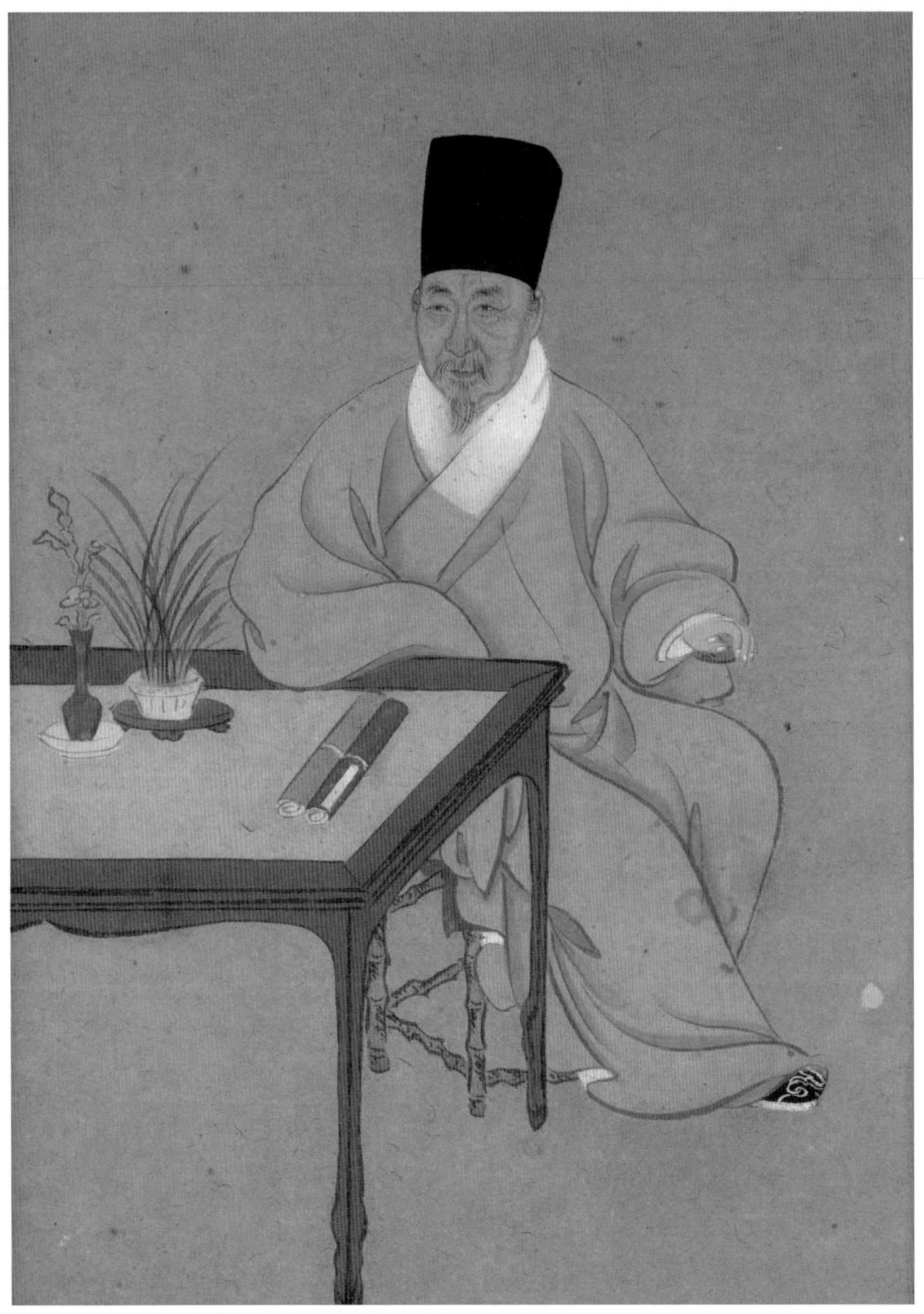

도03_02. 〈문인 초상〉, 종이에 채색, 27×20, 청대, 기메동양박물관.

명·청대의 초상화, 그중 특히 조상 숭배 목적의 조종화祖宗畵 속 인물들은 대개 신분을 드러내는 예복 혹은 관료의 상복을 입고 있다. 황실가의 일원들로부터 관료의 배우자인 명부까지는 그들의 계급과 신분에 맞는 복식이 지정되어 있으므로 초상화에서 복식으로써 이들의 정체성을 표현하는 것은 어렵지 않았다. 그러나 문제는 관직을 얻지 못한 명말 이후의 부유한 사서인들의 경우였다. 명대에 들어서 관복제도를 제정하면서 혼례 때만큼은 서인들도 구품 문관과 명부의 예복을 입을 수 있도록 허가된 바 있다.[16] 물론 이와 같은 규정은 쉽게 위반되어 아무도 구품 관복에서 규정된 흉배와 복식의 색을 따르지는 않았다고 하지만,[17] 최소한 서인들이 예복으로서 관료들의 복식의 존재를 이해하고 때로는 그것을 입을 수 있다는 정당성을 확보했다는 데에 의의가 있었다. 후에는 혼례와 같은 특별한 경우가 아닌 때에도 너나할 것 없이 지위에 맞지 않는 복식을 하여 제도의 문란이 심화된다.[18] 그러나 이러한 사회적 현상은 그만큼 명부의 옷이 서인 계층에게 부귀의 상징으로 널리 인식되었음을 방증한다. 한편 청대에 들어서면 만주족이 한족의 복식을 해서는 안 된다는 강력한 규제와 함께 한족도 만주족의 옷을 입도록 했으나 혼례 때만큼은 한족 여성이 한족의 복식을 하도록 허용되었다.[19] 그러한 까닭에 명대의 복식제도가 청대에도 전승될 수 있었고 한족들이 많이 모여 사는 양자강 하류의 강남 지역에서 제작된 사서인들의 여성 초상화에는 명대 이후에도 명의 복식이 등장할 수 있었다.

넬슨-애트킨스미술관Nelson-Atkins Museum of Art 소장『금병매金甁梅』삽화의 한 장면도 이와 같은 상황을 잘 보여준다. 〈사방한추봉료화연傻幫閑趨奉鬧華筵〉으로 명명된 이 장면에서 소설의 주인공이자 약방 주인인 서문경西門慶이 새로 들인 지 얼마 안 된 첩 이병아李甁兒를 자신의 망나니 친구들에게 소개하고 있는데, 여기에서 이병아는 명부의 상복을 입고 있다.[도 03_03]『금병매』의 시대적 배경은 송대이고 소설은 명대에 쓰였으며 삽화는 청대 작품인 것을 고려하면, 역사적 고증과는 상관없이 인생의 중요한 순간에 여성들이 자신의 지위를 임시적으로나마 높이기 위해 명부복命婦服을 입는다는 사실이 소설을 읽는 독자층에 널리 받아들여지고 있음을 보여준다.

명대 이후 조종화 속 사서인들은 대부분 혼례와 같은 특정한 상황적 배경을 연출하고

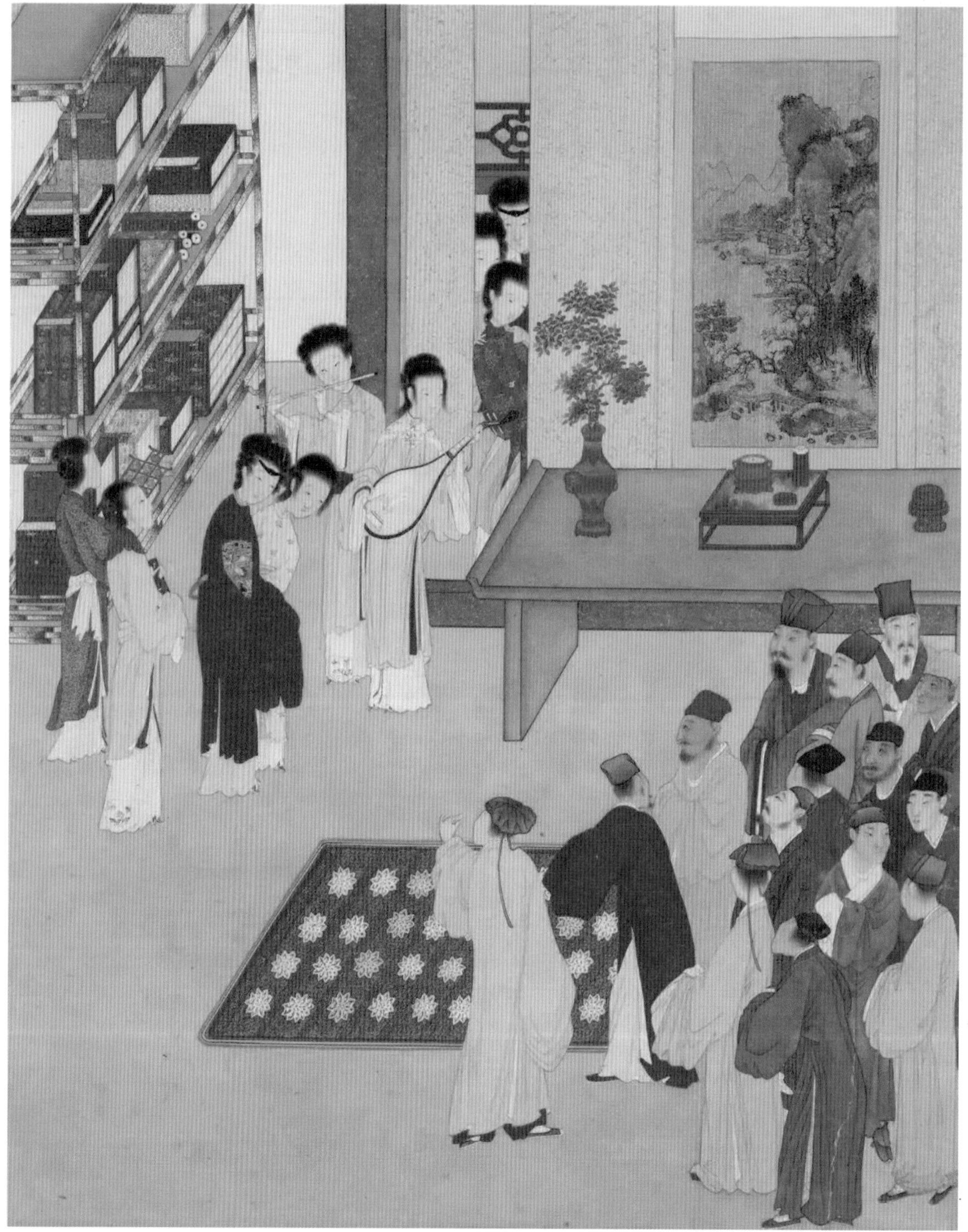

도03_03. 고견룡顧見龍, 〈사방한추봉료화연〉, 『금병매』 삽화, 비단에 채색, 39.1×31.4, 청대, 18세기, 넬슨-애트킨스미술관.

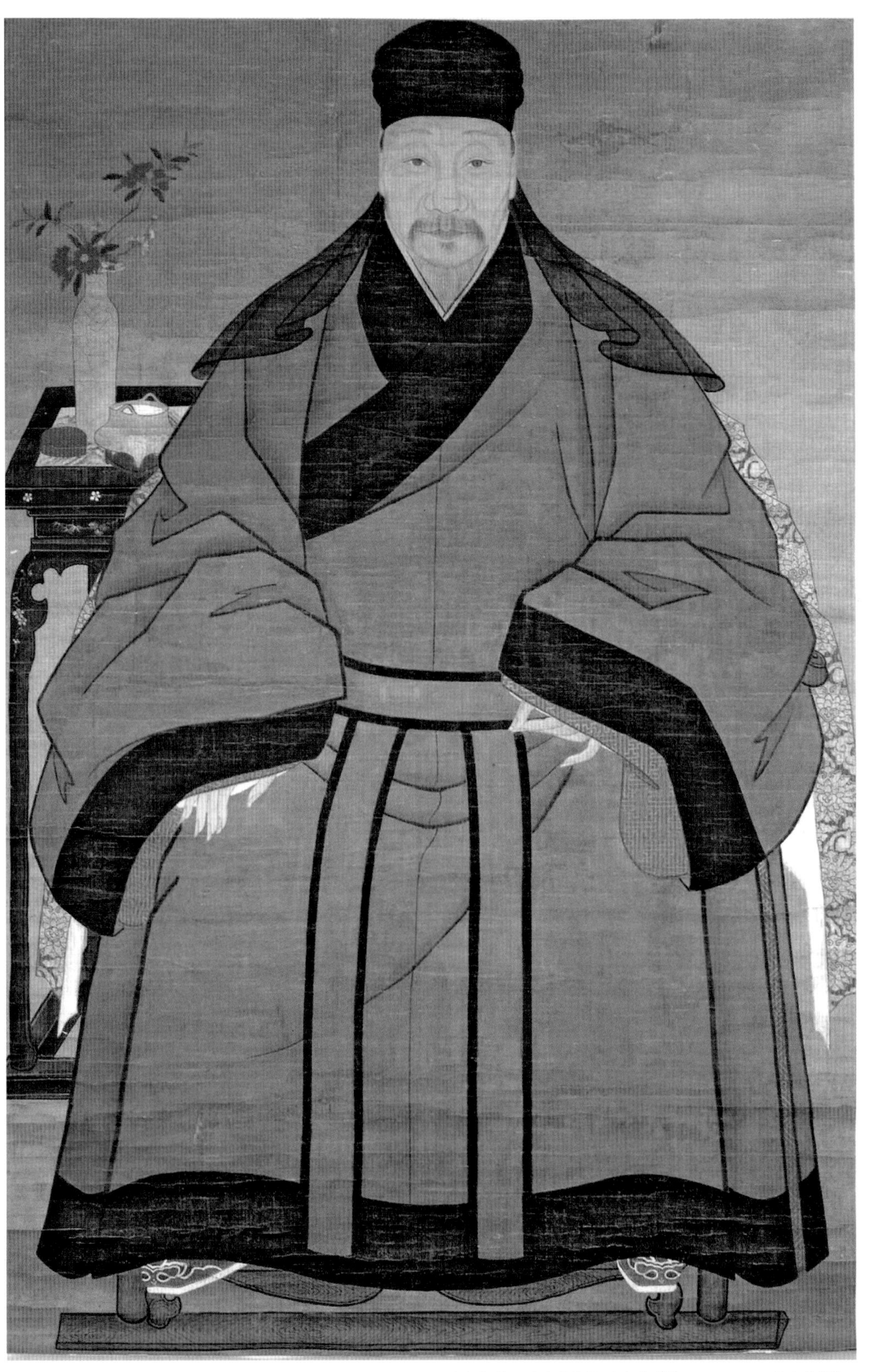

도03_04. 명나라 때 그려진 초상화, 비단에 채색, 114.78×95, 코네티컷대학교.

있지는 않지만 초상화가 쓰이는 제사의 상황을 염두에 두어 피사인물들은 매우 엄숙한 표정과 자세를 취한 모습으로 표현된다. 재미있는 점은 명대 초상화에서 남성의 경우 대개 관료의 상복인 충정복忠靜服을 입고 있거나 관직의 고하를 나타내는 보補를 하지 않은 일상복으로서의 연거복燕居服을 입고 있는 경우가 많은 반면에,[도03_04]] 여성의 경우는 명부의 예를 따라 신분에 관계없이 훨씬 많은 경우에 보자가 붙은 명부복을 입었다. 본인의 능력이나 출생 가문의 높고 낮음에 상관없이 남편이나 자식이 관직에 올랐을 때 비로소 패용할 수 있는 보자는 시각적으로 드러내기 힘든 여성의 업적과 성취를 드러내는 상징물이 되었다. 이처럼 초상화 속 남성 복식에서 굳이 보자를 강조하지 않는 것과 달리 여성 복식의 보자를 강조하는 것은 자손의 입장에서 여성 조상을 긍정적으로 기리는 거의 유일한 수단이었기 때문이다.

그림 속 여성, 신이 되었으나 정체성은 사라진

명·청대 여성 초상화는 남성 초상화보다 수적으로 적다. 원대 이후, 제의적 목적뿐 아니라 감상자들 간의 연대를 강화하는 사회·문화 활동의 매개체로서도 기능했던 것을 고려하면, 외부와 단절되어 있던 여성의 초상화가 남성의 초상화보다는 적게 그려질 수밖에 없었던 것은 당연한 결과라 할 수 있다. 여성의 초상화는 두 가지 경우에 가장 많이 그려졌는데, 하나는 60세 이후의 생일을 기념하는 초상이며 두 번째는 사후 제의용 초상이다.

이와 같은 의례용 초상화에서 여성들은 남성 배우자나 여타 다른 남성 조상과 같이 그려지거나,[도03_05], [도03_06] 단독의 화폭에 그려지더라도 남성 배우자의 초상과 쌍을 이루는 경우가 많았다.[도03_07] 즉, 생일 기념 초상의 경우도 여성 자신의 생일이 아닌 남성 배우자의 생일에 맞추어 남성의 초상화를 맞는 쌍으로 그려졌던 것이다. 다시 말해 사서인 여성이 독립된 화폭 안에서 별도의 그림과 쌍을 이루지 않은 채 그려지는 일은 거의 없었다고 보아도 무방하다. 이처럼 여성 초상화의 비독립적 성격은 여성에 대한 사회적 인식을 드러내기도 하지만, 그림으로서는 여성을 그려낸 상像의 용도적 특수성을 반영하기도 한다. 여성은 여전히 추모하고 기념하기에는 부족한 대상이었으므로 여성 초상화를 그러한 용도로 인식하기보다는 다른 용도로 제작, 사용했을 가능성이 있다는 뜻이다. 가령 유교식 초상화 예법에 얽매이지 않는 서인들에게는 여성과 남성이 쌍을 이루는 모습이 가족의 화합을 축원하거나 가족의 탄생과 유지를 상징적으로 나타내려 할 때에 효과적으로 작동하였다.

좀 더 구체적으로 여성 초상의 전례와 함께 명·청대 사서인 여성 초상의 비독립적 성격의 의미를 살펴보기로 하자. 서사를 기반으로 하지 않으며, 남성들의 시각적 소비를 겨냥하지도 않은 여성 인물의 시각적 표현은 이미 오랜 전통의 고분벽화 속 묘주도墓主圖에서 나타나고 있다. 특히 그림 속 인물의 정체가 분명하고 그림의 용도가 죽음의 공간과 관련되고 대개 자손이 그림을 주문한다는 점에서 송대 이후 고분벽화의 묘주도는 제의용 초상화와 의미적으로 맞닿아 있으며 실제 명·청대에 들어서면 고분벽화에 등장하는 묘주도가 실제 초상화와도 양식적으로도 유사한 모습을 보인다.[20] [도03_08] 특히 품계 없는 사서인의 초상이라는 점에서 송·원대의 중간계층[21]의 벽화 고분에 부부 묘주도는 비교 대상으로 적합하다. 고분벽화에서부터 여성들은 가정생활의 한 장면으로서 육아를 하거나 살림을 하는 모습일 때는 남성과 함께 등장하지 않지만, 도03_09의 묘주도에서와 같이 그 외의 경우에는 반드시 남성과 함께 출현한다.

무덤 공간에서의 부부가 화합하는 모습은 가문의 영구한 번영을 기원하는 일종의 주문과도 같았다. 따라서 부부 합장묘를 쓰는 것에 더하여 부부의 시신을 위해 돌이나 벽돌로 허물어지지 않을 영원의 집을 지었고 그 안에는 가족의 화합과 자손 생산을 상징하는 다양한 장식 문양을 그려넣었다.[22] 송대 이후의 중인 계층의 무덤은 그 이전 시대의 오랜 상장관념에서와 같이 묘주의 사후의 삶을 위한 것만이 아닌, 무덤을 주문하고 제를 지내는 자손들의 복록을 빌기 위한 공간이었으며 조상들도 복을 불러다줄 신과 같은 존재로 인식되었다. 이러한 까닭에 고분벽화의 묘주 부부상 주변에는 팔보八寶 혹은 칠보七寶를 의미하는 보문寶文이 흩어져 있거나,[도01_10] 비단이나 돈 꾸러미 또는 곡식 주머니가 널려 있는 등 부와 번영의 상징들이 표현되고, 효자고사도·동자 모티브 등을 통해 조상-자손 관계의 영속성을 기원한다. 이는 명·청대 사대부 초상화에서 피사인물의 성격을 드러내기 위해서 주

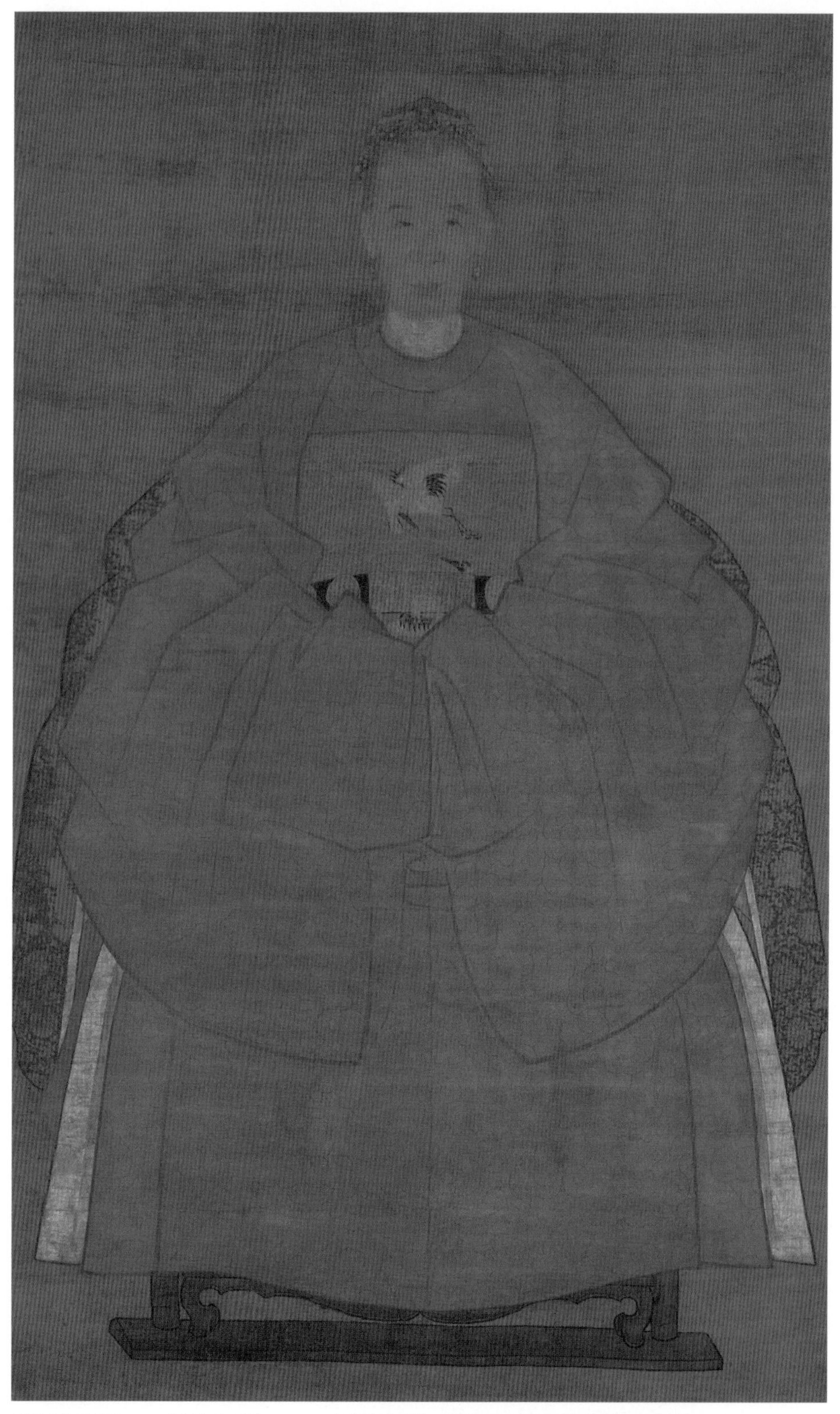

도03_05. 완시덕阮祖德, 〈완시덕노부상阮祖德老婦像〉, 비단에 채색, 156.8×96.2, 명대, 메트로폴리탄미술관.

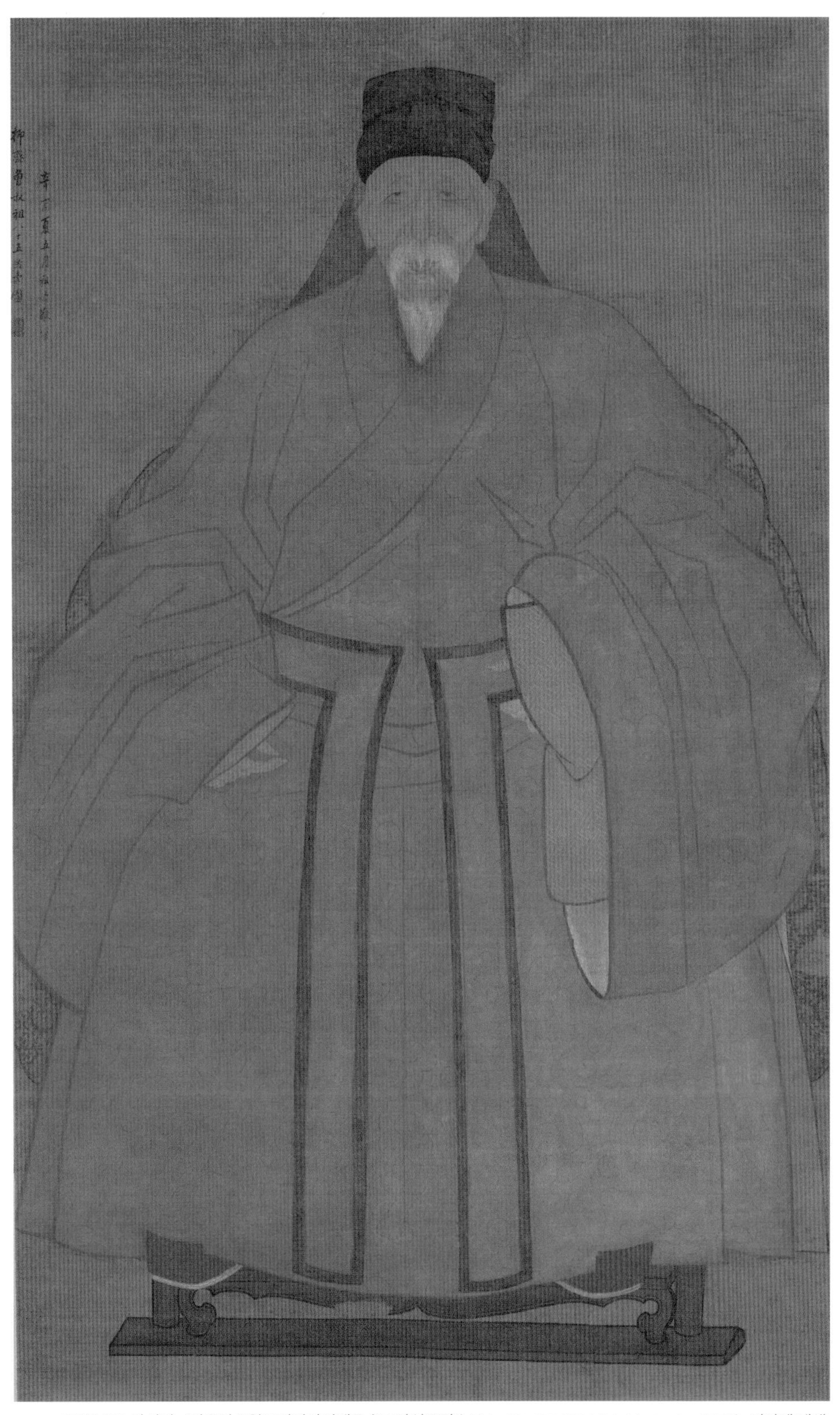

도03_06. 완시덕, 〈신유하오월조덕경사억재증숙조팔십오령수도辛酉夏五月祖德敬寫抑齋曾叔祖八十五齡壽圖〉, 비단에 채색, 156.8×96.2, 명대, 메트로폴리탄미술관.

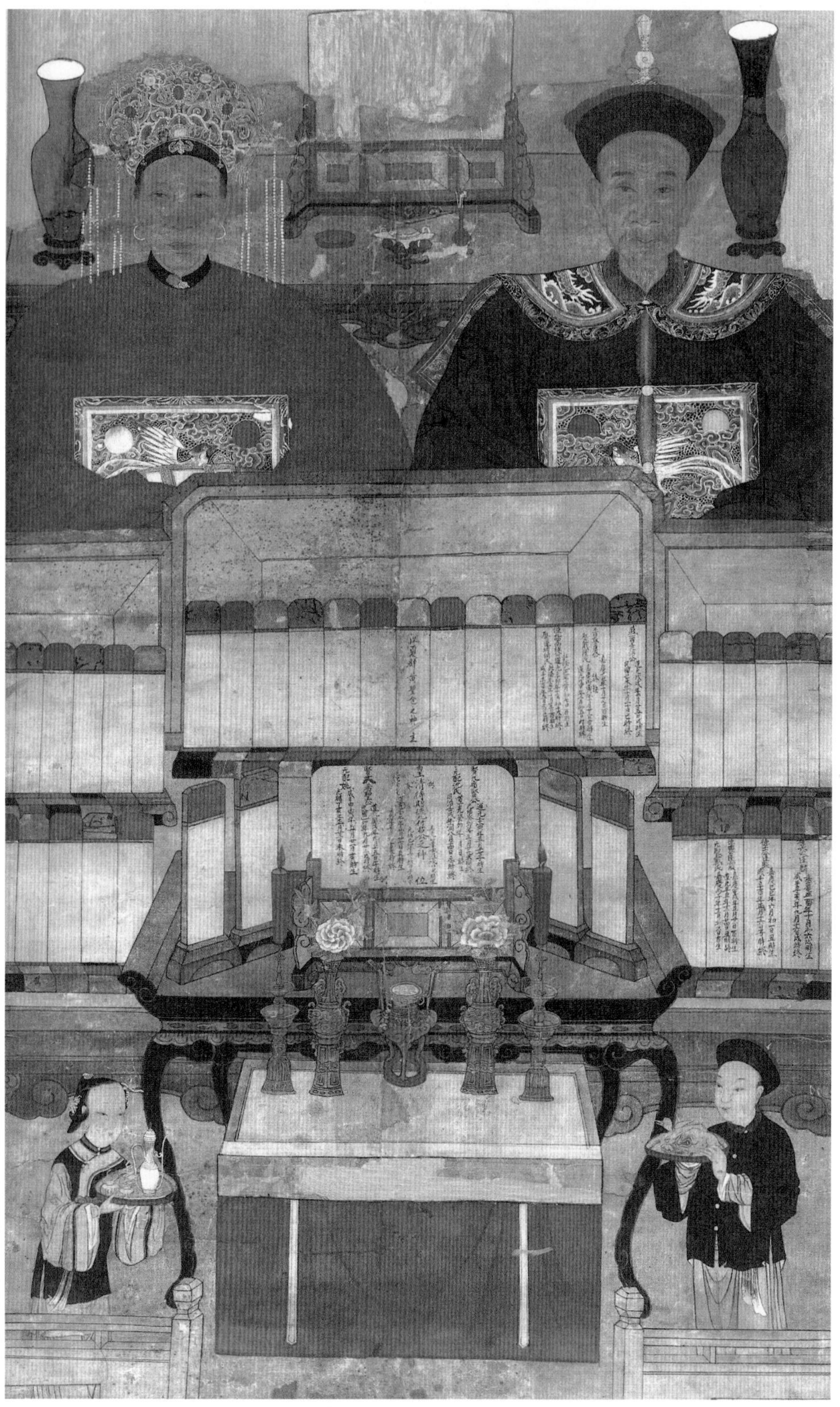

도03_07. 〈부부 초상〉, 종이에 채색, 195×97, 청대, 19세기, 프리어앤드새클러갤러리Freer&Sackler Gallery.

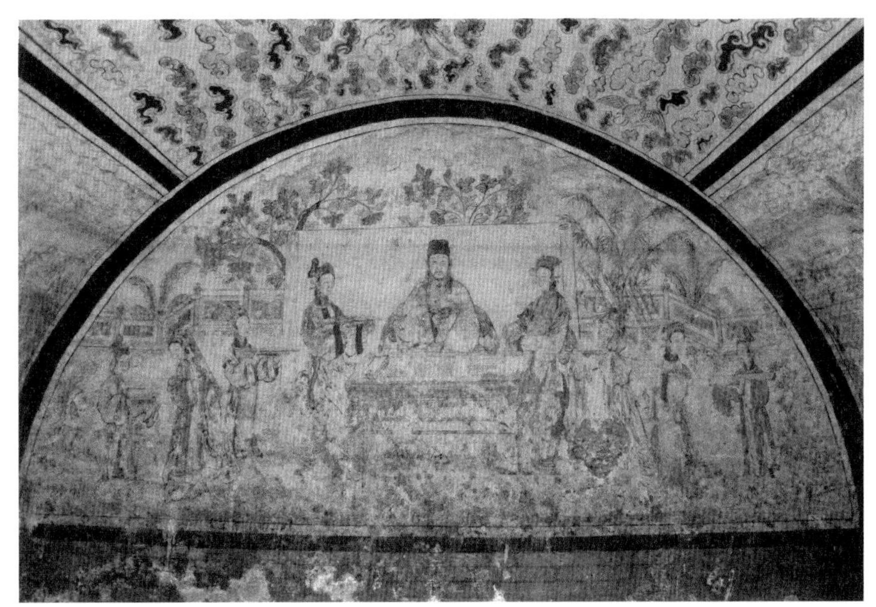

도03_08. 중국 허난河南 지위안濟源 시에 있는 명대 벽화 묘 서벽 벽화 묘주도.

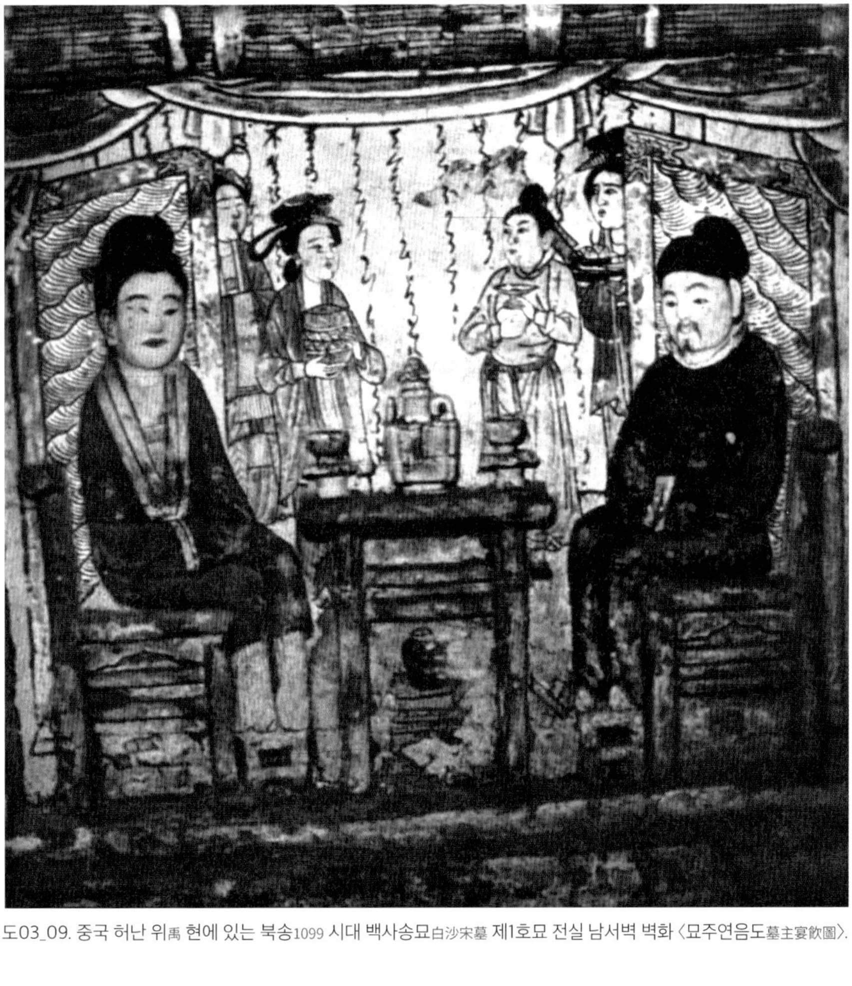

도03_09. 중국 허난 위禹 현에 있는 북송1099 시대 백사송묘白沙宋墓 제1호묘 전실 남서벽 벽화 〈묘주연음도墓主宴飮圖〉.

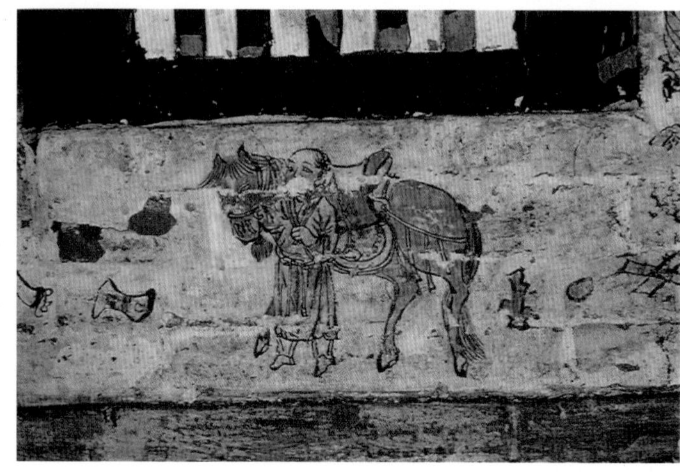

도03_10. 중국 산시山西 툰류屯留의 원대 벽화 묘 M1 동벽 벽화.

변에 상징적 기물들을 배치해놓은 것과 유사하지만 맥락은 전혀 다르다. 이처럼 명대 이전의 고분벽화 속 묘주도 표현을 통해서 전통적으로 사서인들에게 조상 초상화가 어떠한 의미였는지를 짐작할 수 있으며, 명대 이후에는 고분벽화의 묘주도를 대체하게 된 제의용 초상화가 관습상 비슷한 의미로 인식되었을 것임도 추측 가능하다.

더불어 이러한 명대 이전 고분벽화 속 여성 표현은 명대 이후 사서인들에게 초상화 속 여성상이 어떤 의미였는지를 추측해볼 수 있는 좋은 근거 자료가 된다. 송·원대 고분벽화 속 여성들의 표현에는 그들의 신분이나 지위를 표현하는 어떠한 상징이나 표식도 보이지 않는다. 반대로 묘주가 남성이라면 실제 관직을 갖지 못한 경우라도 고인을 높이기 위해 묘지에 가짜로 관직명을 기재하거나 묘주도에서 관료의 모습으로 꾸미는 경우는 매우 흔했다. 예를 들어 원대에 들어서면 남성 묘주는 비록 한족이라도 몽골식 복장을 하며 몽골 치하에서의 권력을 쥔 인물로 가장하는 경우가 많이 발견되는데, 여성들은 일상의 복장을 한 평범한 모습으로 표현되는 경우가 더 많았다.[23] 그런데 고분벽화 속 묘주도의 후신後身으로 볼 수 있는 명·청대 의례용 초상화에서 여성들은 대부분 명부가 입는 상복을 입고 나타난다. 재미있는 점은 초상화 속 여성의 복식이 실제 명부의 상복과는 거리가 있다는 점이다. 본래 명부의 상복은 원령포圓領袍 혹은 대수삼大袖衫에 보자가 달린 하피霞帔가 주요한 구성요소이나 초상화 속 여성들의 복식은 하피가 생략되고 대수삼에 보자가 달린 형식으로 간략화되거나 아예 보가 직조된 보복補服을 입는 식으로 보를 유독 강조하고 있다.[24] 더욱 주목되는 것은 보 혹은 보자가 격식에 맞지 않는다는 점이다. 앞서 언급했듯, 관직을 갖지 못한 사서인의 경우 특별한 경우에 구품문관과 그 명부의 상복을 입을 수 있으며, 규정대로라면 암순鵪鶉 즉, 메추라기를 수놓은 보를 써야 했지만 명말에 복식 규제가 무시되었던 결과로 가장 흔히 보이는 보자의 문양은 도03_01에서 보듯 일품문관의 선학仙鶴이며, 적지 않은 경우에 사자獅子와 같은 무관의 보자를 달고 있는 모습도 발견된다. 물론 이와 같은 여성들의 복식에서 보이는 보자가 실제 남편과 아들의 관직을 정직하게 반영한 것일 수도 있다. 그러나 초상화 속 여성들이 지닌 보자가 대부분 오품 이상의 명부를 나타내고 있는데 이것은 실제로는 있을 수 없는 일이며 그러한 의미에서 여성의 복식이 반드시 가족 내에서 삼종지도三從之道의 덕을 실천해야 하는 부속된 여성의 지위를 드러내기 위해 표현되었다고 여겨지지는 않는다. 오히려 이전 시대 고분벽화의 묘주도 속 남성 서인들이 추존된 모습으로 표현되듯, 여성 조상을 기리고 높이기 위해 사용할 수 있는 유일한 시각적 장치로서 거짓되지만 이상적 형태의 여성 복식과 꾸밈 표현이 이용되었을 가능성이 높다.

그렇다면 왜 명·청대에 와서야 제의용 초상화 속 여성들은 추존의 의미를 담은 복식을 하게 되었을까? 송·원대 고분벽화 속 묘주도에서 여성이 별다른 특징 없이 표현되었던 것은 집 안으로 설정된 무덤 공간 내 묘주도의 위치와 벽화 속에 표현해놓은 다양한 상징 이미지를 통해 충분히 인물의 역할과 의미를 전달할 수 있었기 때문이다. 게다가 고분벽화 속 묘주들이 묘실이라는 특수 공간에 상시적으로 존재하는 것과 다르게 명·청대 사서인들의 초상화는 반드시 사당 혹은 영당에 걸리는 것만은 아니었고 오히려 평상시에는 말아서 보관해두었다가 때때로 특별히 꺼내어져 사용되는 것이었다. 이러한 상황에서 배경이 거의 삭제되다시피 한 초상화 속의 여성은 인물의 표현 자체만으로는 어떠한 의미를 전달하기 부족하기에 이들과 쌍을 이룰 남성 이미지와 오로지 차림새를 통해서만 자신의 지위와 역할을 드러낼 수 있었고 남성들도 여성에 대한 자신들의 인식과 평가를 그림에 반영할 수 있었다.

보스턴미술관에 소장된 18세기 후반의 초상화는 여성 조상을 세간의 잣대로 평가하고 그것을 그림으로 표현해야 하는 어려움에 직면한 남성들이 어떤 식으로 절묘하게 이 곤

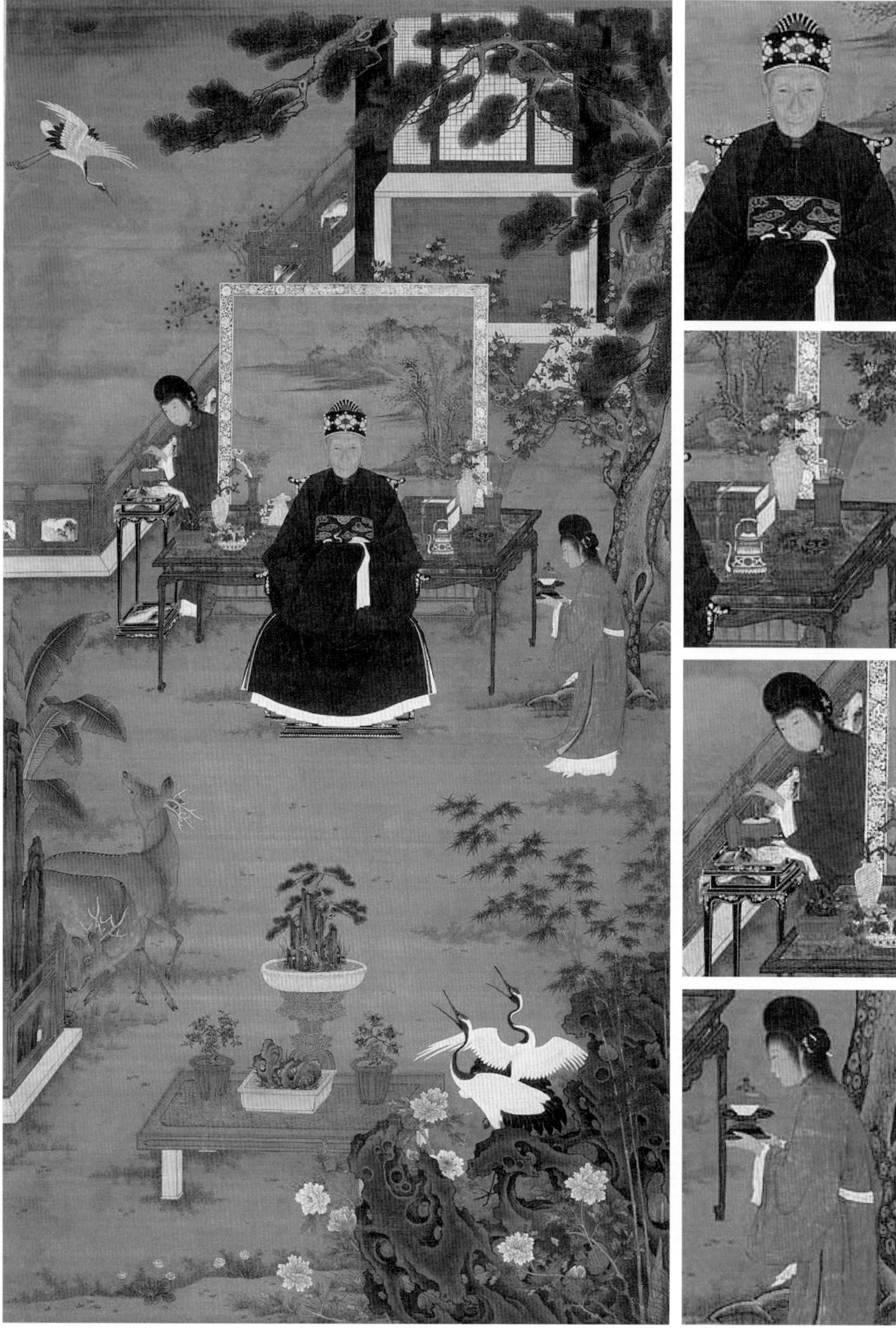

도03_11. 〈생일 초상〉, 비단에 채색, 236.9×124.5, 청대, 18세기 중반, 보스턴미술관.

란한 상황을 모면했는지를 파악할 수 있는 첫 번째 단서이다.[도03_11] 생일 초상화로 알려진 이 그림에서 여성은 일품명부의 보자를 단 상복을 갖춰 입고 호화로운 기물이 갖추어진 탁자 앞에 앉아 여종들의 시중을 받고 있다. 여타의 조종화와는 달리 초상화 속 여성은 축수의 메시지를 전달하는 가상의 환경 (그래봐야 집 안이겠지만) 속에 놓여 있는데, 여성 주변으로는 현실의 요소들도 존재하지만 소나무와 복숭아나무가 기괴하게 얽혀 있고 학과 사슴이 뛰어노는 모습은 전혀 현실적이지 않다.

여기에서 아무리 핍진성이 강조되는 초상화라 할지라도 언제나 사실과 진실만을 담아낼 필요는 없으며 충분히 쓰임과 목적에 따라 과장적 상징 표현들이 사용되었음을 다시 한 번 확인할 수 있다. 이 초상화에서 여성의 역할과 의미는 여전히 가정 내에 한정되면서도 현실 속 여성의 덕목 중 으뜸으로 여겨지던 정절의 코드는 삭제되었다. 한편 여성은 현실의 존재에서 비현실의 존재로 전환되어 있다. 종합적으로 이 초상화는 여성 조상이 현실의 어머니가 그랬던 것처럼 가문을 수호하는 역할을 수행하면서도 복까지 불러오는 가택신家宅神으로 표현되고 인식되기에 이르렀음을 보여준다. 사실상 평범한 사서인들은 그들의 조종화를 예배의 대상으로 쓰기보다는 절기의 행사 중에 액을 물리치고 복을 가져다주는 다른 그림들과 함께 행운을 불러오는 일종의 부적과 같은 용도로 사용했다고 한다.[25] 그러한 관점에서 보면 도03_12와 같은 여성의 초상은 남성 배우자의 초상과 함께 또는 몇대 조에 걸친 조상들이 함께 표현되는 선세도先世圖 속에서 가정의 평화와 안녕, 자손 번창을 보장하는 이미지로 여겨졌을 것이다.

한편 16세기 이래로 중국에서는 절일용과 감상용 자수가 유행하게 되는데 이에 절일용 보자가 제작되었고 명 관료들은 품계와 관등에 상관없이 시복 장식품으로 특정 흉배를 부착하기도 했다고 한다.[26] 이러한 절일용 자수 보자의 제작 중에는 품등 보자의 문양과는 확실히 구분되는 토끼와 같은 동물이나 독특한 서수의 문양도 있지만, 황실 절일 축제를 상징하는 봉황이나 벽사의 의미가 있는 사자 문양 등은 품등 보자에서도 공통적으로 나오고 있어 주목할 필요가 있다. 초상화 속에서 여성들이 취하고 있는 자신의 신분과 맞지 않는 복식은 실제보다 그들의 계급을 높여 보이려는 의도적 장치일 뿐 아니라 벽사구복의 기능을 수

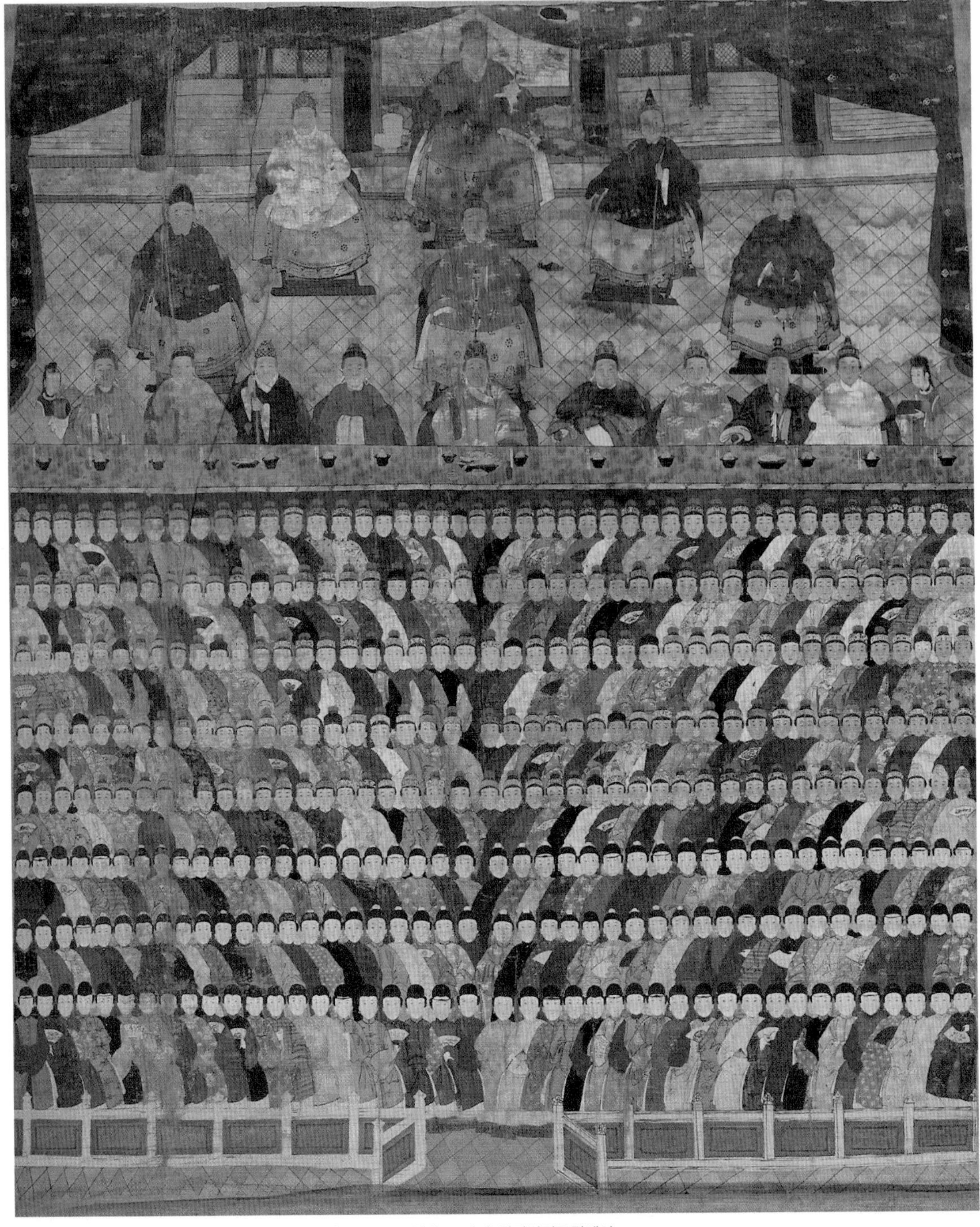

도03_12. 중국 산시山西 지역의 〈선세도〉, 면에 채색, 245×218, 청대, 19세기, 윌리엄립톤컬렉션Collection of William Lipton, Ltd.

행하고 있는 가택신으로서의 그들의 새로운 존재를 가정해볼 수 있는 또 다른 단서이다.

다양한 목적 아래서 다채롭게 표현되었던 남성의 초상화에 비해 오로지 집안 의례에 쓰이기 위해 제작된 여성의 초상화에서 보이는 형식의 정형성과 수적 열세는 그만큼 피사인물이 되는 여성 존재에 대한 빈곤한 사회적 인식을 반영한다. 여성들은 자신을 평가하는 기준을 스스로 세울 기회를 얻지 못했고, 부계 사회의 안정을 위해 남성에 더욱 더 잘 종속될 수 있는 조건들을 남녀 공히 규범이라는 이름으로 받아들이고 실천하였다. 그중 여성의 '정절'은 남성 대표자의 존재가 위협받을 때 가정을 지키기 위한 가장 중요한 덕목이었으므로 정절을 실천한 여성의 서사는 여훈서를 비롯한 여성을 대상으로 하는 각종의 전기들에서 중심을 차지하고 있다. 그러나 일반적인 여성에서 성적 대상으로서의 성격을 제거해야만 했던 어머니에게까지 남성 자손들은 정절을 강요하고 이를 기준으로 평가를 할 수는 없었다. 또한 마땅히 기억해야 하고 존숭을 표현해야 하는 대상임에도 그에 걸맞은 표현을 갖추지 못했던 남성들은 초상화를 그릴 때 큰 난관에 봉착한다. 결국 여성 조상을 기리기 위한 언어를 형성하기를 포기한 남성들은 여성에 대한 기억들과 고유의 가치는 묻어두고 어머니를 정체성이 모호한 조상신이자 가택신으로 전환시킴으로서 자손으로서의 예를 다하고 복록을 기원할 기도 대상도 얻는 이중의 효과를 누리고자 했던 것이다.

글을 마치며

이 글은 중국 초상화 연구를 하던 어느 때에 문득 초상화의 대상도, 이론도, 감상자들도 모두 남성의, 남성에 의해, 남성을 위해 이루어졌다는 사실을 깨달으면서 시작되었다. 그 뒤 여성의 흔적들을 찾아내려 했을 때 발견한 것은 의례용 초상화 속에서 천편일률적으로 무표정하게 앉은 종이인형과 같은 여성들의 모습이었다. 게다가 초상화 속 여성들은 대개 조선 시대 남성 관복처럼 붉거나 푸른 비단에 사각의 흉배를 매단 옷을 입고 있었는데 이 모습이 매우 낯설게 보였다. 마치 트로피처럼 남성의 관복을 빌려 입고 자못 위세를 떠는 듯이 느껴지기도 했다. 그림만으로는 개인의 정체성이 드러나지 않는 이 여성들의 실제 삶이 어떠했는지보다는, 미술사가의 입장에서 이들이 이렇게 시각적으로 표현된 계기가 궁금했다. 꽤나 공을 들여 그린 초상화부터 조잡한 서인들의 초상화에 이르기까지, 그림 속 여성들 모두가 한결같이 격이 높은 귀부인의 복식을 하고 있다니! 이것이 실제로 가능하지 않은 일이라면 분명 어떤 의도를 위해 시각적으로 가공된 결과물일 테니까 말이다.

한편 연구의 대상인 의례용 여성 초상화에 보이는 진부하고 빈곤한 표현 방식들이 남성들의 소비를 위한 판타지 속 여성이나 기녀들의 이미지가 보이는 다양한 시각적 언어와 대조되어 씁쓸함을 자아냈다. 초상화 속에서 여성들은 위풍당당하게 가슴을 펴고 남편 혹은 아들이 역임했을 관직의 품등을 드러내는 표식을 자랑하고 있지만 이것은 어쩌면 과거, 본처 자리를 힘겹게 지킨 집안 여성들에게 허락된 의미 없는 훈장이었을 뿐인지 모른다. 남성들은 여성을 피사인물로 하는 초상화 제작에 크게 관심이 없었다. 따라서 이 글에서는

"미술은 차마 말과 글로 드러내지 못하는
인간의 세속적 욕망을 담아내고,
또 그것이 소비됨으로써 그 욕망은 인정되고 확장된다.
이것이 바로 눈에 보이지 않는 진실을 밝히는
미술의 의미 아닐까?"

남성들이 아내나 어머니와 같은 자신들에게 중요한 여성 인물들을 그저 최고 수준의 성장盛裝을 한 모습으로 표현함으로써 여성 초상화를 만들어냈다는 다소 싱거운 결론이 지어질 수밖에 없었다. 그러나 고인이 된 여성 가족을 시각적으로 꾸미는 일조차도 남성들은 비난을 받지 않을 정도의 적당한 수준으로만 참여했다는 사실은 약간은 충격적이면서도 슬프게 다가온다. 중국 복식사에 어느 정도 식견이 있다면 특이하다 할 것 없는 요소들을 분석하고 그다지 새롭지 않은 결론을 내리면서도, 이미지에 투영된 남성들의 여성을 향한 이중적 태도와 잣대를 간파하는 일은 꽤 재미가 있었다. 이처럼 미술은 차마 말과 글로 드러내지 못하는 인간의 세속적 욕망을 담아내고, 또 그것이 소비됨으로써 그 욕망은 인정되고 확장된다. 이것이 바로 눈에 보이지 않는 진실을 밝히는 미술의 의미 아닐까? 이 글이 독자들에게 평범한 이미지 하나도 그냥 지나치지 않고 흥미롭게 분석해보는 데 길잡이 역할을 하기 바란다._지민경

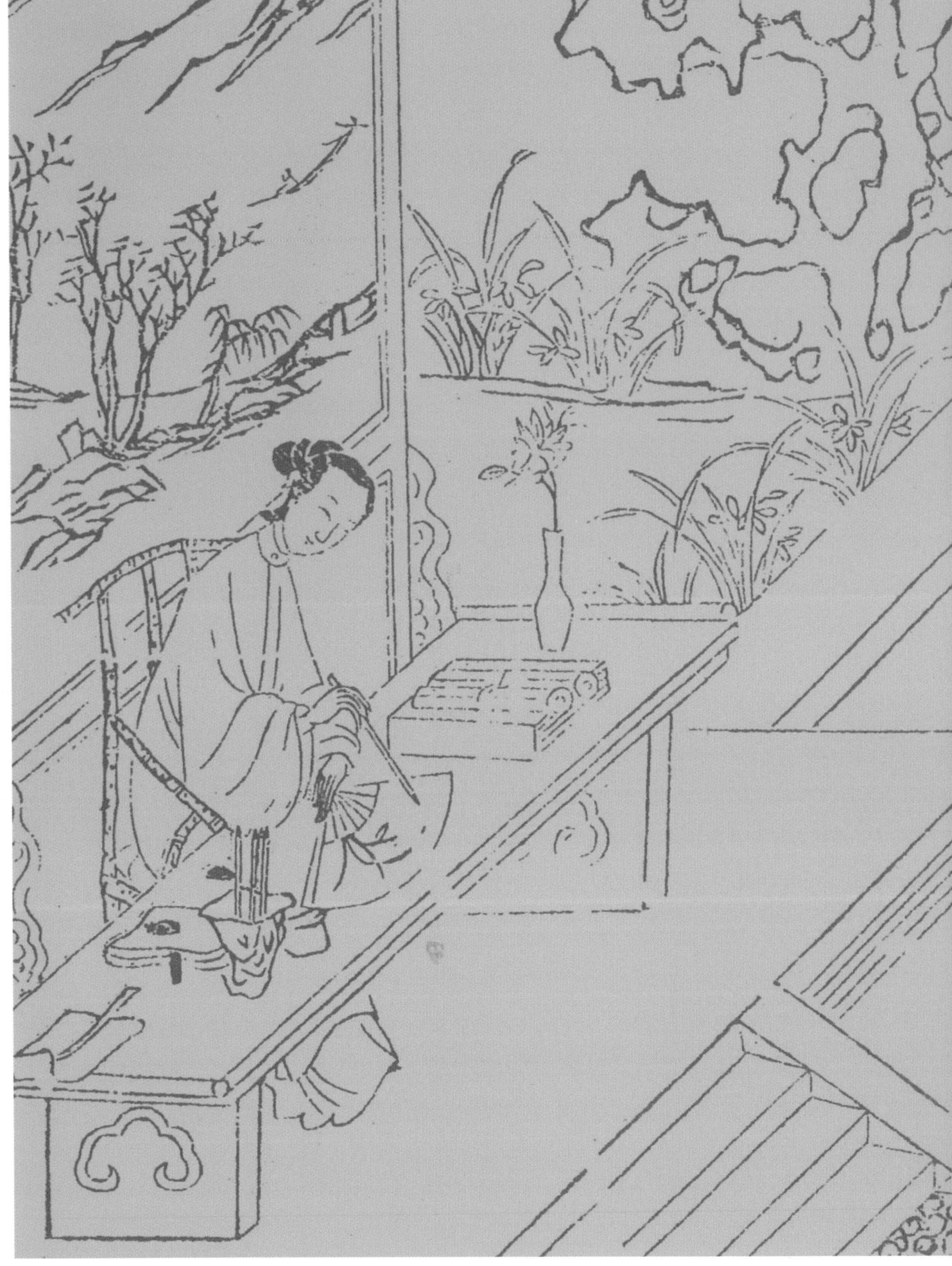

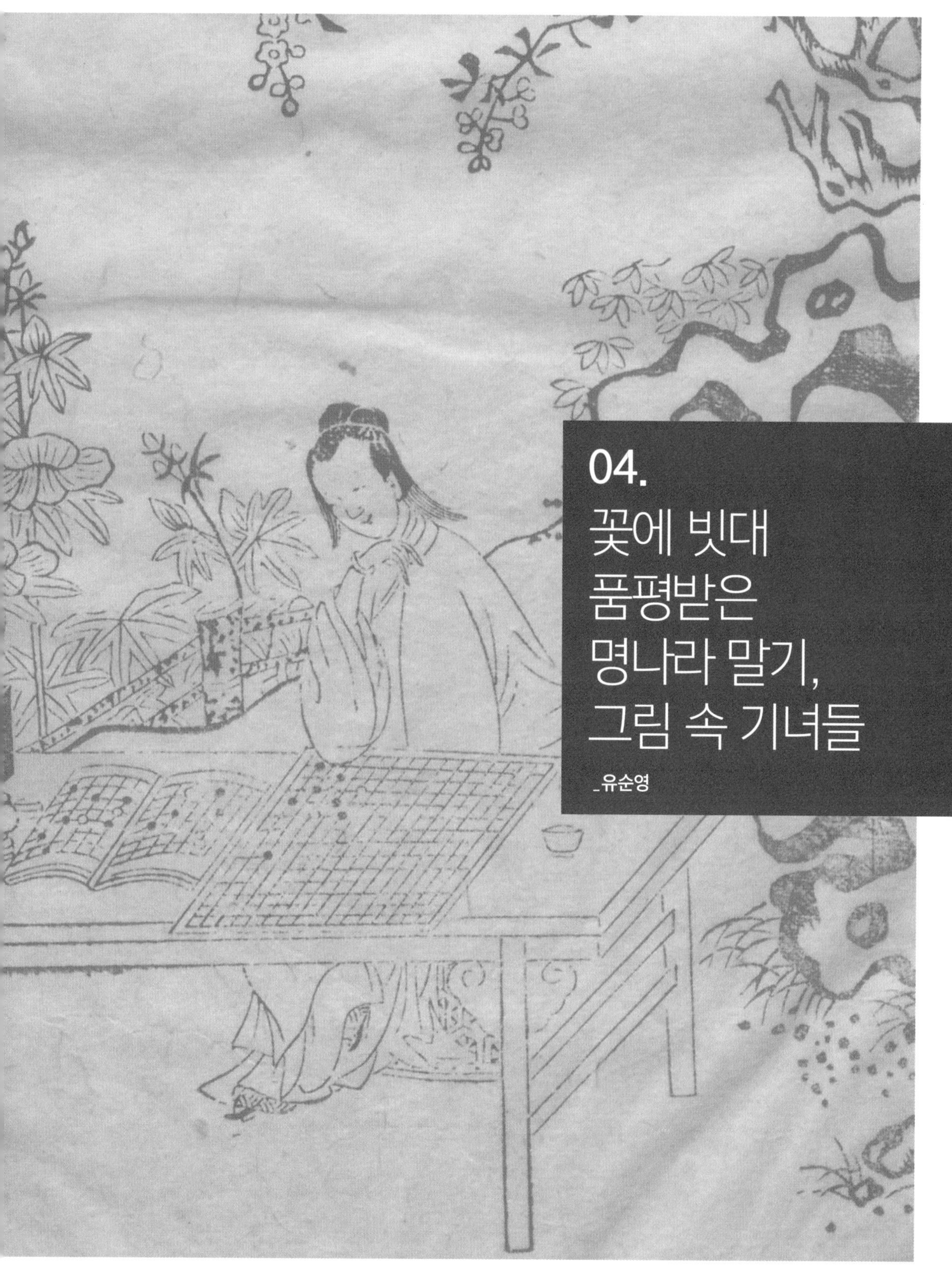

04.
꽃에 빗대 품평받은 명나라 말기, 그림 속 기녀들

_유순영

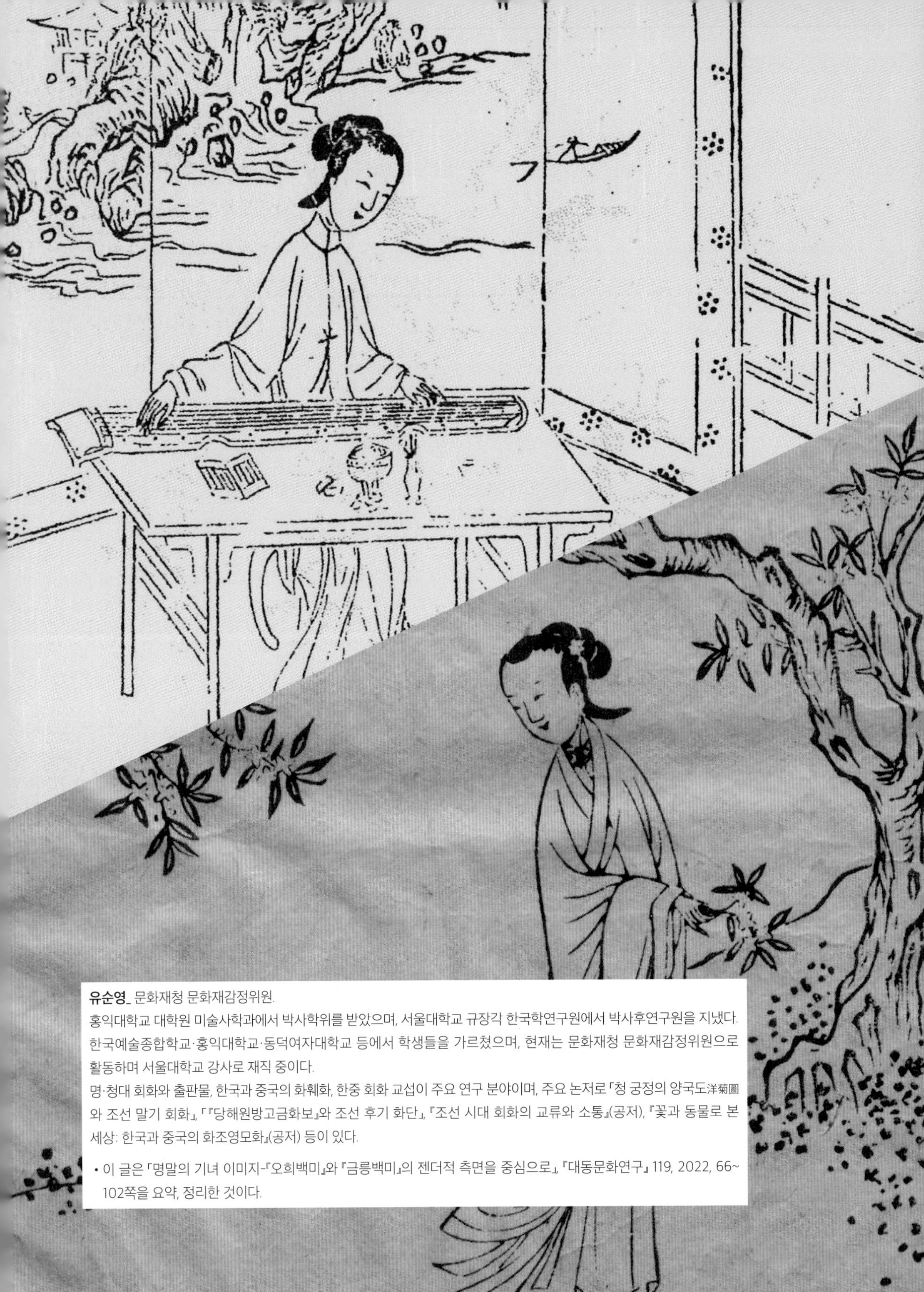

유순영_ 문화재청 문화재감정위원.
홍익대학교 대학원 미술사학과에서 박사학위를 받았으며, 서울대학교 규장각 한국학연구원에서 박사후연구원을 지냈다. 한국예술종합학교·홍익대학교·동덕여자대학교 등에서 학생들을 가르쳤으며, 현재는 문화재청 문화재감정위원으로 활동하며 서울대학교 강사로 재직 중이다.
명·청대 회화와 출판물, 한국과 중국의 화훼화, 한중 회화 교섭이 주요 연구 분야이며, 주요 논저로 「청 궁정의 양국도洋菊圖와 조선 말기 회화」, 「『당해원방고금화보』와 조선 후기 화단」, 『조선 시대 회화의 교류와 소통』(공저), 『꽃과 동물로 본 세상: 한국과 중국의 화조영모화』(공저) 등이 있다.

• 이 글은 「명말의 기녀 이미지-『오희백미』와 『금릉백미』의 젠더적 측면을 중심으로」, 『대동문화연구』 119, 2022, 66~102쪽을 요약, 정리한 것이다.

명말 기녀들의 등급표, 『오희백미』와 『금릉백미』

기녀는 명말기에 문화적인 아우라를 획득한 특별한 존재다. 지적 소양과 문예적 재능을 갖춘 명기이름난 기녀는 낮은 신분에도 불구하고 남성 엘리트 문인들과 관계를 맺으며 명성을 떨쳤다. 명기는 제도권의 안과 밖, 남성과 여성, 공적 영역과 사적 영역을 넘나들며 미모와 문예로써 자신들의 존재감을 부각했다.[1] 그 결과, 남성 문인들이 묘사한 명기에 관한 시와 글, 기녀 자신들이 창작한 문학과 예술은 강남의 상업 공간에서 새로운 문화 자본으로 각광을 받게 되었다.

16세기에 활동한 직업화가, 구영이 그렸다고 전하는 작품 속에 소주 청루기방의 모습이 그려져 있다.[도04_01] 청루는 향락과 유흥의 공간으로 합법적인 연애 장소이자 과거에 실패한 문인들이 낙담한 마음을 달래고 인적 네트워크를 넓히는 장이기도 했다.

역시 16세기에 활동한 전곡錢穀의 그림에 나오는 진회秦淮는 남경 성 안을 흐르는 작은 강으로, 명초에 공식적으로 진회 양쪽 16곳에 누각을 짓고 관기가 살 수 있도록 허가를 해주면서 기녀 산업이 번창했다. 기녀들은 청루는 물론이고 남경 근교의 명소에서 문인들을 응대하며 풍류를 즐겼다.[도04_02]

명말청초에 활동한 기녀들의 문예적 성취와 기녀를 대상으로 한 텍스트와 시각문화는 기녀 예술가를 둘러싼 흥미로운 논점을 제공해왔다.[2] 그 가운데 하나가 남성 엘리트 문인들이 기녀들과 어떻게 관계 맺고 기녀들을 인식했는가 하는 문제다.[3] 이러한 문제의식의 선상에서 주목할 만한 자료로 『오희백미吳姬百媚』1617와 『금릉백미金陵百媚』1618를 꼽을 수 있다. 두 서책은 각각 소주와 금릉金陵의 기녀를 꽃에 빗대어 평하고, 과거 급제자의 품계처럼 등급을 정해 품평한 화안花案의 일종이다. 기녀를 보통 '말을 알아듣는 꽃,' '해어화'라 부르기도 하는데, 화안은 각종 물품에 대한 평가가 만연했던 시대에 기녀를 '특정한 꽃'에 비유하고 '순위를 정해 평가'함으로써 명말 지식층의 기녀에 대한 타자화된 시선을 극명하게 보여준다. 더욱이 전체 54면에 이르는 삽도가 실려 있어 그동안 텍스트를 중심으로 논의되어 온 명말기 기녀 이미지를 시각 자료를 통해 살필 수 있는 점에서 주목되는 자료다.

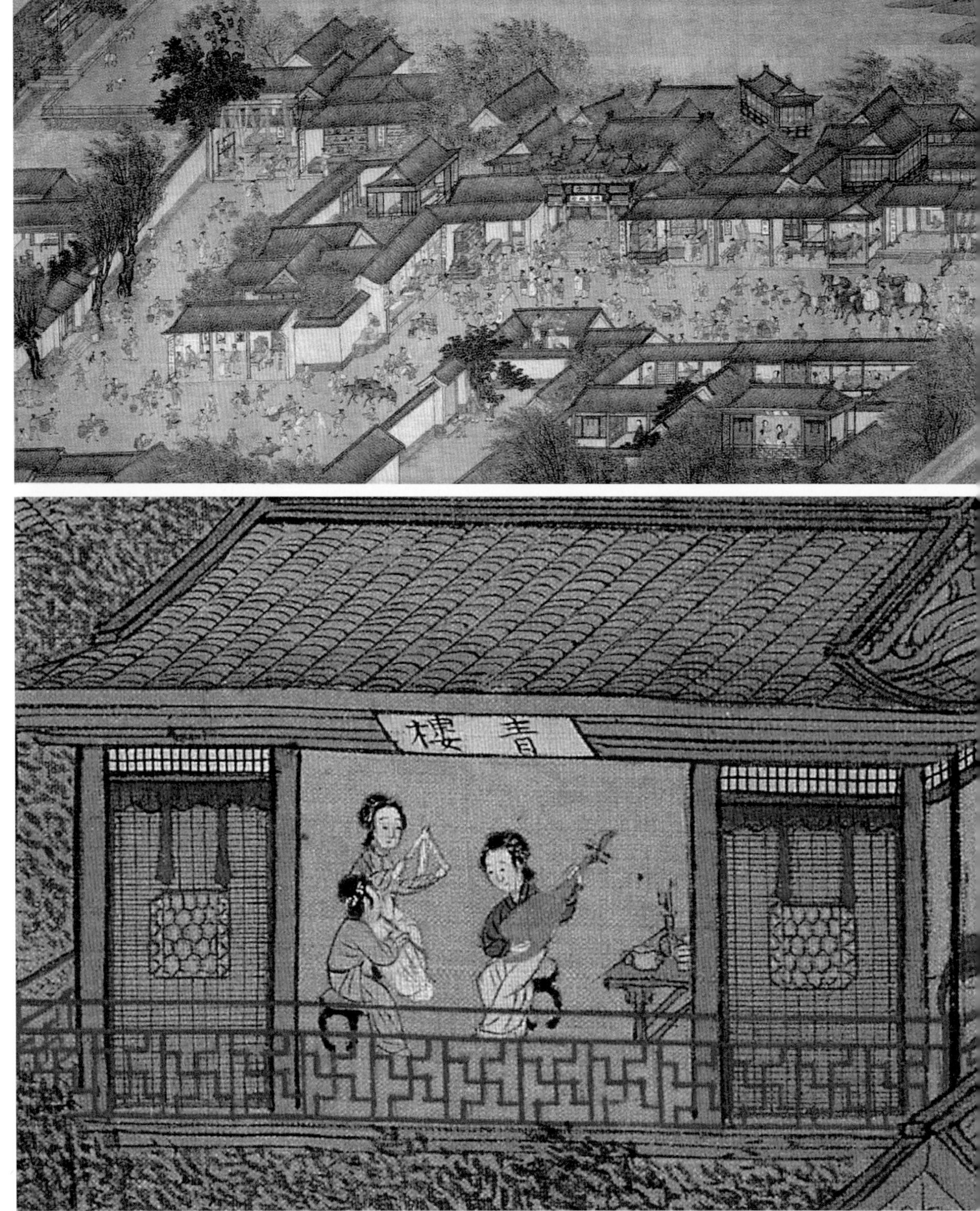
青樓

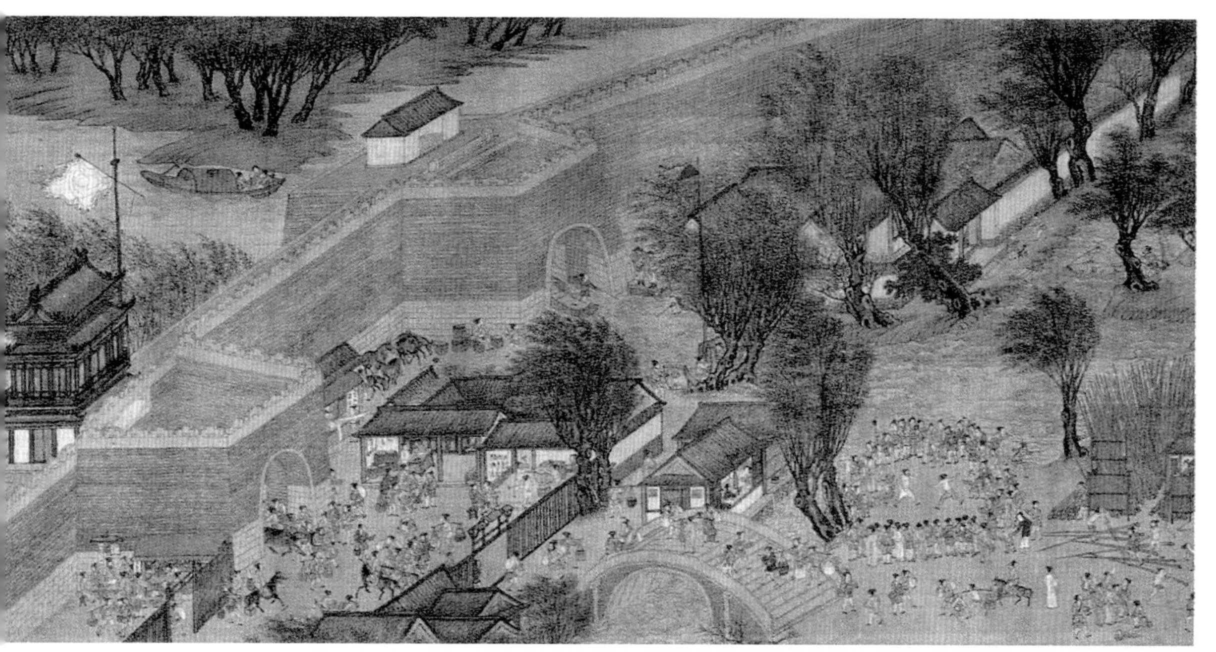

도04_01. 구영, 〈청명상하도〉 부분, 비단에 채색, 전체 30.5×987.5, 16세기 후반~18세기경, 랴오닝성박물관.

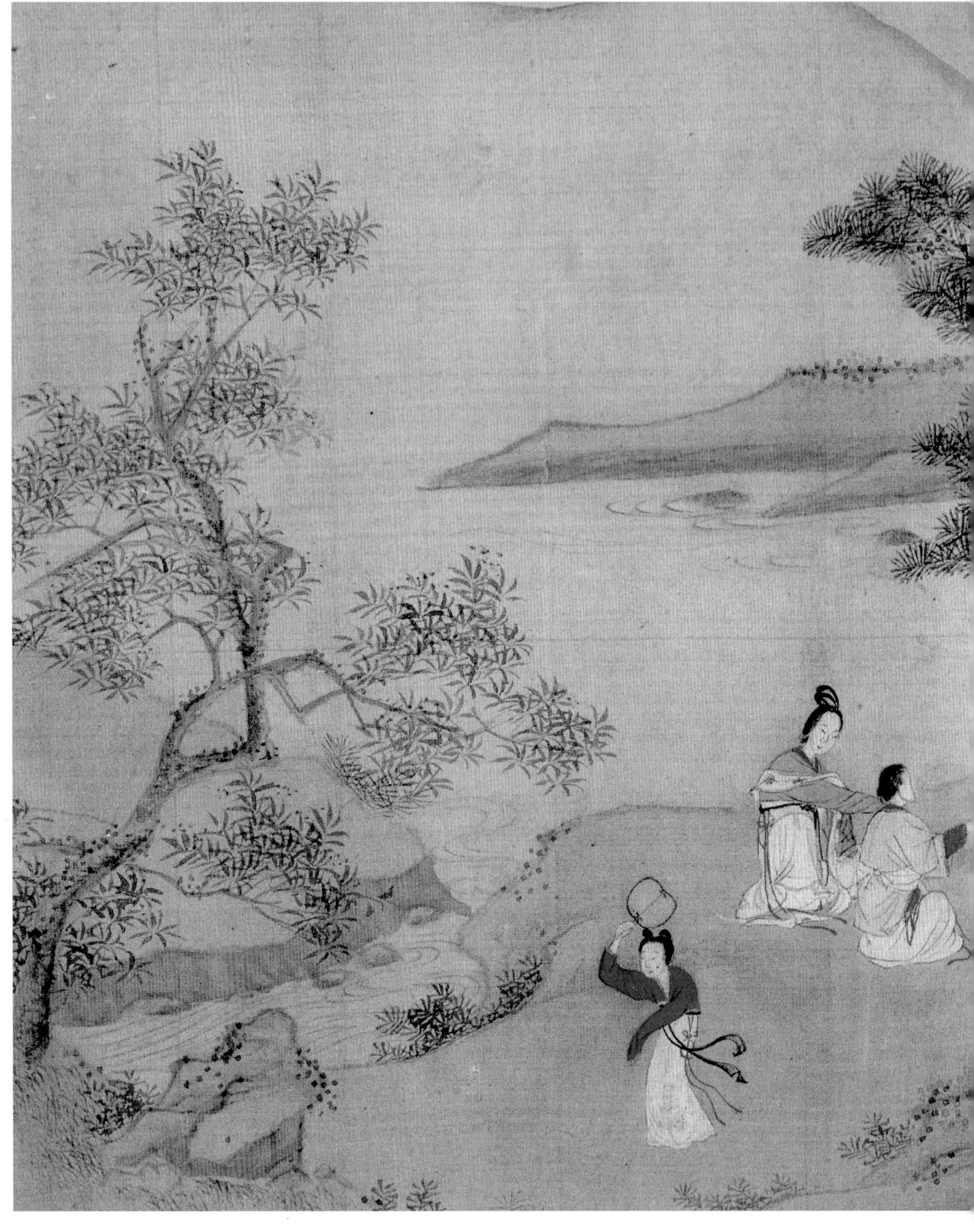

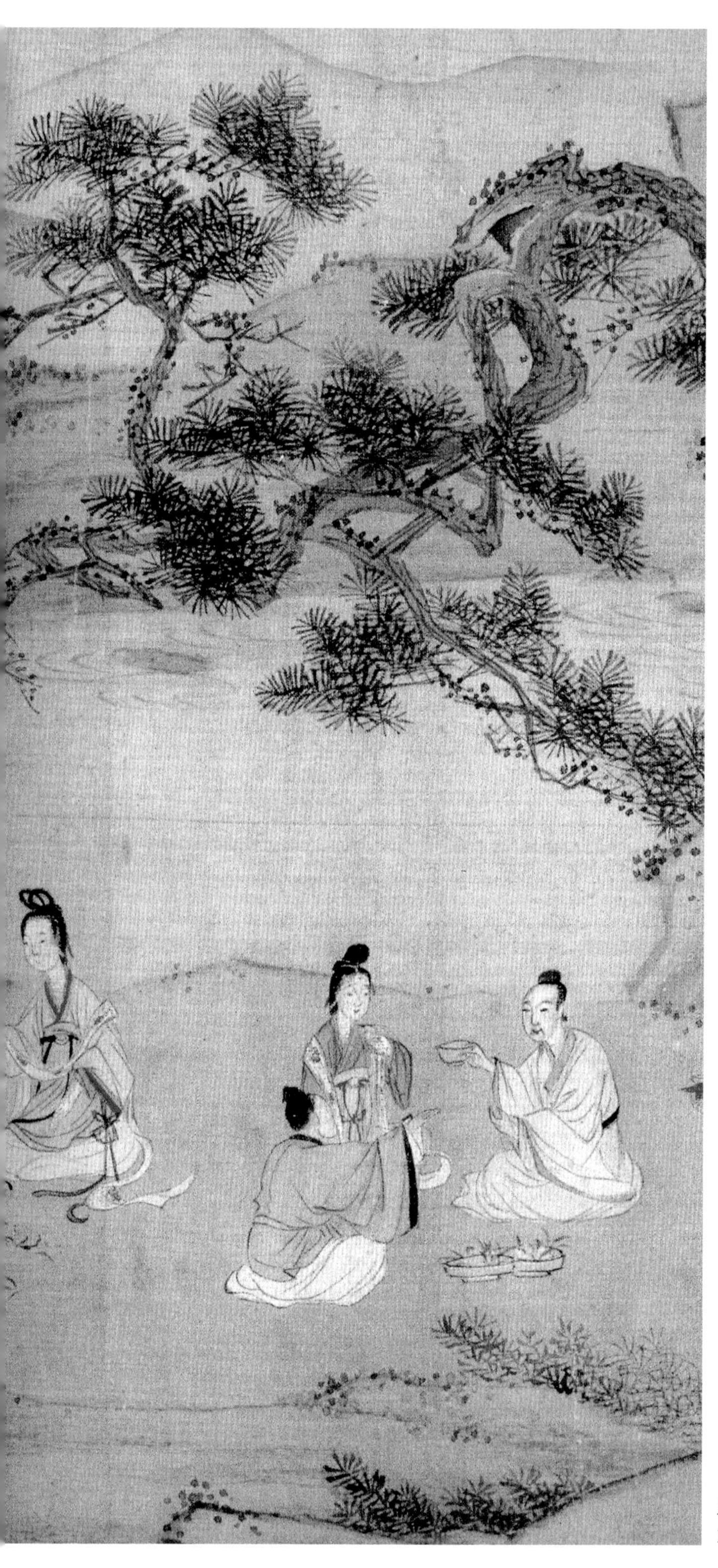

도04_02. 전곡, 〈진회야유도秦淮冶遊圖〉 부분, 종이에 채색, 23×40.5, 16세기, 난징박물관.

두 서책은 그간 문학적인 측면이 주로 다루어졌으며, 특히 『금릉백미』는 자료가 전면 공개되지 않아 글과 삽도의 전체 내용을 파악하는 데 한계가 있었으나,[4] 일본 내각문고內閣文庫에 자료 협조를 구해 단편적으로 소개되어온 『금릉백미』의 전모를 접할 수 있었다.

『오희백미』와 『금릉백미』의 기녀 이미지는 특정한 기녀의 개별성보다 명말기 명기에게 요구된 여성성과 사회적인 성 역할을 보여주는 시각물이라고 할 수 있다. 이러한 기녀 이미지 아래 놓인 남성 문인들의 로망은 어떤 것이었을까. 두 서책의 시각 이미지를 중심으로 명말기 문인들이 기녀에게 투영한 중층적인 욕망과 젠더 인식을 살펴볼 수 있지 않을까?

먼저 화안이 어떤 성격의 글인지 간략하게 살펴보자. 화안은 화방花榜이라고도 하는데, 북송대 청루에서 기녀를 품평하는 놀이문화의 하나로 등장하여 문학으로 정착되었다. 송대에 이미 실제로 거행한 화방의 수가 글에 미치지 못할 정도로 문학 장르로 발전했다. 명대 강남 출신 관료 문인들과 과거에 실패한 문인들은 북경, 금릉, 소주, 양주의 기녀들을 품평한 화안을 여럿 저술했다. 기녀 산업과 유흥 문화가 발전하면서 출사를 목적으로 하는 문인들의 유희적인 글쓰기가 늘어났으며, 여기에 과거에 실패한 문인들이 자신들의 불우한 심정을 기녀 품평에 투영하면서 화안이 성행한 것으로 여겨진다.

화안의 내용을 살펴보면, 양신楊愼, 1488~1559은 『강화품조江花品藻』에서 24명의 기녀를 선정, 아래와 같이 품평한 뒤 사詞 1수를 인용하여 여인들을 예찬했다.

> "제1품 뇌봉아는 자가 경홍, 달빛 어린 수풀의 맑은 그림자, 매화라고 평한다."
>
> 第1品 雷逢兒 字 驚鴻 品云 月林淸影 梅花.

조대장曹大章, 1521~1575은 『연대선회품蓮臺仙會品』에서 북경의 기녀 40명을 대상으로, 여학사女學士 · 여태사女太史 · 여장원女狀元 · 여방안女榜眼 · 여탐화女探花로 구분하고 각각을 꽃에 빗대어 평가했다. 『금릉기품金陵妓品』을 쓴 반지항潘之恒, 약 1536~1621은 1570년에 연대회蓮臺會가 금릉에서 개최한 뒤로 화방의 전통이 끊어졌다고 하여, 명말 이후로는 실제 화방이 개최되기보다 문학으로 성행한 것을 알 수 있다.[5]

화안은 작가에 따라 조금씩 차이를 보이지만 기녀를 꽃에 비유하고, 과거 급제자의 명단처럼 등급을 정해 평한 뒤에 기녀를 상찬하는 시와 글·비평을 덧붙이는 형식을 띤다.

소주 기녀 54명, 남경 기녀 55명의 등급을 매기다

『오희백미』와 『금릉백미』는 앞서 언급한 화안에 비해 문학과 비평을 대폭 수록하고, 기녀 도상을 담은 삽도를 더하여 문학적인 읽기와 시각적인 즐거움을 추구한 편폭이 큰 화안이다.

『오희백미』는 소주 기녀 54명을 대상으로 과거 급제자의 품계를 빌려 일갑一甲에 3명, 원괴元魁에 8명, 부방副榜에 2명, 이갑二甲에 15명, 삼갑三甲에 22명, 신방新榜에 1명, 노정갑老鼎甲에 3명을 선정하고, 각 기녀를 꽃에 빗댄 화품花品과 삽도 29면을 수록했다. 중국 국가도서관본과 일본 호사蓬左문고본이 전하는데, 전자는 시영詩詠 일부와 삽도 4면이 결실되어 있다.[도04_03]

『금릉백미』는 남경의 기녀 55명을 가려 정갑鼎甲에 3명, 원괴에 18명, 이방二榜에 10명, 삼갑에 15명, 한산閑散에 5명, 소정갑小鼎甲에 3명, 소부방小副榜에 2명을 선정하고 삽도 25면을 기재했다. 일본 내각문고본이 알려져 있으며, 품화도品花圖를 포함한 삽도 25면 가운데 4면이 결실되어 있다.[도04_04] 두 책에 선정된 기녀와 화품, 삽도는 다음과 같다.

·『오희백미』 체재와 내용[6]

등급		성명	화품	삽도
일갑一甲	장원壯元	왕새王賽	수선화, 벽도화	빙란도凭欄圖
	방안榜眼	풍희馮喜	홍매화, 서부해당	탄기도彈棋圖
	탐화探花	장오蔣五	계화, 옥첩매	농구도弄球圖
원괴元魁	회원會元	풍반馮伴	녹악매, 경화瓊花	피고도披古圖
	제2	풍축馮丑	건란	무금도撫琴圖
	제3	장이張二	도화	취춘도醉春圖
	제4	풍수馮壽	행화	춘유도春遊圖
	제5	마관馬觀	난화	사란도寫蘭圖
	제6	유구劉蔻	옥루춘	망월도望月圖
	제7	풍금馮金	옥란화	반화도攀花圖
	제8	김상金湘	말리화	납량도納凉圖

등급		성명	화품	삽도
부방副榜	회원會元	심여沈如	납매화	옹로도擁爐圖
	회괴會魁	장미張美	작약화	춘수도春睡圖
이갑二甲	제1	풍삼馮三	부용화	호음도豪飮圖
	제2	양을梁乙	다미화	도곡도度曲圖
	제3	왕삼王三	자미화	담심도談心圖
	제4	백칠白七	홍국화紅菊花	주마도走馬圖
	제5	주윤周閏	석류화	투초도鬪草圖
	제6	이이李李	백하화白荷花	채련도採蓮圖
	제7	고소을顧小乙	치자화	연향도燃香圖
	제8	조소을曹小乙	매괴화	잠화도簪花圖
	제9	단규段葵	장미화	아학도雅謔圖
	제10	왕경王瓊	자형화	척산도陟山圖
	제11	항미項美	두견화	교환도交歡圖
	제12	심을沈乙	계관화	범주도泛舟圖
	제13	조애曹愛	추해당	걸시도乞詩圖
	제14	이소을李小乙	서향화	상사도相思圖
	제15	마우馬宇	산반화	답설도踏雪圖
삼갑三甲	제1	후쌍侯雙	산다화	
	제2	장사蔣四	체당화棣棠花	
	제3	단이段二	백국화白菊花	
	제4	호소胡昭	앵도화	
	제5	항소을項小乙	황국화	
	제6	손이孫二	촉규화	
	제7	채을蔡乙	매화	
	제8	서수徐壽	수구화	
	제9	연삼燕三	이화	
	제10	한규韓葵	훤화	
	제11	양문楊文	추규화	
	제12	왕존王存	목향화	
	제13	조봉趙鳳	자국화紫菊花	
	제14	서인徐仁	봉선화	
	제15	김이金二	홍하화紅荷花	
	제16	노눈盧嫩	양화楊花	
	제17	단삼段三	옥잠화	
	제18	서사徐四	해아화孩兒花	
	제19	진삼陳三	백합화	
	제20	후소을侯小乙	규화	
	제21	마소을馬小乙	송화松花	
	제22	원삼袁三	채화菜花	

등급		성명	화품	삽도
신방新榜	소장원小壯元	심육沈六	청연화靑蓮花	수조도垂釣圖
노정갑老鼎甲	장원壯元	풍을馮乙	수선화	
	방안榜眼	주삼周三	홍매화	
	탐화探花	두수杜壽	계화	

· 『금릉백미』 체재와 내용[7]

등급		성명	화품	삽도
정갑鼎甲	장원	동년董年	단계화丹桂花	절계도折桂圖
	방안	학새郝賽	수선화	교유도郊遊圖
	탐화	양소楊昭	건란화	관란도灌蘭圖
원괴	회원	이대李大	서부해당	응조도凝眺圖
	제2	교대喬大	석류화	주사도注思圖
	제3	정안鄭安	홍매화	문화도問花圖
	제4	사눈沙嫩	옥루춘	권수도倦睡圖
	제5	부오傅五	두견화	석춘도惜春圖
	제6	임주林珠	납매화	완매도玩梅圖
	제7	양인楊引	벽도화	색구도索句圖
	제8	후눈侯嫩	말리화	청공도聽蛩圖
	제9	고취顧翠	작약화	의란도倚蘭圖
	제10	우재宇才	녹악매	상사도相思圖
	제11	진연陳娟	장미화	연화도燃花圖
	제12	범원范元	추해당	이□도理□圖
	제13	고희顧喜	서향화	대월도待月圖
	제14	장계張桂	매괴화	명연도鳴燕圖
	제15	양원楊元	유서화柳絮花	비서도飛絮圖
	제16	위소衛昭	앵율화	피고도披古圖
	제17	범과范科	부용화	불석도拂石圖
	제18	동십董十	옥란화	분향도焚香圖
이방二榜	제1	양희楊喜	옥첩매	
	제2	고절顧節	자형화	
	제3	위봉衛鳳	홍행화紅杏花	
	제4	마칠馬七	다미화	
	제5	주명朱明	추규화	
	제6	범윤范潤	산다화	
	제7	주대朱大	앵도화	
	제8	항육項六	수구화	
	제9	고칠顧七	옥잠화	
	제10	양육楊六	치자화	

등급		성명	화품	삽도
심갑	제1	범소오范小五	홍국화	
	제2	장대張大	목향화	
	제3	왕희王喜	황국화	
	제4	마팔馬八	촉규화	
	제5	나조羅藻	당체화棠棣花	
	제6	관오冠五	낭첩화浪疊花	
	제7	이육李六	산반화	
	제8	장일張一	백국화	
	제9	장교蔣巧	백합화	
	제10	왕절王節	이화	
	제11	양새楊賽	봉선화	
	제12	송단宋端	자국화	
	제13	부수傅壽	금령화	
	제14	마소사馬小四	야장미	
	제15	종거鍾擧	십양금十樣錦	
한산閑散	제1	구사寇四	송화	
	제2	범육范六	능화菱花	
	제3	돈사頓四	채화	
	제4	우이宇二	요화蓼花	
	제5	돈삼頓三	혜화惠花	
소정갑小鼎甲	장원	구백寇白	청연화	탄기도彈棋圖
	방안	마원馬元	백연화	관연도觀蓮圖
	탐화	진원陳元	홍연화	희접도戲蝶圖
소부방小副榜	회원	부애富愛	백이화白梨花	
	회괴	마계馬桂	일염화日艶花	

소주 저화재貯花齋에서 출판한 『오희백미』는 소주 장주현長州縣 출신으로 희곡가이자 출판업자 완유자宛瑜子 주지표周之標가 저술했다. 그는 『오유췌아吳歈萃雅』1616 · 『남사신보南詞新譜』1655 · 『난해집蘭咳集』 등을 출판했으며, 과거에 급제하거나 출사한 적이 없는 포의布衣 문인으로 추정된다.[8] 주지표가 교유한 인물 가운데 주목되는 이는 민가民歌와 희곡, 소설로 유명한 풍몽룡馮夢龍, 1575~1645이다. 『오희백미』의 「유구劉蔻」 부분을 보면, "옛날에 유구가 친구 용자유龍子猶와 아주 친하여 명성이 자자했으며, 유편劉翩이라는 이름을 자유子猶가 지어주었다"고 나와 있어 주지표와 풍몽룡이 친한 벗이었음을 전해준다.[9]

주지표는 서문에서 미美에 분별이 있다며 미인을 3등급으로 나누고, 화장으로 꾸민 얼굴은 하등下等이고 가무와 재주를 자랑하는 것은 중등中等이며 천연天然한 자태와 용모를 갖추는 것은 상등上等이라며, 외재적인 꾸밈보다 천연의 아름다움을 우선했다.[10] 기녀 품평에서는, 예컨대 장원 왕새王賽의 이름과 출신, 거주지를 간략히 밝힌 다음에 수선화로 칭하고, "하늘에서 빼어난 미녀를 냈으니 성품은 유한幽閑하고, 꽃 중의 신선이라. 백훼百卉가 아름답지만 누가 그에 미치리오?"라고 평했다.[11] 이어 왕새를 예찬하는 각종 시가가 이어지고, 총평에서는 자신이 왕새와 각별한 사이였는데 왕새가 그를 버리고 떠난 뒤에 비탄에 빠졌으며, 친구들이 그에게 풍희馮喜를 장원에 올리자고 했으나 왕새를 그대로 장원에 두었다고 밝혔다.

왕새에 해당하는 〈빙란도凭欄圖〉는 난간에 기댄 왕새가 맞은편 낮은 언덕에 피어 있는 수선화를 바라보는 모습으로 표현되어 있다.[도04_05] 표면적으로는 왕새가 수선화를 감상하는 장면처럼 보이지만 '수선화로 물화物化된 자신'을 바라보는 '기녀'를 응시하게 한다.

기녀와 꽃을 시각화하는 또 다른 방식은 꽃을 배경의 일부로 표현하여 기녀와 긴장을 이루게 하는 것으로, 삽도의 다수를 차지한다. 풍반馮伴을 그린 〈피고도披古圖〉[도04_06]는 무대장치처럼 묘사된 절벽에서 뻗어 내린 녹악매가 기녀의 머리 위에 드리워져 보는 이의 시선을 유도하는 한편, 풍반의 기질과 성품을 드러내는 장치로 기능한다.

기녀를 빗댄 꽃들은 당시의 물질문화와 원예 취미를 반영하듯 다양한 품종을 동원했다. 특히 상급에 선발된 기녀들을 수선화, 홍매화, 옥첩매, 계화, 녹악매, 건란, 연화 등 문인적 정취가 강한 꽃들에 비유한 것은 고상함과 운치를 중시한 이 시기 문사들의 심미관의 일단을 보여준다.

각 총평에 보이는 특징은 기녀의 용모와 성품, 저자와의 인연을 구체적이고 생동감 있게 서술한 것이다. 예컨대 풍금馮金은 원래 호씨胡氏인데, 결혼한 이후에 다시 풍씨 집안으로 들어가 기녀가 된 것이나, 호구虎丘에서 열린 작은 모임에 참석하기 위한 배에서 장소편張小翩을 알게 된 경위를 자세하게 기술했다. 또한 노정갑의 장원 풍을馮乙은 금릉의 마상란馬湘蘭, 1548~1604과 이름을 나란히 한다고 평하며, 꽃 앞이나 달 아래 두 사람이 없으면 운韻과 취가趣가 없다며 기녀에 대한 심미적인 인식을 드러냈다.[12]

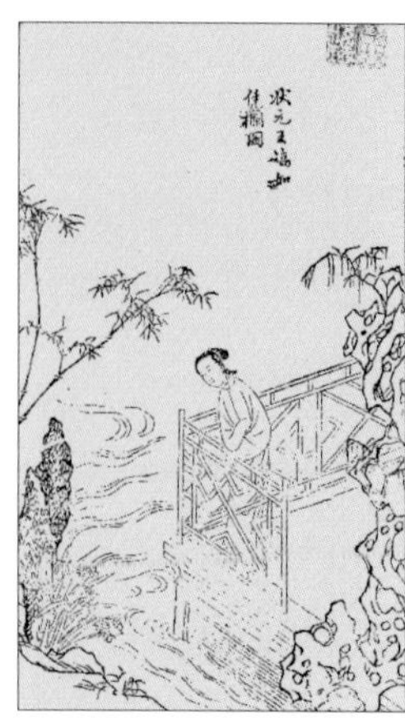

〈빙란도〉 장원 선발된 왕새가 난간에 기대 자신이 물화된 수선화를 바라본다.

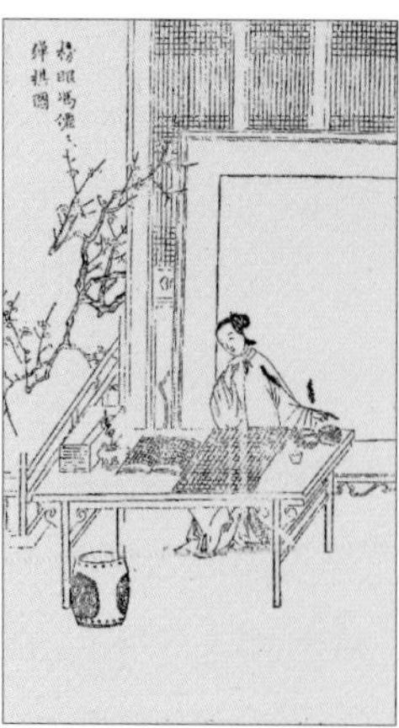

〈탄기도〉 홍매화로 평해진 풍희가 턱을 괸 채 기보를 보며 바둑을 둔다.

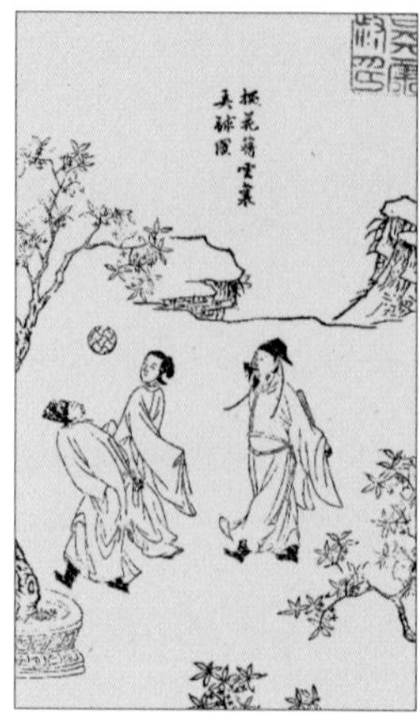

〈농구도〉 장오가 계화가 핀 공간에서 2명의 문인과 공놀이를 한다.

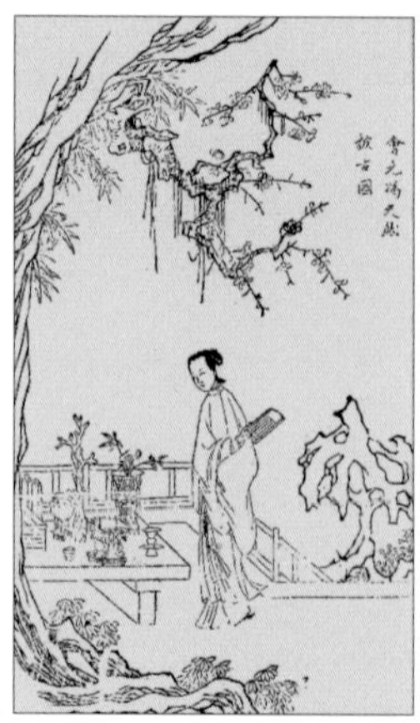

〈피고도〉 풍반이 자신을 의미하는 녹악매 아래에서 서탁에 놓인 고동기를 감상한다.

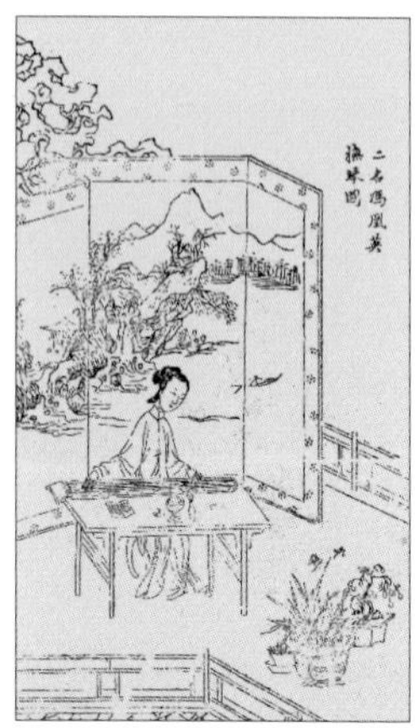

〈무금도〉 풍축이 산수화 병풍 앞에서 금琴을 어루만지며 건란 화분을 바라본다.

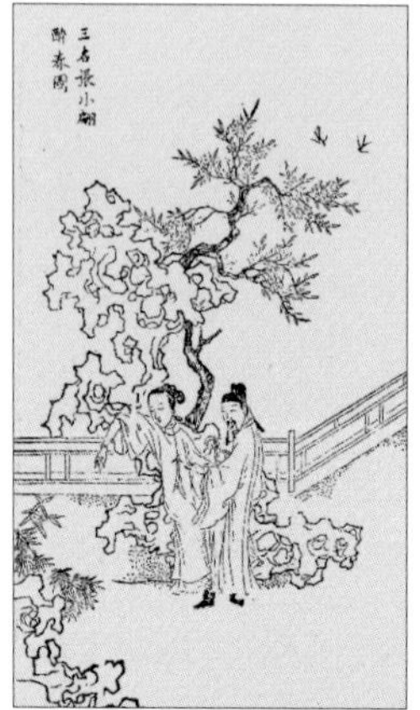

〈취춘도〉 장이가 도화와 태호석 있는 정원에서 남성의 손길에 몽환적인 표정을 짓는다.

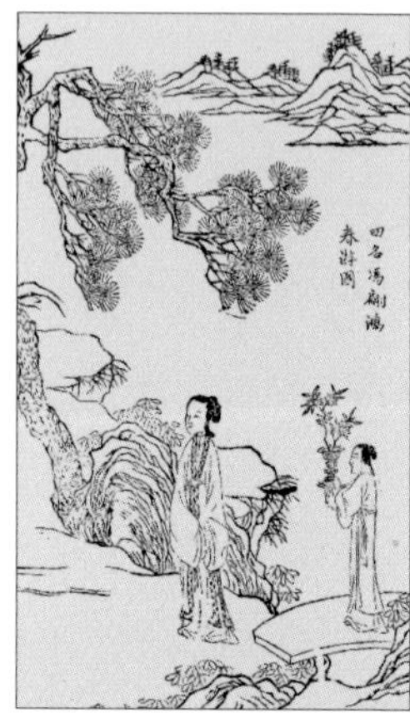

〈춘유도〉 봄나들이를 나온 풍수 뒤로 살구꽃 핀 화병을 든 시녀가 뒤따른다.

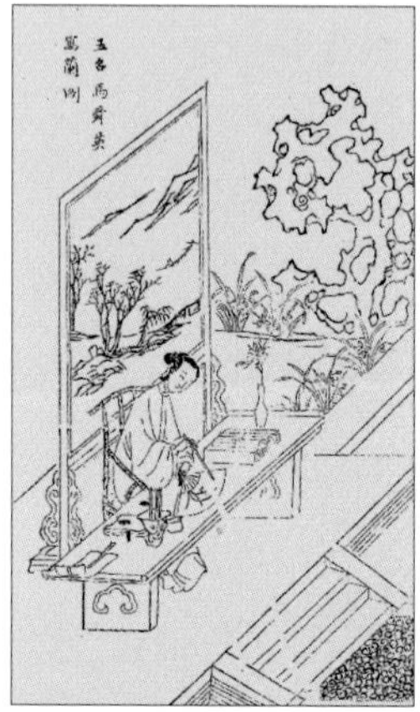

〈사란도〉 난꽃에 빗대어진 마관이 산수화 병풍 앞에 앉아 쥘부채에 난을 그린다.

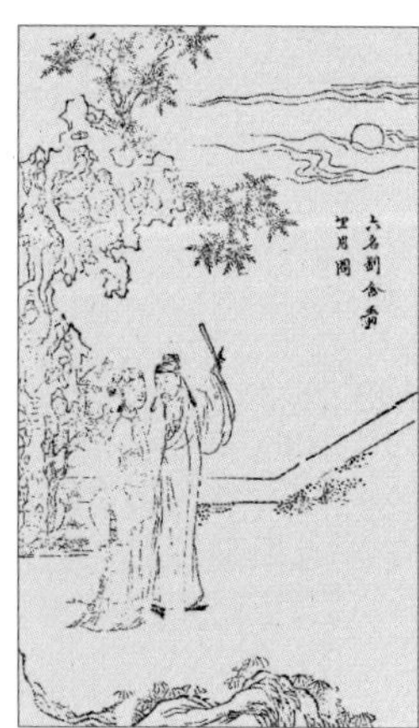

〈망월도〉 유구가 남성 문인과 함께 다정한 모습으로 달을 감상한다.

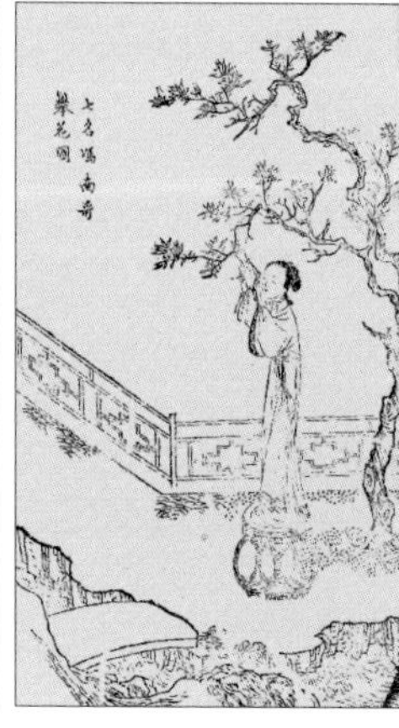

〈반화도〉 옥란화에 빗대어진 풍금이 둥근 의자에 올라 목련꽃을 꺾는다.

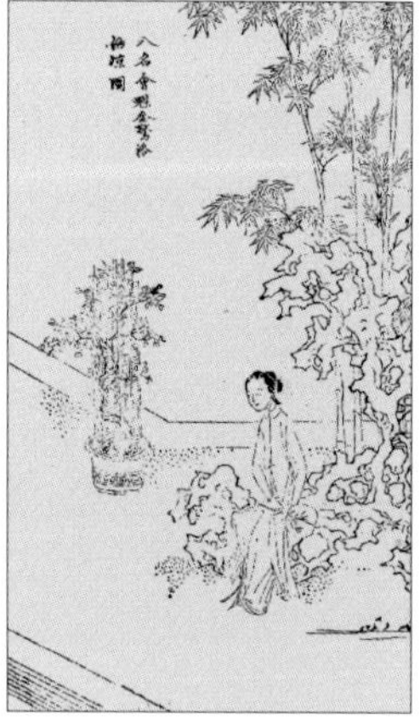

〈납량도〉 짧은 소매의 김상이 말리화 화분 곁에서 태호석에 앉아 더위를 식힌다.

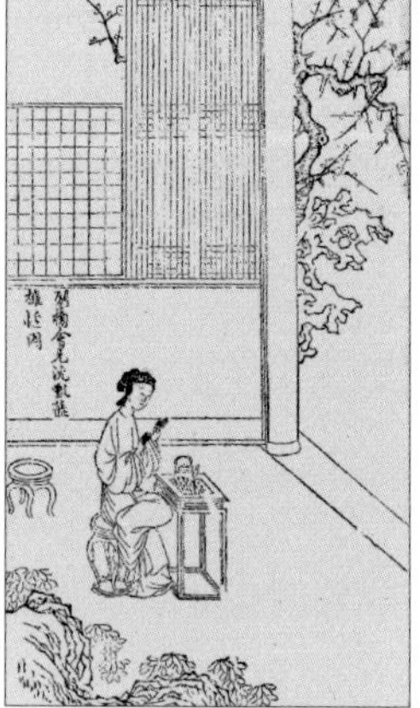

〈옹로도〉 겨울 꽃인 납매에 비유된 심여가 다리를 꼬고 앉아 화로에 손을 쬔다.

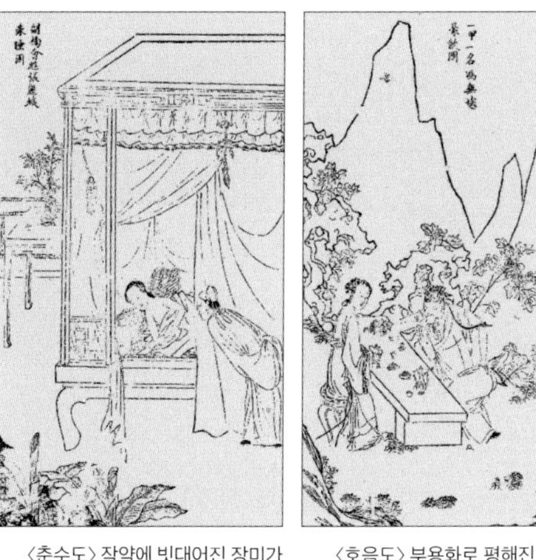
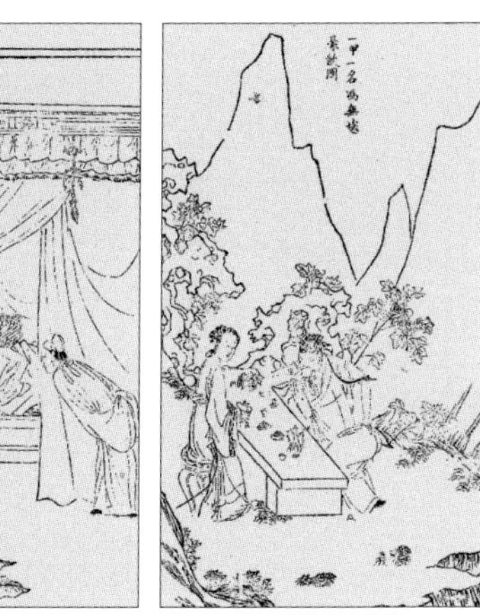
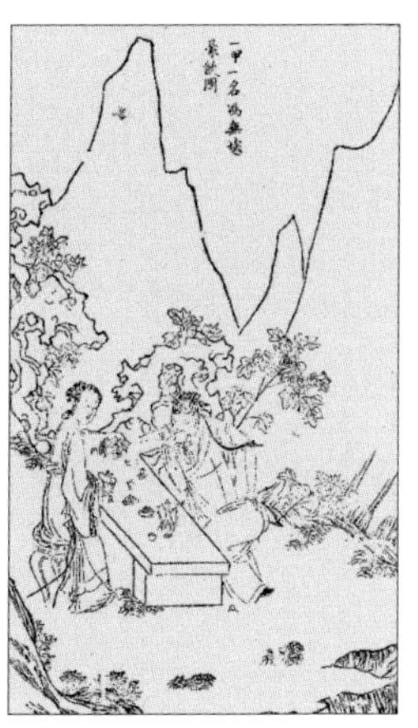
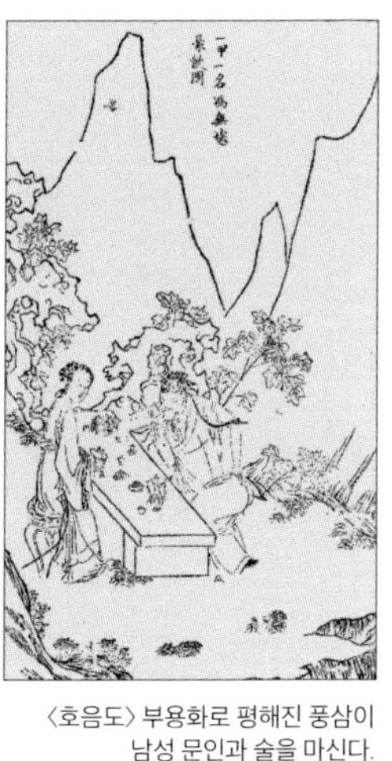

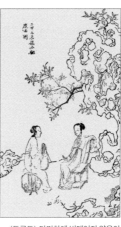

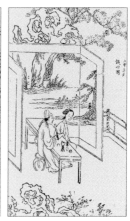

〈춘수도〉 작약에 빗대어진 장미가 상반신을 드러내고 침상에 누워 남성과 대화한다.

〈호음도〉 부용화로 평해진 풍삼이 남성 문인과 술을 마신다.

〈도곡도〉 다미화에 빗대어진 양을이 한쪽 팔을 의자에 걸친 편한 자세로 노래한다.

〈담심도〉 자미화로 평해진 왕삼이 적벽부 병풍 앞에서 남성과 마음 터놓고 이야기한다.

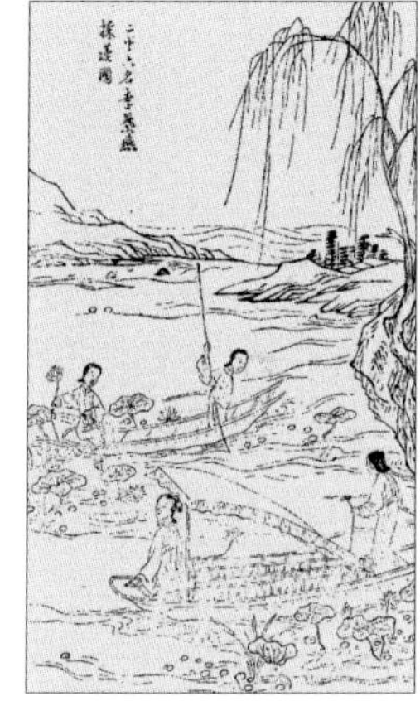
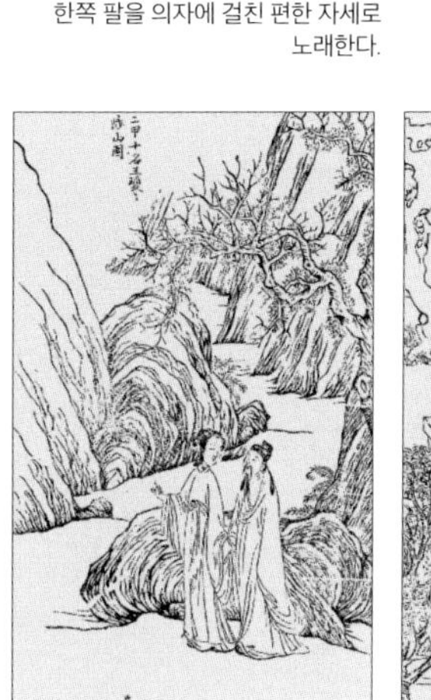
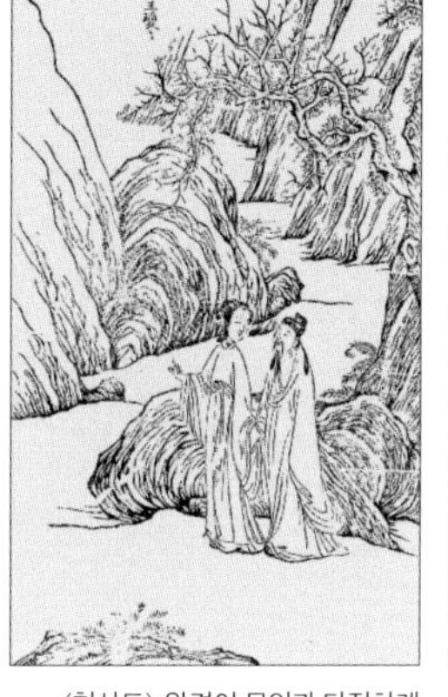
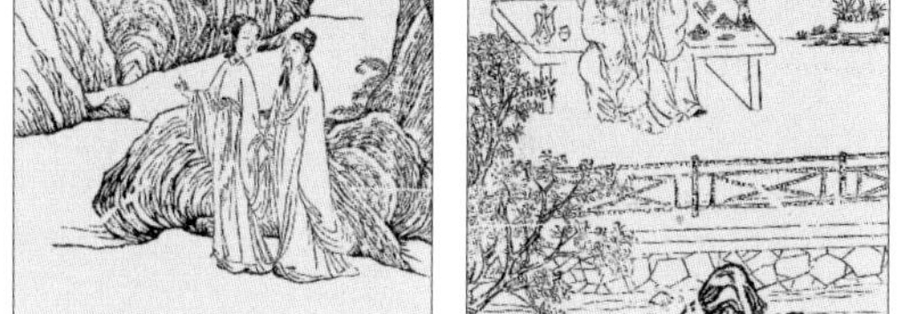

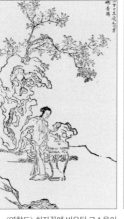

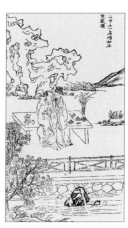

〈채련도〉 하얀 연꽃에 빗대어진 이이가 작은 배를 타고 연꽃을 따서 손에 들었다.

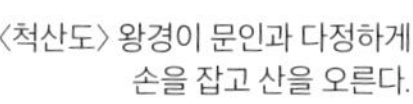

〈연향도〉 치자꽃에 비유된 고소을이 향로에 향을 피운다.

〈척산도〉 왕경이 문인과 다정하게 손을 잡고 산을 오른다.

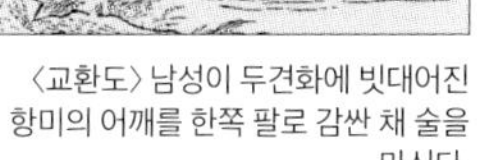

〈교환도〉 남성이 두견화에 빗대어진 항미의 어깨를 한쪽 팔로 감싼 채 술을 마신다.

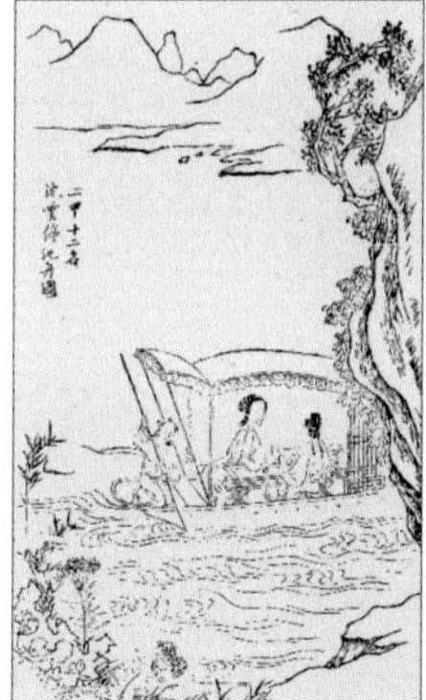
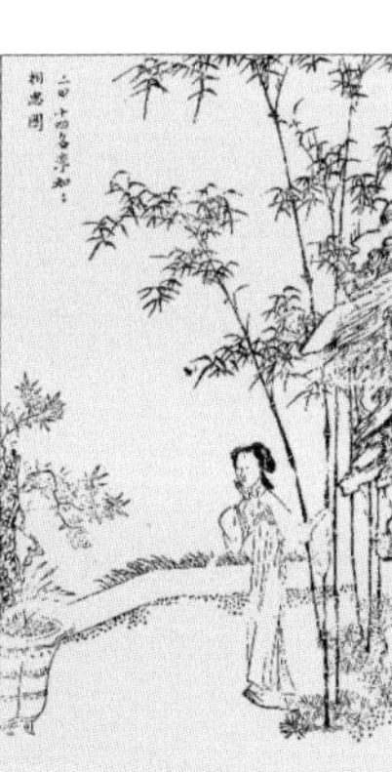
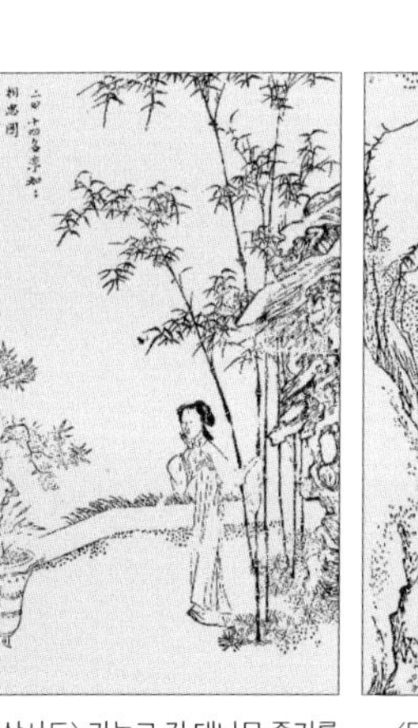
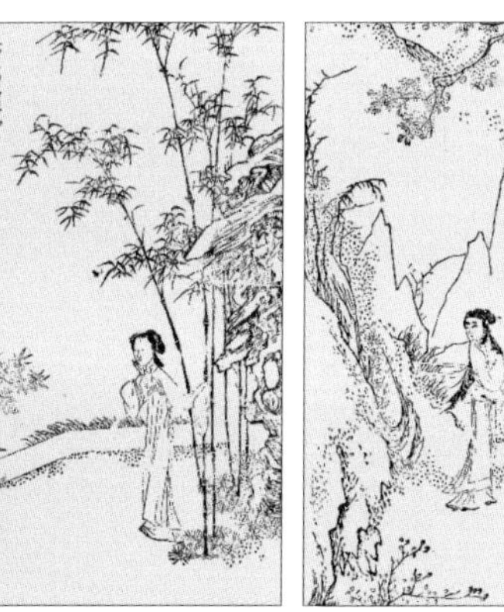
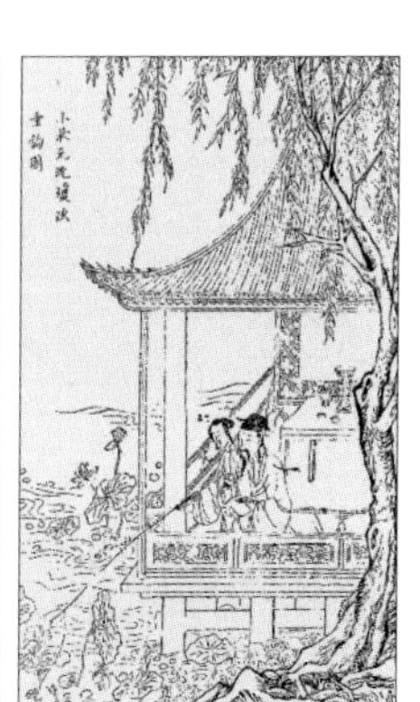

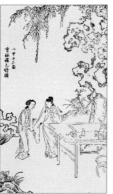

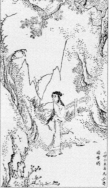

〈범주도〉 아름다운 외모에 성품이 오만하다는 심을이 배를 띄워 문인과 한때를 보낸다.

〈걸시도〉 추해당에 비유된 조애가 문인의 팔을 잡고 사랑스런 미소로 시를 구한다.

〈상사도〉 가늘고 긴 대나무 줄기를 잡은 이소을이 돌과 커다란 서향화 화분을 보고 부끄러운 표정을 짓는다.

〈답설도〉 눈 쌓인 밖에서 남성의 두건 비슷한 차림의 마우가 추위에 떨며 어깨를 올리고 있다.

〈수조도〉 문인이 푸른 연꽃에 비유된 11살의 심육을 안고 낚싯대를 드리우고 있다.

도04_03. 『오희백미』의 삽도들, 종이에 목판 인쇄, 1617, 중국국가도서관.

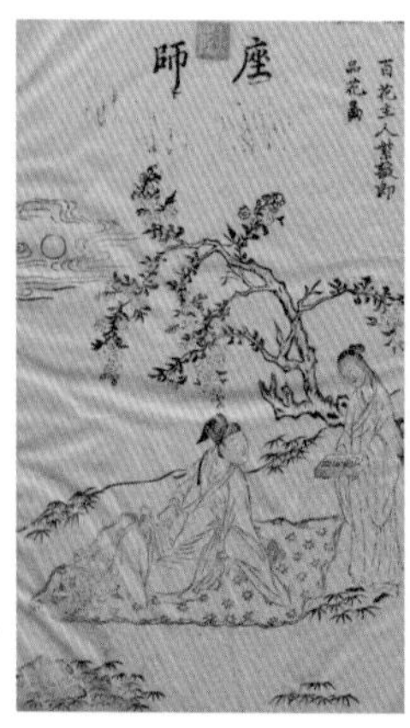

〈품화도〉 꽃의 주인인 이운상이 시동이 내민 백화도를 보고 기녀들을 품평하려 한다.

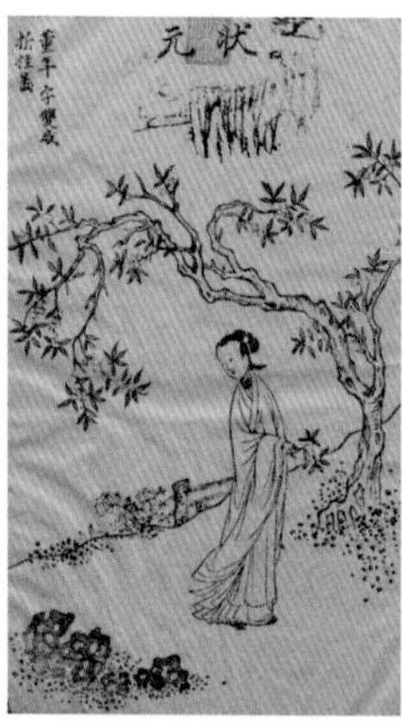

〈절계도〉 동년이 계수나무 아래에서 계화를 꺾어 손에 든 모습으로, 기녀 선발에서 장원 급제한 것을 의미한다.

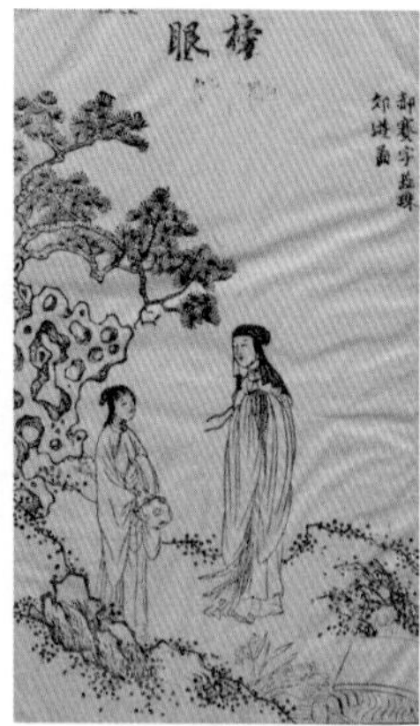

〈교유도〉 수선화에 비유된 학새가 소매가 치렁한 옷과 남성의 두건과 유사한 차림을 하고 교외로 나들이 나온 장면이다.

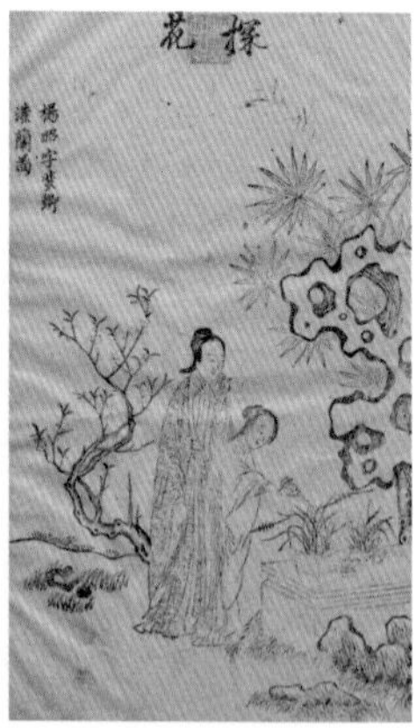

〈관란도〉 양소는 자신이 물화된 건란을 손을 들고 향기를 맡으며, 시녀는 건란 분재에 물을 주고 있다.

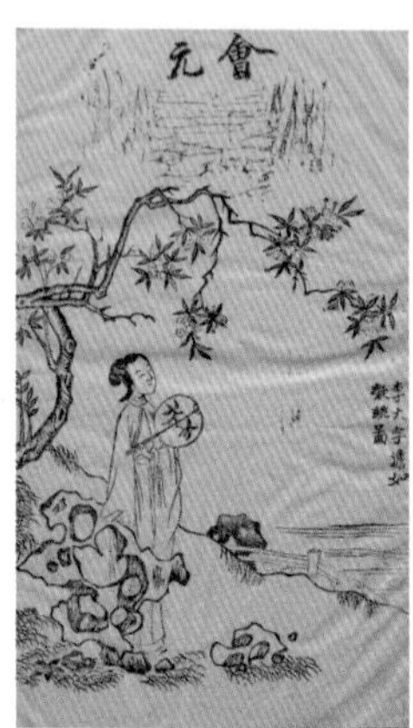

〈응조도〉 이대가 서부해당 아래에서 둥근 부채를 손에 들고 정인을 그리워하며 먼 곳을 응시한다.

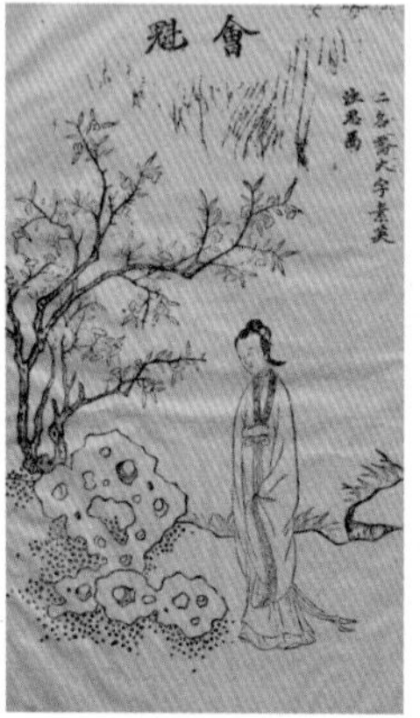

〈주사도〉 석류화에 빗대어진 교대가 남성을 상징하는 태호석을 바라보며 자식을 소망한다.

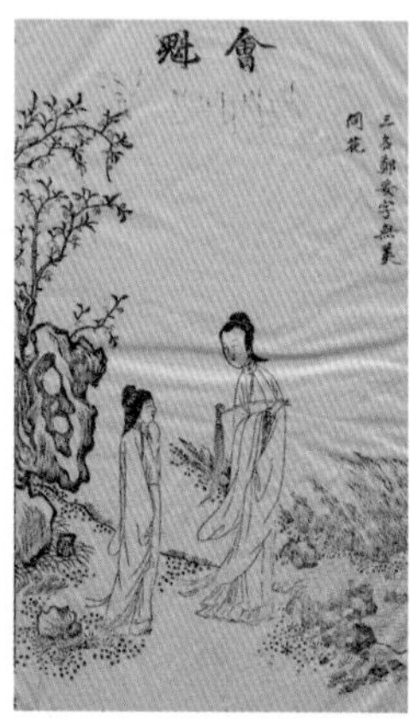

〈문화도〉 홍매화에 빗대어진 정안이 손에 불자를 들고 꽃에게 소식을 묻는다.

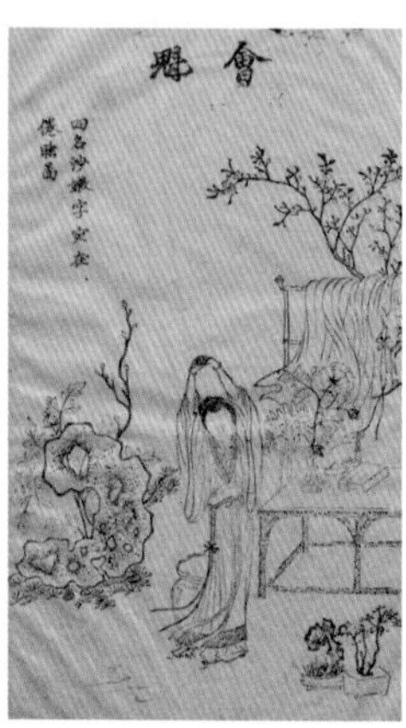

〈권수도〉 옥루춘에 비유된 사눈이 정원에 이불을 늘어놓고 한가하게 기지개를 켠다.

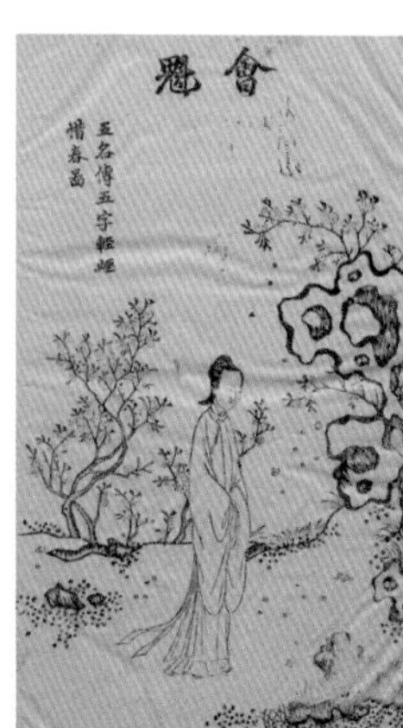

〈석춘도〉 두견화로 평해진 부오가 태호석을 바라보며 지나가는 봄을 애석해 한다.

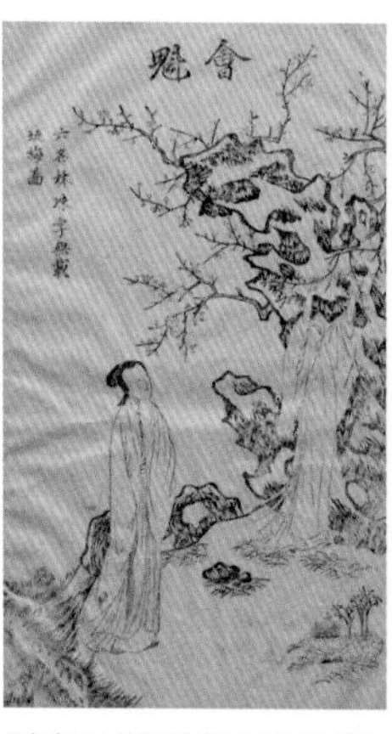

〈완매도〉 납매에 비유된 임주가 매화 가지를 잡느라 팔이 드러난 시녀를 바라보고 있다.

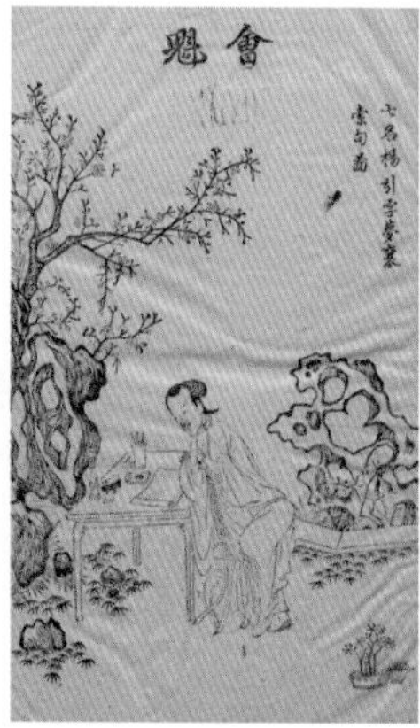

〈색구도〉 양인이 벽도화 아래 놓인 서탁에 두루마리를 펼쳐 놓고 시구를 떠올리고 있다.

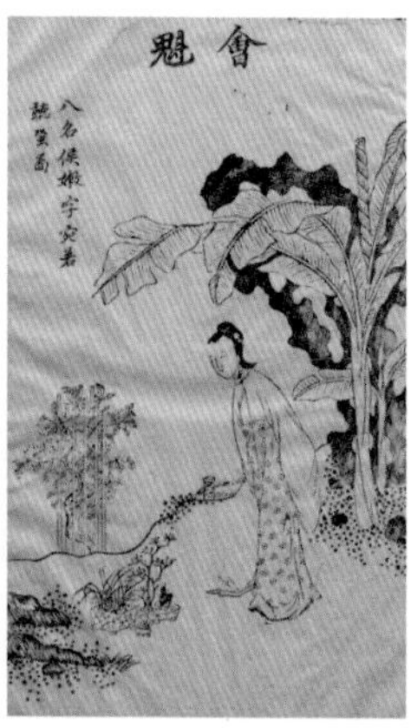

〈청공도〉 후눈이 파초와 태호석이 놓인 정원에서 자신을 표상하는 말리화의 향을 맡으며 분재를 바라본다.

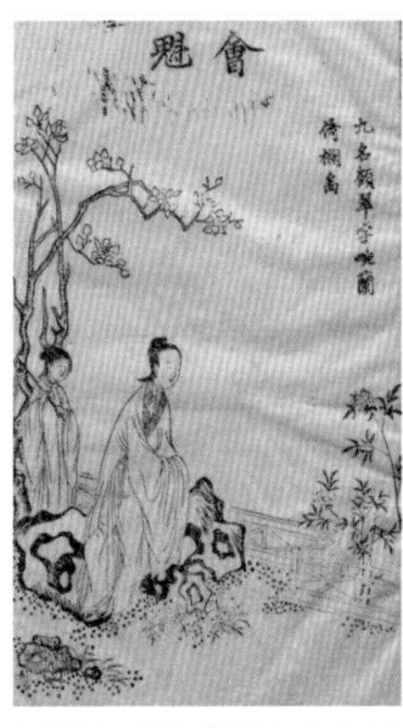

〈의란도〉 고취가 태호석 놓인 난간에 의지하여 자신이 물화된 작약을 바라본다.

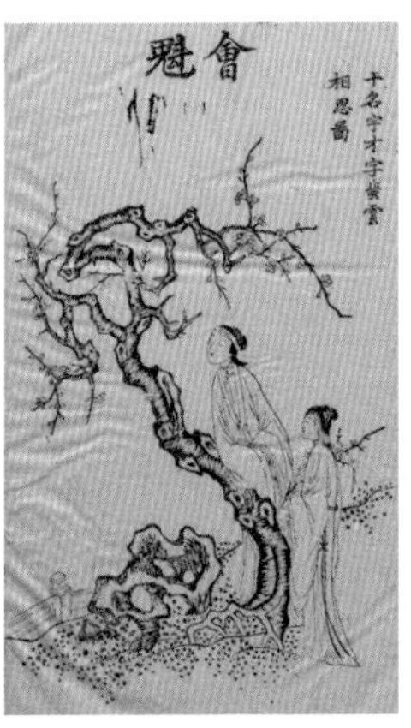

〈상사도〉 녹악매에 비유된 우재가 나무에 기대어 정인을 그리워 한다.

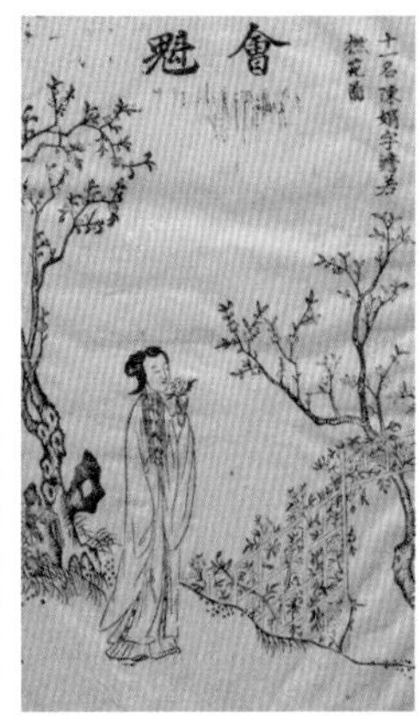

〈연화도〉 장미 죽병이 놓인 정원에서 진연이 장미화를 손에 들고 꽃을 비튼다.

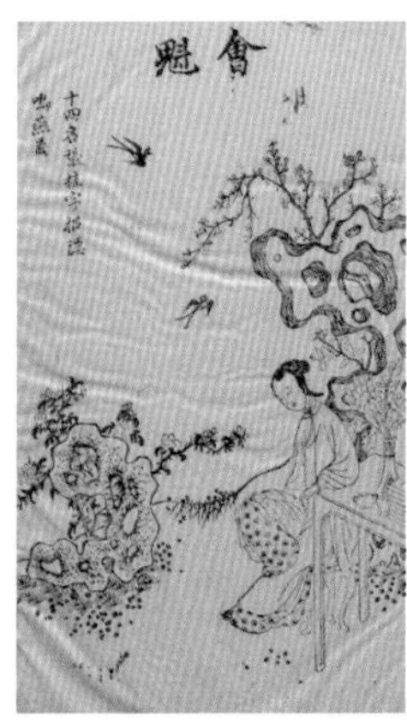

〈명연도〉 장계가 한 쌍의 제비 소리를 듣고 태호석을 보며 한쪽 발로 다른 쪽 다리를 긁고 있다.

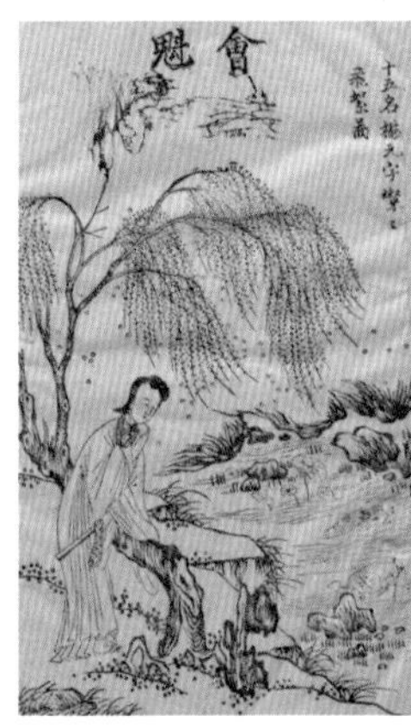

〈비서도〉 양원이 버들개지 날리는 연못에서 요염한 자세로 나무에 기대 연꽃을 바라본다.

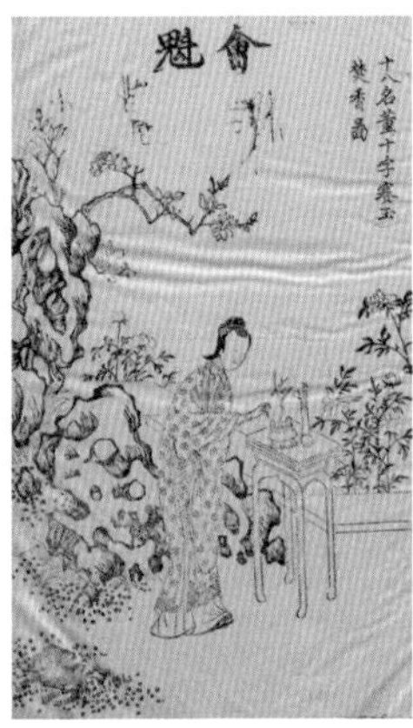

〈분향도〉 옥란화에 비유된 동십이 옥란 아래에서 향을 사르고 있다.

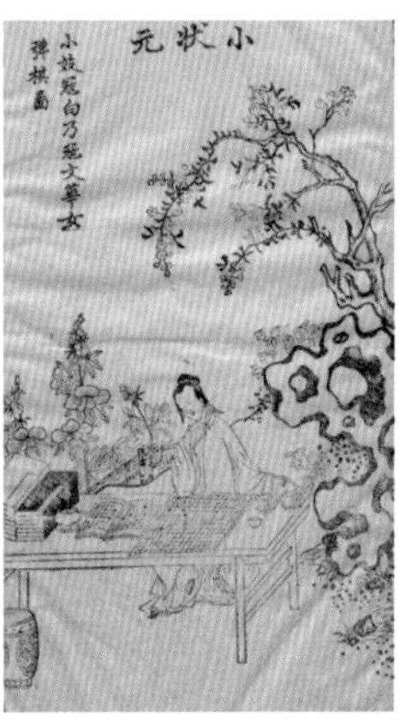

〈탄기도〉 청연화에 빗대어진 구백이 기보를 펼쳐놓고 바둑을 두고 있다.

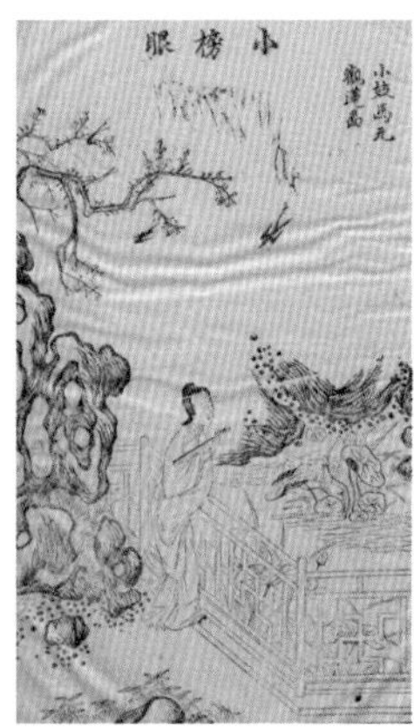

〈관연도〉 백연화로 평해진 마원이 난간에 기대 한 손에 쥘부채를 들고 몸을 움츠린 요염한 자세로 연꽃을 바라본다.

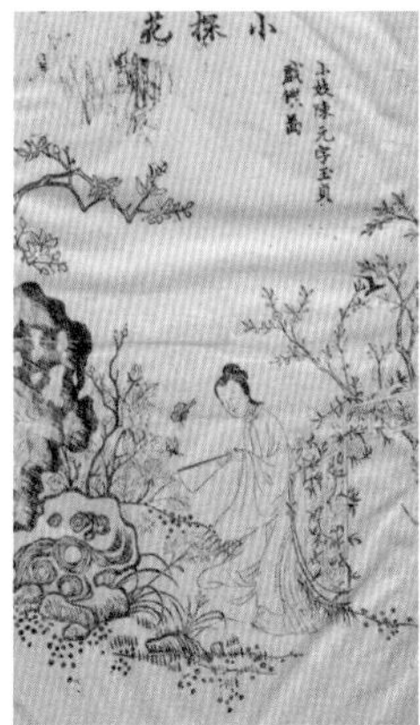

〈희접도〉 어린 기녀 진원이 손에 부채를 들고 두 마리 나비를 희롱한다.

도04_04. 『금릉백미』의 삽도들, 종이에 목판 인쇄, 1618, 일본내각문고.

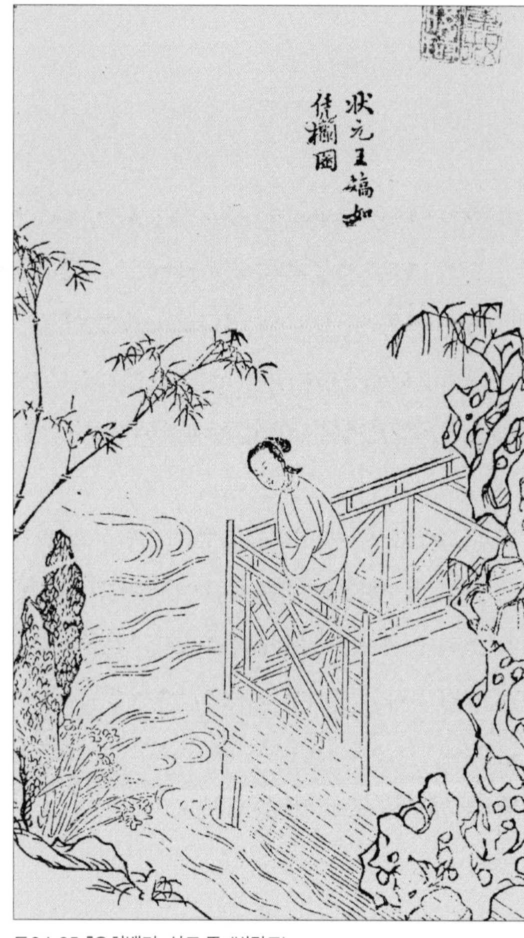

도04_05.『오희백미』 삽도 중 〈빙란도〉.

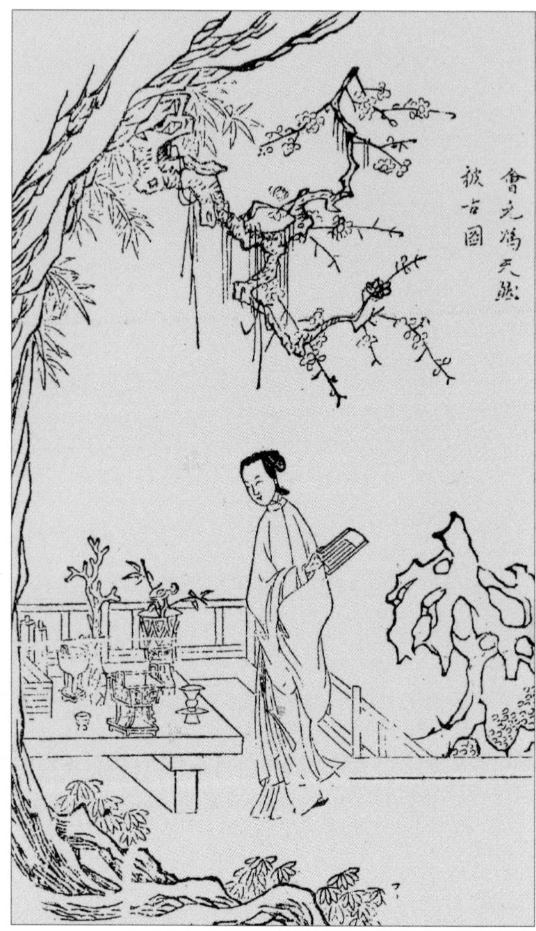

도04_06.『오희백미』 삽도 중 〈피고도〉.

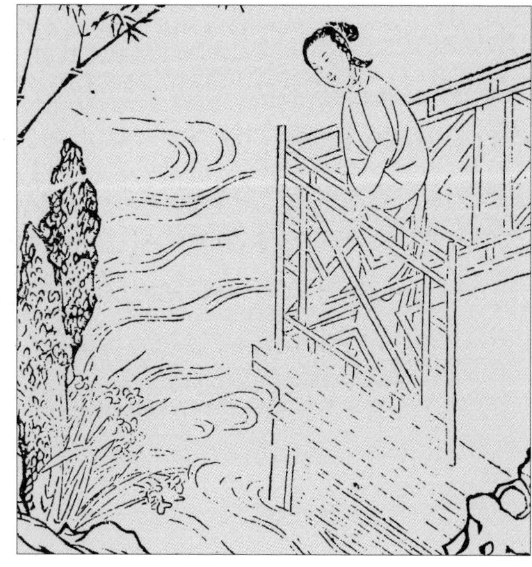

도04_05_01. 〈빙란도〉 부분.

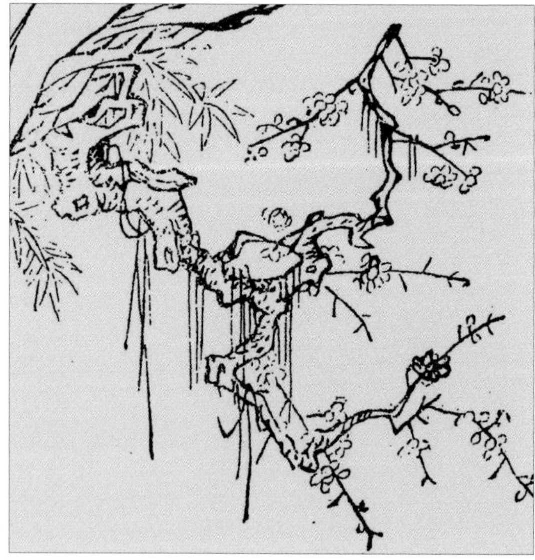

도04_06_01. 〈피고도〉 부분.

소주 췌기관萃奇館에서 출판한 『금릉백미』는 위림자爲霖子 이운상李雲翔이 저술했다. 광릉廣陵, 양주 출신으로, 서문에 따르면 향시에 낙방하고 풍몽룡의 손에 이끌려 남경 진회 청루를 노닐다가 그의 권유로 화안을 쓰게 되었다고 한다. 풍몽룡은 여기에 기녀 품평과 발문을 남겼으며, 그의 책이 다수 출판된 곳에서 『금릉백미』의 간행이 이루어져 이 책의 저술과 출판에서 풍몽룡의 역할이 컸음을 알 수 있다.[13]

통속문학에서 탁월한 성취를 이룬 풍몽룡은 청루의 경험을 문화 자산으로 활용한 대표적인 인물이다. 왕정王挺은 「만풍몽룡挽馮夢龍」에서, "청루를 소요하며 기녀들 사이에서 노닐었다"고 했으며, 풍몽룡은 기녀 후혜경候慧卿과 결혼까지 생각했지만 경제 사정으로 30세 즈음인 1605년경 결별에 이르렀다. 명기 풍희생馮喜生과 좋은 친구로 지내며 그녀가 부르는 민가를 자주 듣곤 했는데,[14] 풍희생은 『오희백미』에 두 번째로 올라 있는 풍희와 동일 인물로 확인된다. 또한 그는 앞서 말했듯 『오희백미』의 저자 주지표의 절친한 벗이었다. 따라서 두 책이 쓰인 1617~1618년경 주지표·풍몽룡·이운상은 친밀한 관계를 유지하며, 과거에 실패하거나 또는 과거 시험 바깥에서 청루문화를 즐기며 민가와 희곡 같은 통속문학을 저술했음을 알 수 있다. 풍몽룡은 1600년 이후 대규모 민가 선집인 『괘지아掛枝兒』와 『산가山歌』1613년경를 출간했으며, 주지표 또한 1616~1617년에 희곡과 악부 선집을 선보였다. 『오희백미』와 『금릉백미』에 민가가 다수 수록된 것은 세 사람이 공유한 문예 경향을 보여준다. 또한 당시 풍몽룡이 양명좌파에 심취해 있었음을 고려하면 주지표와 이운상 역시 양명학의 자장 안에 있었을 것이라 짐작할 수 있다.

『금릉백미』의 삽도 첫머리에는 『오희백미』에서는 볼 수 없는 "좌사座師"라는 제목의 〈품화도〉가 실려 있다.[도04_07] 백화주인百花主人 자미랑紫薇郎이 한 손에 술잔을 든 채 얼굴을 돌려 시동이 내민 "백화도百花圖"를 바라보고 있는데, 기녀를 품평하는 서책의 성격을 시각적으로 구현한 것으로 여겨진다.

이어 장원에 선정된 동년董年을 단계화丹桂花에 빗대고, 동년이 계화나무 아래에서 절지화를 손에 들고 있는 〈절계도折桂圖〉를 실었다.[도04_08] 계화는 항아·영달榮達·그리움·우정 등을 상징하는데, 과거의 장원 급제가 "절계折桂"라고 칭해진 것으로 보아 동년이 기녀 장원에 선발된 것을 시각화한 것으로 여겨진다.[15] 품평은 다음과 같다.

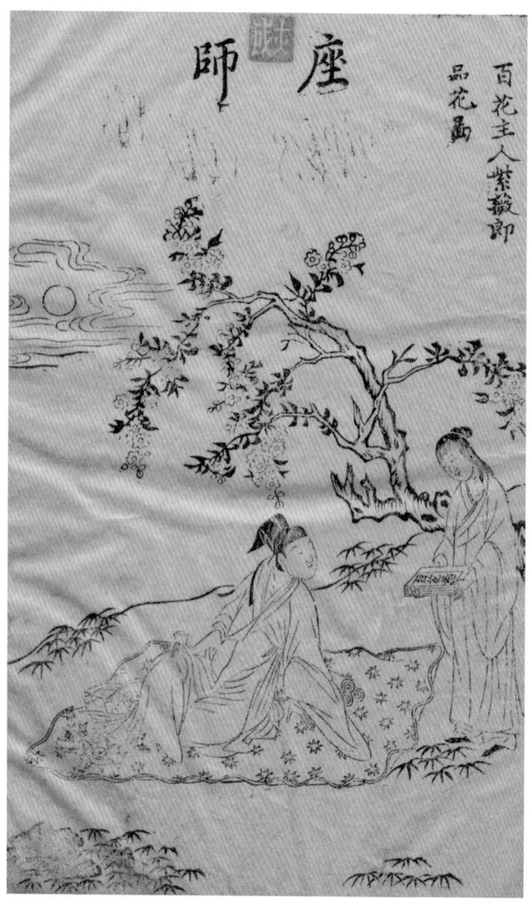

도04_07. 『금릉백미』의 삽도 중 〈품화도〉.

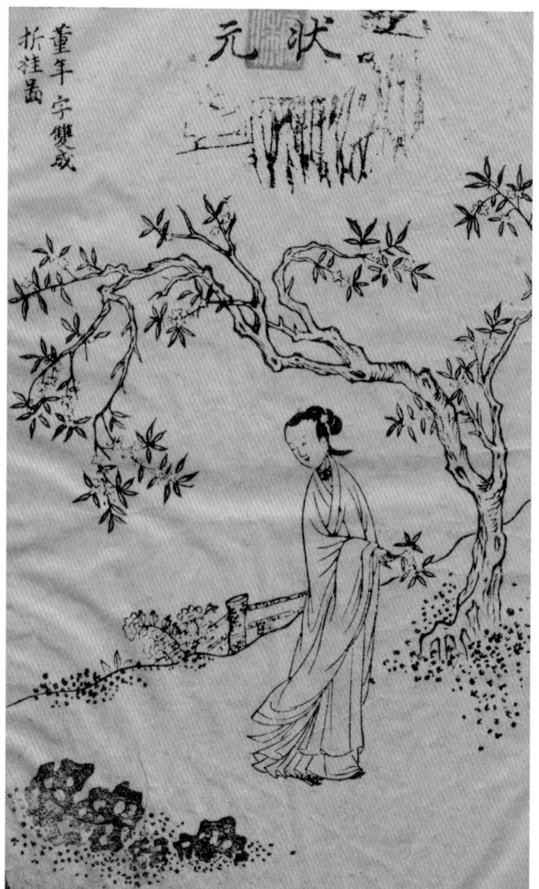

도04_08. 『금릉백미』의 삽도 중 〈절계도〉.

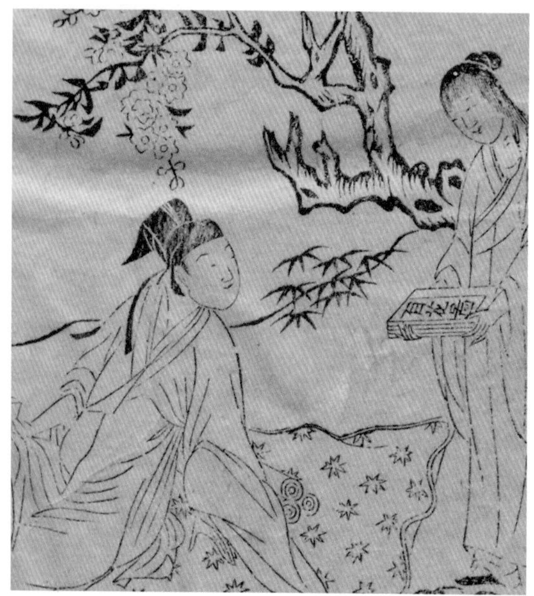

도04_07_01. 〈품화도〉 부분.

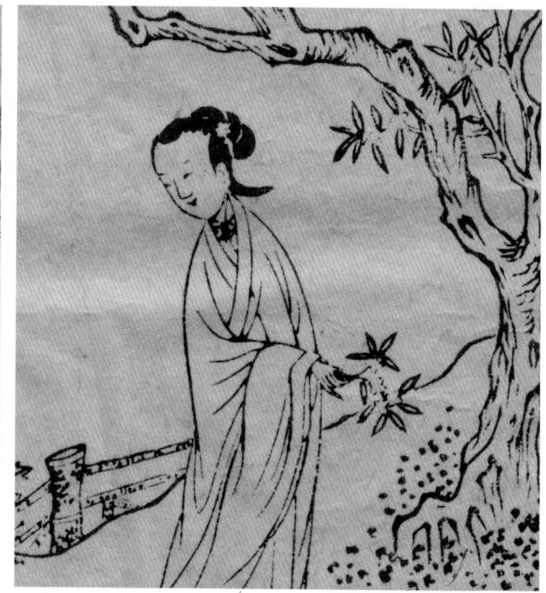

도04_08_01. 〈절계도〉 부분.

"품品 단계화丹桂花: 이는 천상의 물결이요. 인간의 종류가 아니다. 꽃다운 운치는 사람을 좇고 맑은 성질은 높이 받들어 귀히 여길 만하다. 꽃 중에 가장 귀한 것. 많은 꽃들이 아름답지만 누가 그를 닮았나. 귀인이 꺾음은 마땅하지만 평범한 무리 가득한 건 싫어할 만하다. 차마 아필亞匹에 두지 못하겠고 최상이라고 평하네. 또한 그 바탕을 취하고 흠을 나무라지 않으리."[16]

『금릉백미』의 총평은 작가의 개별적인 경험과 정보를 담은 『오희백미』와 달리 객관적인 평가를 서술한 내용이 대부분이다. 동년의 총평에서는, 그녀가 동월생董月生의 친척 동생으로, 월생이 사망한 뒤로 오직 동년만이 미모와 골격, 재주와 풍류를 견줄 수 있어 세상 사람들이 쌍벽雙璧이라 불렀다고 전하며, 동년 주변에 여색女色에 미친 자들이 많지만 미모로써 장원을 삼고 그 다음으로 행실을 나무란다며 동년을 장원으로 선정한 이유를 밝히고 있다.[17]

지적 소양, 예술적 재능을 갖춘 그녀들

지적 소양과 예술적 재능을 갖춘 문사형 기녀는 명말기에 새롭게 부각된 기녀 이미지다. 『오희백미』의 〈사란도寫蘭圖〉와 『금릉백미』의 〈색구도索句圖〉는 시와 그림 창작에 몰두한 기녀를 포착한 장면들이다.

〈사란도〉의[도04_09] 주인공 마관馬觀은 자가 순영舜英, 호가 유란幼蘭, 곤산인昆山人으로 누동樓東에서 소주 모가장毛家場으로 이거한 기녀다. 주지표에 따르면 본디 양갓집 딸로 태어나 난蘭 그림과 시에 뛰어났다고 한다.[18] 삽도 속의 대형 병풍에는 문인화풍의 산수화가 그려져 있고, 마관은 서탁에 앉아 쥘부채접선摺扇에 난을 그리고 있다. 파초선, 벼루, 붓통, 서책, 화병이 놓인 서탁 너머 뜰에는 그녀 자신을 표상하는 난화와 윤곽선으로 표현된 기괴한 모양의 태호석이 놓여 있다.

〈색구도〉의[도04_10] 기녀 양인楊引은 "황정黃庭 소해小楷가 극히 정묘하고 글재주가 뛰어

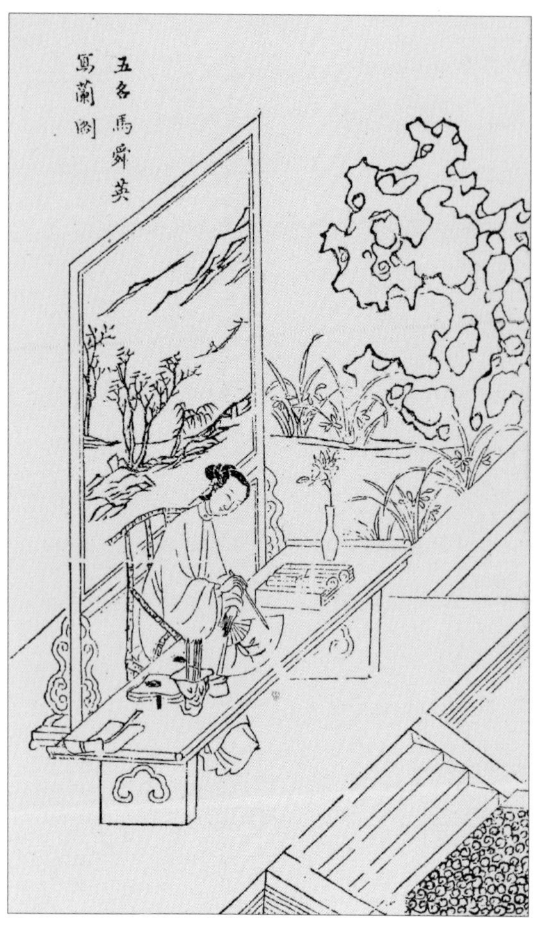

도04_09. 『오희백미』 삽도 중 〈사란도〉.

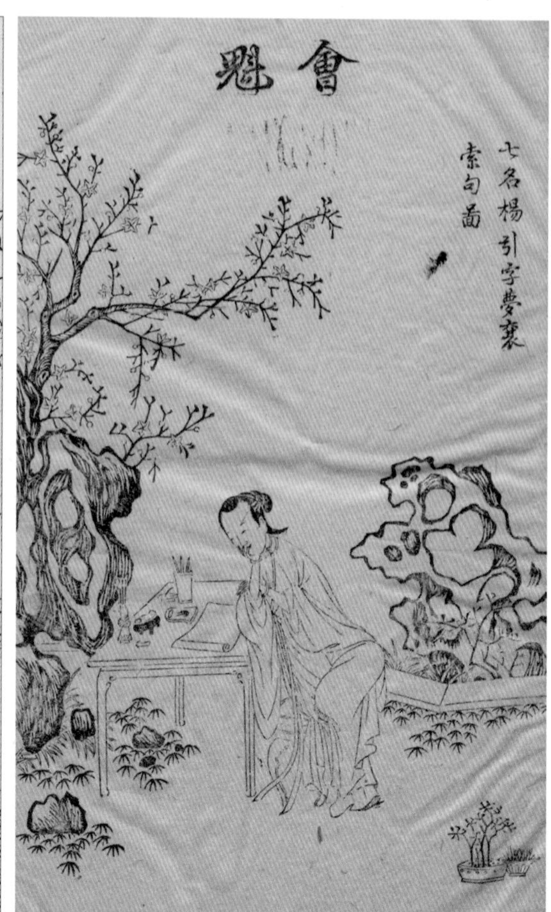

도04_10. 『금릉백미』 삽도 중 〈색구도〉.

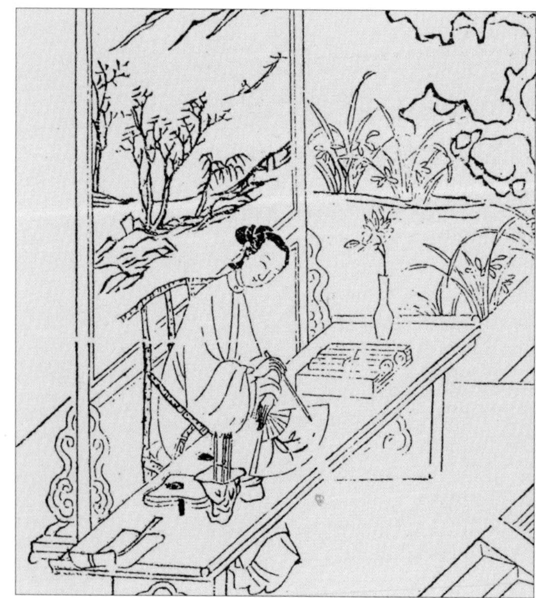

도04_09_01. 〈사란도〉 부분.

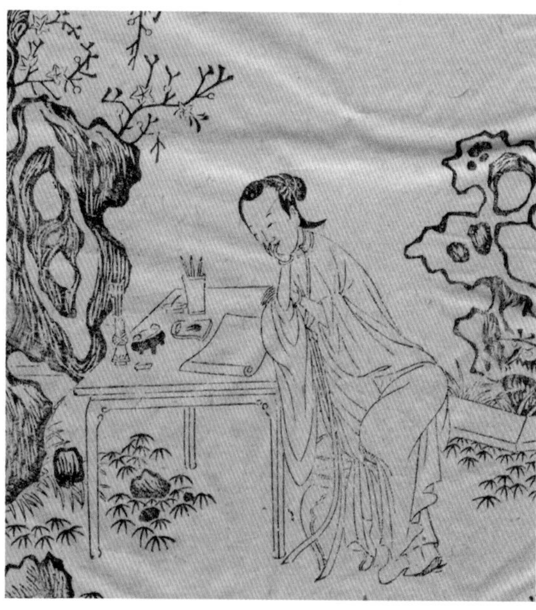

도04_10_01. 〈색구도〉 부분.

났다"고 알려진 인물이다. 서탁에 기댄 채 한쪽 다리를 자연스럽게 올리고, 한 손으로 턱을 괸 채 두루마리를 보며 시구를 구상하는 얼굴에는 호기심과 즐거움이 가득하다. 그녀를 상징하는 벽도화碧桃花 아래 태호석은 선을 반복한 각법刻法으로 질감이 표현되어 있는데, 『오희백미』가 윤곽선으로 태호석의 기괴한 형상을 강조했다면 『금릉백미』는 다양한 방식으로 바위의 질감을 나타낸 것이 특징이다.

주지표와 이운상의 총평에는 시와 그림, 서예에 능한 기녀들이 여럿 보인다. 『금릉백미』에 실린 기녀 가운데 몇몇은 전겸익錢謙益, 1582~1664의 『열조시집소전列朝詩集小傳』과 청대 『옥대서사玉臺書史』에 이름이 올라 있어, 두 서책에 실린 기녀들의 예술적 기량이 상당했음을 짐작할 수 있다.[19] 마관과 양인처럼 명말기에는 가무에 능한 악기樂妓보다 남성 문인들의 예술 영역으로 위계가 높은 시서화詩書畵에 두각을 드러낸 기녀들이 각광을 받았다. 마수진馬守眞 · 경편편景翩翩 · 왕미王微 · 설소소薛素素, 약1564~약1637는 대표적인 기녀들로, 시서화로 자신들의 존재감을 부각하고 문인들과의 로맨스와 예술적 교감을 통해 남성 문인들의 사교계에 진입한 이들이다. 시적 능력이 뛰어난 기녀는 당나라 설도薛濤에 비견되어 '교서校書'라는 명칭을 얻기도 했는데, 종성鍾惺, 1574~1625은 기녀와 규방 여인의 시에는 모방과 답습보다 성정性情에서 우러나오는 자연스러움이 있으며, 맑고 순수하다고 평하여 문인들이 기녀의 시를 선호한 이유와 미의식의 일면을 살필 수 있다.[20]

기녀가 쥘부채에 난을 그리는 모습은 문인의 고상한 인품을 상징하던 난이 기녀들의 표현 수단으로 차용된 것을 보여준다.[21] 설소소는 「난을 그리다畵蘭」에서 "텅 빈 계곡에 절세의 자태를 지닌 가인佳人. 푸른 비단 같은 띠, 옥처럼 빛나는 피부. 우거진 풀섶과 뒤섞인 것이 못내 안타까워, 그윽한 한 줄기 향기를 스스로 뽐낼 뿐"이라며 세속에서 한 줄기 향기를 내뿜는 고결한 존재로 자신을 묘사했다.[22] 경편편의 「난을 그리다寫蘭」에는 "깊은 숲에 심어졌다 말하지만, 역시 골짜기를 나온 향기가 사랑스럽네. 세찬 바람 힘에 의지하지 않으면, 어찌 소수瀟水와 상수湘水를 건널까요?"라며 마음을 나눌 정인 또는 기녀 신분에서 벗어나게 해줄 남성을 기다리는 마음이 표현되어 있다.[23]

기녀들과 교유한 왕치등王穉登, 1535~1612과 호응린胡應麟, 1551~1602 등 남성 문인들의 글은 그녀들을 탈속적이고 이상적인 인물로 신비화시키는 경향을 보인다.[24] 이에 비해 설소소와 경편편은 기녀라는 신분적 한계 속에서 고결한 존재로 살아가고 싶은 열망과 남성에게 기대고 싶은 세속적인 소망을 진솔하게 드러내어 기녀들의 자의식과 내면을 엿볼 수 있게 한다. 이처럼 남성 문인들의 인품과 지조를 상징하던 난은 이제 고결한 성품의 소유자로서 남성 지기知己, 연인를 기다리는 기녀의 메타포로 전용轉用되기에 이른다.[25]

기녀와 문인의 낭만적인 교제 이면에는 신분 상승과 생활의 안정을 얻으려는 기녀들의 열망과 함께 이름난 기녀와의 관계 맺기를 통해 명성을 높이려는 남성 문인들의 욕망이 함께 작용하고 있었다. 기녀들의 문예 활동은 남성들의 문화 권력에 기대고 있었으나 남성 문인들 역시 기녀의 유명세를 활용함으로써 일방적인 의존 관계보다 다소 미묘하고 복합적인 상호 관계를 보였다. 이 과정에서 남성들의 고급 예술 영역인 시와 그림, 서예를 자기 표현의 방편으로 활용한 기녀 서화가의 저변이 넓어진 것은 의미가 크다고 하겠다.

문사형 기녀 이미지는 고동기를 펼쳐 놓고, 금琴을 어루만지며, 난에 물을 주고 향을 사르는 장면에서도 확인된다. 두 책에 실린 〈탄기도彈棋圖〉[도04_11], [도04_12]는 한 손으로 턱을 괸 채 펼쳐 놓은 기보棋譜를 보며 바둑을 두는 기녀를 표현한 것이다. 남성 문인들의 고급 오락과 취미를 향유하는 기녀의 모습은 금릉의 청루문화에 깊이 빠져 있던 오위의 〈무릉춘도〉에서 이른 예를 찾을 수 있다.[26] [도04_13] 오위 외에도 두 책의 삽도는 소주와 금릉에서 활동한 직업화가 두근杜堇, 당인, 구영의 작품과 구도와 표현 면에서 관련이 깊다.

『금릉백미』의 〈관란도灌蘭圖〉와 〈분향도焚香圖〉는 꽃과 향, 차와 복식 등 기호와 취향이 반영된 고급 물품을 향유하는 물질문화의 일면이 더욱 감각적으로 표현되어 있다.[도04_14], [도04_15] 〈관란도〉에 그려진 기녀 양소楊昭는 건란 분재에 물을 주고 있는 시녀 뒤에서 자신이 물화된 건란을 손에 들고 향을 맡고 있는 모습이다. 복건성이 주 생산지인 건란은 난 가운데서도 향이 강한 것으로 유명한 만큼 건란의 특징을 부각하기 위해 향기를 맡는 행동을 의도한 것으로 여겨진다. 또한 양소가 착용한 소매가 넓은 화려한 문양의 복식에서 패션과 유행의 선두주자였던 기녀의 면모를 볼 수 있다.[27] 『금릉백미』에 실린 기녀들의 옷차림은 『오희백미』보다 화려한 경향을 보이는데, 교외 나들이를 나간 장면에서는 소매가 아주 넓은 옷과 남성의 두건과 유사한 모자를 착용하고 있어 당시에 유행한 복식의 일면을 엿볼 수 있다.[도04_16]

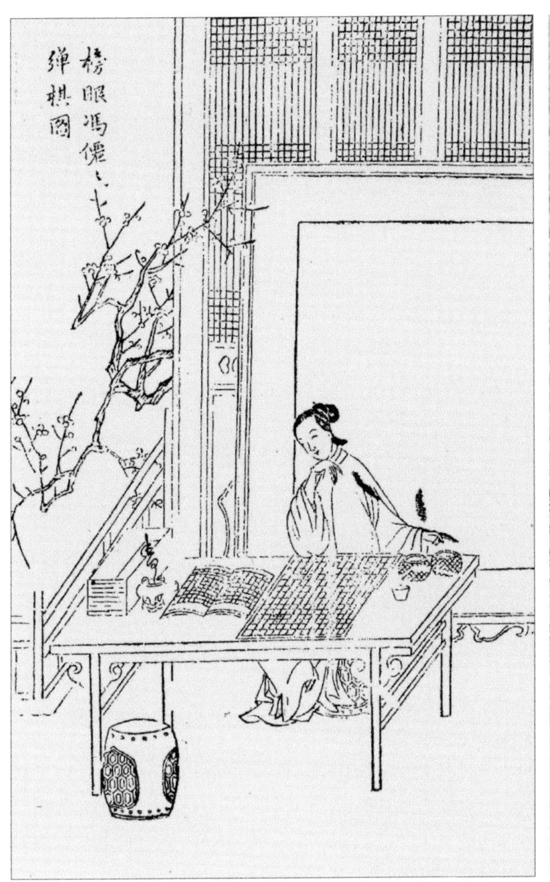

도04_11. 『오희백미』 삽도 중 〈탄기도〉.

도04_12. 『금릉백미』 삽도 중 〈탄기도〉.

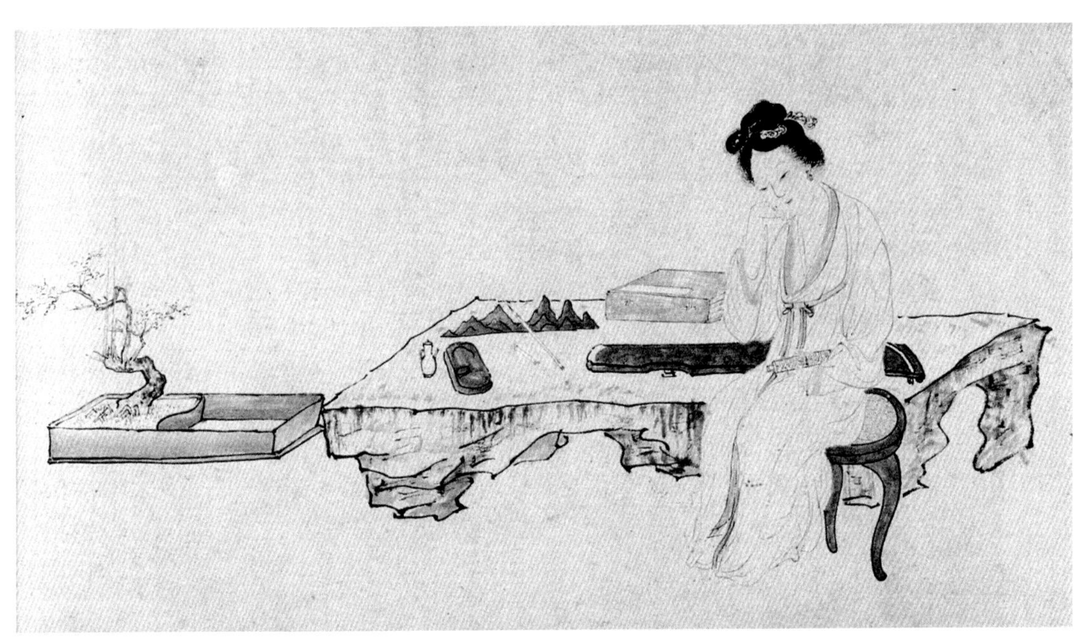

도04_13. 오위, 〈무릉춘도〉 부분, 종이에 수묵, 27.5×93.9, 15세기 후반~16세기 초, 베이징고궁박물원.

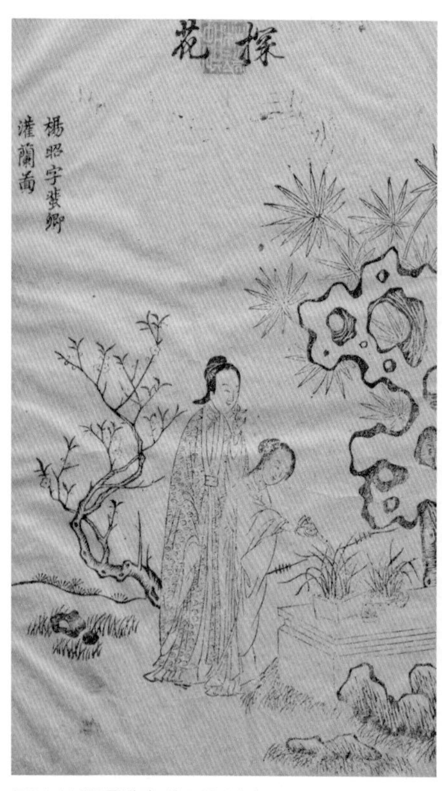

도04_14. 『금릉백미』 삽도 중 〈관란도〉.

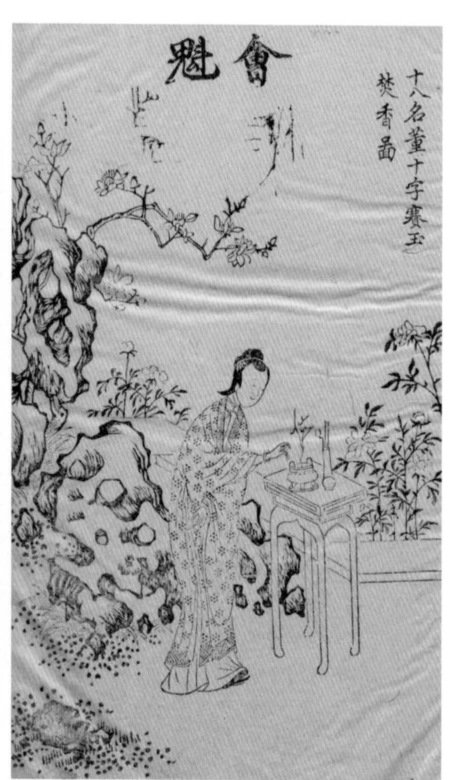

도04_15. 『금릉백미』 삽도 중 〈분향도〉.

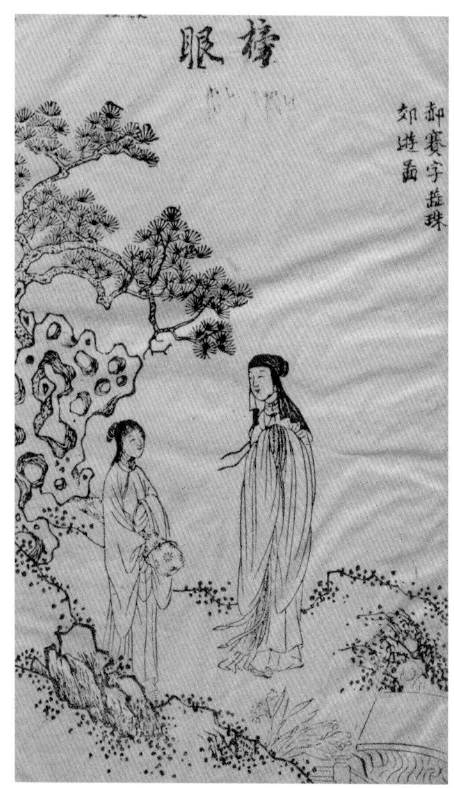

도04_16. 『금릉백미』 삽도 중 〈교유도〉.

이상에서 살펴본 문사형 기녀 이미지는 동시대 문인들의 우아하고 아취 있는 생활에 필요한 덕목과 상당 부분 일치한다.[28] 남성 문인들의 고상한 생활 방식과 고급 물품에 대한 취향은 기녀들의 일상을 점유하며 그녀들을 탈속과 소비의 세계로 이끌었다. 예술적 취향과 고급 문화를 공유할 수 있는 지기는 이 시대 남성들이 열망한 명기의 첫 번째 조건이자 매력적인 여성상이었다.

그림에 담긴 그녀들의 사랑과 이별 그리고 그리움

소주와 금릉의 기녀를 품평한 두 서책은 기녀들의 사랑과 이별, 그리움의 이미지를 담고 있다. 희접戱蝶, 응조凝眺, 의란倚蘭, 빙란憑蘭, 잠화簪花, 연화撚花, 채련採蓮, 담심談心을 화제로 한 장면들이 이에 해당된다.

『오희백미』의 〈걸시도乞詩圖〉는 기녀 조애曹愛가 문인에게 시를 얻고자 그의 팔을 다정하게 잡고 두루마리와 문방구가 놓인 서탁으로 향하는 모습이다.[도04_17] 남성은 조애를 그윽하게 바라보고, 조애는 정인의 눈길에 부끄러워하며 살짝 미소를 띠고 있다. 당나라 기녀 이단단李端端이 최애崔涯에게 시를 구했다는 이야기를 빌려 동시대 문인과 기녀의 풍류 및 로맨스를 표현한 사례다. 시로써 마음을 나누는 모습은 『오희백미』를 저술한 주지표와 왕새, 『금릉백미』에 관여한 풍몽룡과 후혜경은 물론이고 왕치등과 마수진, 장봉익張鳳翼, 1527~1613과 경편편, 매정조梅鼎祚, 1549~1615와 설소소와 왕미 등 재자가인才子佳人 스토리의 모델이 되기도 한 문인과 기녀의 낭만적인 사랑 이야기와 겹쳐 보인다.

『금릉백미』의 〈응조도凝眺圖〉는 서부해당 아래에서 이대李大가 둥근 부채, 단선團扇을 들고 먼 곳을 바라보는 모습을 표현한 것이다.[도04_18] 한나라 성제成帝의 총애를 잃고 자신을 버려진 가을부채에 빗댄 반첩여班婕妤를 연상시키며, 인물의 포치와 구도는 같은 소재를 그린 당인의 〈반희단선도班姬團扇圖〉[도04_19] 및 〈추풍집선도秋風執扇圖〉1499와 친연성이 깊다. 문인들은 때를 만나지 못한 자신들의 불우한 처지를 반첩여에 투영하는 시적 전통을 형성했

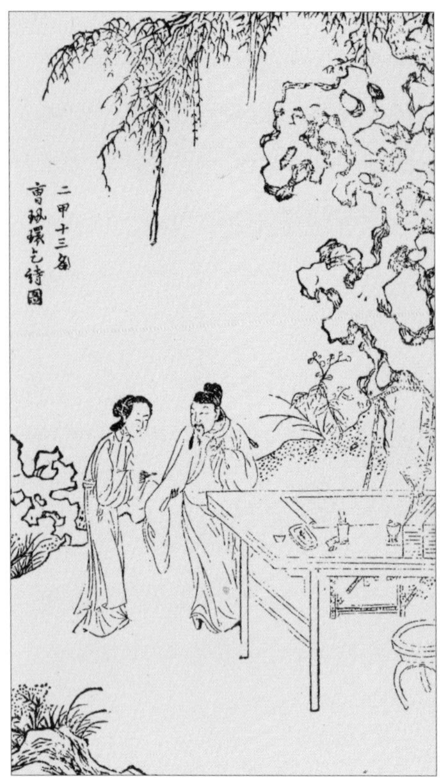

도04_17. 『오희백미』 삽도 중 〈걸시도〉.

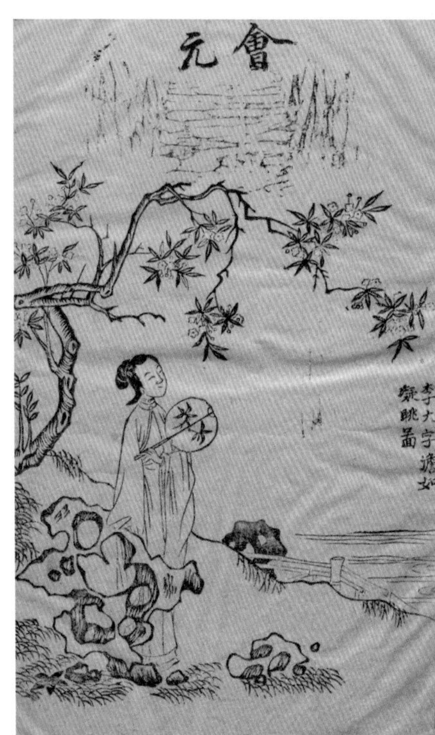

도04_18. 『금릉백미』 삽도 중 〈응조도〉.

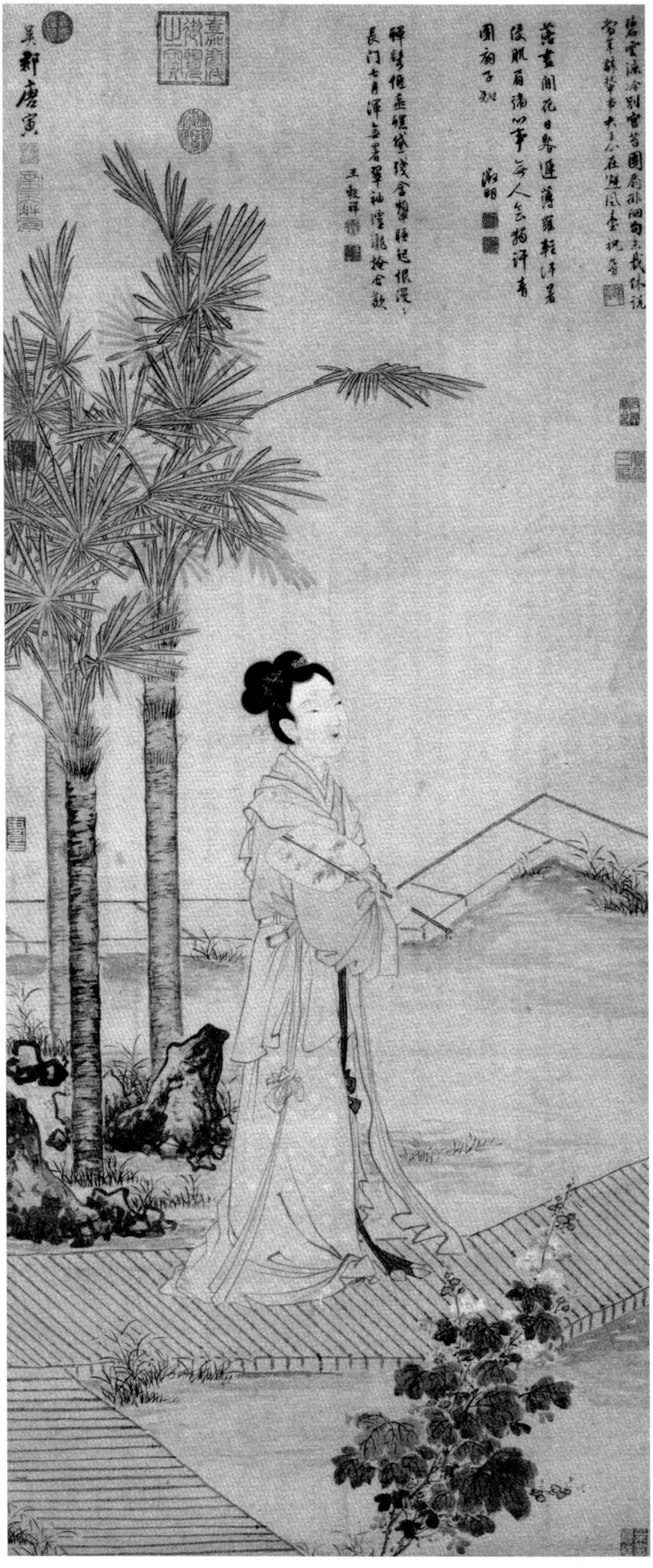

도04_19. 당인, 〈반희단선도〉, 종이에 채색, 150.4×63.6, 16세기, 타이베이국립고궁박물원.

는데, 당인은 '버림받은 여성'을 노래하는 규원시閨怨詩의 전통을 사녀화에 결합하여 자신의 심경을 드러내며 자전적인 의미를 부여했다.[29] 기녀들에게 정인과의 이별은 숙명이었기에 자신들의 처지를 종종 '버림받은 여성'을 의미하는 반첩여와 동일시했다. 기녀들이 쓴 시사詩詞의 상당 부분이 '이별'과 '정인을 그리워하는 마음사인思人'을 담고 있는 것처럼,[30] 반첩여로 대표되는 이별과 연인을 향한 그리움은 기녀들의 주요한 정조情調로서 기녀 이미지의 한 부분을 차지했다.

머리에 꽃을 꽂은 잠화簪花와 손에 꽃을 든 병화秉花는 고전적 사녀 이미지를 차용한 삽도 가운데 주목되는 장면이다. 기녀를 꽃에 빗대어 품평하는 화안의 성격상 두 서책에서 꽃은 다양한 방식으로 활용되는데, 잠화와 병화는 유독 부각되는 모티브다. 잠화는 선진先秦 시대에 시작되어 발전한 풍습으로, 당나라 현종재위 712~756 때는 매년 2월에 열리는 화조일花朝日에 궁중 후비들의 머리에 꽃을 꽂게 하고, 나비가 날아와 머리에 내려앉은 여인을 간택했다고 알려지면서 민간에서도 잠화 풍습이 크게 일었다.[31]

당나라 주방周昉의 〈잠화사녀도簪花仕女圖〉에서[도04_20] 시각적 연원을 찾을 수 있으며, 당인의 〈방당인사녀도倣唐人仕女圖〉[도04_21] 같은 작품이 직접적인 전거가 되었을 것으로 보인다. 〈방당인사녀도〉는 기녀 이단단이 문인 최애에게 시를 구한 일화를 그린 것이다. 최애는 그녀를 "움직이는 흰 모란一朶能行白牡丹"이라고 칭했으며, 당인은 '모란을 든 기녀'로 시각화하고 자전적인 의미를 담은 제화시를 남겼다. "선화방善和坊의 이단단, 그녀는 진정 움직이는 흰 모란. 그러나 누가 믿으랴! 양주 시장에 황금이 가득한데 미인은 오히려 가난하고, 현학적인 서생을 찾아온 것을"이라며 곤궁한 처지에도 기녀와 시로써 교유하고 방일放逸한 생활을 즐기는 자신을 투영했다.[32]

꽃을 든 여성 이미지는 당인에 의해 기녀 도상으로 표현된 이후 〈연화도撚花圖〉에서[도04_22] 확인되듯이 동시대 기녀를 나타내는 시각 코드로 부각되었다. 청초 소운종蕭雲從, 1591~1668의 작품을 임모한 주서周序의 〈동소완상董小宛像〉은[도04_23] 진회팔염秦淮八艶 중 한 명인 동소완이 난화를 머리에 꽂고 손에 들고 있는 관능적인 모습으로 표현되어 있어, 잠화와 병화가 기녀 표현의 주요한 시각 코드로 정착된 것을 볼 수 있다.

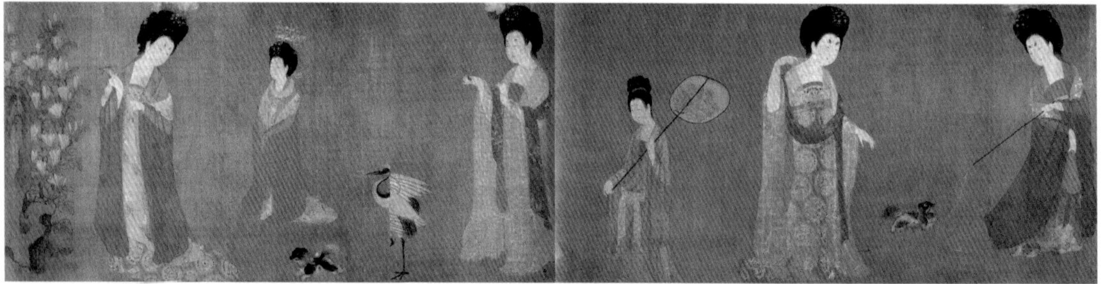

도04_20. 주방, 〈잠화사녀도〉, 비단에 채색, 46×180, 8세기, 랴오닝성박물관.

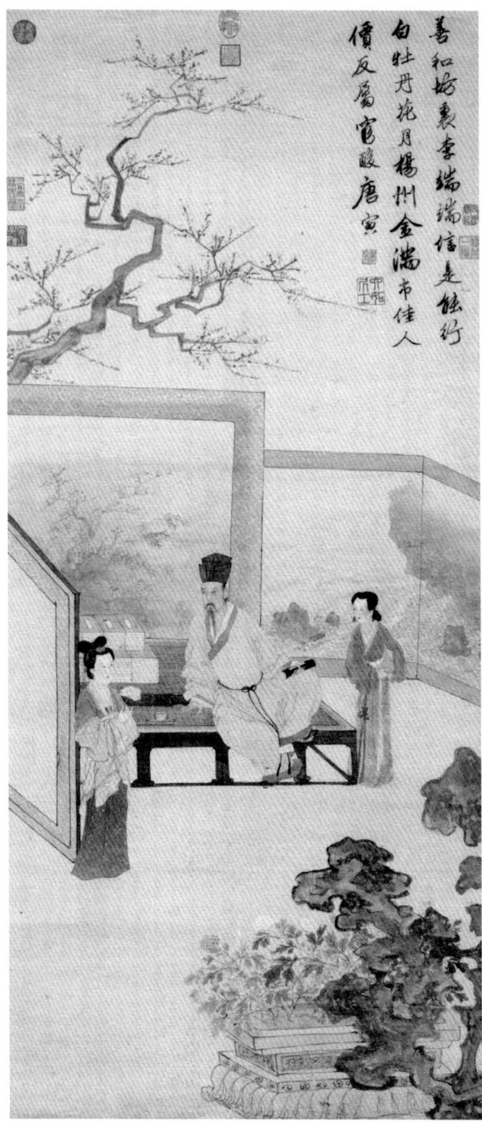

도04_21. 당인, 〈방당인사녀도〉, 종이에 채색, 149.3×65.9, 16세기, 타이베이국립고궁박물원.

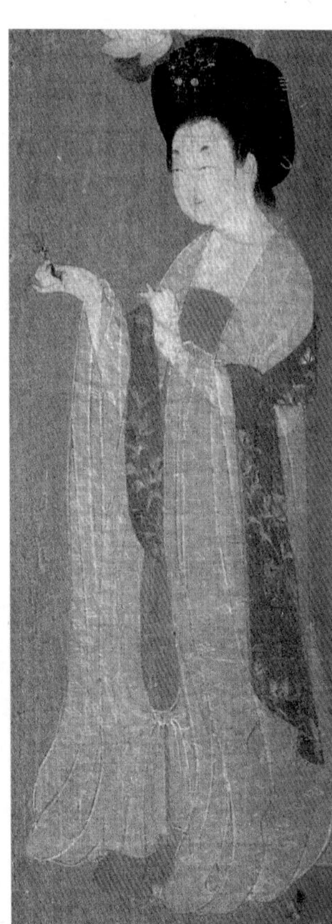

도04_20_01. 〈잠화사녀도〉 부분.

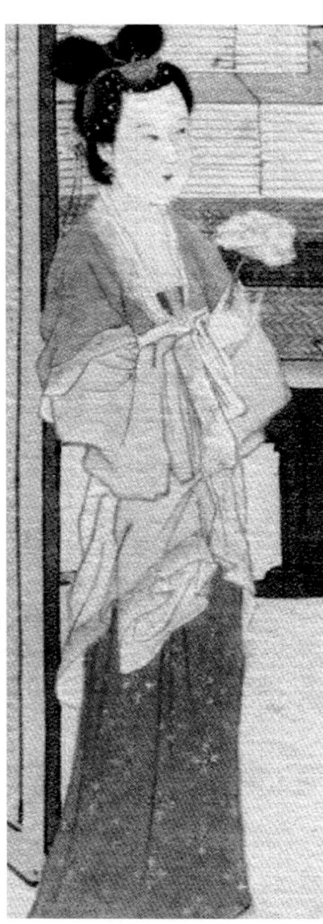

도04_21_01. 〈방당인사녀도〉 부분.

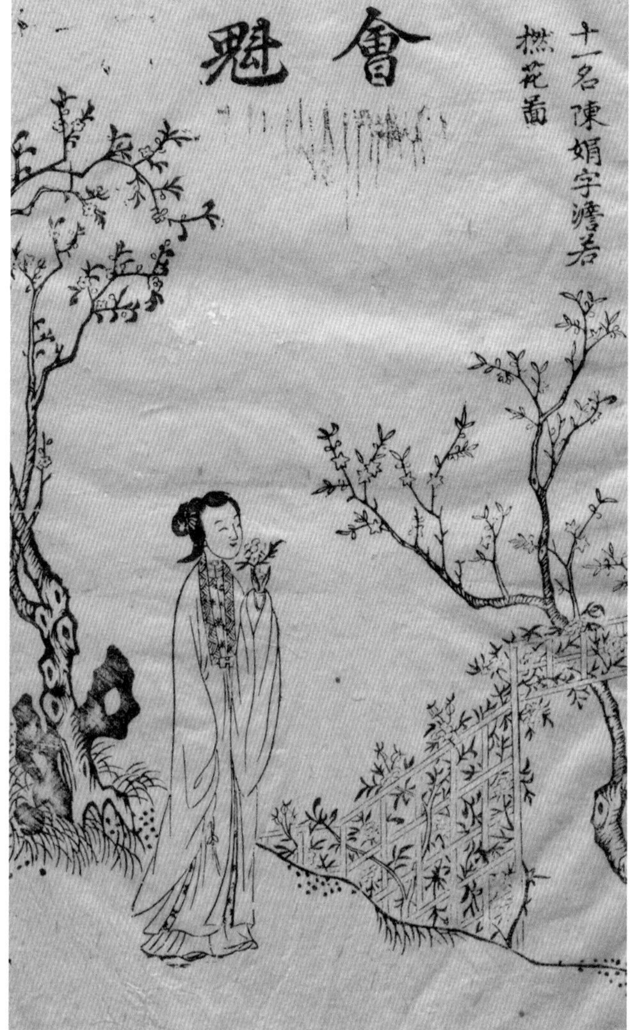

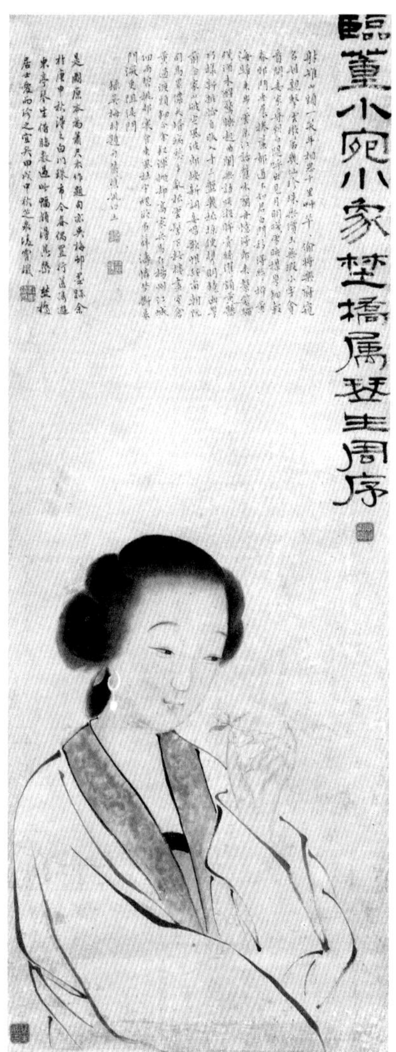

도04_22.『금릉백미』 삽도 중 〈연화도〉.

도04_23. 주서, 〈동소완상〉, 종이에 채색, 93×35.2, 청대, 난징박물관.

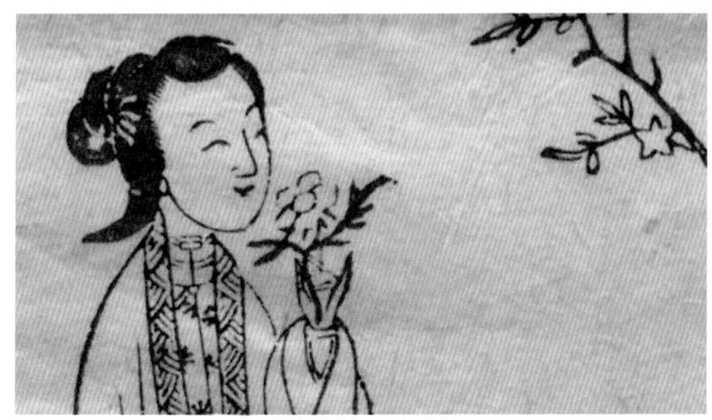

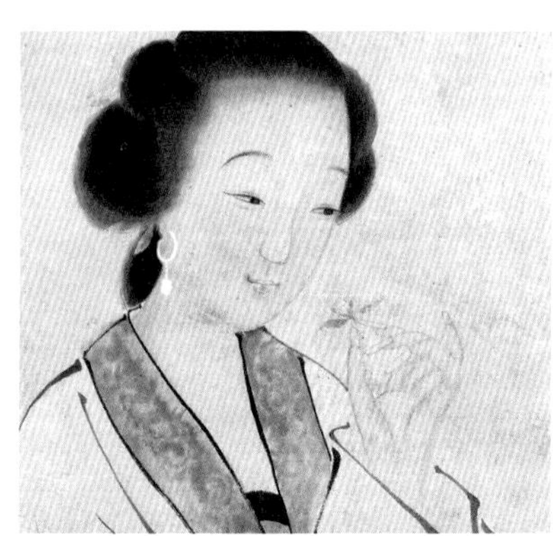

도04_22_01. 〈연화도〉 부분.

도04_23_01. 〈동소완상〉 부분.

에로틱, 관음, 춘정, 신체 접촉…
그녀들을 향한 남성들의 성적 욕망

소주와 금릉의 기녀 이미지 속에는 남성 문인들의 성적 욕망과 남녀의 신체 접촉이 다양한 방식으로 드러난다. 이는 성리학적 관념이 이완되고 상품 경제와 유흥 문화가 발전하면서 금기의 대상이었던 성적 욕망이 곳곳에서 표출되던 시대적인 변화가 반영된 것이다. 또한 『오희백미』와 『금릉백미』의 출판을 주도한 풍몽룡, 주지표, 이운상이 예교禮敎를 거부하고 인간의 욕망을 인정한 양명좌파와 이지李贄, 1527~1602의 사상적 세례를 받은 것, 그런 그들이 통속문학의 저술과 출판에 관여하면서 성적 욕망과 육체적인 애정 표현에 비교적 관대했기 때문으로 여겨진다. 그런 면에서 두 권의 책에 실린 그림 가운데 남녀의 정욕을 표현한 춘정도春情圖, 에로틱한 신체 표현과 관음적인 시선, 노골적인 신체 접촉 등이 드러난 장면들을 좀 더 살펴보기로 하자.

『오희백미』의 〈상사도相思圖〉는[도04_24] 기녀 이소을李小乙이 날카로운 바위 옆에 놓인 가늘고 긴 죽간竹竿을 잡고, 커다란 돌과 꽃이 심어진 대형 분재를 바라보며 놀라고 부끄러운 듯 얼굴에 손을 대고 있는 모습을 표현한 것이다. 삽도의 제목과 기녀의 표정으로 볼 때 위를 향해 곧게 서 있는 돌은 남근男根을 상징한다. 이처럼 남녀의 춘정春情을 표현한 장면들은 남성과 자손을 의미하는 사물, 에로틱한 몸짓과 자세, 감각적인 표현을 동반한다.

『금릉백미』의 〈명연도鳴燕圖〉[도04_25] 역시 감각적인 표현이 두드러진 장면이다. 기녀 장계張桂는 제비 부부의 지저귐을 듣고서 남성을 상징하는 태호석을 응시하면서 한쪽 발로 다른 쪽 다리를 긁는 모습으로 표현되어 있다. 청각과 시각이 결합되어 촉각으로 이어지는 감각의 전이와 총화는 보는 이의 감각을 자극하며, 기녀를 감상하는 시각적인 경험이 촉각적인 자극으로 이어질 것이라는 기대를 갖게 한다.

에로틱한 신체 표현은 『금릉백미』의 〈관연도觀蓮圖〉에[도04_26] 잘 드러나 있다. 한 손에 접선을 쥔 기녀는 여리여리한 몸을 약간 숙인 요염한 자세로 난간에 기댄 채 두 마리 제비가 날고 있는 연못에 핀 연꽃을 바라보고 있다. 여기서 연꽃은 남녀 간의 사랑을 의미하며,[33] 춘정에 겨워 몸을 꼬고 있는 듯한 몸짓은 기녀 자신의 성적 욕망이기보다 남성 문인

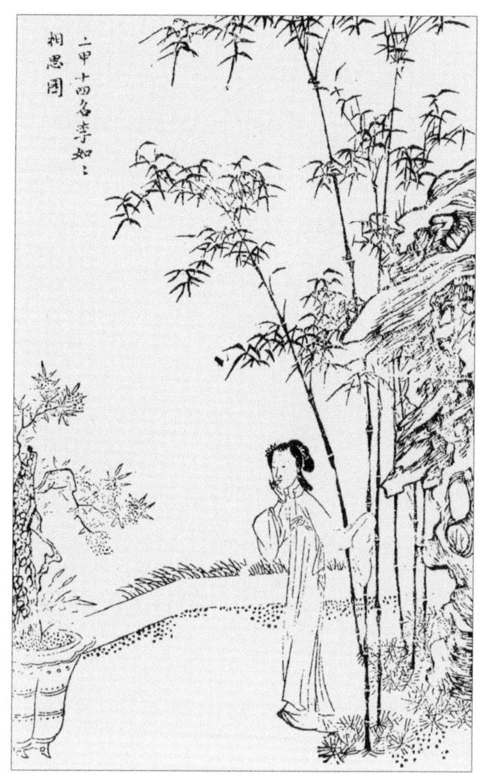

도04_24. 『오희백미』 삽도 중 〈상사도〉.

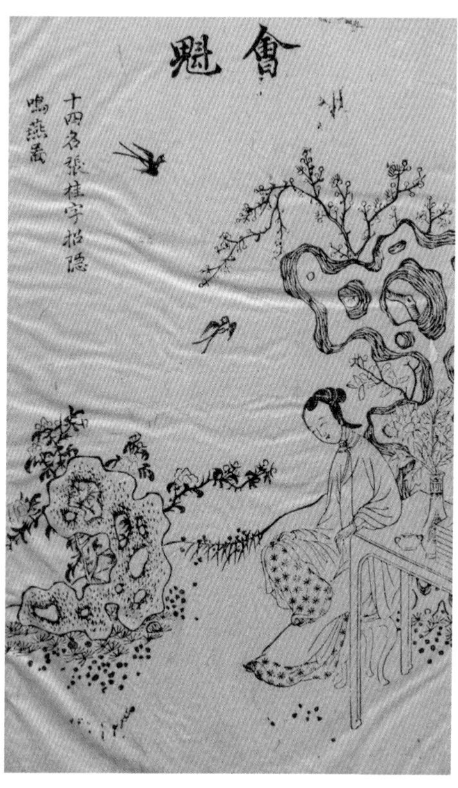

도04_25. 『금릉백미』 삽도 중 〈명연도〉.

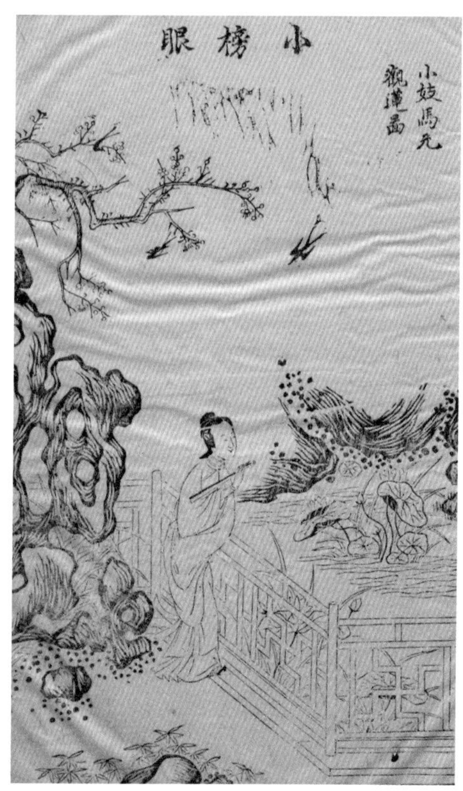

도04_26. 『금릉백미』 삽도 중 〈관연도〉.

들의 시각적 만족을 위한 타자화된 신체 표현으로 여겨진다.

이밖에도 두 서책에는 기녀들의 다양한 몸짓과 자세가 표현되어 있다. 부끄러워하는 손짓과 팔짱을 끼고 애교 있게 어깨를 올린 몸짓, 자연스럽게 다리를 올리거나 기지개를 켜는 모습, 다리를 꼬고 앉거나 여리여리한 몸을 움츠린 요염한 자세 등 일상의 자연스러운 모습에서부터 애교스러운 여성성과 에로틱한 관능미까지 여러 층위를 보여준다. 남성 문인들의 다양한 여성 취향을 만족시키기 위한 장치로서, 특히 가녀린 신체를 움츠린 요염한 자세는 신체 노출과 접촉 이상으로 에로틱한 상상을 불러일으킨다.[도04_27]~[도04_31]

직접적인 신체 노출은 관음적인 시선과 결합하여 더욱 즉각적인 시각적 자극을 유도한다. 『오희백미』의 〈춘수도春睡圖〉는[도04_32] 내밀한 사적 공간인 침상을 찾아온 남성을 맞아 가슴 위를 노출한 채 대화를 나누는 기녀를 그리고 있다. 봄날에 오는 졸음춘수春睡은 '나른함'·'잠'·'동침'을 연상시키며, 가슴 위를 노출하여 감춰진 살갗을 드러낸 표현 또한 파격적이다. 이러한 직접적인 신체 노출은 통속문학 삽도에서도 그리 흔한 표현은 아니다. 이에 비해 『금릉백미』는 더욱 은근한 방식으로 기녀와 시녀의 신체를 드러낸다. 〈완매도玩梅圖〉는[도04_33] 매화 가지를 잡느라 흘러내린 소매 아래로 드러난 어린 시녀의 하얀 살갗이 보는 이의 시선을 집중시킨다. 어린 여성의 신체 노출뿐 아니라 시녀의 팔을 향한 기녀의 시선과 묘한 미소는 보는 이로 하여금 이중의 관음적인 쾌감을 느끼게 한다.

노골적인 애정 표현과 신체 접촉은 『오희백미』의 〈교환도交歡圖〉와 〈수조도垂釣圖〉에서 잘 드러난다. 〈교환도〉는[도04_34] 남성이 기녀의 한쪽 어깨를 감싸고 나란히 앉아 술을 마시며 서로 즐기는 모습을 그린 것으로, 술병과 안주가 놓인 탁자 위에 남녀가 정면을 향해 앉은 것은 독자의 시선을 고려한 의식적인 배치다. 낚싯대를 드리운 방년 11세의 어린 기녀 심소옥沈小玉과 그녀를 품에 안은 문인을 표현한 〈수조도〉는[도04_35] 기녀의 신분상의 처지와 성 권력 관계를 잘 보여주는 장면이다.[34] 기녀 장소편張小翩이 봄에 취해 있는 〈취춘도醉春圖〉는[도04_36] 남성의 손길에 자극받아 춘정에 취한 기녀를 대면케 함으로써 성적 욕망과 에로티시즘의 근저를 살필 수 있게 한다. 장소편의 또 다른 자아인 도화桃花와 남성을 상징하는 거대한 태호석이 조화를 이루는 가운데 두 마리 새와 한 쌍의 남녀가 짝을 이룬 모습이다. 도화는 미인과 화사함을 나타낼 뿐 아니라 송대 청루의 기녀들이 도화가 장식된 부채

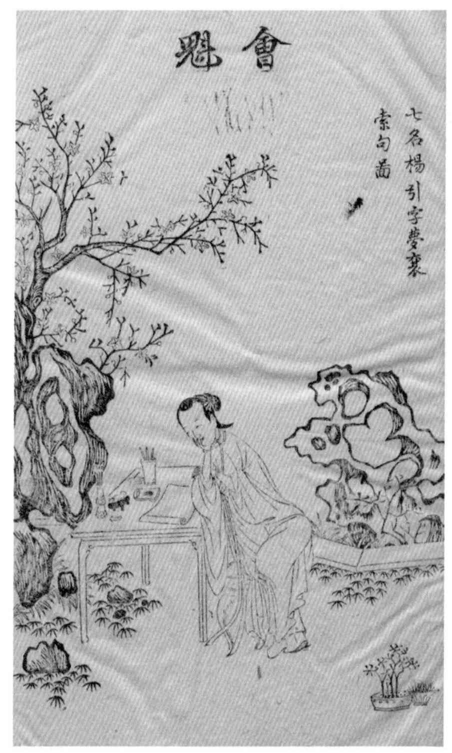

도04_27.『금릉백미』 삽도 중 〈색구도〉.

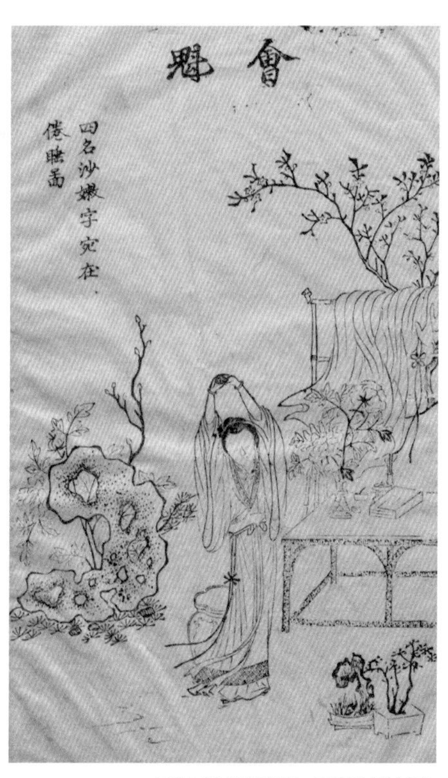

도04_28.『금릉백미』 삽도 중 〈권수도〉.

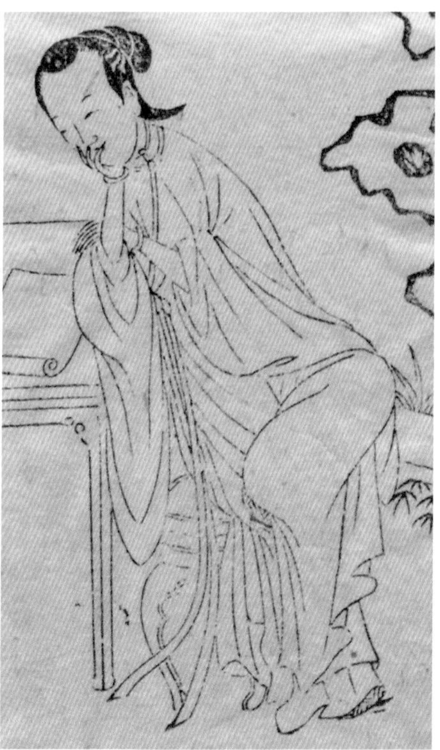

도04_27_01. 〈색구도〉 부분.

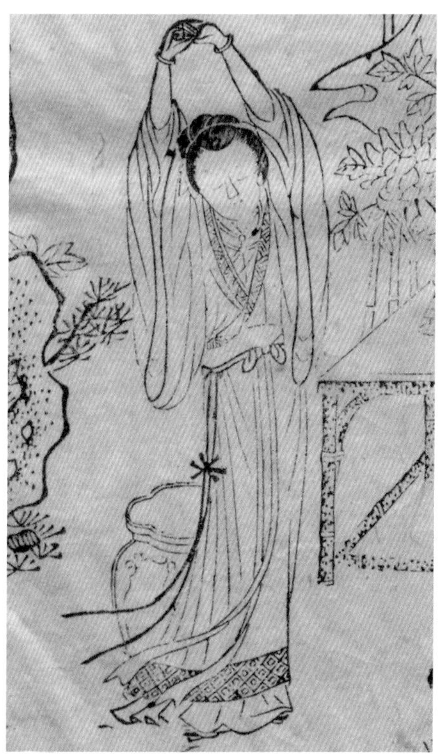

도04_28_01. 〈권수도〉 부분.

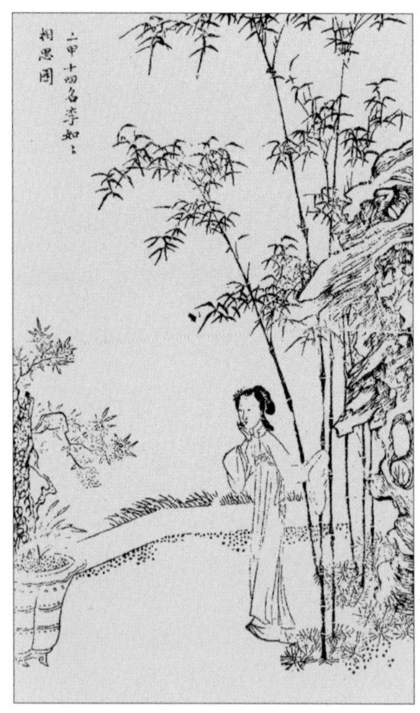

도04_29. 『오희백미』 삽도 중 〈상사도〉.

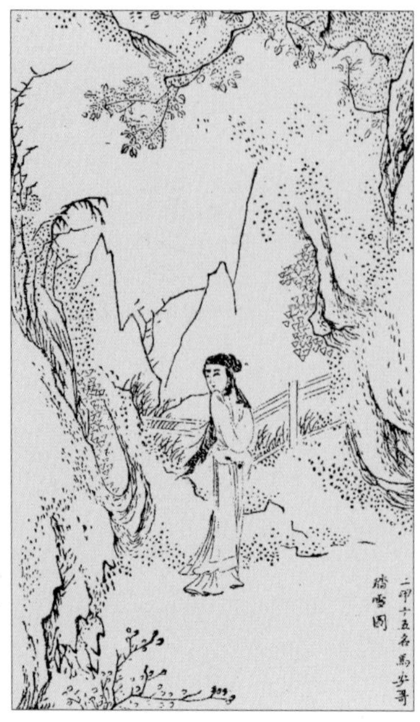

도04_30. 『오희백미』 삽도 중 〈답설도〉.

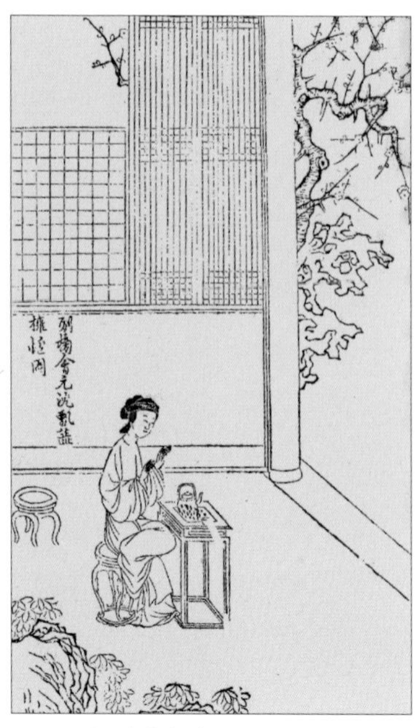

도04_31. 『오희백미』 삽도 중 〈옹로도〉.

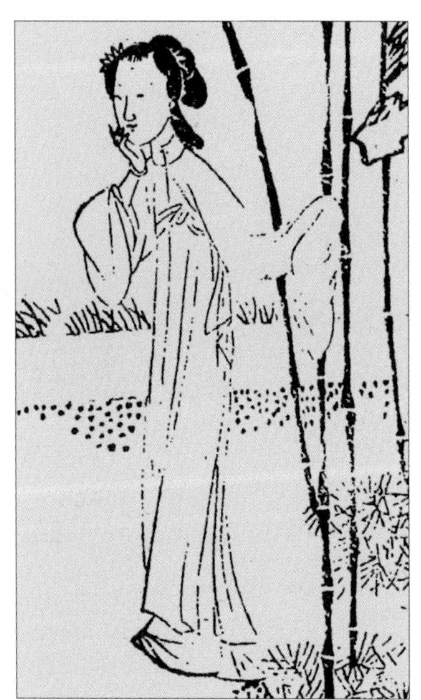

도04_29_01. 〈상사도〉 부분.

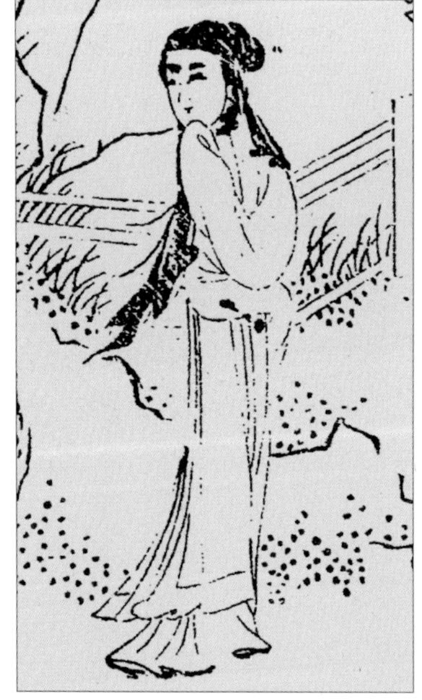

도04_30_01.〈답설도〉 부분.

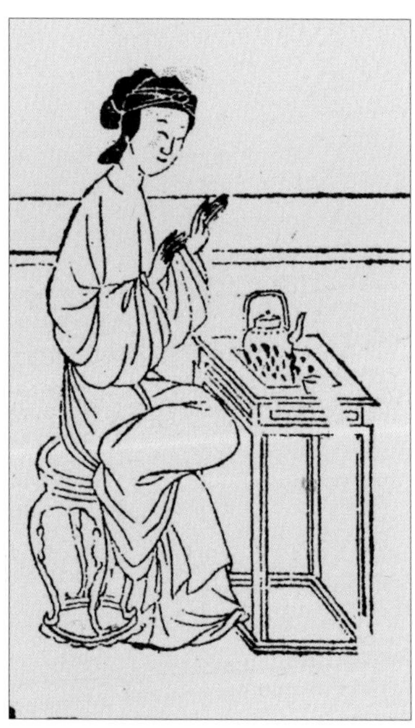

도04_31_01. 〈옹로도〉 부분.

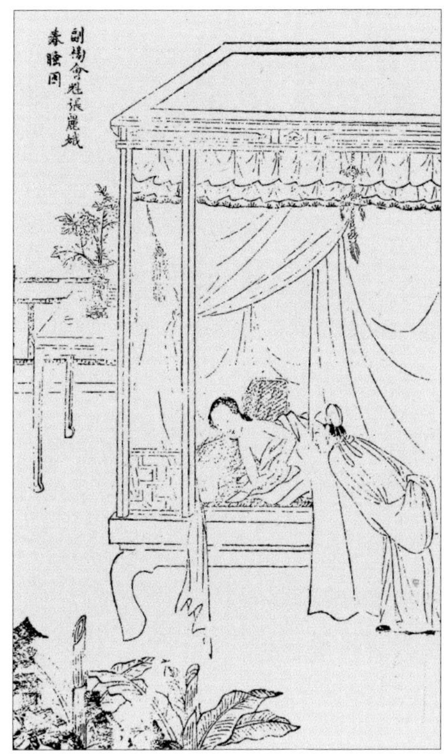

도04_32. 『오희백미』 삽도 중 〈춘수도〉.

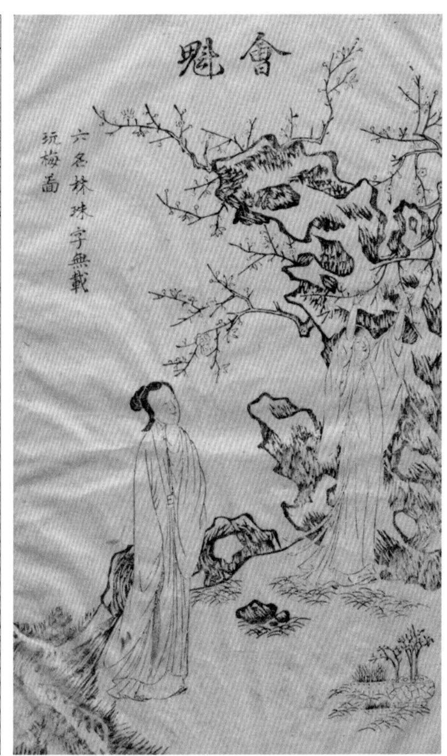

도04_33. 『금릉백미』 삽도 중 〈완매도〉.

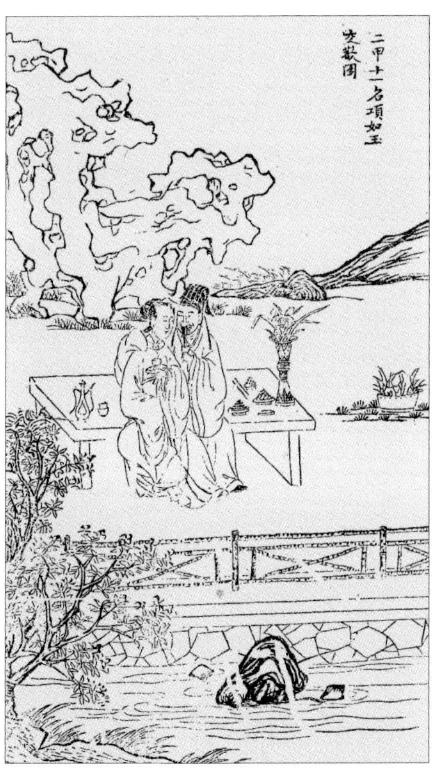

도04_34. 『오희백미』 삽도 중 〈교환도〉.

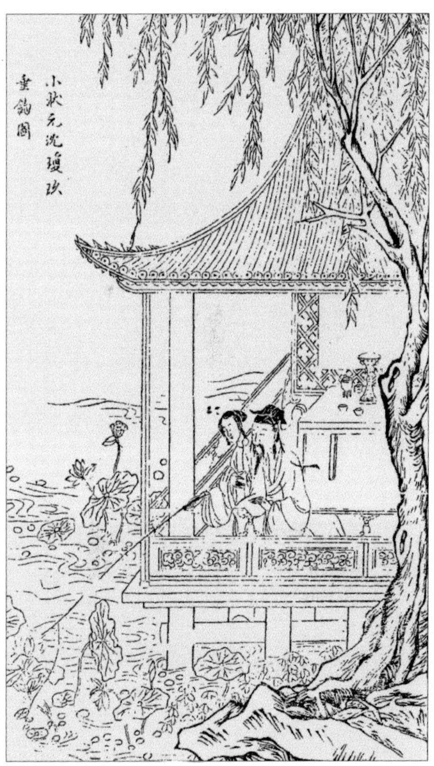

도04_35. 『오희백미』 삽도 중 〈수조도〉.

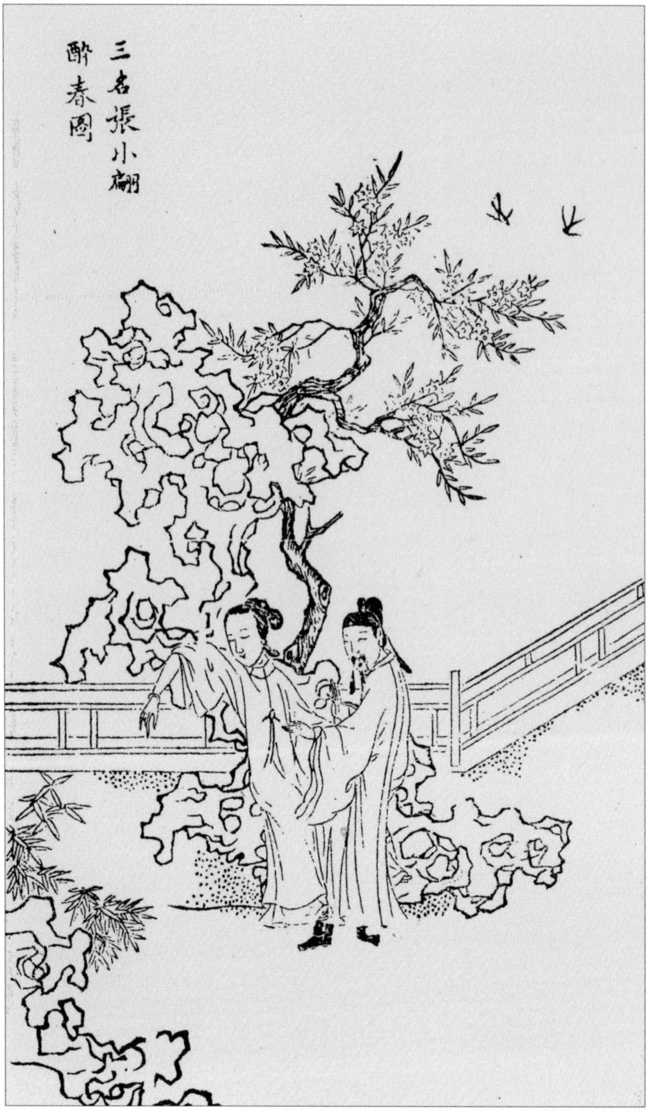

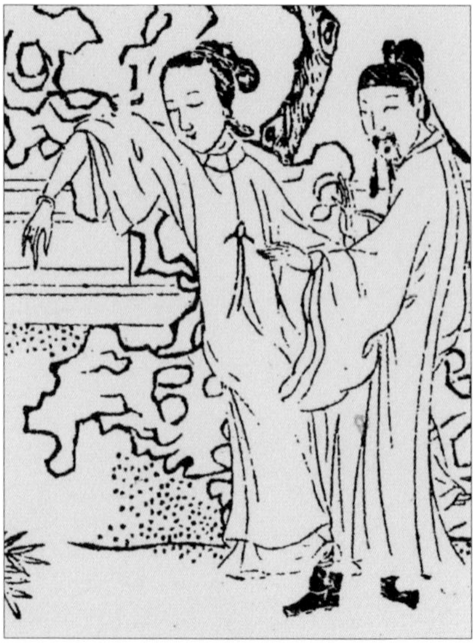

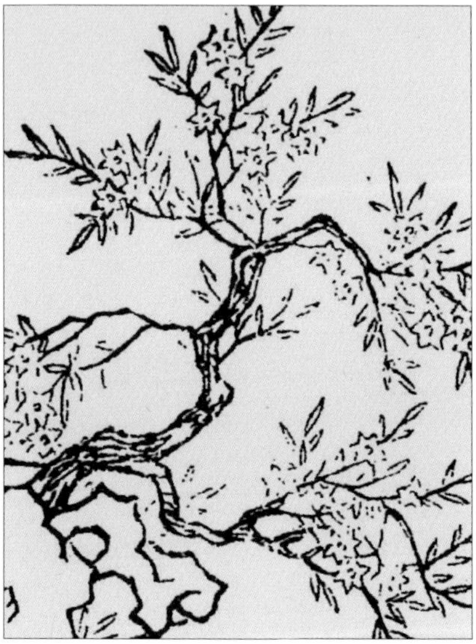

도04_36. 『오희백미』 삽도 중 〈취춘도〉.

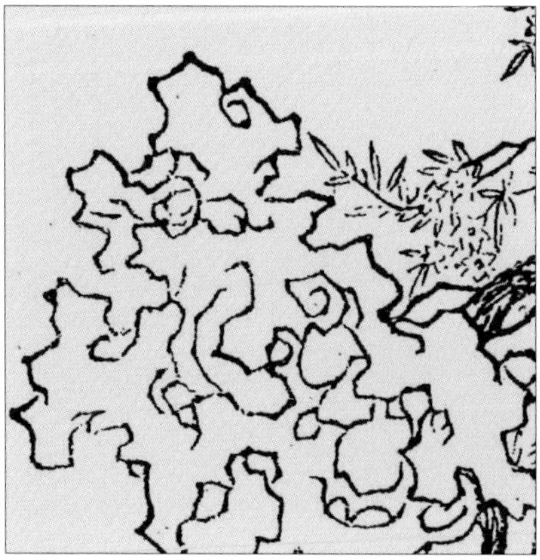

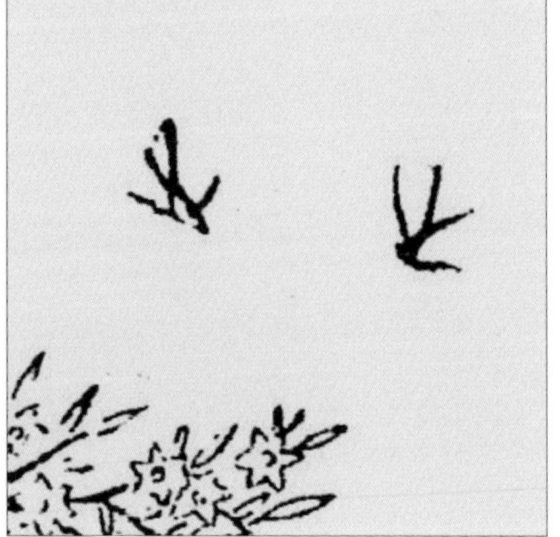

를 들던 풍습에 따라 염정艶情 또는 여색을 상징한다.[35] 춘정에 취한 장소편의 관능적인 자세와 노출된 팔, 눈을 감은 몽환적인 표정이 만들어내는 강렬한 시각 효과는 보는 이로 하여금 남성의 손에 맡겨진 여성의 섹슈얼한 신체를 향유하게 한다.

남성의 욕망, 발견된 여성성

소주와 금릉의 기녀를 품평한 『오희백미』와 『금릉백미』는 명말기 남성 문인들이 명기에게 투영한 중층적인 욕망과 그들에게서 발견한 여성성을 보여주는 시각 자료다. 기녀를 꽃에 빗대어 평하고, 과거 합격자의 명단처럼 등급을 정해 평가하는 화안은 전통시대 남성 문인들이 풍류라는 미명 아래 기녀에 대한 타자화된 시선을 극명하게 드러낸 문예 공간이다. 기녀를 상찬하는 문학과 비평을 대폭 수록하고 삽도를 더하여 문학적인 읽기와 시각적인 즐거움을 추구한 두 서책은 17세기 초 강남의 문인 지식층이 가졌던 기녀에 대한 인식을 여실히 보여준다. 이 두 권의 저술과 출판을 주도한 주지표, 풍몽룡, 이운상은 양명학의 사상적 자장 아래 과거 제도 바깥에서 청루의 유흥 문화와 통속 문학을 즐기며 상업 출판에 종사했다. 이들은 지적 소양과 예술적 재능을 갖추고, 고급 물질문화를 향유하는 지기로서 문사형 기녀를 열망했다. 동시대 기녀들의 사랑과 이별, 그리움의 정조는 고전적 사녀 이미지나 기녀와 명사의 일화 및 로맨스를 빌려 표현했다. 또한 춘정을 드러낸 이미지와 에로틱한 신체 표현, 관음적인 시선과 노골적인 신체 접촉으로 성적 욕망을 표출했다. 이러한 기녀 이미지는 동시대 실제 기녀들의 모습을 반영하기도 했지만 여성의 재예才藝를 긍정하고, 인간의 감정과 성적 욕구를 드러내는 데 관대했던 문사층이 기녀에게서 발견한 여성성, 그리고 그들이 그녀들에게 투영한 중층적인 욕망을 담았다고 할 수 있다. 나아가 동시대 강남 문인들이 기녀에게 품은 로망이자 명기에게 요구한 사회적인 성 역할을 드러내기도 한다. 출판업에 종사하며 시각 이미지의 힘을 경험한 문사들은 자신들이 만났던 기녀들을 시대가 요구한 상으로 남겨놓음으로써, 의도한 바는 아니겠지만 오늘의 우리를 그 시절 그녀들과 만나게 한다.

글을 마치며

젠더를 접한 것은 대학 시절 자아에 눈 뜨고 정체성을 찾아가던 시기였다. '어떻게 살 것인가'라는 거창한 질문을 겁 없이 던지고 고민할 때, '여성으로서의 나'라는 문제에 눈떴지만 당시에는 이것의 무게를 제대로 알지 못했던 듯하다. 연애와 결혼, 직장 생활의 와중에 젠더를 직면하는 순간은 도처에 있었는데, 페미니즘의 전사戰士는 아니었지만 사회적인 성 역할과 부딪히는 자의식을 느끼며 여러 감정에 휩싸였던 시간들이 떠오른다. 뒤늦게 시작한 미술사 공부로 많은 것을 놓치고 살면서 청년 시절 가졌던 관심은 철 지난 추억이 되었다. 근래 젊은 페미니스트들의 목소리를 다시 접하며 젠더를 환기할 무렵 국립현대미술관 덕수궁에서 열린 전시《신여성 도착하다》에 젊은 여성 관객들이 뜨거운 호응을 보내는 걸 보며, 여성 연구자에게 젠더는 피할 수 없는 숙제가 아닐까 하고 새삼 감회에 젖었던 기억이 떠오른다.

'젠더하기' 프로젝트에서 기녀를 테마로 한 것은 가부장적인 신분 사회에서 남성과 여성, 지위와 신분을 넘나든 기녀의 독특한 위치 때문이다. 중국학, 한문학, 국문학, 미술사에 이르는 많은 연구자들이 기녀를 탐구해온 이유 또한 여기에 있을 것이다. 어떤 자료로 기녀를 논할 것인가? 기녀에 관한 논의가 상당히 진척된 만큼 그동안 잘 다루어지지 않은 자료이면서, 젠더적인 접근이 가능한 자료를 찾았다. 또한 문학 텍스트보다 시각적인 재현에 근거하여 남성 문인들의 욕망과 그들이 발견한 여성성을 드러내고 싶었다. 선학들의 연구를 살펴보고, 시각 자료를 조사하면서 필자의 관심을 끈 것은 바로 소주와 남경의 기녀를

"기녀를 테마로 한 것은 가부장적인 신분 사회에서
남성과 여성, 지위와 신분을 넘나든 기녀의 독특한 위치 때문이다.
기녀 이미지 아래 놓인 남성들의 로망을 읽고 싶었으며,
텍스트보다 이미지를 통해 남성 문인들의 욕망과
그들이 발견한 여성성을 드러내고 싶었다."

평가하고 그녀들의 모습을 재현한 『오희백미』와 『금릉백미』였다. 몇 장면만 단편적으로 소개되어온 두 책의 삽도 전체를 보고 싶은 호기심이 강렬하게 일었고, 기녀 이미지 아래 놓인 남성들의 로망을 읽고 싶었다.

기녀 이미지는 관점에 따라 달리 해석될 소지가 있고, 하나의 이미지에 여러 측면이 있어 분석에 신중을 기했다. 두 책에 실린 삽도를 어떻게 분류하고 해석해야 할까? 『오희백미』와 『금릉백미』의 삽도는 여러 층위에서 검토할 수 있겠지만 나는 명말기 명기에게 요구된 사회적인 성 역할과 여성성을 탐구하였다. 지적 소양과 예술적 재능을 갖춘 기녀들, 사랑과 이별, 그리움의 정조를 지닌 그녀들, 남성 문인들의 성적 욕망의 대상이 된 그녀들, 이 세 가지 유형에 부합하는 이미지를 선별하고 독자에게 제시하였다. 명말기 남성들이 선망한 기녀의 모습은 그 시대에 종말을 고하였을까? 기녀를 바라보던 타자화된 시선이 또 다른 모습으로 현재에도 반복되고 있는 것은 무엇을 의미할까?

동아시아 회화사 연구의 세 번째 프로젝트를 함께 하면서 내공이 강한 여러 벗들과 선생님들을 만난 기쁨이 크다. 첫 번째와 두 번째 프로젝트를 관심 있게 지켜보며 지지를 보내왔는데 이렇게 일원이 되어 함께 연구를 진행하게 되었다. 언젠가는 대면해야 할 주제인 젠더를 논의하며, 학문적 자극과 격려를 아끼지 않은 동학들에게 깊은 감사를 드린다._유순영

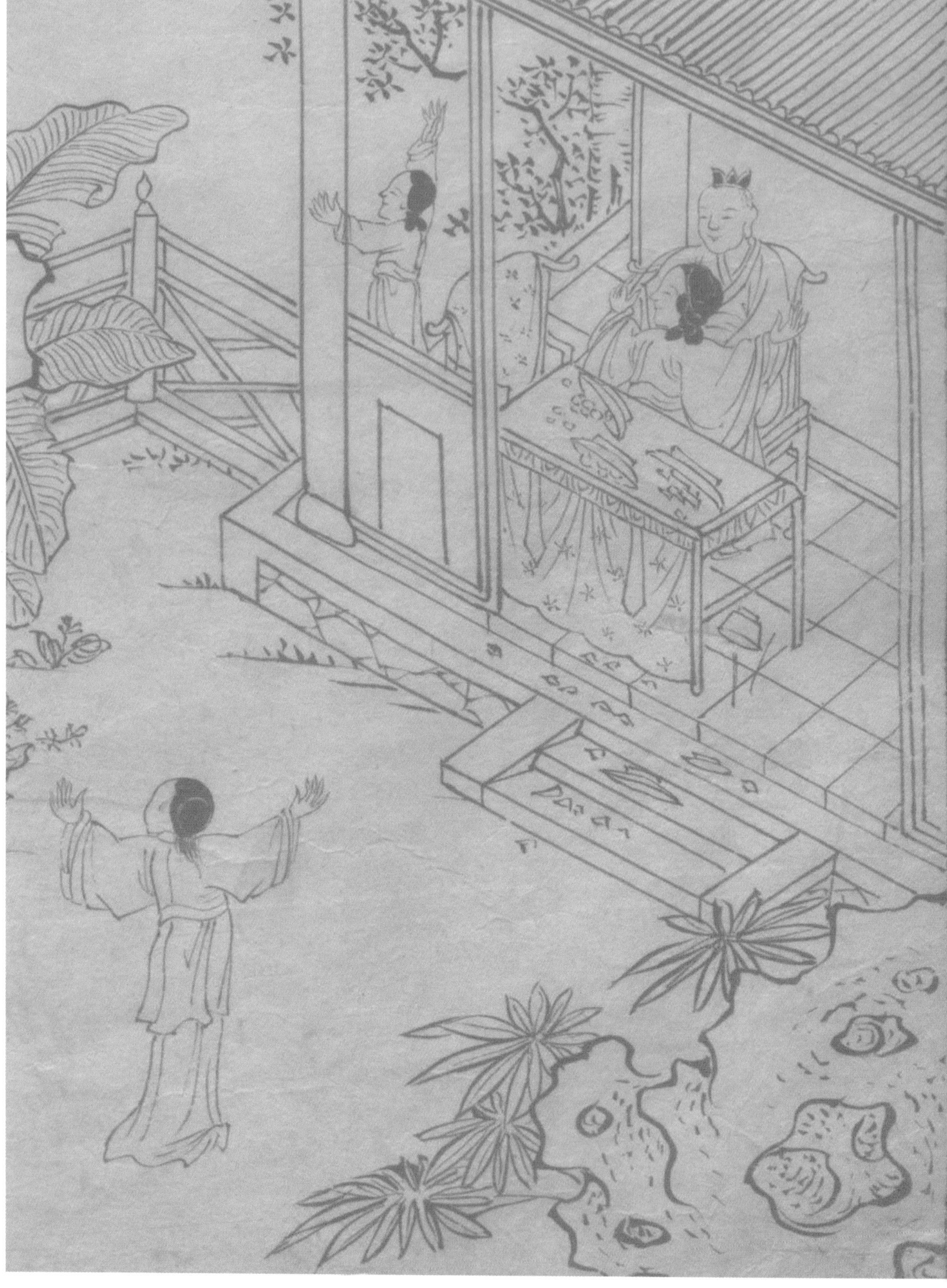

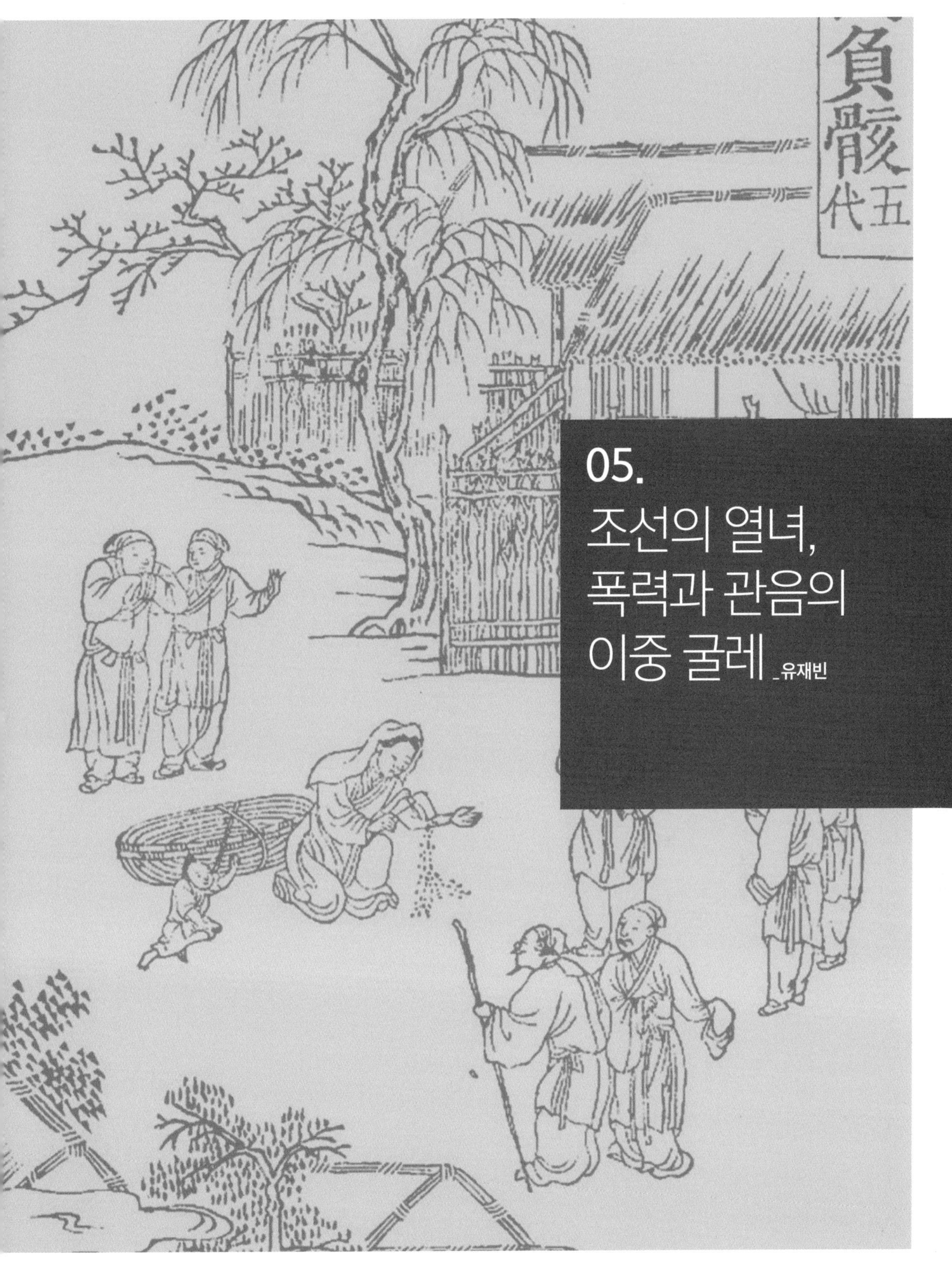

05.
조선의 열녀, 폭력과 관음의 이중 굴레 _유재빈

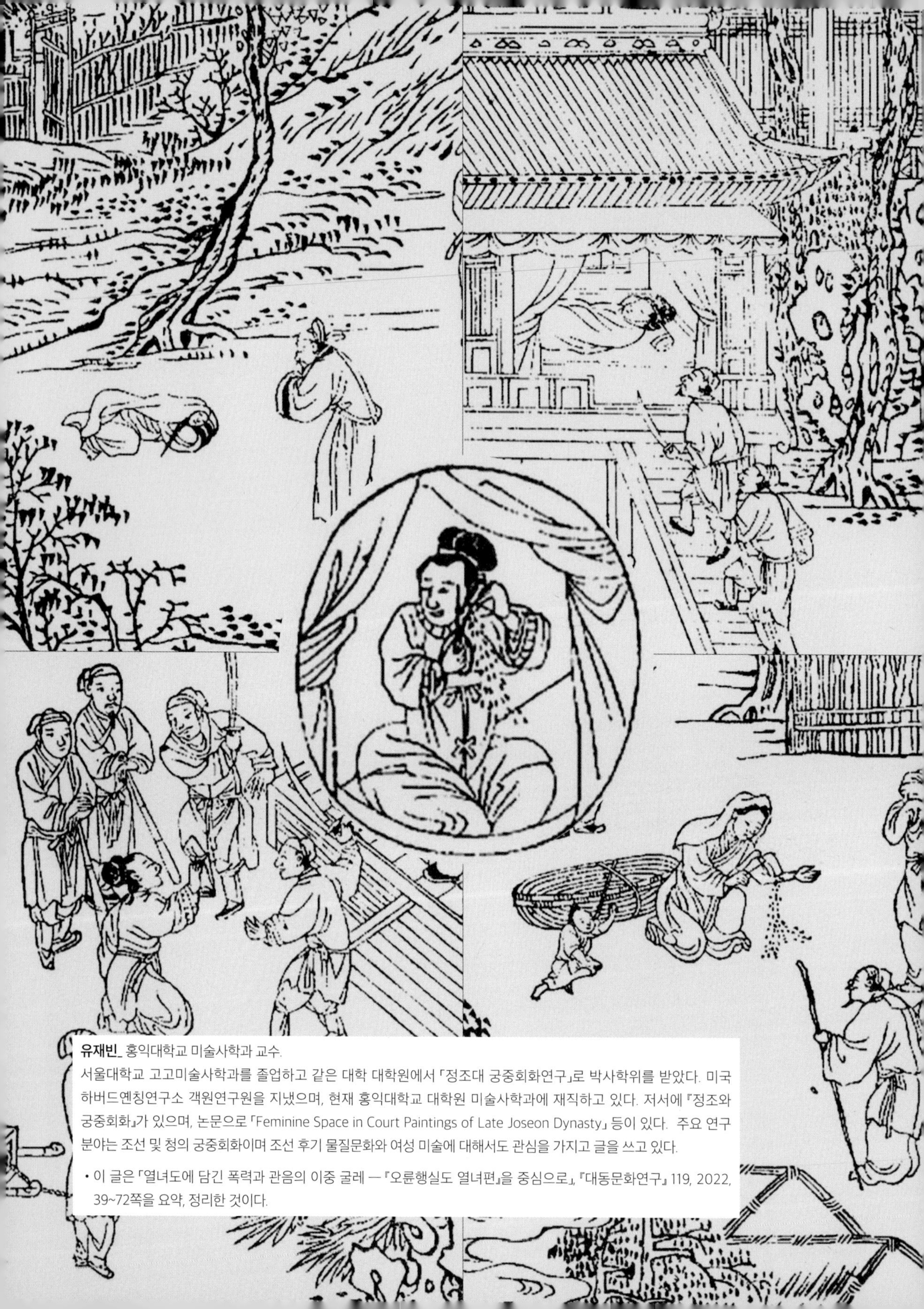

유재빈_ 홍익대학교 미술사학과 교수.
서울대학교 고고미술사학과를 졸업하고 같은 대학 대학원에서 「정조대 궁중회화연구」로 박사학위를 받았다. 미국 하버드옌칭연구소 객원연구원을 지냈으며, 현재 홍익대학교 대학원 미술사학과에 재직하고 있다. 저서에 『정조와 궁중회화』가 있으며, 논문으로 「Feminine Space in Court Paintings of Late Joseon Dynasty」 등이 있다. 주요 연구 분야는 조선 및 청의 궁중회화이며 조선 후기 물질문화와 여성 미술에 대해서도 관심을 가지고 글을 쓰고 있다.

• 이 글은 「열녀도에 담긴 폭력과 관음의 이중 굴레 — 『오륜행실도 열녀편』을 중심으로」, 『대동문화연구』 119, 2022, 39~72쪽을 요약, 정리한 것이다.

『오륜행실도』의 열녀들, 어떻게 보아야 할까

조선 후기 여성이 처한 현실은 한마디로 단정하기 어렵다. 여성의 상속권이 축소되고 부계 혈족 중심의 가부장 질서가 강화되는 한편 여성 지식인과 문사가 출현하여 이전보다 많은 지적 결과물을 생산해냈다. 가문과 국가에서는 열녀를 양산하고 정려旌閭했으나 남성 관료들은 관기官妓를 사유화하고 그들을 대상으로 한 상업적 유흥 문화가 발달했다. 이러한 가운데 국가는 오래된 국가 윤리서인 행실도를 『오륜행실도五倫行實圖』1797라는 이름으로 재편찬했다. 그렇다면 여성을 대상으로 한 『오륜행실도』의 열녀편은 당시의 역동적이고 모순된 여성의 현실을 반영한다고 볼 수 있을까.

『오륜행실도』는 조선 전기에 간행된 『삼강행실도三綱行實圖』1434, 1481와 『이륜행실도二倫行實圖』1518를 말 그대로 합친 내용이다. 조선 전기에 작성된 원문을 그대로 유지했기 때문에 글만 보면 달라진 점이 없다. 그러나 그림의 경우는 조금 다르다. 『오륜행실도』의 삽도는 완전히 새로운 형식을 창안했다.[1] 원문은 그대로 두되 한글 언해諺解와 그림을 새롭게 하여 전달력을 높이고 최신 유행을 반영했다. 그런 만큼 『오륜행실도』는 문자의 보수적 계승과 그림의 통속적 전환이 가지는 의미를 당대 여성의 현실과 연결 지어 살펴보는 데 유용하다.

조선 시대 열녀 담론에 대한 연구는 적지 않다.[2] 특히 국가 주도로 편찬한 행실도의 열녀편은 지배층 여성에 대한 윤리의식을 담고 있어 집중적으로 연구되었다. 『오륜행실도』 열녀편의 내용이 대부분 『삼강행실도』에 기반하고 있으므로 『삼강행실도』를 중심으로 살펴보면 그 견해는 크게 두 가지로 나눌 수 있다.

우선 『삼강행실도』가 교화서로서 약자에게 가해진 폭력적 속성을 분석한 것이다.[3] 행실도 열녀편의 폭력성은 정절을 지키기 위해 자해와 자살을 권장하는 태도뿐 아니라, 열녀의 육체적 고통에 대해 무감각한 태도에서도 드러난다는 연구 등이 이에 속한다.[4]

한편, 폭력성 이면에 자리잡은 여성의 주체성을 환기시키는 연구가 있다. 즉 『삼강행실도』에서 여성이 '열행烈行'을 통해 "독자적이고 강하며 격렬한 여성"으로 거듭남을 강조한 연구나 열녀의 자기 폭력이 순교자의 그것에 비견할 수 있는 진정성을 가진 것으로 바라본연구가 그것이다.[5] 전자가 『삼강행실도』의 기능과 그 재현 방식에 중점을 두고 있다면 후자는 『삼강행실도』가 담고 있는 사건과 그 안의 여성 주체성에 주목한 것이라 할 수 있다.

나는 이러한 두 관점 중 전자의 시각에 기반하여 『오륜행실도』를 면밀히 살펴보았다. 그렇다고 하여 전통사회 여성에게 열행이 가진 자기 성취성을 부정하는 것은 아니다. 다만 『오륜행실도』가 사건을 재현하는 태도에 눈길이 우선 갔기 때문이라고 하면 이해가 될까? 『오륜행실도』의 열녀편 삽화가 이전과 비교하여 어떻게 달라졌는지, 과연 명말의 통속화된 열녀전이나 소설 삽화와는 어떻게 구별되는지도 관심사의 하나였다.[6] 아울러 글과 그림의 열린 관계를 지향하려 했는데, 이는 『오륜행실도』의 그림이 글과 함께 표면적으로 제시하는 메시지뿐 아니라 글과 독립적으로 연상되는 이미지 역시 중요하다고 여겼기 때문이다. 이렇게 그림과 글을 보고 있자니 『오륜행실도』가 재현하는 여성 신체에 대한 젠더적 접근의 시도는 자연스러운 수순이기도 했다.[7]

『삼강행실도』와 『이륜행실도』를 합하다, 원문은 살리되 언해와 그림은 새롭게

『오륜행실도』는 『삼강행실도』의 효자, 충신, 열녀 항목에 『이륜행실도』의 장유長幼, 붕우朋友를 합하여 모두 5권으로 제작했다.[8]

『오륜행실도』가 바탕을 둔 『삼강행실도』는 세종13년1431에 처음 출간된 『삼강행실도』가 아니고 원본의 내용을 3분의 1로 줄이고 한글 언해를 붙여 성종 연간에 재출간된 이른바 산정본刪定本 『삼강행실도』1490다. 정조正祖, 재위 1776~1800대에는 세종대의 『삼강행실도』가 완질完帙로 전해지지 않았다고 보인다.

『오륜행실도』는 산정본 『삼강행실도』와 『이륜행실도』의 원문을 거의 수정하지 않았다. 이는 우선 정조가 조선의 유교적 규범과 예제가 정립된 세종의 전통을 그대로 이어받고자 했기 때문으로 보인다.[9] 『오륜행실도』가 사실상 성종 연간의 산정본 『삼강행실도』에 바탕을 두었지만 그 서문에는 성종에 대한 언급 없이 오직 세종의 『삼강행실도』 서문만을 싣고 있는 것을 보아도 알 수 있다. 그렇지만 원문에 대한 언해와 그림은 완전히 새롭게 갖추었다. 언해는 기존의 조선 전기 언해를 참고하지 않고 원문에서 직접 당시의 한글로 옮겼다. 이미 400여 년이 지나면서 언어와 한글 표기가 많이 바뀌었기 때문이다. 그림의 경우는 서로 다른 시점時點의 장면을 한 화면에 배치하여 이야기를 전달하는 것, 즉 '이시동도異時同圖'에서 한 장면에 이야기의 한 순간을 묘사하는 방식으로 변화했다.[10] 이전에 여러 방식으로 재출간된 행실도, 『속삼강행실도續三綱行實圖』1514와 『동국신속삼강행실도東國新續三綱行實圖』1617, 『이륜행실도』가 모두 초기 삼강행실도의 이시동도 방식을 채택한 것에 비하면 『오륜행실도』의 '한 화면에 한 장면'은 실로 획기적인 변화다.

『오륜행실도』가 이처럼 그림의 판본을 새롭게 바꾼 것은 언해를 다시 한 것과 유사한 태도라고 할 수 있다. 새로운 내용을 추가하지 않되 문자와 그림은 현재화하여 전달력을 높이겠다는 것이다. 『오륜행실도』의 '전통 현재화' 작업은 스스로 조선의 중흥을 표방하며 조선 전기 왕실의 유업을 계승하려던 일련의 사업들과 맥을 같이 한다.[11] 그렇다면 과연 『오륜행실도』는 '전통 현재화'의 목적을 달성하고 백성들에게 새롭게 다가갔을까?

중국의 전기에서 조선의 교화서로, 조선 왕실의 행실도 편찬

『오륜행실도』와 『삼강행실도』의 차이를 살피기에 앞서 우선 『삼강행실도』를 간단히 짚고 넘어가자. 『삼강행실도』의 열녀편은 중국 송대 『고열녀전古列女傳』과 명대 『고금열녀전古今列女傳』1403을 비롯해 다양한 열녀전에 바탕을 두었다. 『삼강행실도』는 학식, 용맹, 모성, 절의 등 다양한 미덕을 가진 인물 중 특히 절의를 지킨 여성들을 위주로 선택했다. 여러 뛰어난 여성의 전기였던 '열녀전列女傳'은 오직 절의를 지킨 여성의 전기인 '열녀전烈女傳'으로 변화했다.[12] 『삼강행실도』는 국가에서 편찬한 윤리서로서 국가/가부장에 헌신하는 여성관을 강조하게 된 것이다.

『삼강행실도』와 중국 『고열녀전』의 비교, 『삼강행실도』 판화가 『오륜행실도』로 계승된 측면, 그리고 『오륜행실도』와 명대 열녀전과의 차이 등을 하나의 이야기, 제齊나라 기량杞梁의 처에 대한 설화를 통해 비교해보자.[13] 『삼강행실도』에서는 기량의 자가 량梁이고 이름이 식殖인 것에 근거해 '식처殖妻'라고 정정했다. 따라서 『삼강행실도』는 이 일화의 제목을 "식처곡부殖妻哭夫, 식의 처가 남편을 위해 울다"로 지었다.

일단 그 내용을 간단히 살펴보자. 제나라 기량이 전사하자, 장공莊公이 사자使者를 시켜 아내를 길에서 조문弔問하게 했다. 아내가 이를 예가 아니라고 거절하자 장공이 직접 그 집으로 찾아가 조문의 예를 갖추었다. 기량의 아내는 성城으로 찾아가 남편의 시체를 베고 크게 울었는데, 열흘이 지나자 성이 무너졌다. 이어 기량의 처는 아버지와 남편, 아들이 모두 없어 의지할 곳이 없으니 죽을 뿐이다, 하며 치수淄水로 뛰어들었다.

중국의 가장 오래된 판본인 송대의 『고열녀전』은 이 장면을 어떻게 그렸을까.[14] 위에는 그림, 아래는 글을 실은 '상도하문上圖下文'의 방식을 취했다. 화면이 좁은 탓에 그림에는 한두 개 장면만 실었다. 이 사례에서 『고열녀전』은 기량의 처가 우니 성의 벽돌이 무너져 내리는 장면을 선택했다.[도05_01] 옆에 물결의 표시로 그녀가 치수에 뛰어들 것임을 암시했다.

그에 비해 『삼강행실도』는 다섯 장면으로 이 내용을 표현했다.[도05_02] 이야기의 전개는 아래에서 위로 이어진다. 가장 아래에는 길거리에서 장공이 사자를 보내 조문을 하는 장면이고, 그 위는 장공이 예를 갖추고 식처의 집으로 찾아와 조문하는 장면이다. 그 위의 왼쪽 장면은 식처가 남편의 시신을 누이고 장사 지내는 장면이고, 오른쪽 장면은 지나가던 사람들이 식처의 울음에 함께 슬퍼하며 무덤을 지어주는 장면이다. 가장 위에는 물결을 배치했는데 "식처"라는 이름을 표기하여 물에 빠졌음을 암시했다. 이 일화에서 가장 인상적인 성벽 무너지는 장면은 그리지 않았다. 이는 다분히 의도적이라 볼 수 있다. 글의 내용 중에서도 모든 구절을 그대로 인용한 가운데, "십일이 지나자 성이 무너졌다十日而城?之崩"라는 구절만 생략했다. 그 대신 식처가 죽은 남편에 대한 예를 지키는 행실에 초점을 두었다. 즉 집에서 조문받는 조문의 예, 남편의 시신을 거두는 장례의 예, 치수에 몸을 던지는 정절의 예가 표현되어 있다.

실제 기량의 울음은 성을 무너뜨렸을까. 이 설화의 최초 전거인 『좌전左傳』에는 기량의 처가 제후를 만나 적절한 조문을 요구하는 장면만 나온다. 여인이 울어서 성이 붕괴되는 일화는 서한西漢 이후 유향劉向의 『열녀전』에 처음 나온다. 그리고 이후부터는 기량의 처를 언급할 때면 으레 "곡부붕성哭夫崩城"으로 표현하기 시작했다.[15] 이러한 제기량 처 설화의 변모를 볼 때, 성이 무너진 고사는 민간의 전설이 유향의 『열녀전』으로 흘러들어간 것이지만, 송대 『고열녀전』이 제작되었을 때는 이미 이야기의 중심에 자리잡아서 그 진위가 문제시되지는 않았던 것으로 보인다.

『삼강행실도』가 '붕성崩城'에서 문제삼은 것은 이 고사의 진위라기보다 그에 담긴 함의였을 것이다. 성이 무너진 것은 의지할 곳 없는 여성의 남편을 전쟁과 부역으로 내몬 국가의 혹정에 대한 징벌로 해석될 수 있다.[16] 세종대에는 대규모 축성 사업이 이어졌고, 이는 백성의 자살이나 도망과 같은 사회 문제를 일으키기도 했다.[17] 이러한 정황 속에서 성이 붕괴되는 일화는 실제로 국가의 안위에 위협적으로 읽혔을 가능성이 있다. 『삼강행실도』는 제기량 처 설화에 담긴 저항의식을 죽은 남편에 대한 예를 다하는 절의로 재해석했다. 이를 위해서 국가에 대한 징벌을 상징하는 '붕성'의 일화는 지우고, '곡哭'은 장례의 일부로 치환했으며, '자살'은 절개로 해석되었다.

『오륜행실도』는 일반적으로 『삼강행실도』의 원문을 대부분 충실하게 옮겼다. 그러나 『고열녀전』에서 비롯한 원문을 확인하는 작업도 잊지 않았다.[18] 『오륜행실도』는 『삼강행실도』의 다른 구절은 그대로 옮겼으나, 『삼강행실도』에서 생략한 "열흘이 되니 성이 저절로 무너졌다十日而城爲之崩" 구절만은 살려두었으며, 언해에서도 "열흘을우니셩이절로문허디더라"라고 번역했다. 그러나 『오륜행실도』의 구절 삽입은 원문의 오탈자를 잡는 의미에 그쳤을 것으로 보인다. 이 구절의 삽입 외에는 『오륜행실도』가 이 설화의 중심 모티브인 '무너진 성'에 관심을 보이지 않기 때문이다.

『오륜행실도』의 삽도는 『삼강행실도』의 여러 장면 중 하나를 선택했는데, 그 선택의 기준은 바로 『삼강행실도』의 제목이었다. 『삼강행실도』는 여성의 모범이 될 만한 행실을 뽑아서 이름 두 글자와 행실 두 글자를 합한 네 글자의 제목을 모든 사례에 새롭게 부여했다.[19] 『오륜행실도』는 그 행실에 해당하는 장면을 주로 선택해 사용했다. 『오륜행실도』의 〈식처곡부〉는 장공이 예를 갖추고 식처를 찾아와 조문하는 일화를 택했다.[도05_03] 한 화면에 한 장면만을 그렸기에 식처의 머리를 풀고 우는 모습이나 장공의 공손한 모습을 실감나

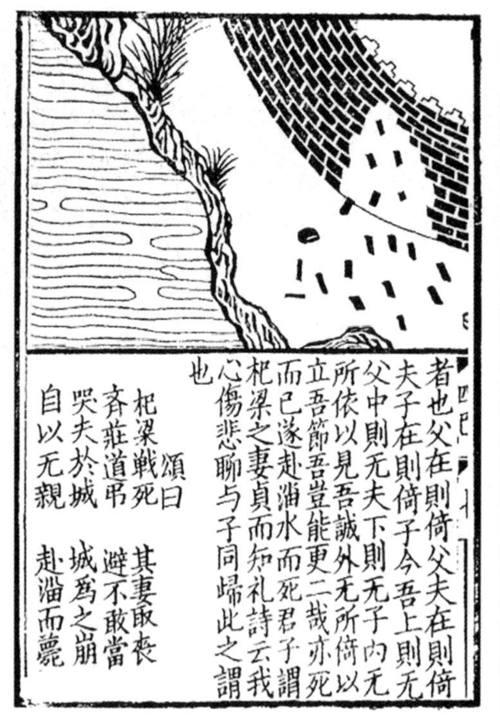
八 齊杞梁妻

齊杞梁殖之妻也莊公襲莒殖戰而死莊公歸遇其妻使使者弔之於路杞梁妻曰今殖有罪君何辱命焉若令殖免於罪則賤妾有先人之弊廬在下妾不得与郊弔於是莊公乃還車詣其室成礼然後去杞梁之妻无子内外皆无五屬之親既无所歸乃枕其夫之屍於城下而哭内誠動人道路過者莫不爲之揮涕十日而城爲之崩既葬曰吾何歸矣夫婦人必有所倚者也父在則倚父夫在則倚夫子在則倚子今吾上則无父中則无夫下則无子内无所依以見吾誠外无所倚以立吾節吾豈能更二哉亦死而已遂赴淄水而死君子謂杞梁之妻貞而知礼詩云我心傷悲聊与子同歸此之謂也

頌曰

杞梁戰死 其妻收喪
齊莊道弔 避不敢當
哭夫於城 城爲之崩
自以无親 赴淄而薨

도05_01. 〈제기량처〉, 『고열녀전』, 송대 저작, 청대 출간.

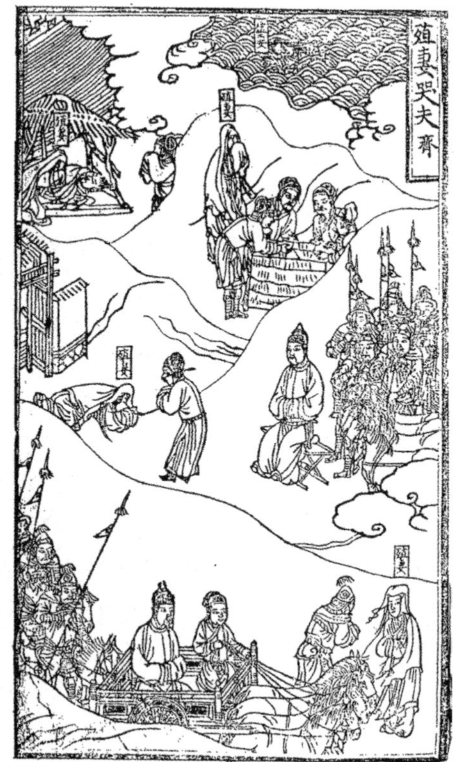

도05_02. 〈식처곡부〉, 『삼강행실도』, 1490 초간, 1506 재간, 영국국립도서관.

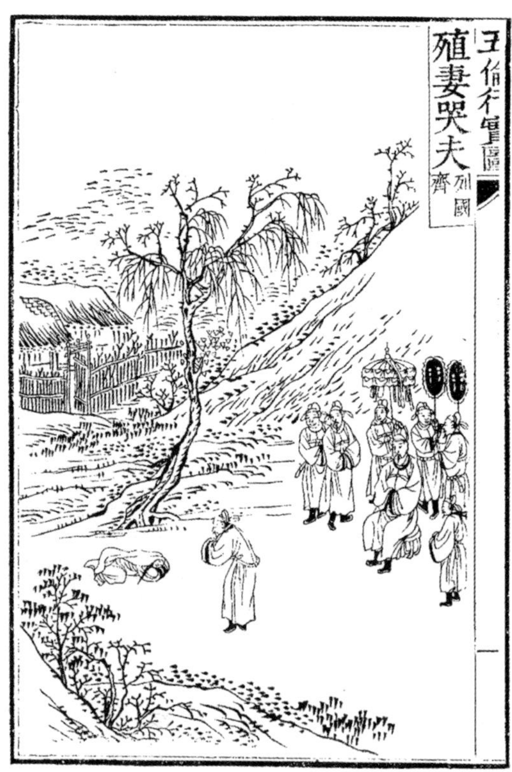

도05_03. 〈식처곡부〉, 『오륜행실도』 권3, 1797, 규장각 한국학연구원.

게 볼 수 있으며, 배경에는 멀리 식처의 집이 보이고 사실적이고 수려한 산세가 잘 표현되어 있다. 서사의 구체적인 진행 대신에 인물과 배경이 조화롭게 어우러진 회화적 사실성을 채택한 것이다.

『오륜행실도』의 장면 선택이 단지 회화적 발전만을 의미하는 것은 아니다. 이 그림에서 『오륜행실도』가 가장 중요하게 생각한 제기량 처 설화의 의미가 무엇인지 알 수 있다. 조문을 받는 한 장면만 선택됨으로써 "울음곡哭"의 의미가 다르게 해석된다. 여기서 여인은 성 아래 깔린 남편의 시신이나 무덤 앞이 아니라 제후 앞에서 엎드려 울고 있다. 멀리 보이는 그녀의 집 앞에는 이미 정려문旌閭門이 세워져 있다. 즉 이 그림 안에서 그녀의 울음은 성을 무너뜨리게 한 것이 아니라, 군주에게 받아들여지고 국가에서 포상되었음을 보여준다.

『오륜행실도』의 절개, 명대 『열녀전』의 사랑

『오륜행실도』는 『삼강행실도』에서 형식과 화풍은 크게 변화했으나 그 내용이나 도상은 크게 벗어나지 않았다. 그에 비해 중국의 열녀전은 명대에 들어오면서 내용상 범주를 크게 확대했을 뿐 아니라, 삽화의 도상도 크게 변화했다.[20] 명대 열녀전 중에 삽도가 있는 대표적인 것으로는 『왕씨증집열녀전汪氏增輯列女傳』만력萬曆 1573~1620, 이하 『왕씨열녀전이 있다. 이 판본은 구영이 그렸다고 전해져, 일명 '구회열녀전仇會列女傳'이라고도 불린다.[21] 총 16권으로 규모가 가장 크며, 두 면을 모두 판화에 할애하여 대중적으로 큰 인기를 누렸다.[22] 조선에 들어왔는지는 알 수 없지만 『오륜행실도』에 직접적으로 영향을 주지는 않았을 것이다. 다만 명말 열녀전의 변화를 보여주고 『오륜행실도』의 특이성을 부각하기 위한 비교는 유의미할 것이다.

먼저 『왕씨열녀전』의 여러 장면 중 앞에서 언급했던 제나라 기량의 처 설화를 살펴보자.[도05_04] 『왕씨열녀전』은 『고열녀전』처럼 문자와 그림을 상하로 나누거나, 『삼강행실도』처럼 한 화면에 여러 장면을 포함시키지 않았다. 한 화면에 한 순간을 담고 있으며 인물의

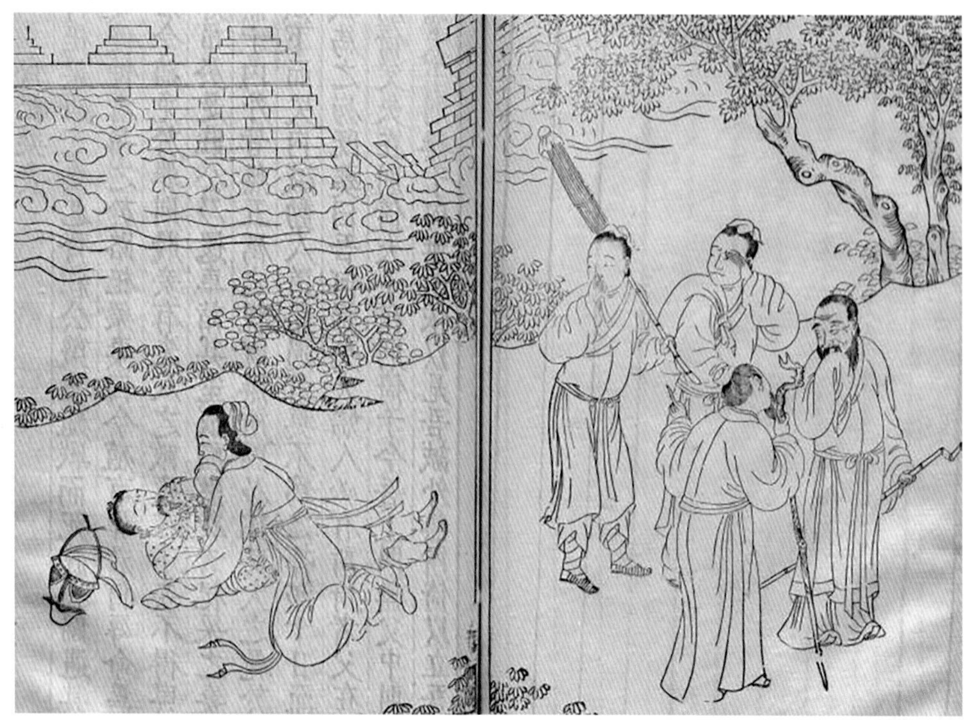

도05_04. 〈제기량처〉, 『왕씨증집열녀전』, 1573~1630.

움직임이 자연스럽고 배경이 화려하다는 점에서 『오륜행실도』와 유사하다. 그러나 『왕씨열녀전』이 선택한 장면은 『오륜행실도』와 다르다. 『왕씨열녀전』은 아내가 기량의 시신을 안고 통곡하여 주변의 인물들이 모두 같이 눈물을 흘리는 장면을 선택했다. 멀리 배경에는 성의 한쪽이 무너져 내렸다. 이 설화에서 아내의 '울음'은 기량이 쌓던 성을 무너지게 할 정도로 강력한 힘을 가진 모티브다. 동시에 옆에서 보던 사람들마저 함께 눈물을 흘리게 할 만큼 애절한 감정의 표현이다. 『오륜행실도』가 '울음'을 남편의 죽음에 대한 적절한 의례-상중喪中의 곡례曲禮로 해석했다면, 『왕씨열녀전』은 이 울음을 남편에 대한 지극한 사랑의 표현으로 해석했다.

두 번째로, 『오륜행실도』는 제목에 명명된 여성의 '모범적인 행실'을 주제로 삼았다면, 『왕씨열녀전』은 그러한 행실을 하기까지의 갈등 과정에 주목했다. 예를 들어 『오륜행실도』의 〈절녀대사節女代死〉와 『왕씨열녀전』의 〈경사절녀京師節女〉 일화를 보자. 이 이야기는 도적

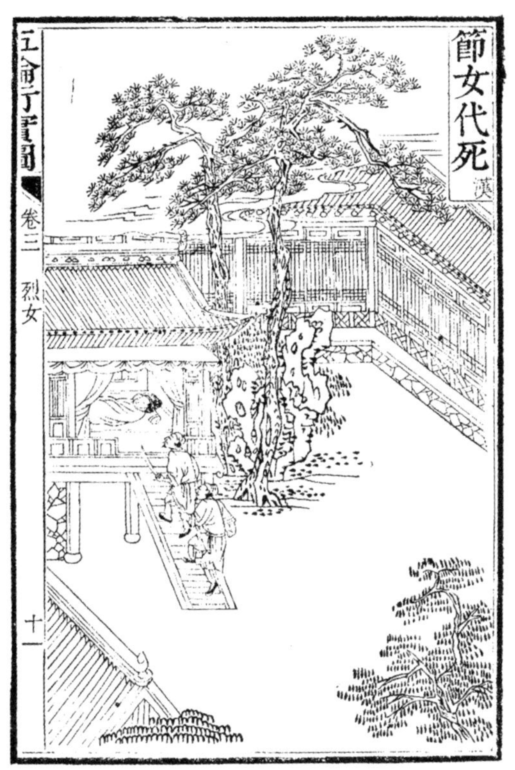

도05_05. 〈절녀대사〉, 『오륜행실도』 권3, 1797, 규장각 한국학연구원.

도05_05_01. 〈절녀대사〉 부분.

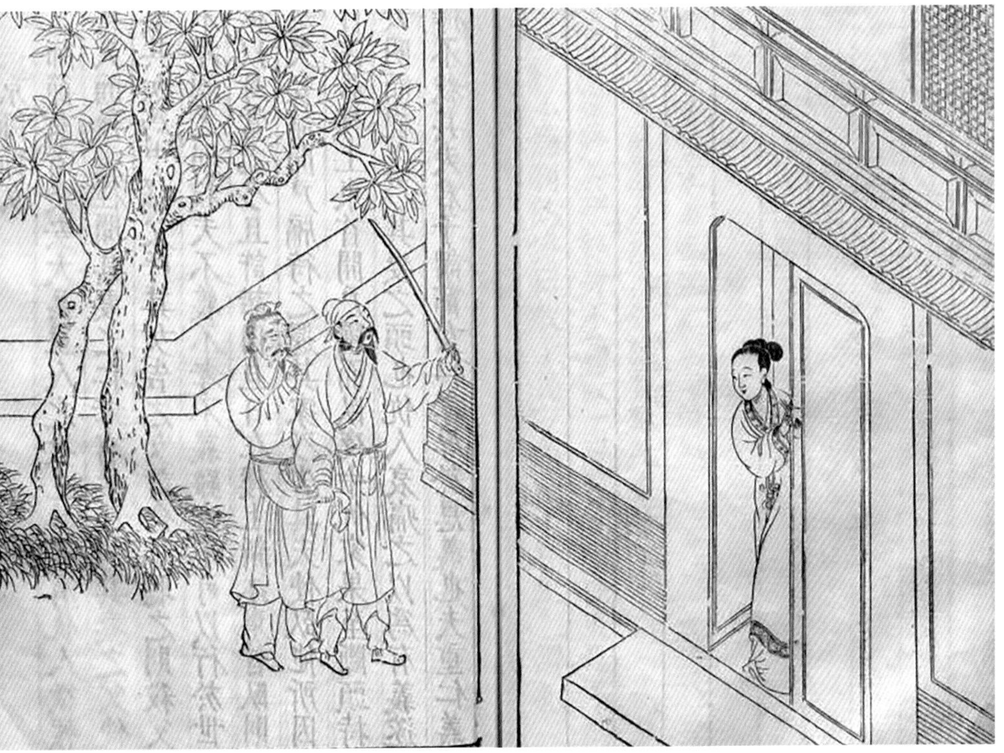

도05_06. 〈경사절녀〉, 『왕씨증집열녀전』, 1573~1630.

이 아버지와 남편 둘 중에 하나를 선택하라고 강요하자, 절녀가 도적을 속이고 남편의 자리에 누워 대신 죽임을 당했다는 이야기다. 『오륜행실도』는 절녀가 대신하여 죽기로 결심하고 변장하고 누워 있고, 원수가 죽이러 들어오는 장면을 선택했다.[도05_05] 그에 비해 『왕씨열녀전』은 남편의 원수가 그를 내놓으라고 절녀의 아비를 칼로 협박하는데 절녀가 문 밖으로 얼굴을 내밀고 있는 장면을 그렸다.[도05_06] 절녀가 죽는 장면이 아니라, 아버지와 남편 가운데 누구를 살릴까 고민하는 순간을 담은 것이다.

이처럼 『오륜행실도』와 비교해 『왕씨열녀전』은 여성의 감정에 더 주목하고 있다. 여성들이 지킨 정절의 의무가 아니라, 남편에 대한 지극한 사랑에 방점을 두었다. 그리고 그 사랑이 자신의 죽음으로 이어지게 되었을 때 인간적인 갈등과 슬픔을 겪는 과정도 생략하지 않았다. 물론 『왕씨열녀전』의 이러한 특징들을 반드시 여성의 감정적 주체성을 의식한 결과라고 보기는 어렵다. 오히려 당시 소설이나 희곡의 영향을 받아 통속성이 강화된 것이라고 해야 할 것이다. 『오륜행실도』는 이러한 통속성을 극히 절제했다. 그러나 여성의 내면 갈등이나 감정을 배제하고 행위만 박제함으로써 감정 이입을 오히려 어렵게 했다.

연극적 제스처, 화려한 배경, 미인도에 가려진, 그림이 진짜 전하려는 이야기

『오륜행실도』의 그림이 한 화면에 한 장면만을 확대하여 사실적이고 실감나게 그리게 된 것은 명말 소설 삽화의 영향이 크다. 이는 이미 많은 연구에서 그 영향 관계가 지적되었다.[23] 이 글에서 시도하려는 것은 그러한 화풍의 변화가 과연 『오륜행실도』의 내용 전달에 어떠한 영향을 미쳤을까, 하는 점이다.

소설 삽화의 영향이 가장 많이 나타나는 것은 인물의 동작 표현과 배경의 묘사다. 우선 동작 표현부터 보자면, 『오륜행실도』 인물은 분명 고통스러운 죽음의 순간에도 호기롭거나 우아한 표정을 잃지 않았다. 예를 들어 수청을 거부한 이유로 수레에 매여 죽임을 당하는 여인 예종禮宗을 그린 〈예종매탁禮宗罵卓〉을 보자.[도05_07] 『오륜행실도』에서 예종은 두려움이 없고, 당당히 동탁董卓을 꾸짖고, 동탁은 단지 손을 뻗어 저지하고 있다. 예종이 수레에 매이는 결말은 수레를 쥐고 있는 수레꾼에 의해 암시될 뿐이다. 여성의 고통이나 잔인한 죽음 대신에 등장인물들이 연극적인 몸짓을 부드럽게 교환하고 있다.

이처럼 인물들 간의 관계를 표정과 몸짓을 통해 연극처럼 전달하는 방식은 소설 삽화에서 흔히 볼 수 있는 표현 방식이다. 『중국소설회모본中國小說繪模本』은 중국 소설의 삽화만을 128편 모사하여 조선 후기 왕실에서 모아낸 책이다. 이 책에서 『서유기西遊記』의 한 장면인 〈행자변학희가연行者變鶴戱佳緣〉은 학으로 변하여 삼장법사를 희롱하는 손행자孫行者와 이를 쫓으려는 여인들을 그리고 있다.[도05_08] 여인들은 학을 향해 두 팔을 벌리거나 놀라서 삼장법사에게 뛰어드는 등 제스처로 감정을 드러내고 있다. 이처럼 소설 삽화의 극적인 인물 표현은 당시 발달한 희곡의 영향과 연결시키기도 한다. 그 영향이 윤리서에까지 미치게 된 것이다.

두 번째로 지나치게 미화된 배경 역시 상황을 오도하기는 마찬가지다. 〈정부청풍貞婦淸風〉의 경우 정부는 수절하고자 몸을 던졌는데, 『오륜행실도』는 정부가 몸을 던지는 장면이 아니라, 이로 인해 이름난 '청풍령' 산세의 수려함에 집중하고 있다.[도05_09] 이처럼 사건의 비극적인 장면과 유리된 배경이 『오륜행실도』에서 드물지 않게 나타난다. 태호석과 학, 파초와 오동나무로 치장된 정원이 배경이 된 〈예종매탁〉,[도05_07] 탁 트인 장면을 마주한 누대를 그린 〈옹씨동사雍氏同死〉,[도05_10] 화려한 규중 궁궐을 배경으로 한 〈명수구관明秀具棺〉[도05_11] 등이 그러한 사례다. 이처럼 『오륜행실도』 인물의 연극적이고 고통이 제거된 제스처와 주변 환경의 미화는 이야기의 주제를 파악하는 데 방해가 된다.

셋째로 『오륜행실도』의 여성은 소설이나 미인도 속에서 남성을 기다리는 염정 모티브와 닮아 있는 부분도 있다. 중국의 사녀도를 궁중의 공필화법으로 모사한 국립중앙박물관 소장품 《고사인물도》와 비교해보자. 이 화첩에는 아름답게 꾸민 후원에 홀로 앉아 사념에 빠진 여성 인물들이 등장한다.[도05_12], [도05_13] 이처럼 홀로 앉아 있는 사녀도는 대체로 남성을 기다리는 외로움의 정서를 주제로 한다고 알려져 있다.[24]

『오륜행실도』의 〈왕씨감연王氏感燕〉은 이러한 여성 미인도의 전형을 보여준다.[도05_14] 왕씨는 남편이 죽자 귀를 자르며 수절守節을 맹세한 여성인데 짝을 잃은 암제비가 몇 년째

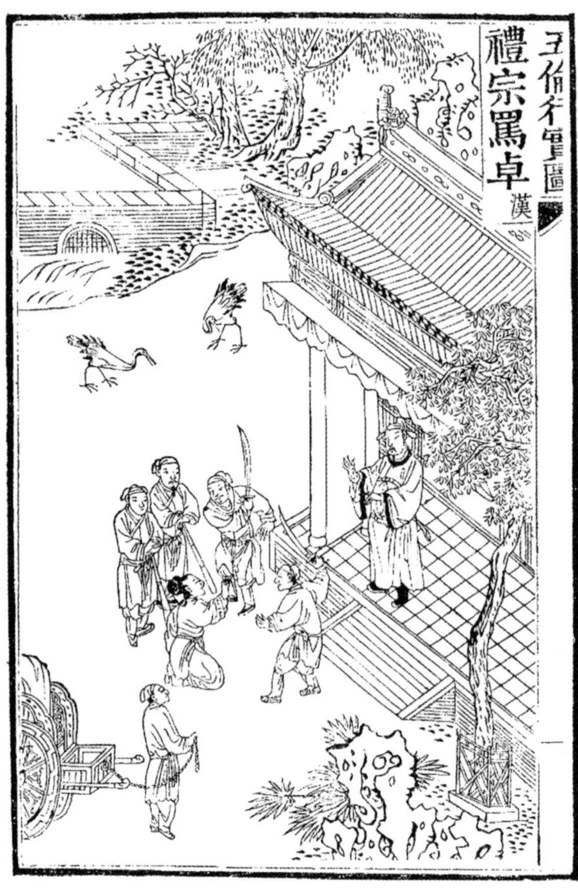

도05_07. 〈예종매탁〉, 『오륜행실도』 권3, 1797, 규장각 한국학연구원.

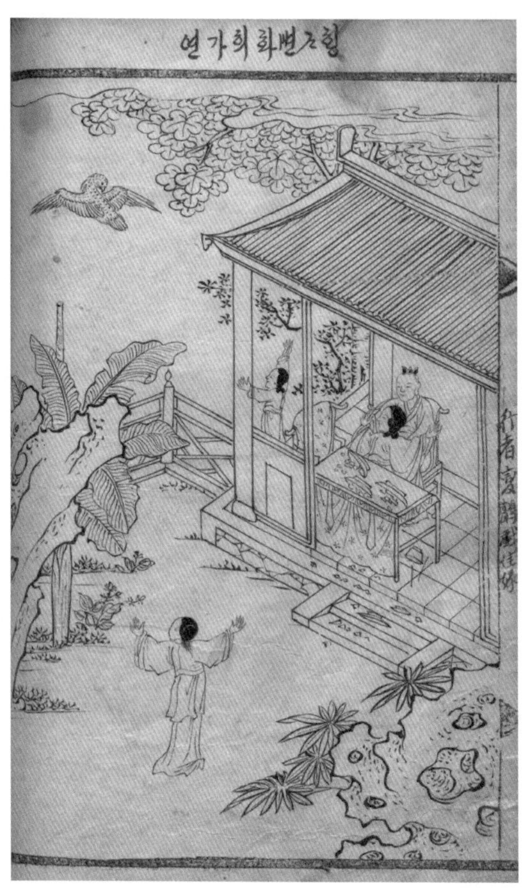

도05_08. 〈행자변학희가연〉, 『중국소설회모본』, 1762.

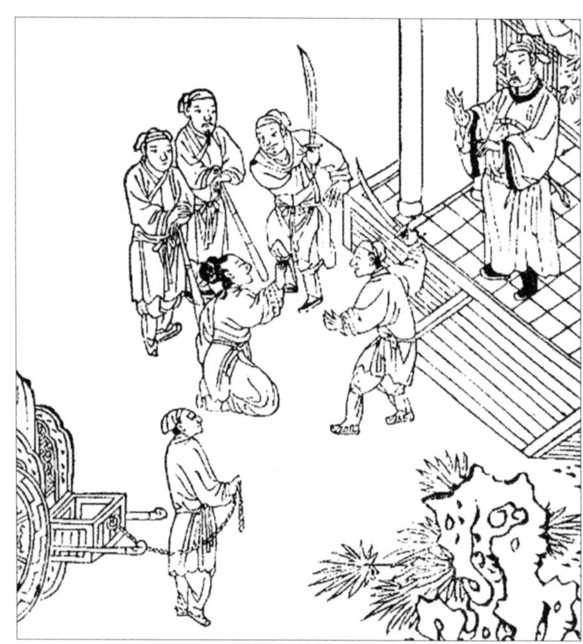

도05_07_01. 〈예종매탁〉 부분.

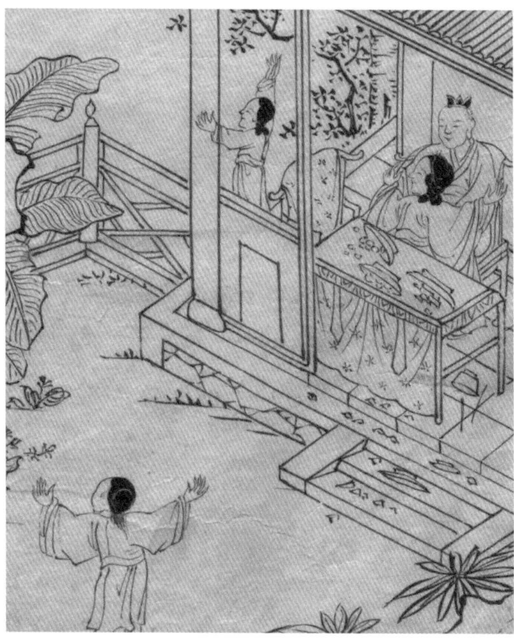

도05_08_01. 〈행자변학희가연〉 부분.

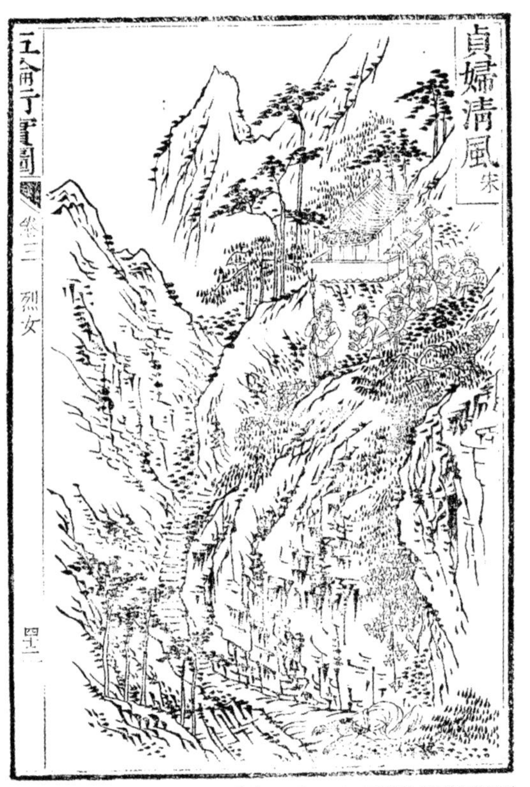

도05_09. 〈정부청풍〉, 『오륜행실도』 권3, 1797, 규장각 한국학연구원.

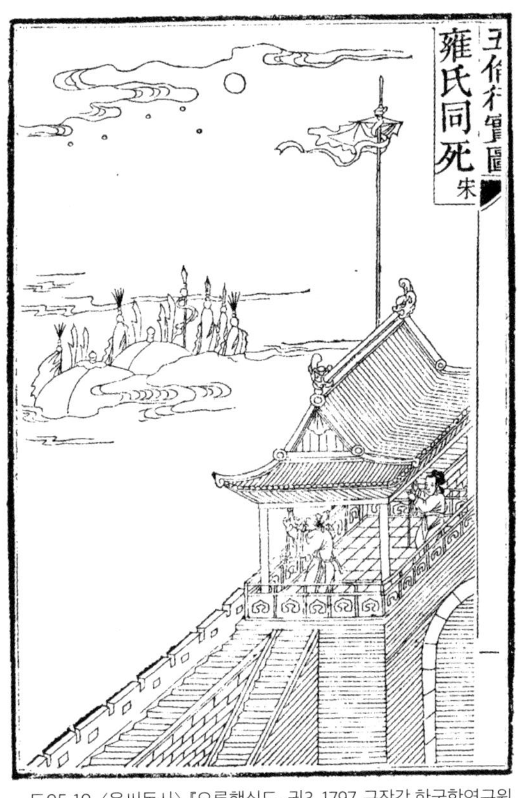

도05_10. 〈옹씨동사〉, 『오륜행실도』 권3, 1797, 규장각 한국학연구원.

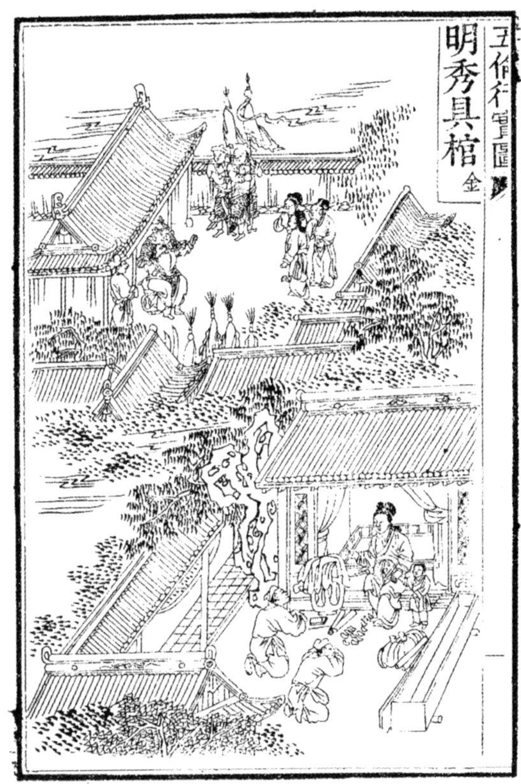

도05_11. 〈명수구관〉, 『오륜행실도』 권3, 1797, 규장각 한국학연구원.

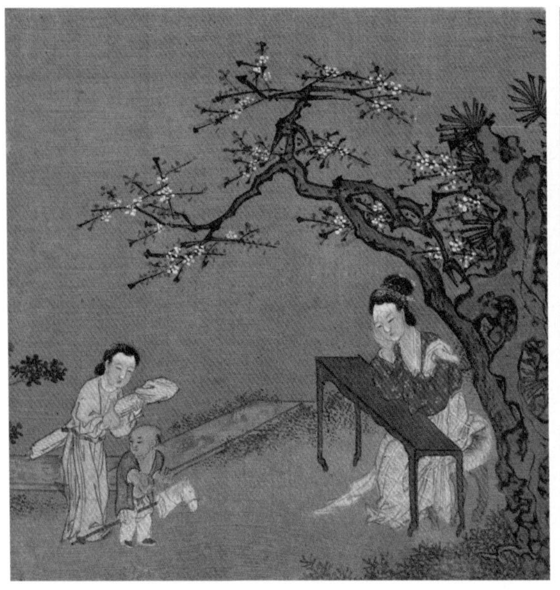

도05_12. 〈도하지이도〉, 《고사인물도》, 비단에 채색, 20.6×21.5, 17세기 후반, 국립중앙박물관.

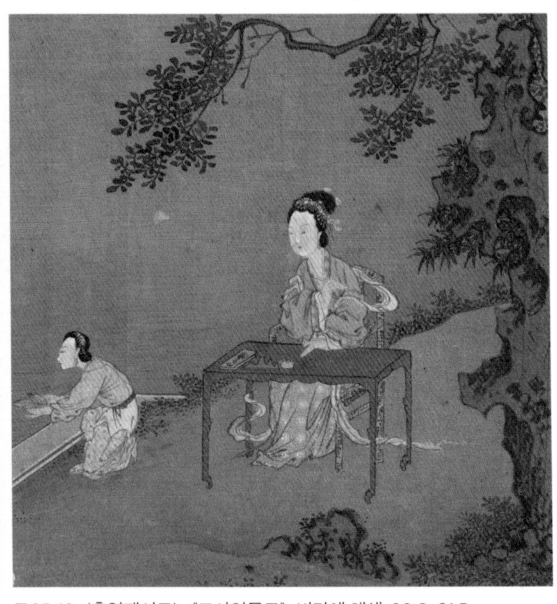

도05_13. 〈홍엽제시도〉, 《고사인물도》, 비단에 채색, 20.6×21.5, 17세기 후반, 국립중앙박물관.

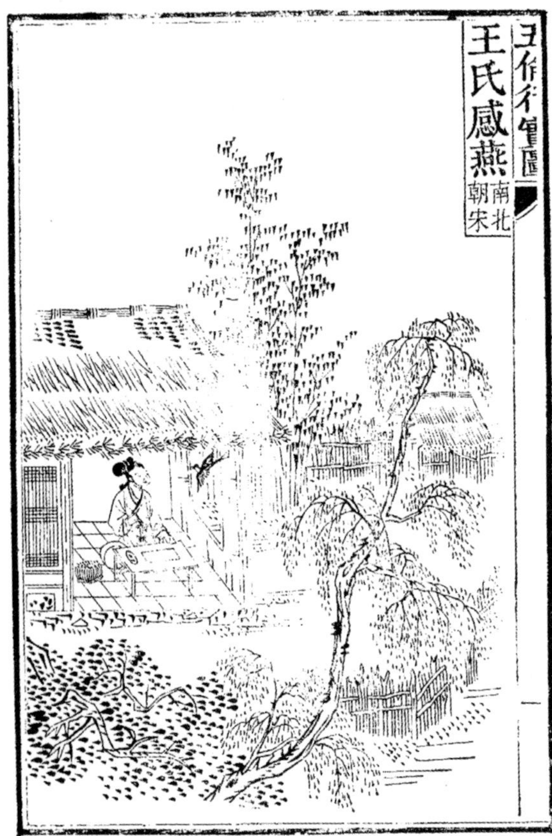

도05_14. 〈왕씨감연〉, 『오륜행실도』 권3, 1797, 규장각 한국학연구원.

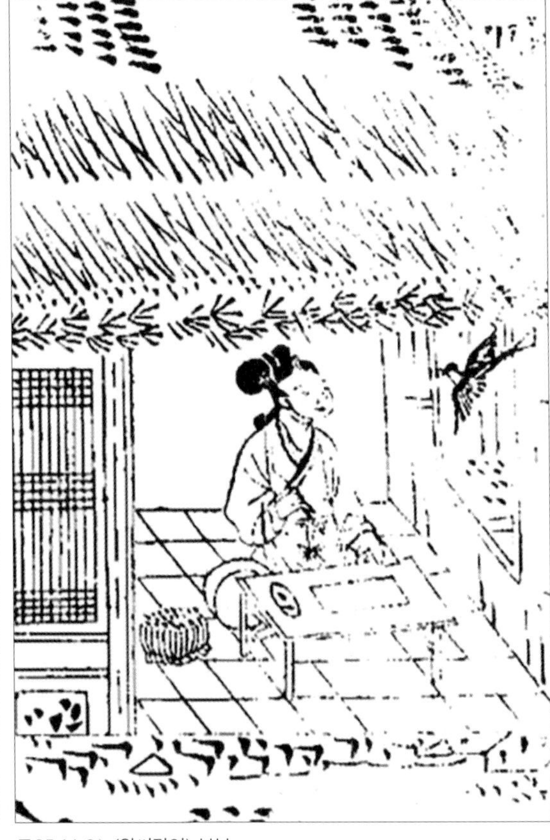

도05_14_01. 〈왕씨감연〉 부분.

홀로 돌아오는 것을 보고 시를 지었다고 한다. 그림에서 제비를 바라보고 시를 짓는 모습은 제비에 동병상련을 느끼는 수절하는 여성을 나타낸다고 볼 수 있다. 그러나 이처럼 홀로 다른 홀로된 동물을 바라보는 행위는 남성을 기다리는 여성의 염정을 드러내는 흔한 모티브였던 것도 사실이다.[25]

이처럼『오륜행실도』는 소설 삽화의 연극적 제스처와 화려한 배경, 염정 소설에 나오는 미인도의 모티브를 사용하여 그림의 형식이 사실상 주제에서 유리된 모습을 보인다. 이미 행실도의 내용을 모두 알고 있었을 사람들이라면 오독하지 않았을 것이고, 어쩌면 모두가 내용을 알고 있으리란 전제에서 장면 수를 과감히 줄였을 것이다. 그러나 텍스트와 관계없이 그림이 다른 무엇인가를 연상하게 한다면 사실상 연상되는 내용은 보는 이의 무의식을 파고들어 이야기의 해석과 수용에 영향을 미칠 수 있다. 여성의 신체에 가해진 폭력에서 고통의 이미지는 사라지고, 자해는 일상적이고, 아름답고 고귀한 것이 된다. 이러한 그림은 열녀에 대한 인식에 어떤 영향을 미칠까.

자의인가, 타의인가! 여성의 몸에 가해진 그 모호한 폭력의 실체

『오륜행실도』에 실린 35건의 사례 가운데 여성의 몸에 폭력이 가해지는 경우는 30여 건이 넘는다. 이러한 폭력의 과정은 대부분 '모범적 행실'로, 두 글자로 압축되어 제목에 가시화되었다. 이러한 폭력의 여러 양태는 크게 여성 스스로, 또는 남성에 의한 것으로 나뉜다. 이 둘 사이에 큰 차이가 거의 없다는 점은 특히 흥미롭다.

여성이 자기 자신에게 가하는 폭력은 주로 절개와 헌신을 입증하는 행위다. 스스로 코·귀·손가락·머리카락 등의 신체를 자르는 경우가 많으며, 목을 매거나 칼로 찔러 자결하는 행위 등이 포함된다. 여성이 직접 죽지 않고 저항의 결과 죽임을 당한 경우, 그러한 방법 역시 제목에 포함되었다. 이러한 경우 '최씨견사崔氏見射' 즉, '최씨가 화살을 맞다'와 같이 제목에 여성이 당했다는 피동 표현이 포함되어 있는 경우도 있지만, '임씨단족林氏斷足' 즉,

'임씨가 발을 자르다/잘라지다', '취가취팽翠哥就烹' 즉, '취가가 나아가 삶다/삶기다'처럼 내용상 피동이었지만 제목에서는 모호해진 경우도 상당수 존재한다.

이는 두 글자로 압축해야 하기 때문에 어쩔 수 없이 생략한 것으로 볼 수 있다. 그러나 그림에서도 유사하게 취급당하는 점은 눈여겨볼 필요가 있다. 예를 들어 〈최씨견사〉에서 여성은 칼을 들고 대항하고 있고, 그 결과 화살을 맞아 죽는다.[도05_15] 〈취가취팽〉에서 여성은 스스로 나아갔으며 그 결과 삶기게 된다.[도05_16] 이처럼 죽음에 이르는 능동과 피동이 혼재되어 있는 상황은 사실상 서로 다르지 않음을 반영한다.

폭력의 상황은 대부분 여성의 성sexuality과 관련되어 있다.[26] 여성이 성폭력을 당하려는 순간이나 여성에게 재혼을 권하는 순간, 여성은 여기에서 벗어나기 위해 자신에게 폭력을 가하거나 자결한다. 스스로 폭력을 가하지 않더라도 강하게 거부할 경우 여성은 마찬가지로 죽임을 당한다. 다시 말해 여성에게 남편이 아닌 다른 이와의 성 관계는 어느 쪽이든 무조건 죽음을 향해 있다.

이는 당대 범죄와 형벌의 상황과도 밀접하게 닿아 있다. 형사법과 젠더 인식에 대한 연구에 따르면 가정 밖의 범죄에 대해서는 대부분 남성과 여성이 평등한 처벌을 받았다. 그러나 가정 내의 범죄, 즉 남편과 아내 간에 일어난 범죄의 경우 처벌에서의 차별이 두드러진다. 즉 여성의 성별 그 자체보다 아내라는 젠더가 차별을 불러왔다.[27]

정조대 아내 살인 사건을 다룬 연구에서 이러한 차별이 어디서 비롯되는지 구체적으로 알 수 있다. 조선 시대 기본 형률이었던 『대명률大明律』1368~1397에 따르면 남편이 아내를 살해하거나 그 반대의 경우 모두 사형에 처했다.[28] 그러나 실제로 『추관지秋官志』1781에 수록된 정조대 부부 살해의 결과는 다르다. 처가 남편을 살해하면 예외 없이 엄정하게 처벌된 반면, 남편이 처를 살해한 경우에는 모두 사형이 감면되었다. 감면 사유를 살펴보면 아내의 간통이나 시부모를 공경하지 않는 등 '칠거지악七去之惡'에 해당하는 경우가 있다. 본래 칠거지악은 '쫓아내는' 조건이었으나 확대 적용되어 살해를 정당화하는 사유가 되었다.[29] 사건의 인과와 상관없이 위정자의 의견으로 남편을 사형에서 감면하는 경우도 있었다. 정조는 부처 관계가 강상綱常에 속하여 지극히 친밀한 관계이기 때문에 처가 남편의 심한 폭력에 의해 사망했다 하더라도 사망한 처가 남편이 죽기를 바라지 않을 것이라고 인식했다. 다시

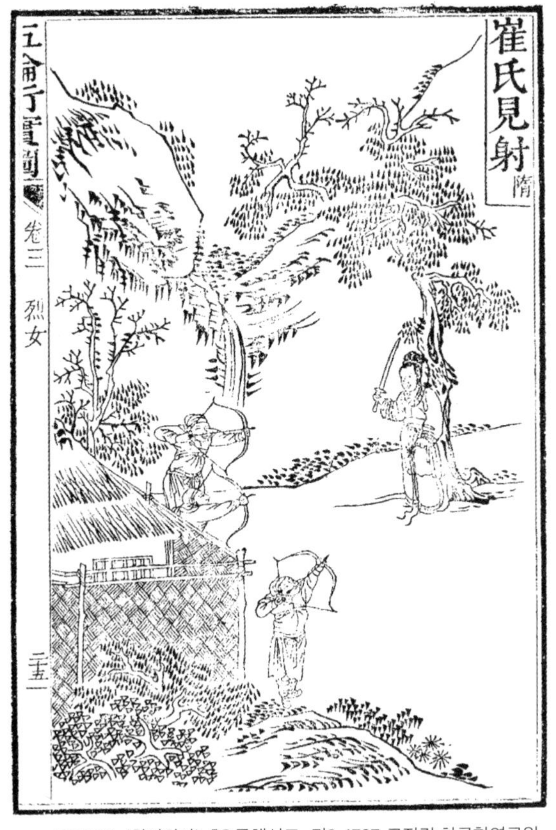

도05_15. 〈최씨견사〉, 『오륜행실도』 권3, 1797, 규장각 한국학연구원.

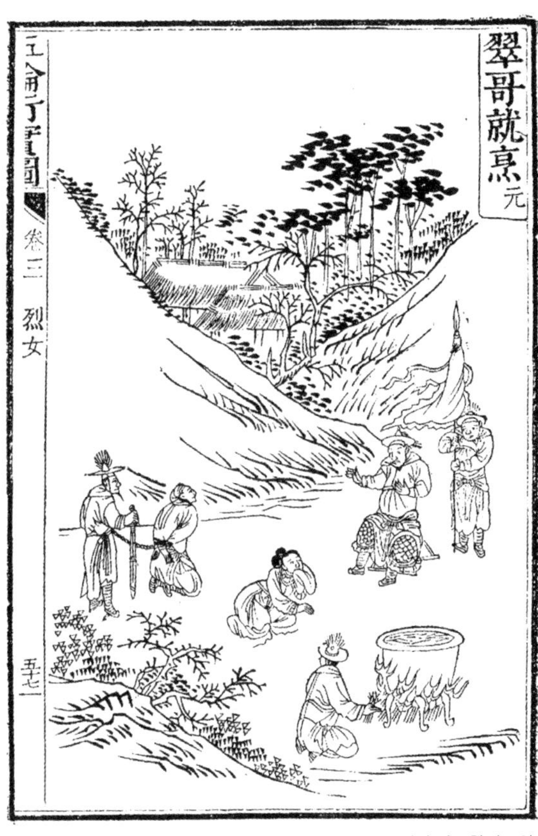

도05_16. 〈취가취팽〉, 『오륜행실도』 권3, 1797, 규장각 한국학연구원.

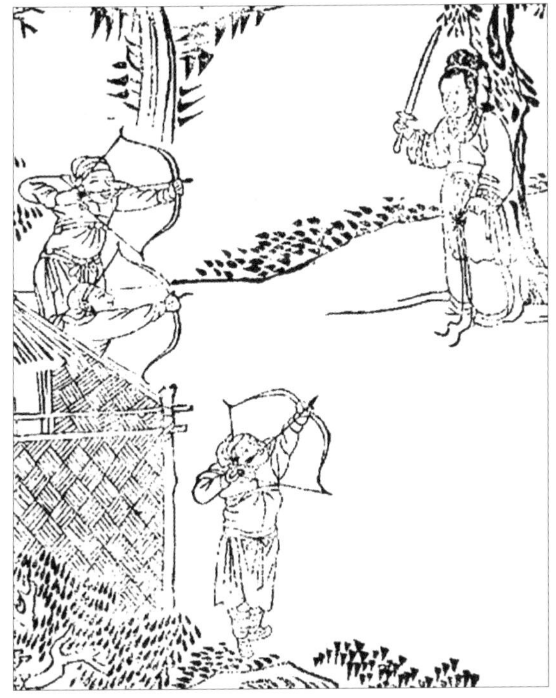

도05_15_01. 〈최씨견사〉 부분.

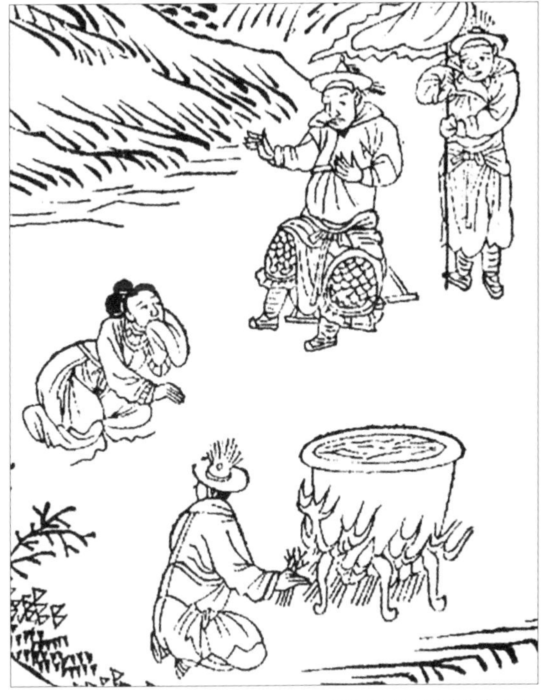

도05_16_01. 〈취가취팽〉 부분.

말해 남편을 포용하려는 아내의 마음을 들어준다는 논리로 남편의 사형을 면해준 것이다. 그러나 같은 논리가 아내의 경우에는 적용되지 않았고, 여성들은 그대로 처형되었다.[30]

한편 여성은 성폭력을 당할 경우 그것이 강제에 의한 것임을 증명하기 위해 자살을 택하는 경우가 많았다.[31] 18세기 후반 중죄인에 대한 판례집 『심리록審理錄』1799을 살펴보면 남녀 자살 건수는 47건인데 그 가운데 여성 자살이 32건으로 남성에 비해 월등히 높다. 여성의 자살 중 성추행이나 성범죄, 수치에 의한 자살은 27건으로 80퍼센트 이상에 해당한다.[32] 흥미로운 점은 자신의 절개를 증명하기 위한 자살은 다른 사건과 달리 피해자에게 보상과 예우를 베풀고 있다는 사실이다.[33] 이는 자살 여성에 대한 동정에서 비롯했다기보다 절개를 지킨 것에 대한 포상에 해당되었다. 결과적으로 자살을 권장하는 분위기를 형성한 것이다.

여성은 가정 내에서 남성에 의해 신체적으로 통제나 지배를 받을 수 있었으며, 이는 곧 여성에 대한 남성과 시댁 식구들의 폭력의 일상화를 초래할 가능성이 매우 높았음을 의미한다.[34] 그러나 그러한 직접적인 폭력이 아니라 하더라도 위의 사례에서 여성의 성sexuality은 그 자체로 폭력과 죽음을 내재하고 있음을 볼 수 있다. 여성이 남편 이외의 인물과 성적으로 연루될 경우, 간음으로 판명되면 내쫓기거나 살해도 가능했으며, 강간을 증명하기 위해서는 자살과 같은 극단적인 방법을 택할 수밖에 없었다.[35] 그리고 잘 알려진 바와 같이 열녀에 대한 포상은 가문에 의한 열녀 양산과 자살 종용 및 살해로 이어졌다.[36]

그림에 가득한, 여성의 몸을 향한 가학과 관음

『오륜행실도』는 앞에서 『왕씨열녀전』과 비교해보았듯이 노골적인 성적 암시나 낭만성은 절제되어 있다. 그럼에도 불구하고 여성의 신체나 고통에 대해 관음적 효과라고 볼 수 있는 요소가 있다. 우선 화면 구성상 여성 공간을 엿보는 구조가 이를 자극한다. 〈왕씨감연〉과 같이 여성이 집 안에서 혼자 여가를 즐기는 모습을 보여주거나[도05_14] 특히 〈영녀절이

令女截耳〉나 〈송녀불개宋女不改〉와 같이 창문을 통해 여성 공간을 보여주는 장면은[도05_17], [도05_18] 독자가 의도치 않게 여성을 엿보는 효과를 가져온다.

여성의 신체가 훼손되는 장면 역시 성적인 암시를 불러일으킬 수 있다. 여성이 절개를 지키기 위해 신체를 스스로 훼손하는 이유는 단순한 협박이라기보다 자신의 아름다움을 망가뜨림으로써 남성의 구애 가능성을 사전에 차단한다는 의미가 있다. 훼손된 신체 부위가 귀와 코, 머리카락 등 얼굴에 집중되어 있는 것도 그러한 이유일 것이다. 따라서 기본적으로 아름다운 몸이 망가지는 장면은 그 자체로 가학적인 상상력을 불러일으킨다. 예를 들어 〈이씨부해李氏負骸〉의 경우 이씨는 여관 주인에게 팔을 잡혔다는 이유로 스스로 도끼로 팔을 자른다.[도05_19] 여성이 밖에서 신체 노출을 꺼려 주간에 외출하지 않고, 얼굴을 의복으로 가리는 문화에서 여성이 소매를 걷어 팔을 노출한다는 것 자체가 드문 일이었을 것이다.[37] 『오륜행실도』에서는 이씨가 팔을 걷어 올려 도끼를 대자 피가 뚝뚝 흐르는 것이 묘사되고 있다.

홍미롭게도 여성은 자신의 고통의 순간에 대부분 웃음을 띠고 있다. 예를 들어 귀를 자르는 〈영녀절이〉,[도05_17] 목에 칼을 대는 〈정의문사貞義刎死〉,[도05_20] 목을 매달 준비를 하는 〈이씨액옥李氏縊獄〉,[도05_21] 다리가 잘리는 〈임씨단족林氏斷足〉[도05_22] 속 여성들은 모두 엷은 미소를 띠고 있다. 이처럼 고통을 받으며 기쁜 표정을 짓는 자는 피학적인 쾌감을 가진다고 상상할 수 있으며, 반대로 이를 보는 사람에게는 가학적인 쾌감을 제공할 수 있다.

물론 『오륜행실도』가 이러한 관음증적인 시선 혹은 피학/가학적인 쾌감을 의도하지는 않았을 것이다. 이미 이야기를 충분히 알고 있는 독자도 오독할 가능성은 적다. 그럼에도 불구하고 글과 분리되어 그림이 의도와 다른 연상을 무의식적으로 불러일으킬 여지는 충분하다. 그렇다면 『오륜행실도』가 보여주는 이러한 관음증적인 시선 혹은 피학/가학적인 쾌감을 누리는 주체는 과연 누구일까. 여성 독자의 반응에 대해서는 알려져 있지 않지만, 여성 스스로 이런 시선을 그대로 받아들일 것으로 여기기는 어렵다. 따라서 독자인 여성의 시선을 염두에 두었다기보다 제작자였을 남성들의 시선을 반영한 것이며, 더 넓게는 가부장제의 시각 환경을 반영했다고도 볼 수 있다.

이처럼 『오륜행실도』에서 다루는 여성의 신체는 대부분 성적인 대상인데, 이렇게 성적

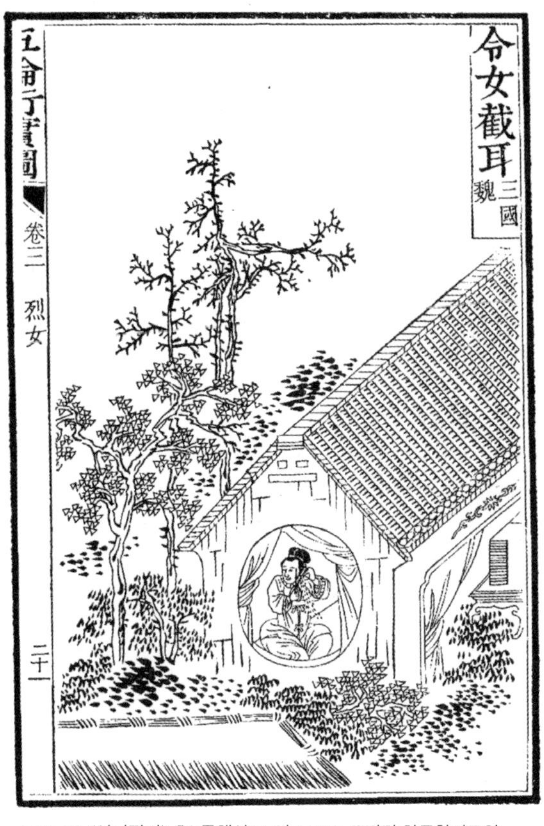

도05_17. 〈영녀절이〉, 『오륜행실도』 권3, 1797, 규장각 한국학연구원.

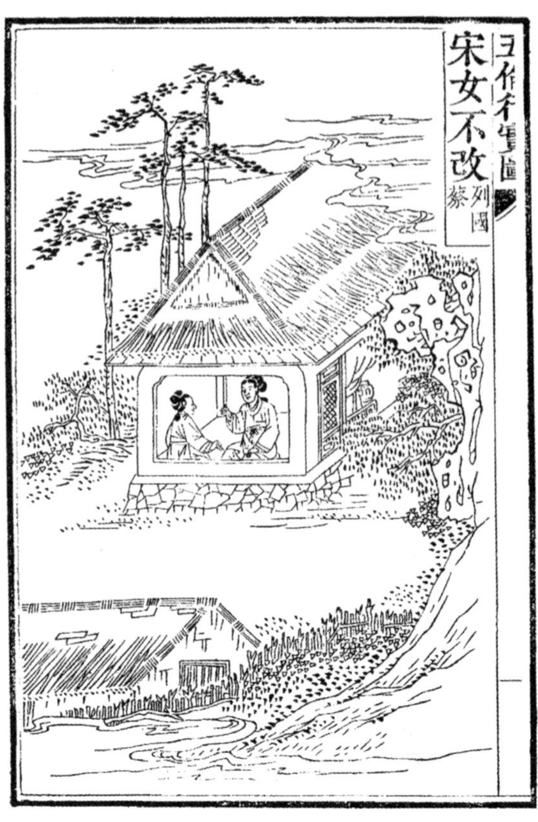

도05_18. 〈송녀불개〉, 『오륜행실도』 권3, 1797, 규장각 한국학연구원.

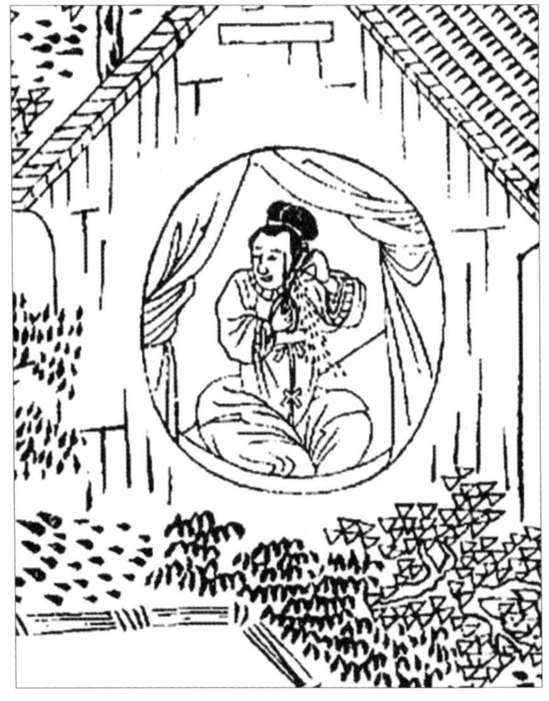

도05_17_01. 〈영녀절이〉 부분.

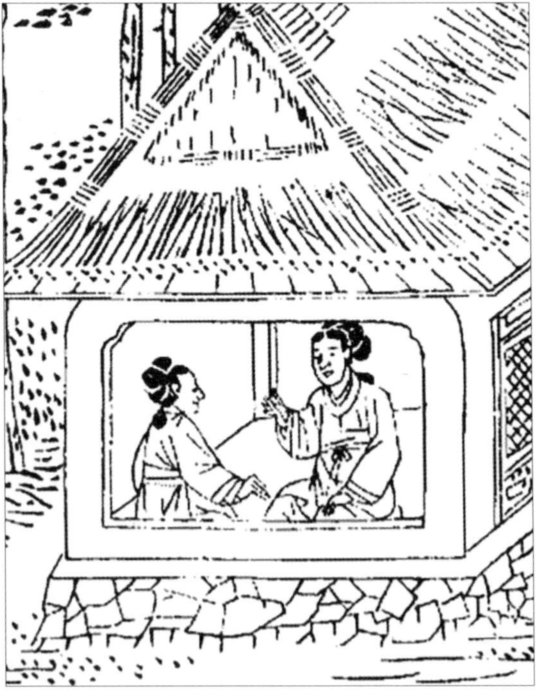

도05_18_01. 〈송녀불개〉 부분.

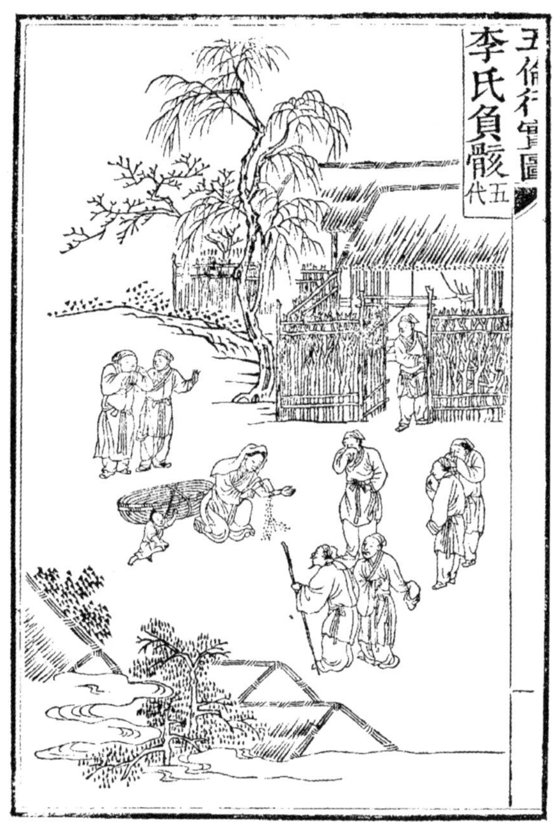

도05_19. 〈이씨부해〉, 『오륜행실도』 권3, 1797, 규장각 한국학연구원.

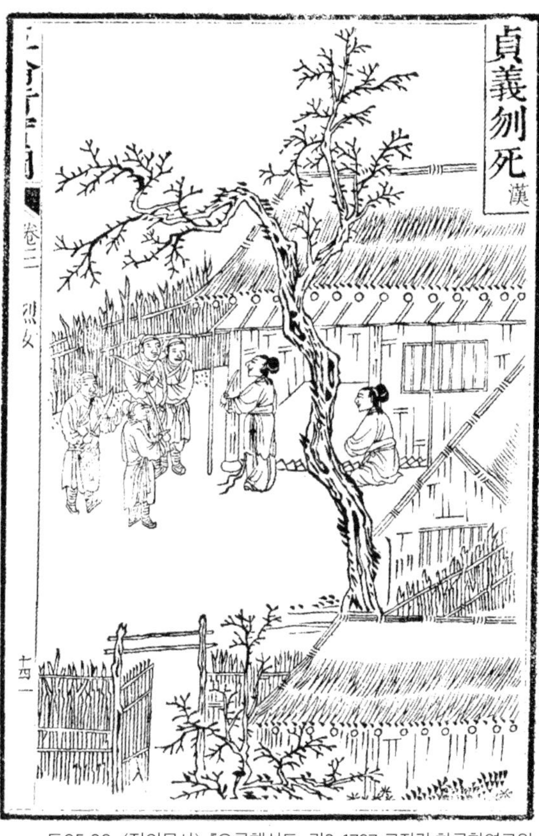

도05_20. 〈정의문사〉, 『오륜행실도』 권3, 1797, 규장각 한국학연구원.

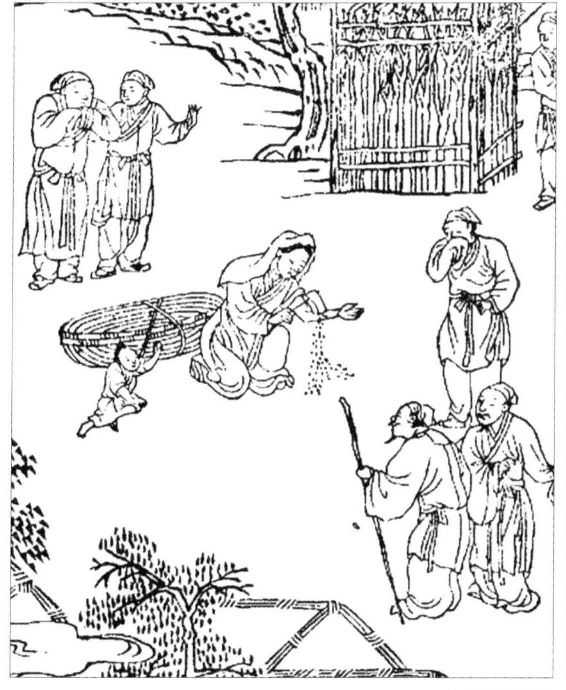

도05_19_01. 〈이씨부해〉 부분.

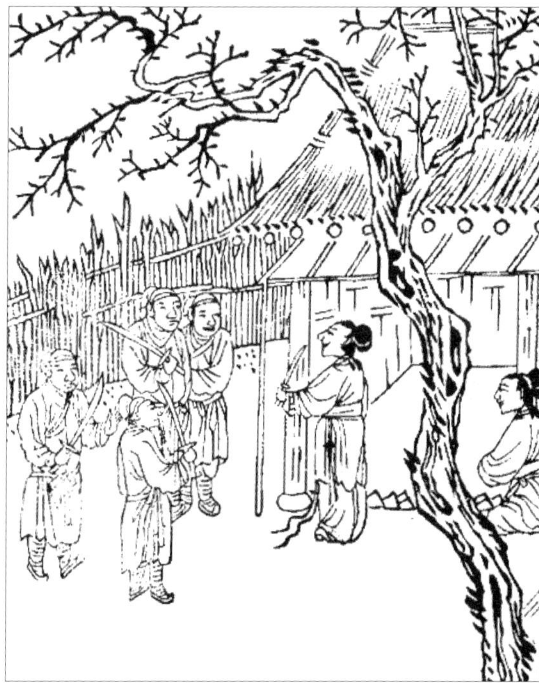

도05_20_01. 〈정의문사〉 부분.

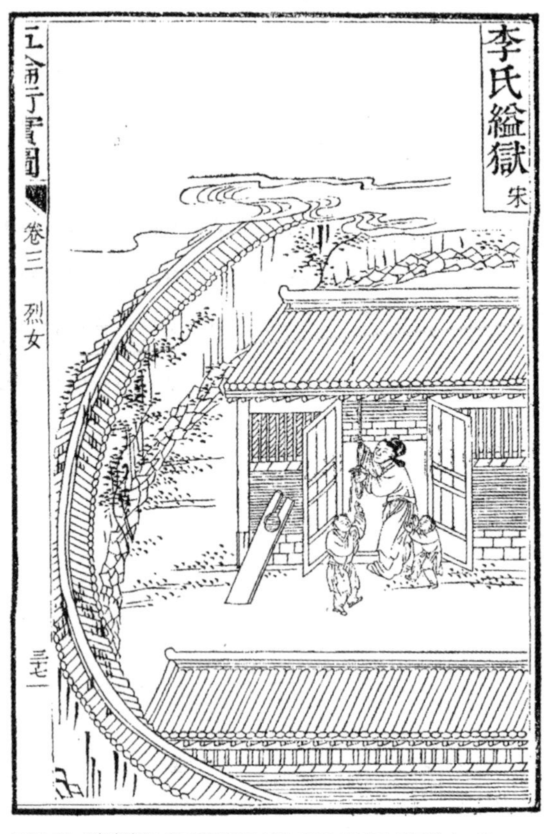

도05_21. 〈이씨액옥〉, 『오륜행실도』 권3, 1797, 규장각 한국학연구원.

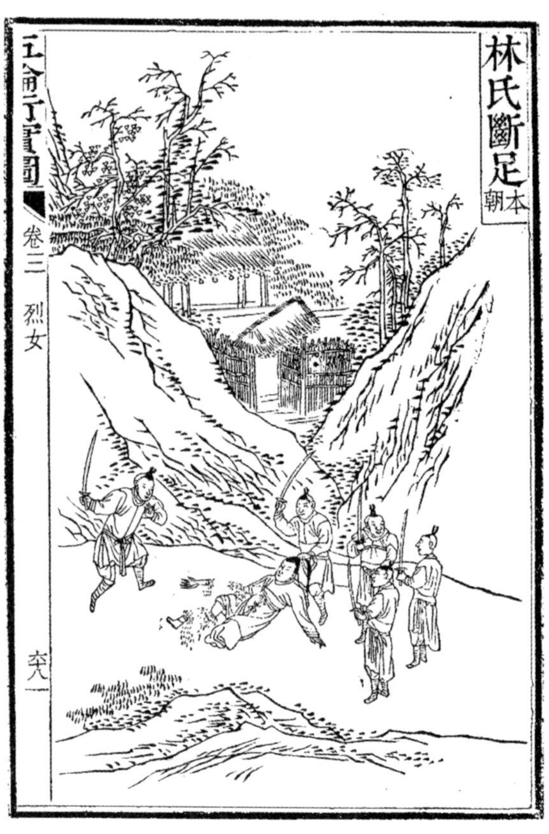

도05_22. 〈임씨단족〉, 『오륜행실도』 권3, 1797, 규장각 한국학연구원.

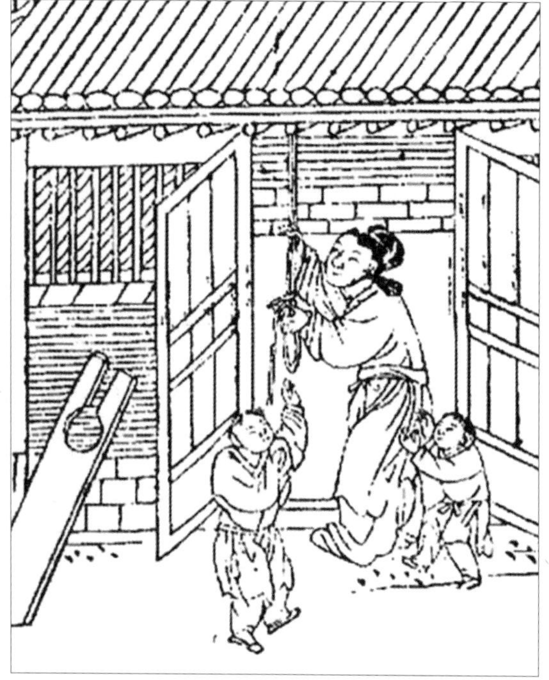

도05_21_01. 〈이씨액옥〉 부분.

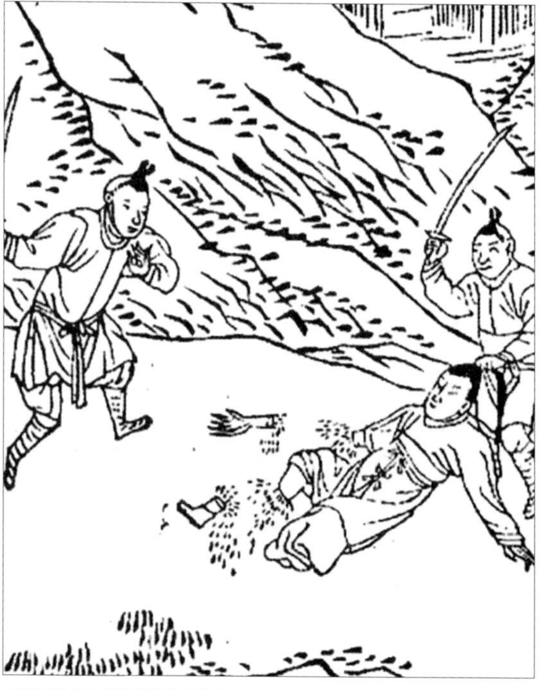

도05_22_01. 〈임씨단족〉 부분.

으로 취급되었을 때 여성은 어떤 경우에도 폭력을 면할 수 없는 정황에 놓인다. 즉 강간을 당할 위험에 처해지면 자신이 먼저 자해하고, 자결하지 않고 거부를 할 경우에는 죽임을 당한다. 이처럼 성적인 여성의 신체는 필연적으로 폭력의 대상이 됨에도 불구하고 독자에게는 관음증적인 시선을 허용한다. 폐쇄적인 폭력의 구조 속에서 여성이 이를 빠져나갈 가능성은 희박해진다. 여성이 대상화된 시선 역시 여성 스스로가 그림에 이입하기 어렵게 한다.

여성 이미지에 담긴 폭력과 관음의 이중 굴레

『오륜행실도』의 삽화는 조선 후기 이 책의 출판이 가졌던 사회적 의미와 당시에 노출되어 있던 언어적·시각적 환경, 그리고 여성을 바라보는 관점에 대해 다양한 시사점을 던져준다. 『오륜행실도』는 『삼강행실도』의 원문을 충실히 계승하는 한편, 삽화는 당시 광범위하게 퍼져 있던 통속적 회화의 화풍을 수용했다. 명말의 소설 삽화는 당시 중국의 열녀전과 미인도에 넓게 영향을 주었다. 『오륜행실도』는 그 일부는 취하고 일부는 절제했다. 인물의 제스처나 표정을 미화시키고, 화려한 궁궐과 정원의 표현은 취했다. 여성이 혼자 외딴 규방에 앉아 있는 구도를 빌리기도 했다. 하지만 명말 소설 삽화풍으로 그려진 『왕씨열녀전』에서 보이는 것처럼 남편에 대한 사랑이나 죽음을 앞둔 갈등 같은 감정은 취하지 않았다. 신체 노출이나 지나치게 자극적인 장면도 절제했다.

이처럼 『오륜행실도』는 조선 전기의 행실도 전통을 계승하고, 통속적 회화를 선택적으로 취사함으로써 세련되면서도 절제된 열녀도를 탄생시킬 수 있었다. 그러나 이러한 변화는 윤리서로서 『오륜행실도』의 기능에 얼마나 적합했을까. 『오륜행실도』는 여성의 갈등과 사건의 본말을 생략하고 '열烈'을 증명하는 죽음의 행실만을 중심에 두고 있다. 아름다운 여성의 신체와 규방 공간은 죽음을 미화할 뿐 아니라 그에 대한 관음증적인 시각을 허용했다. 『오륜행실도』가 얼마나 여성 교화에 효력을 발휘했는지는 증명하기 어렵다. 다만 당시 여성들에게 가해진 폭력과 관음의 이중적 억압을 반영하기에는 충분해 보인다.

글을 마치며

오랫동안 나는 무의식적으로 왕 또는 남성 사대부에 이입되어 연구해왔다. 이를 깨달은 것은 몇 년 전 한 학회에서 발표한 '삼강행실도-열녀편'에 관한 논문의 심사서를 받았을 때였다. 한 익명의 심사자의 지적으로부터였다. 그는 내 논문이 내용상 분명히 기여하는 바가 있으나, 그 논점이 "조선 왕실의 태도에 대하여 온건한 표현으로 일관하거나 혹은 독창적이라는 근대적 칭찬"을 하고 있다고 지적했다. 그러면서 덧붙이기를 왜곡된 열녀상에 대해서 "부정적 어감의 표현이 가능하며 이것이 더 정확할 수 있다"고 했다. 물론 그는 왕의 입장에서 얘기하고 있다고 직접 비난하지는 않았지만 나는 내가 어디에 서 있는지, 그동안 누구의 목소리로 이야기해왔는지를 깨달았다.

세종 연간의 문화적 성취를 다루는 그 학회에서 당시 나는 미술 분야를 맡았다. 세종대 국가 제작 회화 중에 거의 유일하게 현존하는『삼강행실도』는 집현전 학자들과 화원들이 긴밀한 협력으로 만들어낸 것으로, 체계적이고 논리적으로 조선 왕실이 원하던 열녀상을 구현했다. 비록 그 열녀상에는 동의하지 않았지만, 내가 집현전 학자 또는 세종의 입장에서 그 성과에 감탄했음은 사실이다.

『오륜행실도』를 다시 보는 내내 당시 이 책을 보았을 여성의 자리에 서보려고 했다. 그러나 그러기에는 그들에 대해 아는 것이 거의 없었다. 그러고 보니 그동안 나의 연구 대상은 대부분 남성에 의한, 남성에 대한 글이었다.

여성 독자의 입장을 정확하게 연구하려는 수용론을 포기한 나는 그저, 21세기를 사는

> "그렇게 다른 내가 되어보니 결과적으로 『오륜행실도-열녀편』은, 비록 전통적인 주제를 새로운 시각언어로 재현하려는 야심 찬 계획을 가졌으나, 정작 새로운 여성상을 담아내지는 못했음을 발견하게 되었다. 나아가 오히려 왜곡된 열녀상과 화려하고 감각적인 화풍 사이의 간극이 기묘하게 억압적인 분위기를 만들어내고 있음을 마주하게 되었다."

여성인 나의 자리에서 바라보기로 했다. 블록버스터 영화에서 스치듯 지나가는 단역 배우들, 감동적인 휴먼 드라마에서 희생을 미덕으로 드러내는 역할로 존재하는 이들을 보았을 때 불현듯 느끼는 그 씁쓸함이 떠올랐다.

그렇게 다른 내가 되어보니 결과적으로 『오륜행실도-열녀편』은, 비록 전통적인 주제를 새로운 시각 언어로 재현하려는 야심 찬 계획을 가졌으나, 정작 새로운 여성상을 담아내지는 못했음을 발견하게 되었다. 나아가 오히려 왜곡된 열녀상과 화려하고 감각적인 화풍 사이의 간극이 기묘하게 억압적인 분위기를 만들어내고 있음을 마주하게 되었다. 말하자면 이 글은 왕이나 사대부 남성의 시선에서, 그 시절 여성의 시선으로, 다시 현대를 사는 여성의 시선으로 그 간극의 실체와 의미를 조금이나마 파악하기 위한 하나의 시도라고 할 수 있겠다._유재빈

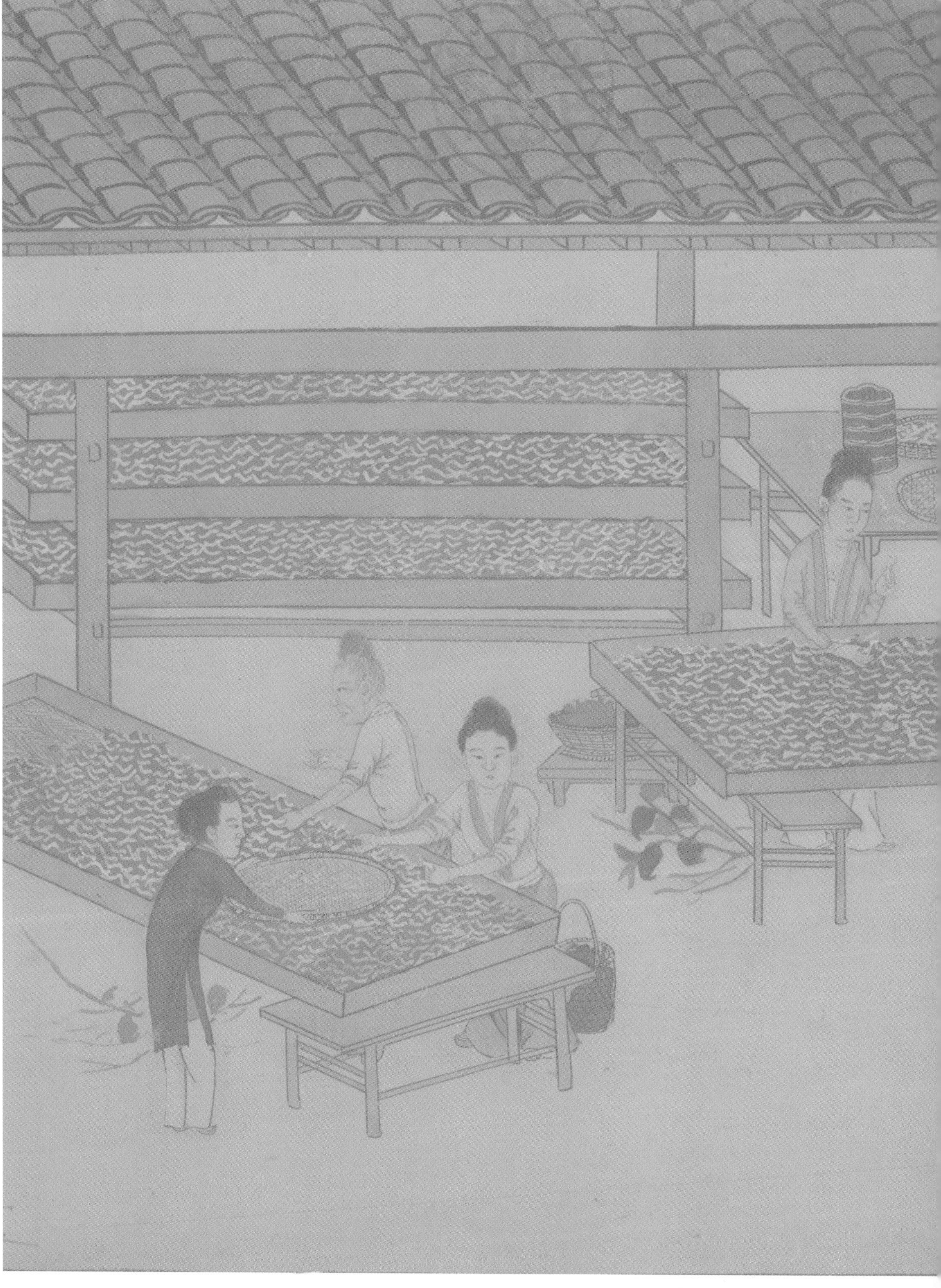

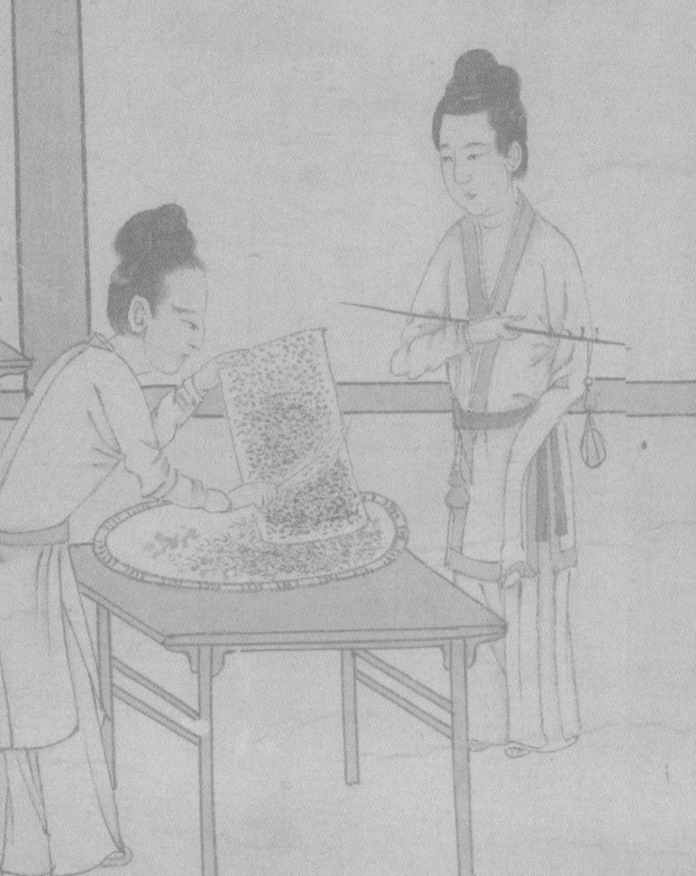

06.
일본 경직도 속 여성의 노동, 드러나는 젠더 _이정은

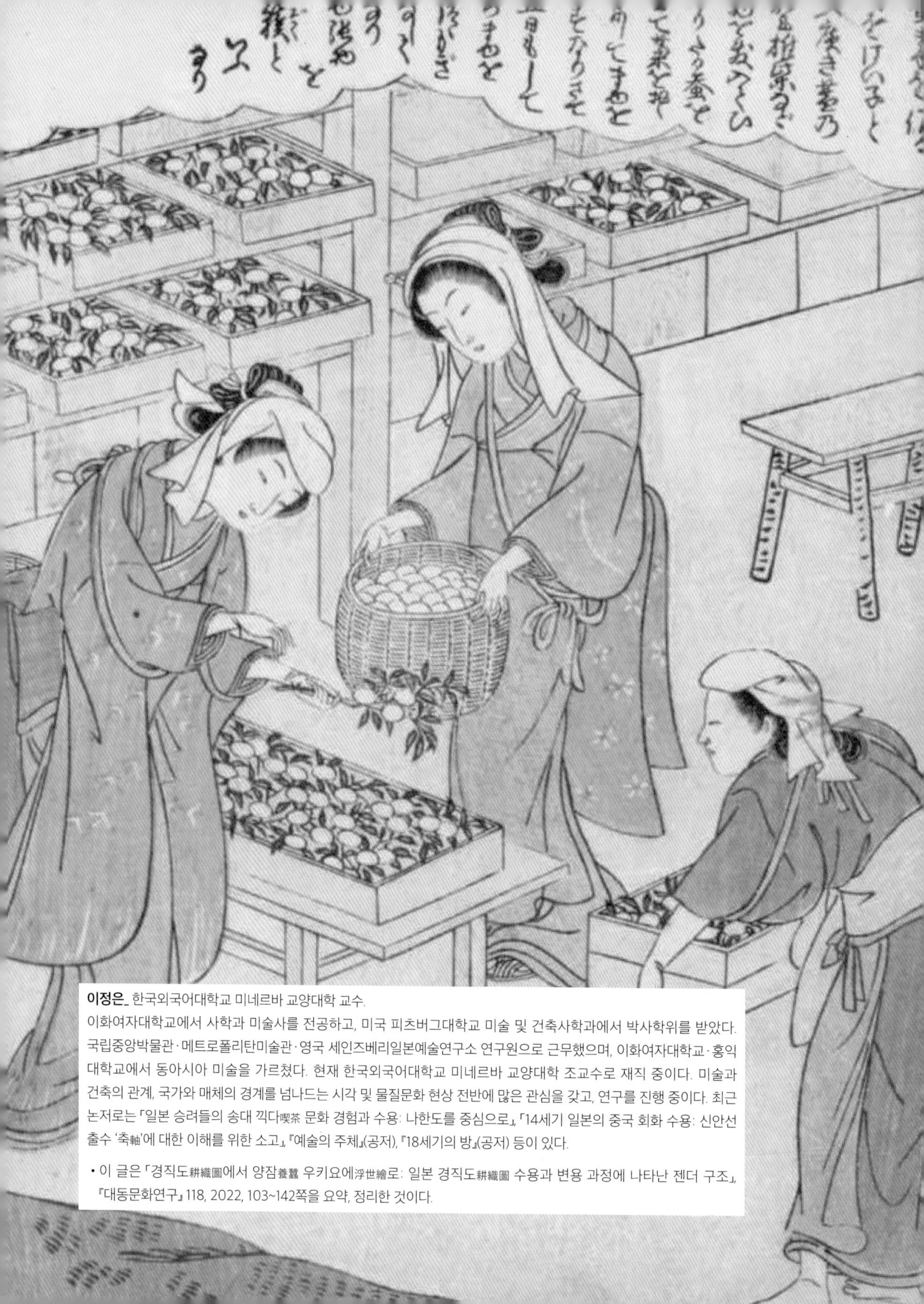

이정은_ 한국외국어대학교 미네르바 교양대학 교수.
이화여자대학교에서 사학과 미술사를 전공하고, 미국 피츠버그대학교 미술 및 건축사학과에서 박사학위를 받았다. 국립중앙박물관·메트로폴리탄미술관·영국 세인즈베리일본예술연구소 연구원으로 근무했으며, 이화여자대학교·홍익대학교에서 동아시아 미술을 가르쳤다. 현재 한국외국어대학교 미네르바 교양대학 조교수로 재직 중이다. 미술과 건축의 관계, 국가와 매체의 경계를 넘나드는 시각 및 물질문화 현상 전반에 많은 관심을 갖고, 연구를 진행 중이다. 최근 논저로는 「일본 승려들의 송대 끽다喫茶 문화 경험과 수용: 나한도를 중심으로」, 「14세기 일본의 중국 회화 수용: 신안선 출수 '축軸'에 대한 이해를 위한 소고」, 『예술의 주체』(공저), 『18세기의 방』(공저) 등이 있다.

• 이 글은 「경직도耕織圖에서 양잠養蠶 우키요에浮世繪로: 일본 경직도耕織圖 수용과 변용 과정에 나타난 젠더 구조」, 『대동문화연구』 118, 2022, 103~142쪽을 요약, 정리한 것이다.

경직도, 나라와 시대를 거치다, 다양한 함의를 품다

‘경직도耕織圖’는 ‘경작도耕作圖’와 ‘잠직도蠶織圖’를 합친 말로 농업과 잠업과 관련된 일련의 작업 과정, 기술, 풍속에 대해 묘사한 그림을 총칭하는 용어다.[1] 그림의 내용이 지니는 감계적이고 교훈적인 의미와 더불어 전근대 동아시아에서 가장 보편적으로 제작된 대표적 화제 중 하나라 할 수 있다.

중국에서는 송대 문헌부터 그 내용이 확인되는데, 북송 인종仁宗, 재위 1022~1063은 궁정에서 남경여직男耕女織을 주제로 한 벽화를 제작하게 하여, 이후 황제와 관리들에게 모범을 수립했고, 남송대 지방 관리였던 누숙樓璹, 1090~1162은 시와 그림으로 구성된 《경직도》를 고종高宗, 재위 1127~1162에게 진상했다. 황제는 크게 기뻐하며, 〈잠직도〉는 후비에게 전하여 보도록 하고, 화원화가로 하여금 《경직도》의 모본을 만들도록 했음이 잘 알려져 있다.[2] 청대에는 강희, 옹정, 건륭 황제에 의해 각각 다른 버전의 그림과 어제시를 포함한 『경직도』도 간행되었다.[3] 특히 누숙 《경직도》의 명대 간행본과 청대 어제경직도는 중국뿐만 아니라 한국과 일본에 전래되어, 경직도의 고전적 전형으로 작용했다.

일본에서는 남송대 제작된 경직도 두루마리와 누숙 《경직도》의 명대 송종노宋宗魯 간행본, 청대 강희제의 《어제경직도》의 간행본 등이 유입되어 무로마치 시대부터 에도 시대를 거치며 다양한 양상으로 제작된다. 일본에서의 경직도 관련 회화 전개 과정에서 흥미로운 점은 시대별로 형태와 매체, 내용 면에서 서로 다른 특징을 보인다는 점이다. 15세기 후반에서 18세기 초반까지는 주로 당대 화단의 중심을 이끌었던 유파인 가노파狩野派에 의해 남송 원체화풍으로 건물 내부 미닫이 문이나 병풍 그림으로 제작되는 데 반해, 18세기 말부터는 우키요에의 주제로 잠직도가 미인도와 결합하여 등장하는데 이 글에서는 바로 이 점에 주목했다.[4] 이는 경직도가 단순히 ‘남경여직’이라는 남성과 여성의 일과 직무, 교양과 덕목이라는 성 역할에 따른 차이를 나타내는 화제를 넘어서 그림의 제작과 소비를 둘러싸고 공적 사적 영역이라는 사용 공간의 문제, 수묵/병풍과 다채多彩/우키요에라는 화풍과 매체의 문제, 그리고 여성의 노동을 둘러싼 경제적 가치와 계층의 문제 등 다양한 함의를 지니고 있음을 시사한다.

일본에 가장 먼저 들어온 경직도, 무로마치 시대 쇼군 가家 수장품으로

중국의 경직도가 언제 처음 일본에 전래되었는지 그 시기를 구체적으로 밝히기는 어렵지만, 문헌상으로 가장 먼저 확인되는 것은 무로마치 시대 아시카가 쇼군가 수장품 및 쇼군가 저택의 내부 장식과 관련이 있다. 늦어도 15세기에는 쇼군가 수장품에 남송대 경직도가 유입된 것으로 보이는데, 이와 관련하여 도쿄 국립박물관에 소장된 양해梁楷, ca.1140~1210의 〈경직도〉 두루마리 18세기 모사본이[도06_01], [도06_02] 주목된다. 총 두 권의 두루마리로, 아홉 개의 경작도와 열다섯 개의 잠직도로 구성되어 있다. 두루마리 말미에는 흥미로운 내용이 기록되어 있다. 1489년 소아미相阿弥, ?~1525가 원본이 되는 두루마리 그림을 보고 양해의 〈경직도〉가 맞다고 감정한 후 그 내용과 수결을 기입했고, 이를 1786년 이자와 하치로가 모사했다는 내용이다.

무로마치 시대 쇼군가 수장품 중 양해의 〈경직도〉나 15세기 말 소아미가 진작으로 평가한 남송대 양해의 두루마리 원본의 모습을 알 수 없는 상황에서, 참고되는 작품은 클리블랜드미술관에 소장된 양해 전칭 〈잠직도〉다.[5][도06_03] 도06_02와 비교할 때, 같은 구도와 화풍을 확인할 수 있다.

현재로서 소아미가 감정한 그림이 남송대 양해의 진작이었는지 여부를 논할 수 있는 근거는 없다. 하지만 노아미能阿弥, 1397~1471가 작성한 것으로 알려진 아시카가 쇼군가 수장 그림 목록인 〈어물어화목록御物御畵目錄〉에[도06_04] 양해를 포함한 송원대 화가들의 이름과 화제가 다수 기록되어 있어,[6] 늦어도 15세기에는 남송대 제작된 두루마리 형태의 경직도가 중국으로부터 일본에 전해졌음을 알 수 있다. 또한, 무로마치 시대 중국과의 외교 관계 및 무역이 재개되면서, 양해의 그림 중 〈경직도〉 두루마리가 공물로서 쇼군가에 전해졌을 가능성도 무시할 수는 없을 것이다.[7]

경직도 중 경작도는 쇼군가 저택 내부 미닫이 문인 후스마襖의 그림 주제 가운데 하나로 사용되었다. 1437년 고하나조노 천황後花園, 1419~1490이 6대 쇼군 아시카가 요시노리足利

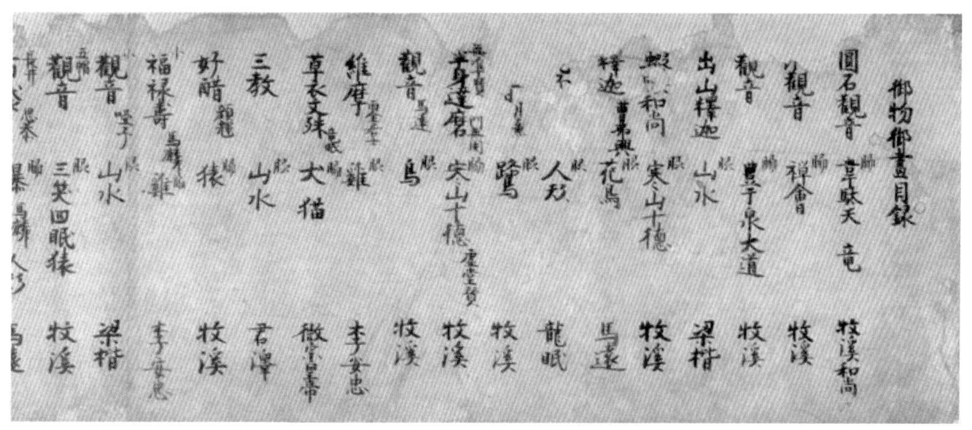

도06_04. 〈어물어화목록〉, 종이에 먹, 17.8×296.4, 무로마치 시대, 도쿄국립박물관.

義教, 1394~1441의 저택무로마치도노室町殿을 방문했을 때, 세 채의 회소會所 건물 내부를 장식한 서화 기물에 대한 상세한 현전 기록을 통해, 28개 중 한 개의 방, 즉 북향의 네 칸 공간 내부 미닫이 문에 양해 스타일의 경작도가 그려져 있었음을 짐작할 수 있다.北向御四間 耕作 梁楷様之御間[8]

이외에도 8대 쇼군 아시카가 요시마사足利義政, 1435~1490의 히가시야마 저택東山殿 내부에는 "소상팔경이 그려진 방 서쪽에 네 칸의 경작도가 그려진 방이 있고, 그 방의 북동쪽에는 요시마사의 또 다른 저택 중 하나인 오가와고쇼小河御所에 있는 것과 같은 선반과 문방기물이 올려진 대받침이 있다"와 같이 좀 더 구체적으로 경작도가 그려진 방과 그 내부 장식에 대해 기록하고 있다.[9] 당시 아시카가 요시마사와 기센 슈쇼亀泉集証, 1424~1493, 가노 마사노부狩野正信, 1434~1530 사이에서 저택 내부 그림에 대한 화풍, 중국에서 구입해야 할 그림과 그림본 등에 관련한 논의가 빈번하게 확인되는 것으로 보아,[10] 막부 어용 화사였던 가노 마사노부가 쇼군가에 소장된 중국 그림을 토대로 쇼군 저택 내 주요 공간의 후스마에 경작도를 그렸을 정황을 알 수 있다.

현존하는 가장 오래된 일본의 경작도를 통해서도 그 정황을 이해할 수 있다. 16세기 초 건립된 교토 다이토쿠지大德寺 탑두 다이센인大仙院은 내부에 그려진 소아미와 가노 모토노부狩野元信, 1476~1559의 산수화, 화조화로도 잘 알려져 있다. 여섯 개의 내부 공간 중 하나에

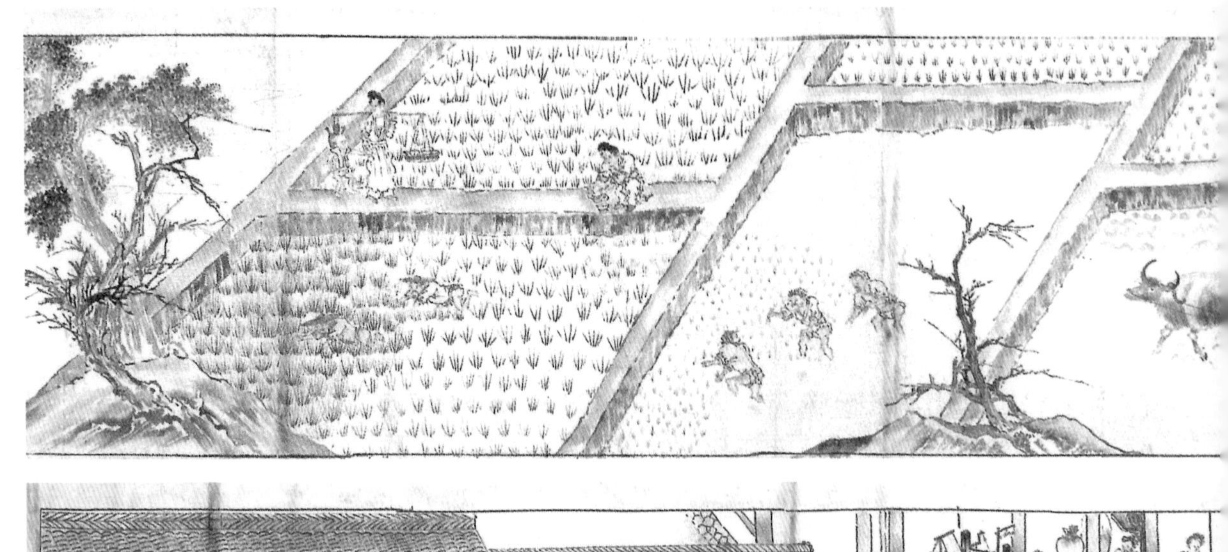

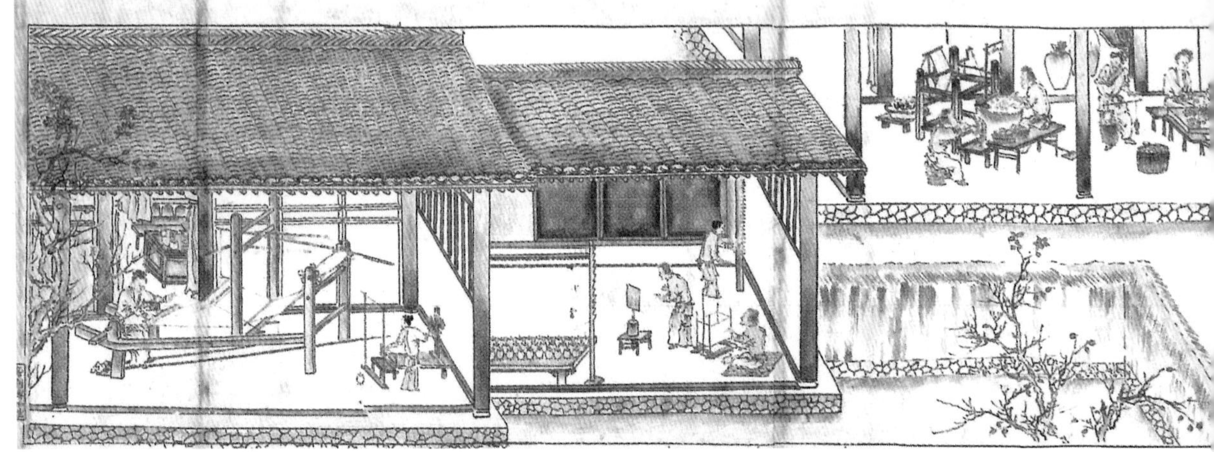

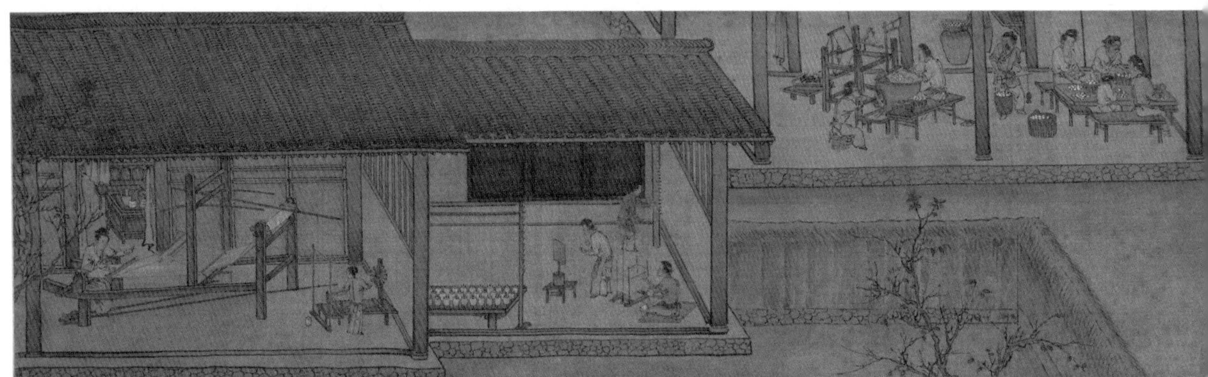

도06_03. 전 양해, 〈잠직도〉 부분, 비단에 수묵채색, 각 27.6×92.3, 남송대, 클리블랜드미술관.

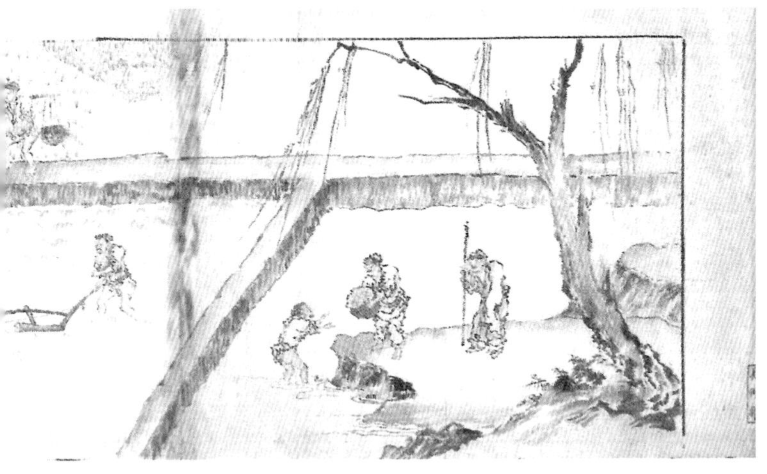

도06_01. 이자와 하치로, 〈경직도〉 중 〈경작도〉 부분, 종이에 수묵담채, 30.3×290.6, 에도 시대, 1786, 도쿄국립박물관.

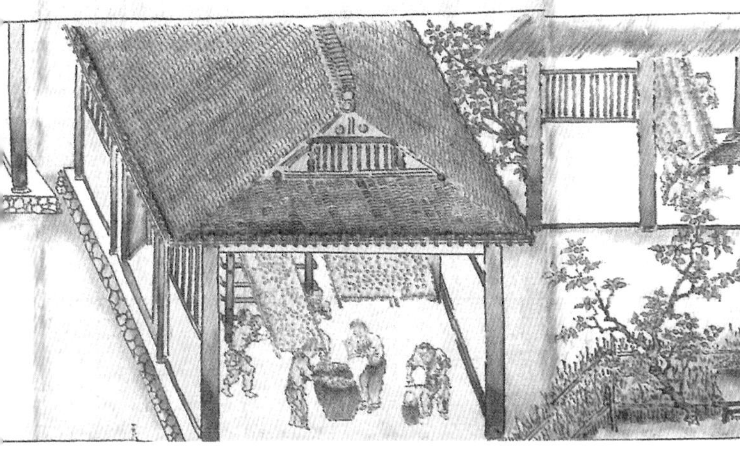

도06_02. 이자와 하치로, 〈경직도〉 중 〈잠직도〉 부분, 종이에 수묵담채, 30.4×305.5, 에도 시대, 1786, 도쿄국립박물관.

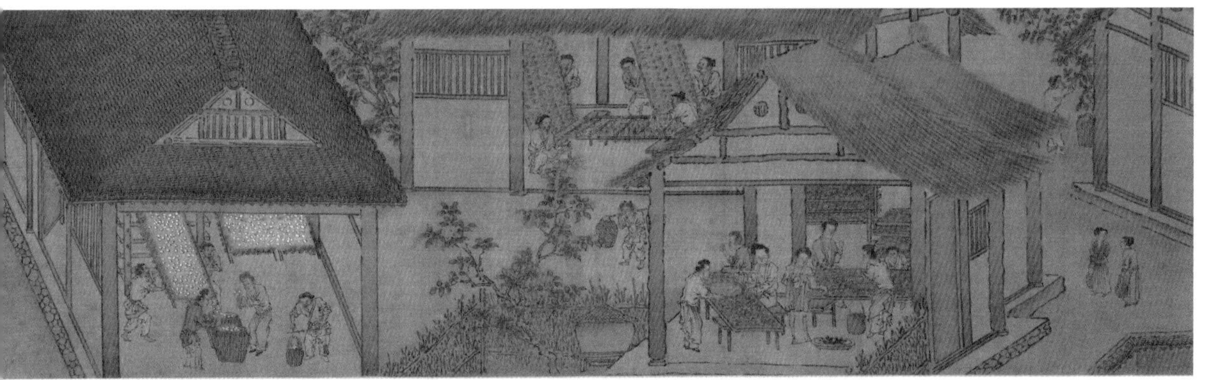

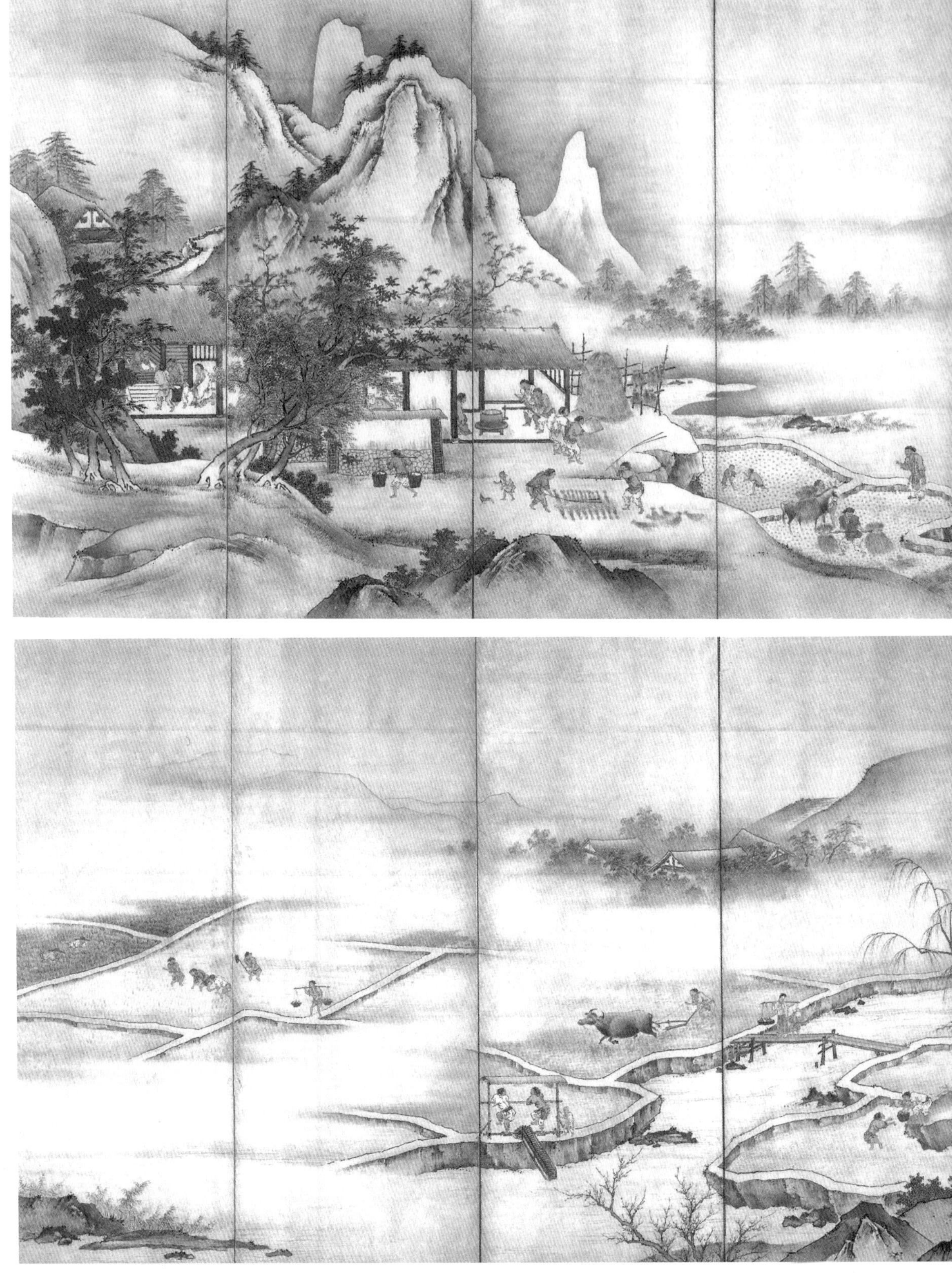

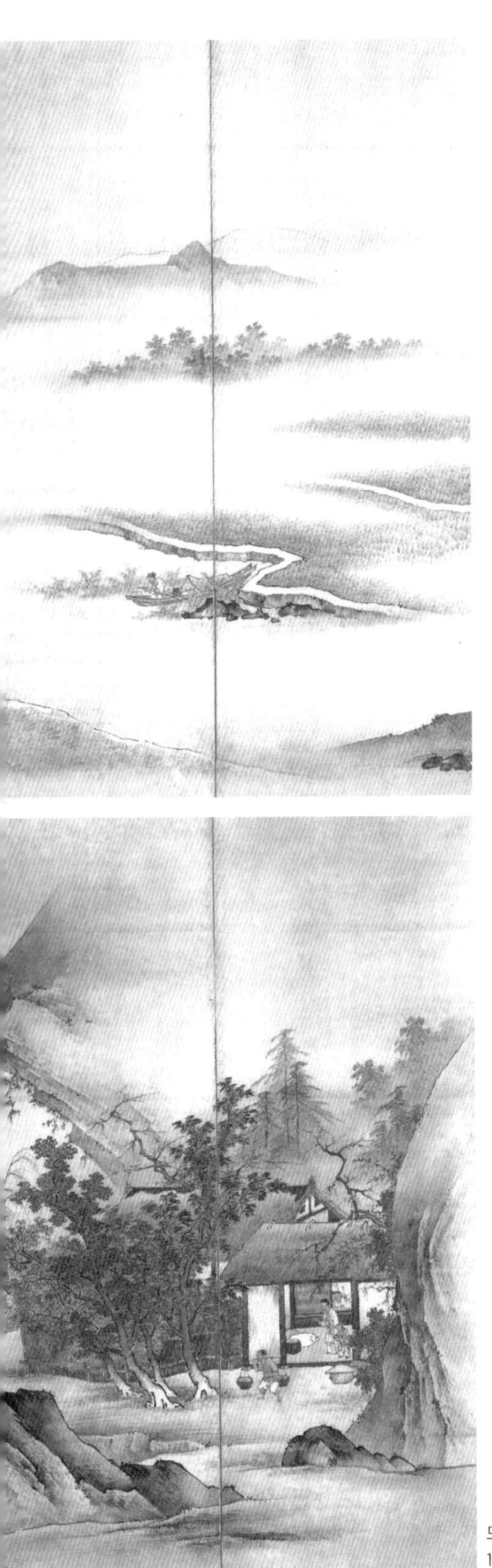

도06_05. 전 가노 모토노부, 〈사계경작도〉 6폭 병풍 한 쌍, 종이에 수묵 담채, 158.1×365,7, 16세기, 존 C. 웨버컬렉션John C. Weber Collection.

는 후스마 그림의 주제로 경작도가 선택되었는데,[11] 두루마리가 건물 내부의 큰 화면에 변환되는 과정에서 경작도 중 일부 장면이 선택되고, 산수와 배경 부분이 확대되어 실내 공간에 맞게 배치되었다. 같은 시기 제작된 것으로 추정되는 〈사계경작도〉[도06_05]에서도 유사한 구성이 확인되며, 경작 장면 중 계절을 대표하는 씨 뿌리기·모내기·수확 장면이 선택되어 오른쪽부터 왼쪽으로 사계절의 흐름에 맞게 두 개 한 쌍의 병풍에 그려져 있다.

사계와 경작도의 결합은 무로마치 말기에는 이미 사찰 내부에서 이루어진 것으로 보이며, 이는 네 면의 벽으로 이루어진 공간 구성의 실용적 목적뿐만 아니라, 당시 사계절을 중시하는 시문이나 문학적 전통과도 관련된 것으로 보인다.[12]

일본 내 1차적인 경직도 수용은 무로마치 막부에 의한 가라모노唐物 수용과 특히, 송대를 지향하는 이들의 중국 취향 속에서 쇼군가의 권위와 관련된다.[13] 경작도라는 그림의 주제와 남송 원체화풍이 쇼군가에서 지니는 중요한 위상은 자연스레 당시 교토와 주변의 주요 사찰 내에서도 이어져 선호되는 화제이자 기준으로 작용했을 것이다. 그림이 사용된 맥락과 공간과 관련하여 쇼군가 관련 문헌에는 '경직'이 아닌 '경작'에 대한 언급만이 두드러지지만, 이는 여성의 모습과 노동이 주를 이루는 잠직도가 쇼군가의 저택 내부 공간에 적합하지 않기에 남성의 공간 혹은 접객 공간이라는 공적인 공간의 용도와 구분 속에서 '경작'만이 선택되었을 것이다.

에도 시대,
중국과는 다른 경직도를 제작하다

무로마치 시대 교토 가노파의 전통은 17세기 에도 시대 가노파 내에서도 지속된 것으로 보인다. 일례로, 막부 어용회사 가노 단유狩野探幽, 1602~1674의 〈사계경작도〉 병풍을 살펴보면[도06_06] 남송대 양해의 경직도 두루마리를 대화면으로 전환한 무로마치 시대의 전형이 에도 시대에도 계속해서 중요한 고전이자 원본으로 작용했음을 알 수 있다.

가노파 내에서는 중요하고 대표적인 중국 그림에 대한 분본, 화본, 모본이 학습용으로 제작되었다.[14] 양해의 그림 역시 분본이나 화본 속에 포함되었는데, 가노 단유의《학고도學古圖》[도06_07], [도06_08]를 통해서도 그 일면을 살펴볼 수 있다.《학고도》는 총 78점의 중국과 일본의 고화古畫를 모아 그린 화첩으로, 그중 양해의 이름과 함께 경작도가 포함되어 있다.[15]

가노파에 의한 모본 및 분본 중 경직도와 관련하여 더욱 주목되는 것은 1676년 가노 에이노狩野永納, 1631-1697가 번각한『경직도』로,[도06_09], [도06_10] 이는 누숙의 경직도, 특히 명대 간행된 송종노 본을 토대로 새롭게 편집 및 간행한 것이다.[16] 발문을 통해 가노 에이노는 그 간행 취지를 다음과 같이 밝히고 있다.

> "경도와 직도, 두 그림은 중국에서 옛날에 그려진 것이다. (…) 다행히 우리 집안에 대대로 이 화본이 전해져 왔는데, 직접 볼 수 있는 기회는 많지 않았다. 경직을 주제로 그려졌으며 시와 그림이 함께 들어가 있다. 이로써 후세의 자손들이 이 사업에 감명받기를 바란다. 오늘날의 자제들이 다시금 이 판목을 소중하게 생각하며, 이를 널리 개시하기를 바라고 있다. 다양한 시대에 나온 목록을 보면 경작에 관한 것은 충분하며, 직조의 경우 그림이 있어도 시가 없는 것이 있다. 그러나 이본은 없다. 따라서 이를 공개하여 자손에게 맡기고, 영원히 전하는 것이다. 미흡하게나마 글을 추가하며 이를 증명하여 남긴다."[17]

일본에서 간행된『경직도』는 내용과 구성 면에서 기본적으로 중국의 원도를 따랐지만 풍경과 일부 인물의 세부 묘사에서 변형이 이루어졌다. 현재 송대 원본은 남아 있지 않기에, 미국 프리어미술관 소장 원대 정계程棨, 13세기 활동 전칭〈경직도〉두루마리와[도06_11], [도06_12] 비교하여 살펴보겠다.[18] 잠직도 중 몇 장면을 예로 살펴보면, 기본적으로 두루마리와 간행본 책자라는 매체의 크기와 형태 차이에 따른 번안 외에는 기본적으로 각 작업이 이루어지는 공간, 각 과정에 관여된 인물의 성별과 수, 중국 복식과 헤어스타일을 하고 있는 인물 모습, 작업 공정과 도구 면에서 충실하게 중국 원도를 따르고 있다.

다만 세부 분석 결과 몇 가지 두드러지는 차이점을 확인할 수 있었는데, 우선 가노 에

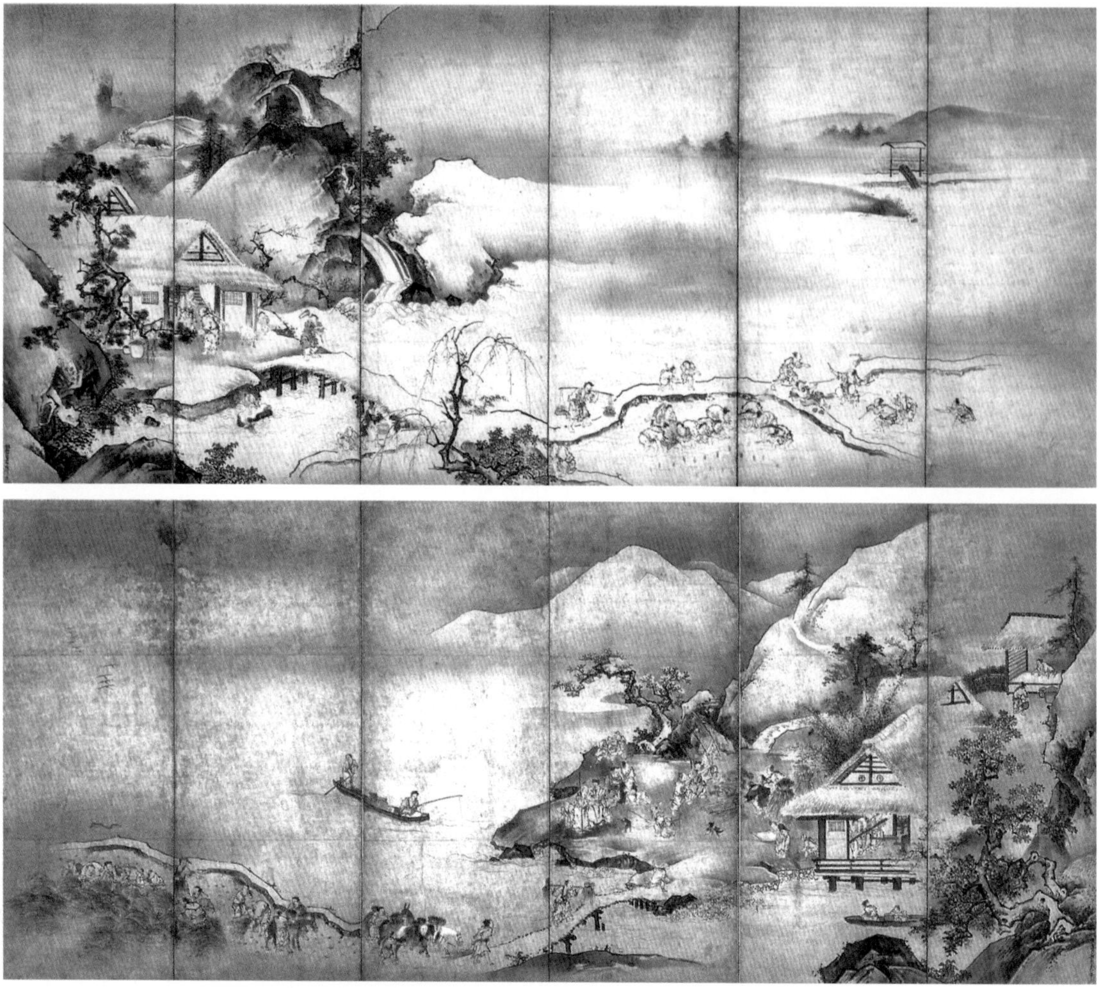

도06_06. 가노 단유, 〈사계경작도〉 6폭 병풍 한 쌍, 종이에 수묵·금 채색, 174.9×358.1, 17세기 초, 샌프란시스코아시아미술관.

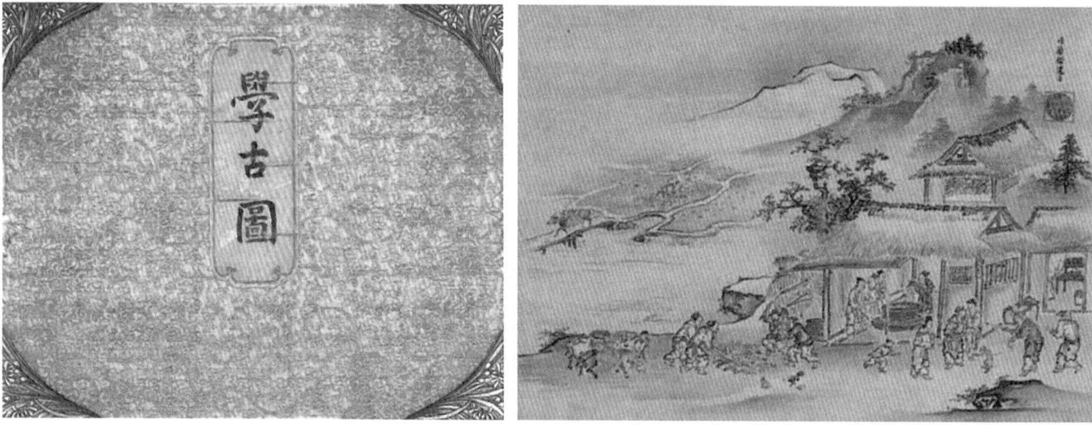

도06_07, 도06_08. 가노 단유, 《학고도》 표지와 〈경작도〉 부분 , 비단에 수묵·채색, 35×44.5, 1670, 일본 개인.

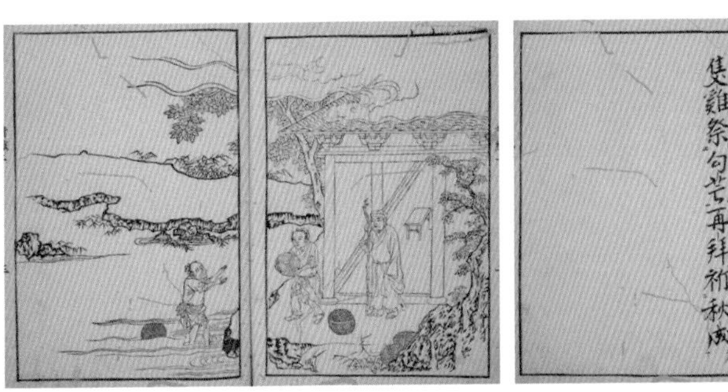

도06_09. 가노 에이노, 『경직도』의 〈경작도〉 중 〈침종浸種〉, 27.8×18.5, 1676, 일본국립국회도서관.

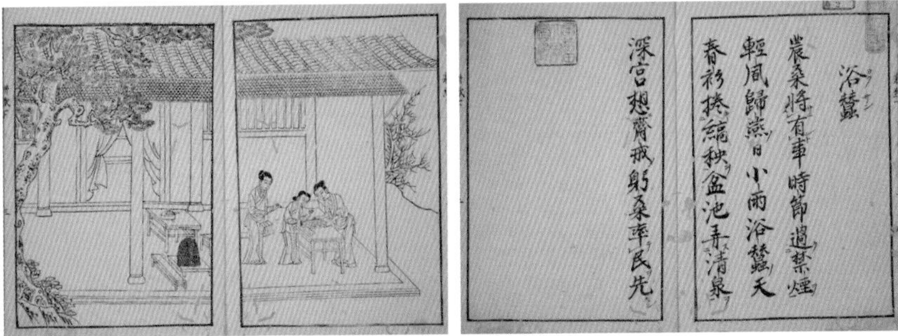

도06_10. 가노 에이노, 『경직도』의 〈잠직도〉 중 〈욕잠浴蠶〉, 27.8×18.5, 1676, 일본국립국회도서관.

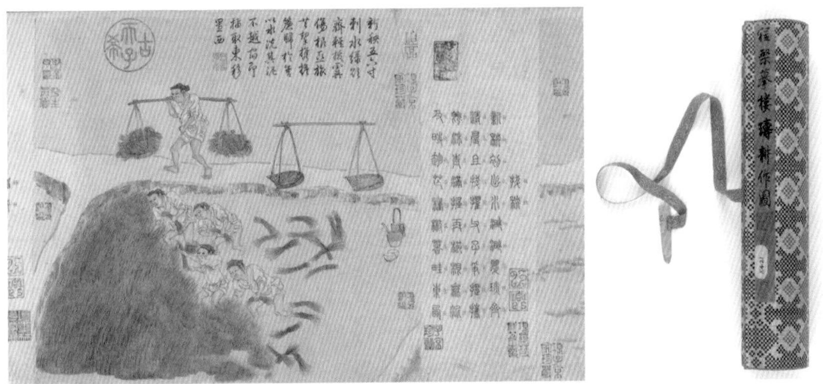

도06_11. 전 정계, 〈경직도〉 중 〈경작도〉 부분, 비단에 수묵채색, 32.7×1049.8, 원대, 13세기, 프리어미술관.

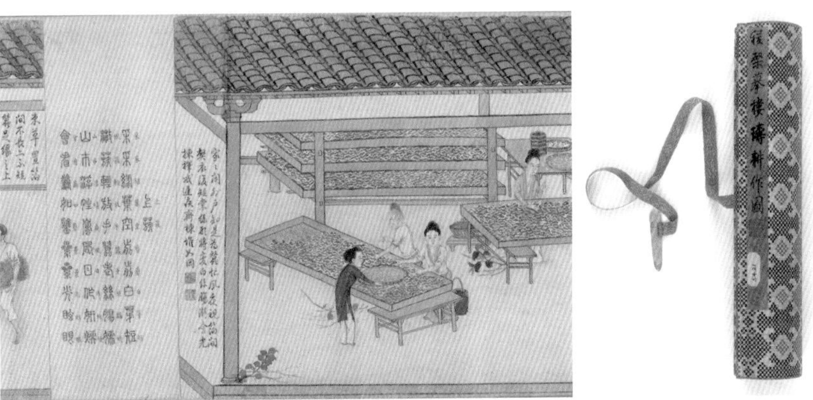

도06_12. 전 정계, 〈경직도〉 중 〈잠직도〉 부분, 비단에 수묵채색, 32×1232.5, 원대, 13세기, 프리어미술관.

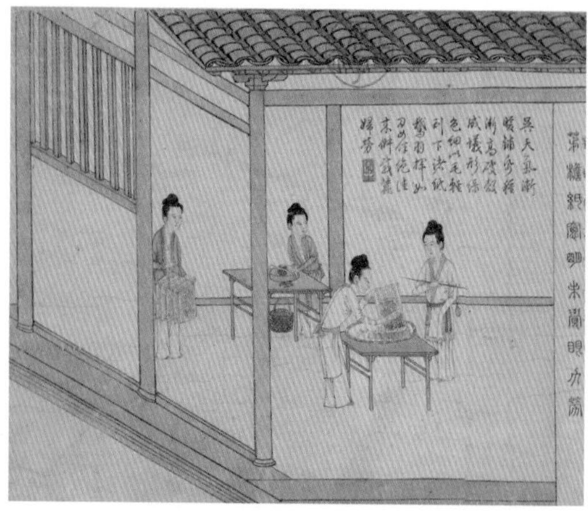

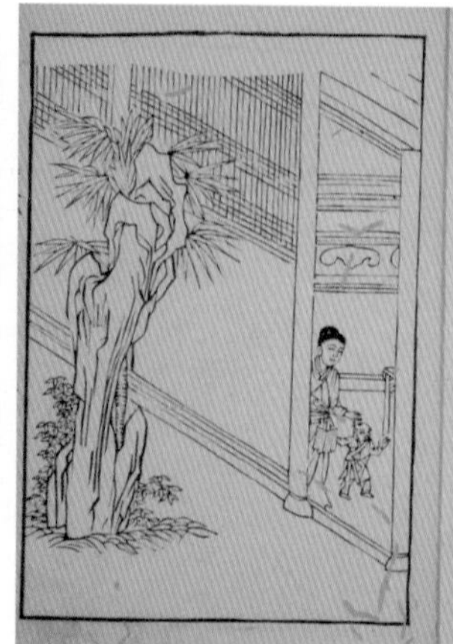

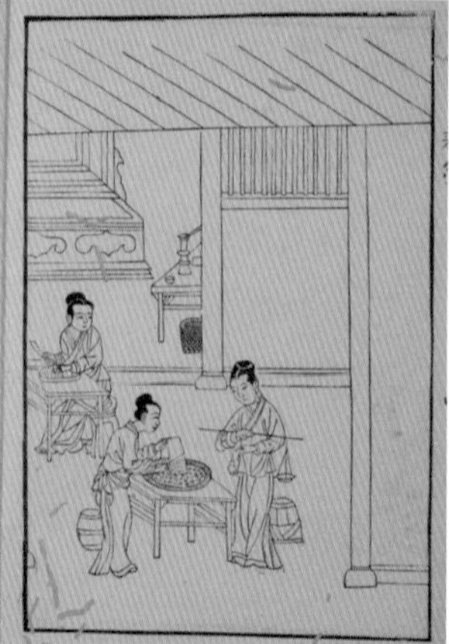

도06_13, 도06_14. 전 정계(왼쪽)와 가노 에이노(오른쪽)의 『경직도』 중 〈잠직도〉의 〈하잠〉 부분 비교.

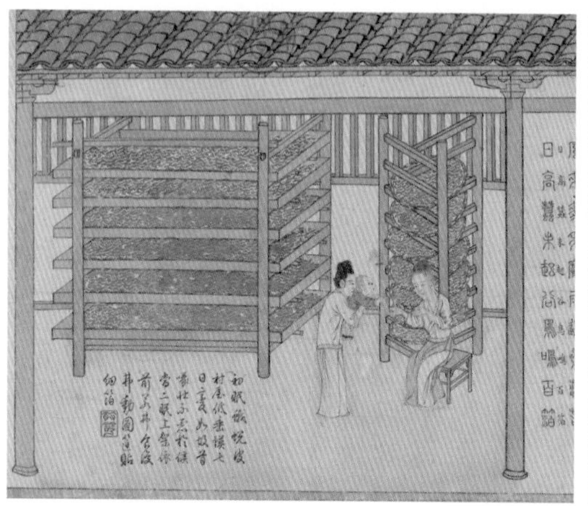

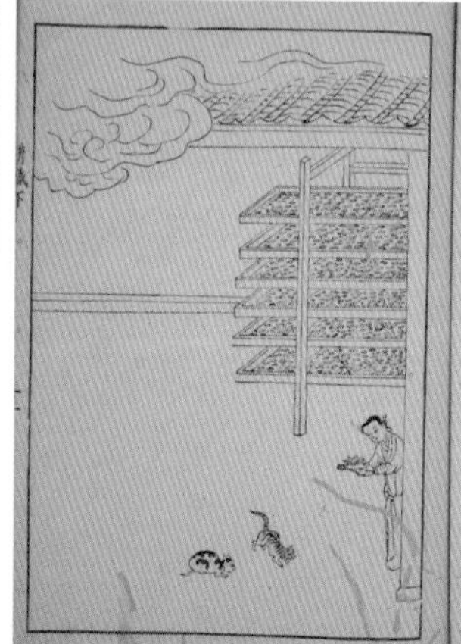

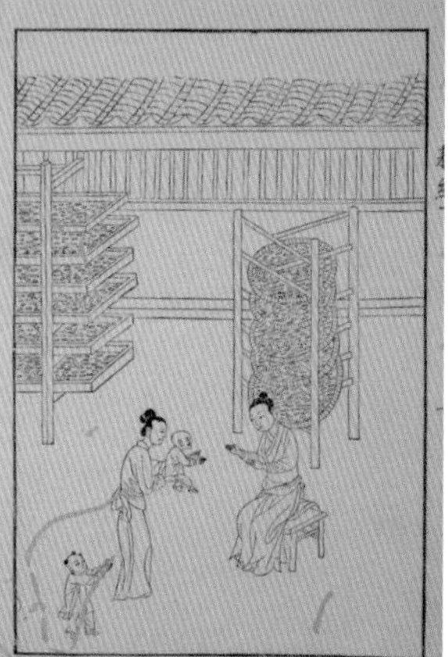

도06_15, 도06_16. 전 정계(왼쪽)와 가노 에이노(오른쪽)의 『경직도』 중 〈잠직도〉의 〈이면〉 부분 비교.

이노의 『경직도』에는 잠도의 매 장면마다 왼쪽 혹은 양쪽 모두에 중국 그림에서 보이지 않던 나무가 강조되어 그려졌다. 또한, 누에를 떠는 〈하잠下蠶〉 장면에 그려진 여성들을 살펴보면, 가장 왼쪽 여성의 옆으로 중국 그림에 보이지 않던 아이의 모습이 추가로 삽입되어 있다.[도06_13], [도06_14] 〈이면二眠〉 장면에서 아이를 받으려는 듯 손을 내밀고 앉아 있는 여성의 경우 왼쪽 노인의 모습이 오른쪽에서는 성인 여성으로 바뀌어 있는데 나이든 여성의 모습이 모두 젊은 모습으로 표현되어 흥미롭다.[도06_15], [도06_16] 이는 일본 잠직도의 경우, 누에와 생사를 키우는 과정에서 아이를 양육하는 '여성의 생산성'을 강조하여 주목한 것이 아닐까 생각한다.

봄, 여름, 가을, 겨울 풍경과 경작이 어우러진 병풍의 등장

가노 단유의 〈사계경작도〉와[도06_06] 가노 에이노의 〈사계경작도〉를[도06_17] 포함하여 에도 시대 병풍으로 제작된 대다수의 경직도는 경작도를 중심으로 사계와 결합한 사계경작도 형태다. 상단 병풍에는 봄과 여름, 하단 병풍에는 가을과 겨울로 나누어 초봄부터 늦가을까지의 계절의 흐름에 따라 농경 장면을 두 쌍의 병풍에 나누어 그린 유사한 구성을 보인다. 한쪽으로 치우친 변각 구도의 큰 화면 속에, 종자를 물에 담가 두는 과정부터 밭갈기牛耕·씨뿌리기·모종 옮기기·모내기·풀뽑기·관개灌漑까지의 각 공정을 산수가 강조된 배경 속에 그려넣었다는 점에서 공통된다.

다만 그림에 따라 수묵담채 혹은 좀 더 장식적으로 채색이나 금박이 강조되는 등 다양한 스타일이 확인되는데, 이는 병풍이 사용되는 장소 혹은 후원자의 취향에 따른 차이로 보인다. 또한 사계절과 경작도가 결합한 형태로 재편집되는 과정에서 중국식 인물 표현, 복식, 풍속에서 벗어나 일본의 풍속과 인물로 변형되기도 한다. 물론 소량이지만 사계와 잠직이 결합한 형태, 혹은 한 폭에는 경작, 한 폭에는 잠직이 그려진 병풍도 존재한다. 하지만 작품 수는 물론이고 그림이 사용된 공간이나 배설 방법에 대한 언급의 경우에도 경작도에

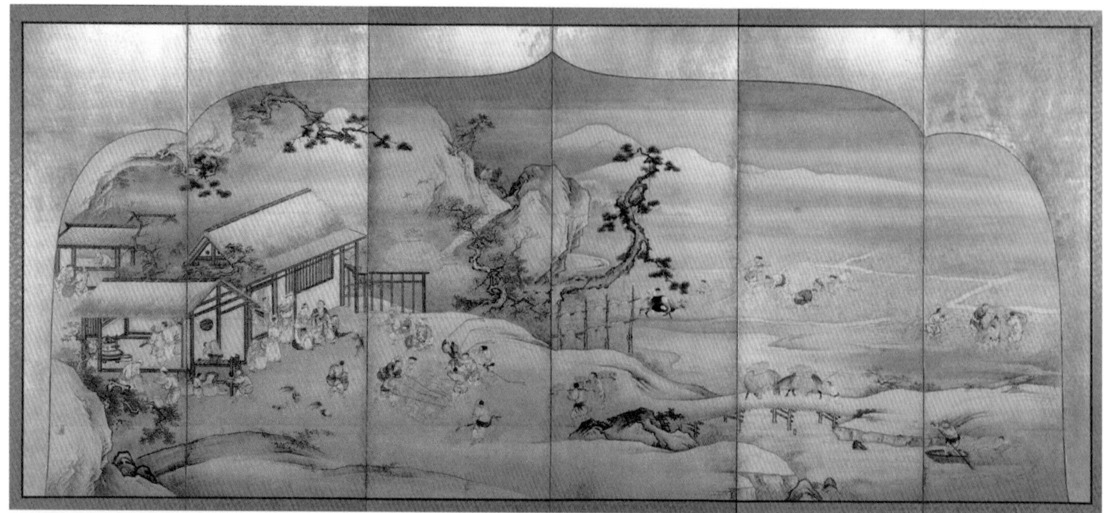

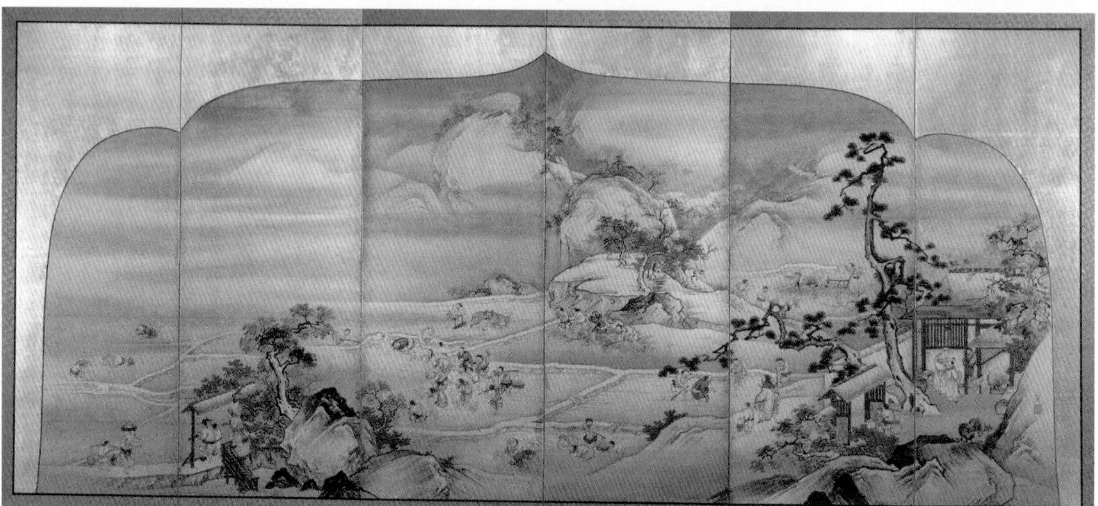

도06_17. 가노 에이노, 〈사계경작도〉 6폭 병풍 한 쌍, 종이에 수묵·금·채색, 153.7×359.4, 17세기, 프랜시스리만로브아트센터Frances Lehman Loeb Art Center, VassarCollege.

집중되어 있으며, 잠도 혹은 잠직도가 어떠한 공간에서 어떻게 소비되었는지에 대한 언급은 찾기 어렵다.

양잠과 직조, 우키요에의 주제로

가노파에 의해 경직도에서 주로 경작 장면만이 병풍이나 후스마 그림으로 제작되는 한편, 18세기 후반부터 양잠과 직조가 우키요에의 주제로 빈번하게 등장한다.[19] 여러 출판업자들은 다양한 우키요에 화가들과 함께 잠직을 다룬 시리즈를 작업한 것으로 보이는데, 대표적인 예로, 기타가와 우타마로喜多川歌麿, 1750년대 초~1806의 다색 판화《여직잠수업초女織蚕手業草》를[도06_18] 들 수 있다.[20] 세 장면씩 한 세트를 이루는 총 열두 개의 화면으로 구성되어 있으며, 잠종蠶種부터 직조織造까지 일련의 과정 속에 일하는 여성들의 모습을 압축적으로 묘사했다. 각 화면 상단에는 글을 통해 잠직 중 어떤 내용인지 설명하고 있다.[21]

양잠과 직조 관련 우키요에의 직접적 원형으로 사용된 이미지로 일종의 그림 화보인 다치바나 모리쿠니橘守国, 1679~1748의 『회본직지보絵本直指宝』도 중요하다.[도06_19] 다치바나 모리쿠니는 에도 중기 화가로 많은 회수본絵手本 화보를 남겼는데, 18세기 중반 간행된 『회본직지보』에는 1권의 시작 부분에 양잠의 과정을 그린 열두 장면이 포함되어 있다.[22] 기타가와 우타마로의 우키요에《여직잠수업초》역시, 열두 장면으로 같은 내용을 공유하고 있어, 『회본직지보』를 직접적인 토대로 했던 것으로 보인다. 이와 관련하여 가쓰카와 슌쇼勝川春章, 1726~1793와 기타오 시게마사北尾重政, 1739~1820의 『화본보능루画本宝能縷』 역시 참고가 된다.[도06_20] 1786년에 제작된 목판 채색본의 양잠도집으로, 역시 열두 개 장면의 양잠 과정을 볼 수 있으며, 마지막 그림 하나를 제외하고는 도상이 일치한다.[23] 18세기 말, 19세기 초 제작된 양잠 과정을 보여주는 수많은 책과 판화 이미지는 그 기본적인 도상을 공유했음을 알 수 있다.

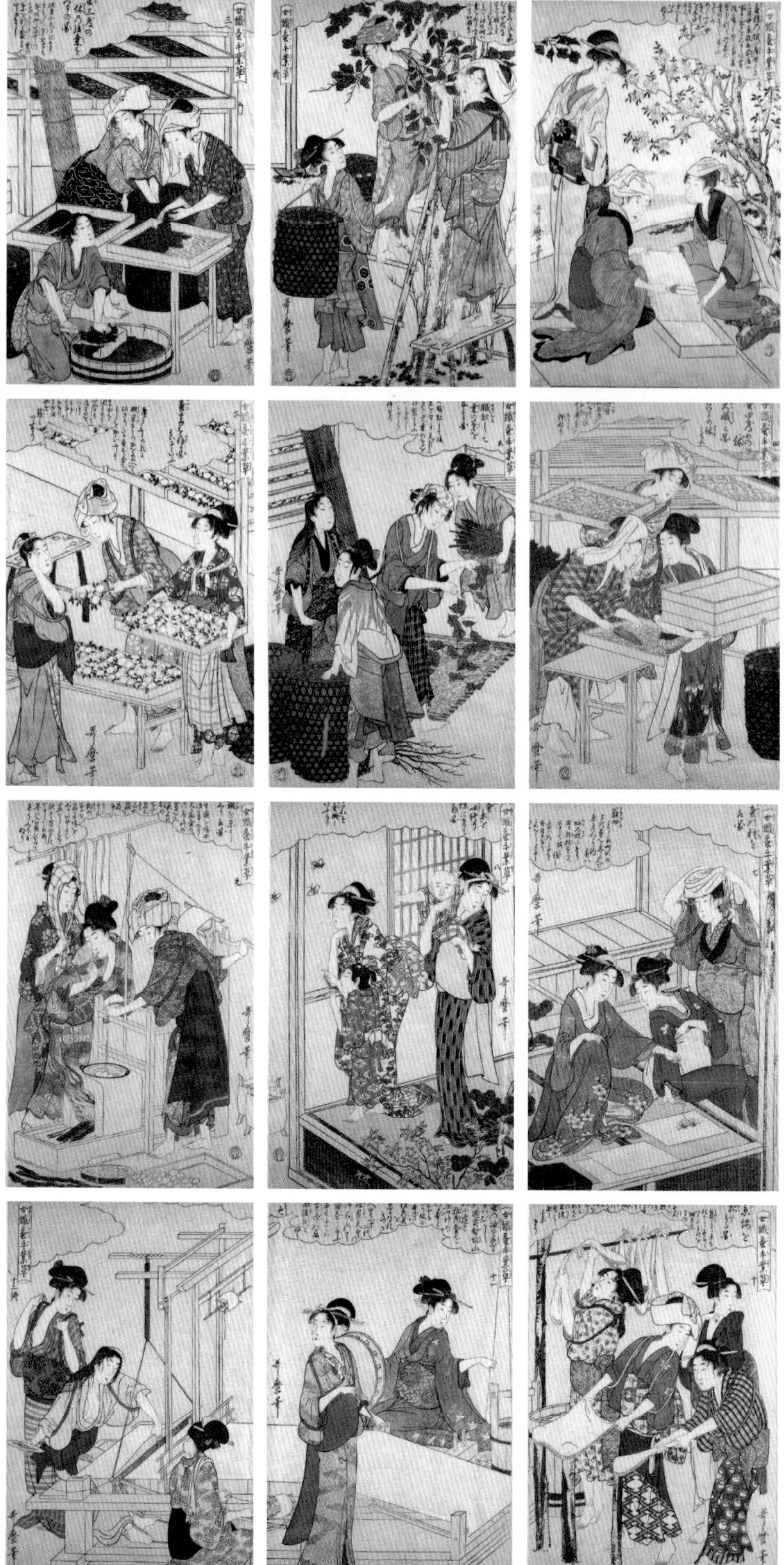

도06_18.
기타가와 우타마로,
《여직잠수업초》, 니시키에,
각 38.8×26.1, 18세기 말 19세기 초,
메트로폴리탄미술관, 영국박물관.

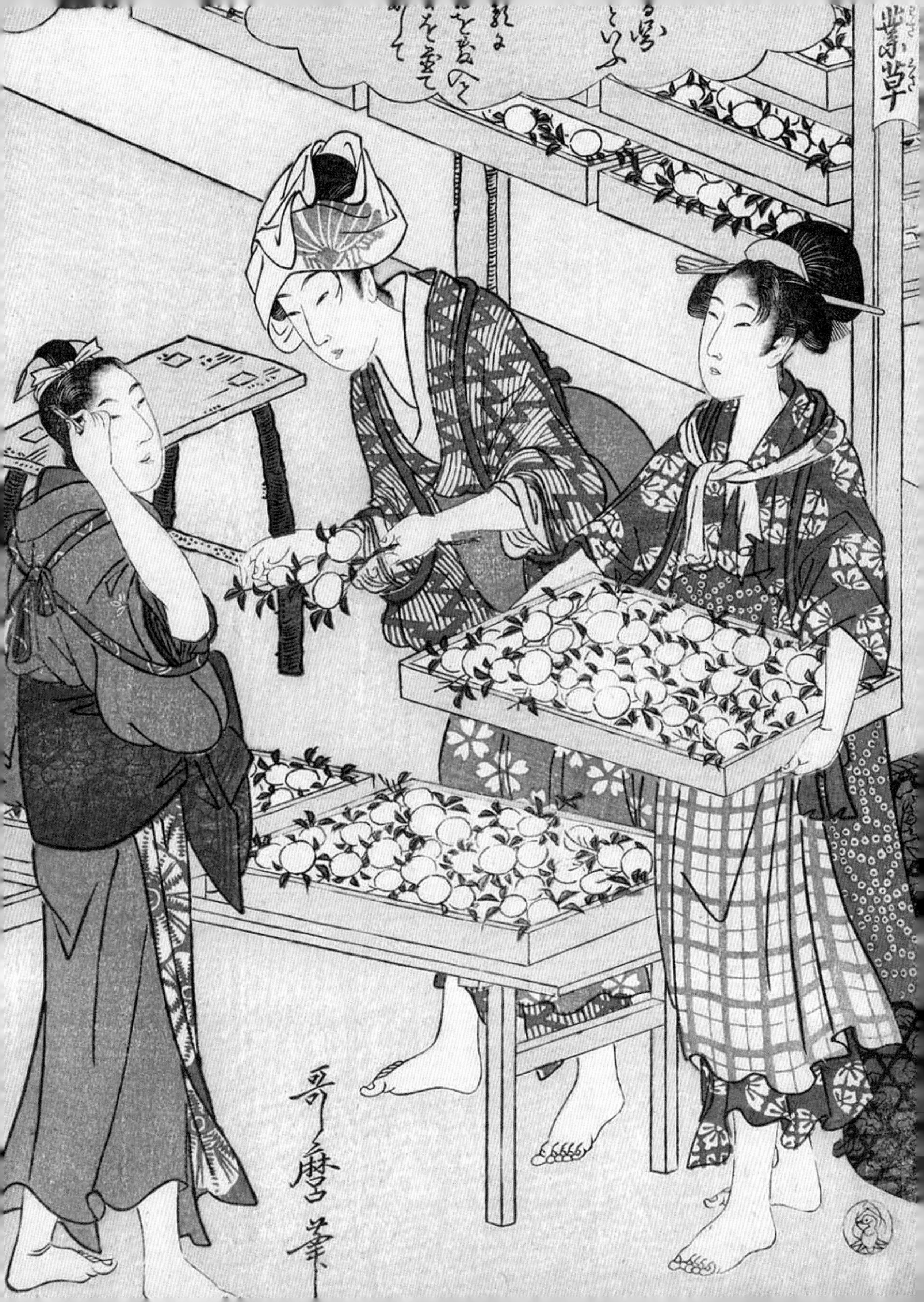
哥麿筆

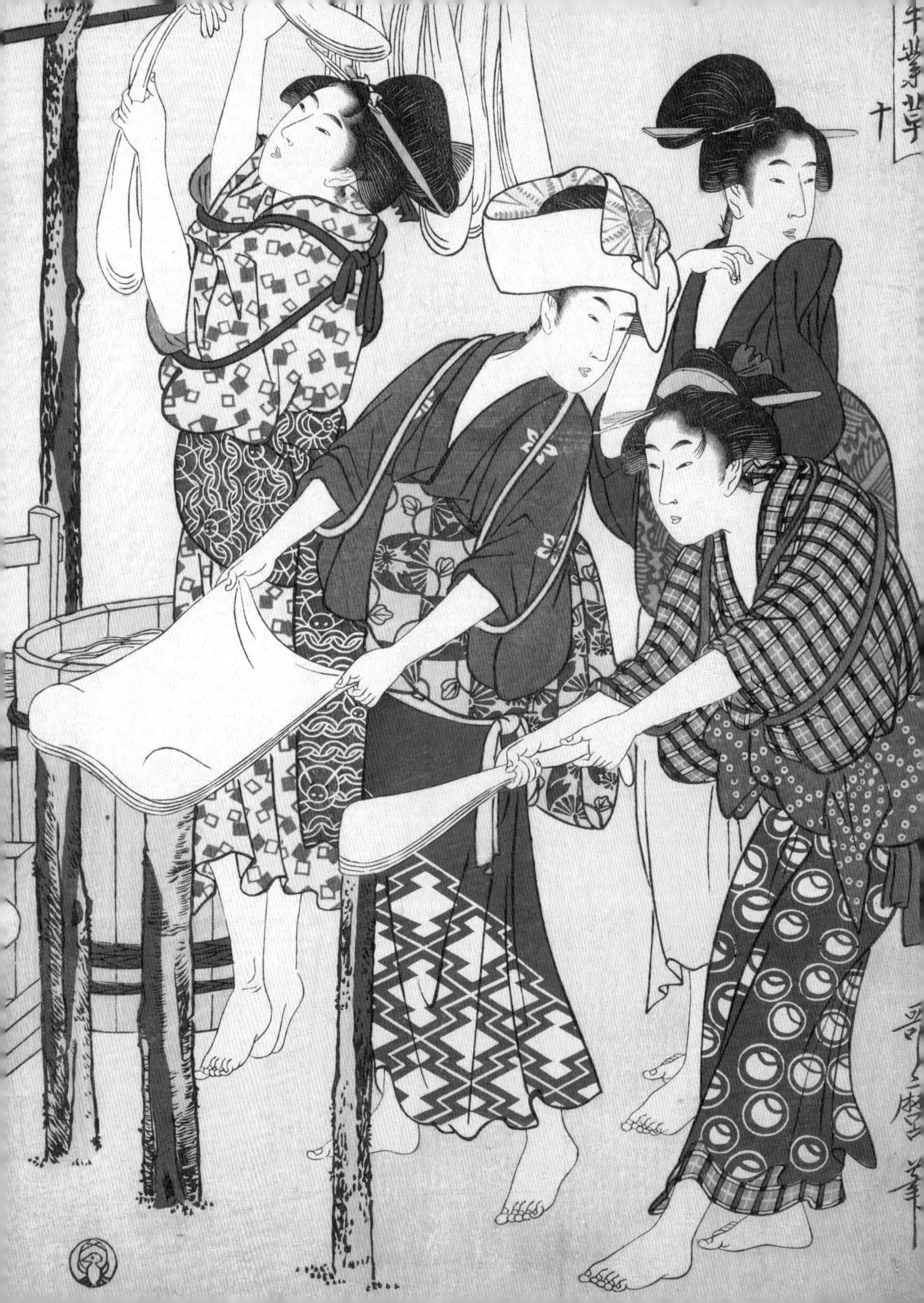
哥麿筆

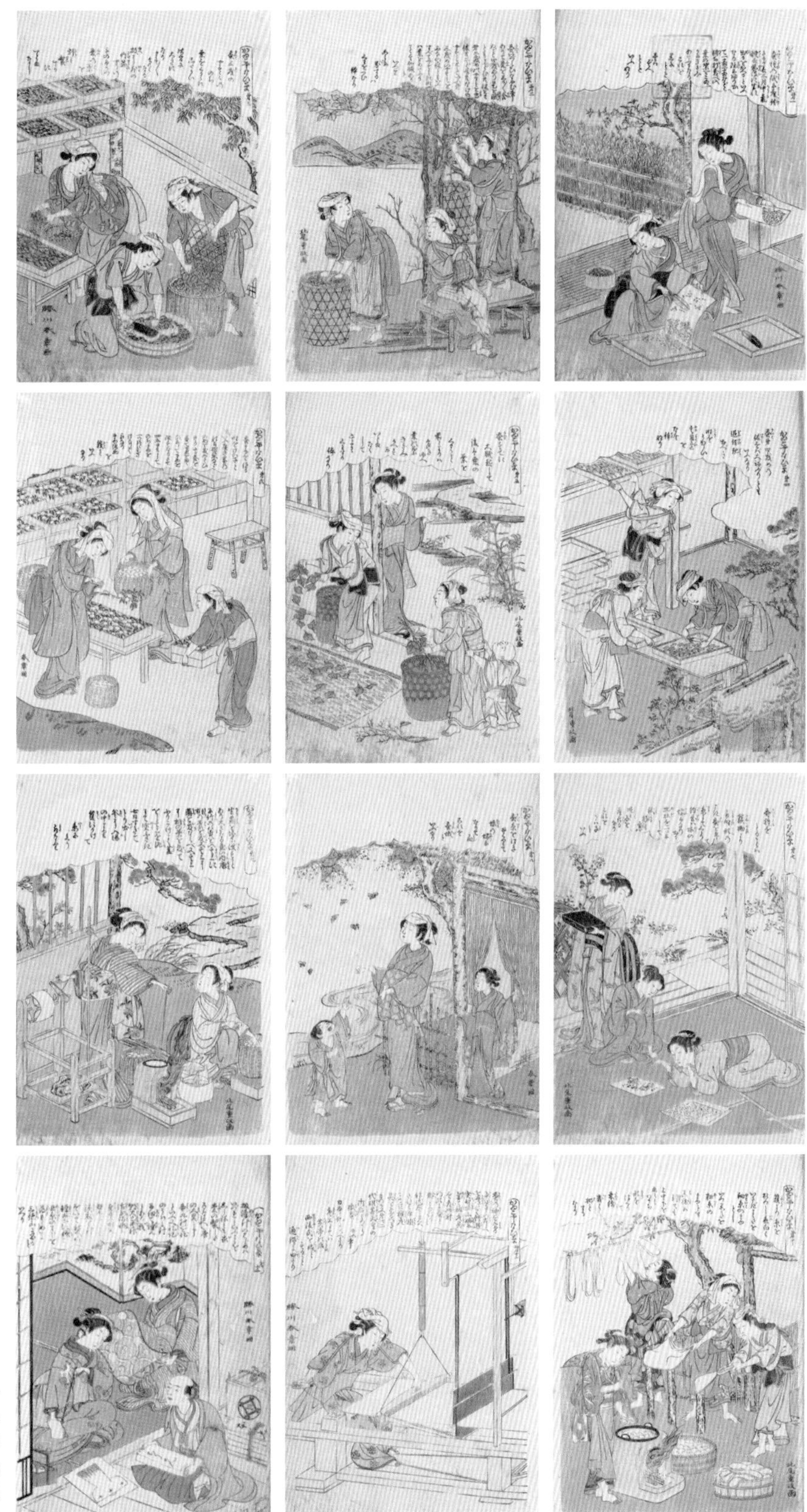

도06_20.
가쓰카와 슌쇼,
기타오 시게마사,
『화본보능루』 중 양잠 부분,
각 29.5×24, 1786,
일본국립국회도서관.

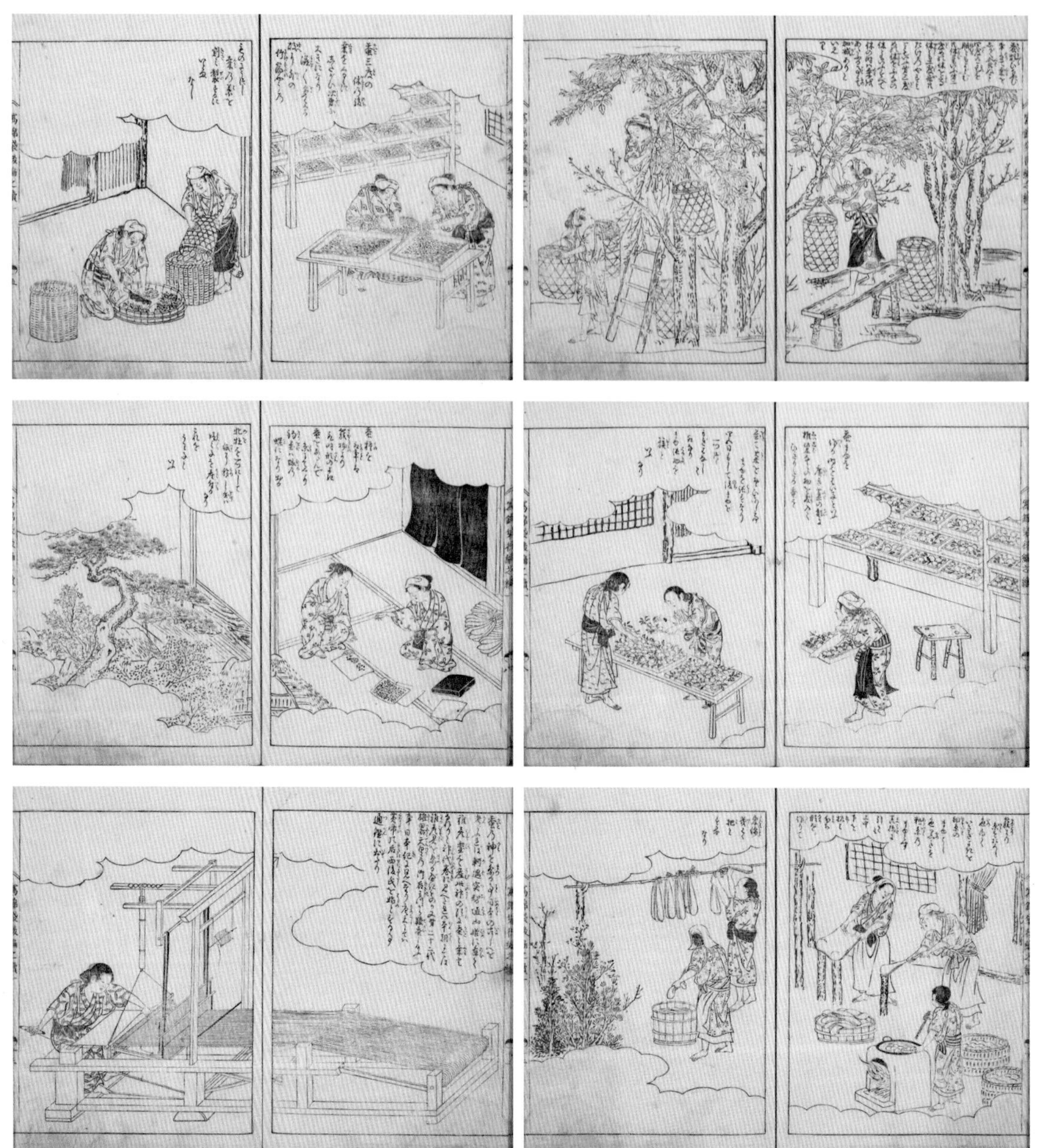

도06_19. 다치바나 모리쿠니, 『회본직지보』 중 권1, 양잠 부분, 18세기, 각 22.7×16, 일본국립국회도서관.

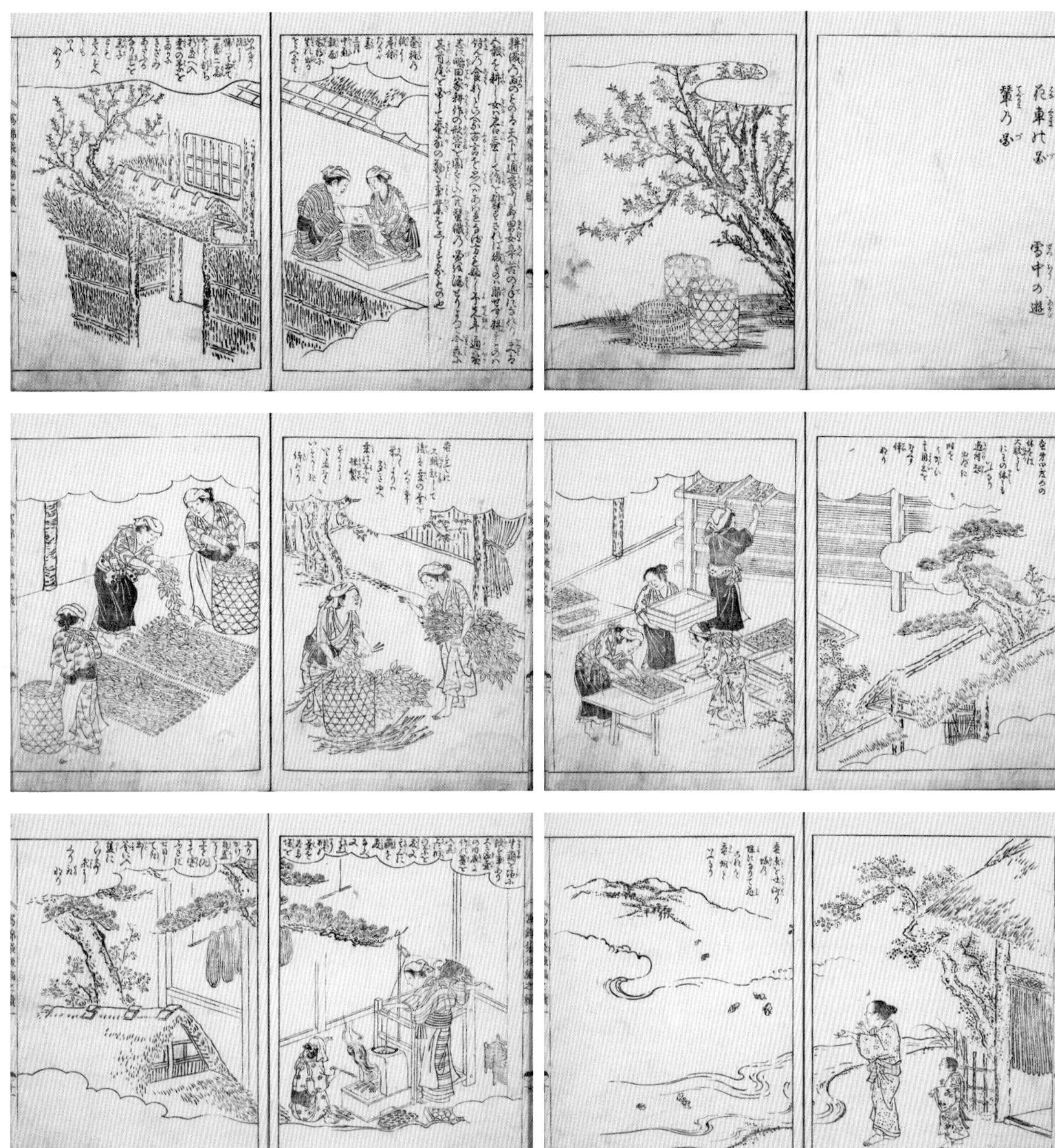

기타가와 우타마로의 우키요에와 두 종류의 화보 사이에서 더 직접적인 이미지 간 유사성을 확인할 수 있지만, 선택된 열두 개의 양잠 장면은 기본적으로 중국의 잠직도와 유사한 모습을 공유하고 있다. 송대부터 이어진 잠업을 비교적 충실하게 묘사하며, 각 작업 공정과 묘사 방식은 일치한다. 다만 입식과 좌식, 여성 인물의 복식과 머리 모양 등에서 차이를 볼 수 있는데, 판화로 제작되는 과정에서 중국에서의 작업 환경이나 작업 도구가 일본적인 모습으로 변화되었다. 또한 잠직도가 미인도류 우키요에 이미지와 결합되는 과정에서 양잠의 작업 공정보다는 아름다운 여성들의 모습이 더욱 강조되었음을 확인할 수 있다.

그렇다면 과연 에도 후기, 우키요에 속에 양잠 혹은 방직의 주제와 이미지가 급증하는 현상을 어떻게 이해할 수 있을까? 그 배경으로 여러 가지 요소들을 함께 고려해야겠지만, 우선 당시 양잠업의 경제성 및 비단이 주요한 산업으로 자리잡게 된 것을 들 수 있다. 도쿠가와 막부는 1685년 중국에서 매년 수입하는 생사의 양을 규제하게 된다. 일본의 중국 생사 수입은 간분 연간1661~1672 최고에 달했다고 하는데, 당시 도쿠가와 막부는 일본 내 금은의 유출을 막고자 중국에서 1년에 수입하는 생사의 양을 제한하게 된다. 이는 자연스레 일본 내 양잠업 및 관련 산업의 증가와 발달로 이어졌다. 실제로, 오미近江 지역 즉, 오늘날의 시가현滋賀県을 일례로 살펴보면, 이 지역의 명주실 생산량은 1600년에서 1700년 사이 두 배, 18세기 동안 네 배가 증가했다고 한다.[24] 이처럼 중국에서의 생사 수입 규제는 자연스레 일본 내 양잠을 권장하여 관련 산업이 확대되었고, 일련의 과정 속 비단에 대한 수요뿐만 아니라 사람들의 관심도 증가했을 것이다.

또한 양잠과 비단 관련 제반 산업의 변화와 함께, 양잠업의 경제적 가치가 증가하는 과정에서 여성 노동의 중요성이 강조되었던 배경도 간과할 수 없다. 실제로 18세기 말에서 19세기에는 『양잠비서養蠶祕書』, 『양잠비록養蠶祕錄』 등 다수의 양잠 관련 기술서와 교육서가 간행되었다.[25] 이는 당시 양잠과 관련하여 여성에 대한 교육적인 기능과 역할이 강조되었음을 방증한다. 새롭게 간행된 이러한 서적들은 중국에서 전통적으로 강조된, 여성의 직무와 교양, 유교적 덕목으로서의 가치와 더불어 이상적이고 조화로운 사회에 대한 시각적인 메시지를 자연스럽게 내포하고 있다.

양잠과 직조의 과정에 내포한 여성 관련 의미, 세 가지

중국 송대 제작된 잠직도로부터 이어져온 그림 속 표현된 양잠과 직조 과정은 기본적으로 그리고 전통적으로 여성과 관련하여 세 가지 이상의 의미를 내포하고 있다고 할 수 있다. 우선 여성의 예의와 교양으로서의 상징적 의미, 여성적 미덕 혹은 공덕 함양과 관련된 교육적 의미, 그리고 양잠과 방직에서 여성의 노동이 지니는 경제적 의미다.

중국에서는 경직도 제작 초기부터 여성의 미덕이자 공덕으로서 양잠이 권장되었던 것에 비해 일본의 경우 경직도가 수용된 초기 무로마치와 에도 초기에는 사회경제적인 상황상 중국에 비해 그 권계적 기능이 강조되지는 않았던 것으로 보인다. 즉, 황실 주도 아래 감계적 기능이 강조된 경직도의 전통 자체가 일본에서는 막부와 가노파에 의해 수용되어 조금 다른 층위를 지녔다. 하지만 에도 후기 일본 내 양잠 관련 경제적인 가치와 의미가 변모함에 따라 교육적인 기능이 특히 강조된 것으로 볼 수 있다.

검열을 넘나드는 수단으로, 여성의 노동을 둘러싼 현실 풍자의 도구로

제임스 율락James Ulak은 이 시기 양잠 우키요에의 등장과 관련하여 또 하나의 중요한 가능성을 제시한다. 즉, 막부의 강화되는 출판에 대한 규제와 검열에 대한 반작용으로, 미인도 및 소위 에로틱한 그림에 대한 검열을 피하기 위한 수단으로 작용했을 것이라는 점이다.[26] 양잠 혹은 잠직 관련 일련의 과정을 묘사한 그림들은 표면적으로 근면과 경제적 생산이라는 여성의 공덕 혹은 미덕을 강조하기에 규제와 검열의 대상이던 미인화의 장르와 결합될 경우 검열을 넘나드는 효과적인 수단으로 당시 선택 혹은 선호되었을 수 있다.

기타가와 우타마로의 《여직잠수업초》 시리즈 속 여성들의 모습을 좀 더 자세히 살펴보면, 이들은 잠직 관련 생산 과정을 디테일하게 보여주고 있지만, 실제 생업 현장의 사실

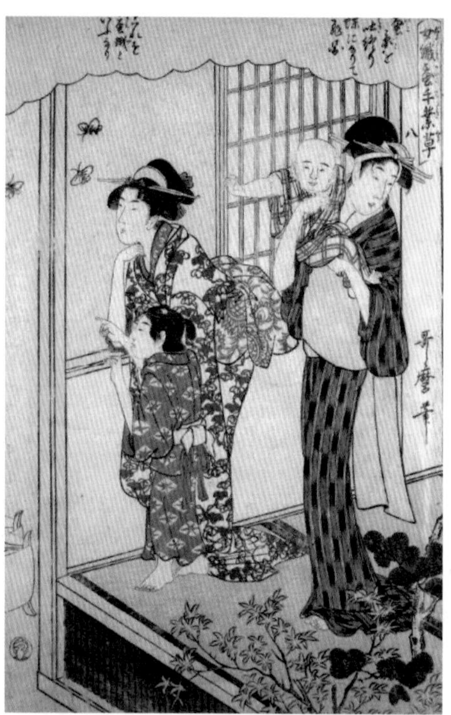

도06_21. 《여직잠수업초》시리즈 가운데
우아하고 아름다운 여성의 모습.

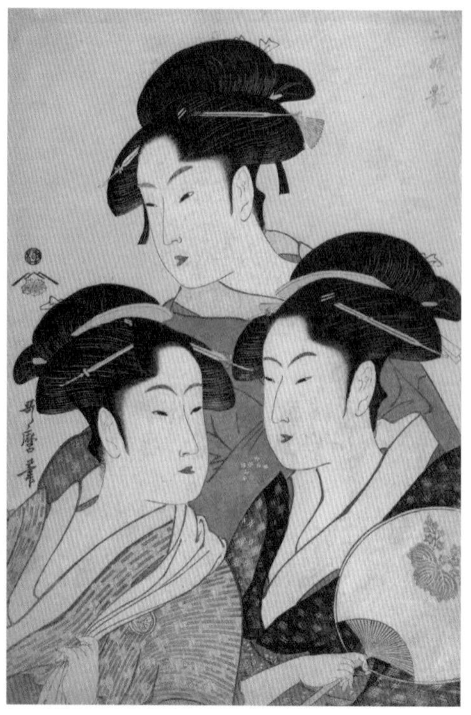

도06_22. 기타가와 우타마로, 〈삼부염三婦艶〉, 니시키에,
38.7×25.7, 에도 시대, 18세기 말, 메트로폴리탄미술관.

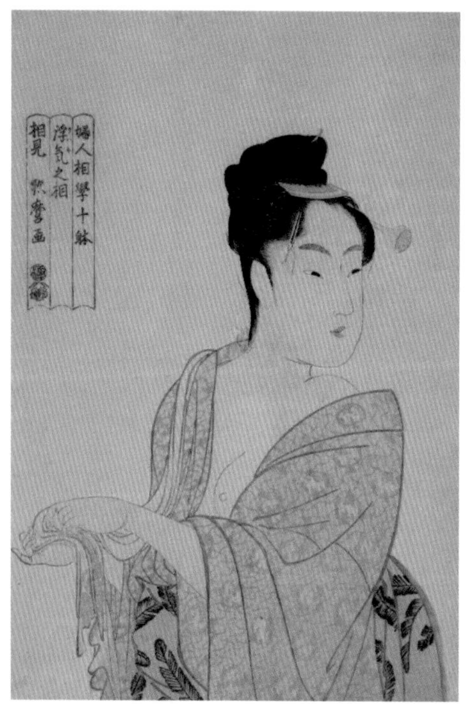

도06_23. 기타가와 우타마로,
《부인상학십체婦人相學十躰》 중 〈우와키노소浮気之相〉,
니시키에, 35.5×25.1, 에도 시대, 18세기 말, 영국박물관.

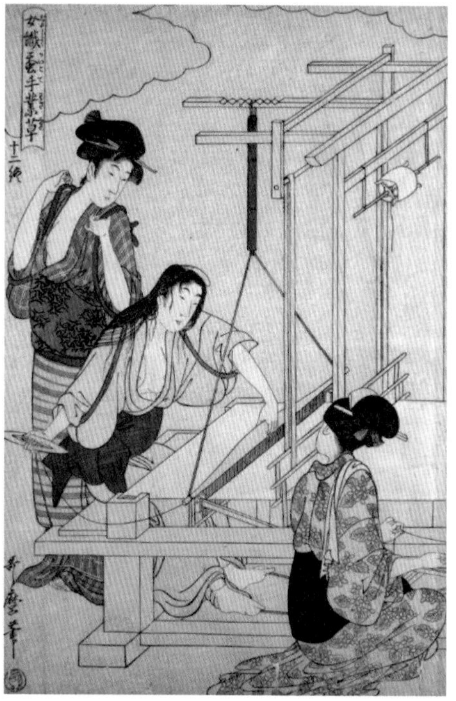

도06_24. 《여직잠수업초》 시리즈 가운데 마지막 장면
상반신을 노출한 여성.

적인 묘사나 힘들게 노동하는 여성의 고된 업무가 아니라, 의복과 자세 면에서 몹시 우아하고 아름다운 자태를 보여준다.[도06_18], [도06_21] 잠직의 특정 장면을 묘사하고는 있지만, 인물의 묘사는 기타가와 우타마로의 다른 미인도 우키요에와 유사한 분위기를 자아낸다.[도06_22], [도06_23] 이처럼 생업 현장에서 노동하는 사실적인 여성이 아닌 아름답고 우아한 여성의 묘사는 잠직이 지니는 전통적인 여성의 덕목과 가치를 강조할 뿐만 아니라 여성의 교양에 적합한 모습임을 보여준다. 시리즈의 마지막 장면의 그림 왼쪽 이미지에는 유일하게 직조하는 여성들의 상반신이 살짝 노출되어 있으며[도06_24] 작업 공정에 대한 글도 담고 있지 않다. 이 그림 속 노출은 물론 기타가와 우타마로가 그린 다른 에로틱한 미인도 시리즈 그림들에 비해 온건하지만, 우아한 여성의 미덕인 양잠과 결합한 미인도는 검열을 넘나드는 혹은 검열을 희롱하는 수단으로 사용되었을 가능성이 높다.[27]

마지막으로, 양잠과 직조를 둘러싼 이러한 복합적인 의미는 잠직 이미지를 통해 현실적 풍자도 가능했을 것임을 시사한다. 당시 『화본보능루』 등을 비롯한 양잠 관련 그림 책 서문에는 그 제작 의도가 양잠에 종사하는 농촌 부인들의 '천신만고'를 알리는 데 있음을 언급한다. 하지만 책 속에 묘사된 여성들은 역설적이게도 몹시 우아하고 아름다운 모습으로 그려졌다. 『화본보능루』에 실린 그림 속 여성들은 화려한 의복과 'S'자로 몸매의 굴곡을 드러내며 서 있다. 노동과 작업 공정에 대한 강조보다는 아름답고 우아한 모습이 강조되어 있는 것이다.

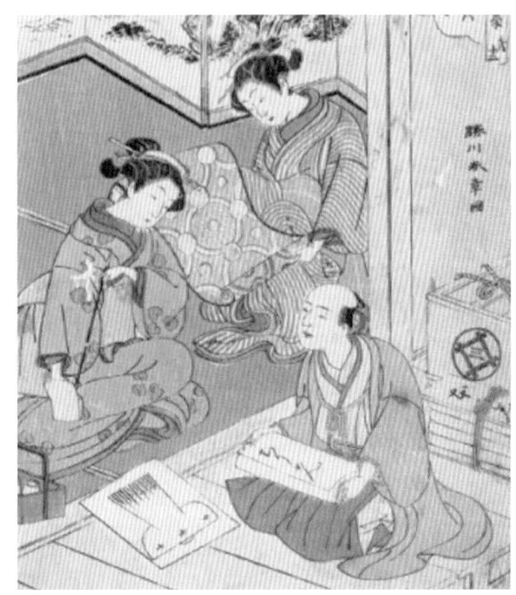
도06_25. 『화본보능루』의 마지막에 새롭게 삽입된 장면.

여기에서 또 하나 주목되는 점은 『화본보능루』의 마지막 장면에 새롭게 삽입된 내용이다.[도06_25] 화면 속 두 명의 여성 중 한 명은 무늬 비단을 양손으로 펼치며 살펴보고 있으며, 또 한 명은 무릎을 꿇고 앉은 남성이 내미는 의복 도안인 히나가타본雛形本을 응시하고 있다. 즉, 양잠 관련 일련의 과정 마지막 장면에 누에를 기르고 실을 뽑고 비단을 직조하는 것에서 한 단계 더 나아가, 비단으로 만들어진 결과물인 의복 고소데小袖 주문을 위해 디자인 도안과 비단을 살펴보는 모습을 그리고 있다.

에도 시대 일본에서 비단은 고급 직물이자 사치품으로, 새롭게 성장한 도시민인 조닌들에게 선호되는 상품이었다. 비단의 소비는 신분에 따른 규세와 더불어 사치를 금하는 맥락에서 규제되었는데, 비단 생산량이 증가하고 관련 산업의 성장으로 18세기 말 이후 19세기를 거치며 이전에 비해 점차 그 규제가 느슨해지기는 하지만, 여전히 비단은 누구라도 가질 수 있는 상품은 아니었다. 당시 실제 양잠 산업에서 노동력을 제공하는 여성들은 최종 생산물이자 상품인 비단을 사용 혹은 소비하는 계층과는 거리가 멀다고 할 수 있다. 19세기에는 이러한 양잠 관련 노동의 주체와 소비의 주체가 다른 현실에 대한 풍자를 반영한 교카狂歌가 등장하고, 이러한 풍자적인 내용의 시가 결합된 양잠 우키요에도 제작된다. 따라서 잠직 과정을 보여주는 여러 우키요에 이미지들은 여성의 교양을 강조하고 교육하는 동시에 검열을 피하거나 희롱하고 양잠 산업의 경제적인 가치와 현실을 풍자하는 수단으로도 기능할 수 있었을 것이다.

일본의 경직도 수용과 변용 과정에 나타난 젠더 구조

경직도라는 동아시아의 고전이자 전통적인 화제가 일본에 수용되고 변용되는 양상을 시기별로 살펴보았다. 그 전개 과정에서 얽혀 있는 복합적인 층위와 맥락 및 이를 둘러싼 중층적 의미를 선행 연구에서 제시된 몇 가지 다이어그램을 참고하여 다시 한 번 짚어가보겠다.[28]

중국의 경직도 두루마리가 일본에 수용되어 대화면의 경작도가 제작되고 새롭게 간행되고 양잠 우키요에까지 변용되는 14~15세기부터 19세기까지의 일본에서의 일련의 흐름을 살펴보면, 우선 가장 저변에는 중국 고대부터 존재하는 이상적이고 조화로운 사회에 대한 지향, 위정자에 대한 감계적이고 교훈적인 맥락이 존재하고 있다. 다만, 일본 내 최초 수용 단계인 무로마치 시대에는 그 감계적 맥락보다는 중국 한漢, 당唐으로 대표되는 화제와 화풍의 권위가 더욱 중요하게 인지되고 작동했던 것으로 보인다. 즉, 무로마치 막부의 권위, 쇼군가가 지향하려던 남송으로 대표되는 중국 지향 속에서 남송 원체화풍, 특히 양해 남송의 화원화가의 경직도는 추구해야 할 전형으로, 가장 중요한 고전으로 여겨졌다. 여기에서 경직도는 경작과 잠직 간 차등이나 위계없이 '양해' '남송'의 권위로 그대로 수용되어 병풍의 대화면으로 이동되었다고 본다. 이와 관련하여 특히 위의 다이어그램을 통해 일본 중세 회화의 중국 지향 혹은 중국 취향의 위계 및 위력의 큰 틀을 이해할 수 있다.[29]

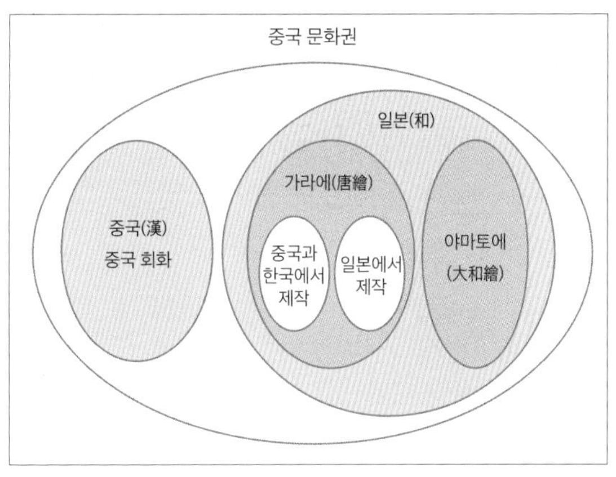

시마오 아라타가 제시한 일본 미술에서 화和와 한漢의 개념도.

같은 맥락에서 남송대 경직도의 위상은 무로마치와 에도 시대 가노파에도 지속되며, 계속해서 모본과 분본이 제작된다. 여기서 두 번째 단계의 변용이 이루어지는데 쇼군가 후스마 그림으로 '경작'만이 선택되었고 에도 시대 가노파에 의해서 사계와 경작 이미지가 결합되어 병풍으로 제작되었다는 점이다. 이후, 병풍의 화면에서 배제되었던 잠직도는 18세기 후반, 우키요에라는 가장 대중적인 영역에서 등장한다. 경작과 잠직이라는 두 가지 주제가 분리되어 선택적으로 수용된 이유에는 잠직이 여성들의 일, 노동, 덕목이라는 특징 외에 일본 내에서 농경과 양잠의 위계 차이도 관련되었을 것이다. 에도 시대 양잠 및 비단 관련 산업 제반 여건이 달라짐에 따라 이와 관련된 여성의 노동과 그 경제적 가치가 중요해졌으며 잠직 관련 이미지 역시 다양한 의미와 기능을 지니게 된다. 양잠의 권계적 성격과 여성의 덕목과 교양이라는 가치로 인해, 당시 '속俗'한 장르인 우키요에 미인도 속에서 양잠과 결합된 이미지들은 가장 '아雅'한 그림의 주제가 되었다고 할 수 있다.[30]

일본의 잠직 이미지와 관련된 또 다른 흥미로운 특징 중 하나는 경직도가 그림으로 제

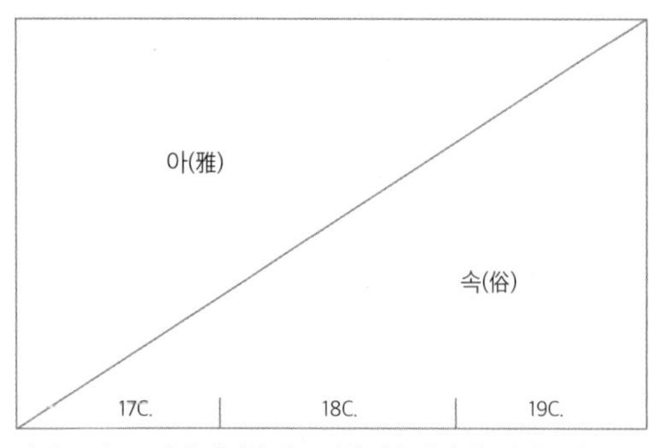

나카노 미쓰토시가 제시한 에도 시대 미술에서 아雅와 속俗의 분포.

작되는 초기부터 누에를 기르고 비단을 생산하는 것이 아이를 양육하는 것과 동일한 중의적인 의미로도 사용되었다는 점이다. 앞에서 본 가노 에이노 번각본《경직도》를 중국본과 비교할 때 재미있는 변화 요소 중 하나로 공정 장면마다 나무가 삽입되거나, 아이가 추가된 장면이 있다는 점, 성인 여성 중 노인이 모두 사라져 있다는 점을 지적했다. 이러한 변형은 중국의 원도에서는 모든 성별과 나이가 어우러져 조화를 이룬 모습을 이상적으로 표현한 것에 반해 일본에서는 누에와 생사를 키우고 아이를 양육하는 '여성의 생산성'을 강조하며 주목한 것이 아닐까 생각한다. 같은 맥락에서 아이를 낳고 키울 수 있는 젊은 성인 여성의 모습만이 그려져 있다는 점이 흥미롭다.

잠직 장면에 나타난 여성의 노동을 둘러싼 중층적 의미 외에도 직물의 생산과 직조 과정에서의 위계 또한 생각해볼 수 있다. 즉, 당시 다양한 직물의 생산량이 증가하고 직물의 종류에는 비단만 있는 것은 아님에도 불구하고 아름답고 화려한 미인도류 우키요에에는 양잠과 비단 관련 공정만 그려진다는 점이다. 이는 노동과 작업 과정은 덜 고되고 상품의 가격은 더 비싸다는 특수성을 지닌 비단의 특징과 그 사용이 상류층에게만 허용된다는 계층의 문제와도 관련될 것이다. 이렇게 볼 때 경직도 관련 회화의 제작과 소비를 젠더적 관점에서 고찰하는 것은 중요하다고 할 수 있다. 전근대 사회에서 경직도가 경작과 잠직으로 층위가 분화되며 이중 삼중으로 타자화되는 구조는 이것이 현대 연구자들의 인식에까지 영향을 미쳐, 연구사에서 두 그림이 분리되거나 경작 중심으로 연구와 전시가 이루어지는 것과도 무관하지 않을 것이다.

마지막으로 이 글에서는 다루지 못했지만 에도 막부 멸망 후 메이지 시대에는 양잠 및 잠직 관련 이미지가 일본의 근대 국가 이미지와 결부되며 또 한 차례의 전용이 이루어진다. 메이지 시대 비단은 일본 황실의 권장 산업이자, 주요 수출품이기도 했다. 메이지 시

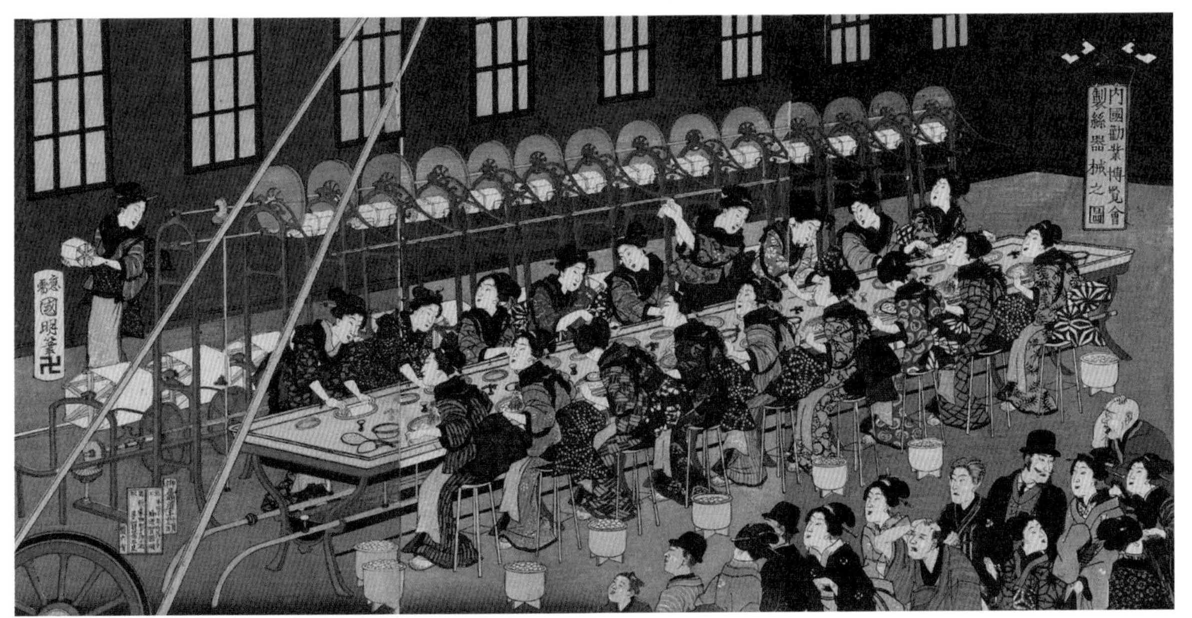

도06_26. 우타가와 구니아키 II., 『대일본내국권업박람회제사기계지도大日本內國勸業博覧會製絲器械之圖』 니시키에, 1877, 37.2×75, 보스턴미술관.

기의 여성들의 잠직 관련 이미지는 황실의 후원을 받아 화려한 모습으로 나타나는데, 일본 황실의 이미지와 결부되거나 작업 과정에서 근대화된 공정이 강조된 모습으로 표현되었다.[도06_26] 이 시기 비단과 양잠 산업은 내수용보다는, 오히려 외국을 주된 판매 대상으로 염두에 둔 수출 상품으로 변모하는데, 이 과정에서 비단은 그 자체로 일본을 표상하기에 이른다. 근대 시기 잠직도와 관련하여, 또 한 번의 전용과 변용이 이루어진다고 할 수 있다. 추후 근대기 양잠 관련 각종 시각 이미지 고찰 및 이를 통합한 비교 분석을 통해 그 제상을 좀 더 폭넓게 이해해볼 수 있기를 기대한다.

글을 마치며

젠더라는 용어를 처음으로 접한 것은 대학 1학년, 우연한 기회로 학교 박물관의 도슨트로 참여했을 때다. 당시 모교 박물관에서는 학부생을 대상으로 도슨트를 모집하여 운영하기 시작했는데, 그 첫 전시가 바로 〈여성성의 재현〉 특별전이었다. 이후 전공보다 미술사 수업을 더 많이 듣게 되었고, 그 가운데 '여성과 예술'이라는 교양 수업이 또렷하게 기억에 남아 있다. 린다 노클린Linda Nochlin의 "왜 위대한 여성 예술가는 없었는가"라는 거대한 질문에서부터 서양 미술사에서 지워졌던 수많은 여성 예술가들과 도발적인 동시대 페미니즘 미술가들의 작품들까지 접한 기억이 지금까지도 생생하다.

1980년대 태어나 2000년대 초반 여자 대학에서 학부 시절을 보낸 덕분에 젠더, 여성주의, 페미니즘은 새롭거나 낯설거나 인상적인 주제는 아니었다. 여성사 관련 수업도 많았고, 대부분의 교양과 전공 수업에서 여성·여성의 몸과 신체·여성성·여성주의 등을 다루는 것은 일반적이고 자연스러웠다. 20여 년이 지난 지금도 학계에서 여전히 제대로 다루어지지 않았다고 이야기되는 바로 그 접근 방식이 어떤 의미에서 식상하게까지 여겨졌던 이유일 것이다. 졸업 이후 여러 나라, 여러 기관에서 다양한 사람들과 함께하며 20대 초반에 받은 교육과 경험과 지식이 얼마나 특수한 것이었는지, 혜택 받은 환경이었는지 깨닫게 되었다. 미국에서도 영국에서도 일본에서도, 세미나와 학술대회를 통해 여성과 젠더를 심도 깊게 다루어야 한다는 방법론적 중요성을 강조했다.

성별 갈등이 최고조에 달하고 선거의 큰 이슈였던 그 즈음 우리의 학술대회가 있었다.

“여성 이미지에서 출발한 이번 작업을 통해
전근대 동아시아에서 사회가 요구했던 여성의 모습,
사회에서 받아들인 여성의 모습, 더 나아가 사회 경제의 중요한 부분을
담당하는 여성의 노동을 다루는 태도와 모습에서, 본질적이고 제도적으로
이중적인 잣대와 양가적인 측면이 존재했음을 알 수 있었다.
가장 전통적이라고 여겨졌던 경직도가 완전히 새롭게 다가온 순간이었다.”

회화사에서 여성과 젠더를 다루는 여러 갈래 중 우선 여성 이미지에서 출발해보기로 한 이번 작업 속에서 무의식적으로 피하고 도망 다닌 주제들을 고민하며 왜 그리고 여전히 이러한 논의가 필요한지 여실히 느낄 수 있었다. 특히 전근대 동아시아에서 사회가 요구했던 여성의 모습, 사회에서 받아들여졌던 여성의 모습, 그리고 여기에서 더 나아가 사회 경제의 중요한 부분을 담당하는 여성의 노동을 다루는 태도와 모습에서 좀 더 본질적이고 제도적으로 이중적인 잣대와 양가적인 측면이 존재했음을 알 수 있었다. 감계적이기에 가장 전통적이라고 여겨졌던 경직도가 완전히 새롭게 다가온 순간이었다.

최전선에서 학계와 담론을 이끌어오신 선생님들로부터 특강을 듣고 의견을 공유하던 시간, 학술대회 당일 자유로운 토론을 할 수 있게 해준 여러 선생님들의 얼굴과 코멘트가 떠오른다. 스스로 무의식적인 검열에서 자유로워져 새로운 주제를 고민할 수 있도록 독려해주신 선생님들께 감사한 마음을 전한다. 전근대 동아시아 미술사에서도 한 단계 더 깊어진 젠더하기를 기대해본다._이정은

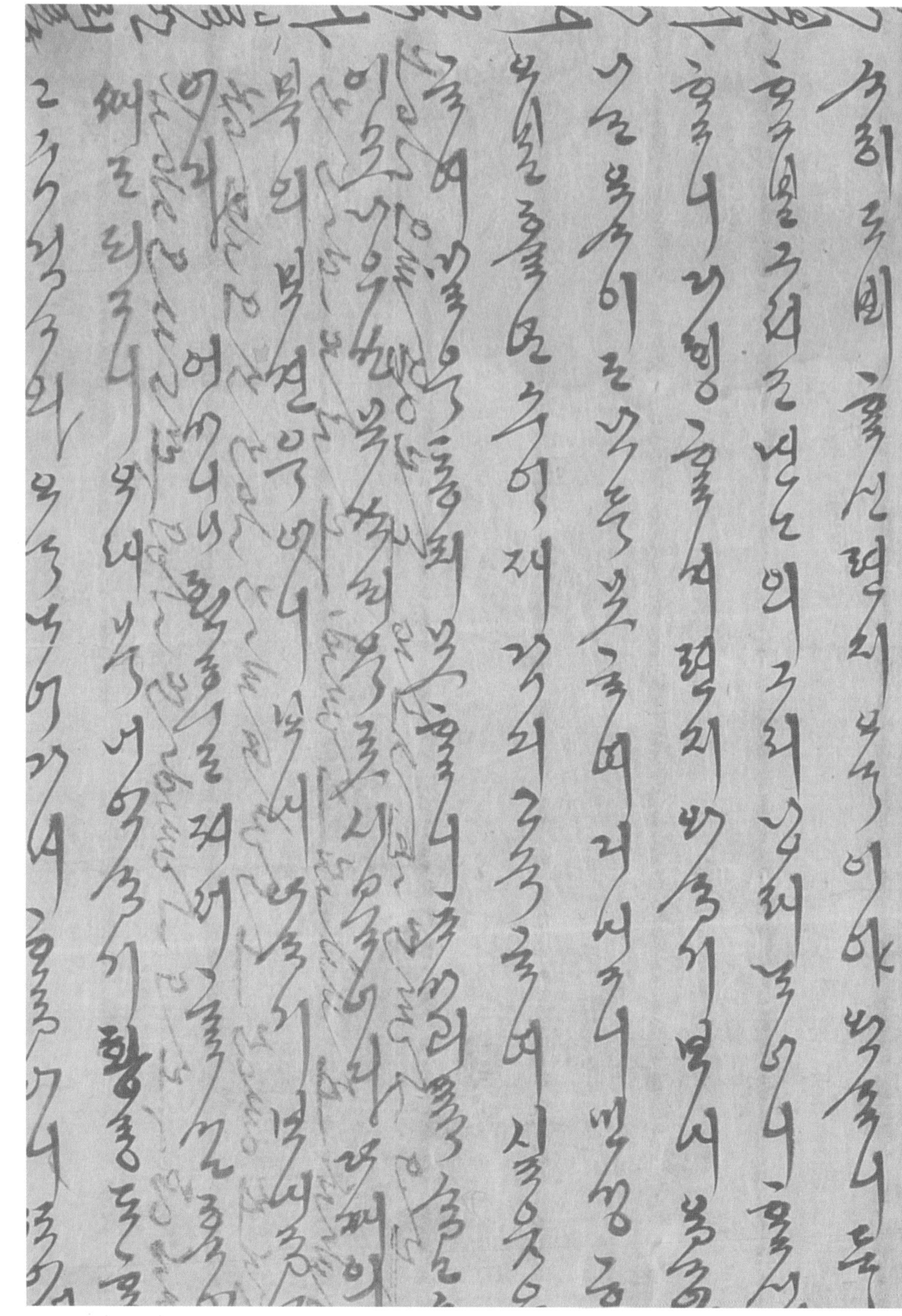

07.
조선 여성, 글씨 쓰기

_조인수

조인수_ 한국예술종합학교 미술원 교수.
서울대학교 고고미술사학과를 졸업하고 미국 캔사스대학에서 중국 신선도를 주제로 박사학위를 받았다. 호암미술관, 미국 남캘리포니아대학에서 일했으며, 현재 한국예술종합학교 미술원 교수로 재직 중이다. 이밖에 문화재청과 서울시 문화재위원으로 봉사하고 있다. 시각문화, 물질문화 연구의 관점에서 초상화, 인물화를 연구하며, 20세기 수묵채색화에 대해서도 관심을 기울인다. 최근 논문으로 「김홍도와 불교 회화」, 「잠곡 김육의 초상화 세 점에 대하여」가 있고, 공저로 『클릭, 아시아 미술사』가 있다.

• 이 글은 Insoo Cho, "Scribing Their Alphabets: Women Calligraphers in the Joseon Dynasty," in *Women across Asian Art: Selected Essays in Art and Material Culture* edited by Ling-en Lu and Allysa B. Peyton (University of Florida Press, 2023)을 수정한 것이다.

여성, 그리고 한글……
이중으로 소외된 질문

한국미술사에서 여성의 흔적은 여기저기서 찾아볼 수 있다. 그림에는 상류층에서 평민까지 다양한 계층의 여성이 종종 묘사되었다. 여성의 주거 공간에 놓인 가구나 여성들이 사용한 공예품도 상당수 남아 있다. 자신을 아름답게 꾸미기 위한 비녀, 떨잠 등의 장신구에서부터 가사노동에 사용한 골무, 자 등의 작은 도구에서도 여성의 미적 취향을 발견할 수 있다.[1]

그러나 회화로 표현되는 여성들은 남성들의 시선에 따라 왜곡된 경우가 많고, 여성과 관련된 다양한 물건들은 사회적으로 정해진 여성으로서의 역할을 올바르게 수행하는 데 필요한 것이다. 이런 미술품에서 여성의 주체성은 찾아보기 어렵다. 그 결과 조선 시대에 여성 미술가의 존재는 잘 드러나지 않으며, 그들이 만들어낸 미술품은 주류 미술사에서 배제되어왔다.

특히 서예는 남성 문인들의 예술적 지향이 잘 드러나는 장르로 높게 평가되었다. 유교를 지배 이념으로 삼았던 조선 사회에서 학문적 성취는 신분을 규정하는 중요한 요소였다. 그러나 조선 시대 문자의 특징은 한자와 한글이 공존하는 것이었다. 그 가운데 한글은 일상의 언어와 밀접한 관계를 지녔고, 여성과 평민의 의사소통 수단이었다. 조선 시대 여성들은 대부분 한문을 배울 수 없었기에, 한글이 여성들로 하여금 그녀들의 생각을 표현하고 경험을 기록할 수 있게 해주었다. 그렇기에 한글이 널리 사용될수록, 한문을 독점했던 상류층 남성은 이를 폄하했다.[2]

이런 실정에서 조선 시대 여성들이 한글로 쓴 글씨는 중요하다. 남성들이 독점적으로 한문 문서를 작성하는 상황에서도, 여성들이 친척들에게 보낸 한글 편지가 많이 남아 있다. 이들 한글 편지는 친밀하고 애틋한 내용과 더불어 유려한 글씨체가 눈길을 끈다. 이와 더불어 한글 소설이 여성들 사이에서 큰 인기를 누리면서 엄청난 분량의 책들이 여성의 손에 의해 필사되었다. 이렇게 여성들은 숙달된 필치로 아름다운 글씨를 많이 남겼다.

그러나 개인적인 편지와 실용적인 문서, 그리고 대중적인 소설책은 미술사 연구에서 주목받지 못했다. 여성들의 한글 글씨는 미술사에서 이중으로 소외되었다. 당시 문자 생활에서 주류였던 한자가 아니라 한글이기에 서예로서 간주되지 않았을 뿐만 아니라, 사회를 주도했던 남자가 아니라 여자가 쓴 글씨라는 점 때문에 중요하게 여겨지지 않았다.

근대에 와서 한글과 여성의 역할은 새롭게 주목받기 시작했고, 서예 연구에서도 여성 글씨의 중요성을 깨닫게 되었지만, 여전히 한글 서예는 인쇄물 활자체나 남성 서예가들의 작품에 주목하는 실정이다. 그러다 보니 한글 서예에서 여성의 기여도는 오히려 과장되는 경향이 나타나기도 했고, 여성이 쓴 한글 글씨의 기능과 양식에 대한 질문은 보류되었다.

여성 화가도 드물진대, 하물며 여성 서예가라는 존재

조선 초기부터 유교 이념으로 사회가 재편되면서 여성은 부계제 사회의 권력 중심으로부터 소외되었다. 여성의 활동은 유교적 규범에 따라 가정 내에서의 역할로 제한되었다. 상류층 여성에 대한 기록은 대개 남성 문인들이 쓴 것인데, 바람직한 여성상에 대해서는 남성을 도와 집안을 잘 꾸려나가는 것으로 미화하고 과장한 것이 많을 뿐, 여성의 미술적 재능이나 성취를 언급한 것은 매우 희소하다.[3]

오세창吳世昌, 1864~1953이 1928년에 편찬한 『근역서화징槿域書畫徵』에는 삼국시대 이래로 1,117명의 역대 서화가를 수록했는데 그 가운데 여성 화가는 몇 사람 되지 않는다.[4] 신사임당申師任堂, 1504~1551, 허난설헌許蘭雪軒, 1563~1589, 장계향張桂香, 1598~1680, 기생 죽향竹香, 19세기 활동 등이 포함되어 있을 뿐이다. 서예를 살펴보면 상황은 더 안 좋다. 신사임당, 장계향 외에 문인화가 강희안姜希顔, 1418~1464의 딸인 강씨부인과 서익徐益, 1542~1587의 소실이 글씨를 잘 썼다는 일화가 소개되어 있을 뿐이다.[5] 심지어 이들의 이름도 제대로 알려지지 않았다. 이는 중국과 비교했을 때 너무 적은 수다.[6]

이런 실정이기에 남아 전하는 여성의 서예 작품을 찾아보기가 어려우며, 있더라도 진위 여부가 문제된다. 한국미술사에서 가장 유명한 여성인 신사임당의 경우를 살펴보더라도 사정은 나아지지 않는다. 신사임당은 조선 시대부터 화가로서 크게 칭송받았는데 최근의 연구에 의하면 이러한 평가는 상당 부분 후대에 과장되고 왜곡된 것으로 밝혀졌다.[7] 신사임당의 서예로는 당시唐詩 오언절구 여섯 수를 초서로 쓴 것이 알려져 있으나, 신사임당의 진적인지는 알 수 없다. 더욱이 신사임당의 한글 글씨에 대해서는 알려진 바가 없다.

장계향의 경우도 사정은 비슷하다. 그녀는 뛰어난 서예가였던 아버지의 영향으로 어려서부터 글씨를 잘 썼다고 한다. 현재 그녀의 작품으로 알려진 것으로 『학발첩鶴髮帖』이 있는데, 자신의 시를 능숙한 초서로 쓴 것이다.[도07_01] 시의 내용은 멀리 국경에 징집되어 떠난 아들을 그리워하는 늙고 병든 여인의 애절한 사연을 노래한 것으로 문학적인 성취가 뛰어나다고 평가된다. 글씨에 대해서도 중국 고대의 서예가 종요鍾繇, 151~230와 왕희지王羲之, 303~361 이래로 비교할 수 없다고 칭찬받았다.[8] 그러나 이 기록은 그녀가 죽은 후 백 년이 지나서 처음 나타나기 때문에, 서첩이 과연 진작인지는 불분명하다. 그녀의 아들이 지은 전기에 따르면 장계향이 어려서 글씨를 잘 쓰고 시를 잘 지었지만 10대 중반부터는 문장과 글씨는 아녀자의 직분이 아니라고 하여 더 이상 하지 않았기 때문에 세상에 많이 전해지지 못했다고 한다. 그러나 여기에 『학발첩』에 대한 언급은 없다. 이렇게 여성들의 글씨는 중요하게 여겨지며 보존되는 경우가 드물었고, 간혹 남성 후손의 명망에 따라 재발견되거나 재평가되기도 했다.

왕실 여인의 글씨도 비슷한 운명을 지녔다. 선조宣祖, 재위 1567~1608와 인목왕후仁穆王后, 1584~1632, 그리고 이들의 첫째 딸 정명공주貞明公主, 1603~1685는 모두 조선 왕실을 대표하는 서예가로 알려져 있다.[9] 선조의 글씨는 17세기 이후 어필의 전형을 수립한 것으로 높이 평가받고 있지만, 왕비와 공주의 글씨는 이들의 개인적 불행과 연관되어 유명해졌다. 선조의 뒤를 이어 권좌에 오른 광해군光海君, 재위 1608~1623은 계모 인목대비와 이복동생 정명공주를 서궁에 유폐시켰다.

인목대비는 회한과 공포를 서예로 달랬고 여러 작품을 남겼다. 그중 하나인 「민우시憫牛詩」는 늙은 소에 대한 연민을 노래한 것인데, 자신의 불우한 처지를 빗대면서 광해군을 은연 중에 비난한 것이었다.[도07_02] 1623년 사대부들이 인조반정을 통해 광해군을 권좌에서 몰아낸 후, 이 작품은 유교 이념에서 강조하는 충정과 절개를 상징하는 것으로 높이 평가되

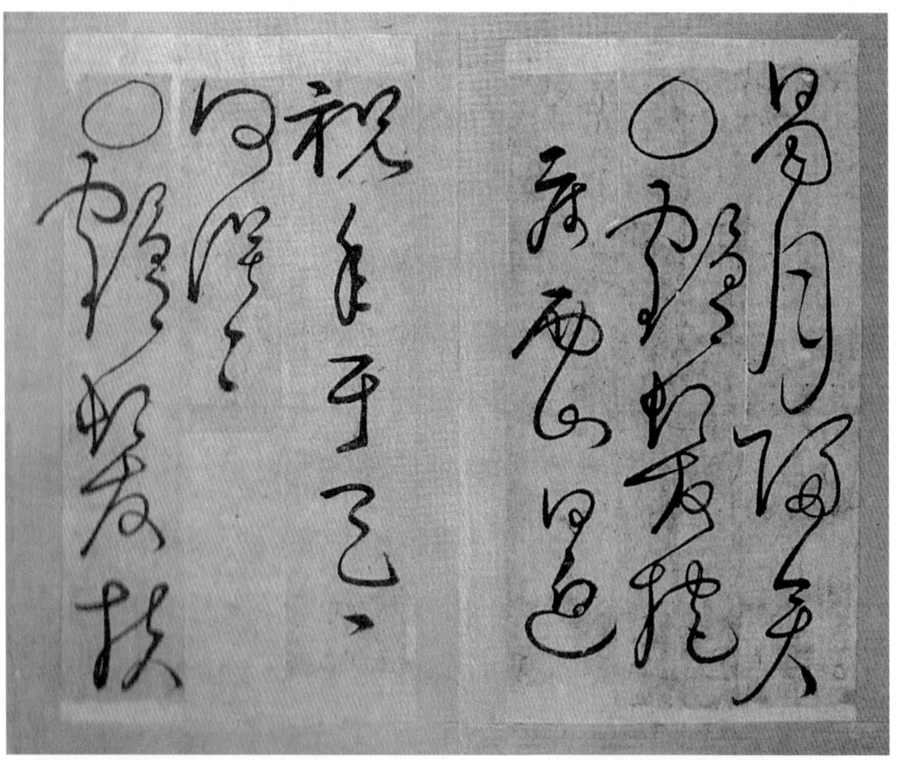

도07_01. 장계향, 『학발첩』 제2~제3면, 종이에 먹, 44×25.5, 17세기, 개인.

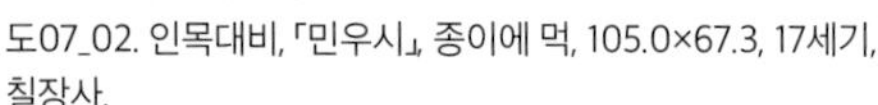

도07_02. 인목대비, 「민우시」, 종이에 먹, 105.0×67.3, 17세기, 칠장사.

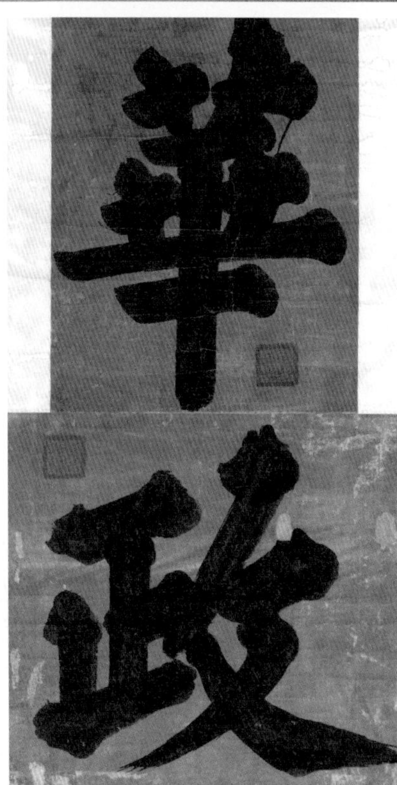

도07_03. 정명공주, 「화정」, 종이에 먹, 146×73.5, 17세기, 간송미술관.

어 목판으로 인쇄되어 배포되기도 했다.

정명공주의 서예도 대부분 16세에서 21세까지 서궁 유폐 시절에 썼다고 여겨진다. 광해군이 권좌에서 내쫓긴 후 정명공주는 긴 유폐에서 풀려나 복권되었고, 풍산홍씨 집안으로 시집갔다. 이후 정명공주는 "문한文翰은 부인이 할 일이 아니다"라고 하면서 편지도 모두 한글을 사용했다. 정명공주의 작품으로 유명한 「화정華政」 두 글자는 글자 하나의 높이가 70센티미터가 넘는다.[10] [도07_03] 원래 큰 글씨 여덟 글자에 속했는데 그중 막내아들이 물려받은 두 글자다.[11] 정명공주가 죽은 후, 아들은 어머니를 기리는 마음에서 이를 모각하고 탁본해서 널리 배포했다. 훗날 숙종肅宗, 재위 1674~1720과 정조가 이를 보고 여성의 글씨답지 않게 굳건하다고 칭송했다.

이렇게 왕실 여성의 한문 서예 작품의 경우에도 여인으로서의 미덕이 강조되는 정도로만 인정을 받을 뿐이었고, 예술적 가치는 크게 중요하게 여겨지지 않았다. 더욱이 이들 사례는 모두 한자 서예이지, 한글로 쓴 글씨에 대해서는 알려진 바가 없다.

공부는 금지, 잘 따르는 여성에게는 칭찬을

조선 시대 여성 서예가가 드문 것은 조선의 문자 생활과 밀접한 관계가 있다. 유교 경전을 공부하는 것이 상류층 남성에게는 필수적이었지만 여성에게는 해당되지 않았다. 사대부 집안에서조차 딸들이 공부하는 것은 어려웠고, 순종적인 규범과 바느질 같은 가사 활동 이외에는 가르치려 들지 않았다. 양반가 여성들이 간단한 읽기와 쓰기를 배우는 경우에도 단지 『소학』이나 『내훈』에 한정되었다. 이런 종류의 교훈서들은 여성들에게 복종적인 딸, 순종적인 아내, 희생적인 어머니, 절개를 지키는 과부 등으로 처신하기를 강조했다.

여자가 글을 알고 책을 읽는 것은 정치에 관여하게 될 수 있기에 금기시 되었다. 일찍이 세종은 "중국에는 부녀도 문자를 알아 혹 정사에 참여하지만, 우리나라는 부녀들이 문자를 깨치지 못했기에 정사에 참여하지 않았음은 의심의 여지가 없다"라고 했다.[12] 가사에 소홀해질 수 있다는 편견으로 여자가 공부를 하는 것은 금지되었고, 이를 잘 따른 여성은 칭찬받았다.

일부 운이 좋았던 여성은 가족들의 배려로 한문을 깨우칠 수 있었다. 여성의 재능을 눈여겨본 아버지나 남자 형제, 또는 드물게 남편의 배려에 따른 것이었다. 예를 들어 문인 김창협은 딸 김운에 대해 "딸의 성정이 고요하고 순박해서 글을 알아도 해가 되지 않을 것 같았다"고 생각하고 남동생과 함께 글을 배우도록 했다. 글을 배운 김운조차도 조선 사회의 견고한 가부장제 아래서 자신의 학문적 재능을 꽃 피울 수 없었고, 결국 한탄하기를 "남자로 태어난다면 깊은 산속에 집을 짓고는 수백 수천 권의 책을 쌓아두고 그 가운데서 늙어 가고 싶다"라고 했다.[13]

조선 후기 실학이 새로운 분위기를 일으켰을 때도 이런 상황은 변하지 않았다. 실학의 선구자로 여겨지는 이익李瀷, 1681~1763은 "글을 읽고 뜻을 풀이하는 것은 남자의 일이다. 부인은 아침과 저녁, 여름과 겨울, 때에 맞추어 준비해야 할 물건을 준비하고, 제사를 지내고, 손님을 맞아야 한다. 어느 겨를에 책을 읽을 수 있겠는가"라고 가부장제적인 여성관을 드러낸다.[14] 그는 무릇 문자 공부란 힘을 쏟지 않으면 불가능하기에 애당초 부인에게 맡길 수 있는 일이 아니라고 했다.

이렇다 보니 여성이 한문으로 창작을 하거나 서예 작품을 제작하는 것은 매우 어려웠다. 시인으로 잘 알려진 서영수합徐令壽閤, 1753~1823은 가족 모임에서 시를 지었지만, 입으로 읊어 응할 뿐, 붓을 들어 기록하지는 않았다고 한다. 이에 남편이 아들을 시켜 몰래 적어둔 것이 있어서 나중에 그녀가 죽은 후에 출판할 수 있었다.[15] 이렇게 여성의 문필은 금기의 대상이었고 공개를 전제로 하는 인쇄본의 경우에는 더욱 그러했다. 결국 여성들의 목소리는 구비문학과 한글을 통해서 전해질 수 있었다.

여성, 한글을 통해 기록자가 되다

고대부터 조선 시대까지 한국의 문자는 곧 중국의 한자를 의미했다. 그러나 일상생활에서 언어와 문자는 일치하지 않았고, 대다수의 백성은 문맹이었다. 이런 상황에서 세종이 한글을 만들어 반포한 것은 획기적인 사건이었다. 물론 양반지배층은 이에 반발했다. 공식 문서에서 한글은 거의 사용되지 못했고 지배층 남성 문인들은 왕조가 끝날 때까지 한문을 위주로 한 문자 생활을 했다. 그러나 한문 사용에서 배제된 상류층 여성 및 백성들 사이에서 한글은 빠르게 확산되었다. 실제로 한글은 일상생활에서 사용하는 언어를 누구나 쉽게 문자로 옮겨 쓰고 읽을 수 있게 해주었다. 그 결과 19세기 말까지 한글은 평민과 하층민 그리고 여성의 문자였다.[16]

그러나 최근 연구에 따르면 사대부도 한글을 많이 사용했다. 유교 경전과 고전 문학의 한글 번역은 표준적인 해석을 제공했고, 공부하기에 편리한 참고서 같은 역할을 했다.[17] 양반가에서는 자제들에 대한 한글 교육을 중시했기에 어렸을 때 집에서 가족 중 여성으로부터 한글을 익혔다.[18] 심지어 왕세자의 교육 중에도 한글이 포함되어 있었다. 숙종은『소학』과『효경』가운데에서 알기 쉬운 좋은 구절을 뽑아서 한글로 번역하도록 한 후 세자의 보모로 하여금 아침저녁으로 가르치게 했다.[19]

조선 시대 여성의 일상생활과 관련한 문자는 대개가 한글이었고, 여성이 한글을 통해 직접 기록자의 역할을 할 수 있었다.[20] 조선 시대 여성들이 쓴 글이 매우 적다고 하지만 이는 남아 있는 문학 작품을 위주로 생각하기 때문이다. 한시, 가사 등과 같은 문학 작품 이외에 행장, 서간, 자전 기록 등을 살펴보면 여성들이 풍부하고 다양하게 글을 지었음을 알 수 있다. 조선 후기에 여성들의 행장이나 행록·묘지명 등의 기록이 많아지면서 그것의 초안을 딸이나 며느리가 한글로 쓰고, 이를 다시 남성들이 한문으로 기록하고는 했다.[21]

한글 쓰기는 한자 쓰기와 비슷하다. 위에서 아래로 쓰고, 세로 줄은 오른쪽에서 왼편으로 쓴다는 점도 한문과 같다. 그러나 한글은 한 글자의 획수가 한문보다 적어서 쓰기는 쉽지만 서예적인 측면에서 한자와 많이 달랐기 때문에 한글로 예술성을 발휘하기가 쉽지 않았다.

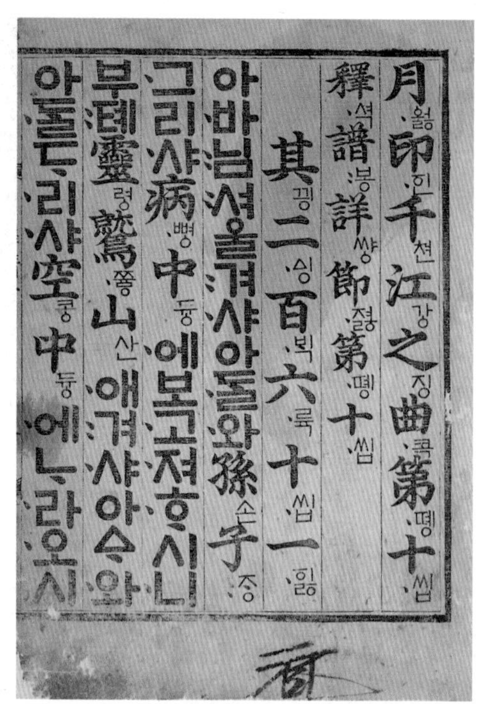
月印千江之曲第十
釋譜詳節第十
其二百六十一
아바님셔울겨샤아ᄃᆞᆯ와孫子
그리샤病中에보고져ᄒᆞ시니
부텨靈鷲山애겨샤아ᅀᆞ와
아ᄃᆞᆯᄃᆞ리샤空中에ᄂᆞ라오시니

도07_04. 『월인석보』, 종이에 먹, 30×22.7, 1459, 국립한글박물관.

『훈민정음』에 발음에 대해서는 상세한 설명이 있지만 쓰기에 대한 설명은 없다. 단지 글자는 고전자古篆字를 따랐다고 했다.[22] 한글이 최초로 시각적으로 표현된 『훈민정음』의 한글 모양은 굵기가 일정하고 방형으로 중후한 느낌을 주는 전서와 비슷하다. 그러나 한글 글자체는 구성, 필법에서 한자와 차이가 난다. 한자의 필법에는 없는 '•', 'ㅇ', 'ㅿ' 같은 기하학적 도형이 포함되어 있다. 글자는 간단한 수평선, 수직선, 사선, 원으로 이루어져 있다. 또한 이때의 한글 형태는 소위 세리프serif가 없다. 붓으로 생기는 돌기가 없는 거의 완전한 상세리프sans serif이다. 기필起筆도 종필終筆도 없어 붓으로 쉽게 쓸 수 있는 모양이 아니고, 갈고리나 삐침도 없다.[23] 기존의 한문 서법으로는 쉽게 쓰기 어려운 형태였다.

그러나 곧이어 출판된 『월인석보月印釋譜』를 보면 기하학적 도형에서 벗어나 붓으로 쓰기 편한 서체로 바뀐다.[도07_04] 모음 획과는 별도로 구성되던 원점 '•'은 긴 획에 붙어 있는 짧은 선이나 쉼표 모양으로 바뀌면서 모두 없어졌다. 기필과 수필收筆에서 붓의 흔적이 나타나서 마치 한자의 해서와 비슷한 느낌을 준다.[24]

이후 판본에서는 점차로 한자 해서체 필법이 더 두드러지고 필획이 가늘어진다. 이런 변화에도 불구하고 판본은 기본적으로 인쇄를 위한 것이므로 가독성을 높이기 위해서 정자체를 사용한다. 그렇기에 힘차고 빠른 필치로 개성을 표현하는 행초서 같은 서예의 특징을 드러내지는 못한다.

한글 편지, 양반가 여성 가족의 소통 수단

조선 시대에 한글이 공식 문자로 사용되지 못했고 서예에도 포함되지 못했기 때문에 한글 서예 작품이란 것은 존재할 수가 없었다. 이러한 공백을 채워주는 것이 한글 편지다. 조선 시대 사대부들에게 편지는 매우 중요했지만, 남성들 사이에서 주고받은 한글 편지는 거의 없다. 반면 한글 편지는 발신자, 수신자 중 최소 한쪽은 여성이다.

양반가에서 여성 가족과의 소통 수단으로 한글이 폭넓게 사용되었다. 남성 가족끼리는 한문 편지로 소통했지만, 한문을 모르거나 익숙하지 않은 여성 또는 어린이에게는 한글로 편지를 보낼 수밖에 없었다. 이런 이유로 유명한 사대부들의 한글 편지가 많이 남아 있다. 은진 송씨 집안에는 300년에 걸쳐 가족 사이에 오고 간 한글 편지 400여 건이 전해오는데, 부부 · 모녀 · 모자 · 장모와 사위 · 할머니와 손자 · 시아버지와 며느리 등이 주고받은 편지가 포함되어 있다. 이 가운데 시인으로 유명한 김호연재金浩然齋, 1681~1722가 자신에게 한문으로 편지를 쓴 친정 조카를 나무라는 내용이 있다. 이는 김호연재가 비록 한문으로 시를 지었으나 일상생활에서는 다른 여성들처럼 한글을 선호했음을 알려준다.[25]

하지만 조선 시대 활발한 편지 교환에서 여성의 존재는 주목받지 못했다. 왜냐하면 여성들의 편지는 남성들의 편지처럼 공개되거나 수집되는 경우가 매우 적었다. 그러나 최근의 연구에 의해 후손들은 여성을 포함한 조상의 편지를 소중하게 여겼고 집안에서 대대로 전래되기도 했다는 것이 밝혀졌다.

지금까지 알려진 것으로 가장 오랜 한글 편지는 군관 나신걸羅臣傑, 1461~1524의 부인 신창맹씨의 무덤에서 출토된 두 점이다.[26] 첫 번째 편지는 나신걸이 북방으로 근무지를 옮기면서 집에는 들르지 못하게 되자 안부와 더불어 겨울옷을 보내줄 것을 부탁하는 내용이다. 두 번째 편지는 집안 살림을 걱정하며 중국제 화장품과 바늘을 보낸다는 내용이다. 한글이 만들어진 지 얼마 안 되었지만, 신창맹씨처럼 백성들이 쉽게 한글을 읽고 쓸 수 있었음을 알 수 있다. 『훈민정음』에서 한글이 배우기 쉬워서 "지혜로운 사람은 반나절 만에 배우고, 어리석은 자라도 열흘이 안 걸려 배울 수 있다"라고 한 것이 과장이 아님을 알 수 있다. 또도07_05. 신천강씨, 「편지」, 종이에 먹, 30×42, 16세기, 전북대학교박물관.

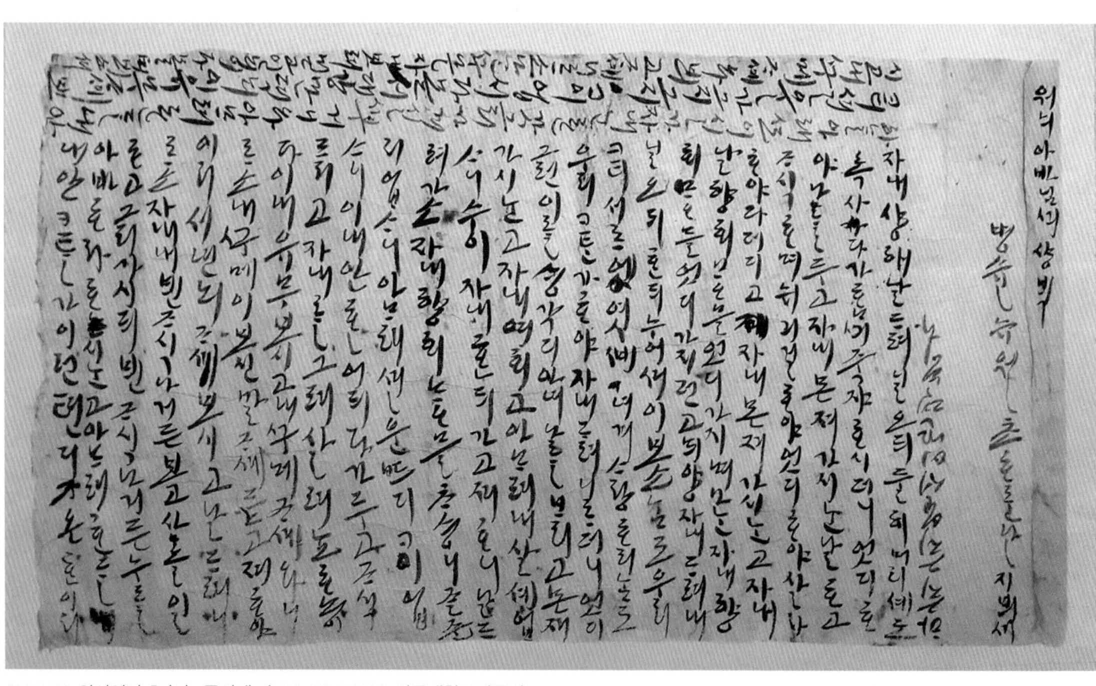

도07_06. 원이엄마, 「편지」, 종이에 먹, 34×58.5, 1586, 안동대학교박물관.

한 가지 흥미로운 것은 나신걸이 보낸 첫 번째 편지는 90도씩 전체 360도를 돌려서 읽어야 하는 소위 나선형 서신spiral letter 형식으로 가장 오랜 사례이기도 하다.[27]

이렇게 조상의 필적·문서를 무덤에 함께 넣는 풍습이 있었는데, 드물게 한글 편지 다발도 발견된다.[28] 1977년 순천김씨의 무덤에서는 한글 편지 189건이 출토되었다. 그 가운데 107건은 순천김씨의 어머니 신천강씨?~1585가 보낸 것이다. 그 가운데 하나를 보면 사대부 가문 출신인 신천강씨는 딸을 그리워하고 걱정하는 마음, 그리고 외도를 하는 자신의 남편에 대한 원망을 솔직하게 드러낸다.[29] [도07_05] 바깥세상으로 나들이가 자유롭지 않았던 상류층 여성들 사이에서 편지 왕래가 활발하게 이루어졌으며, 필체 또한 능숙하여 한글 쓰기가 일상적이었음을 알려준다. 어머니 신천강씨는 자신의 편지를 보고 나서 즉시 불에 넣어 태워버리라고 했지만 딸은 이 말을 따르지 않고 고이 간직했으며, 나중에 무덤에까지 함께 묻혔다.

또 다른 사례로 원이엄마의 한글 편지가 있다. 그녀는 남편이 31세의 젊은 나이에 병석에 눕자 병이 낫기를 기원하면서 자신의 머리카락과 삼을 엮어 정성껏 미투리를 삼았다. 그러나 남편은 그 신을 신어보지도 못한 채 끝내 저세상으로 가버리고 말았다. 원이엄마는 이런 사연을 편지로 적어 무덤에 함께 넣었다.[30] [도07_06] 당시 그녀는 임신 중이었기에 남편의 죽음은 더욱 애처로웠다. 한글로는 생각하고 말하는 것을 그대로 쉽게 옮길 수 있었기에 개인적인 감정을 솔직히 표현할 수 있었다. 글씨 또한 엄격한 한문 서예의 규범에 얽매이지 않았기에 손에 익은 대로 쓸 수 있었다.

왕실 여성의 한글 편지

왕실에서 공식 문서를 한글로는 쓰지 않았지만, 여성들에게 예외적으로 허용되었다. 우선 왕이 어려서 대비가 섭정하는 경우가 있다. 세조비 정희왕후貞熹王后, 1418~1483는 수렴청정을 했는데 한문을 몰랐기 때문에 대신들에게 한글로 전교를 내렸다. 그러나 『조선왕조실록』에는 다시 한문으로 번역되어 수록되었기 때문에 한글 원문이 전하지는 않는다.

그렇다고 왕비들이 모두 한문을 몰랐던 것은 아니다. 문정왕후文定王后, 1501~1565는 한문을 알았음에도 불구하고 수렴청정을 할 때는 한글만 사용했는데, 한문을 알아도 아는 체하지 않는 것이 부녀자의 도리라는 점이 왕비에게도 예외는 아니었다. 사대부 여성처럼 한문으로 책을 쓴 왕실 여성은 없는데, 오히려 왕실 여성이라는 점이 더욱 엄격하게 한글을 사용하도록 만들었을 것이다. 이에 대해 17세기 이후부터 왕족들의 한글 편지를 통해 구체적 양상을 파악할 수 있다.[31]

왕실 여성들이 남긴 한글은 대다수가 편지다. 왕비가 바깥 세상과 소통할 수 있는 제한된 방법 중 하나가 편지 교환이었는데, 대표적인 것이 궁중에서 관행으로 자리를 잡은 문안지問安紙가 있다. 아침저녁으로 뵙지 못했을 때 문안인사를 올리는 한글 편지로, 왕비가 친정 친척들에게 보내는 일이 많았다.[32] 그리고 공주가 궁궐 밖으로 시집을 가면 왕이나 왕비에게 문안 편지를 보내고, 이에 대한 답신이 오가는데 모두 한글 편지였다.

혜경궁 홍씨1735~1815는 "내 열 살 어린 나이에 궁궐에 들어와 아침저녁으로 친정집과 편지를 주고받으니, 집에 편지가 많을 것이라. 그러나 아버지께서 대궐에서 온 편지를 돌아다니게 하지 마라 훈계하시어, 편지를 모아 세초했기에, 내 필적이 집안에 전한 것이 없는지라"라고 회고했다.[33] 이런 이유로 왕비가 자신의 친척에게 보낸 편지는 드물게만 남아 있고, 공주가 부모 등에게 받은 것이 일부 알려져 있다.[34]

『숙명신한첩』은 숙명공주淑明公主, 1640~1699가 받은 한글 편지를 모아놓은 것이다.[35] 그 가운데 하나를 보면 공주의 아버지 효종孝宗, 재위 1649~1659이 답장을 한 것이다.[도07_07] 왼편에 정자체로 쓴 것이 숙명공주의 편지로 "안부 여쭙습니다. 밤사이 안녕하셨는지 궁금합니다. 뵙지 못한 날이 거듭되니 이루 말할 수 없이 섭섭합니다"라는 내용이다. 이에 대한 효종의 답신은 흘림체로 그 여백인 오른편에 적혀 있다. 내용은 "네 편지는 여기서 고쳐 보채려 하는 줄도 모르고 부부가 들어서 싸우느냐? 요 덜렁아 자세히 보거라", "편지를 보니 잘 지내는 것 같아 기쁘구나. 어제 두 가지 색깔의 초를 보냈는데 보았느냐? 초꽂이등을 이 초의 수만큼 보낸다"라는 내용이다. 당시 예절에 따라 아랫사람인 공주는 정자체를 쓰고, 손윗사람이 왕은 흘림체에 가깝게 썼다.[36]

같은 서첩에 들어 있는 공주의 모친 인선왕후仁宣王后, 1618~1674의 편지는 모음 'ㅣ'을 오른쪽으로 치우치면서 세로줄을 가지런히 맞추었다. 당시 궁중 대표적인 글씨체를 잘 보여준다.[도07_08] 한문 서예의 행초서처럼 필획은 굵고 가늘며, 먹색은 짙고 옅다. 글자의 크기에 따른 강약을 나타낸다. 흘림체로 자음과 모음을 연결하여 운필 속도가 빠르고 유연하다. 때로는 두세 글자를 연결하기도 하며, 종성 자음 'ㄹ' 이나 'ㅁ'을 한 획으로 처리했다. 'ㅇ'이 초성으로 나올 때는 시작 부분을 꼭지처럼 뾰족하게 썼다. 한글 글씨의 아름다움을 극대화시키기 위해 부드러운 붓의 특징을 잘 살렸다.

숙명공주의 동생 숙휘공주淑徽公主, 1642~1696가 받은 편지도 『신한첩』으로 전해지고 있다.[37] [도07_09], [도07_10]이 서첩은 1802년 공주의 5대손이 화려하게 성첩한 것으로 어필을 소중히 여겼음을 알 수 있다. 그러나 한글 편지를 왕족과 조상의 유품으로서 중요하게 생각한 것이지 서예 작품과 같은 차원에서 다룬 것은 아니었다.

순조비였으며 수렴청정을 했던 순원왕후純元王后, 1789~1857가 친정 친척들에게 보낸 한글 편지들이 많이 남아 있다.[38] 사위에게 쓴 것으로 추정되는 한글 편지는 딸 덕온공주德溫公主, 1822~1844의 건강을 염려하며 약을 지어 보내는 어머니의 마음이 담겨 있다.[도07_11] 순원왕후의 글씨는 글자 사이에 부드러운 연결선이 이어지고, 세로 획의 입필 부분에서 뚜렷하게 각이 진다. 글자의 크기 변화가 적으며 작은 형태로 힘이 넘치고, 정자체와 반흘림체를 섞어 쓰는 자유분방함을 보여준다. 여러 글자를 연결시키고, 'ㅁ'과 'ㅂ'을 간략화했으며, 'ㅡ' 모음이 살짝 기울어지기 때문에 한문 초서체와도 유사하다.

명성황후明成皇后, 1851~1895는 격동의 시대에 파란만장한 삶을 살았던 인물로 유명하다. 한글 편지를 많이 썼는데 대표적인 것으로는 친정 조카에게 보낸 133건이 남아 있다.[39] 그 가운데 조카에게 임금과 세자가 평안하다고 알려주는 편지는 닭과 맨드라미 문양이 인쇄된 시전지를 사용했다.[도07_12] 빠른 속도감을 보여주는 개성 있는 필체다.

이렇게 왕비와 공주의 글씨는 세련되고 단정한 특징을 보여준다. 일찍이 소혜왕후昭惠王后, 1437~1504는 부녀자들이 쉽게 읽을 수 있는 교양서 『내훈』을 편찬했는데, 거기에 여성들이 글씨를 단정하게 쓸 것을 강조했다.[40] 이덕무李德懋, 1741~1793는 "무릇 한글 편지를 지을 때는 글자는 반드시 또박또박 해정하게 적어야 한다"고 했다.[41] 그만큼 글씨를 단정하게 쓰는 것 자체는 여성이 갖추어야 할 덕목으로 인정되고 있었다. 하지만 글씨의 예술적 가치에 대해서는 언급하지 않는다.

도07_07. 숙명공주, 「편지」, 『숙명신한첩』, 종이에 먹, 42.3×26.2, 17세기, 국립청주박물관.

도07_08. 인선왕후, 「편지」, 『숙명신한첩』, 종이에 먹, 42.3×26.2, 17세기, 국립청주박물관.

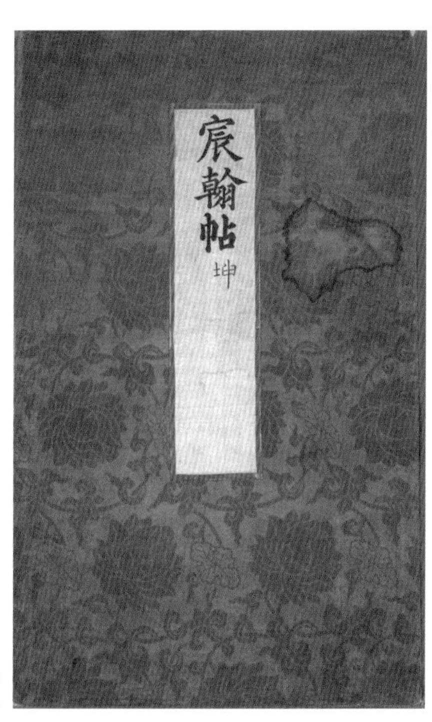

도07_09. 『신한첩 곤』, 종이에 먹, 42.3×26.2, 17세기, 계명대학교.

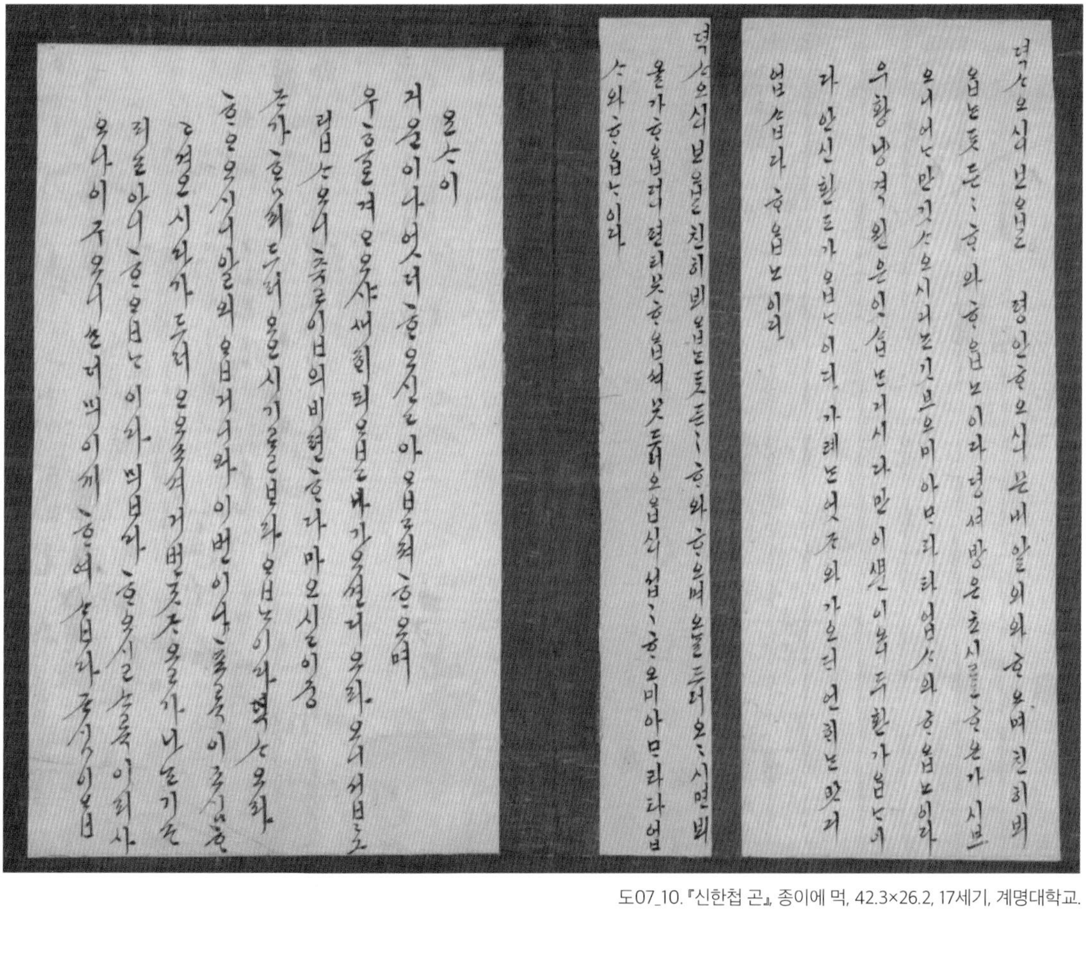

도07_10. 『신한첩 곤』, 종이에 먹, 42.3×26.2, 17세기, 계명대학교.

도07_11. 순원왕후, 「편지」, 종이에 먹, 36.6×22.2, 19세기, 국립한글박물관.

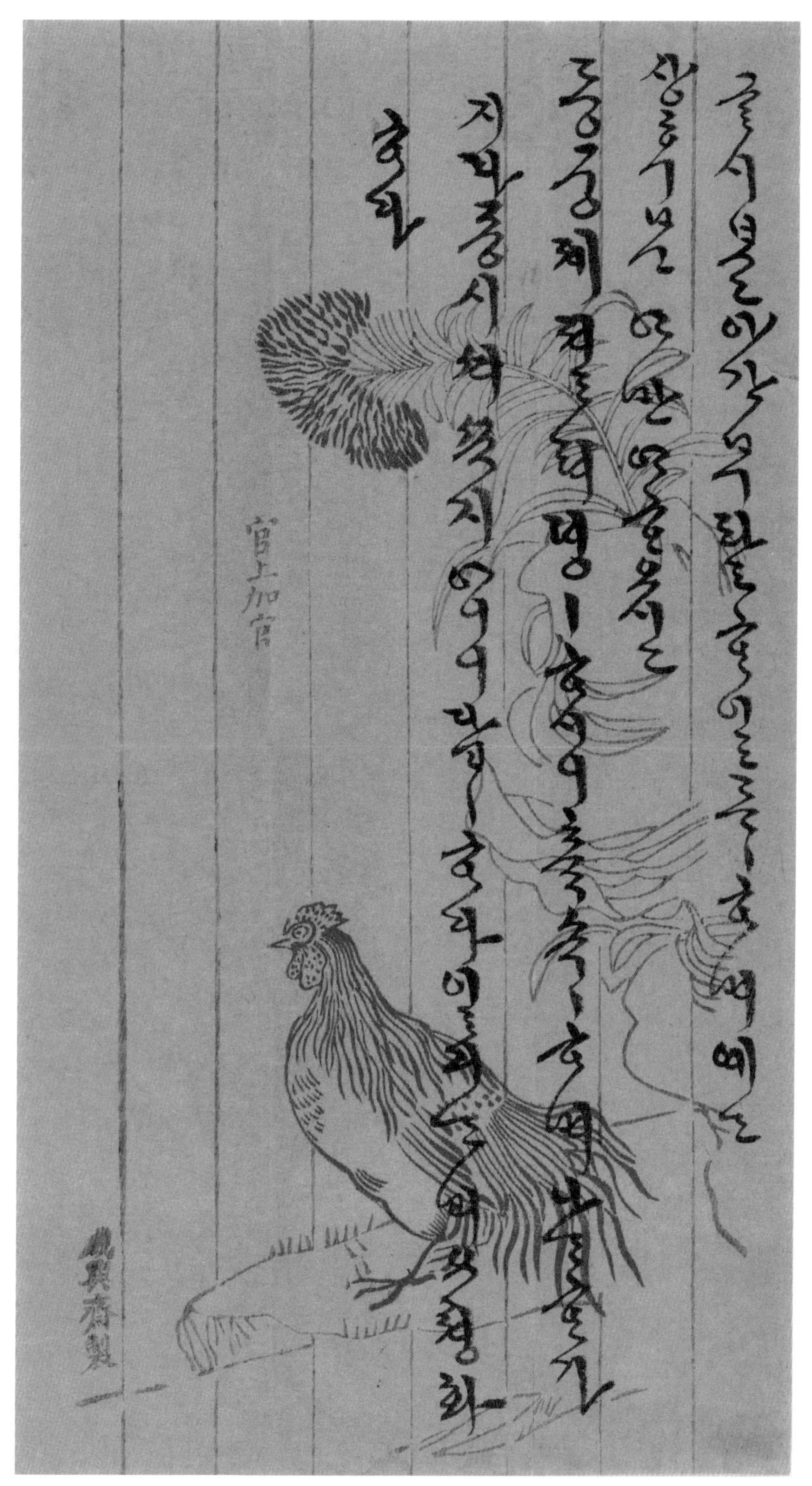

도07_12. 명성왕후, 「편지」, 종이에 먹, 22.5×12.5, 19세기, 국립고궁박물관.

서사상궁, 보이지 않는 손

최근 혜경궁 홍씨가 손주에게 보낸 한글 편지가 새롭게 소개되었다. 그 가운데 일부는 몸이 좋지 않아 궁녀로 하여금 대신 쓰도록 했다는 내용이 포함되어 있다.[도07_13] 손주가 보낸 편지의 오른쪽 여백에 이러한 내용이 적혀 있다. 명성황후가 보낸 편지 중에서도 일부는 필체가 확연하게 다르기 때문에 상궁이 대필代筆한 것임을 알 수 있다.[42][도07_14] 왕실이나 사대부가의 여성들이 구사한 자유로운 필법과는 다소 차이가 나는데, 세로줄을 곧게 맞추기 위해 계선을 그은 종이나 천을 놓고 써내려간 결과다.[43]

조선 시대 궁녀들이 각종 문서의 한글 등서謄書 업무와 윗사람의 편지를 대신 써주는 대필 업무를 전담했다는 증언이 있다.[44] 궁중의 여성 조직은 왕비와 후궁 및 상궁 그리고 잡역 궁인으로 구성되어 있었고, 이 가운데 상궁의 임무 중에는 중궁전에서의 문서 출입을 담당하여 마치 왕명을 출납하는 승정원에 해당하는 역할이 있었다. 그러다 보니 대필을 전문으로 하는 궁녀가 나타났고, 이들은 반복된 연습을 통하여 일정한 양식의 글씨체를 썼다는 것이다.

궁중에서 전문적으로 한글을 필사했던 상궁으로 서기이씨書記李氏가 유명한데, 정작 그녀에 대해서는 자세히 알려진 것이 없고 전하는 기록도 희소하다. 단지 덕온공주의 손녀였던 윤백영尹伯榮, 1888~1986이 상궁들에게 들은 것을 기록한 것이 있다.

> "신정왕후神貞王后, 1808~1890 내전의 궁녀인 이씨가 글씨 필력이 철 같고 자체가 절묘한데 시집 갔더니 살지 못하고 본가에 있으니 국문 난 후 제일가는 명필이라 아까오시나 시집 갔던 사람을 다시 내인內人이라 하실 수 없어 이름을 서기라 하시고 내인과 같이 월급을 주시고 황후 봉서와 큰방 상궁 대서를 하게 하시고 내인과 같이 예우하시니라."[45]

서기이씨는 신정왕후神貞王后, 1808~1890인 조대비전에서 일하다가, 중간에 나와 시집갔는데, 다시 조대비의 부름으로 궁 안에 들어갔다는 것이다. 궁녀는 원래 결혼할 수 없고 늙고 병들어 출궁될 때까지는 일하는 종신제였는데, 이씨의 경우는 예외였던 모양이다. 신정도07_13. 혜경궁 홍씨대필, 「편지」, 종이에 먹, 29.2×21.5, 18세기, 수원화성박물관.

도07_14. 명성황후대필, 「편지」, 종이에 먹, 25.7×28.3, 19세기, 국립고궁박물관.

도07_15. 서기이씨, 「편지」, 종이에 먹, 25.4×43.7, 1888, 국립한글박물관.

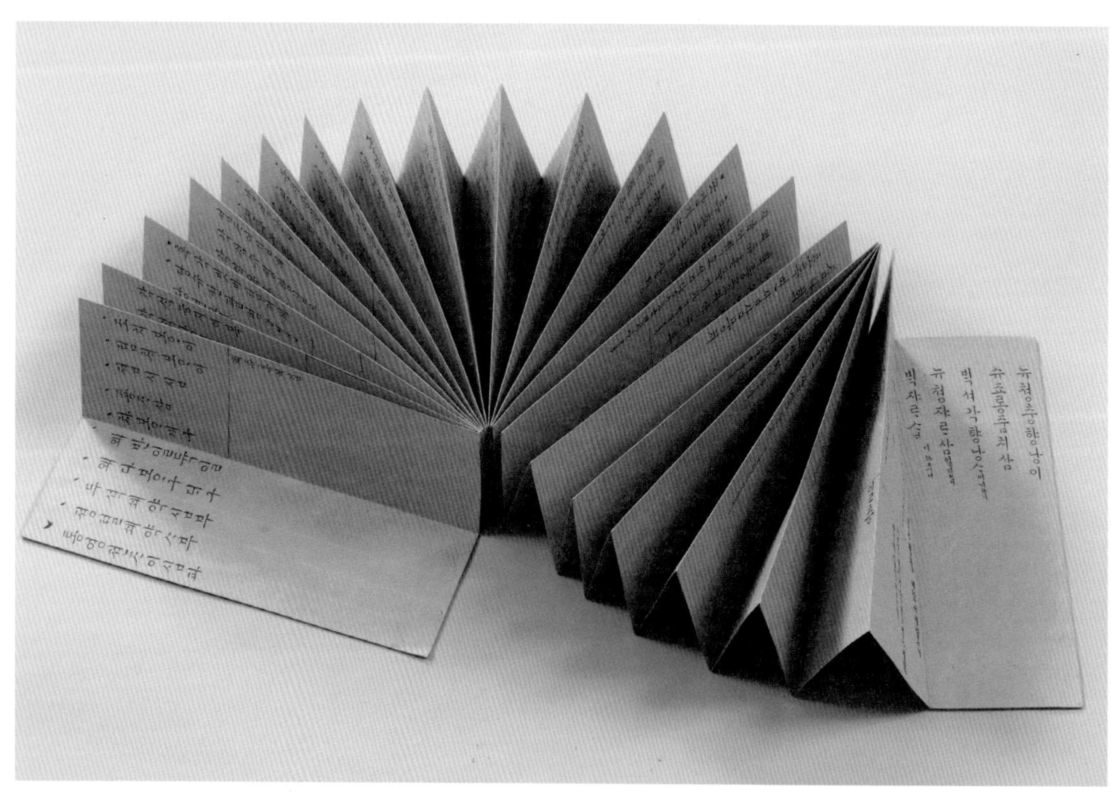

도07_16. 「혼수발기」, 종이에 먹, 32.8×541.5, 1837, 국립한글박물관.

왕후의 대필을 담당한 것이 바로 서기이씨였다. 그녀의 한글은 글자 사이에 힘찬 연결선이 나타나고, 크고 작은 글씨 크기의 변화가 조화를 이룬다.[도07_15]

편지 이외에 궁녀들이 쓴 것으로 여겨지는 것이 한글 발기發記다. 발기는 주로 왕실 의례에 소용되는 각종 물품들의 명칭이나 인명들을 나열하여 쓴 문서로 여타 고문서와는 다르다. 목록이 긴 경우는 두루마리 형태로 만들며, 경사스러운 일에는 알록달록한 색상의 종이를 사용한다.[46] 덕온공주 결혼식 때 작성된 혼수 발기가 이런 특징을 잘 보여준다.[도07_16]

궁녀도 상류층 여성들도 한글 소설 필사 대유행

궁녀들의 한글 글씨와 한글 소설 필사본의 관계도 중요하다. 조선 후기에는 언해본의 간행이 늘어났고, 소설 문학의 발달에 따라 한글 소설이 유행하는 등 이전에 비해 한글의 사용이 크게 늘었다. 이들 서적을 손으로 직접 베껴쓰는 필사도 빈번했는데, 이덕무는 여성들이 한글 소설에 심취하여 집안일을 게을리한다고 한탄하기도 했다.[47]

창덕궁 낙선재에는 필사본 한글 소설이 많이 소장되어 있었다. 당시 조선에는 책을 파는 상점이 없고 책을 빌려주는 세책방이 있었는데 상류층 여성들에게 유행하던 소설책은 이를 통해 유통되었다. 세책방의 한글 소설이 궁궐에 들어갔고 궁녀들이 다시 필사를 했던 것으로 추정된다.[48]

조선 시대 한글 필사는 궁녀들뿐만 아니라 상류층 여성들에게도 중요한 일이었다. 필사본의 말미에 적힌 후기를 보면, 필사자들은 글씨를 익히거나 책의 내용을 학습하기 위해서, 혹은 소설을 자세히 읽기 위해 필사를 하기도 했다. 나아가 필사를 통해서 마음의 위안을 삼기도 했으며, 자신의 존재를 필사를 통해서 후대에 남기기도 했다.[49] 예를 들어 안동권씨는 손자가 자기의 글씨를 보고 자신을 기억할 수 있을 것이라고 생각하여 필사를 했다.[50]

장계향은 딸과 며느리를 위해 음식조리법을 쓴『음식디미방』에 덧붙이기를 "이 책을 눈이 어두운데 간신히 썼다. 딸 자식들은 각각 베껴가고 책은 가져갈 생각은 말아라. 상하지 않게 간수해라"라고 당부했다. 후손들은 이렇게 필사한 책을 소중하게 여겼으며, 필체를 보고 그것이 누구 글씨인지 판별할 수도 있었다. 규장각 한국학연구원에 소장되어 있는 『옥원재합기연玉鴛再合奇緣』은 온양정씨, 해평윤씨, 변고모 등이 필사했는데 나중에 손자며느리 등이 필체를 구별하고 있다.[51]

궁녀가 쓴 글씨?
궁체를 둘러싼 오해

궁녀들을 중심으로 우아하고 단정한 한글 필체가 발달했는데, 현대에 와서 이러한 서체를 "궁체宮體"라 부르기도 한다.[52] 그런데 조선 시대의 문헌에서는 궁체라는 용어는 단지 궁궐의 문학을 의미하는 경우로 사용되고 글씨의 양식으로는 언급된 바가 없다. 유일한 용례는 이옥李鈺, 1760~1815의 시에서 찾아볼 수 있다.

"일찍 익힌 궁체 글씨
이응 자엔 작은 뿔이 돋아 있네.
시부모님 글 보시고 기뻐하시며
언문 여자 제학이라 칭찬하시네."

결혼한 여성이 집안에서 행해야 하는 의무를 노래한 연작시 중의 하나인데, 한글 'ㅇ'을 붓으로 쓸 때 시작하는 부분에 꼭지가 생기는 것을 뿔이 솟은 것 같다고 비유했다. 이옥이 궁체라고 지칭한 것이 당시 널리 쓰던 말인지는 알 수 없다.

여하튼 궁녀와 한글 글씨는 밀접한 관련이 있다고 여겨졌고 여기서 발달된 서체가 궁체라는 것이다. 그러나 이런 관점은 틀린 것이다. 우선 목판본으로 한글 책을 인쇄하는 경우 밑 글씨는 대개 남성이 썼다. 아직까지 누가 썼는지는 알려진 바가 많지 않으나 당시 책의 인쇄 과정을 고려한다면 여성 필사자의 참여는 가능성이 적다.

다음으로 조선 왕실에서 여성이 의례에 참석하는 경우, 주요 문서들을 한글로도 번역했다. 왕·비빈·세자 등이 쉽게 열람할 수 있도록 하기 위한 것이며, 그들을 보좌하는 의식을 진행하는 궁녀들이 의례를 제대로 이해하여 차질없이 거행할 수 있도록 돕기 위한 것이었다.[53] 지금까지 이러한 한글 문서는 궁녀들이 많이 썼다고 여겨졌지만, 최근의 연구는 이와 다르다.

1755년에 출간한『천의소감闡義昭鑑』은 영조英祖, 재위 1724~1776가 자신의 형인 경종景宗, 재위 1720~1724의 뒤를 이어 즉위하게 된 경위와 그 정당함을 밝히고, 이를 부정하는 사람들을 엄단해나간 사실을 서술함으로써 이후에 반역의 조짐이 생겨날 것을 경계하려는 목적으로 발행한 책이다.[54] 이 책을 대왕대비인 인원왕후仁元王后, 1687~1757에게 진상하기 위해 한글로 번역을 했는데, 이를 정서하기 위해 관리, 서사 등을 차출했다.[55] 이들은 모두 남자 관원이었다.

『뎡니의궤整理儀軌』는 한글로 필사된 가장 오래된 의궤로 1800년 직전에 만들어졌다. 정조는 자신의 생부 사도세자의 무덤을 화성으로 옮긴 후, 1790년부터 매년 이곳을 방문했다. 그것을 일지 형식으로 기록으로 남겨놓은 것이 한문본『정리의궤』다.[56] 여러 관청에서 생산된 한문 문서를 취합하여 한문으로 된 책을 먼저 만들고, 그것을 다시 한글로 번역한 것으로 여겨진다.『뎡니의궤』는 방대한 양으로 미루어 볼 때 여러 명이 필사를 했을 것이다.[57] 이 책에는 여러 장의 도해가 있는데, 한글본의 경우 본문뿐만 아니라 도판의 경우에도 제목과 설명을 한글로 적었다.[도07_17] 그렇다면 왜 이런 국가적인 행사 기록을 한글로 번역했을까. 그리고 기왕 번역했다면 왜 다른 언해 번역서처럼 인쇄해서 출간하지는 않았을까.

1827년에 출판된『자경전진작정례의궤』가 그 답을 제공한다. 이 책은 효명세자孝明世子, 1809~1830가 순조純祖, 재위 1800~1834와 순원왕후를 위하여 주관한 진작進爵 의례에 관해 기록한 것이다.[58] 이 책은 한문 활자본 열 권과 더불어 중궁전, 세자전, 추가본을 위해서는 한글 필사본으로 세 권을 더 제작했다.[도07_18] 일종의 사업 백서라고 할 수 있는 의궤를 한글로까지 제작한 것은 한문을 읽을 수 없는 왕비와 어린 세자를 위해서였다. 한글본『자경전진작정례의궤』의 경우 도식圖式은 한문본에서와 같은 목판을 사용하여 인쇄한 후, 한글을 필사하여 해당 인명을 추가했다.[도07_19]

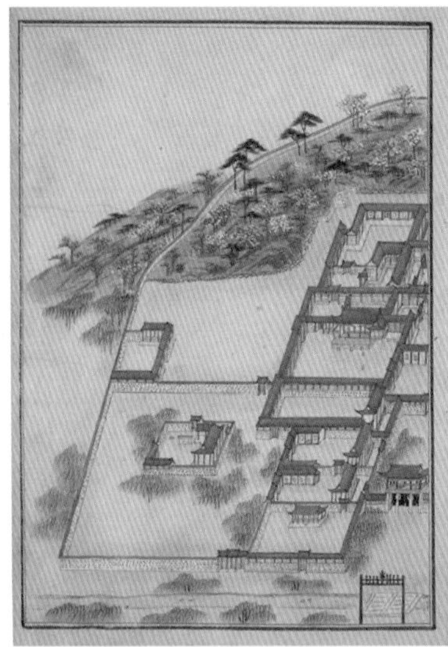
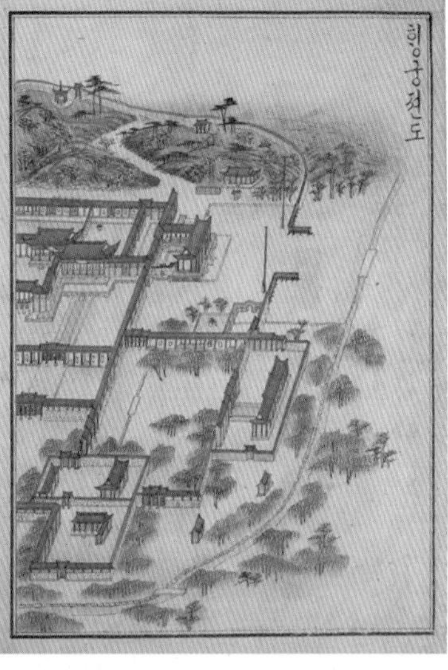

도07_17. 『뎡니의궤』,
종이에 먹, 36.5×23.2, 1797~1800,
프랑스국립도서관.

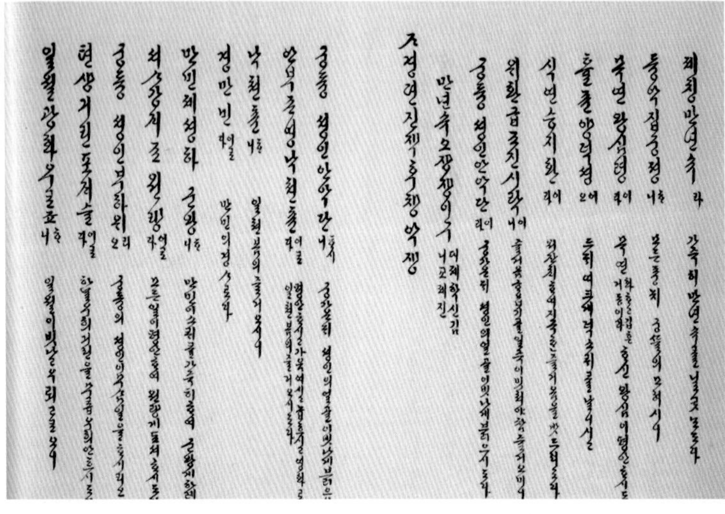

도07_18. 『자경전진작정례의궤』,
종이에 먹, 36.4×23.2, 1827,
규장각 한국학연구원.

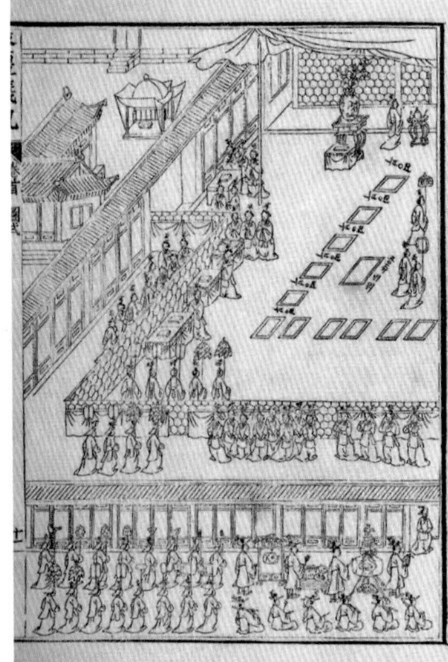
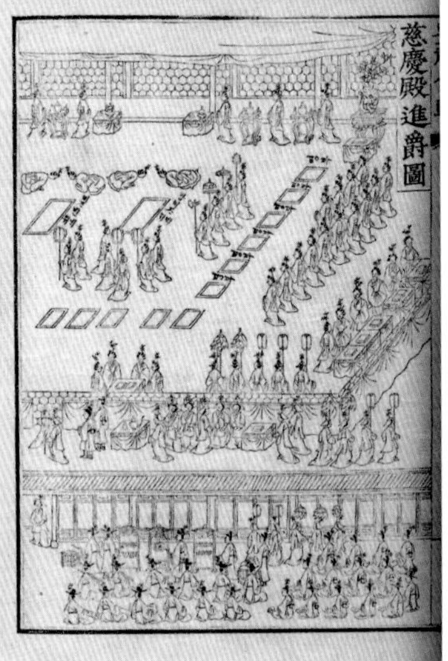

도07_19. 『자경전진작정례의궤』,
종이에 먹, 36.4×23.2, 1827,
규장각 한국학연구원.

그렇다면 한글본은 누가 글씨를 썼을까? 이전에는 궁중의 한글 필사는 대개 궁녀의 손으로 쓰여진 것이라고 여겼으나 확실한 근거가 있는 것은 아니었다.[59] 이 책의 포상 항목을 보면 사자관으로 백사눌白師訥 등 다섯 명이 등장한다. 그리고 서사書寫라는 직책으로 여러 명이 더 나타난다. 이들은 모두 남자이며 한글본에도 똑같이 번역되어 있다. 만일 한글본을 궁녀들이 필사했다면 그녀들의 이름이 기록되었을 것이다. 왜냐하면 의식에 참석한 의녀, 궁녀, 여령들의 이름이 기록되어 있기 때문이다. 따라서 이 책의 한글본은 남성 필사자들이 쓴 것이 된다.

궁중 의례에서는 참여하는 여성을 위해서 종종 한글이 사용되었다. 치사致詞와 악장樂章은 모두 문관이 한문으로 지었는데, 이를 내전의 왕비에게는 여관·여집사가 읽거나 노래를 불러야 했기 때문에 이때 사용할 한글본을 별도로 제작했다. 여기에는 한자 발음 및 한글 번역을 수록했다. 또한 의례 절차를 빠짐없이 기록한 의주와 이를 바탕으로 주요 절차를 간명하게 정리한 홀기笏記도 한글이었다.[60] 역시 의식에서 여관들이 사용하기 위한 것이었다. 이 한글 문서 역시 남성이 글씨를 썼다.

1828년 순원왕후의 40세 생일을 경축하는 의미로 거행된 두 차례의 진작 의식에 대해 기록한 의궤에는 백사눌의 이름이 다시 등장하는데 치사를 적은 언서서사諺書書寫라고 직책이 밝혀져 있다.[61] 이후에도 진찬 관련 의궤에는 언서서사라는 직책이 자주 등장한다. 이들의 임무는 내진찬에서 사용되는 한글 치사 등을 작성하는 것이었다. 따라서 의례의 실행 과정에서 사용된 한글 문서도 궁녀가 아니라 남성 관리가 썼음을 알 수 있다.

누구의 글씨인가, 한글 글씨체 성별 논란

그렇다면 왜 왕실의 한글 문서는 주로 궁녀가 쓴 것이라고 알려지게 되었을까? 1960년대까지 생존했던 공주, 상궁들과 인터뷰하여 조사한 김용숙의 연구와 윤백영의 증언에 의존한 바가 크다. 윤백영은 순원왕후의 증손녀이며 아버지는 윤용구尹用求, 1853~1939로 예조판서, 이조판서를 지냈다. 이렇게 대대로 명필 집안이었고, 근래에 덕온공주의 집안에 보관되어오던 한글 문서들이 대량으로 공개되었다.[62] 그 가운데『자경전기』는 덕온공주가 어머니 순원왕후의 명을 받아 아버지 순조가 한문으로 지은 글을 한글로 번역하여 적은 것이다.[도07_20], [도07_21] 자경전은 정조가 모친 혜경궁 홍씨를 위하여 궁궐에 지은 건물로 효성을 상징한다. 덕온공주는 우선 한자의 발음을 한글로 적고 그 다음에 내용을 번역했다. 한 자 한 자 정성 들여 단정한 필치로 썼는데 모친의 우아한 글씨체를 잘 이어받았다.

그후 덕온공주의 필체를 윤용구가 따랐고, 다시 윤백영으로 이어졌다. 흥미롭게도 대대로 이어져 내려오면서 남녀를 교차한 것이다. 윤백영은 어려서부터 낙선재를 드나들면서 한글 소설을 즐겨 읽었기에, 사자관·내관·궁녀의 한글 필체를 구분할 수 있게 되었다고 했다.[63] 그러나 과연 조선 시대에 여성과 남성이 다른 글씨체를 사용했는지, 또는 서로 다른 글씨체를 쓰도록 요구되었는지는 의문이다. 한글이 여성과 깊은 관계가 있고 논란이 되는 개념인 궁체도 궁녀라는 존재를 염두에 두었기 때문에 여성들의 독특한 글씨체가 있었다는 것이 그동안의 대체적인 입장이었다.[64] 하지만 한글은 남성도 쓴 글씨이기 때문에 양식적으로 여성과 남성의 글씨를 자세히 비교해야 이를 입증할 수 있다.

사대부들이 쓴 한글 편지는 개성적인 필치를 보여준다. 이는 한문을 쓰던 필력이 반영된 것이다. 그렇다고 여성들의 한글 편지와 비교해볼 때 성별 차이가 두드러지지는 않는다.[65] 제주도에서 유배 중이던 김정희金正喜, 1786~1856가 아내인 예안이씨에게 한글 편지를 보낸 것 중에는 현지에서 나지 않는 단맛이 나는 간장, 호도, 곶감 등을 보내달라는 내용이 있다.[도07_22] 글씨의 필획이 대부분 대각선 방향이며 글자의 크기가 조화롭다. 글자 사이를 비백의 가는 선으로 연결시켰고 굵고 가는 변화가 두드러지며 긋는 방향의 자유로운 운필법 등에서 한문 행서의 다양한 표현과 비슷하다. 이를 김정희의 생모 유씨가 1791년 남편에게 쓴 편지와 비교해볼 수 있다.[도07_23] 자음과 모음의 필획이 크고 작은 차이를 보이고, 굵고 가는 변화, 글씨 사이의 자연스런 연결선 등에서 비슷하다. 그런 가운데 각각의 개성이 드러나지만 그것이 성별에 따른 차이는 아니다.

이러한 점은 궁중에서도 마찬가지였던 것 같다. 세자가 한글을 배웠다는 것을 이미 살

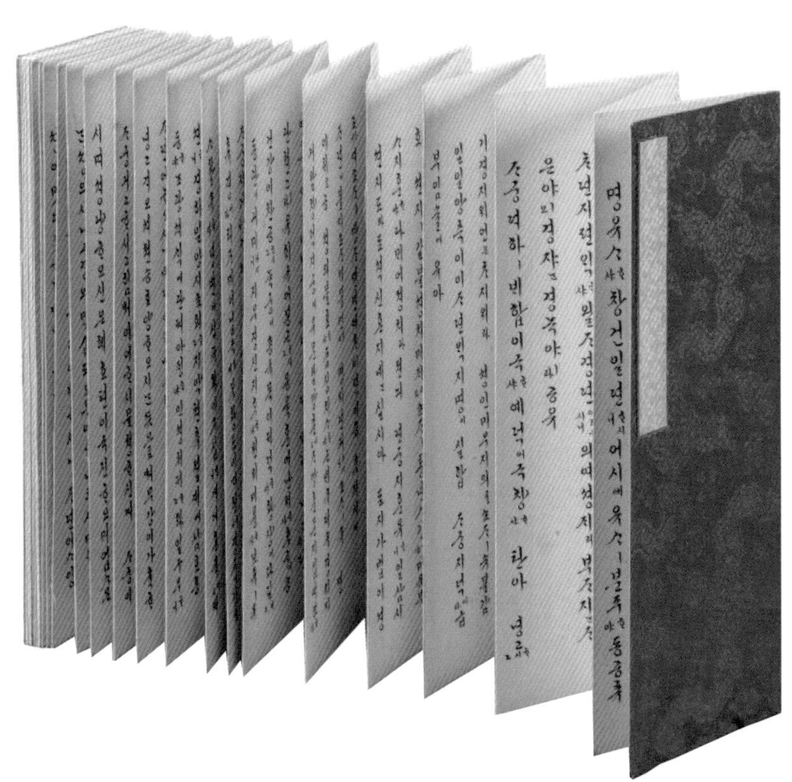

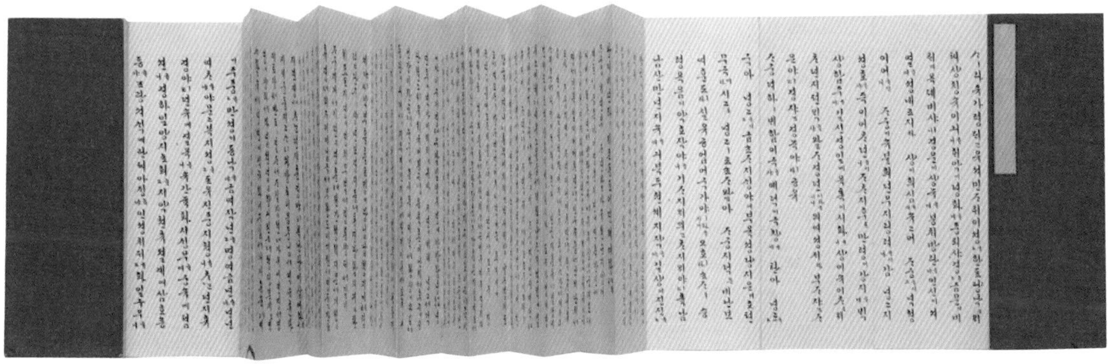

도07_20, 도07_21. 덕온공주, 『자경전기』, 종이에 먹, 32×528, 19세기, 국립한글박물관.

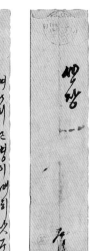

도07_22. 김정희, 「편지」, 종이에 먹, 22×41.6, 1841, 국립중앙박물관.

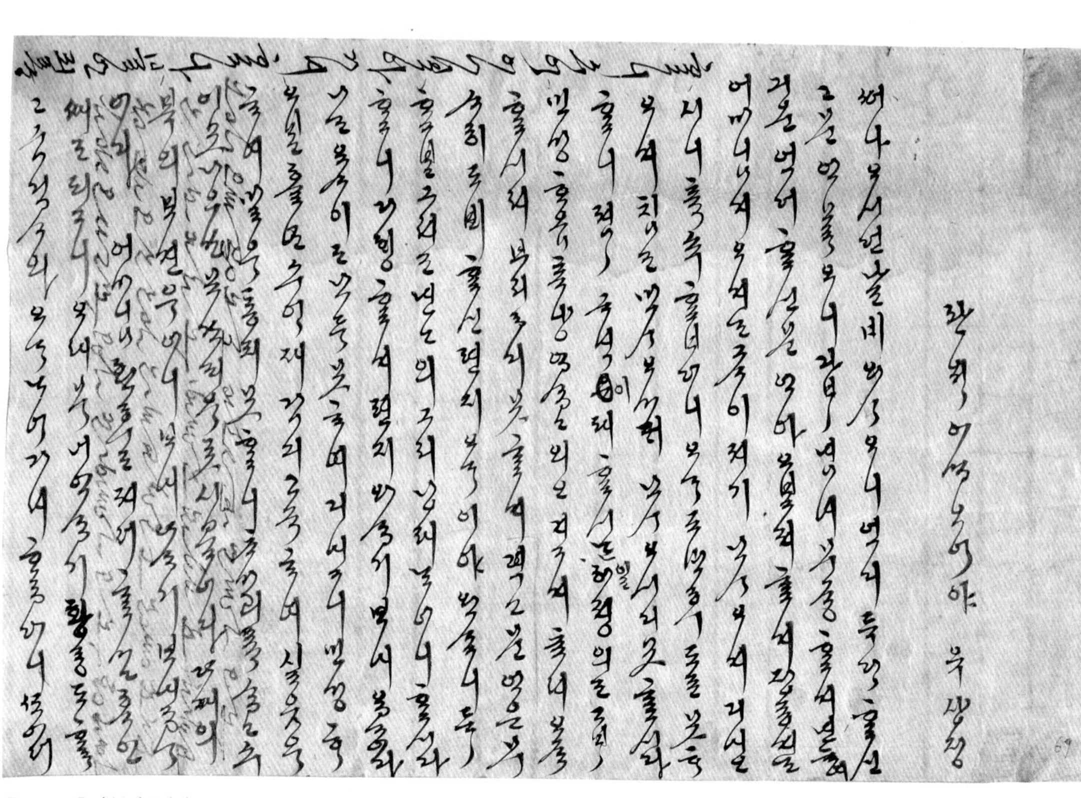

도07_23. 유씨 부인, 「편지」, 종이에 먹, 1791, 국립중앙박물관.

펴보았듯이, 정조가 어렸을 때 보낸 한글 편지가 남아 있다.[66] 여덟 살이 되기 이전에 외숙모 여흥민씨에게 보낸 편지를 보면 "서릿바람에 기후 평안하신지 문안 알고자 합니다. 뵌 지 오래돼 섭섭하고 그리웠는데 어제 편지 보니 든든하고 반갑습니다. 할아버님께서도 평안하시다 하니 기쁘옵니다"라는 내용이다.[도07_24] 여기서는 아직 글씨를 배우는 단계라서 필치가 서투른 것을 알 수 있다. 그러나 정조가 45세 되던 1796년에 여흥민씨에게 보낸 편지는 훨씬 능숙한 필치가 나타난다.[도07_25] 필획이 두텁고 운필이 능숙한 점에서 정조의 다른 한문 서예와도 비슷하다. 이를 개성적이라고 할 수는 있으나, 남성적이라고 할 근거는 없다.

정조는 이때 안부를 전하면서 인삼 등 여러 가지 선물을 보냈는데 한글로 된 목록이 함께 붙어 있다. 위쪽에 배접된 이 단정한 글씨는 정조의 글씨가 아니다. 누구의 것일까? 우선 정조를 시위하던 궁녀의 글씨일 수 있다. 왕이 왕비에게 전하는 문서는 한글이었고 궁녀가 전달자 역할을 했기 때문에 왕 옆에는 한글을 잘 쓰는 궁녀가 있었을 가능성이 있다. 그러나 또 다른 가능성으로는 남자 서기의 글씨일 가능성도 있다. 앞에서 살펴보듯이 왕실의 공식 문서 중에서 한글로 작성되는 것은 사서관이나 서사가 쓰는 경우가 많았기 때문이다. 마지막으로 내관이 썼을 수도 있다. 아직 연구가 되지는 않았지만 내관도 한글을 잘 썼다는 증언이 있다.[67] 여기서 중요한 것은 편지는 흘림체로 쓰고 목록은 정자체로 썼다는 점인데, 용도가 다른 문서를 다른 필체로 쓰는 것이지 남녀의 차이는 아니라는 것이다.

이렇게 왕실에서는 왕, 왕비, 궁녀, 내관, 서기 등의 한글 글씨가 서로 교차하면서 상호 영향을 주기 때문에 여성과 남성이 뚜렷하게 구분되는 글씨체를 사용했다고 보기는 어렵다. 이 점에서 남성들이 거의 독점한 한문 서예와는 차이가 난다. 여성이 한글 글씨체를 주도적으로 발달시켰다고 말할 수는 없겠지만, 그녀들의 역할이 매우 중요하다는 점은 부정할 수 없다.

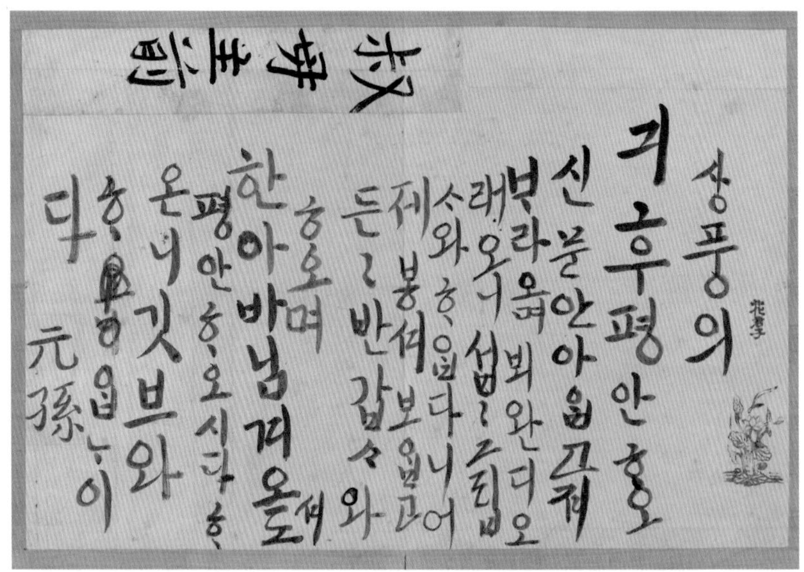

도07_24. 정조, 「편지」, 종이에 먹, 44.5×31.5, 18세기, 국립한글박물관.

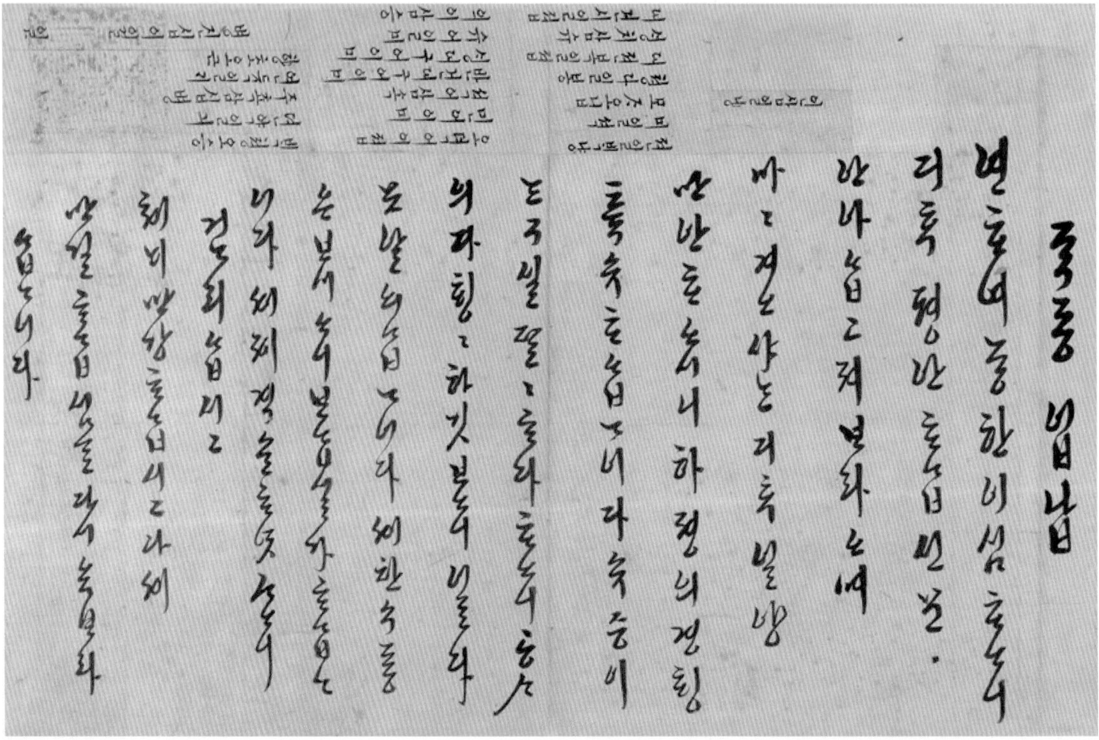

도07_25. 정조, 「편지」, 종이에 먹, 44.5×31.5, 18세기, 국립한글박물관.

'서예'에서 '글씨'로, 한문 중심에서 벗어나 한글 그 자체로

1971년 린다 노클린Linda Nochlin이 발표한 "왜 위대한 여성 미술가는 없었는가?Why Have There Been No Great Women Artists?"라는 글은 커다란 반향을 불러 일으켰다.[68] 이를 빌려 "왜 위대한 조선의 여성 서예가는 없었는가?"라는 질문을 던져볼 수 있다. 이에 대해서 조선은 성리학 이념에 근거한 가부장제 사회였기에 여성은 제한적인 성 역할에 구속되어 제대로 서예 작품을 제작할 수 없었다고 답할 수 있을 것이다. 그러나 앞서 살펴보았듯이 한문에서는 여성 서예가를 찾기 어렵지만, 한글 글씨로는 여성들이 활발하게 참여했음을 확인할 수 있었다. 그렇다면 원이엄마 · 숙명공주 · 서기이씨 · 무명의 궁녀를 서예가로 새롭게 발굴하고, 이들의 편지나 문서를 서예 작품에 포함시키면 앞의 질문에 답변이 되는 것일까? 만일 그렇다면 조선 시대 한글로 글씨를 남긴 평민 · 노비도 서예가로 여겨야 할 것이고, 수많은 필사본의 한글 소설도 서예 작품이 되어야 합당할 것이다. 이는 서예를 해체하는 것이다.

이와 더불어 지금까지 여성이 주로 쓰고 발전시켰다고 여기던 소위 궁체 한글이 실상은 남성이 주도적으로 참여한 것일 수도 있다. 그동안 소외되고 배제되었던 '여성 서예가'를 복권시키려는 노력이 오히려 실상을 왜곡시킨 것을 살펴보았다. 즉 조선 시대 여성이 쓴 한글 글씨를 기존의 서예에 편입시키려는 시도는 남성 중심의, 한문을 대상으로 서술된 서예사를 더욱 강화시키는 데 그칠 수 있다.

애초에 한문을 전제로 성립한 서예사로는 한글 글씨의 조형적 특징을 제대로 설명할 수도 없다. 오히려 과감하게 서예를 벗어나 글씨라는 새로운 시각으로 이를 다루는 것이 효과적이다. 조선 여성들이 쓴 한글 글씨가 서예인가 아닌가, 미술인가 아닌가를 묻기보다는 엄청난 수량으로 남아 있는 이것들이 과연 무엇인지 살펴보아야 한다. 이들 글씨가 그것을 쓴 여성과 어떤 관계를 맺었으며, 하나의 에이전시agency로 그 관계를 또 어떻게 변화시키고, 마침내 글씨 스스로를 다른 모습으로 변화시키는 과정을 탐구하는 것이 필요하다. 조선 시대 여성의 글씨를 제대로 평가하기 위해서는 서예사에 대한 비판적 검토로는 부족하며, 혁명적 전복이 요구된다.

글을 마치며

미술관에서 일하면서 서예 작품의 아름다움을 체험했고, 대학원에서 에이미 맥네어Amy McNair 교수에게서 서예사를 배웠다. 그러나 분야마다 높은 장벽을 세워놓은 학계의 풍토로 인하여 글을 쓸 생각은 하지 않았다. 그러던 중 LA카운티미술관LACMA의 한국서예특별전 자문을 하다가 도록에 에세이까지 썼다. 조선 시대 글씨에 대한 것이었다. 그리고 플로리다대학미술관에서 아시아 여성미술에 대한 책을 만든다며 참여를 부탁하기에 조선 여성의 글씨에 대해서 글을 써주었다. 마침 고연희 교수로부터 연락이 와서 내용을 대폭 줄여 학술회의에서 발표하고 이렇게 책에 소개하게 되었다.

요리를 할 수 있어야만 음식의 맛을 품평하는 것이 아니듯이, 미술 창작을 하지 않았어도 미술사 연구를 할 수 있다고 자주 말했다. 자기변명이지만 맞는 말이다. 그러나 서예에 대해서는 이 말을 함부로 할 수 없었다. 악필인 내 손으로는 글씨를 예쁘게 쓰지 못하기 때문이기도 했다. 그래서 연구한 것이 서예 대신 글씨인지도 모르겠다.

딱히 여성을 의식하면서 연구한 것은 아니었다. 지극히 매력적인 한글 글씨를 좇아가다보니 여성이 있어서 살펴보았을 뿐이다. 배운 대로 실증적이고 비판적으로. 간혹 남자인 내가 여성 미술을 다루는 것에 대해서 유별나게 반응할 때는 이해가 가지 않았다. 그것이 여자인 경우에는 안쓰럽기도 했다. 그만큼 미술사는 지독하게 남성중심적이다. 역사와 세상처럼.

어쩌다 보니 남들이 미술사라고 하지 않는 것을 자꾸만 연구하게 된다. 오래전『금병

"딱히 여성을 의식하면서 연구한 것은 아니다.
지극히 매력적인 한글 글씨를 좇다보니 여성이 있었다.
간혹 남자인 내가 여성 미술을 다루는 것에 대해서
유별나게 반응할 때는 이해가 가지 않았다.
그만큼 미술사는 지독하게 남성중심적이다.
역사와 세상처럼."

매』 목판화가 그러했고, 신주가 그랬으며, 무덤의 봉분도 그러했다. 왜 그런지는 나도 모른다. 한글 글씨는 민족주의 덕분에 전문 박물관도 있고, 작가도 많지만 정작 학문적 관심은 적다. 아무쪼록 좋은 연구가 더 나와주기를 기대하며 이 글이 작은 보탬이 되기를 소망한다._조인수

梅尉姓金許昇之家姬也善刺水墨繡是雖異巧然不過女紅之餘技不甚奇之後見其所作山水圖位置設色俱如灋奇哉哉聞梅尉是外又多它技許生頗得其助云

昔管夫人以畫名於胡元之世今梅尉亦生於神州陸沉之日才則奇矣陰陽之易位於斯可徵不能無識者之憂歎也

東海樵夫

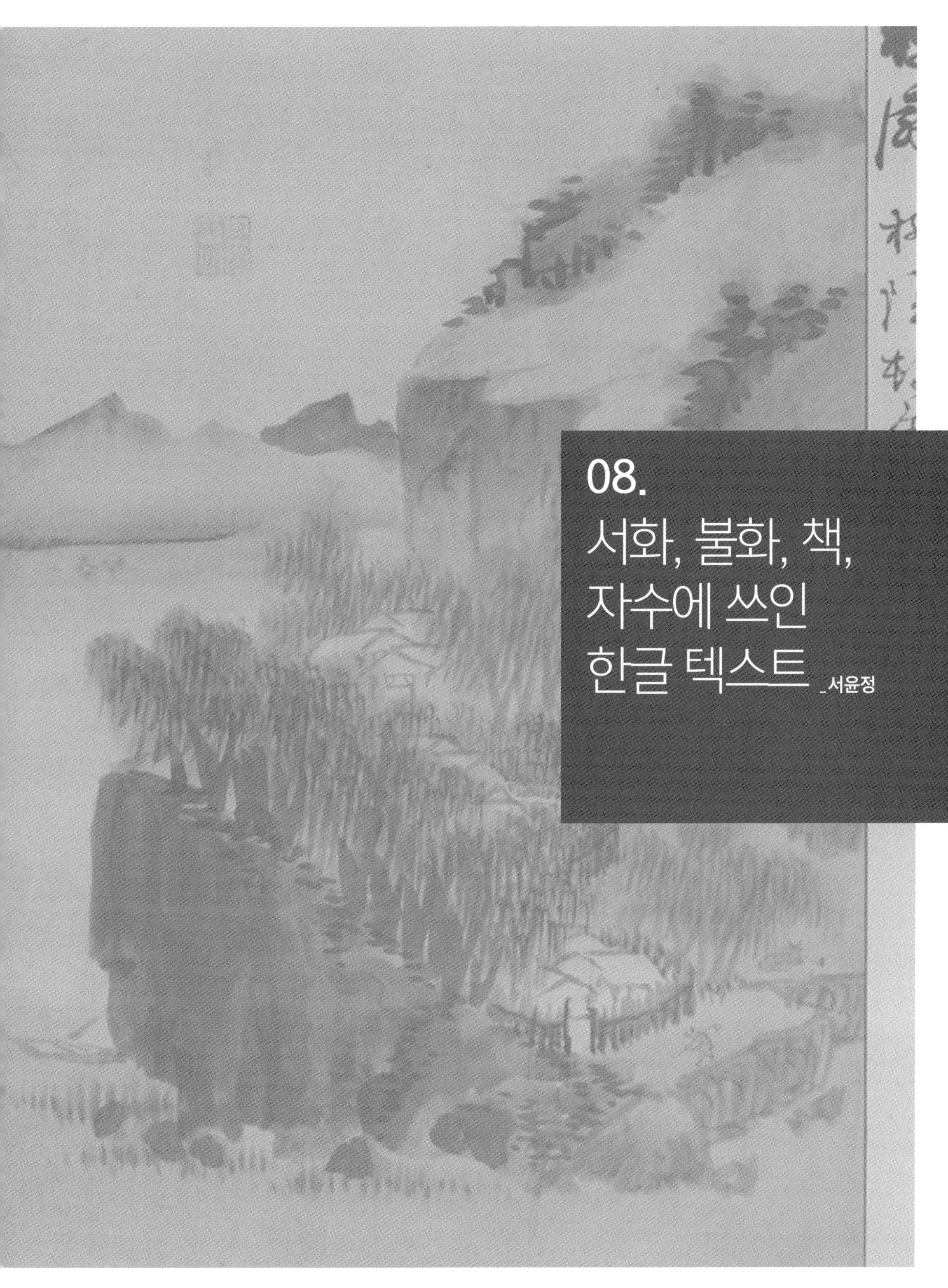

08.
서화, 불화, 책, 자수에 쓰인 한글 텍스트

_서윤정

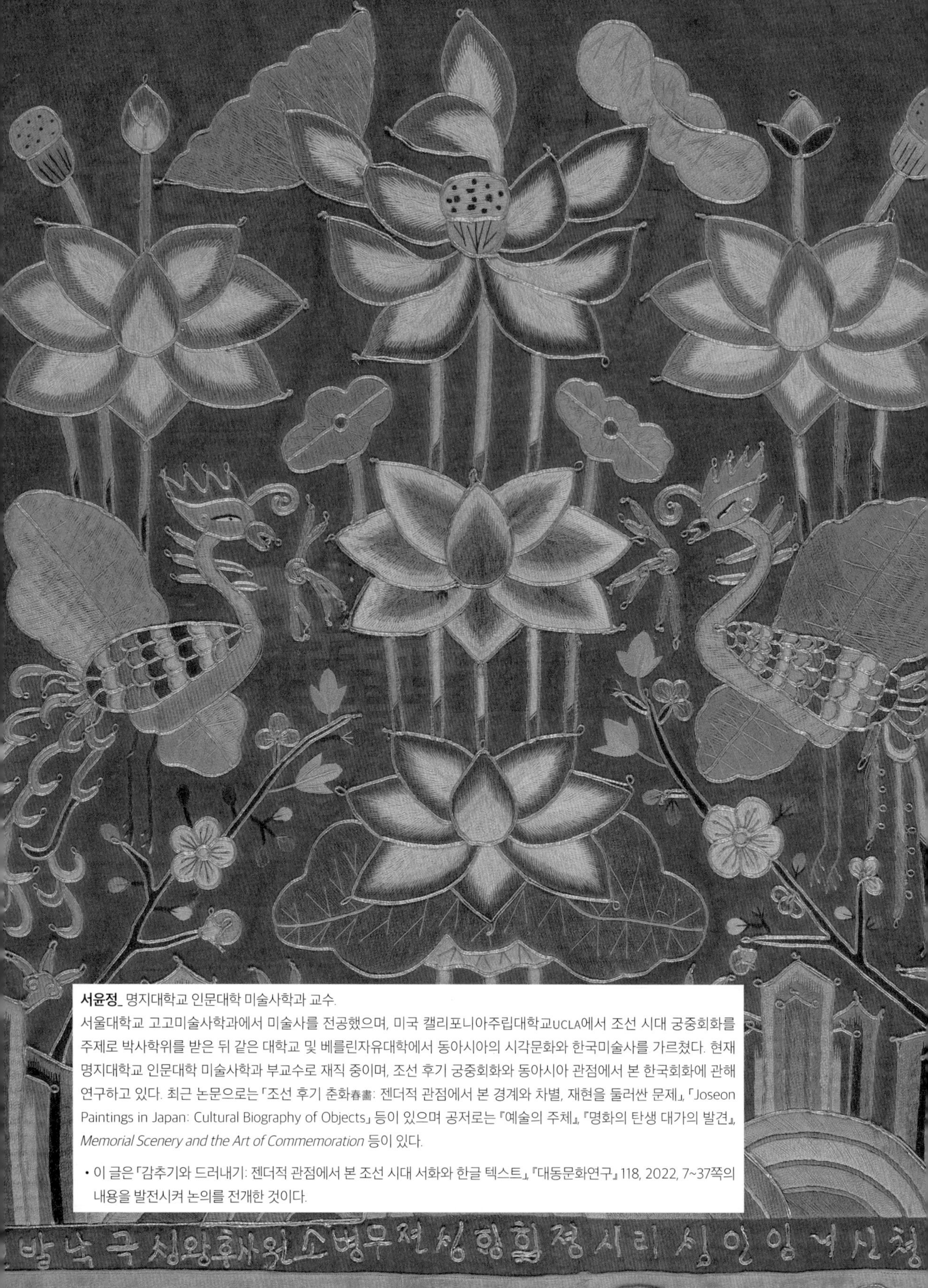

서윤정_ 명지대학교 인문대학 미술사학과 교수.

서울대학교 고고미술사학과에서 미술사를 전공했으며, 미국 캘리포니아주립대학교UCLA에서 조선 시대 궁중회화를 주제로 박사학위를 받은 뒤 같은 대학교 및 베를린자유대학에서 동아시아의 시각문화와 한국미술사를 가르쳤다. 현재 명지대학교 인문대학 미술사학과 부교수로 재직 중이며, 조선 후기 궁중회화와 동아시아 관점에서 본 한국회화에 관해 연구하고 있다. 최근 논문으로는 「조선 후기 춘화春畵: 젠더적 관점에서 본 경계와 차별, 재현을 둘러싼 문제」, 「Joseon Paintings in Japan: Cultural Biography of Objects」 등이 있으며 공저로는 『예술의 주체』, 『명화의 탄생 대가의 발견』, *Memorial Scenery and the Art of Commemoration* 등이 있다.

• 이 글은 「감추기와 드러내기: 젠더적 관점에서 본 조선 시대 서화와 한글 텍스트」, 『대동문화연구』 118, 2022, 7~37쪽의 내용을 발전시켜 논의를 전개한 것이다.

조선 시대 시각문화 속, 한글 텍스트의 출현과 사용을 둘러싼 젠더적 관점

"왜 한글로 된 명문은 전통 서화의 세계에서 볼 수 없을까?"

이 글은 어쩌면 당연한 이 현상에 대한 의문에서 시작되었다. 이 질문은 조선 시대 전통 서화書畵의 영역에서 여성 서화가書畵家 활동의 비가시성invisibility과 서화의 제찬에 보이는 한글의 비가시성의 문제와 관련되어 있다. 그 자체로 젠더화된 체계인 '서화'의 영역에서 문화와 예술의 생산과 소비에 성性이 어떤 역할을 담당하는지, 한자와 한문이 갖는 젠더적 속성이 이미지와 결합될 때 어떤 효과를 발휘하며, 작품의 제작과 감상에 남성/성과 여성/성이 어떻게 작동하는지 등 조선 시대 그림의 후원과 제작, 감상, 수장 전반에 걸쳐 젠더 이데올로기의 작동 방식을 살펴보고자 한다.

기존의 미술사 연구에서 젠더적 접근은 여성 미술가를 발굴하고, 그들의 전기적 역사를 서술하고 대표적인 작품을 소개하여, 남성 중심의 미술사 '정전canon' 서술에 또한 훌륭한 여성 미술가도 존재했다는 페미니즘적인 역사 서술을 보여주었다.[1] 한국 미술사학계에서도 신사임당과 매창 이부인梅窓 李夫人 등의 사대부 여성, 죽향竹香, 함인숙咸仁淑, 난파여사蘭坡女史 같은 기녀 계층 여성 작가에 대한 소개가 그동안 활발하게 이루어졌다.[2] 또한 시각적 재현의 대상으로서 여성을 탐구하여 미인, 열녀, 사녀, 독서하는 여성 등의 이미지를 주제로 한 연구도 꾸준히 발표되었다.[3] 이러한 앞선 연구는 한문학과 서화가 상층의 양반 남성에게만 허용되는 젠더적 위계 체계에서 극소수 상층 계층의 여성과 기녀 같은 '특수한' 사회적 계층의 여성들에 한해 고급문화의 창작 기회가 부여되고 자신의 재능을 발휘할 수 있었음을 밝히며, 예술의 주체로서 여성의 존재를 규명하는 데 도움이 되었다. 그럼에도 불구하고, 미술사에서 젠더적 관점은 여성 작가와 작품의 발굴과 소개, 여성 이미지의 재현 문제 이상을 다루는 데 어려움이 있었다. 특히 여성 작가를 서술하고, 그 작품을 분석할 때 여성으로서의 정체성이 지나치게 강조되거나 '작품을 남긴' 특별한 존재로서의 여성이라는 의미만이 강조되어 신비화된다면, 개인으로서 '개별성과 정체성'을 지닌 '개개인의 고

유한 감정'을 표출해내는 존재로서의 예술가의 내면성에 대한 고찰은 자칫 누락될 우려가 있다.[4]

여성 작가의 정체성에 대한 이해를 바탕으로 조선이라는 상층 남성 중심의 신분 질서와 젠더적 질서로 위계화된 사회에서 하위 주체인 여성이 회화와 한글을 통해 남성화된 서화의 세계, 즉 한문의 영역으로 소통되는 그 세계에 어떻게 침범하며 동화 또는 소외되었는가를 분석하는 이 글을 통해 조선 시대 서화 영역의 젠더싱과 여성의 서화 활동을 젠더적 관점에서 고찰하고, 조선 시대 시각문화 속에서 한글 텍스트의 출현과 한글 사용을 둘러싼 젠더적 관점을 함께 볼 수 있기를 기대한다.

남성 문인들의 세계, 서화 속 여성의 존재

조선 시대 서화는 시와 더불어 남성 문인들이 갖추어야 할 육예六藝의 중심으로 간주되며, 이를 겸비하여 뛰어난 재능을 지닌 사람을 시서화 삼절詩書畵 三絶이라고 칭하며 지식인의 이상으로 삼았다. 여성의 창작 활동은 대체로 권장되지 않았으며, 간혹 허용될 때는 '장난삼아 그린 그림'이거나 사적인 범위나 규중의 규범에 어긋나지 않는 일상의 목적으로만 그 영역과 쓰임이 제한되었다.[5] 즉, 서화는 남성들의 문화 속에서 제작되고 향유되며 그 가치와 기준에 의해 평가되어 하나의 '규범'을 구축했다. 이 구조 속에서 서화 창작 주체로 활동할 수 있었던 소수의 상류층 여성이라도 "문필의 공교함과 시사를 아는 것은 창기의 본색이니, 사대부 집안에서 취할 바가 아니라"는 편견과 "시서의 문예는 부인의 직분이 아니라는" 명분에 의해 제약을 받았다.[6] 제한적이긴 하지만 서화를 익히고 작품을 남겼던 기생들의 경우, 신분과 젠더적 질서의 이중적 차별 아래 고객이었던 남성의 기대를 충족시키기 위해 남성 중심적인 문인화의 문법을 그대로 차용한 경우가 많았다.[7] 이와 같이 여성이 전통적 규범에 의해 정의되는 서화의 세계에 진입하는 방법은 남성성으로 위장된 문법을 따르거나, 가부장적 질서가 인정하는 한도 내에서 자신의 창작욕을 발휘하는 것이다.

남성 문인들이 제작한 서화는 예술을 서로 잘 이해하는 지인들 사이에서 완상되고, 서로 제화시를 주고받거나 제찬을 남기며 상호 간의 결속을 다지거나 예원의 빛나는 일로 회자되어 기록으로 전해진다. 그러나 여성의 작품은 집안에서만 소장되거나 일가친척들에게만 전해지는 경우가 대다수였다. 송시열이 1676년 신사임당의 산수화에 남긴 제발에서 "남녀가 서로 엄격하고 경외해야 하는"데 친척도 아닌 소세양蘇世讓, 1486~1562이 부녀자의 그림을 얻어 보고 감히 그 위에 불경한 시를 적은 것에 대한 불편함을 토로한 것도 사대부 여성이 그린 그림이 젠더화된 영역으로 간주되어, 사적인 범위 내에서만 감상되고 전해오던 정황을 보여준다.[8] 또한 조형보趙衡輔, 1659~1697의 처 임씨 부인 역시 자신이 쓴 외조부 선원 김상공의 「화상찬畫像贊」을 남에게 보이지 않다가 죽은 뒤에야 남겨진 상자에서 찾았다고 할 정도로, 사대부 여성들의 창작물은 예술의 공적 영역에서 거의 드러나지 않았다.[9]

그러나 흥미롭게도 여성의 그림이라도 남성 문인의 제발이 쓰여진 경우, 그 작품은 감상의 대상이 되고 수장품으로 간주되기도 했다. 조선 후기의 화가 허승許昇이라는 사람 집안에 수를 놓는 여자 노비인 매주 김씨梅廚金氏가 그린 〈창암촌사도蒼巖村舍圖〉는[도08_01] 18세기 최고의 수장가라고 불렸던 김광국金光國, 1727~1797의 《석농화원石農畵苑》에 포함되어 있다. 김광국의 화첩에 의해서만 그 존재가 알려진 여성화가 매주 김씨의 유일한 작품인 〈창암촌사도〉는 물기가 많은 먹을 사용하여 버드나무가 늘어선 강가의 풍경을 남종화풍으로 그린 작품이다. 빽빽하게 들어선 버드나무 사이로 마을이 보이는데, 전반적으로 구도의 운용이 답답한 느낌을 준다. 그러나 김광국은 제발에서 "배치나 채색이 모두 법식에 맞았으니, 기이하고 기이하도다!"라고 높이 평가하면서, 원나라 화가 조맹부의 부인 관도승의 재주에 빗대었다. 그러나 그녀의 뛰어난 재주를 음양의 위치가 뒤바뀌어 발생한 일로 "식자들의 걱정과 탄식이 없을 수 없다"고 첨언하고 있다.[10] 이는 여성이 서화를 창작하는 것에 대한 남성 사대부의 이중적인 태도를 보여주는 동시에, 여성의 작품이 문인의 제발을 통해 서화라는 공적 공간에 어떻게 편입되는지 보여준다. 이는 조선 시대 감상과 비평·소장의 대상으로서의 서화의 범주·정의의 문제를 제시하고, 배제되고 감추어진 작품이 서화의 영역으로 드러나고 진입하는 과정에서 텍스트의 역할을 보여주는 예다.

사대부 여성의 서화 작품은 남녀의 구별이 엄격한 조선 사회에서 집안에 가장되어 가

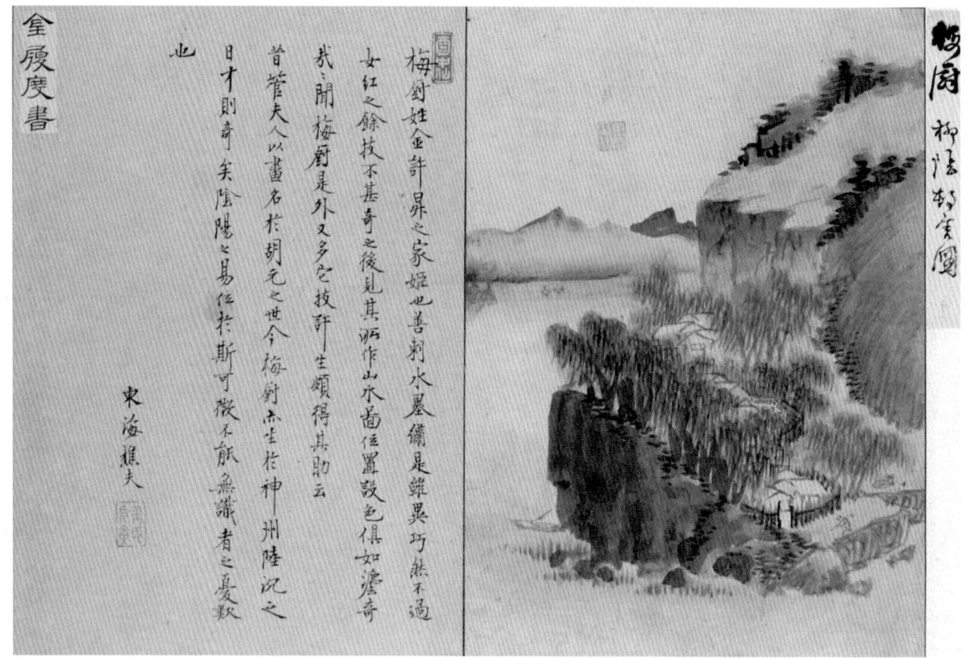

도08_01. 매주 김씨, 〈창암촌사도〉, 《석농화원》, 종이에 엷은 채색, 23×17.2, 18세기 후반, 선문대학교박물관.

까운 일가친척들 사이에서 돌려보는 정도로 사적 영역에서 감상되는 수준에 불과했고, 그들의 작품에 친인척이 아닌 남성의 글이 부기되는 경우는 매우 예외적이었다. 그러나 서울 기생 상림춘上林春이 화원 이상좌李上佐에게 신종호申從濩, 1456~1497의 지우知遇 입은 일을 기리는 그림을 주문하고, 그 그림에 신종호와 정사룡鄭士龍, 1491~1570, 김안국金安國, 1478~1543 등의 시를 청해 시축을 만든 일이나, 회양의 기생 단섬丹蟾이 자신의 초상화에 강세황姜世晃, 1713~1791의 찬을 직접 구한 일,[11] 성천의 기생 운초雲楚가 죽향의 묵죽첩을 얻어 신위의 발문을 얻은 뒤 김이양金履陽, 1755~1845에게 선물한 예에서 볼 수 있듯, 기녀들은 자신의 그림이나 자신이 주문한 작품에 남성 문인들의 제발을 직접 요구해 받을 수 있었다.[12] 이는 기녀라는 직업의 특성상 남성 문인들과의 자유로운 교류가 보장되었고, 조선 시대 내외법의 규제를 받지 않았기 때문에 가능했다. 기녀들이 그림을 주문하고 명망 있는 사대부 남성들의 제시를 받는 것은 자신의 일생을 기록하고 그것을 공유하기 위한 동기에서 비롯되었지만, 결과

적으로 남성 문인들의 제화시는 기생들의 평판을 높이는 데 기여했다.[13]

이 밖에 남성 문인이 사적으로 여성을 위해 제작한 작품도 발견되는데, 대표적인 예로 정약용丁若鏞, 1762~1836이 부인 홍씨가 보내온 치마에 딸을 위해 그린 〈매화병제도梅花併題圖〉[도08_02]를 들 수 있다.[14] 작품 상단에 활짝 핀 매화와 꽃망울이 맺힌 가지에 앉아 있는 새 한 쌍을 맑은 색채를 사용하여 정갈하게 그려냈고, 아래쪽에는 부부화락을 기원하는 4언시와 작품을 제작한 연유를 밝힌 짤막한 글을 적었다.[15]

1813년 7월 유배지인 다산의 동암東庵에서 그린 이 작품은 1년 전에 시집 간 딸을 위해 제작한 것으로 그림 아래쪽에 "꽃이 이미 활짝 피었으니 토실한 열매가 맺겠네"라는 다복한 가정의 행복을 바란다는 딸에 대한 아버지의 애정이 담긴 시를 적었다.[16] 남녀 사이에 교환된 서화의 경우 한글 명문이 부기된 경우가 거의 없는데, 이는 발신자나 수신자 중 어느 한쪽이라도 여성일 경우 한글로 쓰는 것이 상례인 조선 시대 간찰의 관습과는 사뭇 대조가 된다. 이는 시서화가 젠더적 속성에 의해 정의되는 영역으로 남성성으로 대변되는 서화의 영역 내에 존재하는 '시'는 오로지 남성-상층어인 한문으로만 표기되기 때문이다. '남성-상층어-한문'과 '여성-하층어-언문'으로 성별화된 조선의 양층 언어 체계가 견고하게 젠더화된 전통 서화의 영역에 진입할 때, 소위 남성 문인의 서화 영역에 여성 한글 명문은 존재할 수 없는 것이다.

종교화에 담긴 여성의 말하기, 그들의 목소리

한글과 한자의 이중 언어를 사용하는 양층 언어 구조 사회에서 남성/성의 시서화의 세계에서 공적인 문자를 담당하는 것은 한자였고, 여성/성을 표상하는 한글은 공적인 세계에서 배제되거나 소외되었다.[17] 그러나 한글 텍스트는 전통적으로 서화의 영역에서 배제된 종교화와 실용화·공예 등에서 발견된다. 이 글에서는 시각매체 속의 한글 텍스트 분석을 통해 제작자·주문자/후원자·감상자로서의 여성의 역할을 고찰하고, 이를 통해 여성의 주체성

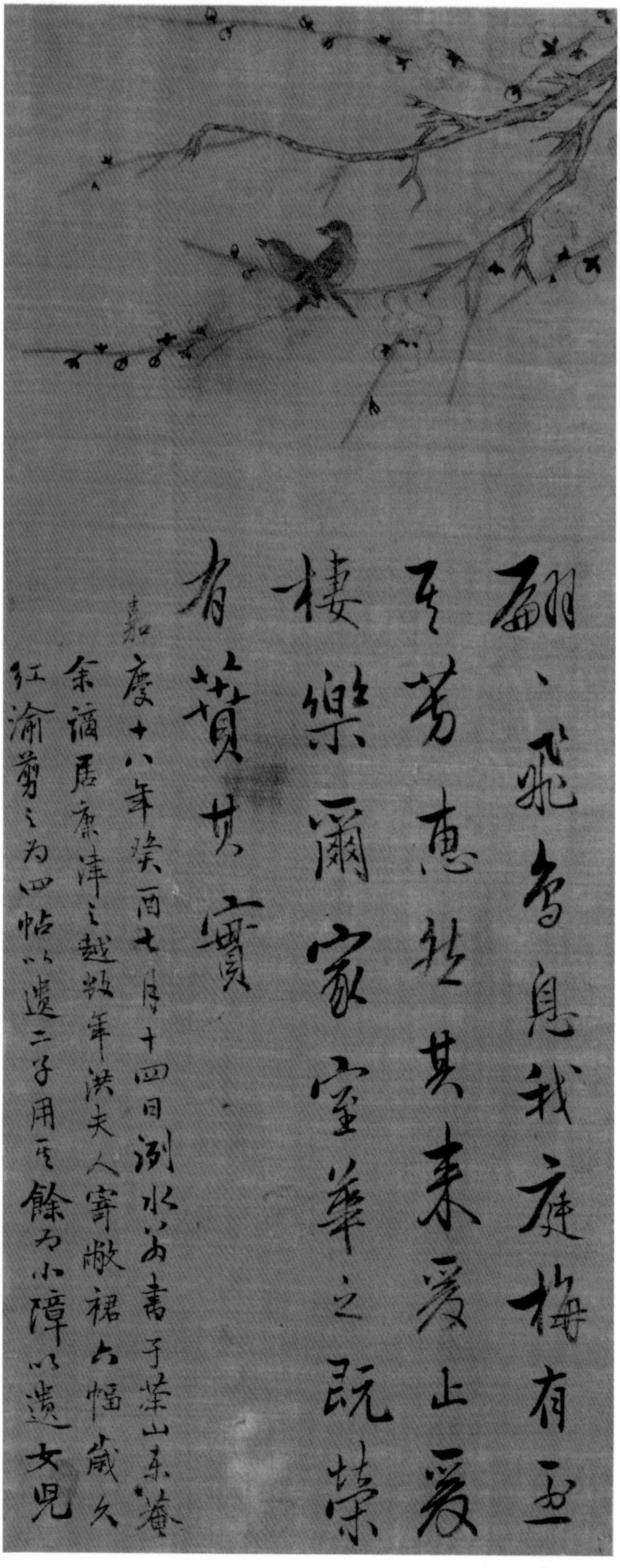

翩翩飛鳥息我庭梅有烈
其芳惠然其來爰止爰
棲樂爾家室華之旣榮
有蕡其實

嘉慶十八年癸酉七月十四日洌水翁書于茶山東菴
余謫居康津之越數年洪夫人寄敝裙六幅歲久
紅渝剪之爲四帖以遺二子用其餘爲小障以遺女兒

도08_02. 정약용, 〈매화병제도〉,
비단에 엷은 채색, 44.9×18.5, 1813,
고려대학교박물관.

이 남성 예술가·후원자·감상자의 주체성과 어떻게 다른 방식으로 발현되는지, 또 그 과정에서 한글 텍스트가 여성 주문자와 감상자 사이의 관계망 형성에 어떤 기여를 하는지 살펴보려 한다.

조선 시대 여성의 불교 후원 연구는 가부장제에 철저하게 길들여진 '현모양처' 또는 남성의 성적 대상화의 도구인 '해어화解語花'의 예인의 이미지라는 이분법적인 여성 이미지를 넘어, 억압된 체제 속에서 종교라는 수단을 통해 자신의 목소리를 내고 대규모의 불사를 도모하고 종교 활동을 주도했던 적극적인 여성들의 역사를 보여준다.[18] 가령, 신말주申末舟, 1429~1503의 부인 설씨薛氏, 1429~1508는 남편과 함께 전라도 순창에 낙향하여 광덕산廣德山에 사찰을 세우기 위해 『설씨부인권선문薛氏夫人勸善文』1482을[도08_03] 지어 신도들의 시주를 주도하는 등 서화의 창작, 불사의 건립과 후원에 적극적인 역할을 했다. 사대부가 아녀자로서의 제약에도 불구하고, 승려와의 교류를 통해 권선문을 작성하여 세인에게 공표하고 불사를 주도하는 적극적인 여성의 모습은 "내가 들은 바에 의하면", "내가 여성으로서"로 기술되는 지극히 사적인 1인칭 시점의 서술과 자신의 꿈 이야기를 풀어내며 인과설을 설득력 있게 설명하고 원당을 짓기 위한 시주를 권하는 권설문에 반영되어 있다.[19] 현재 『설씨부인권선문』은 열네 점의 글씨와 두 점의 그림으로 구성된 서화첩 형식으로 되어 있는데, 제일 앞 두 폭의 산수화는 광덕산의 부도암浮屠菴을 그린 것이다. 안견파 양식을 연상시키는 암석과 수목의 표현, 단선점준短線點皴의 구사 등은 이 작품의 조선 초기적 경향을 보여준다.[20]

1576년에 제작된 〈안락국태자경변상도安樂國太子經變相圖〉는[도08_04] 「사라수탱沙羅樹幀」으로도 알려진 조선 전기 불화로 비구니 혜인慧因과 혜월慧月 등이 발원하고 왕실의 후원을 받아 오래되어 낡은 그림을 다시 제작한 것이다. 세조5년1459에 간행된 『월인석보』 8권1459 「월인천강지곡月印千江之曲」의 내용을 도해한 것으로 조선 시대 유일하게 한글이 병기된 불화이다. 명문에서는 선조의 비 의인왕후懿仁王后, 1555~1600를 비롯하여 당시 생존해 있던 인종비 공의왕대비恭懿王大妃, 요절한 순회세자의 덕빈 윤씨德嬪尹氏, 혜빈 정씨惠嬪鄭氏에게 불화의 공덕을 돌리고 있다. 선행 연구에서는 공의왕대비에 대한 길고 자세한 공덕의 내용에 의거하여 공의왕대비를 주요한 왕실 발원자로 추정하거나, 재임 중인 선조의 후궁도 아니

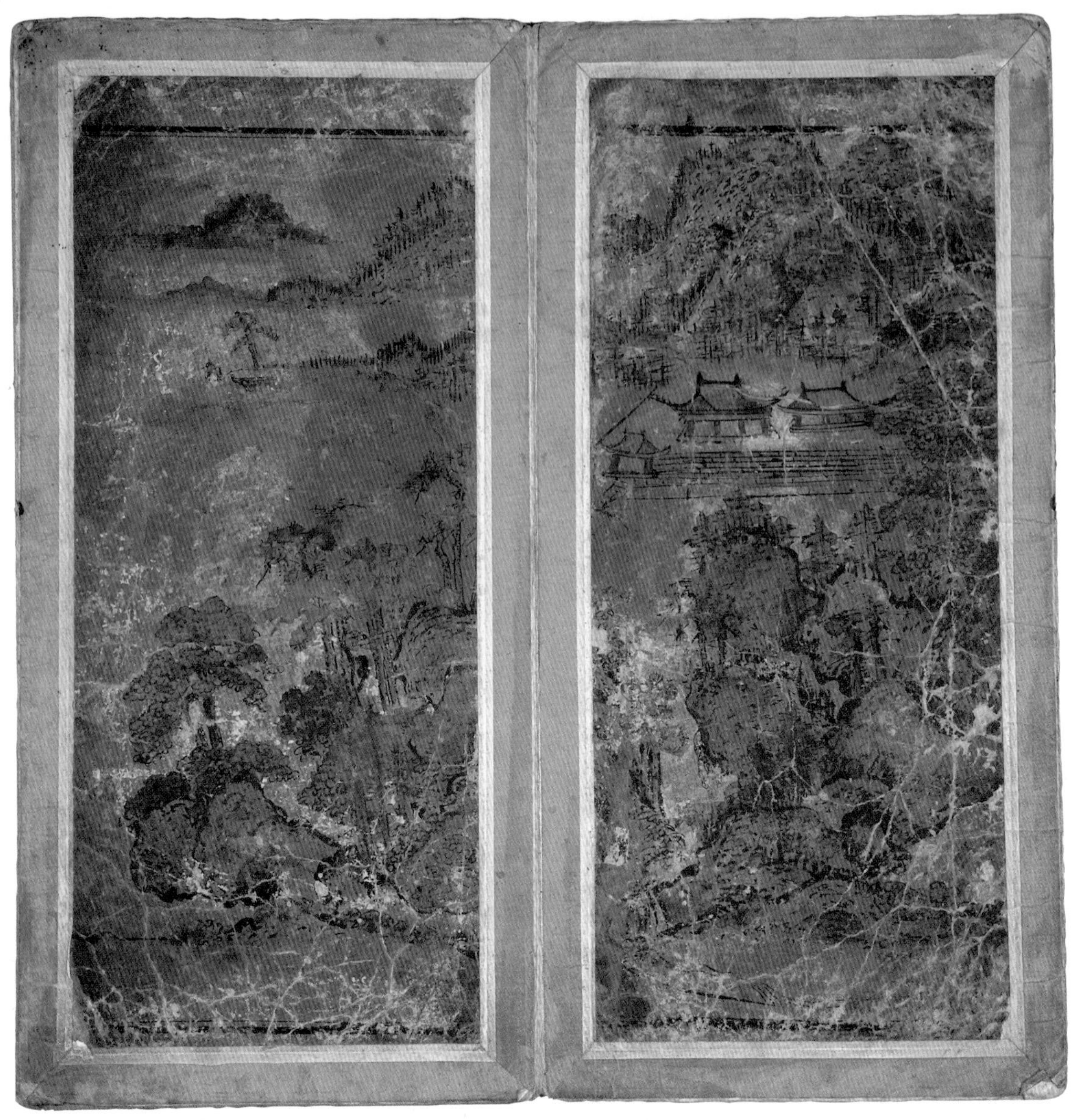

도08_03. 〈광덕산부도암도〉, 『설씨부인권선문』, 붉은 종이에 채색, 34.6×30.8, 1482, 개인.

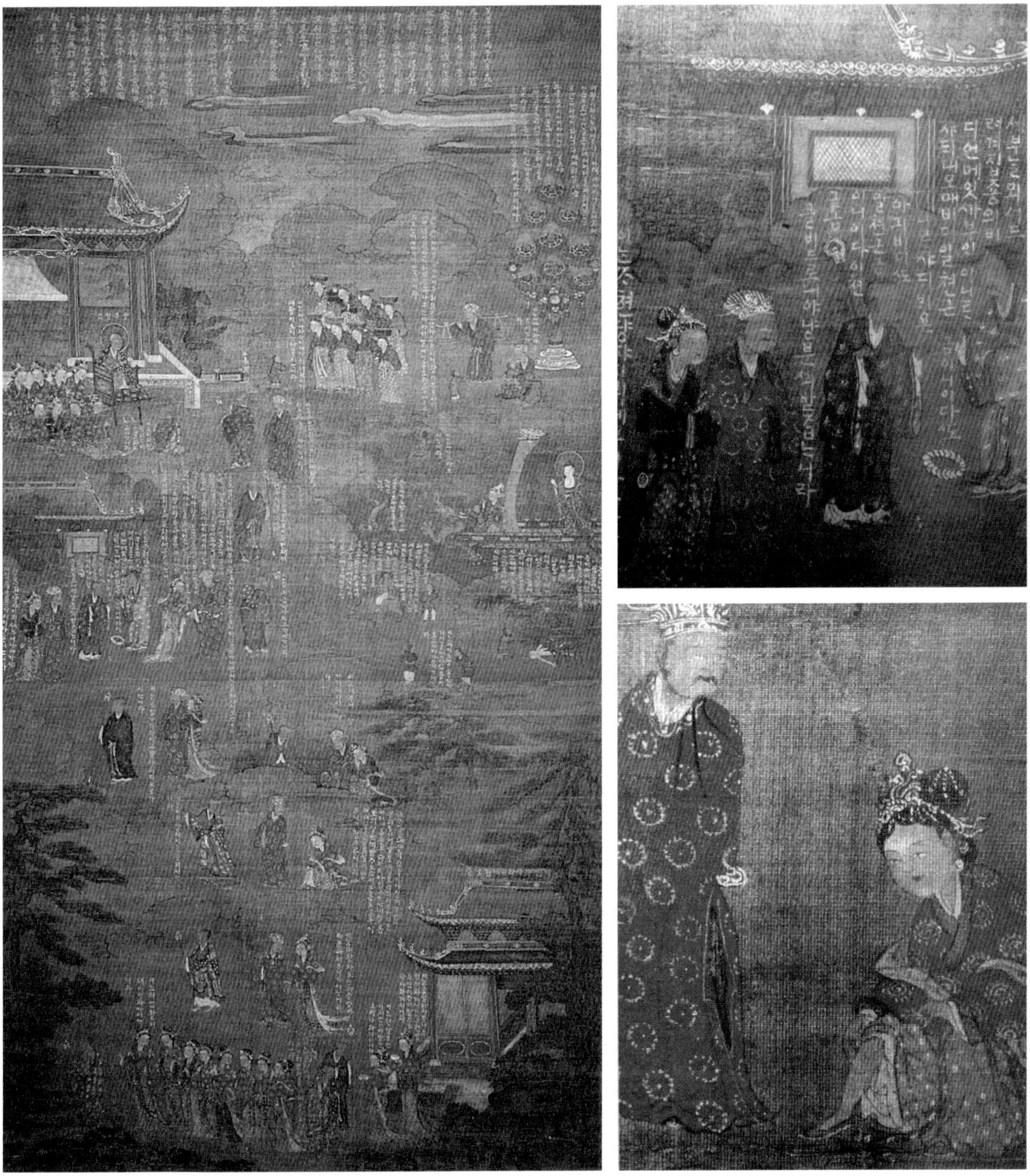

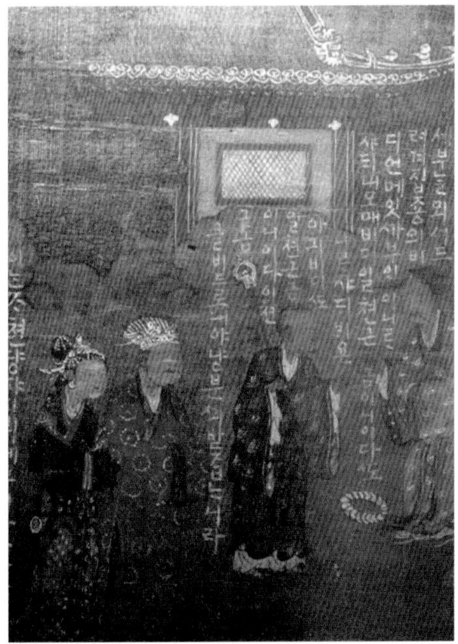

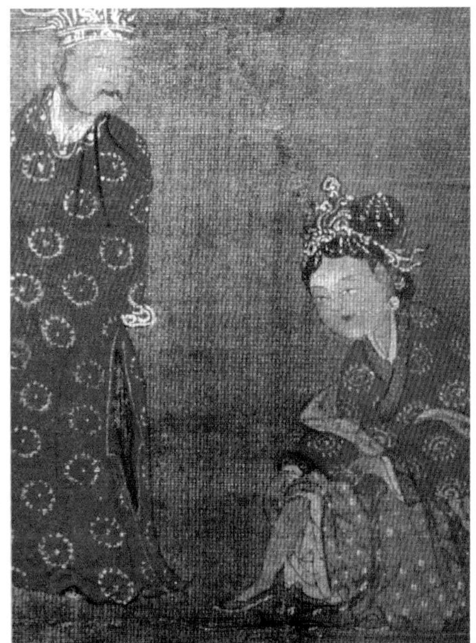

도08_04. 〈안락국태자경변상도〉, 비단에 채색,
105.8×56.8, 1576, 일본고치아오야마분코.

면서 후궁 가운데 유일하게 축원을 받은 혜빈 정씨가 이 불화의 주요한 후원자일 가능성이 크다고 추정했다.[21] 안락국태자경의 내용을 도해한 각 장면과 그림에 대응하는 상세한 한글 화기가 기록된 점, 이야기의 실질적인 주인공이 남편 사라수대왕의 수행과 아들 안락국태자를 위해 가장 헌신하며 보시행을 택한 원앙부인이었다는 점을 고려해보면 '여성' 후원자와 감상자의 존재를 상정해볼 수 있다. 특히 결론 부분에 묘사된 구원의 용선龍船을 타고 서방정토로 향하는 원앙부인의 이미지는 동료 왕실 여인들에게 여성 구원에 대한 간절한 염원과 그 실현 과정을 구체적으로 보여주는 기능을 했을 것이다.[22]

교화적 기능을 강조한 이야기를 도해한 특이한 형식의 불화, 왕실 여성의 공식 언어로 사용되었던 언문의 전면적인 사용, 여성 주인공의 적극적인 역할 등은 기존 예배용 불화나 전통 서화의 개념에서는 논의할 수 없는 '젠더적' 요소를 내포하고 있다. 특히 이 변상도에는 27건의 언문으로 된 산문이 사건 전개에 따라 치밀하게 배치되어 있다. 이렇듯 화소話素별로 시각화하여, 한 점의 그림 속에 서사 내용을 일목요연하게 배치한 변상도는 전례를 찾아볼 수가 없는데, 이러한 형식은 이 작품이 연행演行을 위해 제작된 것일 가능성을 시사한다.[23] 언문 대화체로 쉽게 쓰인 문장과 적절하게 배치된 삽입 가요, 텍스트와 이미지의 병치, 극적인 서사 구조 등이 스토리텔링에 적합한 시각물로 기능했을 것이다.[24] 이는 이 작품이 갖는 장점이자 한계로, 언문과 구술 가능성 텍스트는 여성 감상자들에게는 매력적이지만 한문으로 번역되지 않는 한 항구적인 기록물로 인정받기 어렵고 공식적인 문서로 기능하여 전승될 가능성이 희박하기 때문이다.

여성의 교화를 위해 만들어진 책, 한글 텍스트의 등장

한글은 주로 가정이나 여성을 중심으로 사용된 '비공식적'인 문서인 편지나 시·소설 등의 문학 작품에 주로 사용되었고, 교육·문식·정치·행정 등의 권위 있는 '공적인' 문서에는 한문이 사용되었다.[25] 그러나 국가 주도로 편찬되는 문헌임에도 불구하고 여성의 교화와 교육을 목적으로 하는 행실도류의 경우 한글 텍스트가 빈번하게 등장한다. 조선 시대 초기부터 중국 유향劉向, B.C.79~B.C.8의 『열녀전』, 송대 『고열녀전古列女傳』과 같은 다양한 열녀전이 유입되어 왕실을 중심으로 수용되었다.[26]

중국의 열녀전은 한문을 모르는 조선의 부녀자들을 위해 언해되거나 새롭게 간행되기도 했는데, 가령 1517년 중종대에는 "일반 서민과 글 모르는 부녀들이 독습讀習하기가 어렵"기 때문에 『소학』과 『열녀전』, 『여계女戒』, 『여측女則』과 같이 일상생활에 꼭 필요한 책들은 한글로 번역하여 "궁액宮掖으로부터 조정 경사朝廷卿士의 집에 미치고 아래로는 여염의 소민小民들에 이르기까지 모르는 사람 없이 다 강습하게" 했다.[27] 1543년에는 유향의 『열녀전』을 예조에 명해 한글로 언해하면서 고개지의 삽도가 오래되자 그것을 이상좌가 새로 그리도록 했다. 또 영조대에도 『고금열녀전古今列女傳』이 한글로 번역되어, 중국 열녀전의 언해 전통이 오랫동안 지속되었음을 알 수 있다.

이와 함께 세종 이후 조선에서도 자체적으로 행실도가 제작되어 반포되었는데, 1434년 처음 『삼강행실도』가 간행된 이후, 성종대 반포된 『삼강행실도 언해본』1481, 『산정언해삼강행실도』1490, 중종대 발간된 『속삼강행실도』 초간본1514, 광해군대 『동국신속삼강행실도』 초간본1617, 정조대 『오륜행실도』 초간본1797 등 국가 주도로 편찬된 주요한 행실도들은 한문과 한글이 병기된 형태를 취하고 있다.

효열을 강조하는 교화서를 언문으로 번역하여 반포한 가장 큰 이유는 "언문으로 해석한 후에야 쉽게 이해할 수" 있고, 이를 "경중의 오부와 여러 도에 나누어 주어 시골 거리의 부녀가 다 강습할 수 있게" 하기 위함이었다.[28] 즉, 부녀자들에게 유교적 교훈을 쉽게 전달하는 것이 그 목적이었는데, 한글의 젠더성이 교화서의 실용적 목적과 결합한 결과이다. 사실 국가는 열녀도를 통해 유교적 이데올로기를 효과적으로 전달하고, 궁극적으로 국가 통치의 합법화와 왕권의 정당성을 표방하고자 했다. 따라서 이데올로기적 메시지를 전달하기 위해 다양한 방법을 고안했는데, 앞서 언급한 텍스트의 언해는 교육의 대상자를 고려한 1차적인 행위라고 볼 수 있다. 여성 교화를 위한 다양한 시각적 장치들이 병풍·판화·족자 등의 형태로 제작되었는데, 병풍이나 족자의 경우 개인적 차원의 감상과 성찰, 가문의 열녀 기념이라는 사적인 용도로 제작된 반면, 판화는 대량 보급을 목적으로 제작되어 텍스

트의 기능이 더욱 더 강조되었다.[29]

성종대에는『삼강행실도 언해본』이 배포되고, 수록된 열녀 수를 대폭 줄여 쉽게 이해할 수 있도록 편찬한 언해의 산정본을 간행하여 부녀자들에게 윤리서를 보급하기 위한 노력을 아끼지 않았다.[30] 1481년 초간본을 바탕으로 제작된『삼강행실도 언해본』에는[도08_05] 인물과 관련된 사건을 그린 삽화가 전면에 있고 그 행적을 언해한 한글을 그림 상단에 배치하고 다른 면에는 구결 없는 한문 원문이 수록되어 있다.

『삼강행실도』의 속편으로 중종대인 1514년 편찬된『속삼강행실도』에서도[도08_06] 한글과 그림을 한 면에, 한문 설명과 시문은 뒷면에 배치하는 구성이 지속되고 있다.

광해군대인 1617년 국가적인 차원에서 큰 규모로 편찬된『동국신속삼강행실도』는[도08_07] 임진왜란을 전후하여 조선의 열녀와 충신·효자를 수록하여, 그 수록된 인원만 1,586명이나 되는 막대한 규모의 문헌이다. 이전 행실도의 전통을 계승하여 한 장의 판목에 한 사람의 기사를 수록하고, 인쇄하여 제책했을 때 앞면에는 한 면 전체에 그림이, 뒷면에는 인물의 행적을 기록하는 전도후설前圖後說의 체제를 취하고 있다.

『오륜행실도』[도08_08]는 1797년 정조의 명으로 세종대 간행된『삼강행실도』와 중종대의『이륜행실도』를 합하여 수정하고 정리자로 간행한 책으로, 열녀는 35인이 포함되어 있는데 수록된 인물은 대부분 중국인으로 조선인 열녀는 6인에 불과하다. 앞 장에는 삽화를 넣고, 마주보는 다음 장에 한문으로 내용을 기술한 다음 한 칸 내려 시를 덧붙인 후 언해를 게재했다. 한쪽에 그림을, 한쪽에 행장을 수록하던 이전의 행실도류 편집이『오륜행실도』에서는 길어진 언문 번역문으로 인해 그 모습이 흐트러지게 되었다. 즉, 언해문 글씨를 굵고 안정되게 새기고, 한글 번역을 원문에 가깝게 매우 자세하고 길게 서술했기 때문에 일어난 변화라고 할 수 있다.[31] 판각의 경우 이전『삼강행실도』의 그림과 다른 변화를 보여주는데, 한 화면에 여러 장면을 그리는 이시동도법의 고식적인 기법에서 탈피하여 주요 장면 하나만을 강조하여 극적으로 표현하는 구성 방식을 택했다. 유려한 선묘, 바위의 준법과 수지법 등에서 김홍도의 화풍이 반영되어 있고 18세기 조선에 유입되었던 중국 소설 삽화와의 관련성도 보인다.

행실도류의 언해에서 흥미로운 점은 하나의 텍스트가 두 개의 언어로 등장한다는 점

閔損。孔子弟子。早喪母。父娶後妻生二子。母嫉損，所生子衣綿絮，衣損以蘆花絮。父冬月令損御車。體寒失靷。父察知之，欲遣後妻。損啓父曰：母在一子寒，母去三子單。父善其言而止。母亦感悔，遂成慈母

詩 身衣蘆花不禦寒。隆冬寧使一身單。因將好語陳嚴父。子得團圓母得安 孝哉閔損世稱賢。德行由來萬古傳。繼母一朝能感悟。從玆慈愛意無偏

贊 後母不慈。獨厚己兒。弟溫兄凍。蘆絮非綿。父將逐母跪白于前。母今在此。一子獨寒。若令母去。三子俱單。父感而止。孝乎閔子

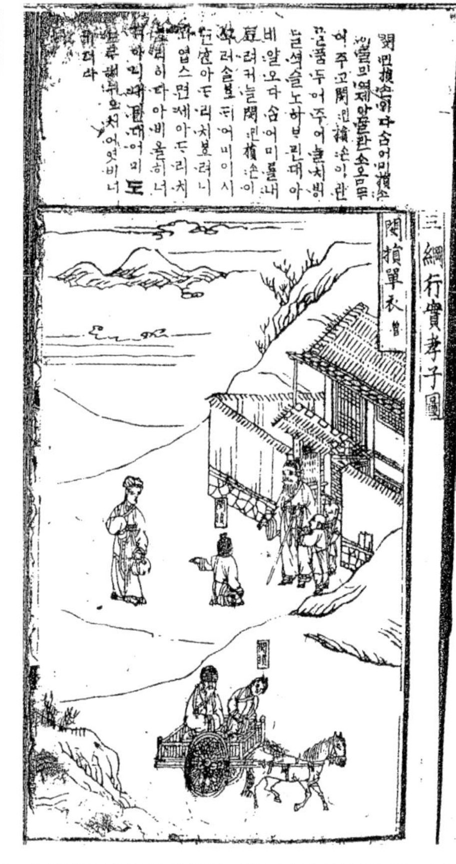

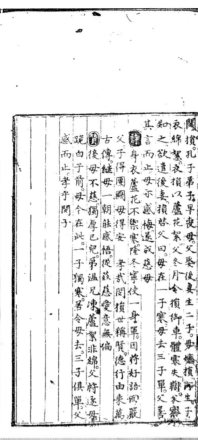

도08_05.
「민손단의閔損單衣」,
『삼강행실도 언해본』,
38.1×20.8,
성종대 판본,
영국도서관.

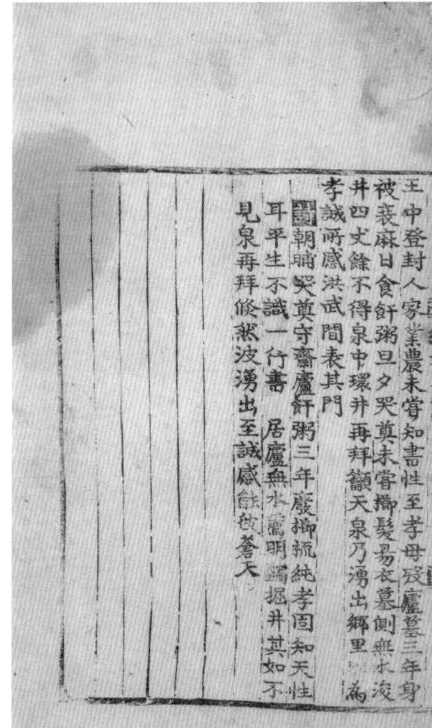
王中登封人家業農未嘗知書性至孝母歿廬墓三年身被衰麻日食飦粥旦夕哭奠未嘗櫛髮易衣墓側無水汲井四丈餘不得泉中環井再拜籲天泉乃湧出鄉里以爲孝誠所感洪武間表其門

國朝晡哭奠守齋廬飦粥三年廢櫛梳純孝固知天性耳平生不識一行書 居廬無水篤明溺掘井其如不見泉再拜倏然波湧出至誠感能徹蒼天

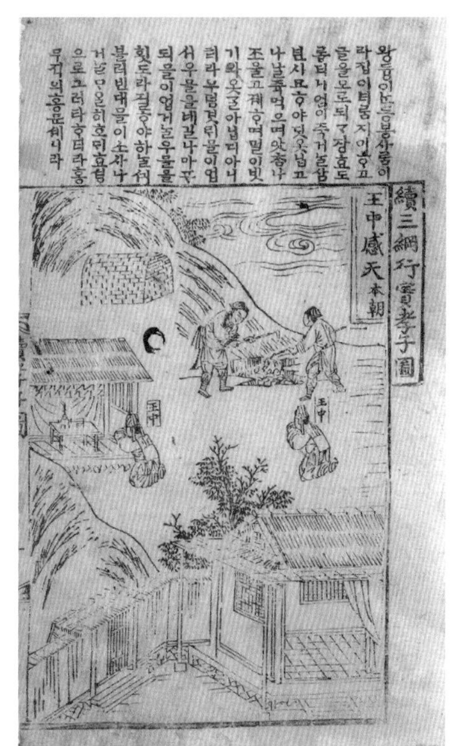

도08_06.
「왕중감천王中感天」,
『속삼강행실도』,
36.3×22.3, 1727,
평안도 감영판,
규장각 한국학연구원.

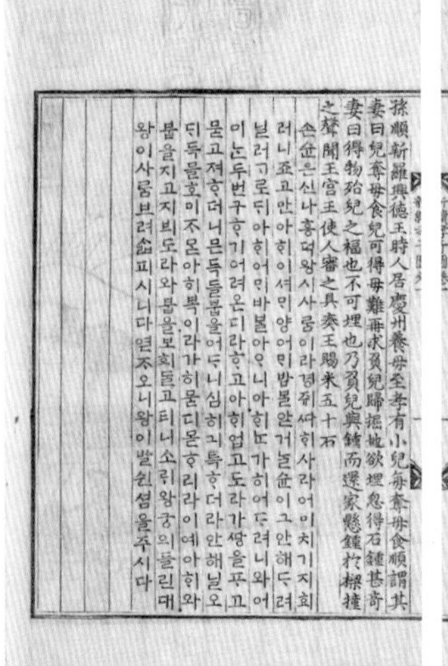
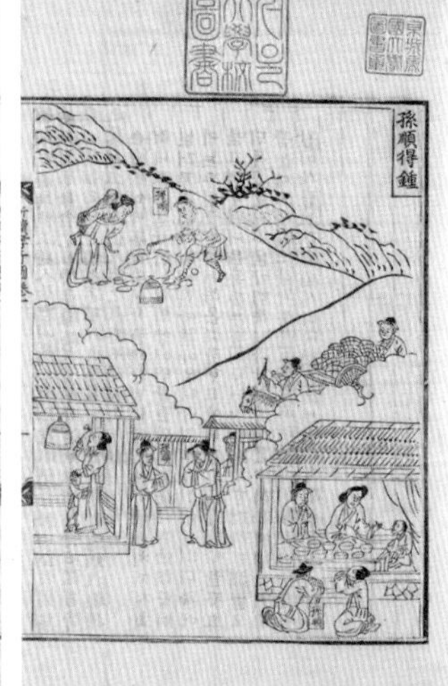

도08_07. 「손순득종孫順得鍾」, 『동국신속삼강행실도』, 37.8×25.4, 1617, 규장각 한국학연구원.

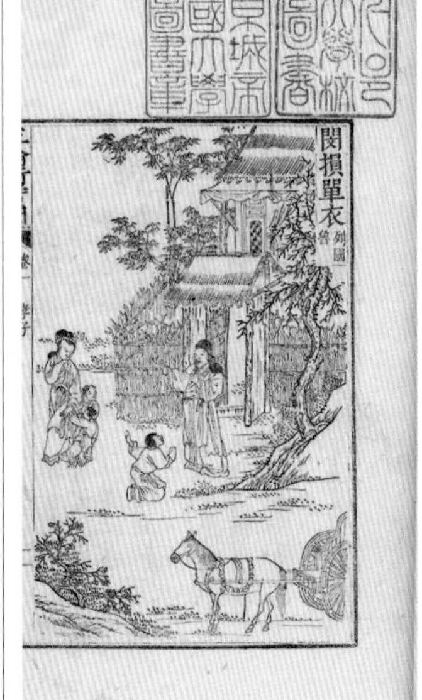

閔損字子騫孔子弟子早喪母父娶後妻生二子母嫉損所生子衣棉絮衣損以蘆花絮父冬月令損御車體寒失靷父察知之欲遣後妻損啓父曰母在一子寒母去三子單父善其言而止母亦感悔遂成慈母

詩身衣蘆花不禦寒隆冬寧使一身單仍將好語回嚴父子得團圝母得安　孝哉閔損世稱賢德行由來萬古傳繼母一朝能感悟從玆慈愛意無偏

贊後母不慈獨厚己兒弟温兄凍蘆絮非棉父將逐母跪白于前母今在此一子獨寒若令母去三子俱單父感而止孝乎閔子

민손의ᄌᆞ는ᄌᆞ건이니공ᄌᆞ뎨ᄌᆞ라일즉어미죽고아비후쳐ᄅᆞᆯ취ᄒᆞ여두아ᄃᆞᆯ을나흐니손의계뫼손을믜워ᄒᆞ여나흔아ᄃᆞᆯ으란오시소음두어닙히고손으란ᄀᆞᆯ품을두어닙히더니겨울에그아비손으로ᄒᆞ여곰술위ᄅᆞᆯ몰시치위ᄅᆞᆯ혀을노하ᄇᆞ린ᄃᆡ아비ᄉᆞᆯ펴알고후쳐ᄅᆞᆯ내티고져ᄒᆞ거ᄂᆞᆯ손이ᄉᆞᆯ와ᄀᆞᆯ오ᄃᆡ어미이시면ᄒᆞᆫ아ᄃᆞᆯ이칩고어미업ᄉᆞ면세아ᄃᆞᆯ이치우리이다ᄒᆞᆫ대아비그말을어딜이너겨아니내티니계뫼또ᄒᆞᆫ감동ᄒᆞ고뉘웃처드듸여ᄌᆞ인ᄒᆞᆫ어미되니라

도08_08. 「민손단의閔損單衣」, 『오륜행실도』, 32.3×19.3, 1797, 규장각 한국학연구원.

이다. 주로 한문을 한글로 전환하여 한문 문맹자인 여성, 아동, 대다수의 일반 백성을 대상으로 하기 위해서다. 그런데 조선 시대 부녀자를 대상으로 하는 소위 행실도류 서적의 언해는 원문 내용을 생략하거나 원문에 없는 내용을 추가하여 내용을 좀 더 효과적으로 전달하기 위해 매끄럽게 다듬은 의역에 가까운 형태를 취한다. 이는 내용을 쉽게 전달하는 것이 목적이기 때문에 원문에 크게 의존하지 않는 자유로운 번역을 하는 것으로 문자와 함께 이미지가 내용을 전달하여 여성 독자에게 한문 원문의 내용이 사실상 큰 의미가 없었음을 보여준다.[32]

반면, 교육적 목적으로 중종대 간행되었던 『번역소학飜譯小學』1518은 의역이 원문과 일치하지 못하여 문의文意를 잃었다고 비판받았으며, 축자작해逐字作解의 원칙에 의한 직역으로 방향을 전환했다는 『소학언해』1587의 간행 취지에서 볼 수 있듯, 그 언해의 목적이 원문에 대한 정확한 이해에 있는 서적들도 있었다. 실제로 『삼강행실도』 원간본과 영조대 중간본, 『소학언해』와 『번역소학』 등에 수록된 동일한 내용의 언해를 비교해보면, 전자는 원문 내용을 효과적으로 전달하기 위해 자연스러운 국어 문장을 구사하는 반면 후자는 원문을 충실하게 반영하는 축자 직역을 보여주고 있다.[33] 『소학』은 행실도류와 달리 초급 단계의 유교 경서로서 취급받으며 포함된 한문 원문은 그 한자로서의 문의가 중시되었기 때문이다.

『김씨세효도金氏世孝圖』는[도08_09] 1865년 간행된 효행도의 일종으로 관찬본 『삼강행실도』가 조선 말기 저변화되어 다양한 양상으로 제작되는 현상을 보여주는 흥미로운 사례이다. 이 책은 철종-고종대의 효행으로 이름난 김윤광金潤光과 그의 아들 김석기金碩基의 효행기를 『삼강행실도』의 체제에 따라 구성하고, 각 항목마다 도설과 언해를 함께 실었다.[34] 본문은 김윤광과 김석기 부자의 효행을 도해한 그림과 효행 사실에 관한 찬을 적은 이조판서 김학성金學性, 1807~1875의 글이 한문과 한글 순으로 병기되어 있다. 본문의 그림은 김석기의 동생 김석봉金碩奉이 그렸는데, 이야기의 중심이 되는 인물을 전경에 배치하고 산수 배경으로 인물을 에워싸 무대처럼 묘사했다. 미점을 적극적으로 구사하여 묘사한 산의 모습, 장식적인 구름의 형태, 화보풍의 나무는 전형적인 19세기 남종화풍의 여운을 남기고 있으나, 인물·풍속· 산수·건물 등의 표현은 오륜행실도의 목판화와 김홍도 화풍의 영향이 보인다. 합리적인 공간의 표현, 인물의 자연스러운 동작과 자세 등은 판화의 밑그림을 제작한

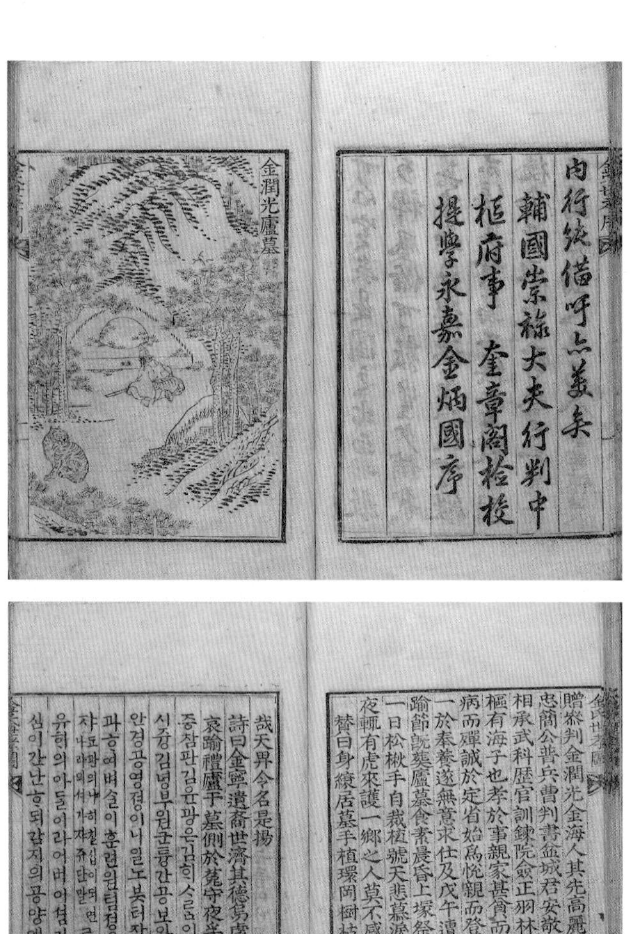

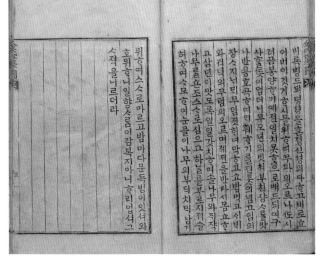

도08_09. 『김씨세효도』, 30.9×20.3, 1865, 한국학중앙연구원 장서각.

김석봉이 그림에 대한 조예가 상당했음을 암시한다.

『김씨세효도』는 『오륜행실도』의 체제와 구성, 삽도의 양식적 특성을 충실하게 따르면서 19세기 가문의 사적인 업적을 행실도류 판화의 체제로 구성한 흥미로운 예다. 정문과 정려문을 두 차례에 걸쳐 내려줄 만큼 김씨 부자의 효행은 국가적 차원에서 장려되는 윤리적 실천 행위였고, 이는 서문에 이조판서 윤정현尹定鉉, 판중추부사 김병익金炳翼, 지중추부사 홍한철洪在喆, 예조판서 신석희申錫禧, 홍문관 부제학 조성하趙成夏 등 당상관의 재상들과 이조와 예조 홍문관의 명망 있는 문관들이 참여한 것을 통해서도 알 수 있다. 서문에 이어 삽화와 김학성의 한문 해설과 한글 번역이 첨부되어 있다. 김학성은 규장각 제학, 예문관 제학과 홍문관 제학 등의 청요직을 맡아 강관과 제술관을 겸했던 문장에 뛰어난 문관이었다. 흥미로운 점은 김씨 부자의 효행을 장려하고 그 당위성을 서술한 서문과 「양세명족기실兩世命旌紀實」은 한문 원문으로만 수록된 것에 비해 그림과 함께 기재된 김학성의 글은 한글로 번역되어 병기되었다는 점이다.

한글의 젠더성은 글의 주 사용자가 여성이라는 데 국한되어 있지 않다. 한자와 히라가나의 이중 표기 체제를 가지고 있는 일본의 경우도 문자의 젠더성을 확인해볼 수 있는데, 우리의 경우와 유사한 점이 있어 참고가 된다. 헤이안 시대에 남성이 사용한 문자가 한자였기 때문에 공문서나 공적인 자리에서 작성된 한문 문서나 필적을 오토코데男手라고 불렀고, 히라가나로 쓰인 사적이고 비공식적인 문자를 온나데女手라고 지칭했다. 와카和歌를 쓸 때는 남녀 모두 온나데를 사용했기 때문에 여기에서의 '남성'과 '여성'이 생물학적인 여성과 남성을 지칭하는 것은 아니다. 남성은 두 문자 체계를 목적에 따라 자유롭게 넘나드는 "양손잡이"지만, 여성은 "남성의 손"을 사용하지 못했고 심지어 그것에 대해 무지한 척해야만 했다. 전통적으로 한문을 읽는 여성은 "여성적"이지 않기 때문이었다.[35] 이는 조선 후기 높은 신분의 왕실 여성이 처했던 문자 생활과 별반 다르지 않다. 한문은 남성의 공적 영역에 존재하는 문자였고, 한글은 여성의 사적 영역을 담당하는 언어였다. 그러나 남성은 여성에게 편지를 쓸 때, 가사나 시조 등의 문학 작품을 지을 때, 문서나 서적을 언해할 때 필요에 따라 한글을 사용했다. 그러나 여성은 한문을 알아도 아는 체하지 않는 것이 여성으로서의 겸덕을 표현하는 방편이었기 때문에 한문의 원음만 한글로 표현하는 한문-한글 음역이라는 독특한 방식으로 젠더적 차별성을 교묘히 비껴나가야만 했다.[36]

여성의 고유한 노동의 세계, 자수에 한글을 수놓다

잠직과 바느질은 전통적으로 여성 고유의 일로 인식되어왔으며, 궁중 자수는 숙련된 상의원의 침선장과 침선비, 각 전과 궁의 침방과 수방의 내인들이 오랫동안 공을 들여 제작하여 그 예술적 가치가 높다.[37] 생활 자수 이외에 서왕모나 신선도·고사인물도 등을 소재로 한 감상용 자수 병풍이 17세기 이후 어람용으로 제작되기도 했고, 왕실의 번영과 무병장수를 기원하는 기복신앙의 성격을 갖는 불교 자수도 제작되었다.[38]

〈자수 '상궁청신녀'명 연화봉황문 방석〉[도08_10]은 불상을 앉혀 모시는 방석으로 만들어진 공양품으로, 붉은색 비단 하단에 금실로 "상궁청신녀 임인생 리씨정희행 생전무병소원 사후왕생극락발원"이라는 한글 명문이 수놓아져 있어 주목이 된다.[39] [도08_10_01] "임인년에 태어난 불교 신자인 정희행이라는 법명을 가진 상궁 이씨가 생전에 무병함을 소원하고 사후에 극락에서 왕생하기를 발원한다"라는 의미의 글을 통해 제작 목적과 시주자, 제작 시기를 추정할 수 있다.[40] 붉은색 비단에는 연화·봉황 무늬와 오색 물결·수파·영지·암석 등이 도식적인 형태로 배치되어 있고, 가장자리 녹색공단에는 모란당초와 연화당초, 새가 자릿수와 자련수로 놓아져 있다. 눈여겨볼 만한 점은 작품에 사용된 구성과 모티브가 왕실 혼례품인 활옷과 수방석 자수와 비슷하다는 점이다.[도08_11] 마주보고 선 한 쌍의 봉황, 수파문과 함께 그려진 연꽃문과 연밥 등은 생명과 번영, 다산과 풍작 등 여성성과 관련된 모티브들로 활옷에 주로 많이 나타나는 문양이다.[41] 조선 후기 활옷수본에 보이는 도안[도08_12]과 상당히 유사한데, 이는 자수의 도안이 왕실의 내인들 사이에서 공유되어 다양한 용품에 적용되었기 때문으로 추측된다. 「자수 '상궁청신녀'명 연화봉황문 방석」은 순조와 순원왕후의 둘째딸인 복온공주福溫公主, 1818~1832의 혼례식1830에 사용한 자수 방석과 소재의 배치

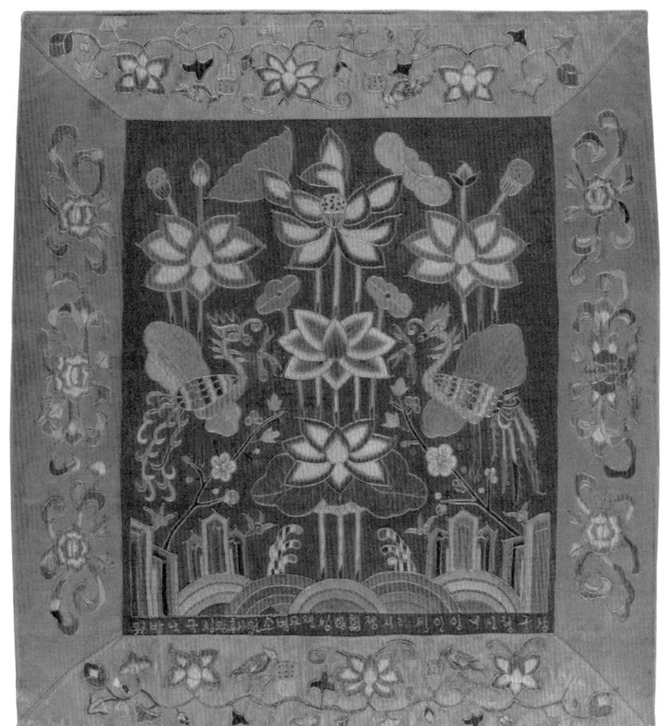

도08_10. 〈자수 '상궁청신녀'명 연화봉황문 방석〉, 비단, 70×63, 1842년경, 서울공예박물관.

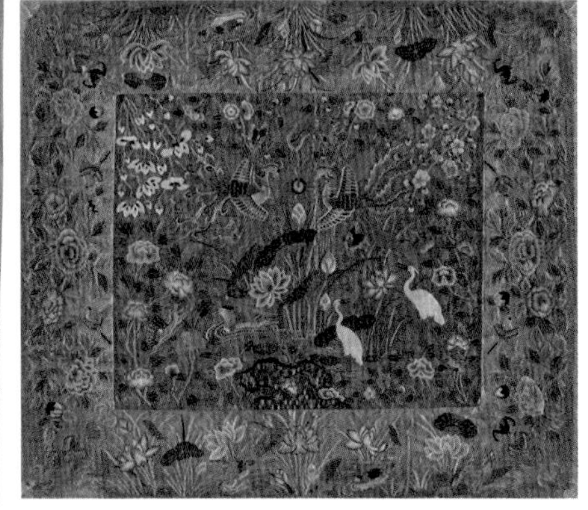

도08_11. 「복온공주가례시자수방석」, 비단, 86×97.4, 1830년경, 개인.

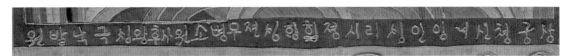

도08_10_01. 〈자수 '상궁청신녀'명 연화봉황문 방석〉의 한글 명문 부분.

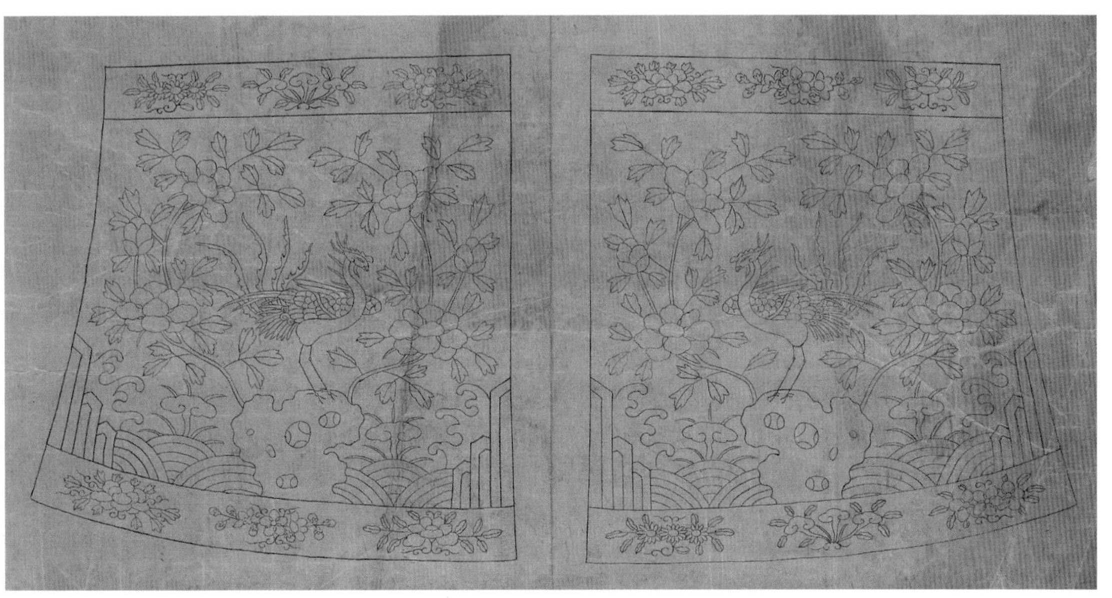

도08_12. 「덕온공주홍장삼수본德溫公主紅長衫繡本」 중 홍장삼의 앞길, 유지에 먹, 35.4×67.3, 1837년경, 국립고궁박물관.

나 자수의 무늬 및 형태가 대체로 유사하여, 명문의 임인년은 1842년으로 추정된다.[42] 「자수 '상궁청신녀'명 연화봉황문 방석」은 개인의 무병장수와 극락왕생을 기원하는 기복신앙의 성격을 갖고 제작된 불교 공양품이다. 강력한 억불숭유 정책에도 불구하고 조선 시대에는 왕실 여성을 중심으로 불사佛事에 대한 후원은 지속되었고, 수불繡佛 공양은 왕실과 궁중 여성들 사이에서 고급 공덕물로 여겨졌다. 태종太宗, 재위 1400~1418의 비 원경왕후元敬王后, 1365~1420가 궁녀를 동원하여 천불千佛 1축과 팔난八難·관음觀音·범왕梵王·제석帝釋 각각 1축씩을 제작한 일이나 조선 초기 최대 왕실 사찰 양주 회암사에 원경왕후가 발원한 수불이 봉안되어 있었다는 기록, 인목대비가 발원한 『불설아마타경佛說阿彌陀經』과 『금광명최승왕경金光明最勝王經』 표지 자수 등을 통해 왕실 여성의 수불 치성을 살펴볼 수 있다.[43]

이 밖에도 불복장 유물인 의복이나 조선 전기 분청사기와 백자들에 한글 명문이 나타난다. 이는 『훈민정음』 창제 이후 지역별, 계층별로 한글이 널리 쓰이기 시작한 것을 보여준다. 주로 한문 문맹에 가까운 시주자, 공인들, 자기의 관리자와 소유주를 나타내기 위한 실용적 목적에서 한글을 사용했다.[44]

자기의 경우 명문을 새기는 방식은 크게 두 가지로 나뉘었다. 제작 과정에서 음각 기법으로 시문된 명문은 제작자인 사기장의 이름을 표시하고, 소비되는 과정에서는 쪼아서 글자를 새기거나 시유되지 않은 면에 명문을 쓰는데 주로 사용처와 관리자의 이름이 등장한다. 후자의 경우 여성들의 이름이 많이 나타나는데, 대부분 그릇을 관리하는 소주방燒廚房과 찬간饌間이 여성의 공간이었기 때문이다.[45] [도08_13]

조선 시대 서화 자체에서 여성 작가의 존재와 그 정체성을 시각적으로 증명해내는 것은 쉬운 일이 아니다. 조선 시대의 신분제와 가부장적 젠더 질서라는 이중적 지배 구조로 인한 왜곡과 흔적 지우기의 과정이 반복되었기 때문이다. 특히 서화의 영역에서 한글 배제 현상은 한글이 갖는 젠더적 속성과 서화라는 상층 남성이 독점한 배타적 문화 영역 속에서 더 가속화될 수밖에 없었다.

이 글에서는 조선 시대 남성 중심의 가부장적 유교 사회에서 예술의 창조적 생산자이자 주체적 소비자로서의 여성의 역할을 규명하고, 시각문화와 예술의 생산에 젠더 개념이 어떠한 영향을 미치는지를 다층적이고 복합적인 사회 문화적 맥락 속에서 조명했다. 이를

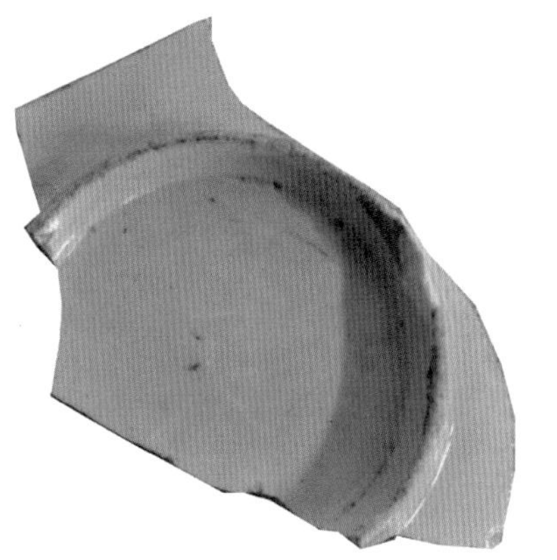

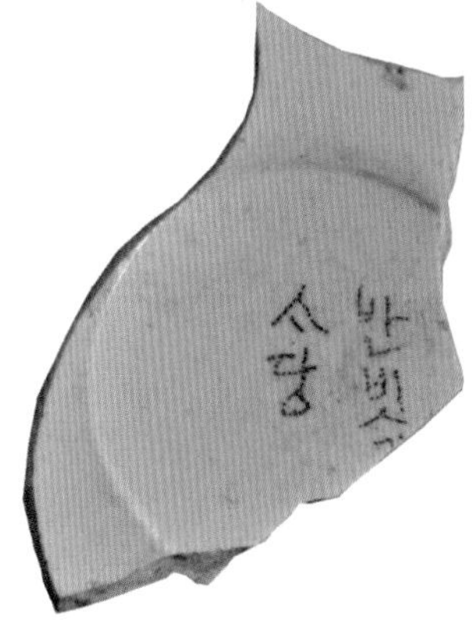

도08_13. 「백자 천天 '사당 반빗…' 명 저부편」, 굽과 내저면, 높이 5.5, 서울 종로 청진 12~16지구 출토, 한성백제박물관.

위해 기존의 서화 세계에 진입하기 위한 여성 서화가들의 시도와 좌절, 전통적인 규범에서 벗어난 비非서화의 세계에서 여성들이 어떻게 후원자·독자·창작자이자 소비자로서 적극적으로 제작 과정에 참여하고, 제작 방식에 영향을 끼치며 가시적인 존재로 거듭나왔는가를 살펴보았다. 불화와 교화서, 자수와 자기로 대표되는 공예는 '남성-한문-서화'로 대변되는 조선 시대 상층 문화의 엄격한 규범이 비껴난 영역으로, 여성이 동참하고 여성을 위한 예술이 창작될 수 있는 공간이기도 했다. 이러한 공간에서 한글은 여성의 목소리를 낼 수 있는 문자였고, 여성을 대상으로 한 소통의 글이었다. 이 글은 한국 문학사에서 논의되어 온 한문학 연구의 젠더적 관점을 확장시켜 '남성-상층어-한문'과 '여성-하층어-한글'의 성별화된 양층 언어 현상을 시서화의 범주와 전통예술의 위계, 이미지와 텍스트의 관련성 등의 문제 등과 접목시켜 전통 서화 영역에 반영된 젠더성을 가시화 시켜보고자 하는 하나의 시도이다. 이를 통해 조선 시대 예술 창작의 주체로서의 여성의 역할과 전통적 서화, 예술에 대한 개념과 정전과 규범의 형성 과정에 대한 분석과 새로운 이론적 논의의 계기가 마련되기를 기대한다. 또한 향후 한국 미술사학계에서도 젠더적 연구 방법론이 여성작가, 소재주의를 넘어서는 다양한 관점과 이슈로 확장되기를 바란다.

글을 마치며

사바트Sabbath, 마녀집회. 대학 3학년 때 처음 가입했던 학회였다. 친한 친구의 권유 반, 호기심 반으로 시작했던 독서 토론회 같은 성격의 소모임으로, '마녀집회'라는 무시무시한 이름과는 달리 우리는 매주 한 번씩 만나 페미니즘과 페미니즘 미술에 관한 책을 읽고 이야기를 나누었다. 당시 한국에서 꽤 유명했던 『이갈리아의 딸들』, 『여성 망명정부에 대한 공상』과 같은 책을 비롯하여 주디 시카고, 신디 셔먼, 신시아 맥아담스 등의 작품을 보고 서로 공감하며 교감했던 기억이 있다. 우리는 어렸고, 순수했으며 앞서서 분노하고 나서서 싸울 준비가 된 작은 "마녀들"이었다. 사회적 투쟁과 예술이 교차하는 지점에서 위대한 여성들이 꿈꾸었던 사회와 그들을 비난하는 세상과의 투쟁이 가슴을 요동치게 했고, 지적이면서 세련되고 관능적인 여성 예술가들의 작품은 강한 인상을 남겼다. 그러나 나이가 들어 전공 공부에 몰두할수록 페미니즘과 점점 더 멀어지게 되었다. 연구 주제를 정하고, 시간에 쫓겨 논문을 쓰며 강의를 하는 동안, 투쟁할 이유도 그 동력도 잃어버렸다. 더구나 나는 조선시대 회화사 전공자 아닌가! 유교적 가부장제와 여성에 대한 사회적 차별과 불평등은 애초에 설정된 기본값과 같은 존재라서, 그 이면에 존재하고 있는 젠더 문제들을 진지하게 고민할 기회가 없었다. 이렇게 페미니즘은 나의 생활과 연구에서 영영 멀어지는 듯했다.

2022년 '젠더하기+동아시아 미술사와 여성', '여성, 젠더, 시각문화: 경계와 차별을 넘어 사회적 포용으로'라는 두 학회에서 젠더를 주제로 발표를 하게 되었다. 전자에서는 조선시대 전통 서화 영역의 젠더성과 여성의 서화 활동과 한글 사용을 둘러싼 젠더적 관점을 발

"글을 쓸수록 갈등과 차별에 지혜롭게 대처한
수많은 여성들의 역사를 기록하는 일의 가치를 깨닫게 되었다.
아마 다시는 20대의 피 끓는 "마녀"는 될 수 없을지 모른다.
그러나 지금껏 이름을 부여받지 못한 수많은 여성들의
삶과 예술, 투쟁을 역사학자로서 기록할 수는 있지 않을까?
이것이 이 글의 이유가 될 수 있을 것이다."

표했고, 후자에서는 춘화에 나타난 젠더적 경계와 차별, 여성들의 성적 욕망의 시각화 문제를 다루었다. 본격적으로 페미니즘 관점에서 고서화를 분석한 연구였고, 처음으로 젠더 스터디의 가능성을 나의 연구 영역에서 발견할 수 있었다. 조선 시대 여성의 목소리를 듣는 것은 어려운 작업이었고, 이를 조형적 요소를 통해 명징하게 밝혀내는 것은 녹녹치 않은 작업이었다. 그러나, 글을 쓰면 쓸수록 갈등과 차별에 지혜롭게 대처하며 삶을 살아갔던 수많은 여성들의 역사를 기록하는 일의 가치를 깨닫게 되었다. 아마 다시는 20대의 피 끓는 "마녀"는 될 수 없을지 모른다. 그러나, 지금껏 기록되지도, 눈에 띄지도, 이름을 부여받지 못한 수많은 여성들의 삶과 예술, 투쟁을 역사학자로서 기록할 수는 있지 않을까? 이것이 이 글의 이유가 될 수 있을 것이다._서윤정

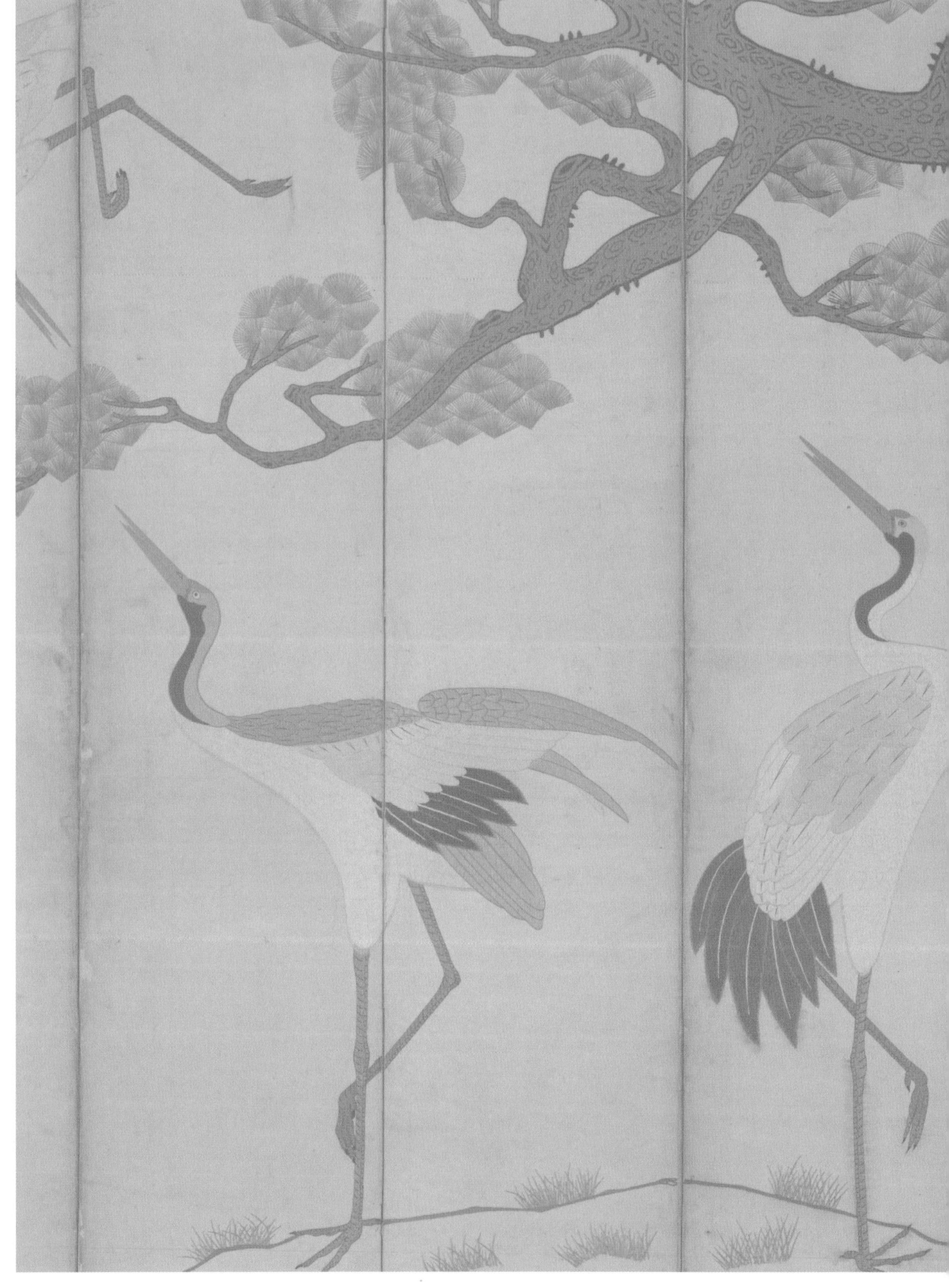

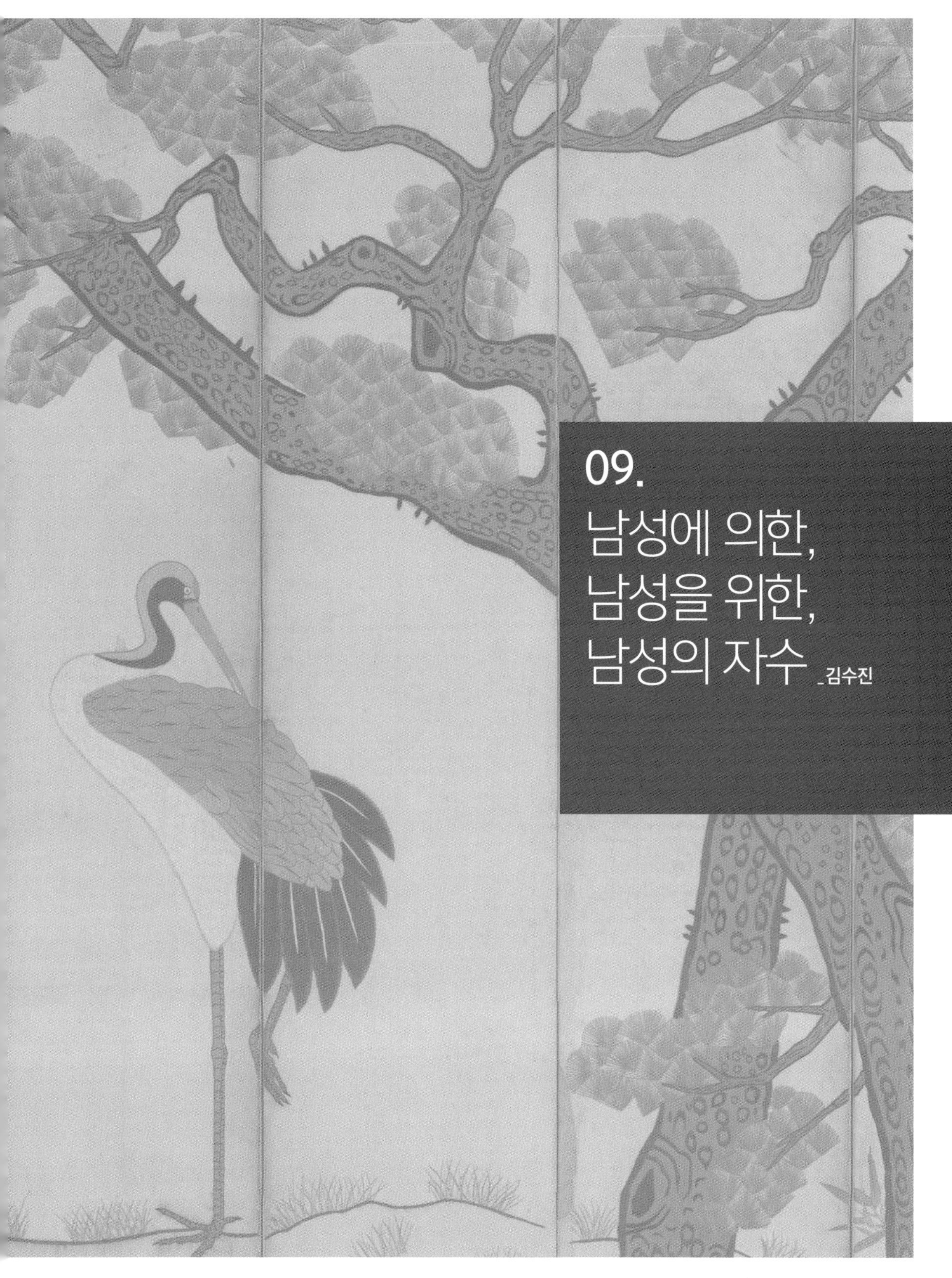

09.
남성에 의한, 남성을 위한, 남성의 자수

_김수진

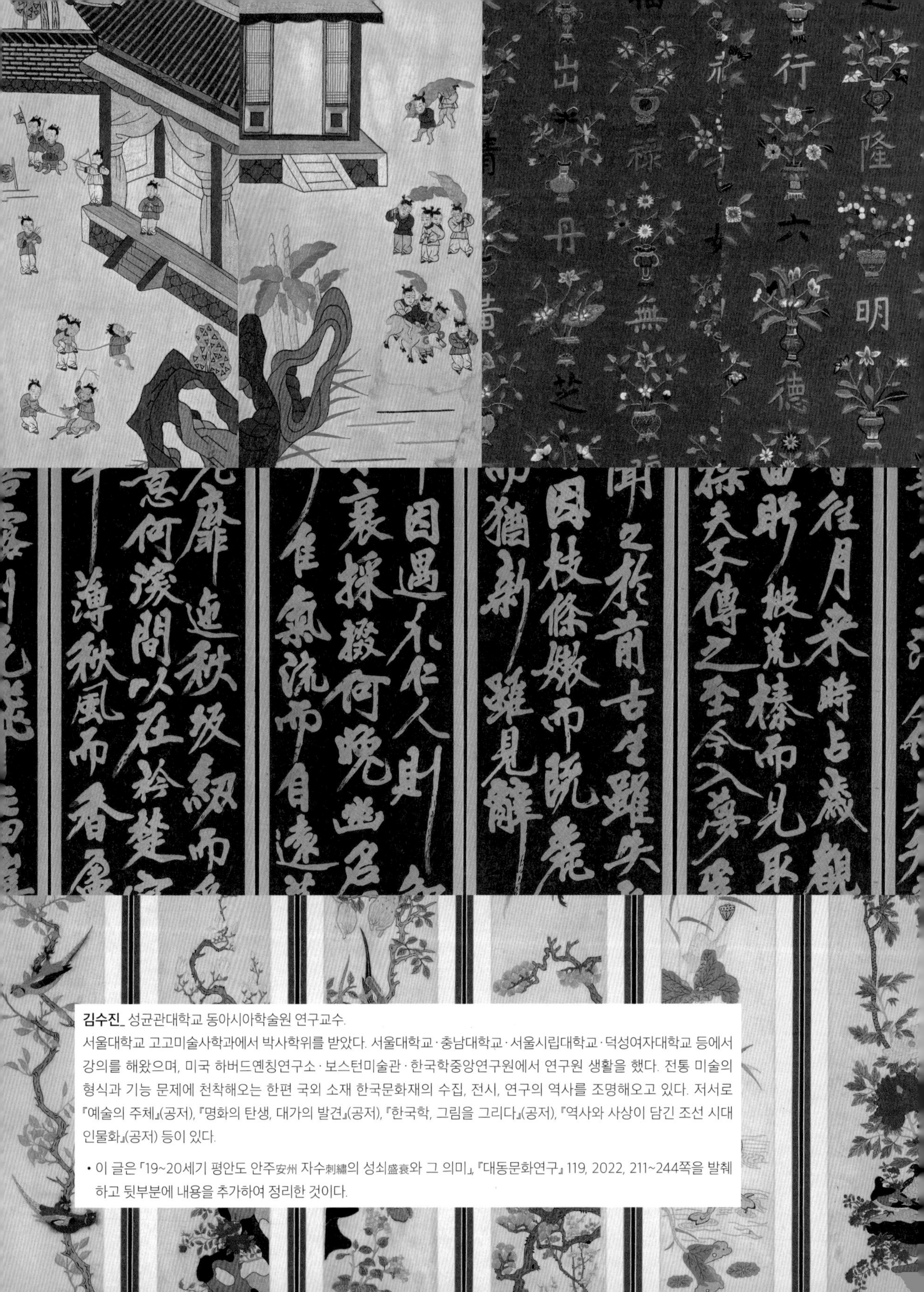

김수진_ 성균관대학교 동아시아학술원 연구교수.
서울대학교 고고미술사학과에서 박사학위를 받았다. 서울대학교·충남대학교·서울시립대학교·덕성여자대학교 등에서 강의를 해왔으며, 미국 하버드옌칭연구소·보스턴미술관·한국학중앙연구원에서 연구원 생활을 했다. 전통 미술의 형식과 기능 문제에 천착해오는 한편 국외 소재 한국문화재의 수집, 전시, 연구의 역사를 조명해오고 있다. 저서로 『예술의 주체』(공저), 『명화의 탄생, 대가의 발견』(공저), 『한국학, 그림을 그리다』(공저), 『역사와 사상이 담긴 조선 시대 인물화』(공저) 등이 있다.

• 이 글은 「19~20세기 평안도 안주安州 자수刺繡의 성쇠盛衰와 그 의미」, 『대동문화연구』 119, 2022, 211~244쪽을 발췌하고 뒷부분에 내용을 추가하여 정리한 것이다.

자수, 여성에 의한, 여성의 전유물?

자수는 여성이 만들어온 공예 기법이자 조형 예술로 정의된 경우가 많았다. 이는 자수를 만든 이들 중 다수가 여성이기 때문에, 자수를 규방閨房 공예이자 여성 공예의 프레임으로 설명해온 때문일 것이다. 이러한 관점에서 자수는 한복을 입은 여성이 얌전하게 바느질하는 장면이 담긴 삽도와 함께 새색시의 혼수 준비, 혹은 현모양처의 소일거리, 절개를 지키는 과부의 생업으로 묘사되곤 했다. 이 과정에서 자수는 여성 문화의 일부이자 '여성성'을 투영한 매체로 인식되었다. 이는 한국 사회에 국한한 현상만은 아니다. 상대적으로 페미니즘과 젠더 이론이 잘 구축된 구미에서도 이러한 시각은 쉽게 발견할 수 있다.[1] 여성사와 페미니즘 미술에 대한 담론은 '자수의 역사'를 '여성사'의 일부로 봐야 한다는 입장, 자수를 순수 미술fine art이 아닌 공예craft라는 하위 장르로 평가해온 시각에 대해 반발하는 입장, 자수가 가진 순수성을 강조함으로써 자수를 가부장제에 대한 저항으로 봐야 한다는 입장으로 제시되어왔다.[2]

그런데 여성사 복원의 일환으로 자수를 재조명하는 데에는 의도치 않은 문제가 뒤따른다. 그것은 동서고금을 막론하고 왕실에서부터 민간에 이르기까지 꽤 많은 남성 자수가들이 활동해왔는데, 그에 대한 역사를 희석하거나 혹은 뒤로 밀리게 만든다는 점이다. 그로 인해 중세 유럽의 길드에서 활약한 남성 자수 장인, 중세 교회가 후원한 대형 자수의 제작에 참여한 수사修士 자수가, 영국 빅토리아 시대1840~1905에 활동한 궁정 소속 남성 자수가들처럼 엄연히 남성 자수가가 존재함에도 불구하고 이들에 대한 역사가 가려지게 되었다.[3] [도09_01]

동아시아에서도 일본 메이지 시기1868~1912에 국가의 후원을 받았던 제실기예원帝室技芸員 출신 남성 자수가들이나 중국의 상업 자수 시장을 견인했던 남성 장인들이 활약했다.[4] 한국에서는 평안도 안주安州 지역을 중심으로 남성이 제작한 수繡가 전국적인 명성을 얻은 바 있다. 특히 대한제국기 황실에서는 왕실 내부에서 제작하던 기존의 궁수宮繡 대신 안주까지 자수를 주문하기도 했다.

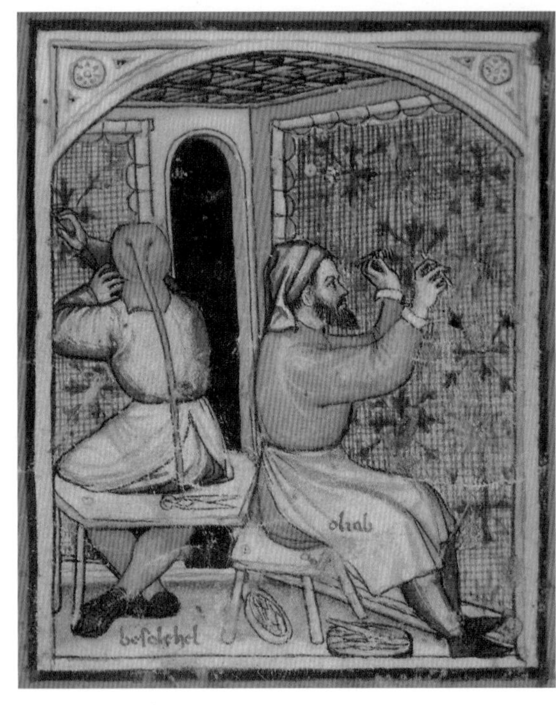

도09_01. 1400년 유럽 길드의 남성 자수가.
Kay Staniland. *Embroiderers*. Toronto: University of Toronto Press, 1991, p.27

그간 잘 알려지지 않았던 한국 남성 자수의 역사를 복원하려는 이 글을 통해 자수를 여성사의 성과로 서술하는 것이 옳은지, 이를 여성 예술로 부르는 것이 마땅한지에 대해 질문하고자 한다.

왕실 자수의 전통, 궁수宮繡는 여성의 손으로

조선 시대 왕실에서 바느질을 담당한 이들은 기본적으로 여성이었다. 왕실의 바느질은 침선장針線匠, 침선비針線婢, 침선기針線妓가 맡았기 때문에 적어도 침선장을 제외한 '비婢'와 '기妓'는 여성이었다. 침선장은 왕실에 필요했던 의복과 기물을 관리하는 기관인 제용감濟用監 및 상의원尙衣院에 소속되어 있는 직인을 의미했다. 이들은 궁궐 출입이 허용되는 외부 장인을 의미했기 때문에 궁 밖에 업장을 둔 남성일 가능성도 있다. 그럼에도 궁수는 기본적으로 수방繡房 소속 여성들에 의해 주도되었다.[5]

자수는 일반 서화에 비해 작가의 이름이 남은 경우가 드물다. 게다가 궁중회화에 화원 화가가 낙관을 하지 않는 관행처럼 궁수에서 수사繡師의 이름을 찾는 일은 더욱 어렵다. 서화와 달리 시대적 양식이나 유행이 뚜렷하지 않은 탓에 자수의 제작 연대를 확인하는 것도 쉽지 않다. 그런 면에서 고종이 제2대 제중원 원장이었던 존 헤론John W. Heron, 1855~1890에게 하사했던 자수 병풍은 정황상 제작 연대를 추정할 수 있는 보기 드문 예다.[도09_02] 이질에 걸린 헤론이 일찍 세상을 떠나자 그의 둘째딸 제시 캐롤Jessie E. Caroll, 1888~1978이 보관하다 국립중앙박물관에 기증한 이 병풍은 높이 90센티미터 정도의 나지막한 침병枕屛으로 꼰수를 바탕으로 하되 화려한 기교를 배제한 기본에 충실한 궁수 작품이다. 화면 전반을 속수 위로 겉수를 놓아 입체감을 살렸으며 줄기에는 이음수를 써서 정갈한 맛을 살렸다. 그 밖에 꽃잎 부분에서는 대부분 평수를 성실하게 쓰면서도 일부는 자릿수를 응용해 세부를 채워 완성도를 높였다. 잎사귀는 가름수로 잎맥을 정교하게 표현했으며 꽃잎은 돗자리를 짜는 듯한 자릿수로 완성한 명품이다. 동일한 초본을 쓴 작품들이 현재 영국과 한국에 남아 있어 이러한 유형이 궁에서 자주 만들어졌을 것으로 짐작한다.[6]

자수는 수공手工이 많이 들기 때문에 일반 서화보다도 제작 기간이 길고 공임工賃이 높다. 한국학중앙연구원 장서각 소장 「기명건기器皿件記」는 왕실의 침방針房과 수방에서 제작한 자수의 제작 비용을 보여주는데, 8폭 자수 병풍은 각각 350냥으로 책정되어 있다.[7] 보통의 왕실 내입內入 서화 대병大屛이 50~100냥 정도였음을 상기하면 궁수 병풍의 가격은 그것의 3.5~7배에 달했음을 알 수 있다.[8]

대한제국 황실, 궁 바깥 평안도 안주로 자수를 주문하다

대한제국 황실이 내부에서 조달하던 자수 병풍을 1907년에 궁궐 바깥, 그것도 경성이 아

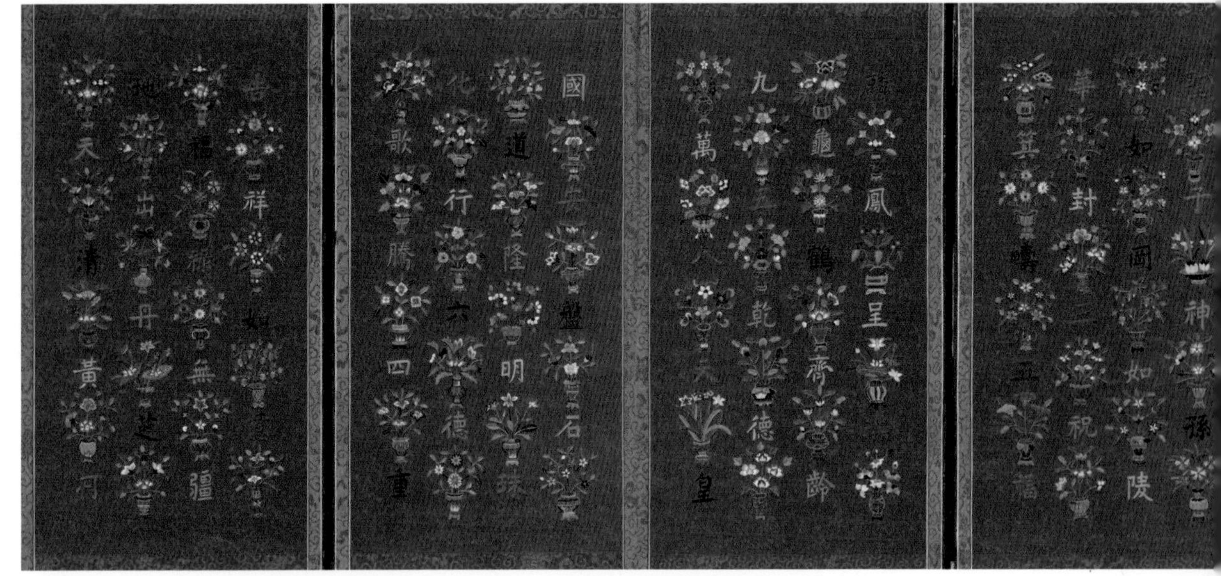

도09_02. 〈길상서화문吉祥瑞花紋 8폭 자수 병풍〉, 비단에 자수, 90×296, 19세기 후반, 국립중앙박물관.

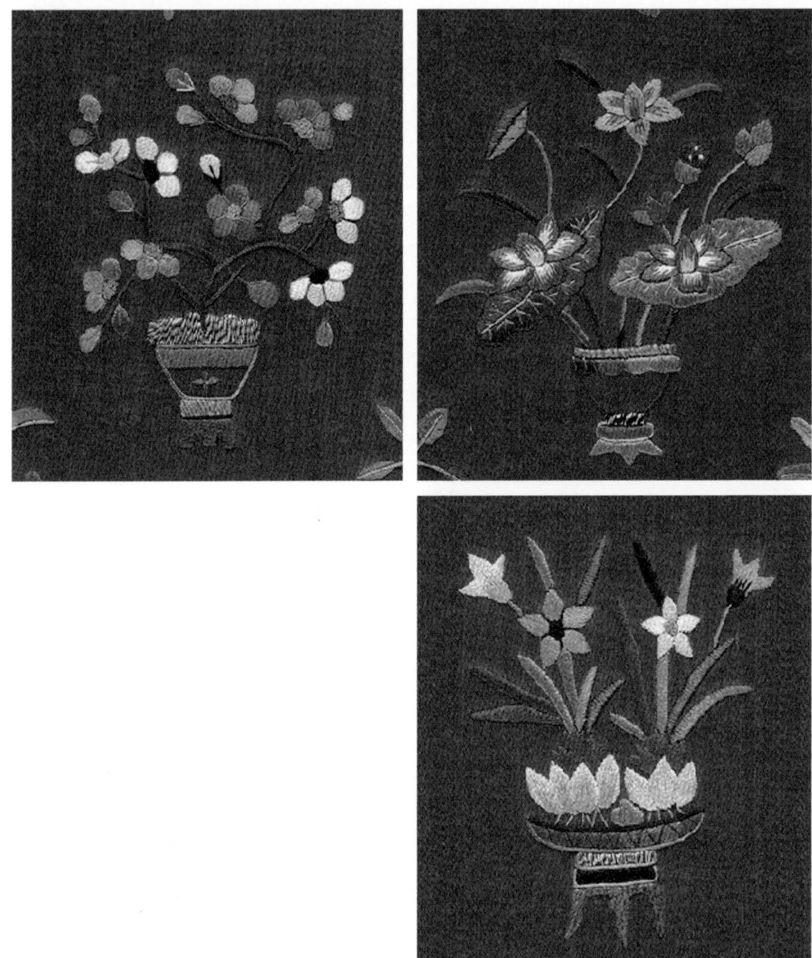

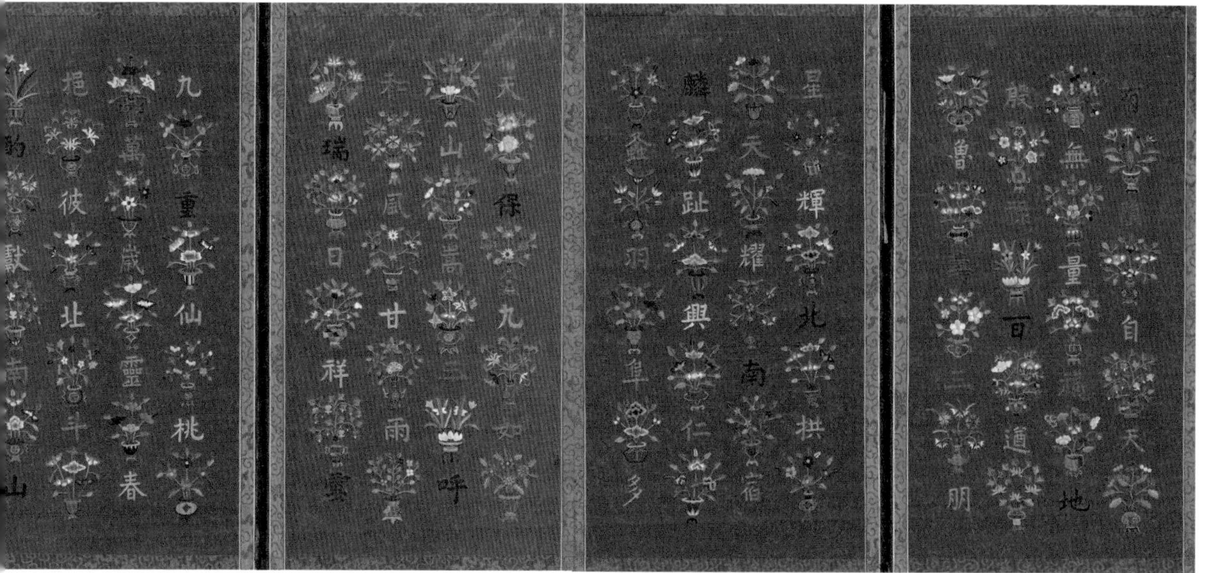

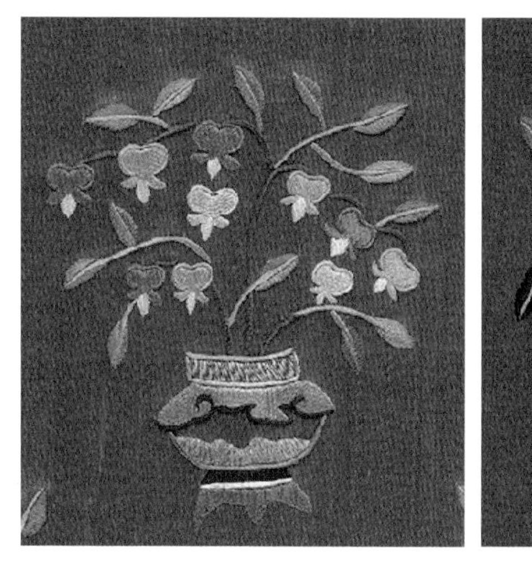

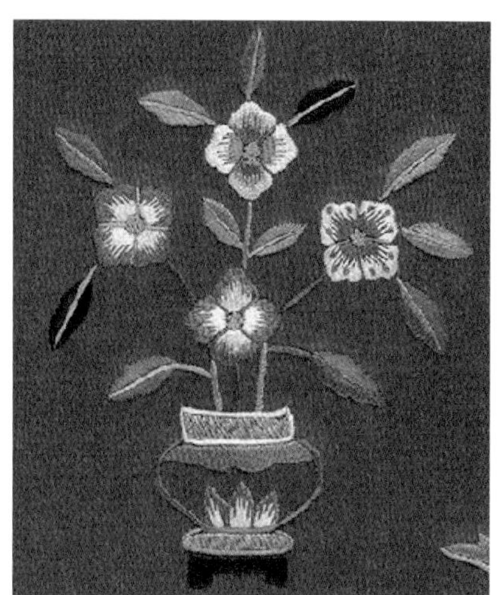

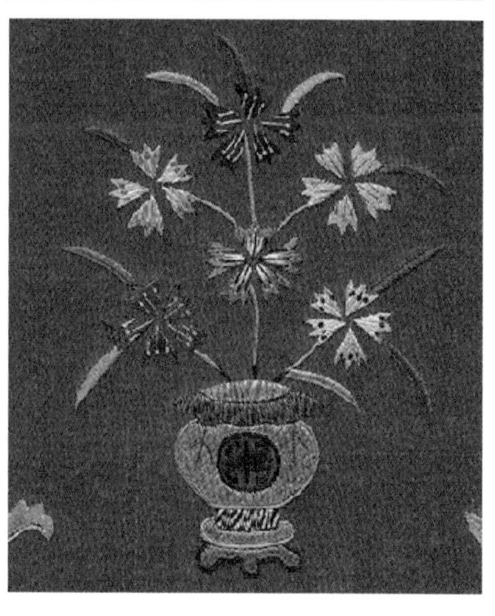

닌 평안도 안주 장인들에게 주문한 증거가 있어 흥미롭다. 규장각 한국학연구원 소장「수병가액명세서繡屛價額明細書」에 따르면 당시 대한제국 황실은 자수로 된 영모도 3점과 백수백복도百壽百福圖 3점을 주문한 것을 알 수 있는데,[9] 자수 병풍의 수량, 재료비, 공임, 운반비 내역 등은 아래의 표를 통해 파악할 수 있다.

표1. 1907년 대한제국 황실의 평안도 안주 자수 병풍 주문 내역

항목	수량	재료비 및 공임	비용
흰색 공단貢緞	5필疋	각 347냥 7전	1,703냥 5전
영모翎毛	3기機	각 500냥	1,500냥
백수백복百壽百福	3기機	각 550냥	1,650냥
수본을 수틀積子로 만든 비용繡本貰上積子價	-	-	9냥
안주 경성 간 차비와 운반 비용 繡積自安州至京城車費及負價	-	-	20냥
총 비용	4,882냥 5전		

이 기록에 따르면 안주 수병繡屛은 재료비와 공임을 합쳐 점당 800냥 정도다. 보통 왕실 서화 대병 가격의 8~16배, 궁수 병풍의 2배 이상에 해당하는 고액이다. 1901년 한양 남문 왜사거리에 위치한 초가삼간의 가격이 900냥이었음을 고려하면 800냥에 육박하는 안주산 수병 1점은 서민들의 집 한 채에 맞먹는 액수였다.[10]

앞서 언급한 존 헤론의 병풍과「수병가액명세서」기록은 19세기 후반에서 20세기 초반까지 왕실이 궁수와 안주수로 여러 점의 병풍을 주문했음을 보여준다. 같은 시기 두 유형의 자수가 공존하며 '왕실 자수'로 역할을 한 것이다. 그렇다면 대한제국 황실은 궁수를 두고 왜 갑자기 궁 밖으로 수병을 주문한 것일까? 그것도 경성에서 200킬로미터나 떨어진 곳까지 큰 부담을 감내하면서 대형 병풍을 주문한 이유는 무엇이었을까?

남성 자수가의 활약, 철도가 확산시킨 안주 자수

평안도 안주에서 만들어진 일명 안주수는 궁수나 민수民繡와 달리 남성이 만들었다는 점, 실을 수십 차례 꼬아서 성냥개비 굵기까지로도 만들어 썼다는 점, 규모가 큰 병풍 형식이 선호되었다는 점, 안주산 식물로 염색해서 다른 자수에서는 보기 어려운 주황색·보라색·옥색의 조합을 보였다는 특징이 있다. 이러한 특징은 국립중앙박물관에 전하는 〈백동자도 10폭 자수 병풍〉이라든가[도09_03] 일본민예관 소장 〈화조도 8폭 자수 병풍〉에서도[도09_04] 확인된다. 두 작품 모두 일반적인 궁수에서는 잘 사용되지 않는 주황색과 보라색을 기조로 한 것이 눈에 띄며, 소나무의 기둥을 두께감 있는 주황색 실로 메운 후 겉껍질을 검정실로 굵게 표현한 것이 특징적이라 할 수 있다.[도09_03_01], [도09_04_01]

평안도 안주는 신의주와 평양 사이에 위치한 요지 중 하나다. 평안도의 이름도 평양과 안주의 앞 글자를 딴 것이다. 그런데 언제 어떤 이유로 안주에서 자수 제작이 특화되었는가를 설명해주는 기록은 드물다.[11] 다만 1850년 이전에 작성된 이유원李裕元, 1814~1888의 글에 안주수에 관한 언급이 보인다. 이유원은 '초천蕉泉 정문승鄭文升, 1788~1875이 안주의 수령이 되었을 때 그 본을 떠 자수공에게 수를 놓게 했는데, 검은색 바탕에 황색 글씨를 수놓은 것이 과연 기이한 작품이었다'고 회고하면서 그것을 조인영趙寅永, 1782~1850과 함께 감상했다고 기록했다.[12] 이를 통해 안주에 부임했던 관리들이 안주수의 명성을 한양에 전했던 정황을 추측해볼 수 있다. 아울러 검은 바탕에 노란 글씨흑질황자黑質黃字가 안주수의 대표 특징 중 하나였다는 점, 이유원·정문승·조인영 같은 경화세족들 사이에서 안주 자수가 인기 있었음을 알 수 있다.

실제 안주수로 알려져 있는 국립고궁박물관 소장품인 〈유란부幽蘭賦 자수 6폭 병풍〉과[도09_05] 수원박물관 소장품인 〈무이구곡시武夷九曲詩 10폭 병풍〉[도09_06]이 검정 바탕에 노란색 글씨 형식을 띠고 있다는 점도 이유원의 기록을 뒷받침한다. 〈유란부 자수 6폭 병풍〉의 글씨는 당나라 한백용韓伯庸, 785~806년에 활동이 지은 글을 송나라 황정견黃庭堅, 1045~1105이 석벽에 새겼던 것으로, 김규진金圭鎭, 1864~1933이 그 모각본을 다시 써서 자수로 만들었다. 〈무이

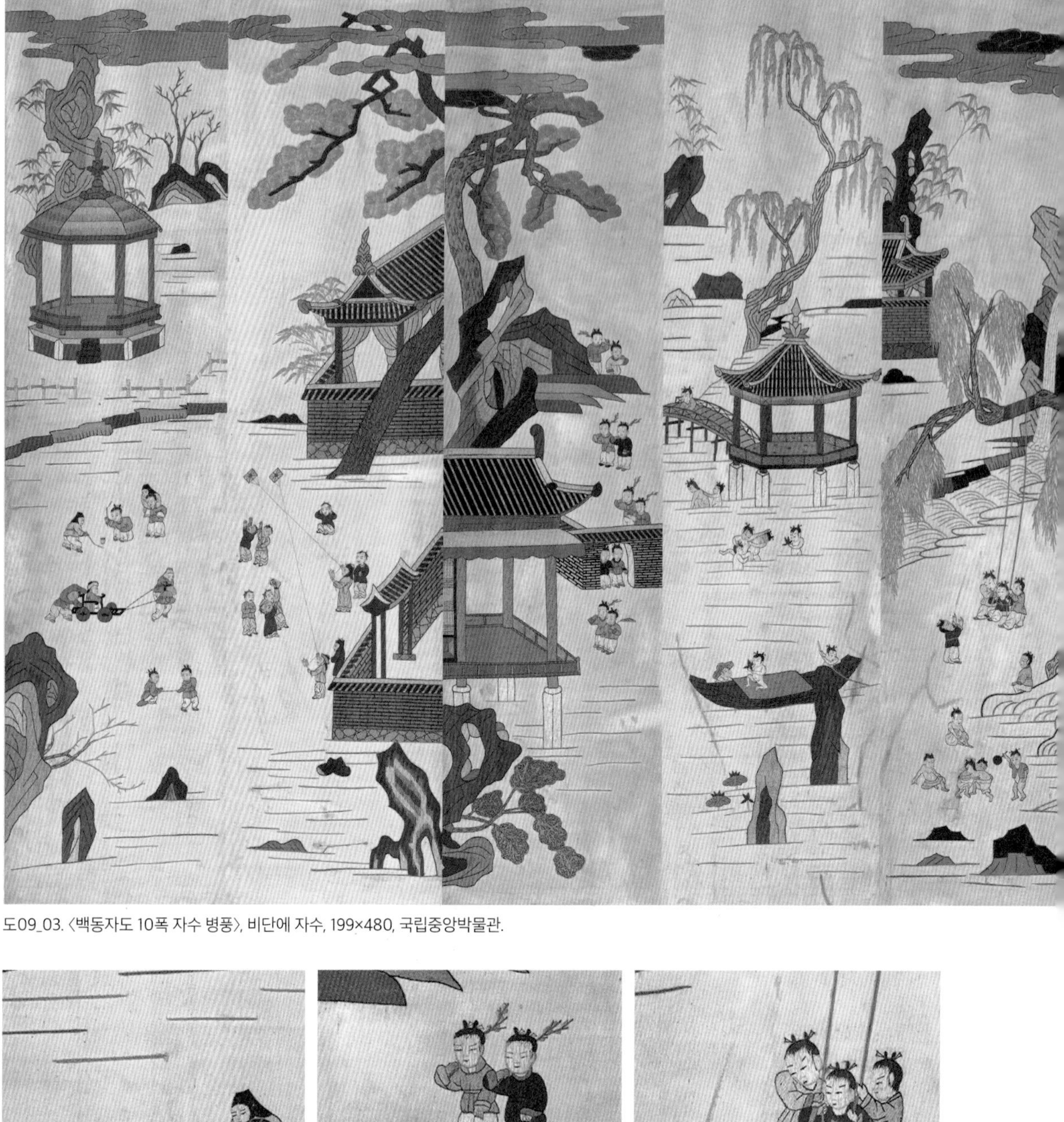

도09_03. 〈백동자도 10폭 자수 병풍〉, 비단에 자수, 199×480, 국립중앙박물관.

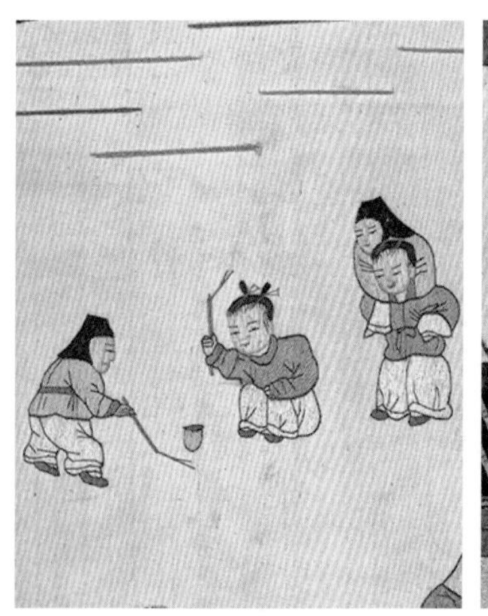

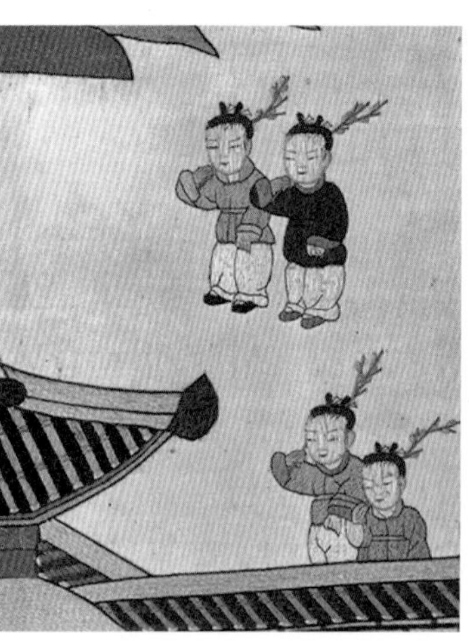

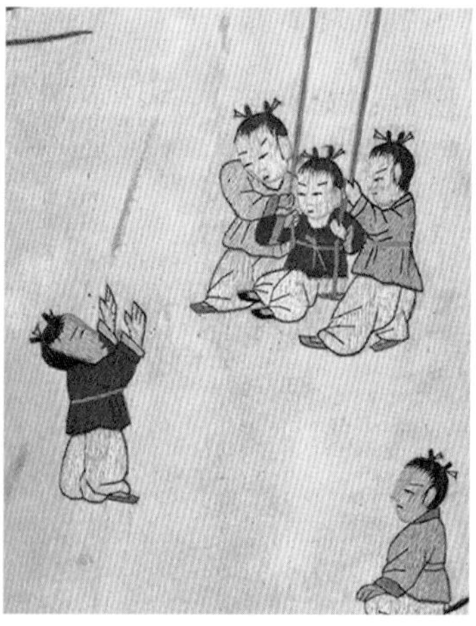

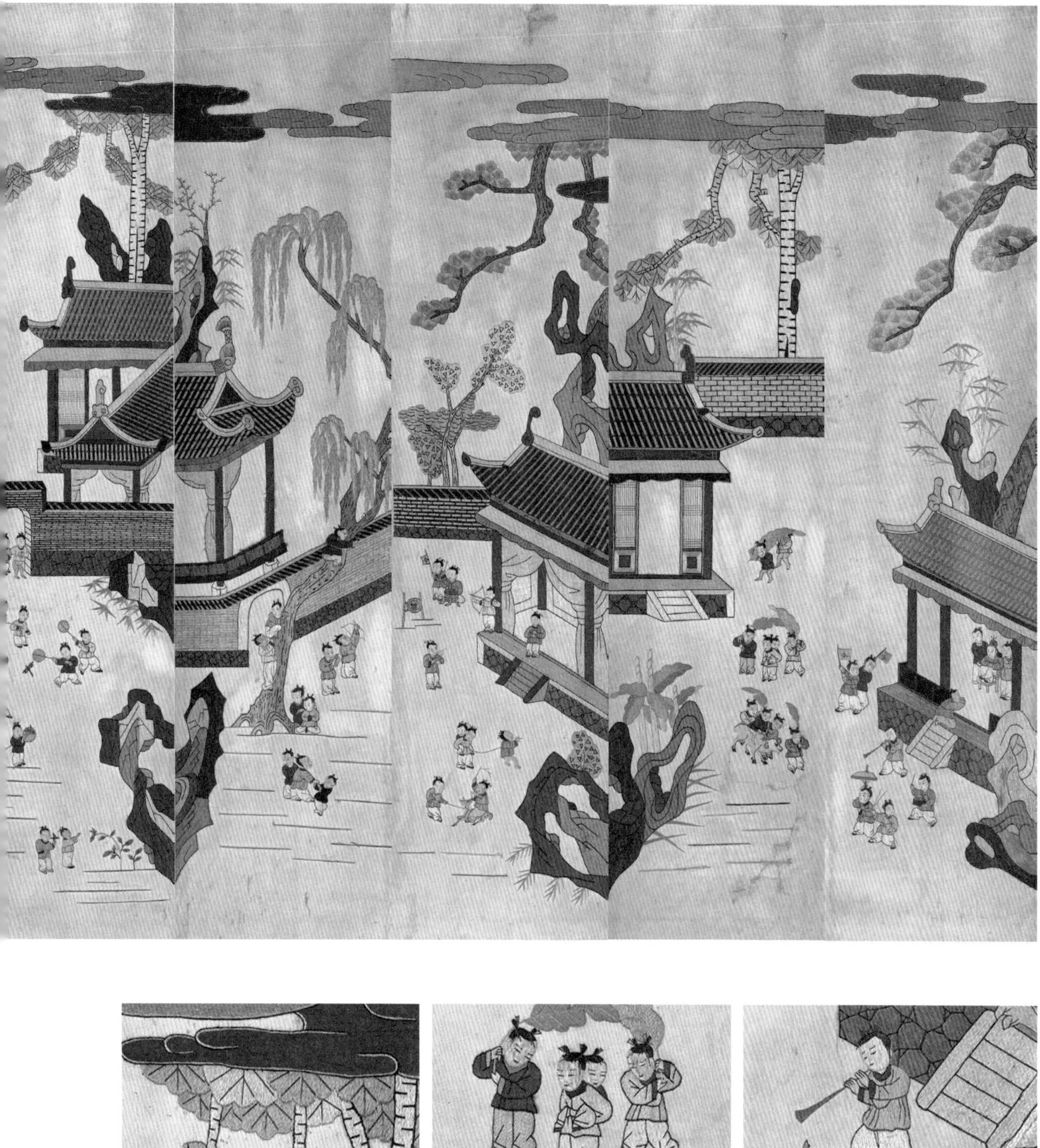

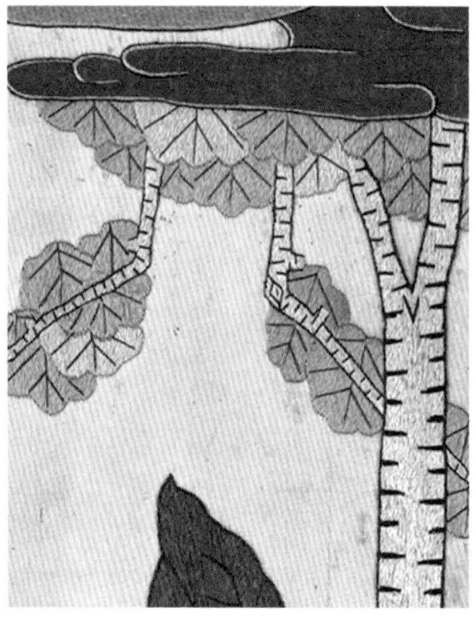

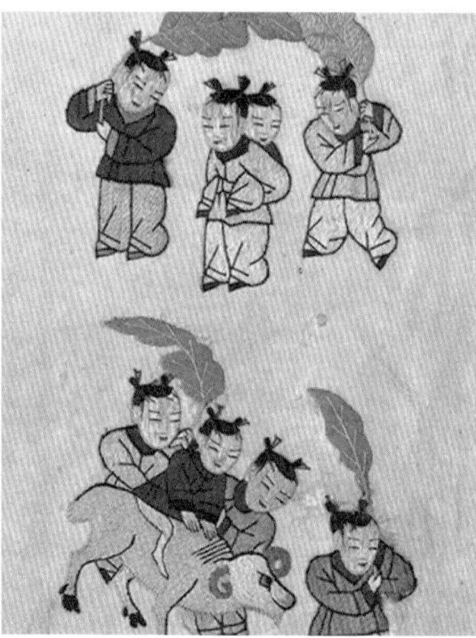

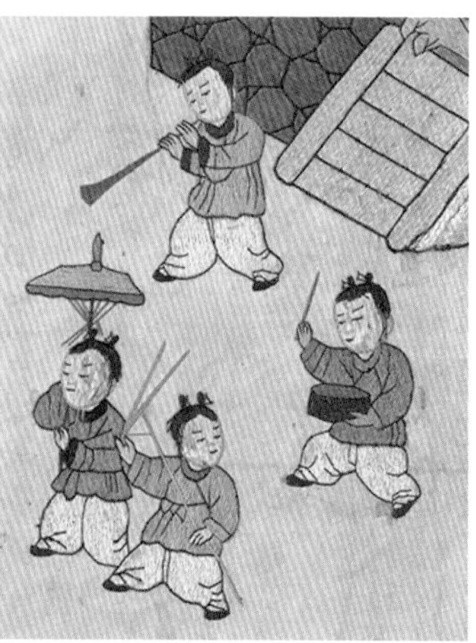

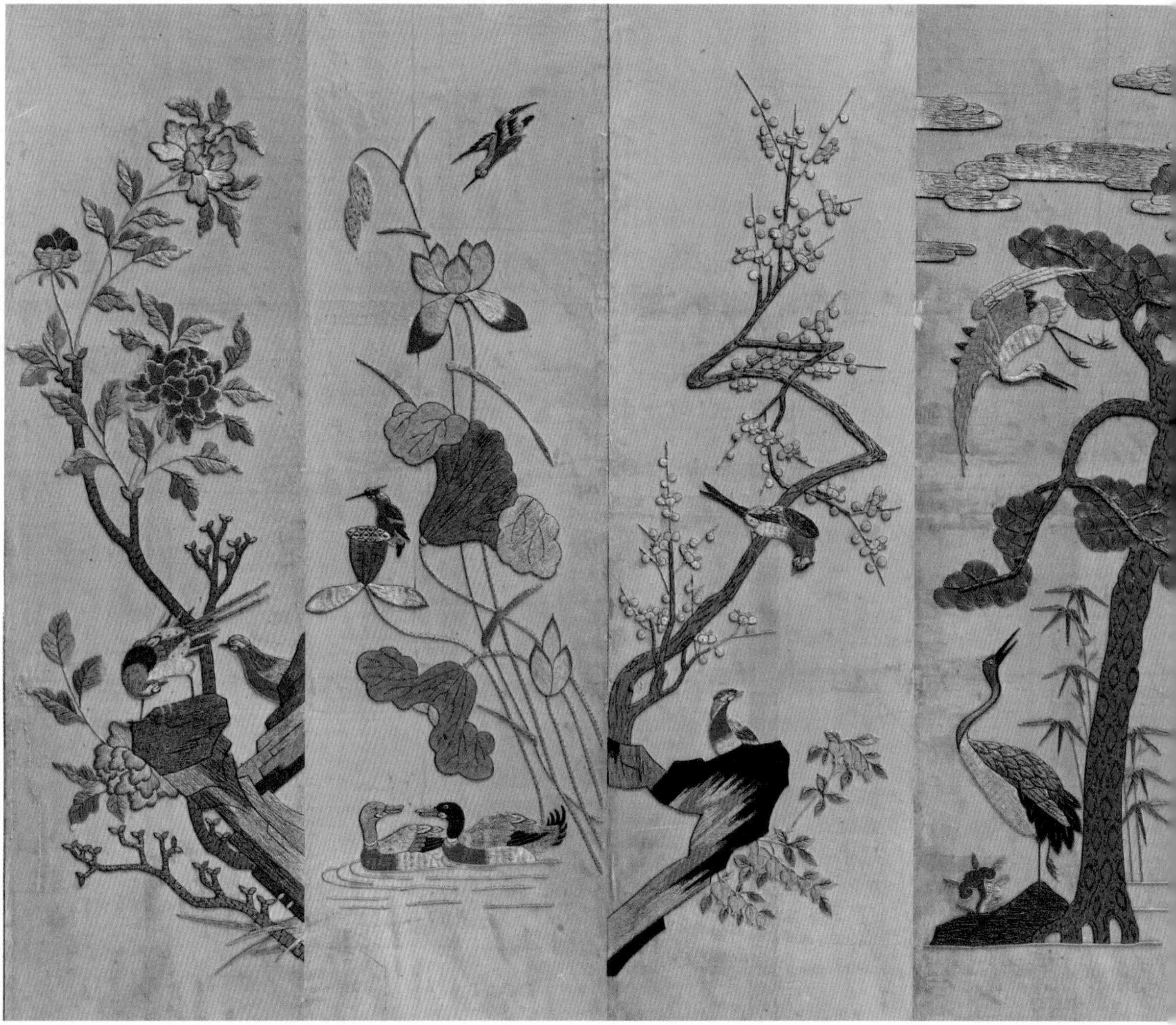

도09_04. 〈화조도 8폭 자수 병풍〉, 비단에 자수, 각 147.5×39.8, 일본민예관.

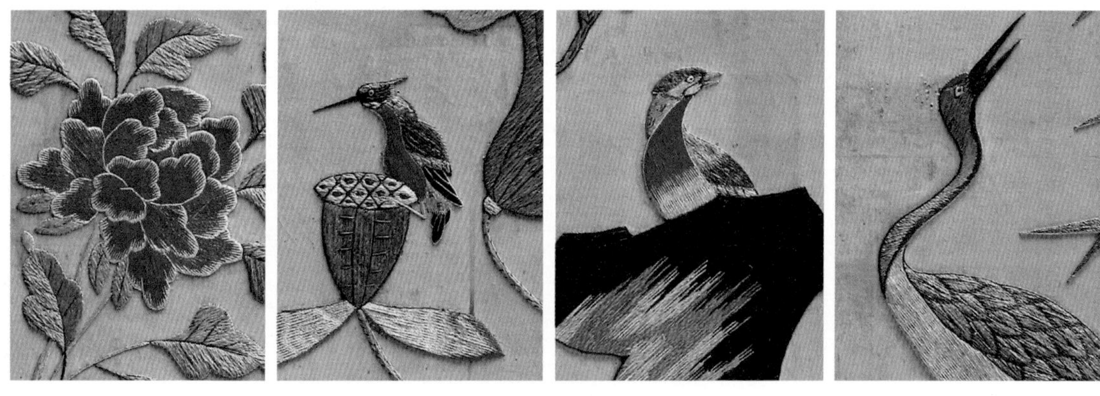

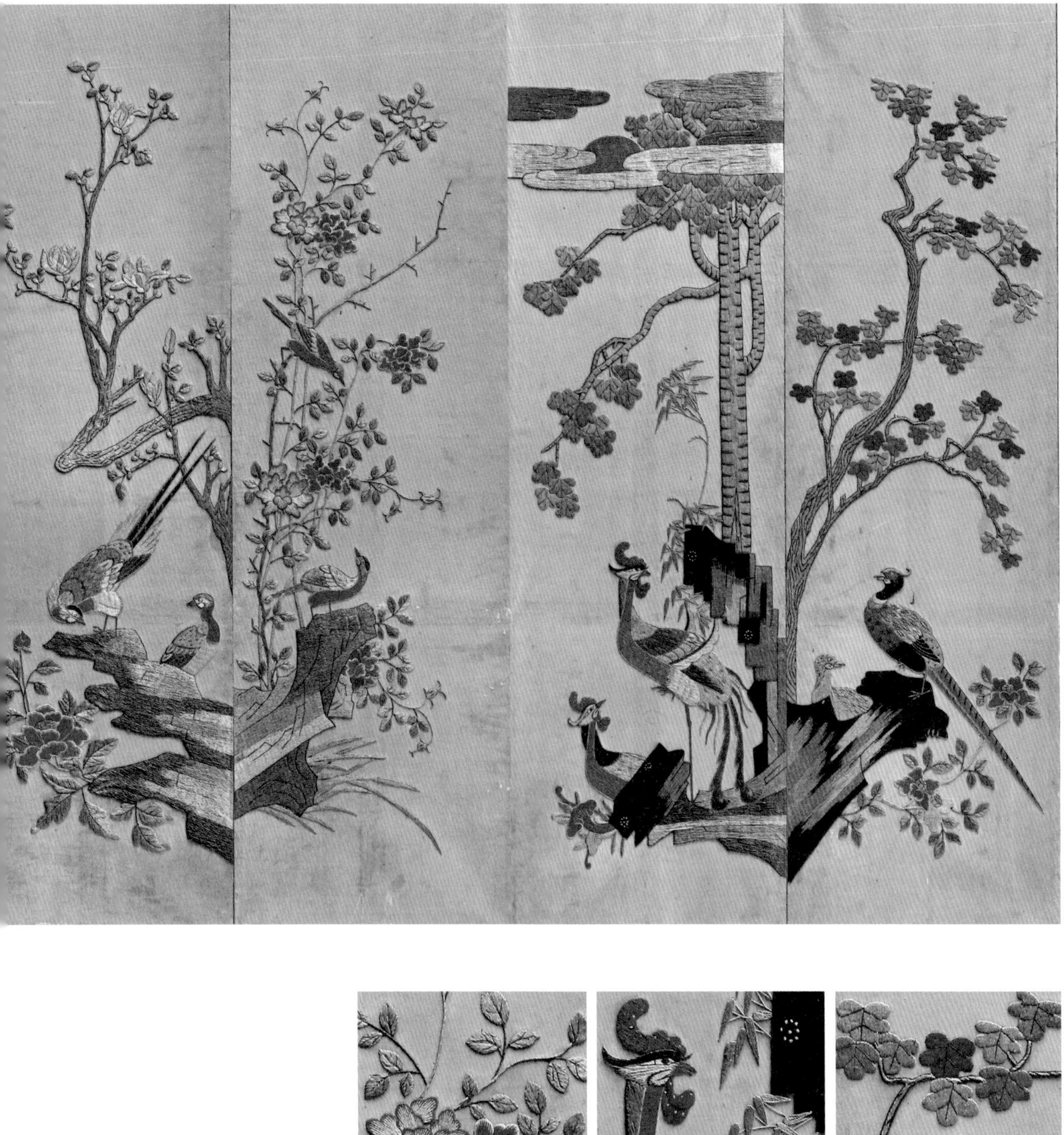

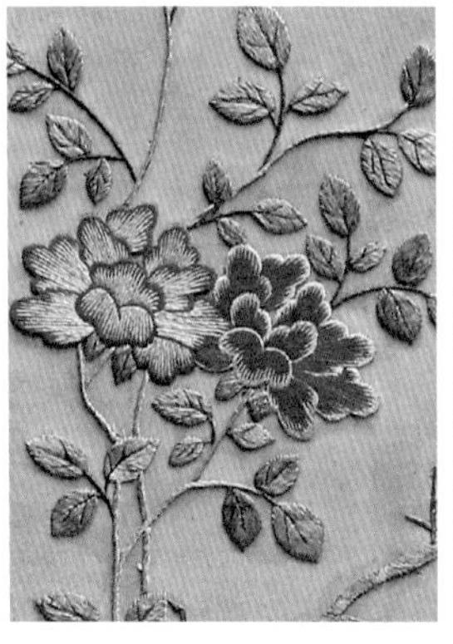

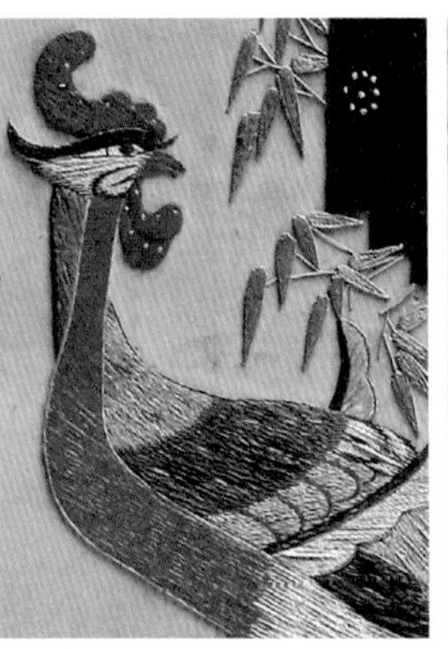

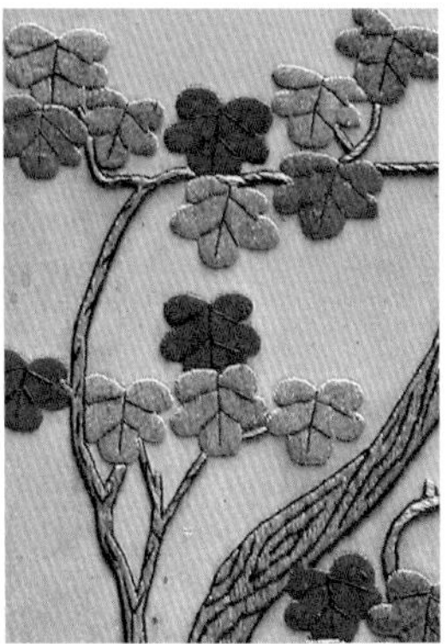

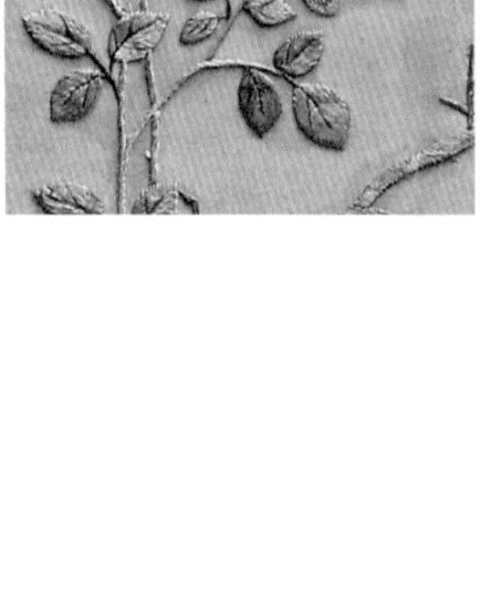

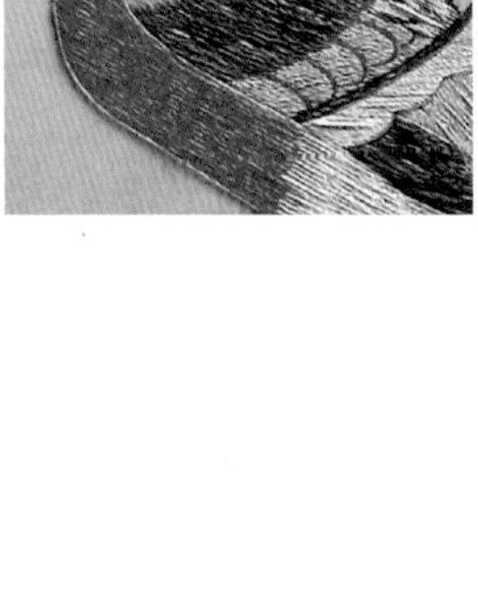

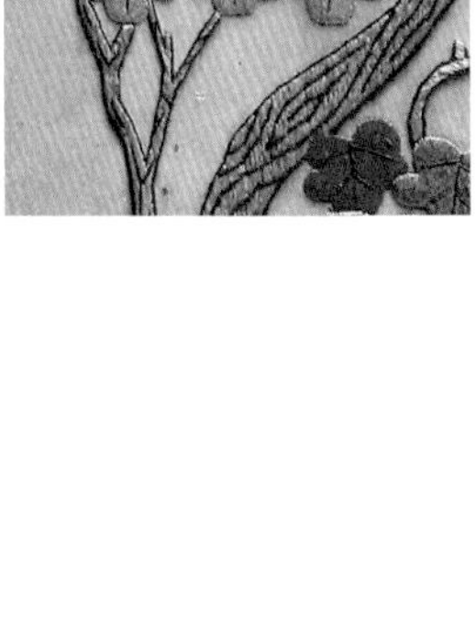

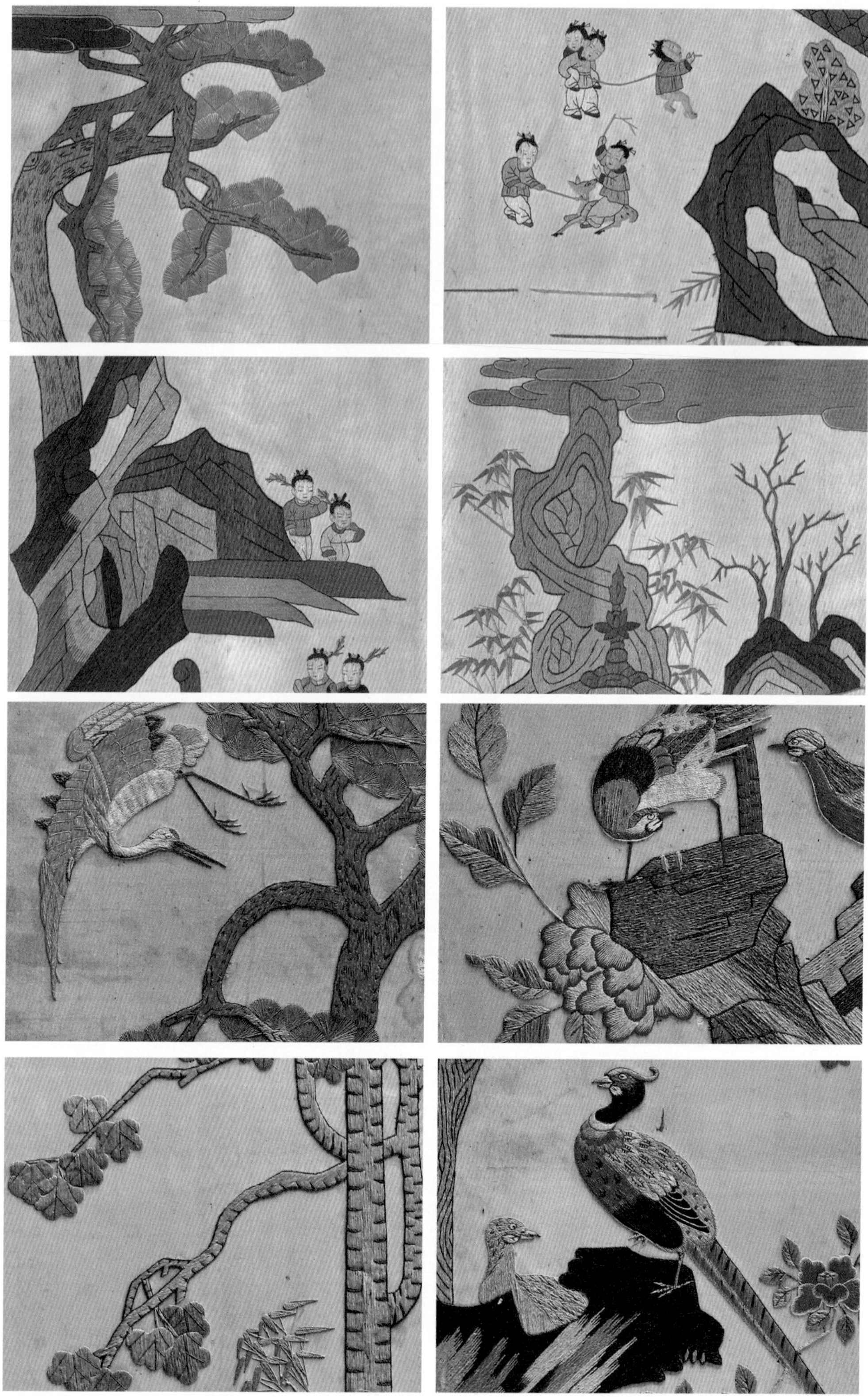

도09_03_01, 도09_04_01. 〈백동자도 10폭 자수 병풍〉과 〈화조도 8폭 자수 병풍〉의 주황색·보라색·옥색의 안주 자수 색 조합.

구곡시 10폭 병풍〉의 틀에는 '하소기 체體, 안주인安州人 슈'라는 첨지가 있어 청나라 하소기何紹基, 1799~1873의 글씨를 안주수로 만든 것임을 알 수 있다.[13] [도09_06_01]

19세기 이전 안주수에 대한 자료는 제한적이지만, 마지막 안주 수사라 할 수 있는 오형률吳亨律, 1910~74 이후의 인터뷰는 안주수의 실체를 아는 데 큰 도움이 된다.[14] 여기서 오형률은 아버지 오병섭吳秉涉, 할아버지 오창인吳昌仁이 모두 자수를 놓았고, 자신 또한 평양에서 중학교에 다니던 시절부터 수를 배워 가업을 이었다고 회고했다. 그에 따르면 안주수는 주로 안주에서 북쪽으로 90킬로미터 정도 떨어져 있는 희천熙川에서 나는 고급 명주와 실을 썼다. 재료의 윤기가 유독 좋은 데다 안주에서 채취한 식물 염료로 자수가가 직접 염색을 했기에 발색 또한 독특하다. 실은 여덟 가닥씩을 합사하여 총 35~40회 비벼서 16가닥으로 만들어 썼다. 밑그림은 수사가 직접 그리기도 했지만, 특별한 경우에는 화가에게 원화를 따로 주문하기도 했다. 안주수 특유의 입체감을 살리기 위해 솜으로 심을 박은 경우도 많았다. 단 왕실 주문처럼 최고급품에는 안에 꼼꼼하게 속수를 놓은 후 다시 겉수를 놓아 두께감과 내구성을 높였다.

오형률은 주로 백동자도, 매화도, 백수백복도를 연폭으로 놓은 병풍과 산수화를 제작했다고 회고했다. 주문자가 오면 수방에 진열된 작품을 보고 작품을 선택했으며 수방에서는 자수부터 표구까지 모든 공정을 완성했다. 무엇보다 당시 회화가 10원 내외일 때 산수화 수병은 70~100원 정도였다고 하니 안주수도 궁수와 마찬가지로 그림에 비해 월등히 높은 가격으로 거래되었던 것이다.[15]

현재 국립고궁박물관과 국립현대미술관에도 안주수라 전해지는 7점의 작품이 소장되어 있다.[도09_05], [도09_07]~[도09_12] 이 작품들은 대형 병풍에 바늘땀이 굵고 대범한 수를 놓아 앞서 오형률이 언급한 안주수의 특징을 두루 갖추었다. 화가 양기훈楊基薰, 1843~1911과 김규진이 원화 제작에 참여한 작품도 여럿 포함되어 있다.[16] 이 가운데 〈송학도 자수 10폭 병풍〉,[도09_09] 〈송학도 자수 12폭 병풍〉이나[도09_10] 〈매학도 12폭 자수 병풍〉은[09_12] '영모'로 분류할 수 있기 때문에 앞서 소개한 「수병가액명세서」에 기록된 영모도 수병 3점이 이에 해당할 가능성이 있다.

양기훈과 김규진 모두 평안도 출신이라는 점도 흥미롭다. 특히 양기훈은 평양에 세웠

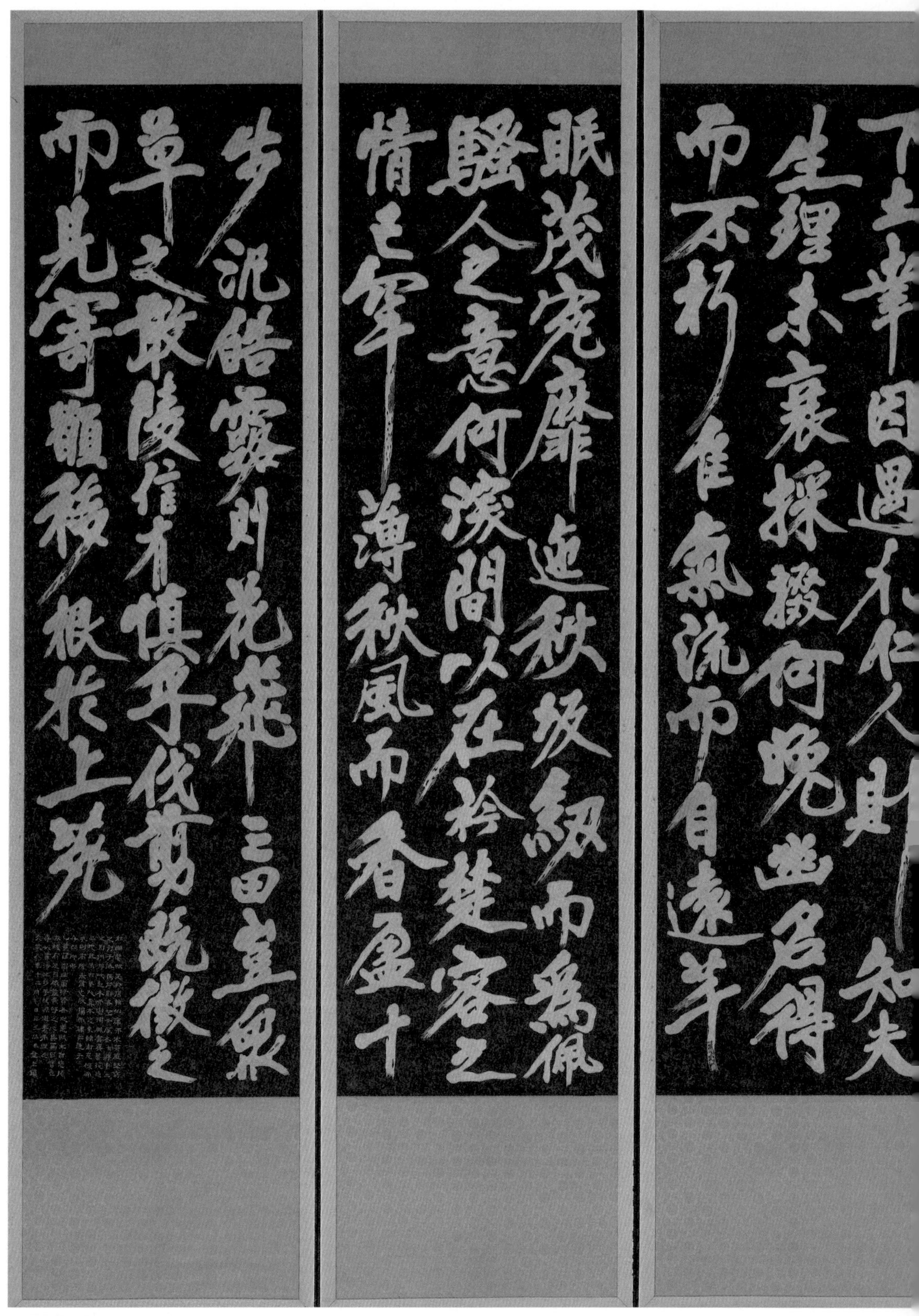

도09_05. 김규진, 〈유란부 자수 6폭 병풍〉, 비단에 자수, 255.5×390, 1904, 국립고궁박물관.

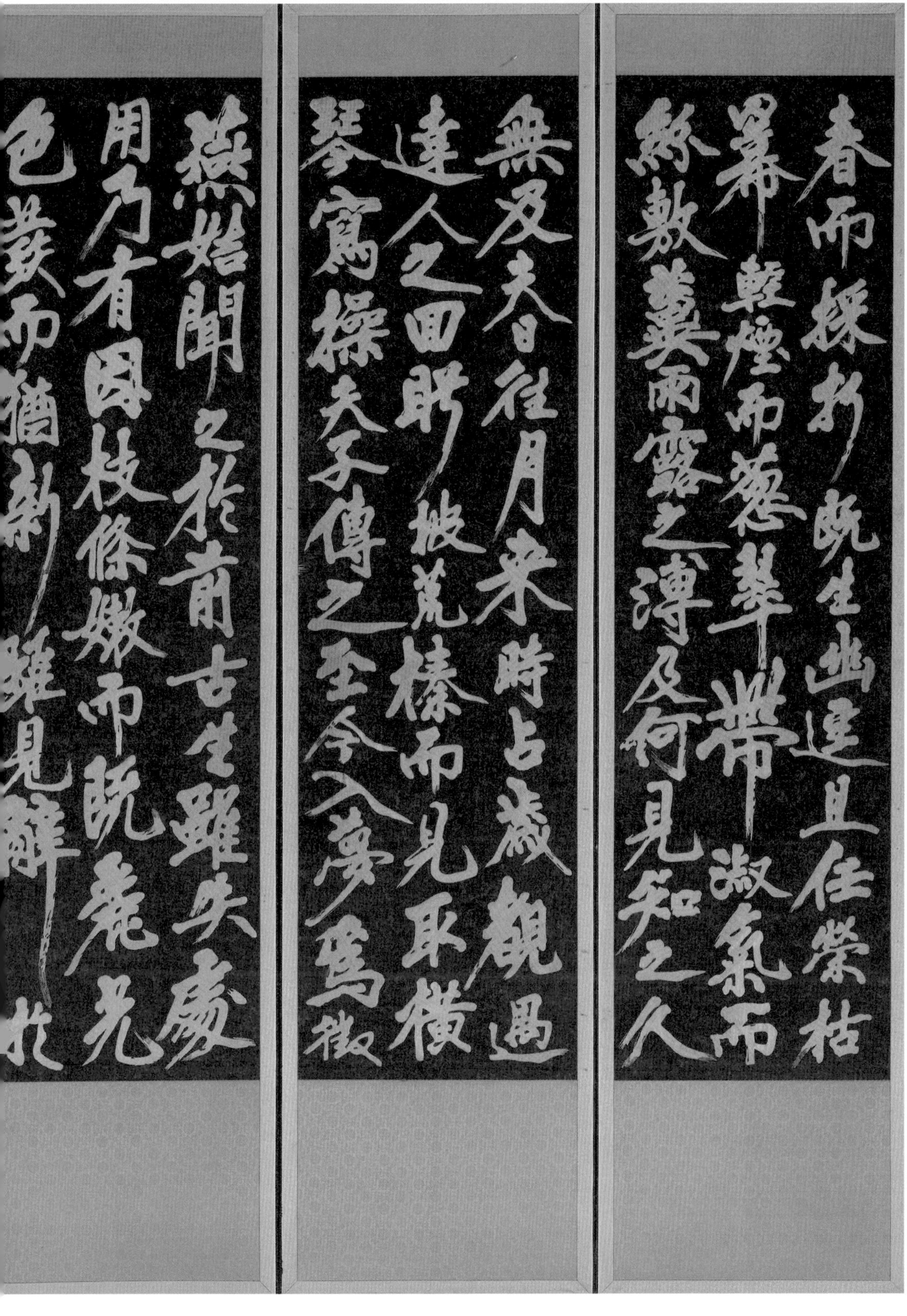

春而綠新既生幽逕且任榮枯
冪輕煙而蔥翠帶淑氣而
絲敷蒙雨露之溥及何見知之人

無及夫往月來時占歲覩遇
達人之田野披荒榛而見取橫
琴寫操夫子傳之至今入夢爲徽

燕姞聞之於前古生雖失處
用乃有因枝條嫩而既危先
色葉而猶新雖見鮮於

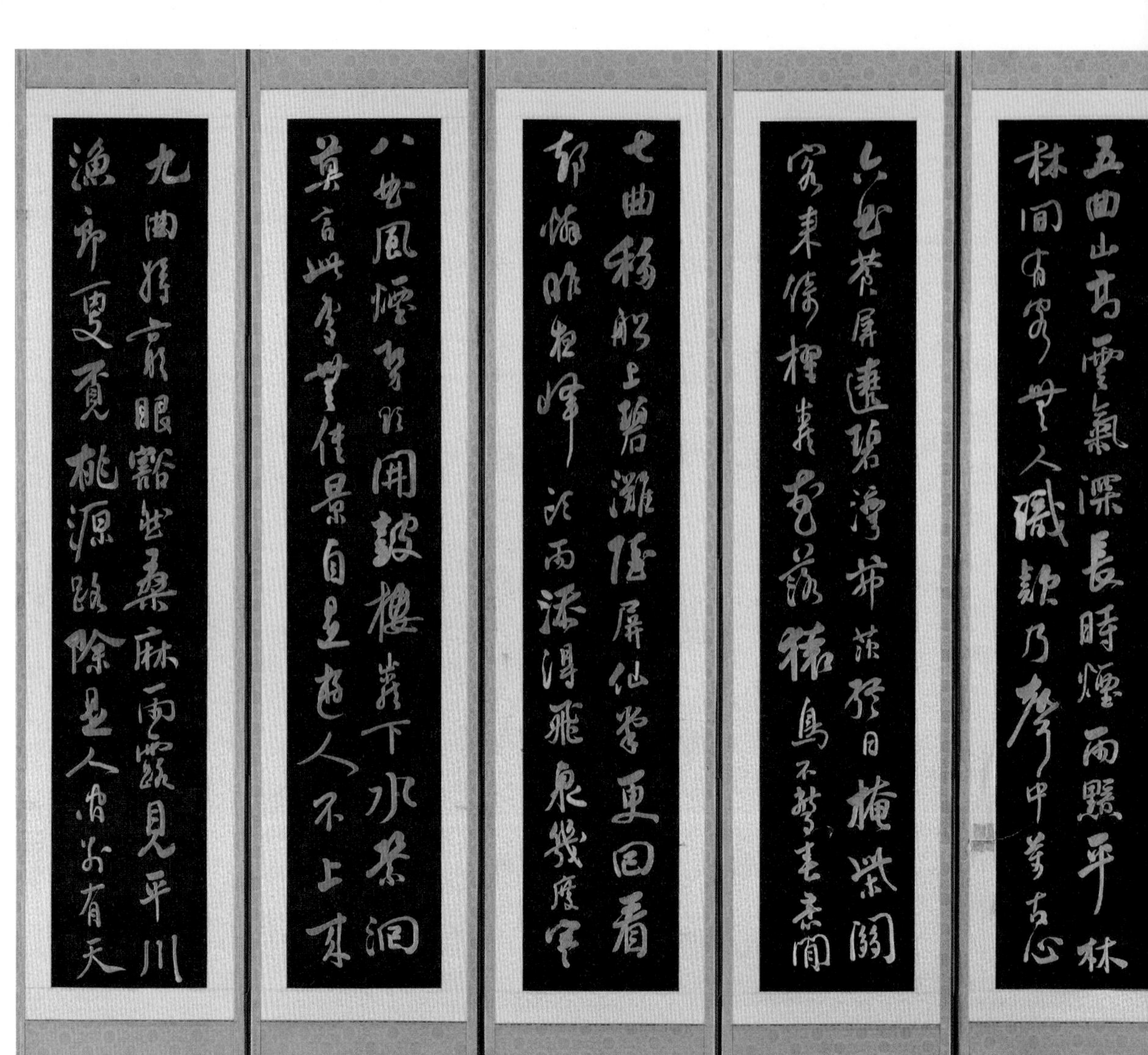

도09_06. 이기복, 〈무이구곡시 10폭 병풍〉, 비단에 자수, 220×430, 1900년 전후, 수원박물관.

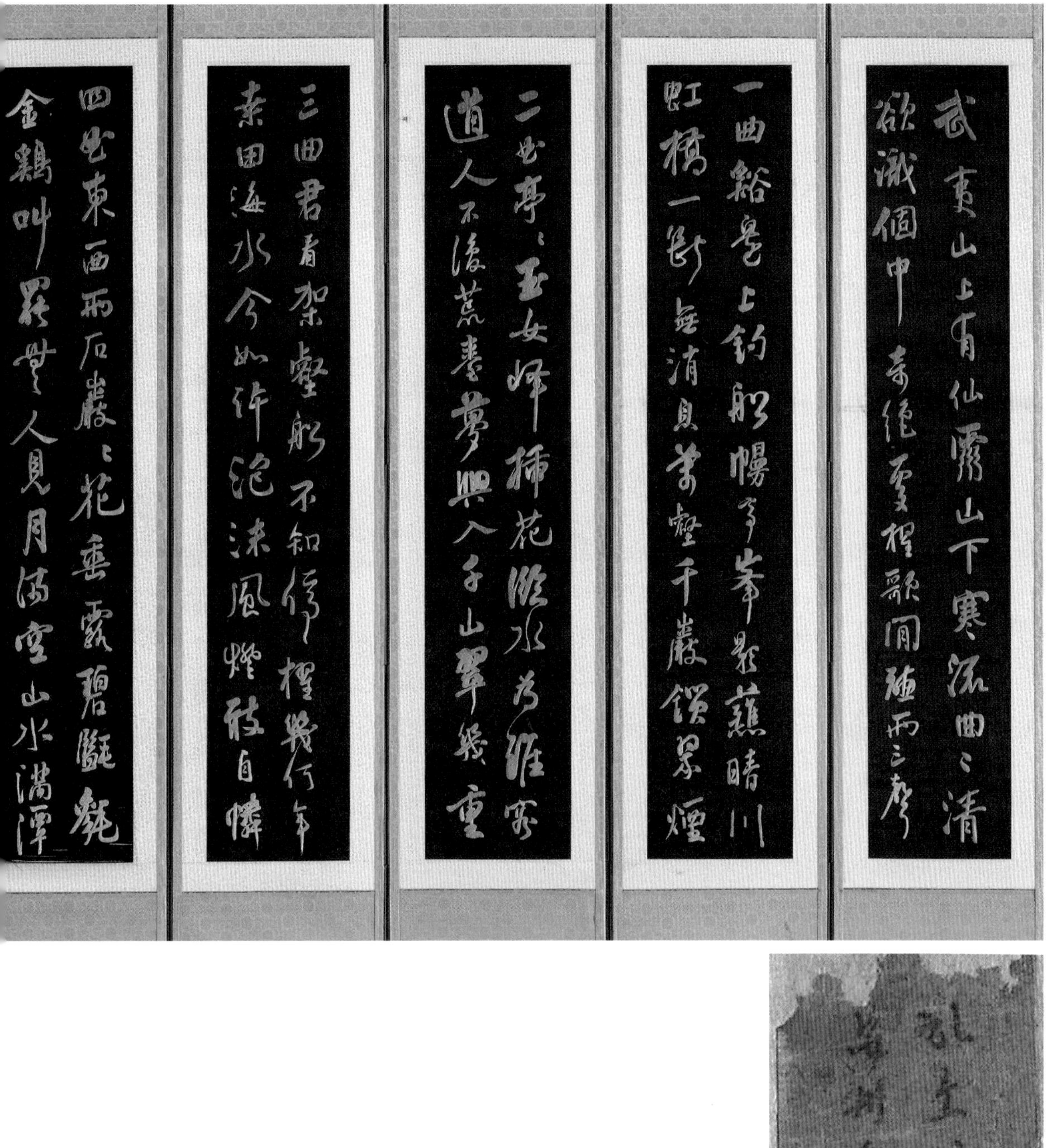

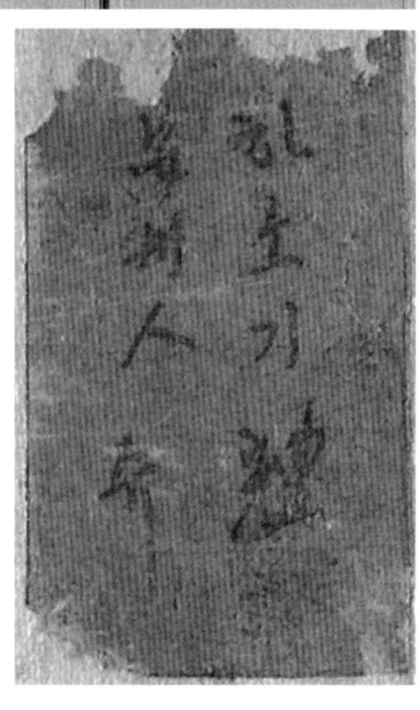

도09_06_01.
〈무이구곡시 10폭 병풍〉의 틀 부분.

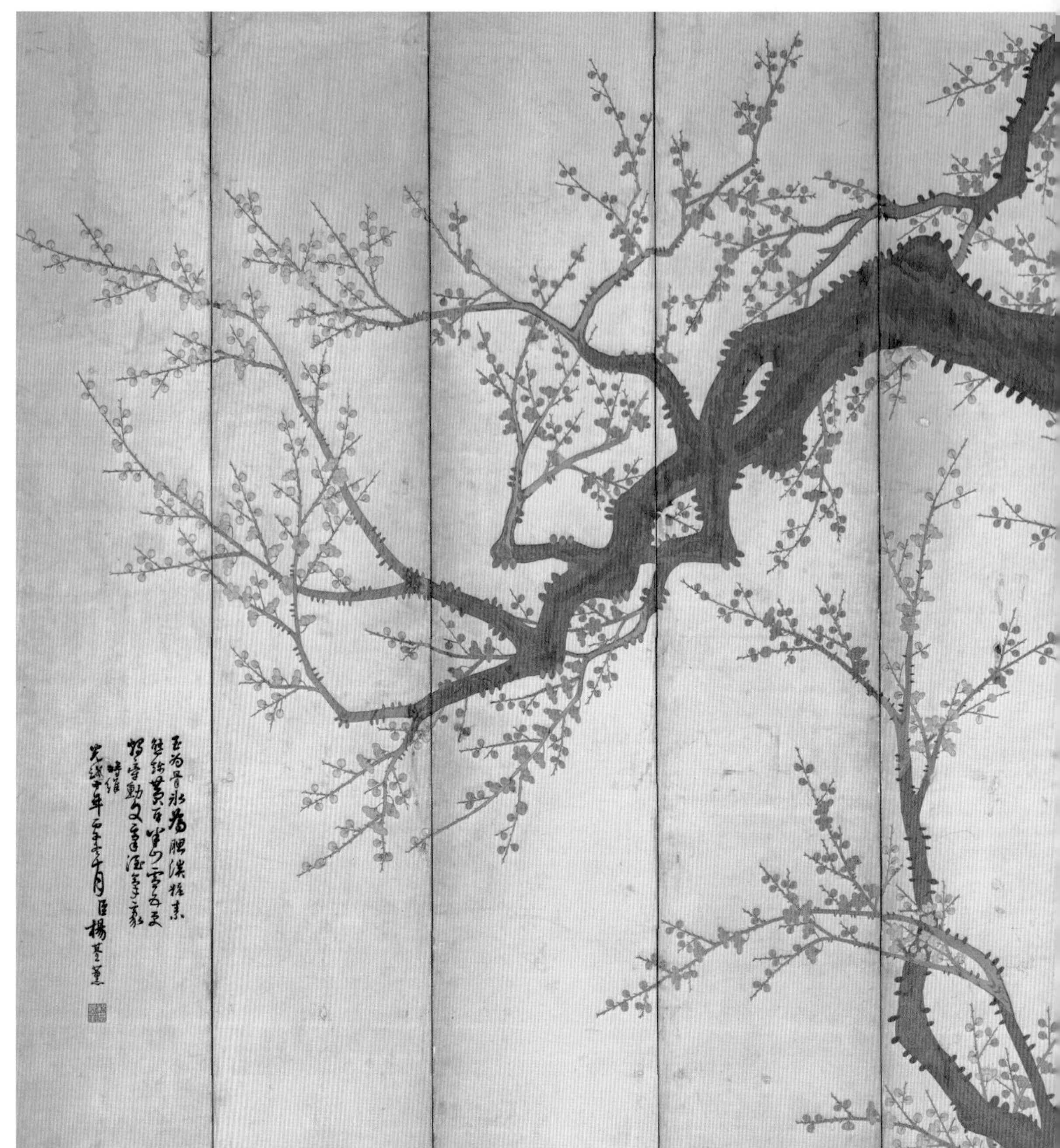

도09_07. 양기훈, 〈매화도 자수 10폭 병풍〉, 비단에 자수, 247.3×400, 1906, 국립고궁박물관.

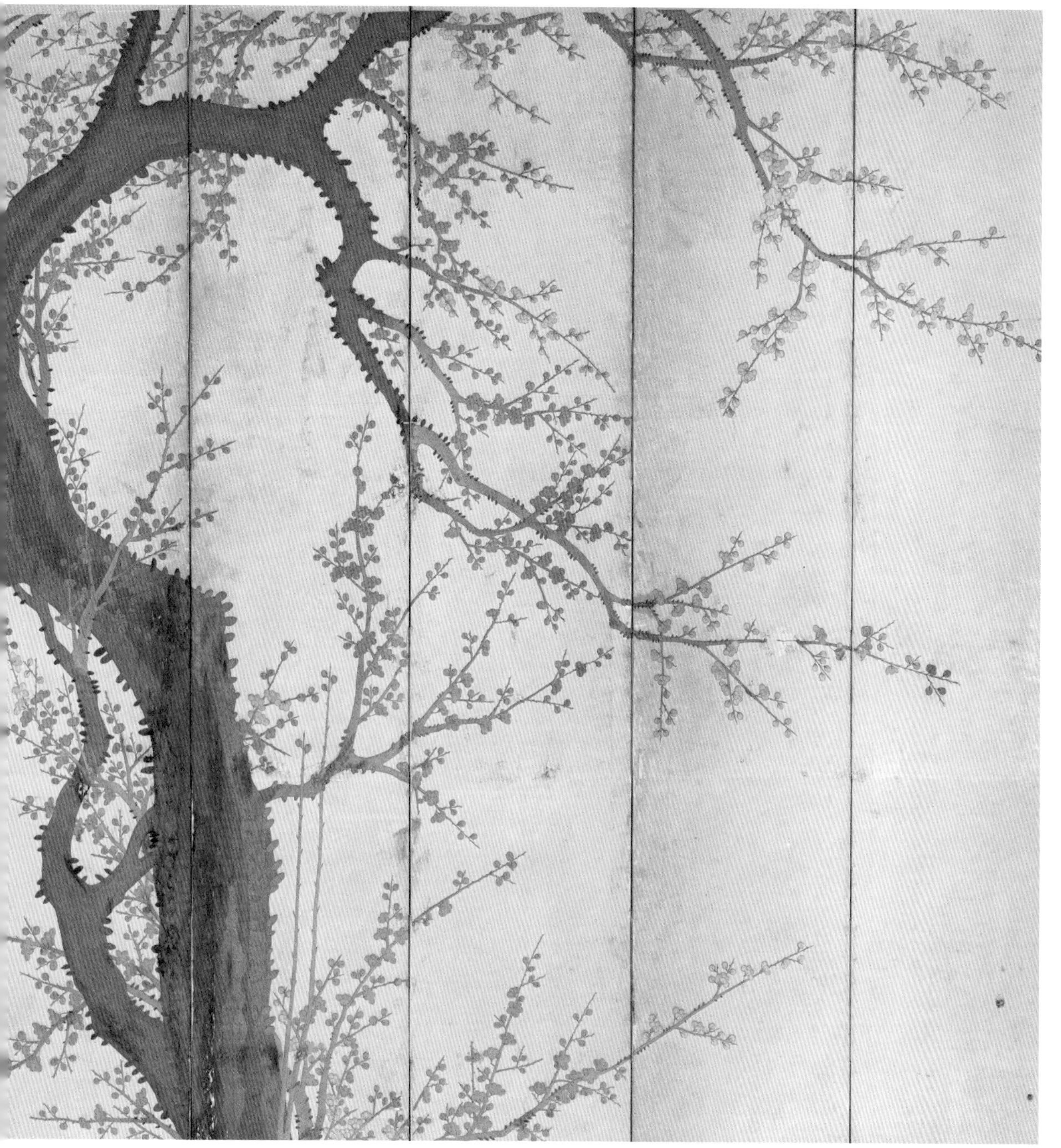

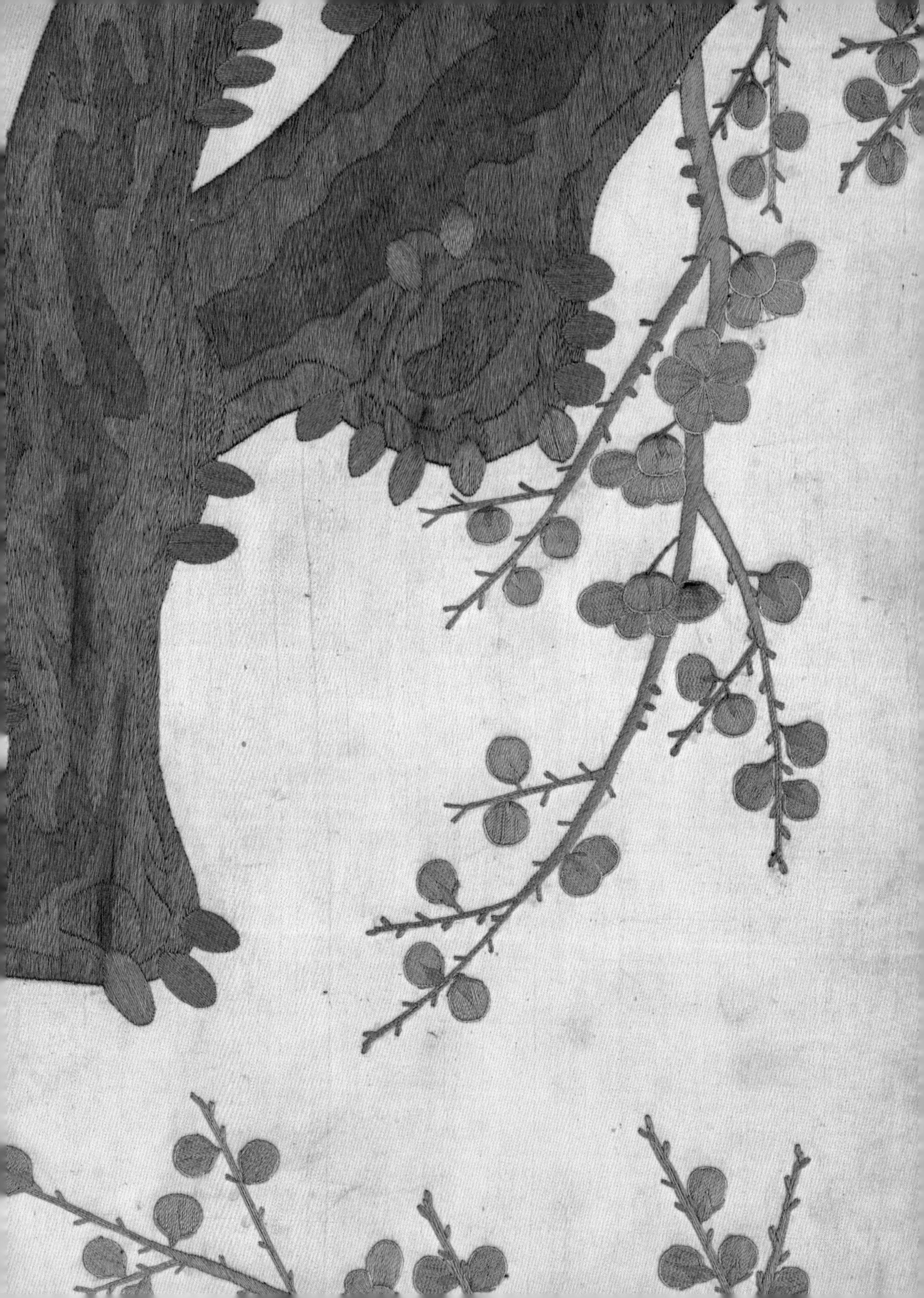

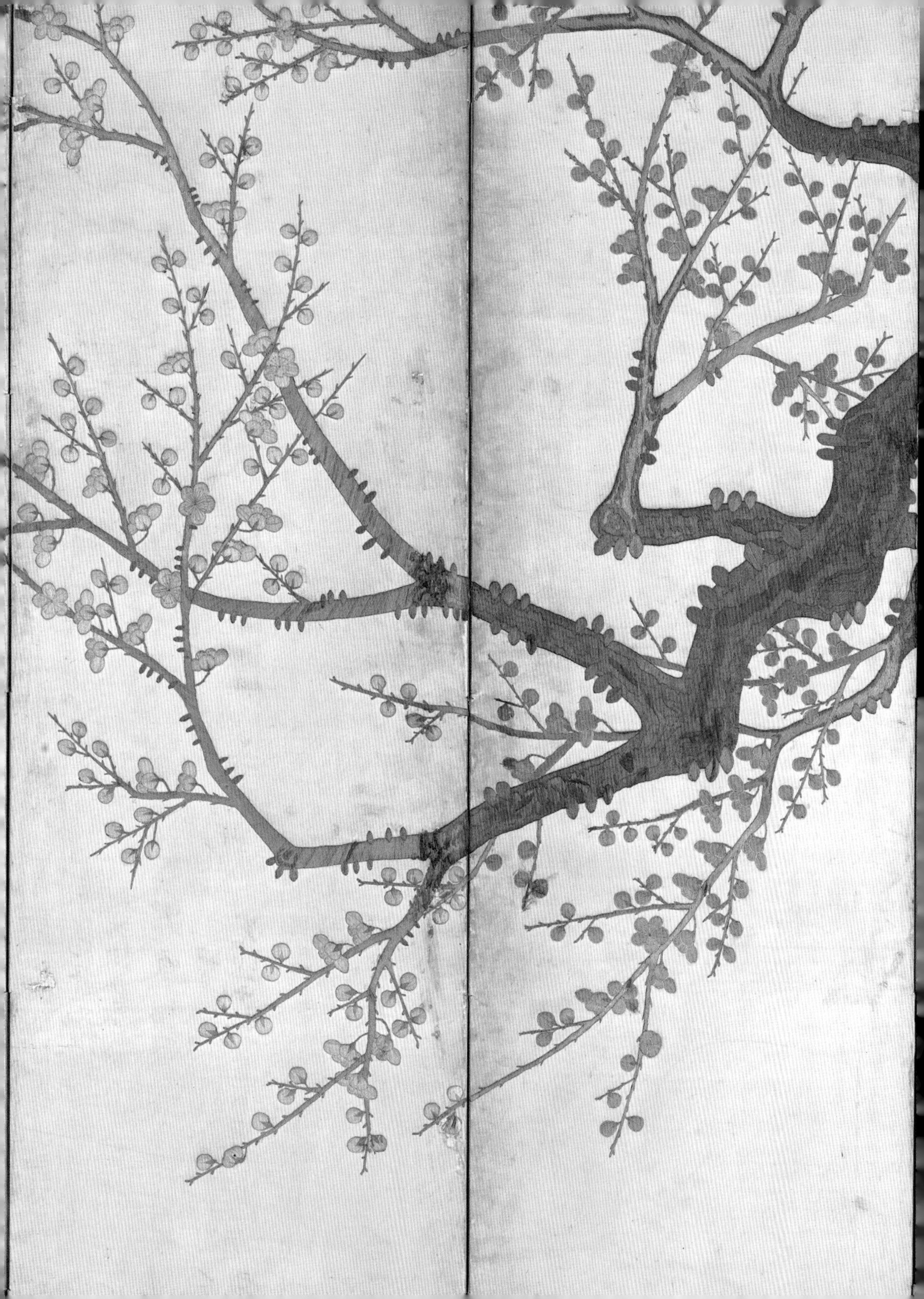

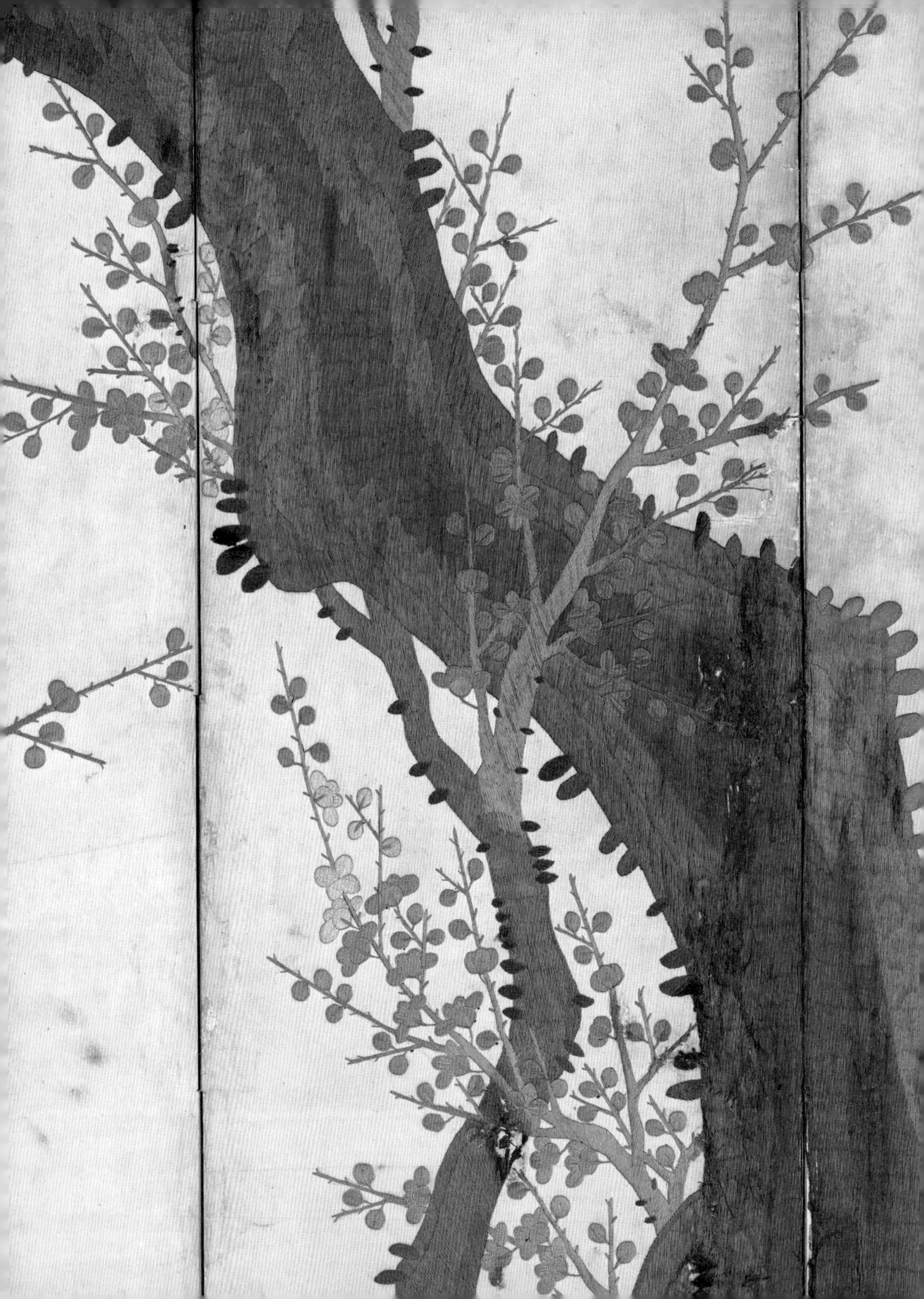

玉為骨冰為膽澡精素
雙絲葉百草雲母受
妙手動文章涵字豪
詩維
光緒十年丙申孟冬十月臣楊基薰

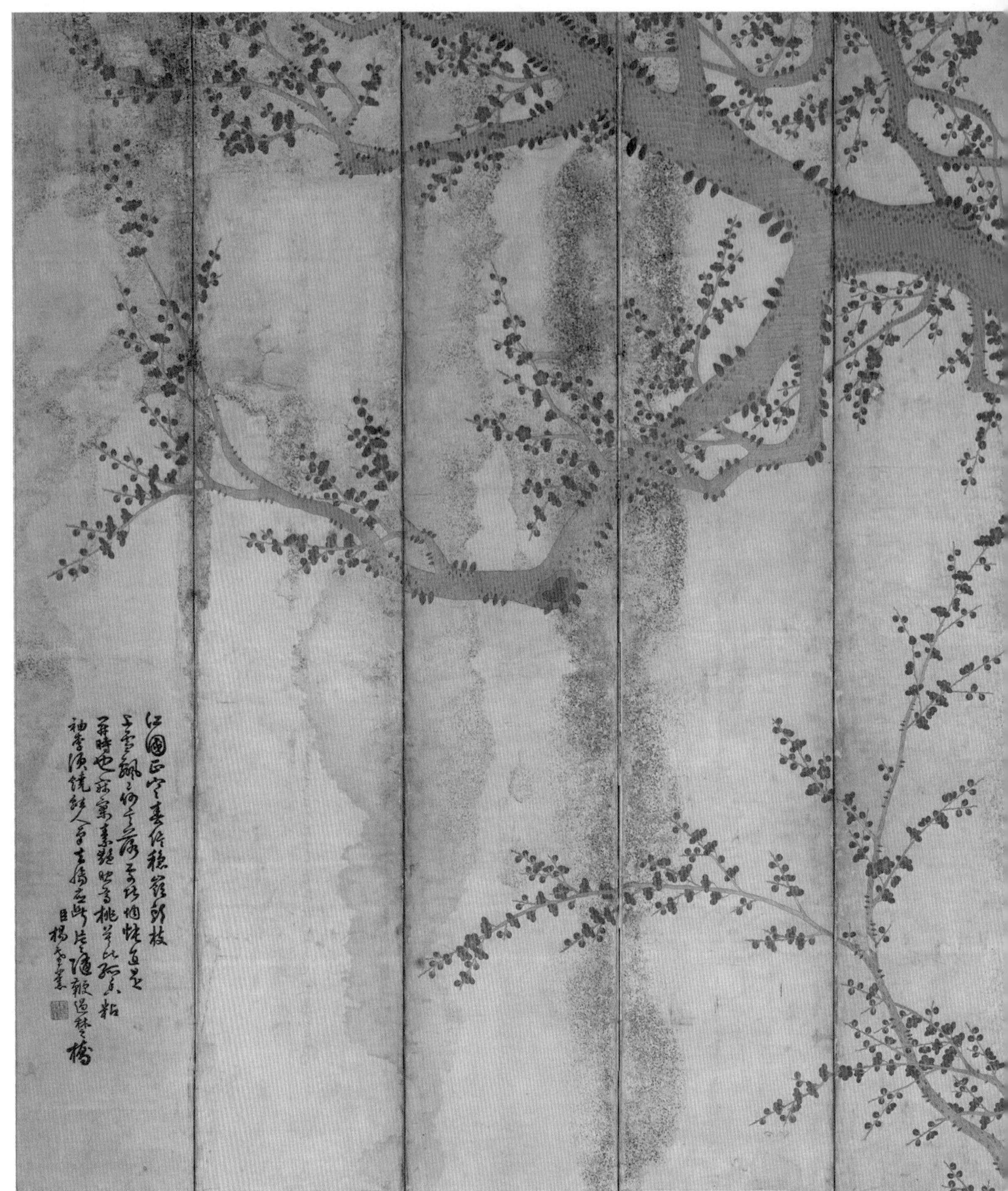

도09_08. 양기훈, 〈매화도 자수 10폭 병풍〉, 비단에 자수, 277.8×396, 국립고궁박물관.

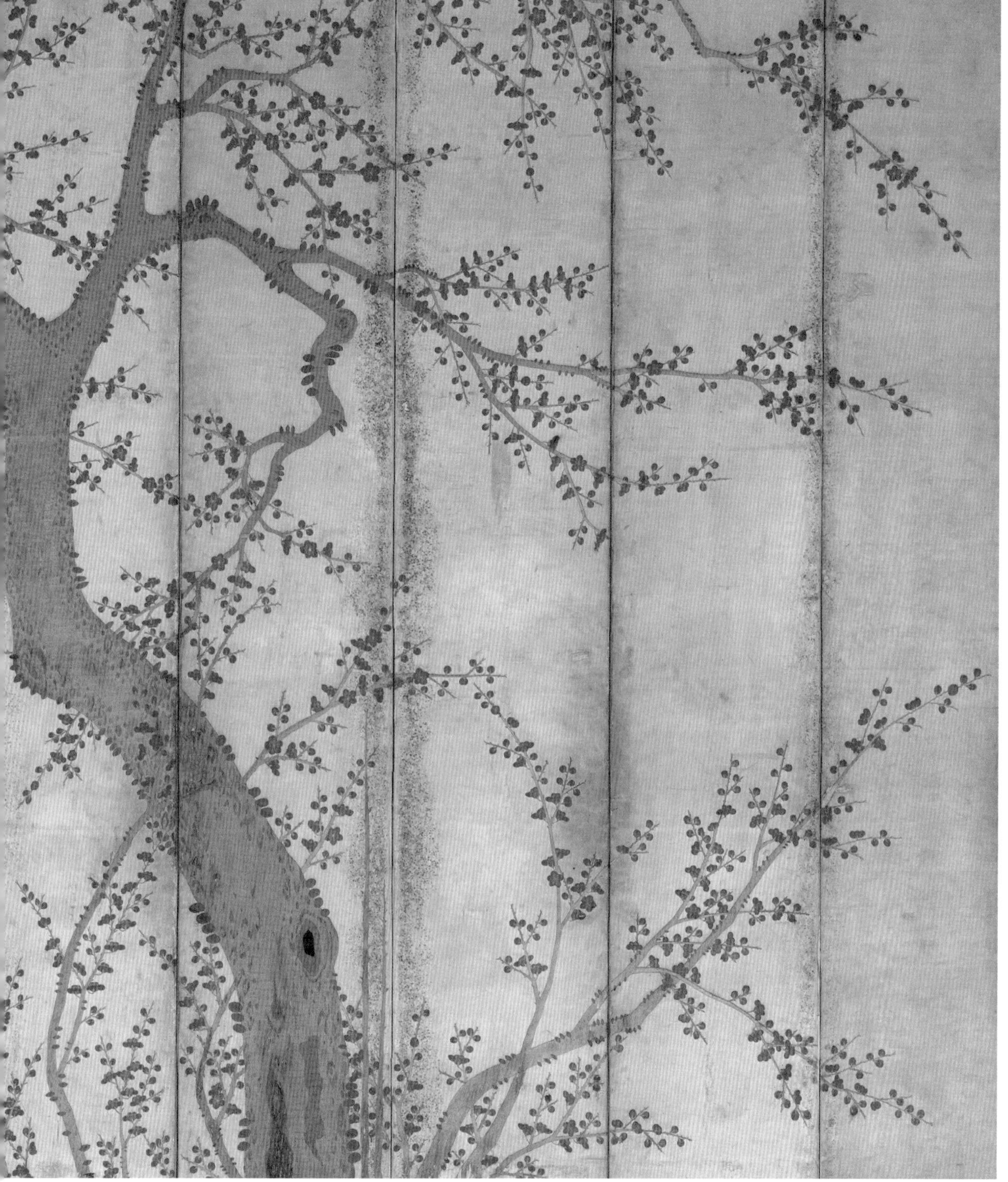

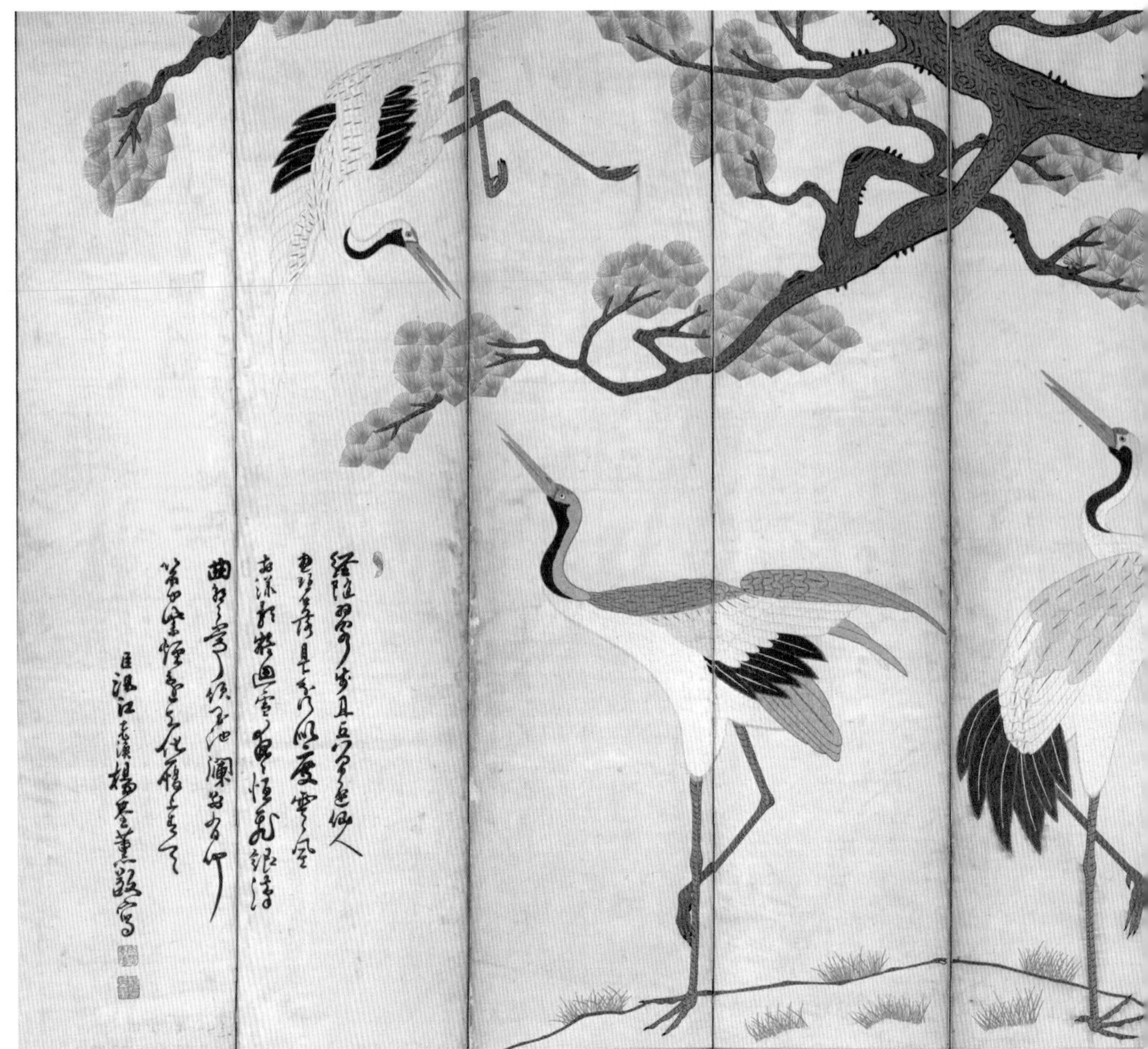

도09_09. 양기훈, 〈송학도 자수 10폭 병풍〉, 비단에 자수, 221×353, 국립고궁박물관.

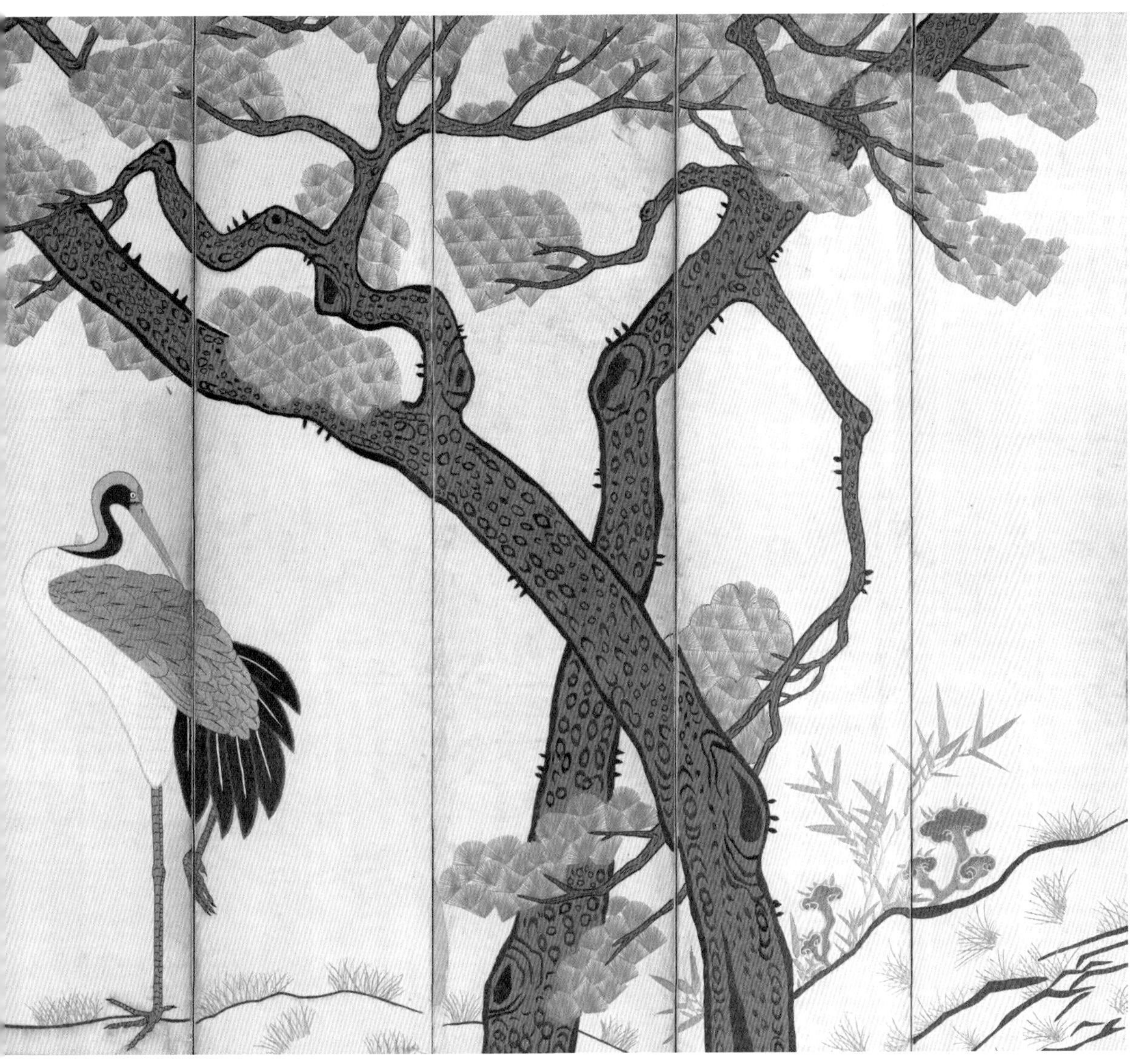

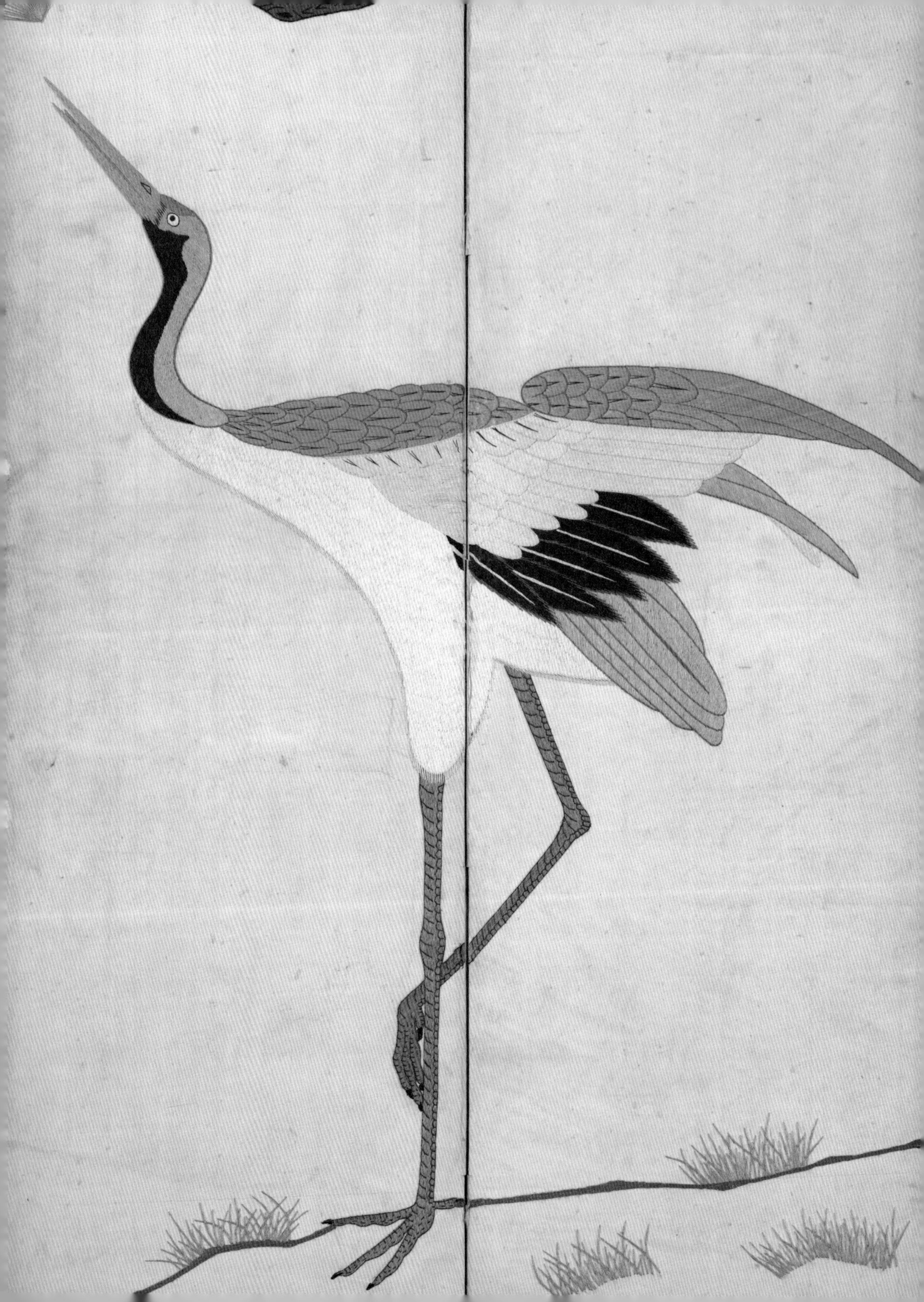

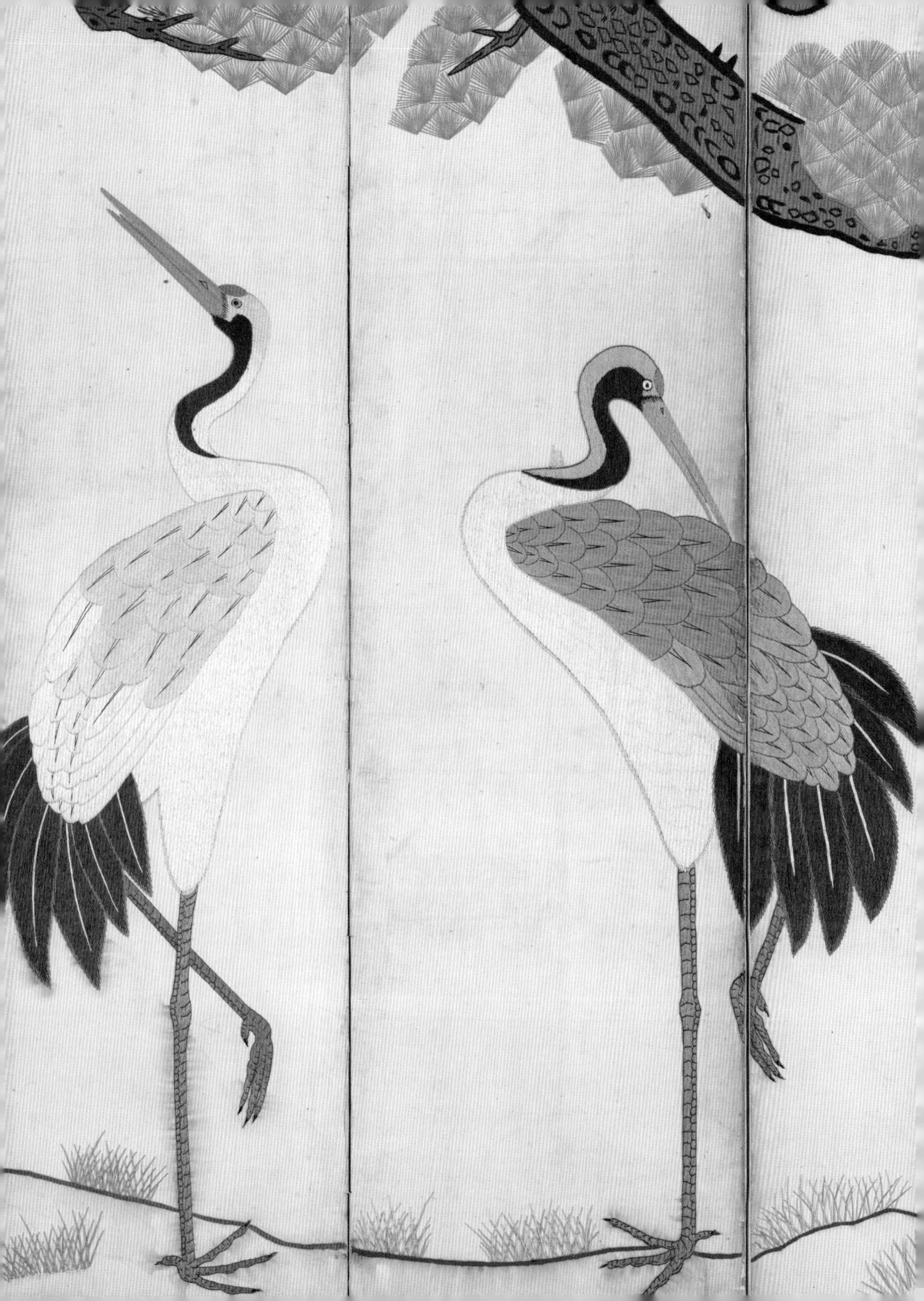

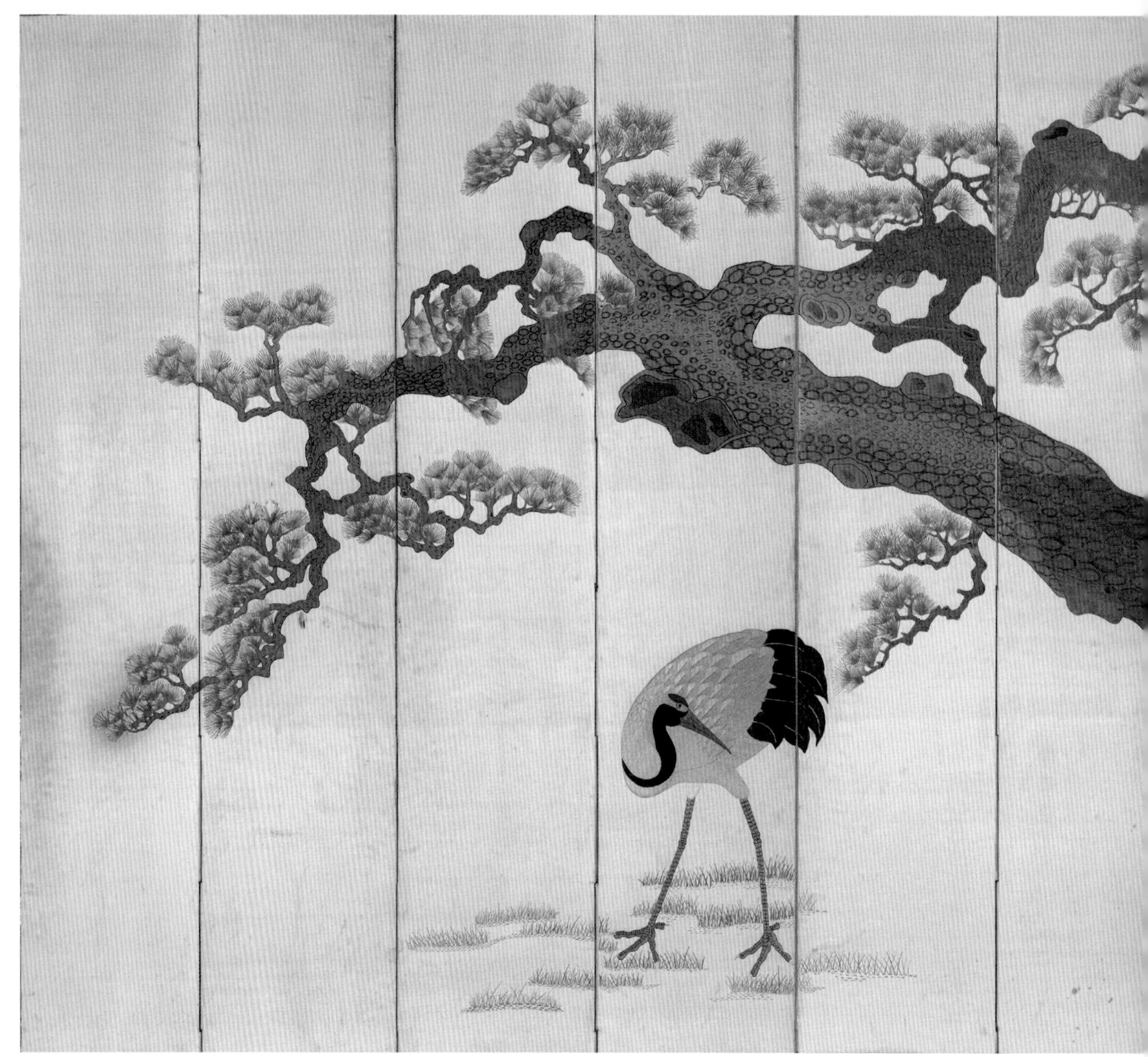

도09_10. 전 양기훈, 〈송학도 자수 12폭 병풍〉, 비단에 자수, 225.4×408, 국립고궁박물관.

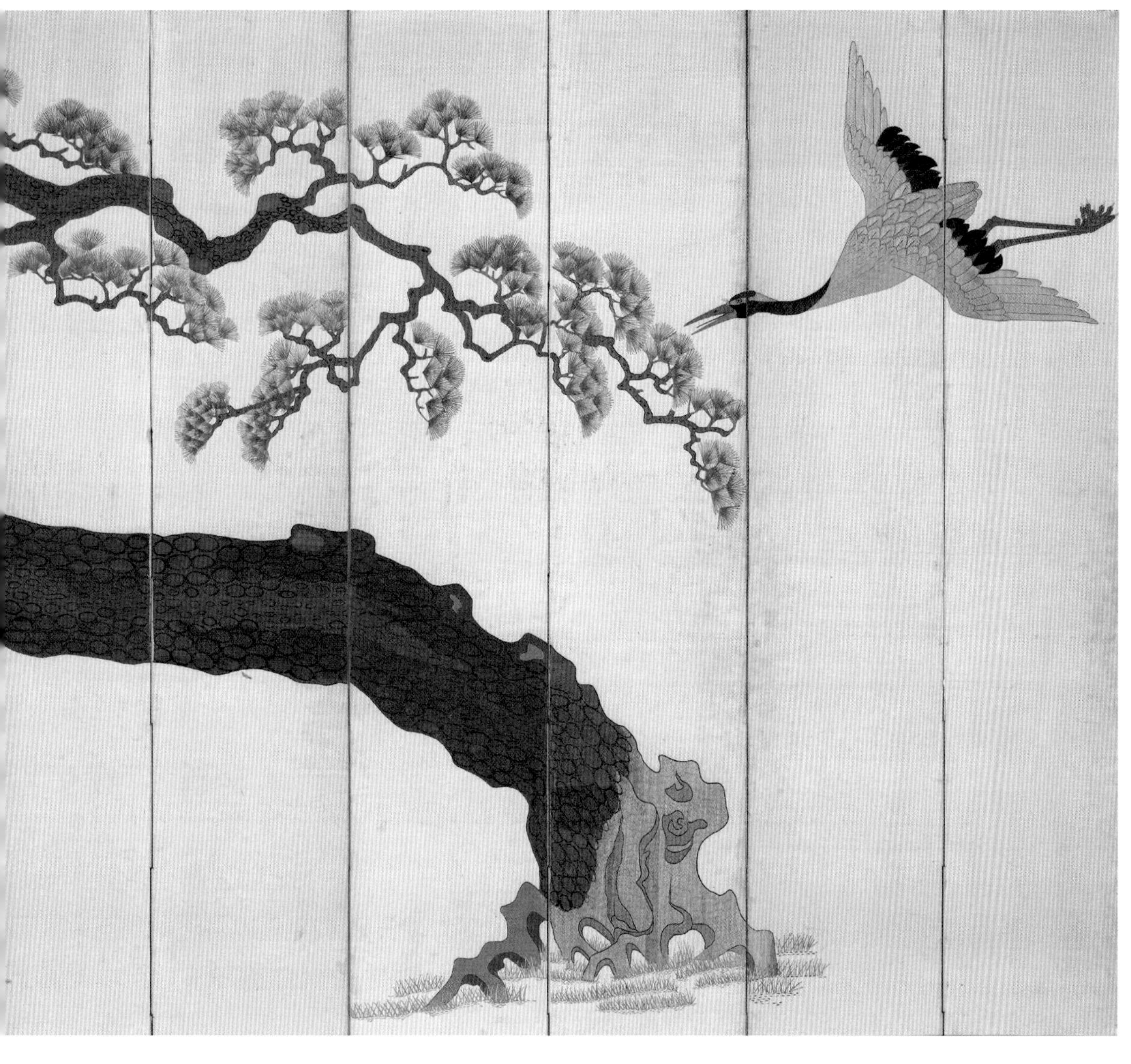

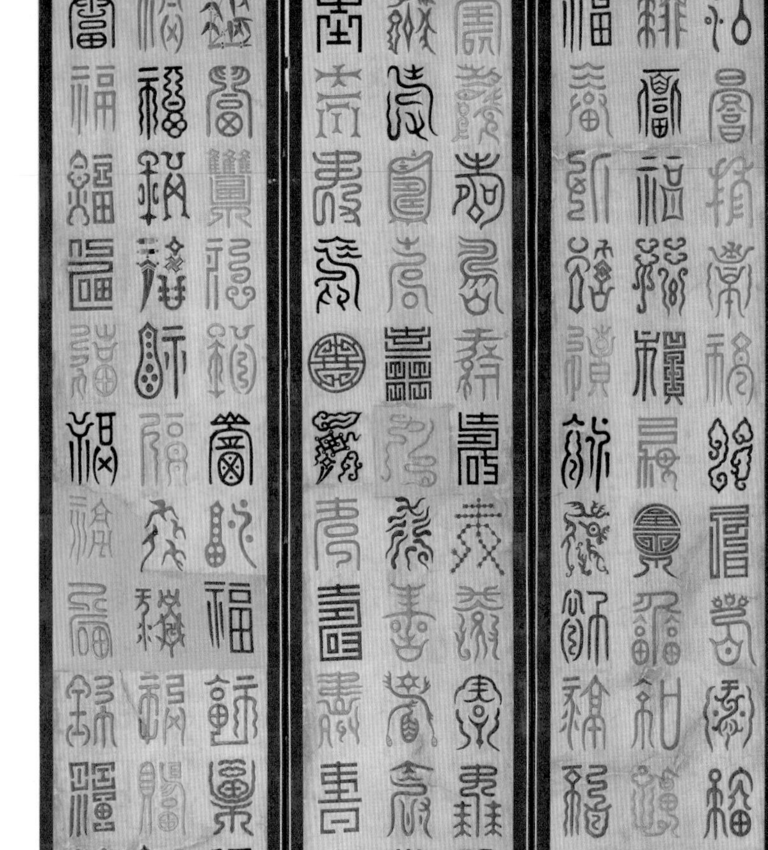

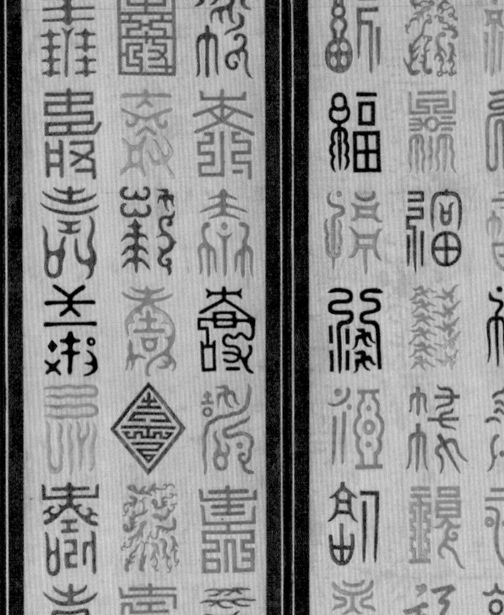

도09_11. 〈백수백복도 10폭 병풍〉, 비단에 자수, 각 217.8×368, 국립고궁박물관.

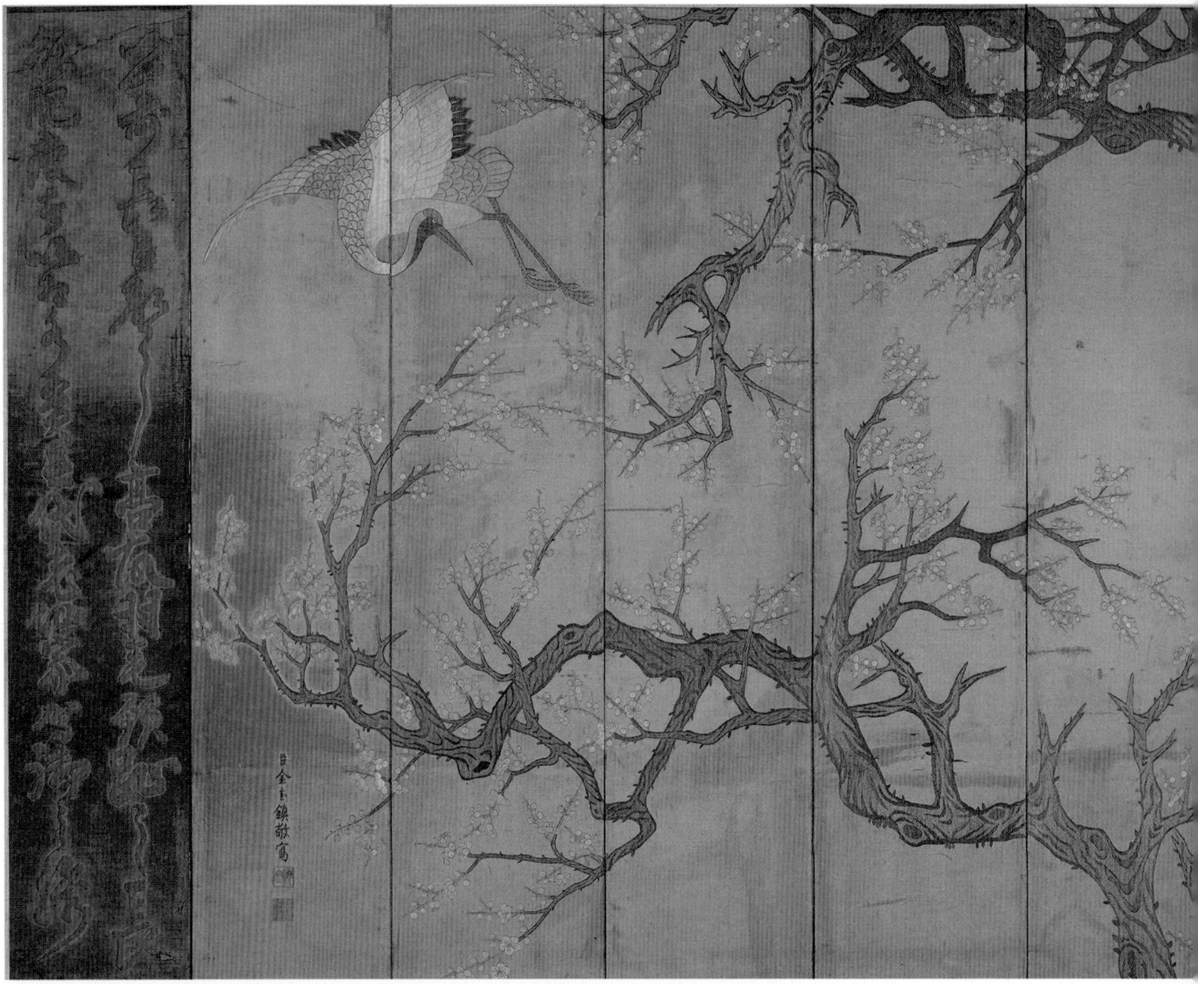

도09_12. 김규진, 〈매학도 12폭 자수 병풍〉, 비단에 자수, 147×380, 국립현대미술관.

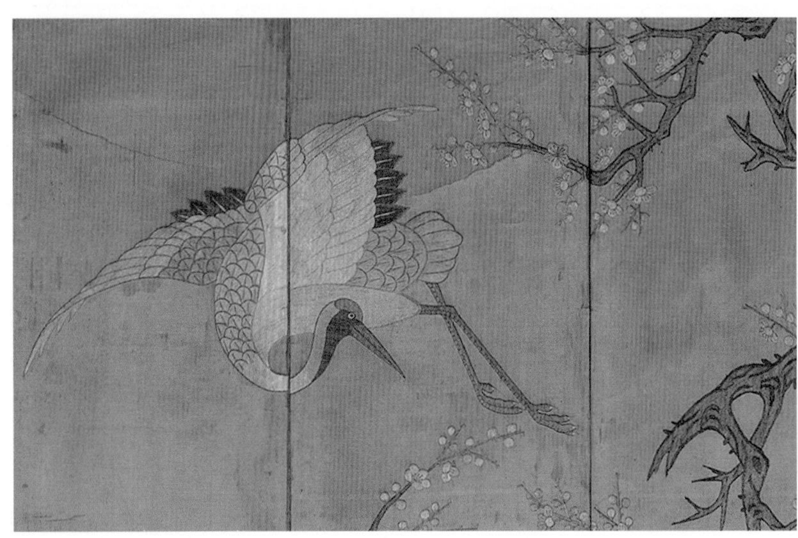

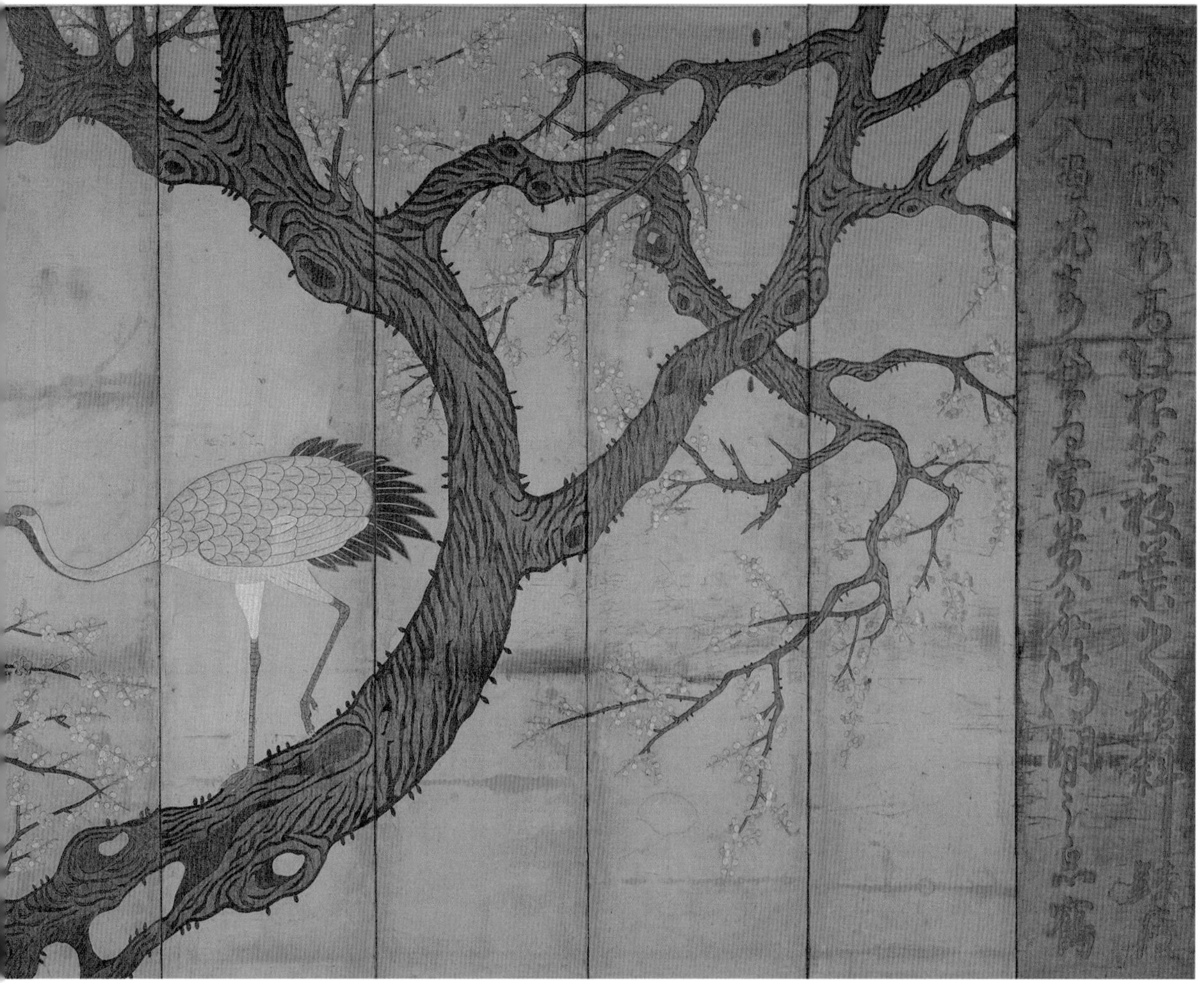

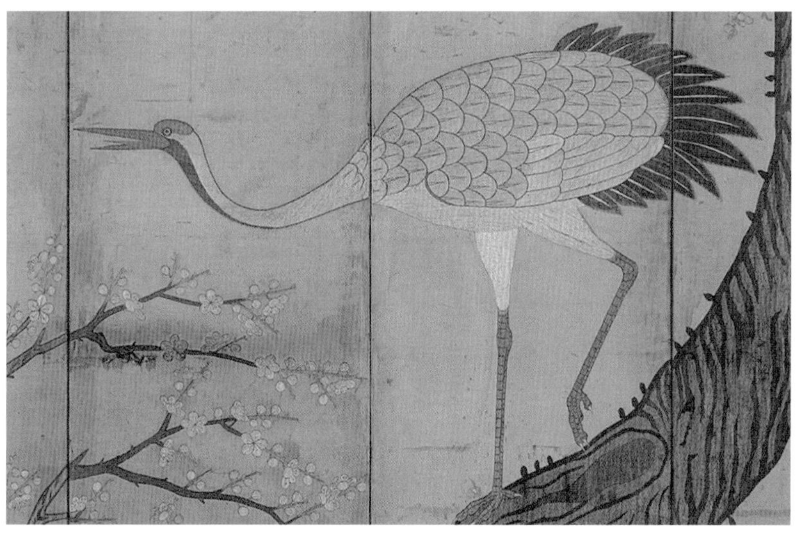

던 풍경궁豐慶宮 참사관직 제수를 계기로 중앙 화단에 진출했을 것으로 여겨진다.[17] 1902년 황실은 대한제국의 두 번째 수도를 건설하여 황제국에 걸맞는 양경兩京 체제를 만들기 위해 풍경궁 건축을 도모한 적이 있다. 비록 1904년 2월 러일전쟁이 발발하면서 중단되었지만, 이 일을 통해 평안도 인사들이 자연스럽게 중앙에 진출했을 것으로 추정할 수 있다.

이러한 정황을 배경으로 황실에서 안주까지 수병을 외주할 수 있었던 까닭은 철도의 완공과 관련할 것으로 보인다. 〈표1〉에는 안주에서 경성까지의 차비와 운반 비용 내역이 보인다. 영수증에 교통비까지 포함해 기록했다. 기차가 없었다면 황실이 대형 자수 병풍 6점을 한번에 평안도로 주문하는 것은 매우 번거로운 일이었을 것이며, 굳이 필요하다면 장인을 직접 궁으로 부르는 편이 나았을지도 모른다. 기차 부설의 역사를 살펴보면 1904년 12월 경부선 완공 후 1905년 4월에 경성 용산역에서 신의주역을 잇는 경의선이 개통되었다. 이를 통해 평안도 일대의 물산이 상대적으로 쉽고 빠르게 경성으로 이동할 수 있었다.[18]

당시 열차 요금은 1마일 당1마일은 약 1.6킬로미터, 3등석은 1전 5리, 2등석은 3전, 1등석은 5

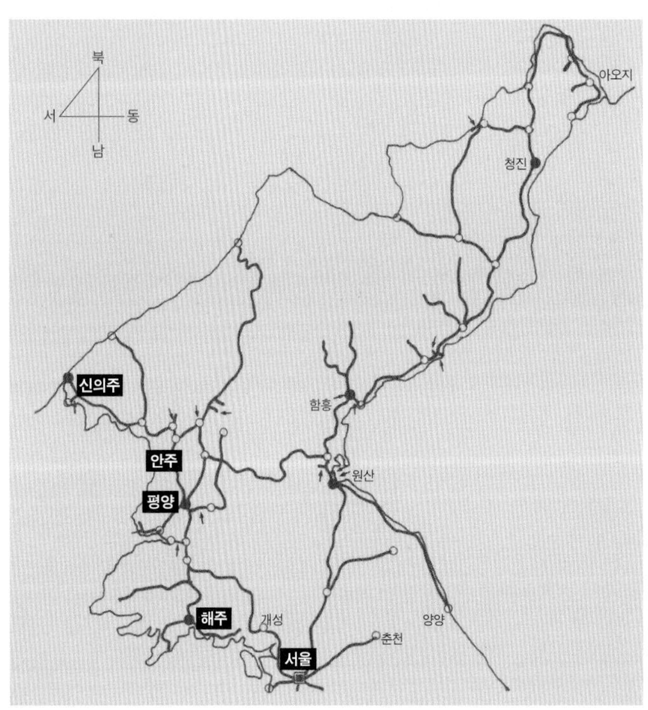

1905년 개통한 경의선 중요 거점.

전 6리였다. 용산역에서 신안주역까지의 거리를 대략 200킬로미터약 62마일라고 하면 요금은 3등석 기준 9.3냥 정도로 책정된다. 이를 고려할 때 〈표1〉에서 병풍 6점을 옮기는 데 지불한 운임을 20냥으로 기입한 것은 경의선을 통해 경성과 안주 사이의 기차 화물 요금에 부합하는 정도라 할 수 있다.

안주로 주문한 병풍들은 대개 높이 2.5미터, 너비가 4미터 정도다. 기존에 궁수로 꾸민 수병에 비해 훨씬 큰 규모로, 이러한 크기 차이는 안주수와 궁수 제작품 사이에 기본적으로 가격 차가 발생한 까닭을 설명해준다.[19] 아울러 오형률은 안주수가 여성이 다루기 어렵기 때문에 남성이 할 수밖에 없었다고 언급했는데, 이 또한 수틀의 크기 및 완성작의 규모와 관련이 있을 것이다.[20]

요약하자면 1907년 대한제국 황실이 평안도 안주에까지 대형 자수 병풍을 주문할 수 있었던 것은 기차라는 근대적 모빌리티mobility를 통해서 물산의 이동 범위가 확장되었기 때문이다. 철로와 기차의 조성이 궁 밖 남성 수사들을 섭외하고, 궁녀를 대신하여 궁중 소용 자수를 만들게 한 것이다.[21]

안주 자수, 근대 군주의 표상이 되다

대한제국기에 황실이 안주로 수병을 주문한 배경을 알려주는 문헌은 찾을 수 없었다. 그런데 「수병가액명세서」가 작성된 1907년은 황태자 순종純宗, 재위 1907~1910이 융희제隆熙帝로 등극한 해라는 점이 주목된다. 이때 촬영된 것으로 추정되는 사진에서는 순종이 혼자 서 있거나 순종비 순정효황후純貞孝皇后, 1894~1966와 함께 매화도 병풍 앞에 선 것이 눈길을 끈다.[도09_13], [도09_14] 사진 속 매화도 병풍이 자수라는 결정적 증거는 없지만 적어도 이 수병의 도안은 안주에서 제작된 전수식全樹式 매화도 자수 병풍 계열과 매우 유사하다.[22] 특히 나무의 상단과 하단이 잘린 구도가 앞서 본 양기훈의 매화도 및 김규진의 매학도 계열과 흡사하다. 융희제는 황제로 등극하면서 기존과는 다른 새로운 시각 표상을 필요로 했기 때문

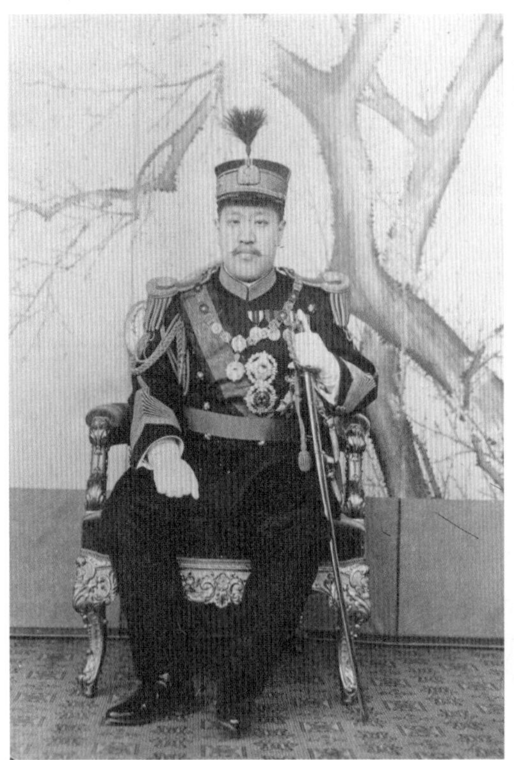

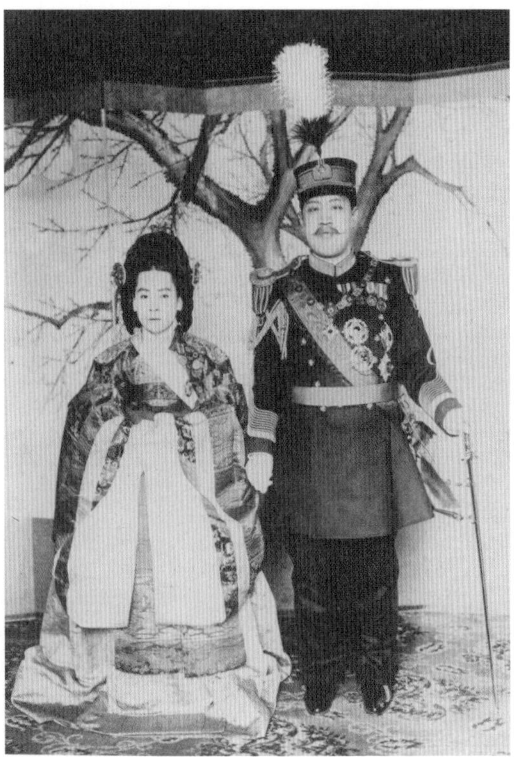

도09_13. 도09_14. 1907년 순종과 순정효황후의 사진.

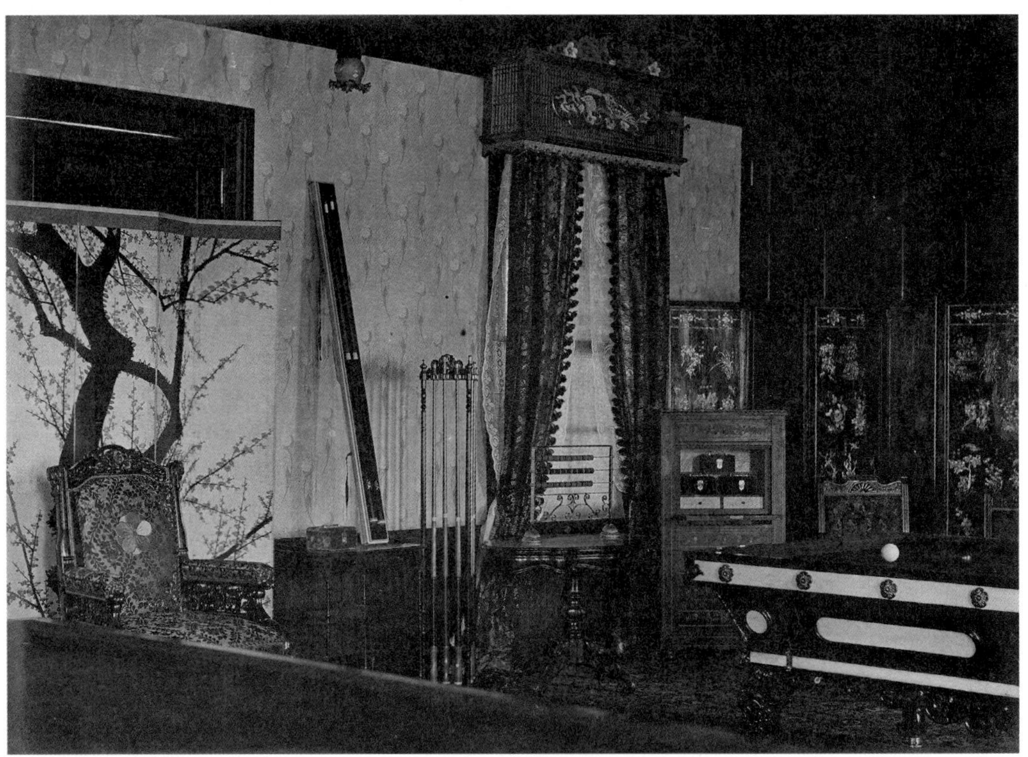

도09_15. 창덕궁 인정전 동행각 내부.

에 이러한 시도를 한 것으로 풀이된다. 이로 인해 그는 대한제국 문장紋章으로 자주 사용되던 이화문李花紋과 유사한 매화도를 화제로 선택하는 한편, 회화가 아닌 자수라는 매체를 새롭게 선택했을 가능성이 있다. 순종이 1910년 국권을 잃은 후에 이왕李王으로서 많은 시간을 보냈다고 알려진 창덕궁 인정전 동행각東行閣에도 앞서 언급한 작례들과 매우 유사한 매화도 수병이 설치된 바 있다.[도09_15] 이 수병의 도안 또한 현재 국립고궁박물관에 남아 있는 유물들과 완전히 일치하지는 않지만 양기훈의 매화도 및 김규진의 매학도 계열과 상당히 유사하다.

대한제국기 자수의 부상은 1905년 촬영된 광무제 고종高宗, 재위 1863~1907과 황태자 순종의 사진을 통해서도 확인된다. 현재 미국 스미스소니언Smithsonian Institution에는 1905년 대한제국을 방문한 미국 루스벨트 대통령의 딸 앨리스 루스벨트Alice L. Roosevelt Longworth, 1884~1980가 기증한 고종과 순종의 사진이 전한다. 사진 속 고종은 갈대, 국화, 수선화, 벚꽃, 새를 묘사한 일본제 4폭 자수 병풍 앞에 앉아 있다. 사진에는 '대한황제희진大韓皇帝熙眞 광무9년光武九年 재경운궁在慶運宮'이라 하여 이것이 1905년에 경운궁에서 촬영된 것임을 알려준다.[도09_16]

순종은 일월오봉병 앞에 서 있는데, 하단에 '대한황태자척진大韓皇太子坧眞 광무9년光武九年 재경운궁在慶運宮'이라는 문구가 보인다.[도09_17] 여기서 흥미로운 점은 조선 시대 내내 어좌에만 놓인 일월오봉병이 국왕급에 해당하는 황태자 순종에 배설되었다는 점이다. 이와 대조적으로 고종의 뒤에는 일본제 자수 병풍을 설치한 점이 눈에 띈다.[23] 이러한 4폭짜리 자수 병풍은 메이지 시기에 일본 황실이 미국과 유럽, 러시아와 중국에 보냈던 전형적인 외교 예물이다. 1882년 조미수호조약을 기점으로 조선은 서구의 외교 관례에 따라 그들과 국기國旗, 국가國歌, 원수의 사진을 교환할 필요가 생겨났다. 고종황제과 순종황태자의 사진이 앨리스 루스벨트에게 주어진 까닭도 여기에 있을 것이다. 그런데 대한제국이 들어서면서 어좌의 배경에는 기존에 국왕이 쓰던 일월오봉도 대신에 그보다 높은 위상을 가진 시각 표상이 필요했을 것이다. 대한제국의 황제가 된 고종이 의장儀裝의 변화에 공을 들였음은 잘 알려져 있다. 예를 들어 이때 홍칠을 했던 왕실의 의례 기물 위에 다시 황색을 칠한 사례들

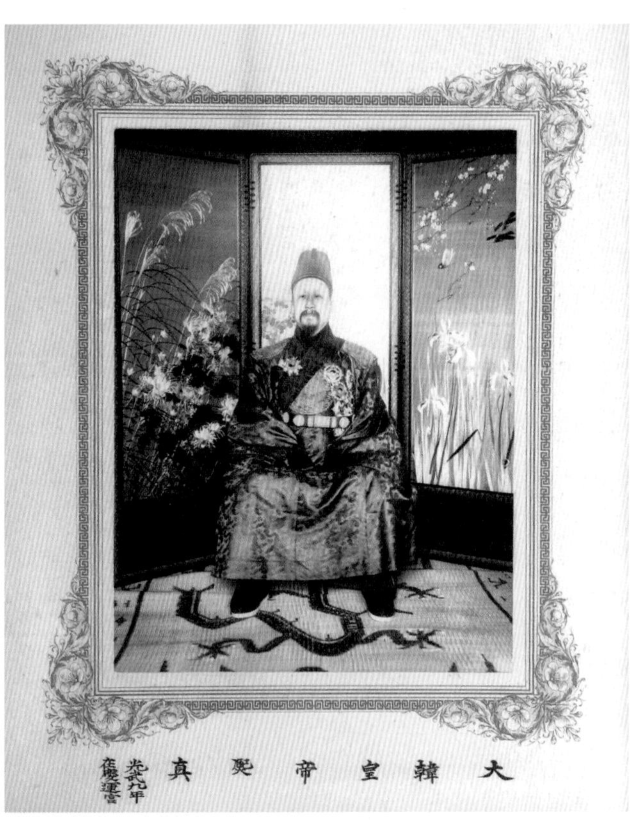

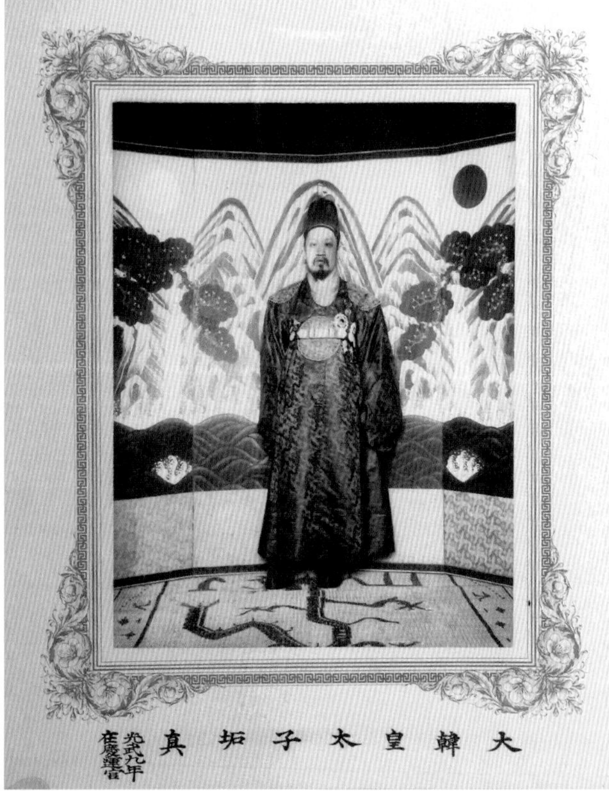

도09_16. 도09_17. 1905년 당시 일본 자수 병풍 앞에 선 고종(위)과 일월오봉병 앞에 선 순종(아래)의 사진. 스미스소니언.

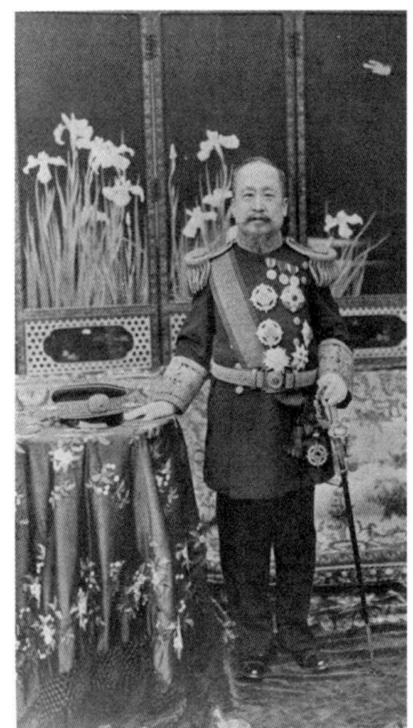

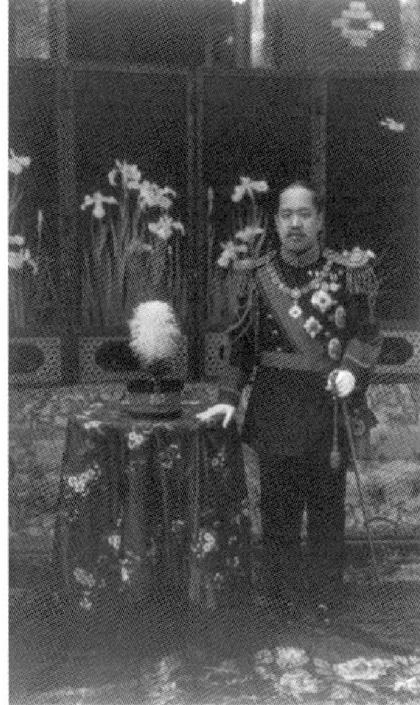

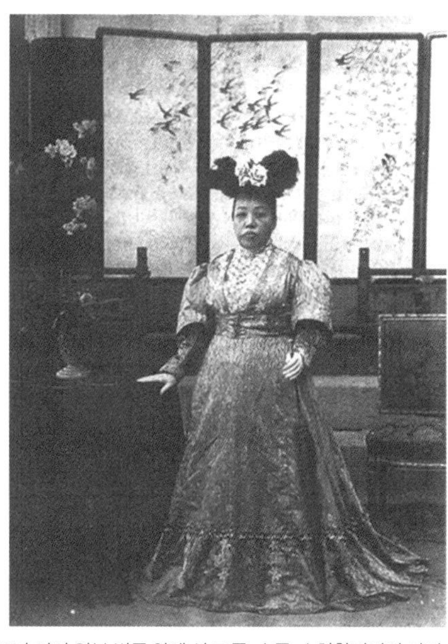

도09_18. 도09_19. 도09_20. 왼쪽부터 1911년 이전 일본 병풍 앞에 선 고종, 순종, 순헌황귀비의 사진.

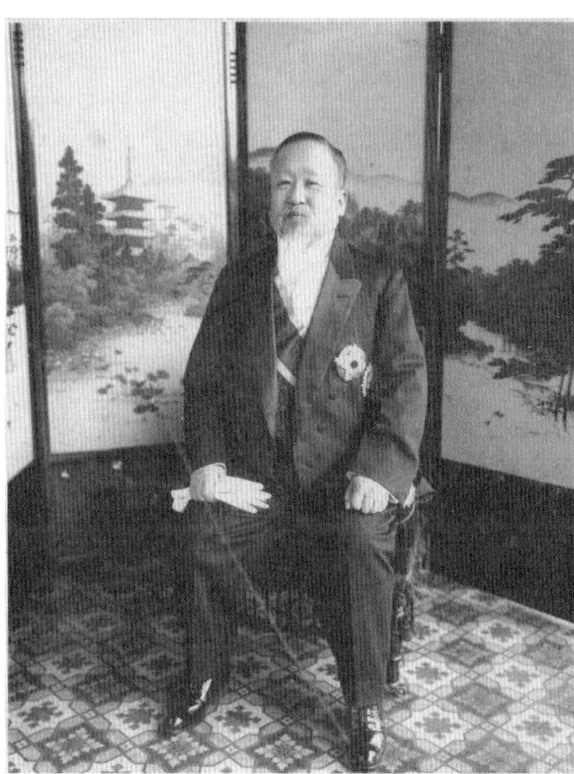

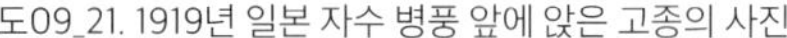

도09_21. 1919년 일본 자수 병풍 앞에 앉은 고종의 사진.

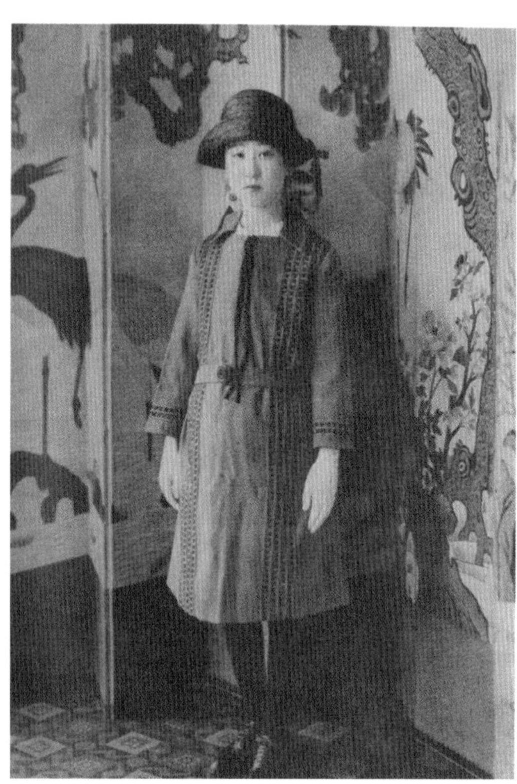

도09_22. 1925년 송학도 자수 병풍 앞에 선 덕혜옹주 사진.

이 발견된다. 이 과정에서 일본 자수 병풍이 일월오봉병보다 높은 시각적 위상을 가진 차원으로 사용된 것이다.

당시 황실이 자수 병풍의 사용에 적극적이었던 분위기는 엄귀비, 즉 순헌황귀비純獻皇貴妃, 1854~1911가 죽기 전에 촬영된 일련의 사진에서도 발견된다. 이 사진 속 고종, 순종, 순헌황귀비는 모두 다 일본 병풍을 배경으로 썼다.[도09_18]~[도09_20] 또한 1919년 연미복을 입은 고종의 사진에서도 일본의 메이쇼에名所絵 자수 병풍이 보인다.[도09_21] 그런데 1925년 덕혜옹주德惠翁主, 1912~1989를 촬영한 사진 속에는[도09_22] 현재 국립고궁박물관 소장본과 유사한 도안을 가진 송학도 자수 병풍을 발견할 수 있다.[도09_09], [도09_10] 이는 일제강점기가 시작된 이후로도 왕실이 왕실 구성원의 자리에 일본 자수 병풍뿐 아니라 안주 수병을 사용했음을 보여준다.

이와 관련해 외국인들이 남긴 기록도 주목을 요한다. 1892년부터 1894년까지 조선 주재 프랑스 영사를 역임했던 이폴리트 프랑뎅Hippolyte Frandin, 1852~1924은 고종을 만난 공간에서 백수백복도 병풍을 보았다고 회고한 바 있다.[24] 아울러 1903년 경의선 부설을 위한 기술 고문으로 방한했던 프랑스인 에밀 부르다레Émile Jean-Louis Bourdaret, 1874~1947도 경운궁 알현실에서 자수 병풍을 보았다고 기록한 바 있다.[25] 이러한 기록들은 일월오봉도 대신에 자수 병풍이라는 매체를 새 시대 근대 군주의 상징으로 활용한 역사를 보여준다. 전통에서 근대로 넘어가는 격변기에 왕실은 황제국으로 국가의 위상을 격상시켰으며, 이전과는 다른 새로운 시각 표상을 만들어낸 것이다. 이것이 회화로 된 일월오봉병 대신에 영모도 및 백수백복도 수병을 주문하는 동기가 되었을 것이다.

안주 자수의 재발견, 식산흥업을 위하여

황실의 안주수 주문과 관련해서 한 가지 더 주목해야 할 사건은 순종의 서북순행이다. 1909년 융희제 순종은 이토 히로부미를 위시한 일본 인사들과 함께 경성을 출발하여 신

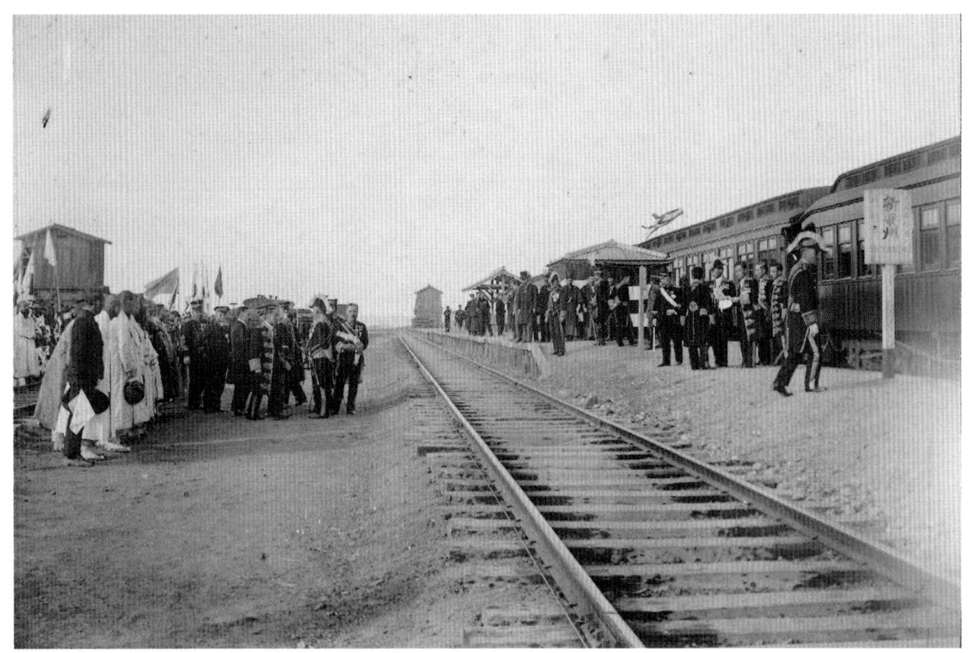

도09_23. 서북순행 중인 순종이 신안주역에 도착했을 때의 사진. 9.7×14.4, 1909, 국립고궁박물관.

의주를 다녀오는 순행을 단행했다. 순행은 조선의 전통에는 없던 것으로 일제가 일본 메이지 천황의 순행을 본떠 융희제 순종을 대중에 노출시키는 한편 일본 통감부의 힘을 과시한 시도로 평가받는다. 여섯 차례에 걸쳐 단행된 메이지 천황의 순행처럼 융희제 순종의 순행 또한 황실 내 일본의 입지를 다지는 계기이자 국가의 식산殖産·홍업興業·교육을 강화하기 위한 의도로 기획되었다.[26]

순종은 1909년 1월 7일부터 6박 7일 동안 대구→부산→마산→대구로의 남순행南巡幸을 마쳤고, 다시 1월 27일부터 7박 8일 동안 평양→의주→신의주→평양→개성의 여정으로 서북순행을 단행했다. 총 279명에 이르는 순행단과 함께 주요 정거장에 내린 순종은 사람들의 환대를 받으며 칙유勅諭를 내리고 지역 특산물을 헌상받았다.

1909년 1월 31일 신안주역에 도착한 순종은 안주의 지방 유지들, 안주일본인회장, 안주군상무회安州郡商務會의 대표 등 십수 명을 접견했다.[27] [도09_23] 이때 순종은 그림 자수 한 점繡繪一對을 선물로 받았다. 안주에서 조선인과 일본인 인사들을 만나면서 지역 특산품인 안주수를 선물받은 것이다. 그렇지만, 앞서 언급한「수병가액명세서」가 작성된 시점과 국립고궁박물관 소장품인 안주 자수 병풍의 제작 시기는 대개 1904~1907년이니 순종의 1909년 서북순행을 황실의 안주수 납품 계기로 볼 수는 없다.

순종과 이토 히로부미는 순행 중 거점 경유지에서 여러 차례 식산과 흥업의 가치를 강조하는 칙서와 연설을 남겼다. 기반 산업을 파악하고 특산품 개발을 독려하는 것이 '한일병합'이라는 정치적 목적 다음으로 중요한 순행의 목표였기 때문이다.

이와 관련해서 19세기 말부터 20세기 전반까지 중국과 일본에서 자수 미술이 가졌던 산업 자원으로서의 가치와 수출 경쟁력에 주목할 필요가 있다. 중국의 경우 광동성을 중심으로 1900년에서 1930년대까지 자수가 큰 산업으로 자리잡아 1900년 한 해 동안 은화 49만 6,750온스치의 자수가 수출되었다. 1921년에서 1926년 사이에 소주의 자수 산업은 매년 50~100만 원圓까지의 매출을 보였다.[28] 일본에서는 직조와 자수를 결합한 미술이 메이지 시기부터 제1차 세계대전까지 대對 서양 수출량의 50퍼센트 이상을 차지할 정도로 일본 경제 부흥의 견인차로 기여했다.[29] 특히 일본 자수 병풍은 구미에서 인기가 높아 1888년부터 1896년 사이에 교토에서 연간 약 10만 점씩 제작되었다.[30] 메이지 황실에서는 이들 장인에게 '제실기예원'이라는 직함을 내려 권위를 인정하고 국가 산업으로 보호했다. 자수에 대한 이러한 평가와 인식은 대한제국기와 일제강점기 조선에서도 강력한 힘을 발휘했을 가능성이 크다.

일찍이 고종은 서양과 수교를 맺기 시작하는 1880년대부터 동도서기론東道西器論에 입각하여 새로운 기술을 받아들이는 데 관심을 보였다. 특히 서양과 외교 조약을 맺을 때 '직조織造' 항목을 반드시 포함시켰고, 이에 따라 방적기를 수입하는 등 직물 산업을 육성하는 데 관심을 보였다.[31] 1882년 지석영池錫永, 1855~1935이 서양의 지식과 기계를 조선에 도입하고 직조기織組機를 수입할 것을 주장한 바, 고종이 이에 수긍한 기록도 보인다.[32] 1893년 고종이 시카고만국박람회에서 한국관을 개관한 후 귀국한 정경원鄭敬源, 1851~1898에게 관람객들이 좋아했던 물건이 무엇이었는지에 대해 묻자 정경원은 '옷감, 문발, 자리, 자개장, 자수병풍'이라고 답한 바 있다.[33] 이러한 실록의 내용은 조선 왕실이 자수를 서구가 관심 가질 만한 물건으로 인식했음을 시사한다. 이 시기 왕실에서 직조와 자수는 궁녀들이 만들던 수

공품의 차원이 아니라 '공예', '기술', '기예', '기계', '산업'의 영역으로 확장되고 있었던 것이다. 이와 관련하여 장지연張志淵, 1864~1920이 1903년과 1904년에 『황성신문』을 통해 기고한 「논공예장려지술論工藝奬勵之術」과 「공예가일발달工藝可逸發達」 같은 사설을 주목할 필요가 있다. 이 글에서 장지연은 국가의 자강을 위해 공업 예술 즉, '공예'의 발달이 꼭 필요하며 이를 통해 문명과 산업이 만들어질 수 있음을 역설했다.[34] 당대 지식인들은 기존의 '서화'가 아닌 '공예'를 미술로 인식하면서 이것이 식산흥업을 견인할 것이라 판단한 것이다. 이런 맥락에서 자수는 전통적인 '궁수'의 차원을 넘어 '공예'의 한 영역으로 재발견되었으며, 근대적 산업 육성에 필요한 중요한 기예로서 의미를 부여받았다.

이 같은 정황 속에서 대한제국기 황실이 기존 일월오봉병의 대체제로서 자수 병풍을 선택한 까닭도 어느 정도 짐작 가능하다. 조선 왕실은 중국 및 일본의 자수가 미국과 유럽에서 큰 인기를 끌며 시누아즈리chinoiserie와 자포니즘Japonism을 견인한 사실을 인지하고 있었다. 따라서 부국강병과 식산흥업을 선도할 근대 군주의 표상으로서 일본 및 한국의 자수 병풍이 적합하다는 판단을 내렸을 것이다. 이러한 사고의 전환은 황실로 하여금 경성에서부터 200킬로미터 떨어진 곳까지 수병을 주문한 근거가 되었을 가능성이 있다. 일월오봉병이라는 전통적인 왕실의 상징은 근대 군주를 상징하는 자수 병풍으로 교체되었으며, 이 새로운 표상은 궁 밖의 장인들에 의해 만들어졌다. 이 과정에서 원화를 만든 화가뿐 아니라 자수가 또한 남성이 됨으로써 보는 이들은 더욱 강력한 권위를 느꼈을지 모를 일이다.

전국으로 퍼져나간 안주 자수와 남성 수사繡師들

현재 숙명여자대학교박물관에는 안주 자수의 정수를 보여주는 〈화조도 10폭 자수 병풍〉이 전한다.[도09_24] 단아한 중간색으로 염색한 실을 톡톡하게 꼬아 만든 수준 높은 작품이다. 낙관은 '패남수사안제민浿南繡師安濟珉'이라 하여 수사의 이름과 인장을 수 놓아 보기 드문 형식을 갖추었다.[도09_24_01] 대한제국 황실에 전하던 수병에 양기훈 혹은 김규진의 이름이 수 놓여 있긴 하지만, 이들은 실상 수사가 아닌 원화를 그린 화가다. 이에 반해 안제민安濟珉, 1863~1917 이후은 자신을 '패남의 수사'라 하여 자신의 출신지와 직역을 남겼다는 점에서 주목된다. 여기서 패남은 평안도를 가리키는 말로 평안도 출신 양기훈이 '패남어인浿南漁人' 혹은 '패남노인'이란 호를 썼던 것과 상통한다. 사실상 이 작품은 지금까지 알려진 자수 가운데 유일하게 안제민이란 자수가의 이름을 확인할 수 있는 작례다. 수사보다 화가가 우월하다는 암묵적 위계를 탈피하여 '수사'라는 직역에 대한 자긍심을 보여준 사례라 할 수 있다.

세상에는 안제민에 대한 기록이 몇 가지가 더 전한다. 1914년 『매일신보』에 안제민은 '유명한 안주수를 수한 수공繡工'으로 소개된 바 있다.[35] 이 기사에는 안제민이 친일파였던 남작 김성근金聲根, 1835~1919의 팔순을 기념하여 1914년에 수불繡佛을 제작했다고 소개되었다. 이 밖에 1917년에 안제민은 경성 지장암의 〈지장보살 자수도〉와 극락선원의 〈42수 관음 자수도〉의 제작을 맡았다.[36] 1906년에 작성된 「한성부궁서견평방호적」에는 당시 안제민의 나이 44세, 안제민의 부친은 안정후安鼎垕, 조부는 안관희安寬禧, 증조부는 안진우安鎭宇, 부인은 당시 45세인 전주 이씨라 기록되어 있다.[37] 이 기록들은 패남 출신의 안제민이 1906년에 이미 가족과 함께 경성에 이주해 있었으며, 1914~1917년경에 경성에서 큰 명성을 얻었음을 알려준다. 아울러 지장암 및 극락선원의 프로젝트를 진행하는 과정에서는 안제민의 형제, 부인, 자식이 합동으로 작업에 투입되었던 것도 확인된다. 이중 특히 형으로 추정되는 안창민安昌珉, 1858~?, 부인인 이점순1862?~1926 이후, 아들 안근석安根奭, 1892~?이 함께 자수 작업을 했음도 알 수 있다.[38] 1924년부터 1926년까지 2년 6개월의 제작 기간이 소요된 지장암 소장 〈아미타삼존 자수괘불도〉는 높이만 561.5센티미터의 초대형 수불이다.[39] 작품의 화기畫記에는 수사와 수녀繡女로 각각 안근석과 이점순의 이름이 기입되어 있다. 안제민이 1924년 이전에 사망하여 부인과 아들의 이름만 기록된 것이라 추정된다. 이들에 대한 또 다른 기록에서는 안제민 일가가 본래 황해도 박천博川 출신이라 전하고 있다.[40] 박천은 안주에서 20킬로미터 정도 떨어진 곳으로 패남 문화권 안에 드는 고장이다. 이러한 평안도 지역의 문화는 20세기 초에 기차의 개통을 계기로 평양과 경성을 비롯한 다른 거점으로 확산될 수 있었다.

앞서 언급한 오형률의 회고에 의하면 1920년대 안주에서 활약한 남성 수사는 약 40명, 남편을 따라 수를 놓는 여성이 7~8명 정도였다. 오형률은 1930년대 부친이 사망한 후 평양으로 이주했다가, 1951년 1·4 후퇴 때 가족들과 대전에 정착하여 자수 활동을 이어갔다. 안제민과 오형률의 기록을 종합해보면 1900~1910년 즈음 안주 자수가 한 차례 전성기를 구가한 이래 철도 및 도시의 발달이 가속화되면서 안주 자수가들이 대거 고향을 떠나 평양과 경성으로 활동지를 옮겼음을 짐작할 수 있다.[41] 안주·희천·박천 등 그 일대 출신이었던 이 남성 장인들은 패남의 안주라는 하나의 지역 문화를 공유하면서, 특유의 입체감을 강조한 안주수의 인기를 전국적으로 확산시켰다. 20세기 안주 자수는 근대화, 산업화, 철도·시장 경제의 발달 등 새로운 조류에 따라 그 자체로 새로운 역사를 써나간 것이다.

자수에 드러난
젠더의 의미

19~20세기 안주수의 유행은 자수가 전통시대 손바느질의 차원이 아니라 새로운 역할을 부여받으며 재발견된 결과라 할 수 있다. 근대화 및 산업화의 물결 안에서 안주 자수는 새로운 수요와 공급의 역사를 만들었다. 이를 통해 안주수는 근대 군주의 표상이자 식산흥업을 이끄는 상품으로 소비되었으며 이 과정에서 남성 자수가에 의해, 남성 군주를 위한 미술로 거듭났다.

동서양 역사에서 자수는 여성만의 전유물은 아니었다. 특히 경제 가치가 높을 때 남성 자수가들의 활약이 두드러졌다. 중세 유럽의 길드에서 활약한 남성 자수가들, 중국 강소성의 소수蘇繡·호남성의 상수湘繡·광동성의 월수粵繡·사천성의 촉수蜀繡라는 상업적 성공을 거둔 자수계에서 남성 장인들의 활동은 두드러졌다. 자수가 상품경제성을 확보했던 시기에 남녀의 젠더와 무관하게, 혹은 남성의 활약이 두드러졌던 것이다.[42] [도09_25]

이 글에서는 조선 후기부터 근대까지 남성이 주도한 자수의 역사를 조명하는 한편, 그것이 가졌던 문화사적·사회사적·경제사적 의미를 살펴보았다. 특히 그간 주목받지 못했

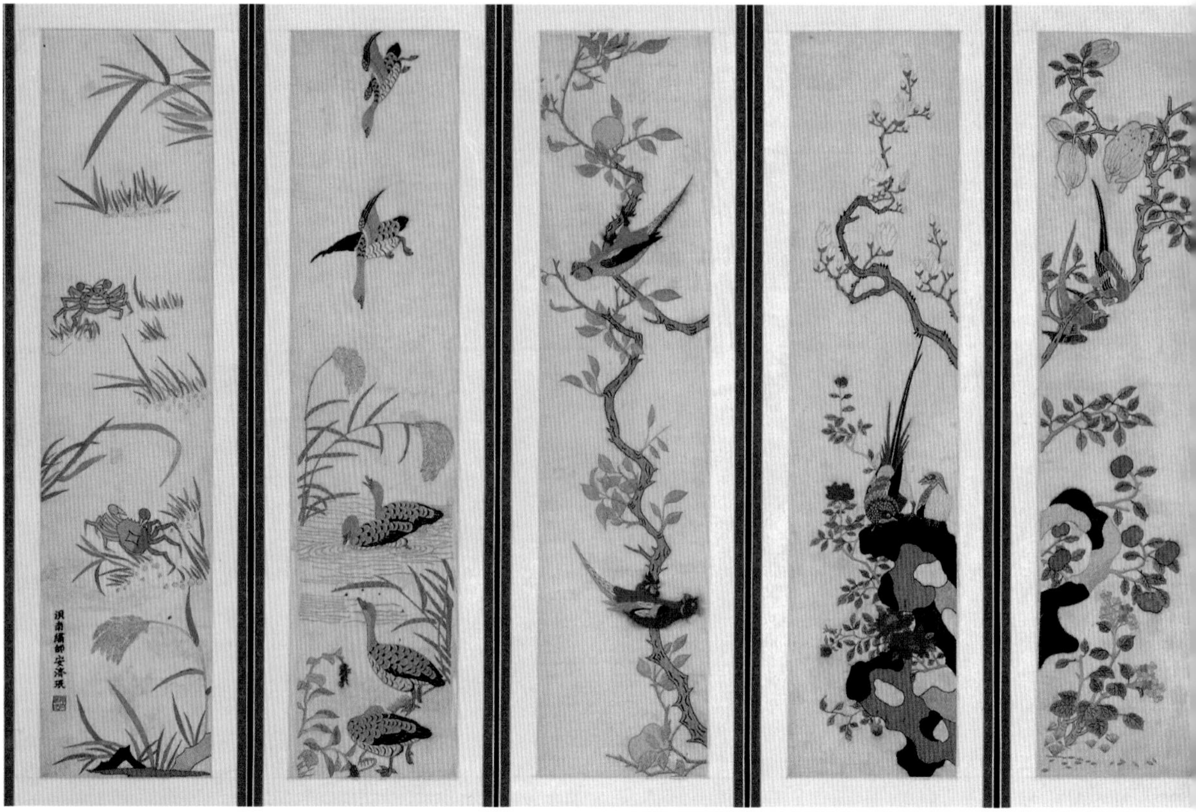

도09_24. 안제민, 〈화조도 10폭 자수 병풍〉, 비단에 자수, 470×132, 숙명여자대학교박물관.

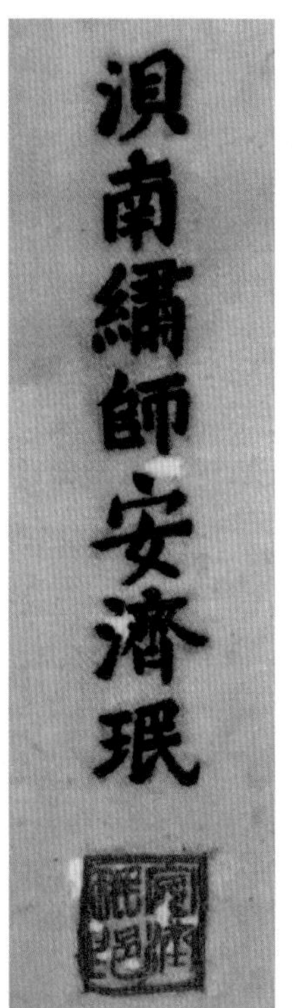

도09_24_01.
〈화조도 10폭 자수 병풍〉
낙관 부분.

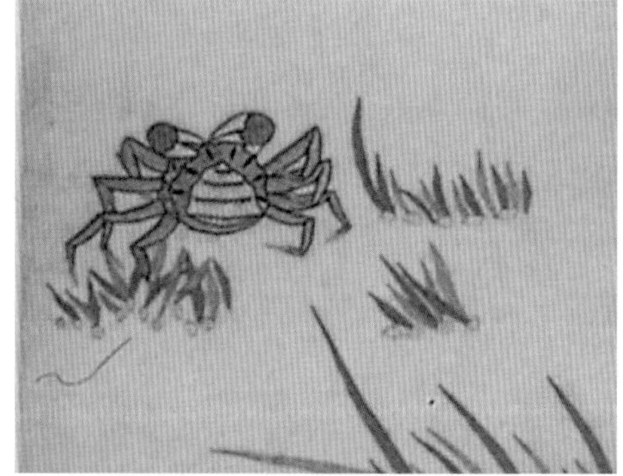

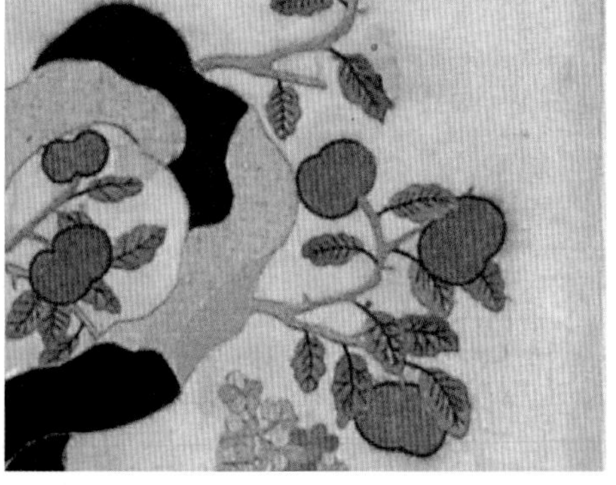

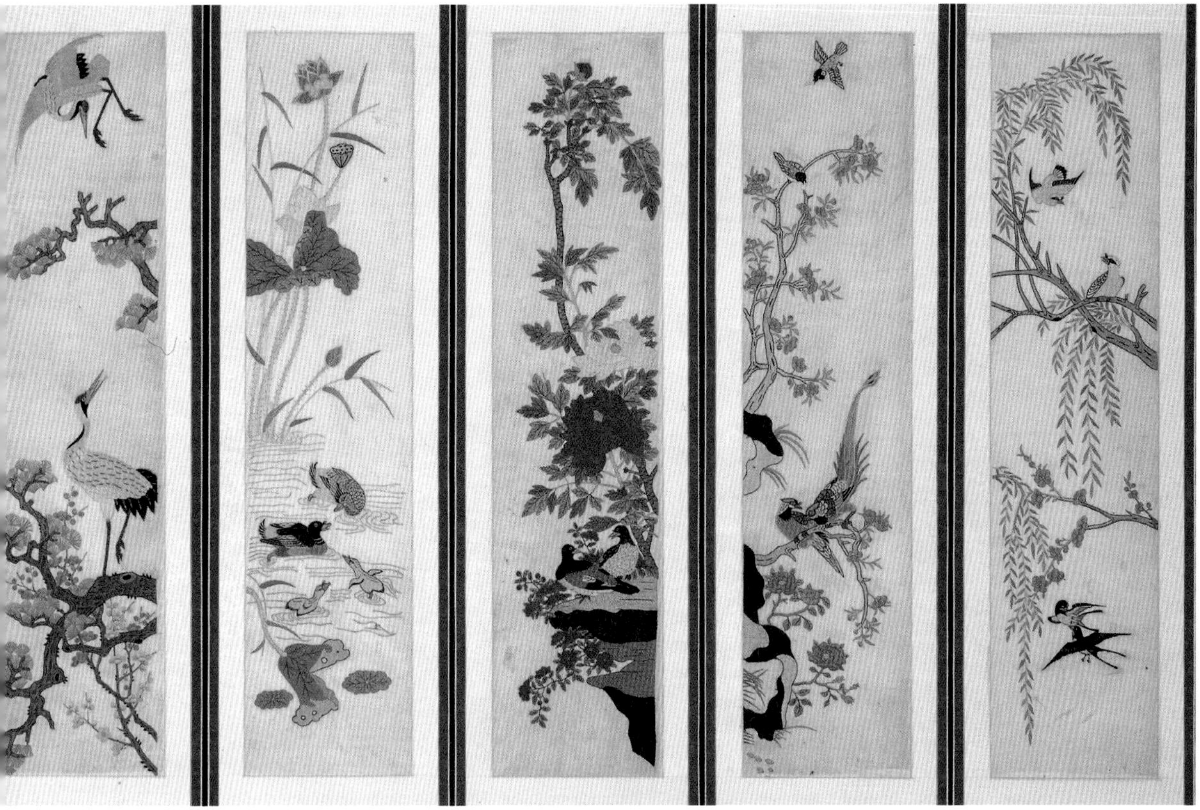

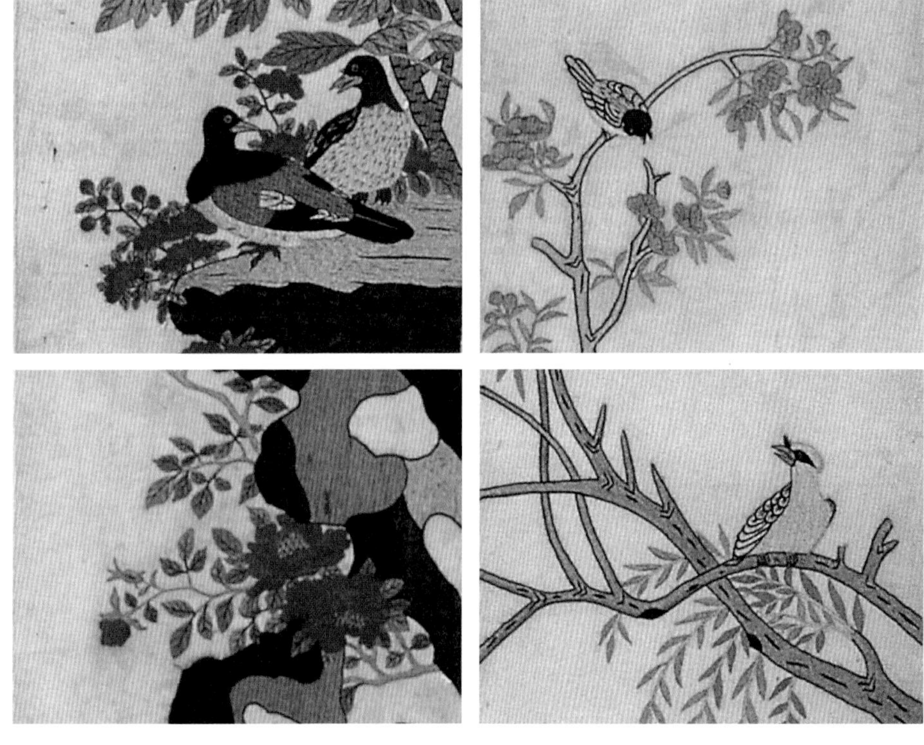

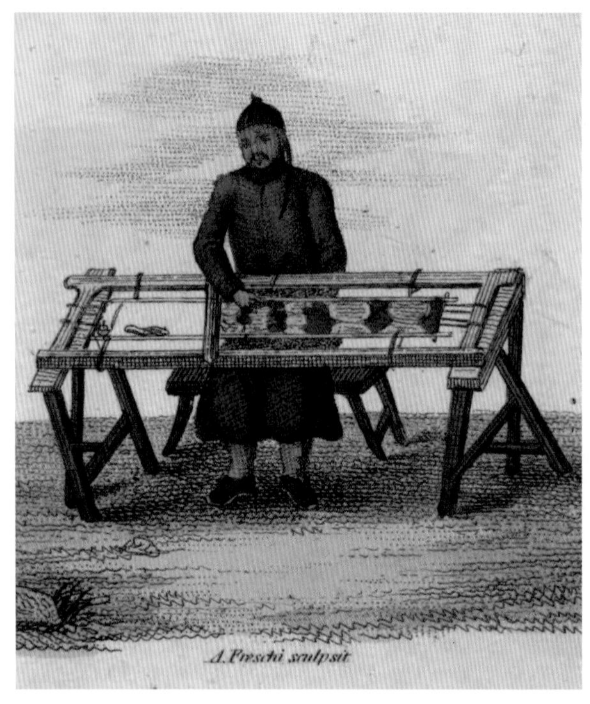

도09_25. 18세기 중국의 남성 자수가.
Breton, M., *China, Its Costume, Arts, Manufactures, &C*, Volumes 12, London: J.J. Stockdale, 1813. p.86.

던 남성에 의한, 남성을 위한, 남성의 자수가 대한제국기 황실에서 발견된 역사를 복원하고자 했다. 아울러 여성이라는 젠더적 특징을 부각시켜 자수를 이해하는 시각이 과연 옳은가라는 질문을 통해 '여성적 매체' 혹은 '여성적 기법'이라는 용어가 일정한 프레임을 통해 만들어진 허구일 수 있다는 가능성을 제시하고 싶었다. 무엇보다 자수를 '여성의 예술'로 국한하는 대신 제작 및 공급의 방식, 산업 자원으로서의 가치와 연결함으로써 자수를 새로운 시각으로 읽으려 했다. 이 과정에서 자수를 비단 '규방문화의 소산', '현모양처의 전유물', '여성 예술'로만 규정할 필요가 없음을 규명하고도 싶었다.

그간 자수의 역사를 여성사로 편입시킴으로써 여성사의 분량을 확보하려는 시도, 본질주의적 여성주의 입장에서 자수에 투영된 '여성성'을 찾으려는 시도들이 있었다. 그러나 자수와 젠더의 관계는 역사적으로 변천을 겪었고, 이를 고려할 때 자수의 역사는 좀 더 풍성한 논의가 이루어질 필요가 있다. 특히 남녀를 가르는 이분법으로는 그 실상을 파악하기 어려울 뿐더러 이것은 오히려 균형 있는 젠더 이해의 추구에도 방해가 될 수 있다. 나아가 가부장적 시각이 가진 결함만큼이나 실체를 곡해할 가능성마저 있다. 그보다는 관습적 시각에서 한 걸음 떨어져 바라볼 때라야 기법, 매체, 장르로서 자수가 가진 의미를 오롯이 만날 수 있을 것이다. 이 글이 자수를 다르게 바라보게 하는 하나의 기회이자, 젠더적 균형감을 가지고 새로운 논의를 시작하는 계기가 되기를 바란다.

글을 마치며

2020년 덕성여대에서 '동아시아 미술과 여성'이라는 대학원 수업을 열었다. 앞서 학생들에게 준 세 가지 후보 가운데 이 주제가 압도적 지지를 얻은 덕분이었다. 수업 첫날 학생들은 여성학 수업은 너무 인기가 높아 경쟁이 치열하고, 그 밖의 여성 문제를 다룬 강의는 거의 열리지 않는다는 예상 밖의 이야기를 들려주었다. 젠더 이슈를 다룬 수업이 '공급 없는 높은 수요'의 대표라는 것이다. 사회적으로 여성의 처우가 높아진 만큼, 내가 학교 다니던 때와는 다른 분위기일 거라는 짐작과 실상은 꽤 달랐던 모양이다.

수업은 과연 한 학기를 끌고갈 정도로 주요 논의를 뽑아낼 수 있을까 하는 우려로 시작했으나 막상 학기가 끝날 무렵에는 이에 관한 자료와 논의가 차고도 넘친다는 것을 깨달았다. 그렇게 첫 학기를 마친 뒤 수업을 통해 정론定論을 제시할 수는 없어도 의미 있는 질문은 무한히 만들 수 있다는 확신을 얻었다. 질문의 시작은 여기에서 출발한다.

'수없이 존재하는 '여성을 재현한 시각물', '여성 화가의 작품'들은 과연 '여성주의적 시각'으로 바라볼 만한가, 혹은 그럴 가치가 있는가?'

'수많은 열녀와 기생의 이미지는 정작 가부장적 질서를 강화하는 방식으로 시각화되었고, 유일하게 추적 가능한 사대부가 출신 여성 화가 신사임당은 작가로서보다 현모양처로 조명되어온 역사를 어떻게 설명해야 할까?'

"'여성 화가의 작품'들은 과연 '여성주의적 시각'으로 바라볼 만한가?, 열녀와 기생 이미지는 가부장적 질서를 강화하는 방식으로 시각화되고, 사대부가 출신 신사임당은 작가로서보다 현모양처로 조명되어온 역사를 어떻게 설명해야 할까?, 여성 문제에 진보적이었던 나혜석이 정물과 풍경만 그린 건 어떻게 보아야 할까?' 나의 질문은 이렇게 시작되었다."

'여성 문제에 대해 누구보다 진보적이었던 문필가 나혜석이 정작 화가로서는 정물과 풍경만을 그렸던 것은 어떻게 보아야 할까?'

정답 없는 질문들이 쌓여갔다. 학생들의 호의적인 반응 덕분에 같은 이름의 학부 수업이 만들어진 것은 다행스런 일이었다. 그뒤로 어느덧 네 번째 학기의 수업을 꾸리게 되었다. 하지만 여전히 정설이라 할 만한 논의를 제시하기보다 새롭게 마주하는 질문이 더 많다. 그렇지만 비록 답을 할 수는 없어도, 의미 있는 질문을 만들고 그 질문에 다음 질문을 연결하는 것이 인문학의 본령일 거라 믿는다.

수많은 질문 중 하나가 이번 글로 이어졌다. 이 글이 하나의 답이자 그 다음 질문으로 연결되는 발판이 되길 바란다. 나와 함께 지적 여정을 해준 학생들이 통찰과 경험, 제언을 기꺼이 나누어준 덕에 나 역시 성장한다. 그들에게 고마움을 전하며, 아울러 어느덧 4년째 나와 함께 질문과 답을 찾아 헤매는 자매 선생님들께도 감사를 전한다. 이 글을 새로운 질문 앞에 서게 될 후속 세대들에게 바친다._김수진

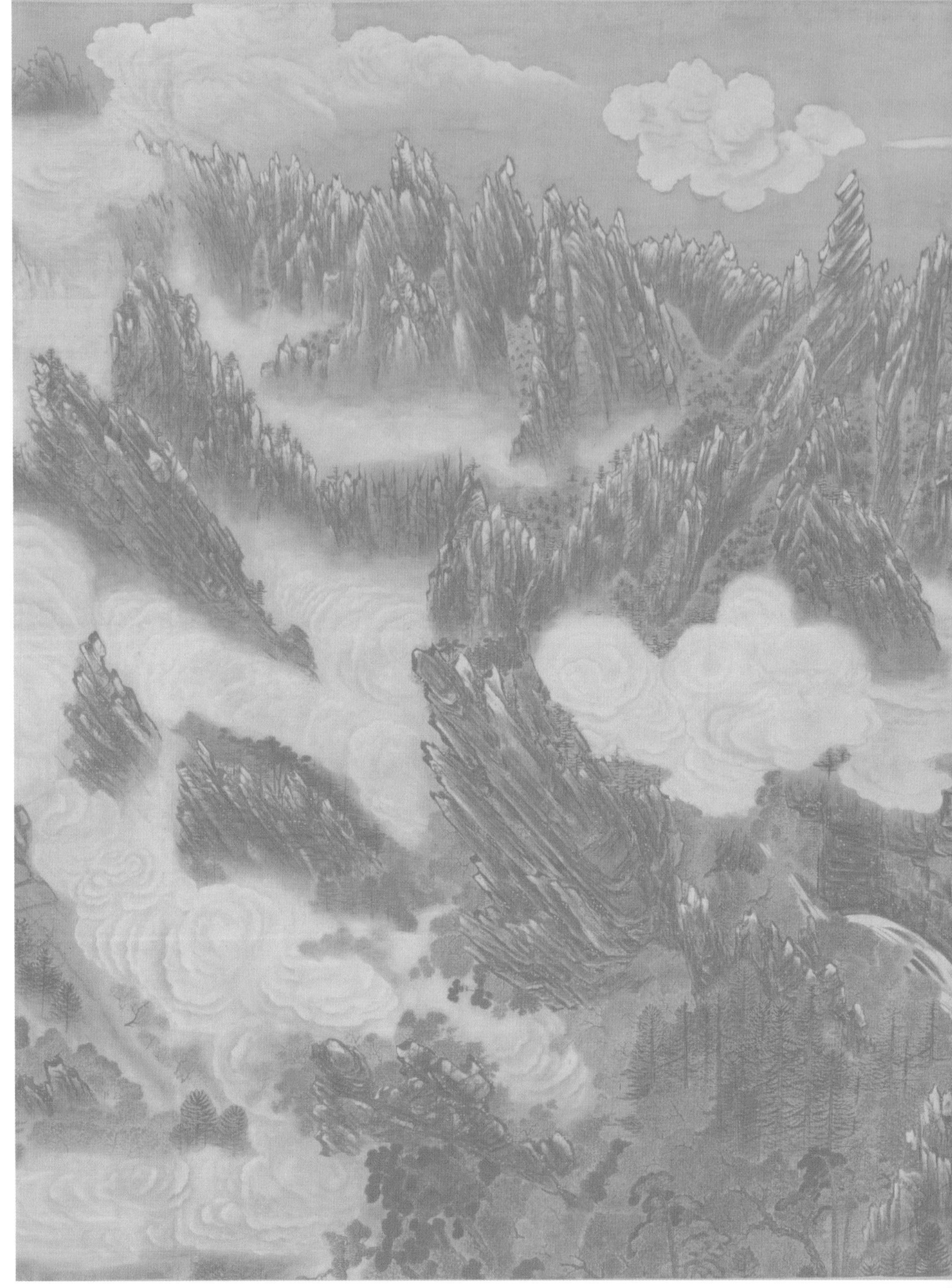

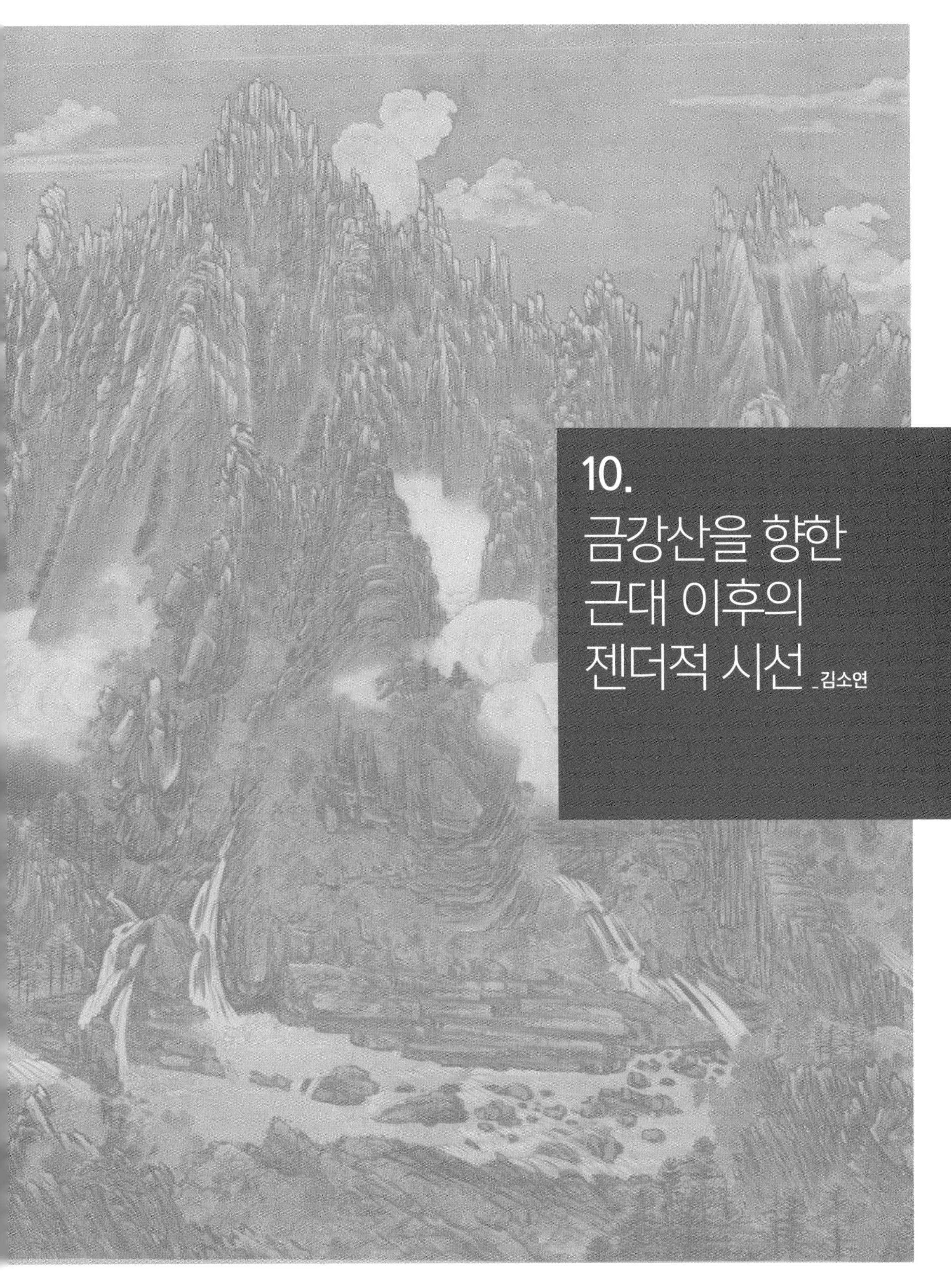

10.
금강산을 향한 근대 이후의 젠더적 시선 _김소연

金剛山
KONGŌSAN

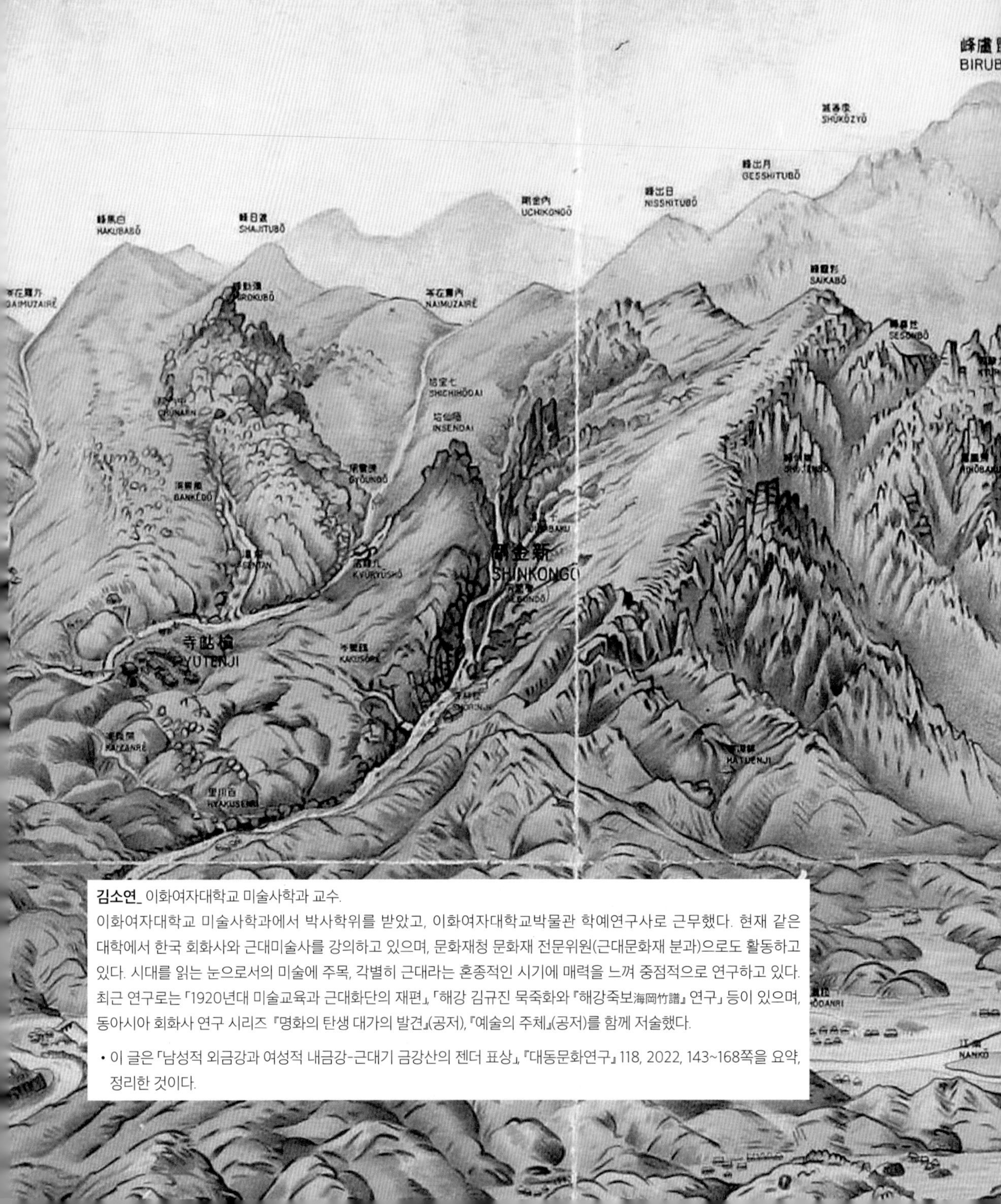

김소연_ 이화여자대학교 미술사학과 교수.
이화여자대학교 미술사학과에서 박사학위를 받았고, 이화여자대학교박물관 학예연구사로 근무했다. 현재 같은 대학에서 한국 회화사와 근대미술사를 강의하고 있으며, 문화재청 문화재 전문위원(근대문화재 분과)으로도 활동하고 있다. 시대를 읽는 눈으로서의 미술에 주목, 각별히 근대라는 혼종적인 시기에 매력을 느껴 중점적으로 연구하고 있다. 최근 연구로는 「1920년대 미술교육과 근대화단의 재편」, 「해강 김규진 묵죽화와 『해강죽보海岡竹譜』 연구」 등이 있으며, 동아시아 회화사 연구 시리즈 『명화의 탄생 대가의 발견』(공저), 『예술의 주체』(공저)를 함께 저술했다.

- 이 글은 「남성적 외금강과 여성적 내금강-근대기 금강산의 젠더 표상」, 『대동문화연구』 118, 2022, 143~168쪽을 요약, 정리한 것이다.

하나의 금강산, 그러나 '남성적'인 외금강과 '여성적'인 내금강

"내금강산, 신비한 속살 보여주기 부끄러운 듯"

"살포시 드러낸 금강 속살 숨이 멎는 듯"

"반세기 만에 품어보는 '그대'… 그 자태 아직도 곱구나"

"반세기 만에 열린 내금강: 고와라, 다시 품은 금강의 속살"

어딘지 낯 뜨거운 이 표현들은 지난 2007년 내금강 관광 시점에 보도된 언론 기사 헤드라인이다. 분단 이후 불가능했던 금강산 관광은 현대아산의 사업 추진으로 결실을 맺으면서, 1998년 11월 이산가족 등 826명을 태운 금강호가 북한 장전항에 입항함으로써 재개되었다.

금강산은 가장 높은 봉우리인 비로봉을 중심으로 해안에 가까운 동쪽의 외금강外金剛, 좀 더 내륙에 위치한 서쪽의 내금강內金剛으로 구분되는데, 관광이 먼저 개시된 권역은 외금강이다.[1] 따라서 강원도에서 출발하는 유람선을 타고 외금강에 도착하는 코스의 여행이 한동안 지속되었는데, 2007년에 이르러 북한의 개방 구역이 확대되면서 내금강 관광이 가능해졌다. 그리고 언론은 마침내 '열린' 내금강을 부끄러운 '속살'을 살포시 드러내는 여체로 표상하고, 반백년 분단 이후의 벅찬 만남의 여정은 마침내 내금강을 '품는' 과정으로 서술했다.[2] 요컨대 외금강남성, 남성미, 내금강여성, 여성미의 시각이 분단 이후 극적으로 성사된 금강산 관광을 계기로 우리 사회의 표면에 다시 한 번 불거져나온 것이다.

오늘날에도 백과사전의 '금강산' 항목을 통해 '흔히 내금강은 온자우아蘊藉優雅하여 여성적이고, 외금강은 웅건수특雄健秀特하여 남성적이라고 비교한다'라는 설명을 접하는 것은 그리 어렵지 않다.[3] 이는 비단 사전적 정의에만 해당하지 않으며, 언론 및 금강산을 설명하는 관련 서적에서도 동일한 논조는 유효하다.

본래 근대기 이전의 금강산 유람은 주로 내금강을 중심으로 이루어졌다. 내금강은 상대적으로 한양과도 더 가까우며, 장안사 · 정양사 · 표훈사 같은 사찰들이 유람의 거점 역할

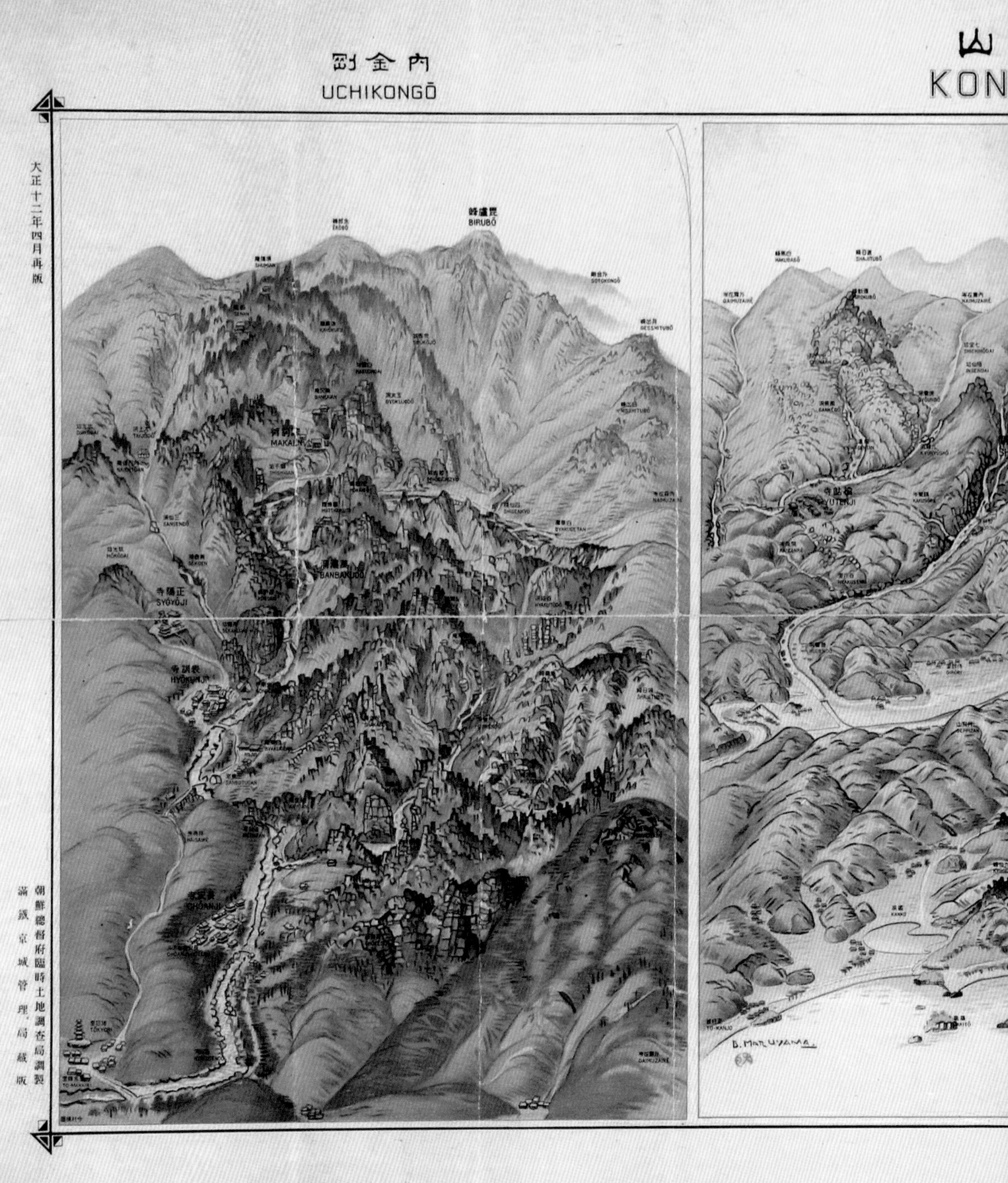

도10_01. 조선총독부 임시토지조사국, 〈금강산 채색지도〉, 54.5×98.5, 1923, 수원박물관.

金

AN

外金剛

SOTOKONGŌ

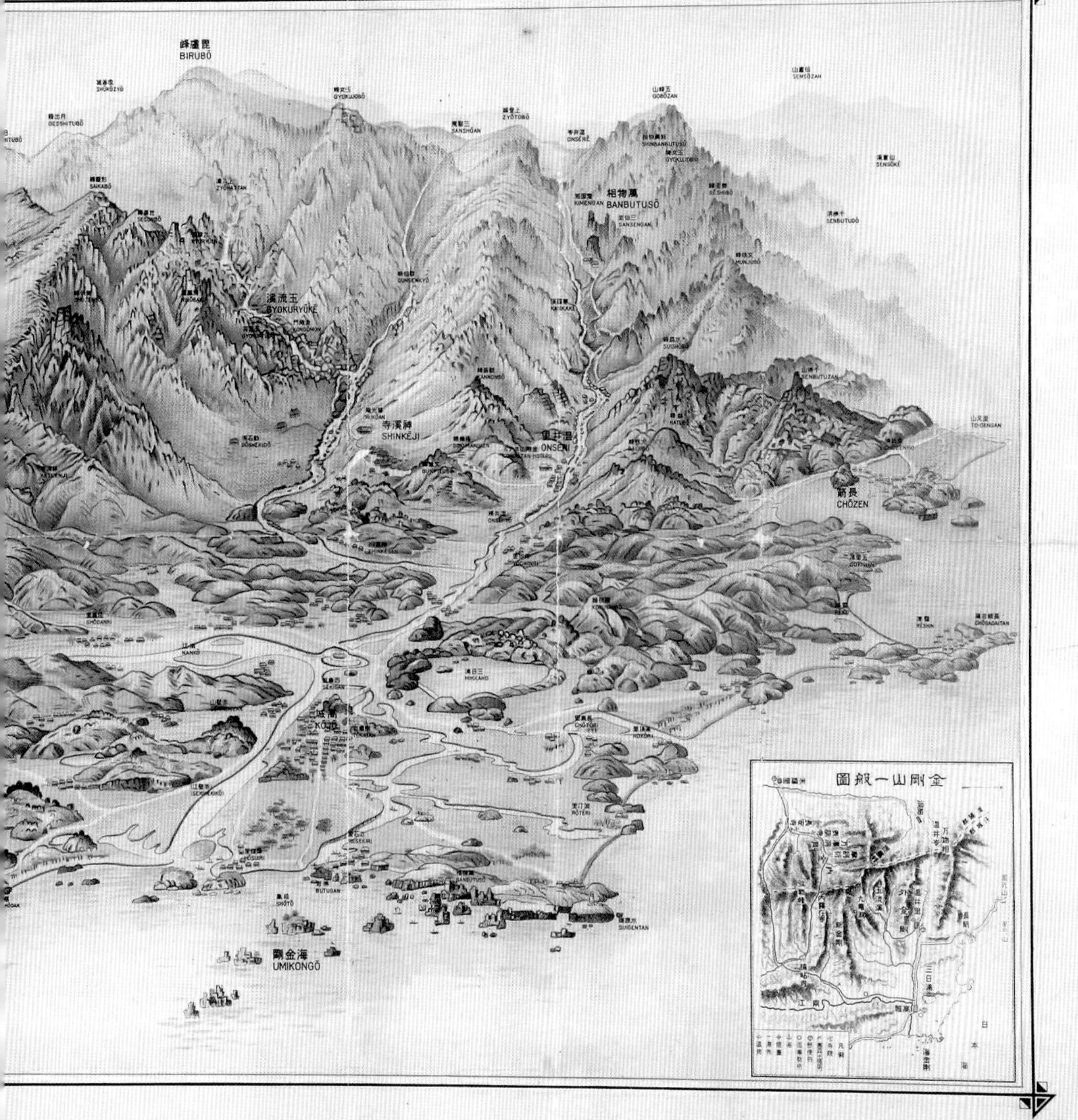

을 했다. 따라서 겸재 정선鄭敾, 1676~1759이 금강산의 외형을 재구성하여 조망한 삼성미술관 리움 소장품 〈금강전도金剛全圖〉 역시 엄밀히 말하면 내금강전도內金剛全圖이다. 근대기에 새롭게 부각된 외금강 명소들은 험한 지형으로 인해 조선 시대에는 탐방이 쉽지 않아, 금강산 안내를 도맡았던 승려들이 고된 경로를 피하려 일부러 길을 모르는 척할 정도였다 전한다. 하지만 일제강점기에 식민지 조선의 대표적인 관광지로 금강산이 적극 개발되면서, 외금강은 금강산 관광의 핵심 권역으로 새롭게 부상한다.[도10_01]

내·외금강이라는 공간적 구분은 그 시작을 밝힐 수 없을 만큼 역사가 장구하다. 그러나 금강산의 두 권역을 남녀의 성차를 통해 인식하는 예를 찾기는 쉽지 않다. 『화엄경』에 등장하는 종교적 성지聖地이자 영산靈山이었으며, 오랫동안 문인 사대부의 유람 공간이었던 점을 고려한다면 이는 당연한 것일지도 모른다.[4] 그렇다면, 금강산에 남성성, 여성성의 해석을 덧입힌 시기는 금강산이 세속적 관광의 공간으로 탈바꿈된 근대기임이 분명하다.

일제강점기, 금강산 관광 인프라의 본격 개발! 접근성의 획기적 개선!

일제강점기 금강산은 관광 명소의 재편성 및 접근성 확대, 유락 시설 확충이라는 일대 변화를 맞는다. 각별히 1915년의 조선물산공진회는 금강산 '관광'의 시작을 알리는 계기로 작용하여, 조선총독부는 관광 개발을 위한 인프라 구축에 적극적 행보를 보였다.[5] 1914년 경성과 원산을 잇는 경원선을 개통하여 금강산까지의 이동 시간을 상당부분 단축했으며, 원산항-장전항 간 해로를 활용하는 유람선을 운행했다. 원산에서 온정리까지의 자동차 도로 역시 정비되어 교통 편의를 더했는데, 이는 외금강으로의 접근성이 획기적으로 개선되었음을 의미한다.[6]

금강산 여행 안내서 및 사진첩이 다수 발간되며 관련 언론 보도가 급증하는 것도 이 시기를 즈음하는데, 대개 일본인들에 의해 일본어로 저술된 것이다. 외금강과 내금강을 개괄하고 경관과 명소를 선별하는 과정에서 젠더의 시각을 투사하는 시도 또한 최초로 관찰된

다. 조선총독부 철도국이 1915년 출간한 『금강산 유람 안내金剛山遊覧の栞』를 살펴보면, 육상·해상 교통 모두 외산이 편리하고, 내산 관광은 먼 길을 걷고 자동차 이동 시간이 길다는 불편함을 지적한다. '금강산의 외산을 산의 양陽, 내산을 산의 음陰'으로 거론한 점을 주목할 수도 있다.[7]

곧이어 「금강산과 풍경개발책金剛山と其風景開発策」1916에서는 '일본 국립공원의 아버지'로 불리는 다무라 쓰요시田村剛, 1890~1979가 '외금강은 남성적, 내금강은 여성적'이라 직접 언급하기에 이른다.[8] 다만 다무라 쓰요시는 이는 자신의 판단이 아닌 '어느 화가의 평'임을 밝혀 부담을 덜었다.[9] 암석이 두드러지는 외금강과 수목이 돋보이는 내금강을 상호 비교하고, 외금강 만물상의 기이한 봉우리기봉奇峯와 구룡연의 협곡을 최고의 풍경으로 꼽으면서 외금강 중심의 경관론을 전개했다. 유사한 맥락은 계속 이어졌다. 1918년 『조선금강산탐승기朝鮮金剛山探勝記』는 일제강점기의 대표적 금강산 안내서다. 일본인 소설가 기쿠치 유호菊池幽芳, 1870~1947가 저술한 이 책은 금강산 구석구석에 대한 상세한 정보를 담고 있어 이후의 관련 서적에서도 빈번하게 인용되곤 한다. 기쿠치 유호는 외금강은 남성적, 내금강이 여성적이라는 것을 누군가에게 들었으며, 본인도 외금강이 산의 양이며 내금강이 산의 음에 해당한다는 것에 동의한다 덧붙였다.[10]

따라서, 이처럼 내·외금강을 젠더의 렌즈를 통해 구분하려는 시도는 그 명확한 시발점을 특정하기는 어려우나, 금강산에 대한 상세한 기술이 이루어지는 시점과 맞물려 1910년대 중후반 일본어 저술에서 처음 관찰된다.

"내금강은 분 바른 미인,
외금강은 대장부의 낯빛"

젠더적 특징에 빗대어 금강산 권역을 구별하는 시선은 시간차 없이 조선인의 지식 체계에도 영향을 미쳤다. 최찬식崔瓚植, 1881~1951은 1917년 「대자연의 금강」에서 외산과 내산의 풍경을 논하며 외산은 웅건장엄雄健莊嚴하여 장부丈夫의 기氣를 지녔고, 내산은 청한온아淸閑溫

雅함이 미인의 자태로 단장하고 있다 서술했다.[11] 이 논고가 도쿄에서 일본인이 창간한 잡지 『반도시론半島時論』에 수록된 글이며 최찬식이 반도시론사의 기자였다는 점에서, 일본인의 시각이 적극적으로 반영되었음을 짐작할 수 있다. 이후로 1920년대에는 외금강·내금강에 남성성·여성성을 투사한 예가 눈에 띄게 증가하여, 주요 일간지들을 통해 남성적 외금강, 여성적 내금강의 레토릭이 공유되고 있음이 관찰된다. 심지어 민족 담론을 주창한 이광수李光洙, 1892~1950의 『금강산유기』1923, 금강산을 조선 국토의 정화 및 조선 정신의 표치標幟로 보았던 최남선崔南善, 1890~1957의 『금강예찬』1928에서도 동일한 맥락이 감지된다. 이광수는 '내금강 만폭동은 미인 같지만 외금강 구룡연 계곡은 장부 같다'고 했으며, 최남선 역시 내금강을 '아늑하고 얌전하고 반드르르하며 분바른 미인'으로 보고 외금강은 '불뚝거리고 볕에 그을린 대장부의 낯빛과 같다' 설명했다.[12] 조선 시대 유람기를 통해서도 내금강과 외금강을 지리적으로 구분하고 특징들을 밝힌 기록을 찾아볼 수 있었으나 일제강점기의 인식과 일치한다 보기 어려우며, 오히려 외금강에 비해 내금강의 격이 높음을 지적하는 조선 시대 문헌을 참고할 수도 있다.

상대적으로 내금강의 위상은 축소·왜곡되기 쉬운 상황을 맞았고, 여체를 표상하는 내금강 계곡과 봉우리의 묘사는 거듭되었다. 문인 박채청朴在淸, 1907~1953이 1933년 『고려시보』에 연재했던 금강산 유람기에서는, 내금강의 풍경을 '어여쁘고, 아담한', '가늘게 굽이치는 곡선과 기묘하게 잔살치는 자태'로 서술했다. 계곡 사이로 부는 바람은 '산의 허리를 더듬'는데, 내금강은 아담하면서도 요염한 여성으로 묘사하여 독자의 오감을 자극한다.[13]

1935년 『조선일보』에서는 금강산에 대해 "내금강의 부드럽고 다정하고 오묘하고 온화한 여성적인 미! 외금강의 웅대하고 장엄하고 기이하고 복잡하고 다양한 미!"라고 기술했음을 참고할 수도 있다.[14] 관광객들은 외금강에서 기이함과 웅대함, 내금강에서 온화하고 우아함이라는 동일한 미적 체험을 수행했으며, 관광을 통해 외금강의 남성미를 우월함으로 인식하게 된다는 점에서 새로운 의미의 차별이 만들어졌다. 샤쿠오 슌죠釋尾旭邦, 1875~?는 외금강을 보면 내금강은 보지 않아도 되며, 내금강을 보고 외금강을 보지 않으면 금강산의 기승奇勝을 말할 자격이 없다고 서슴없이 평하기도 했다.[15] 이는 내·외금강산에 대한 전통적 위상의 전복을 의미한다.[16]

금강산은 근대기를 통해 계층, 서열과 위계의 공간에서 균질적, 친숙한 공간으로 변화되었다 읽히기도 한다.[17] 승려·짐꾼과 기생을 동반한 남성 선비들의 전유물이 아닌, 여성과 학생들까지 자유롭게 방문하는 공간이 되었다는 측면에서는, 자칫 젠더의 차별성이 완화된 공간으로 이해할 수도 있다. 그렇지만 근대기 금강산은 그 자체가 남성성·여성성을 대변하는 공간으로 설정되었다는 점에서, 여행자들은 젠더적 시각이 반영된 여정을 경험하고 선별된 명소에 대한 설명을 읽고 들으면서 공통된 미감의 공유를 강요받았다.

바위와 나무의 많고 적음, 암석의 빛깔과 모양 등은 외산과 내산을 대조적으로 인식하는 기준으로 작용했다. 그리고 점차 젠더의 보편적 인식에 부합하는 경관들이 명소로 채택되면서, 외금강은 산악미가 빼어나고 내금강은 계곡미가 있다는 새로운 미적 정의가 등장한다. 이에 따라 일제강점기에는 외금강의 산악미를 대변하는 만물상萬物相, 내금강의 계곡미를 드러내는 만폭동萬瀑洞이 대표 경관으로 부상한다. 기쿠치 유호가 외금강은 만물상의 괴이한 봉우리괴만怪巒, 내금강은 만폭동의 깊은 계곡심계深溪으로 대표된다고 제시한 이후, 1920년대 후반 특히 1930년대를 거치며 조선총독부, 조선총독부 철도국, 남만주철도국주식회사가 앞다투어 출간한 일본어 탐승기와 안내서 등을 통해 만물상과 만폭동은 각 권역의 상징으로 기능하게 되었다. 여행 안내서는 방문할 명소를 선택하고, 일정이나 방문에 적당한 계절과 교통편을 고려하는 지침이자, 여행 과정에서 사진과 같은 기념물을 남기는 기준으로도 작용한다. 경관은 철저히 사회문화적 산물이었고, 일제강점기 금강산 여행의 보편적 형태가 안내인에 의해 미리 정해진 코스를 경험하는 단체 관광이었다는 점을 떠올려본다면 그 의미는 더욱 확대된다.[18] 여행 안내서에서 일관되게 지적하고 있는 '산악미-만물상', '계곡미-만폭동'은 외금강·내금강 관광의 심미적 기준으로 새롭게 발견된 것이다.[19]

'외금강은 남성', '내금강은 여성'이 표상하는 것, 근대와 전근대 그리고 문명과 비문명

제국주의의 오랜 역사에서 제국은 남성, 피식민지는 여성으로 인식되었음을 떠올려볼 수도 있다.[20] 일본은 오리엔탈리즘의 객체이면서도 동아시아에서 주체적인 역할을 수행하고자 했으며, 일제에 의해 구축된 프레임 속에서 남성적 공간인 외금강은 제국에 의해 근대화된 문명 공간, 여성적 공간인 내금강은 과거의 기억을 담고 있는 자연 공간으로 비추어지게 된다.[21] 다시 말하자면, 외금강과 내금강 권역은 남성과 여성, 나아가 근대와 전근대, 문명과 비문명, 인공과 자연을 대조적으로 표상하게 된 것이다.[22]

일제강점 직후부터 총독부는 금강산을 관광 자원으로 주목하고 철도 선로를 구축해 접근성을 높였다. 특히 외금강 권역에는 스키장 · 온천 · 서양식 호텔과 같은 인프라를 집중하고 순식간에 근대적인 면모를 갖추었으며, 온정리 구역에 야구장 · 경마장 · 골프장 · 수영장을 만들어 '세계적인 낙원'을 만들 계획을 밝히기도 했다.[23] 더욱이 외금강으로의 여정은 놀라운 속도감을 선사하는 경원선 열차와 최신 유람선을 통한 접근이라는 점에서, 제국의 인프라와 모더니티의 경험 그 자체로도 기능했을 터다.

상대적으로 내금강은 곱고 흰 암석과 온화한 산세, 과거의 유명한 사찰이 존재하여 골짜기마다 전설과 유적이 가득한 공간, 계곡이 아름다운 비밀스러운 장소로 비추어졌다.[24] 기쿠치 유호는 내금강에는 오히려 아직 족적이 닿지 않은 계곡도 많다 서술하면서 '처녀'의 이미지를 은밀히 표방하기도 했다.[25] 경관의 특징과 의미는 쉽게 왜곡되었다. 본래 내금강의 명소 명경대明鏡臺 또는 업경대業鏡臺는 염라대왕이 저승길 앞에서 생전 선악의 행적을 비추어 보는 거울에서 그 이름이 유래했으며, 명경대 주위로는 석가봉 · 시왕봉 · 황천강 등 불교 신앙에 기반한 경관들이 포진해 있다. 그렇지만 명경대의 경관 사진과 고우타小唄라 불리는 일종의 창가가 어우러진 일제강점기 그림엽서를 살펴볼 때, 누군가를 기다리며 몸단장하는 조선 여성과 그를 비추는 거울의 의미로 표상되었음이 관찰된다.[26] [도10_02]

더구나 금강산 개발이 단계적으로 진행됨에 따라, 금강산에 대한 권역별 인식은 대상에 투사되며 경관을 재창출했다. 즉, 개발 계획에 직접적 영향력을 미치게 된 것인데, 각각 1932년과 1931년에 개통된 동해북부선의 외금강역, 금강산 전철의 내금강역의 외관을 살펴볼 수 있다.[도10_03] 1930년대에 이르면 내금강에 이르는 교통 여건 역시 효율적으로 개비되어 내 · 외금강 관광의 플랫폼이 고루 갖추어지는 것이다. 이때 서구와 대등한 근대적 산악 경관으로 정의되었던 외금강의 역사驛舍는 북유럽 양식으로,[도10_03_01] 내금강 역사는 전통한옥 설계를 활용한 상반된 양식으로[도10_03_02] 신축되었다.[27] 1910년대부터 우리 사회에 자리잡은 이분법적 프레임은 실제 경관의 창출에도 영향력을 발휘했고, 소설가 정비석鄭飛石, 1911~1991은 금강산을 기행하고 쓴 유려한 문장의 수필「산정무한」에서 외국인의 산장을 떠다놓은 양관洋館의 외금강역, 무한 정겨운 느낌의 한국식 내금강역을 구별하기도 했다. 철도역사에 대해 "내와 외를 여실히 상징한 것이 더 좋았다"고 명확히 부언함으로써, 일제강점기 금강산 인식 체계에 순응하는 여행자의 모습을 보여주게 된다.[28]

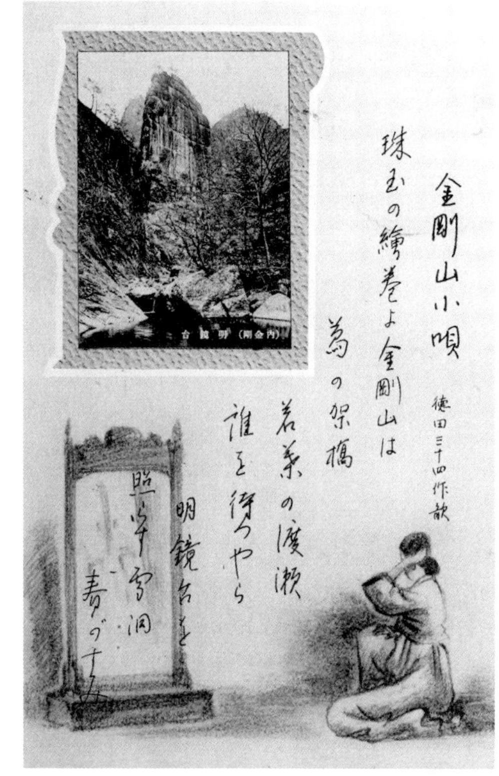

도10_02.「금강산소패」, 그림엽서, 14×9, 부산광역시립박물관.

그렇다면 일제는 금강산 관광 개발에 있어 왜 외금강에 주목했던 것일까? 이에 관련해서는 외금강이 일본인의 미감과 취향에 부합하는 경관을 아우르고 있었다는 점이 지목되고 있다. 시가 시게타카志賀重昂, 1863~1927는 일찍이『일본풍경론日本風景論』에서 '암석미'를 산의 핵심 가치로 지적했으며, 다무라 쓰요시는 금강산의 진정한 가치를 '화강암의 기암괴석이 군집을 이루는 풍치'에 있다 제시한 바 있다.[29] 즉, 화산 활동의 결과물인 후지산과 함께, 금강산의 화강암 암석군은 동아시아 관광 네트워크에서 차지하는 각각의 의의가 충분했다. 더욱이 외금강 온정리 온천은 일본인 관광객을 유치하는 매력적인 요건이었을 것이다.

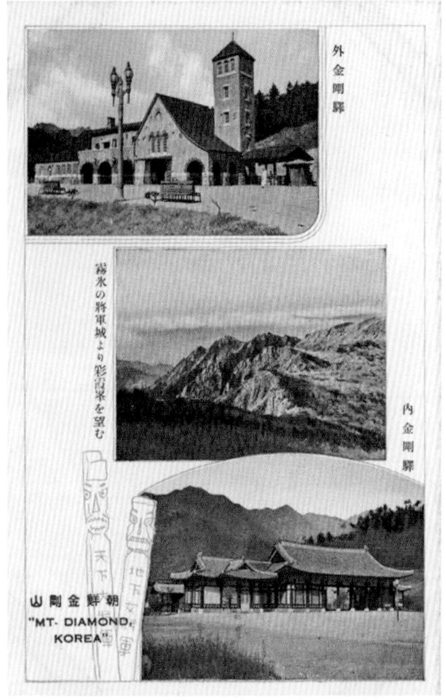

도10_03. 금강산 사진엽서, 14×9.1, 국립민속박물관.

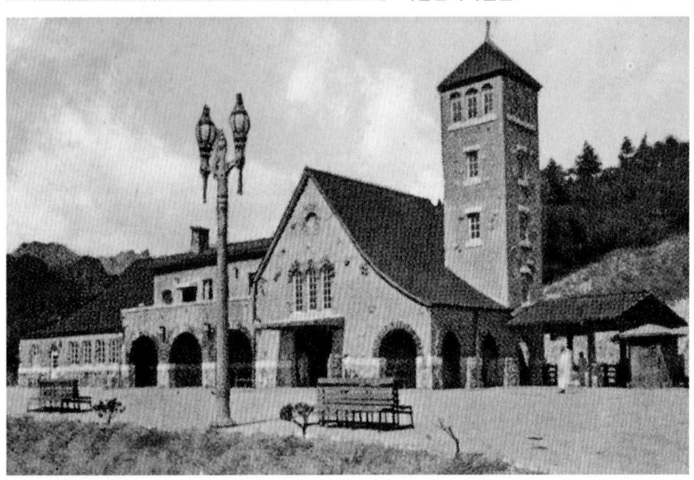

도10_03_01. 금강산 사진엽서 중 외금강역 부분.

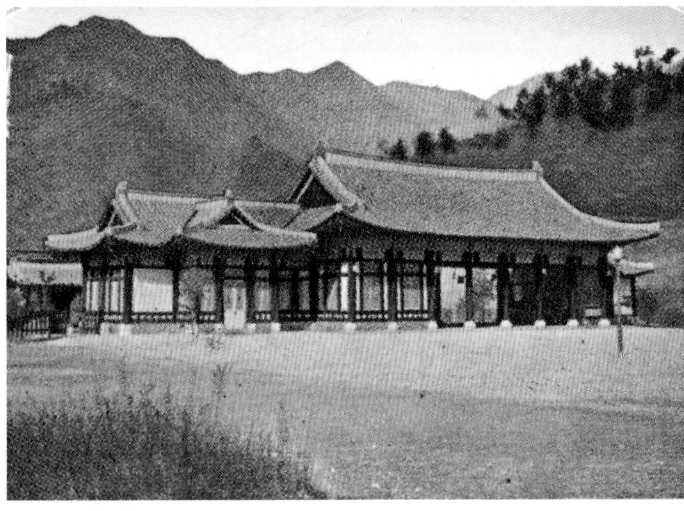

도10_03_02. 금강산 사진엽서 중 내금강역 부분.

남성적인 외금강,
금강산 대표 이미지로 급부상

외금강은 금강산을 대표하는 시각 이미지로도 소비되었다. 암석미라는 기준에 부합하는 기이한 암봉 위주의 재현이라는 특징을 지녔으며, 각별히 만물상은 외금강뿐만 아니라 전체 금강산의 핵심 영역으로 거듭나 비로봉을 뛰어넘는 위상을 보여준다. 근대기에는 대개 만물상 구역의 삼선암, 귀면암이 단독으로 시각화되어 전체 금강산 이미지를 대표한다.[30] [도10_04]

사진첩·사진엽서·여행서 삽도·지도 같은 시각물의 경우 외금강 위주의 금강산 표상이 더욱 두드러지지만, 일반 감상물 회화에서도 변화상은 드러난다. 1920년 김규진이 창덕궁 경훈각에 그린 〈금강산만물초승경도金剛山萬物肖勝景圖〉, 〈총석정절경도叢石亭絶景圖〉 또한 외금강 만물상과 해금강을 대상으로 삼았다.[도10_05], [도10_06] 만물상과 온정리라는 근대 관광의 핵심부는 이제 궁궐을 장식하기에 이른다.[31] 금강산을 소재로 삼은 작품들은 조선미술전람회, 일본 제국미술전람회에서도 매해 빠짐없이 입선했는데, 외금강의 경관들을 그린 작품들이 두 배 가량 많으며 만물상 구역의 묘사가 대종을 이룬다.[32] 화가들이 직접 경험했던 여행 코스와도 밀접히 연결되어 있음은 물론이다.

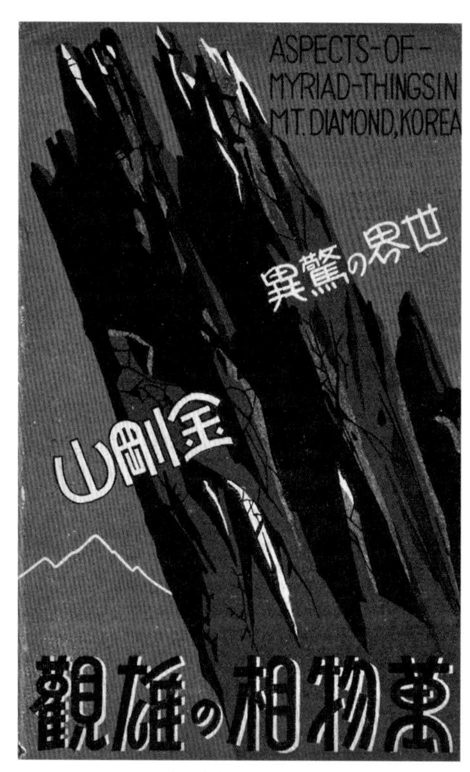

도10_04. 〈만물상의 웅관〉, 금강산 엽서 봉투, 15×9.5, DMZ박물관.

한편, 외금강이 금강산 관광의 중심 지역으로 부상하고, 열차·유람선·자동차 등 활용할 수 있는 교통 수단이 다각화되

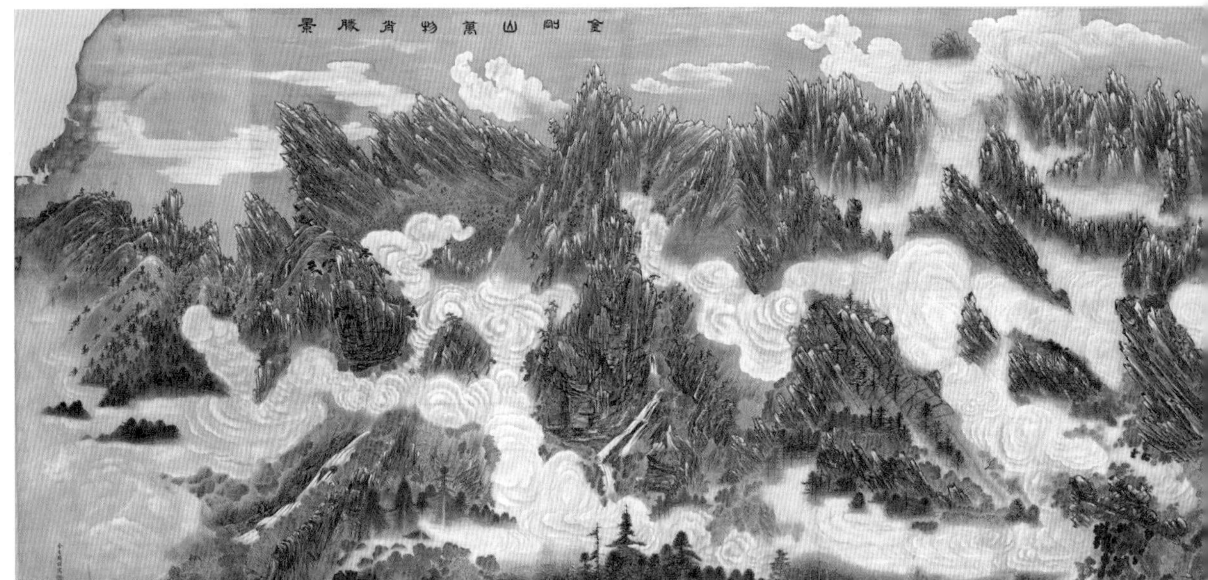

도10_05. 김규진, 〈금강산만물초승경도〉, 비단에 채색, 205.1×883, 1920, 국립고궁박물관.

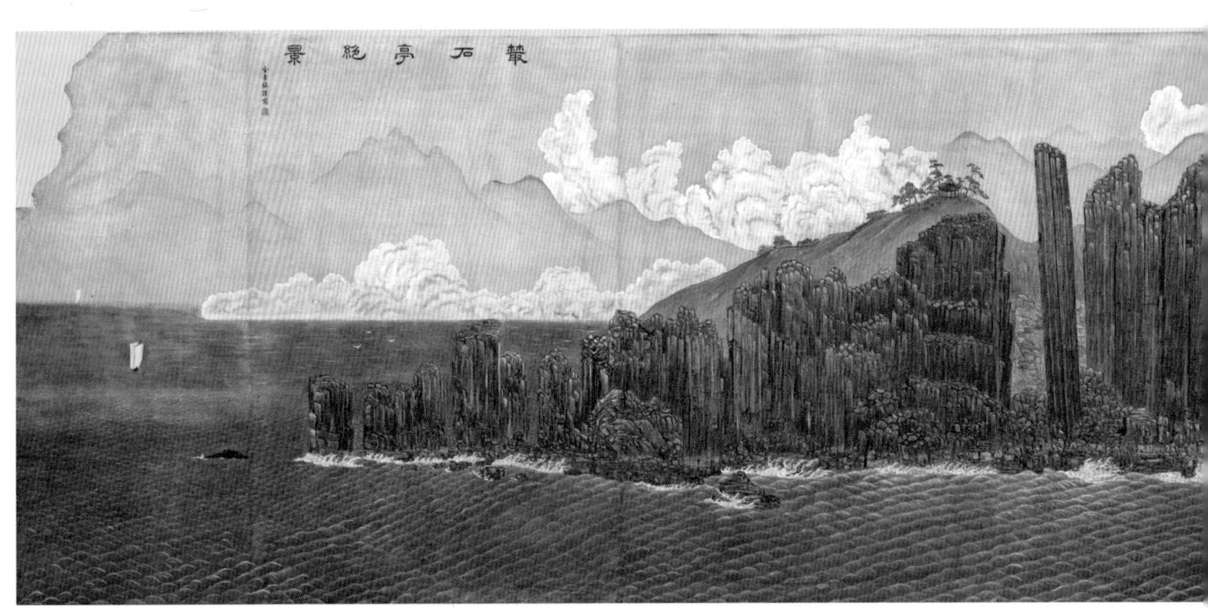

도10_06. 김규진, 〈총석정절경도〉, 비단에 채색, 205.1×883, 1920, 국립고궁박물관.

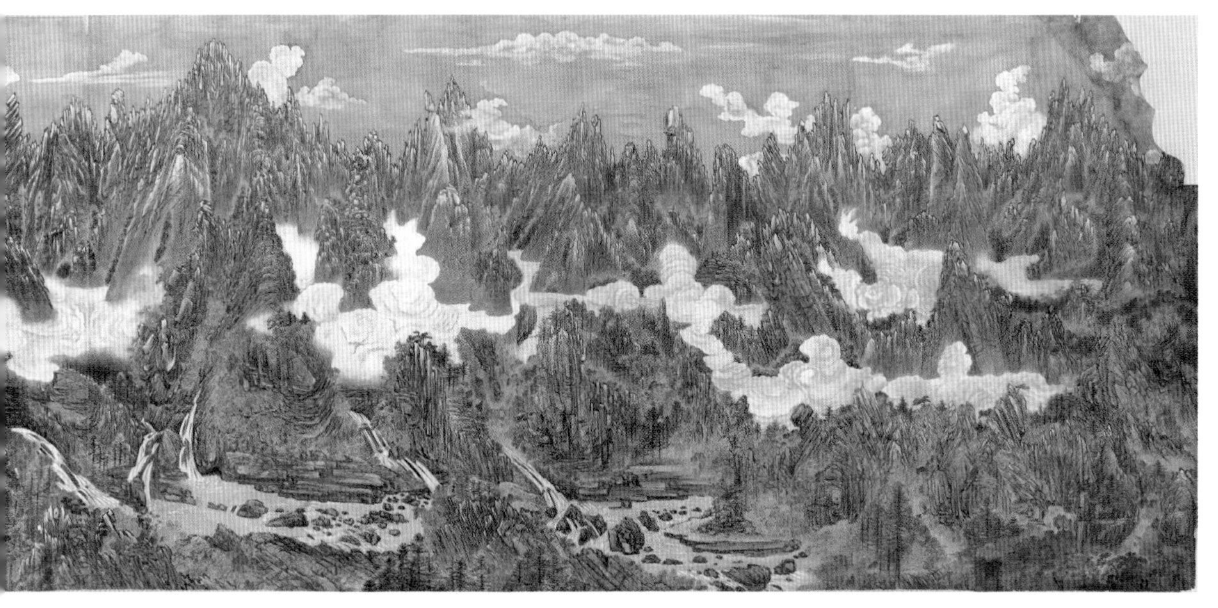

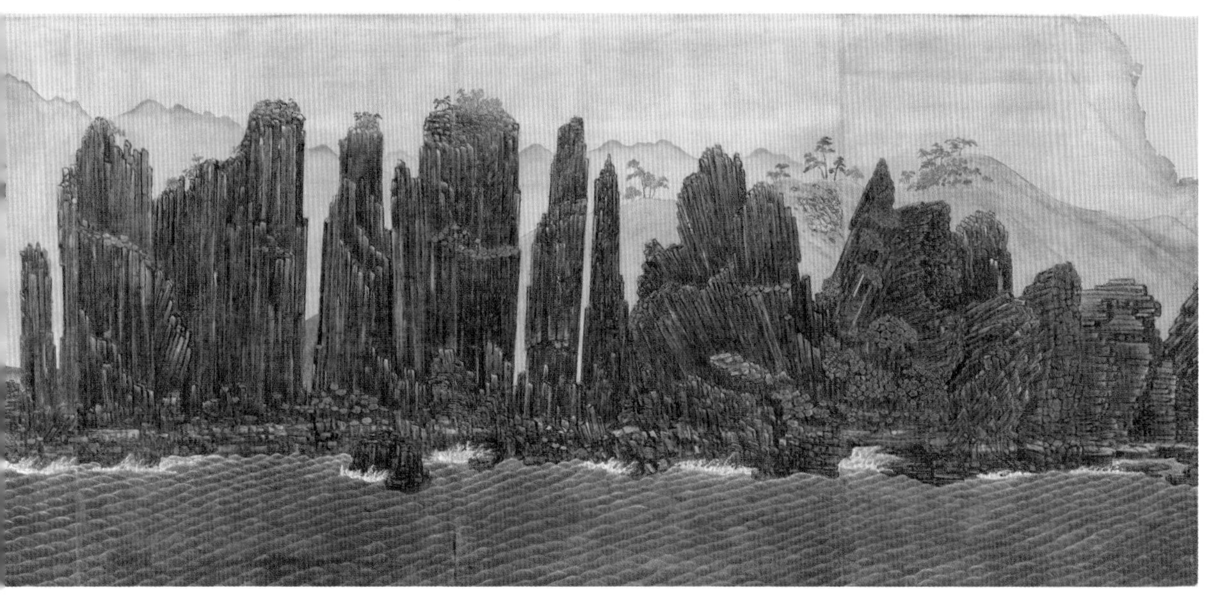

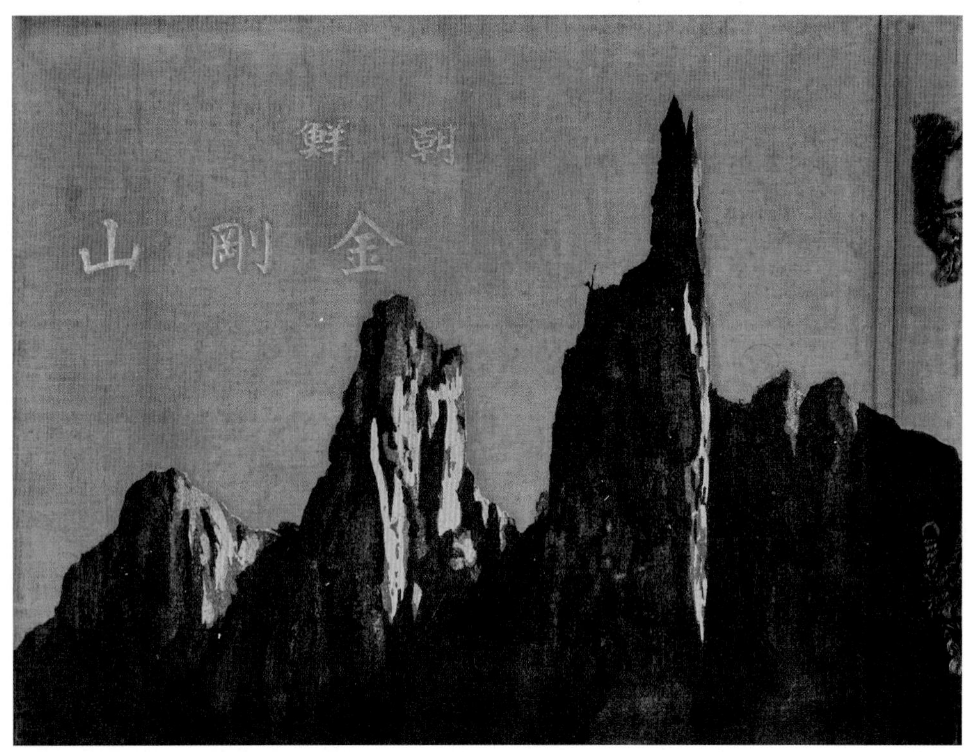

도10_07. 1928년 도쿠다 사진관에서 출간한 『금강산 사진첩』 표지. DMZ박물관.

면서, 한양에서 가까운 내금강을 먼저 관람하고 외금강으로 빠져나왔던 내금강→외금강→해금강의 전통적 여정에도 변화가 초래된다. 일제강점기 여행 안내서는 외금강→내금강 순서의 여행 루트를 직접 제안하거나, 외금강 명소를 내금강보다 앞선 순서로 수록하면서 독자가 동일한 여정을 채택하도록 암묵적으로 권장하기도 했다.[33] 관련하여 도쿠다 사진관德田寫眞館에서 출간한 『금강산 사진첩金剛山寫眞帖』을 참고할 수도 있다.[도10_07] 『금강산 사진첩』은 1912년 초판이 발간되었고 내용을 증보하며 십수 년 동안 거의 매해 출간되었다. 1915년판은 내금강 명소를 권두에 게재했으나, 1916년부터 1941년 마지막 본까지는 구성을 전면 개편하여 해금강을 포함한 외금강 권역을 전반부에 수록했음이 확인된다.[34]

금강산 여행의 방법이 다양해지고, 외금강 관광의 비중이 높아지면서 작가를 특정할 수 없는 민화 금강산도 병풍에서마저도 변화가 감지된다. 18, 19세기 이후 제작되기 시작한 내외금강산 명소도 병풍은 일반적으로 내금강으로 접어드는 관문인 단발령에 올라 금강산을 조망하는 장면을 첫 폭으로 취하면서, 단발령망금강산→내금강→외금강→해금강의 순서로 구성되었다.[35] 그러던 것이 근대 이후에는 외금강 명소가 차지하는 비중이 확연히 증가하며 병풍의 구성에도 변화가 초래되었고, 외금강→내금강의 역순으로 장황된 병풍을 찾아볼 수도 있다. 국립민속박물관 소장 〈금강산도 8폭 병풍〉에서는 2~4폭을 외금강, 5~8폭을 내금강의 반전된 순서로 배치하면서도, 1폭에서는 단발령에서 금강산을 바라보는 전통적 요소를 고수한다는 점에서 특별함을 지닌다.[도10_08] 〈금강산도 10폭 병풍〉 역시 1~5폭을 외금강, 그뒤는 내금강의 순서로 배치했음을 볼 수 있다.[도10_09] 물론 시간이 지나고 병풍이 새롭게 장황되면서 본래의 순서를 알 수 없는 경우도 존재한다. 그렇지만 외금강 명소가 먼저 배치되도록 개장했다는 사실 자체도, 표구된 시점의 금강산 인식을 드러낸다는 점에서 의의가 있다.

송은문화재단 소장품인 〈금강산도 8폭 병풍〉을 살펴보면[도10_10] 이 작품은 일견 1폭 단발령망금강에서 7폭의 백천교, 8폭 총석정으로 마무리되는 민화 금강산 병풍의 전형적인 형식을 지닌 것처럼 보인다. 하지만 실제로는 명소도 형식 병풍의 각 폭을 완전히 새로운 순서로 배치하고 산봉우리와 물길을 이어 실제로 존재하지 않는 상상의 공간을 창출했다. 섬세하게 연결된 각 장면을 보면 이 작품은 장황의 변화 없이 본래부터 지금의 순서 그대로 의도되었음이 분명하다. 병풍은 구룡폭(2폭), 옥류동(3폭), 은선대(5폭), 백천교(7폭) 등 외금강 명소 위주로 구성되었으며, 내금강 구역은 마하연과 묘길상을 옮겨낸 한 장면(6폭)만 존재한다. 6번째 폭 내금강 명소와 나란히 배치된 5, 7, 8폭에는 화면 상단의 공간에 별도로 '외금강'이라 특기했다. 비로봉의 묘사는 찾아볼 수 없고, 화면 가운데에서 외금강 만물초만물상(4폭)의 존재가 돋보일 뿐이다.

이처럼 근대기에 이르면 금강산 명소는 새로운 가치 기준을 통해 선별되었고, 채택된 명소를 여행하는 여행의 여정과 수단은 다양해진다. 다채로운 여정의 과정만큼, 시각화되는 장소가 변하고 순서의 일관성이 흐트러지는 것은 당연한 귀결이다. 따라서 20세기에도 꾸준히 제작된 민화 금강산 병풍은 금강산 명소 구성의 전통과 근대인들에게 익숙한 금강산 여행의 새로운 면모들이 팽팽하게 대립하며 만들어진 결과물로 해석될 수 있다.

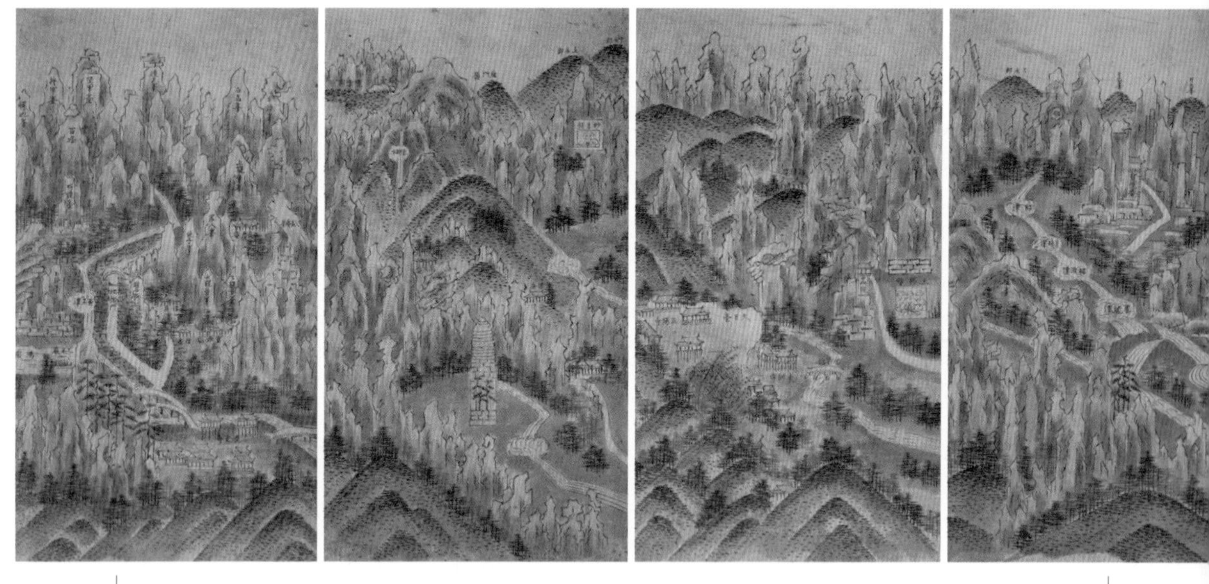

내금강

도10_08. 〈금강산도 8폭 병풍〉, 144.5×350, 국립민속박물관.

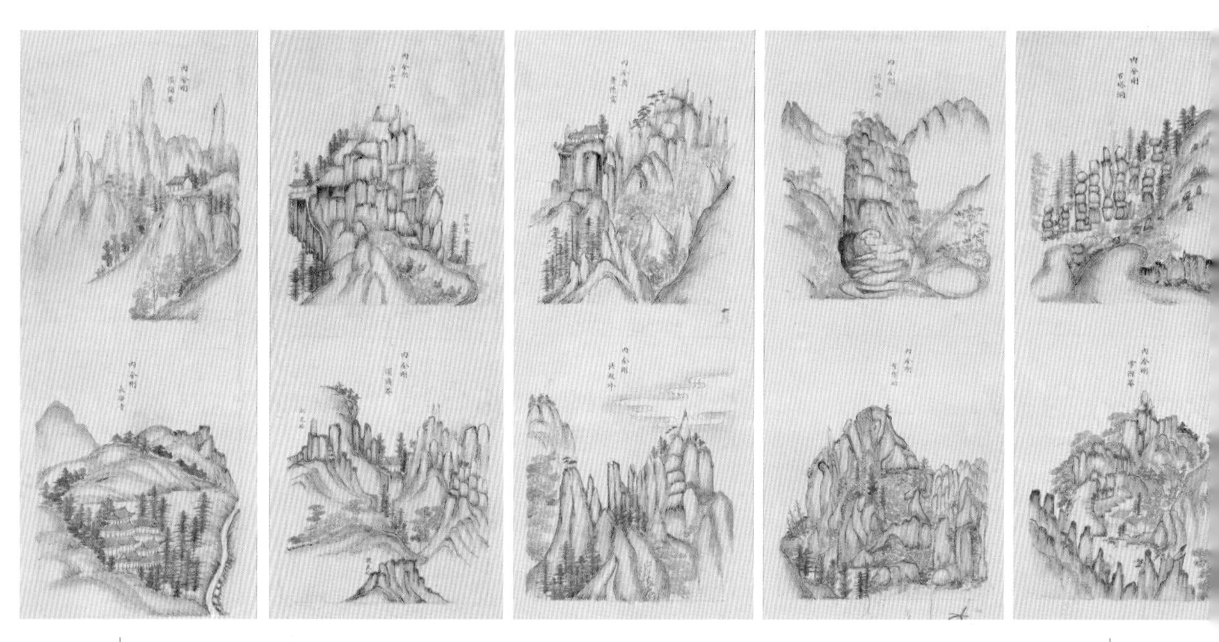

내금강

도10_09. 〈금강산도 10폭 병풍〉, 148×497, 국립민속박물관.

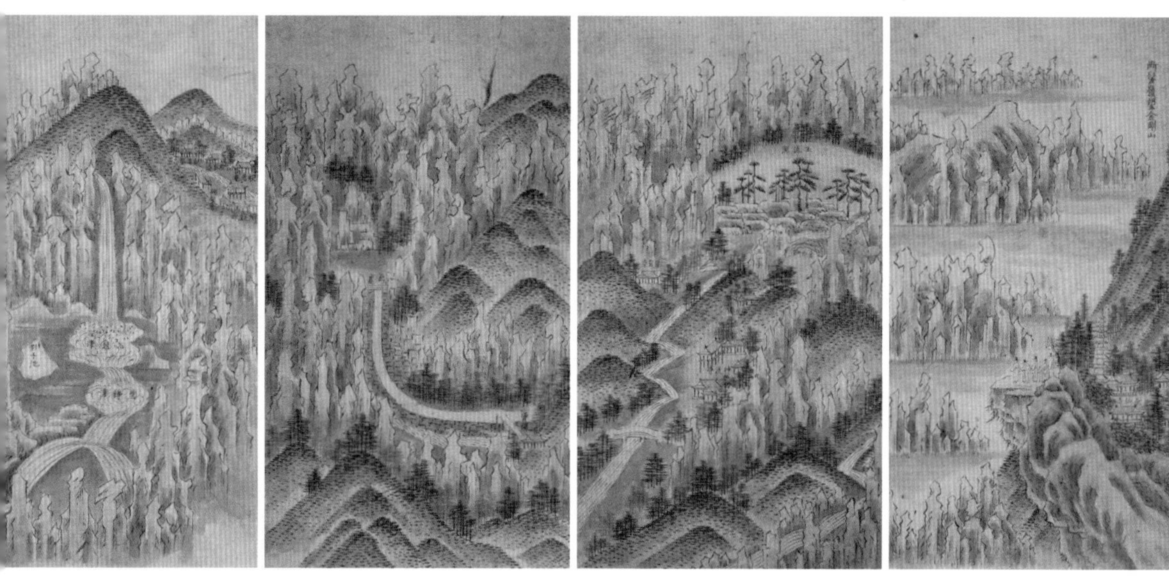

외금강

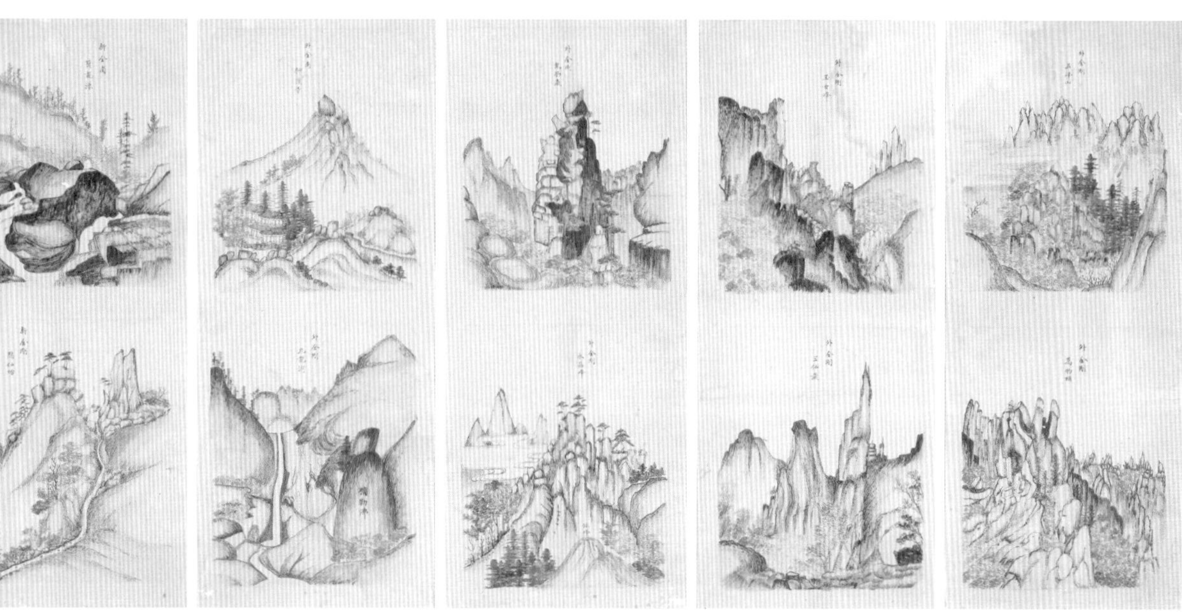

외금강

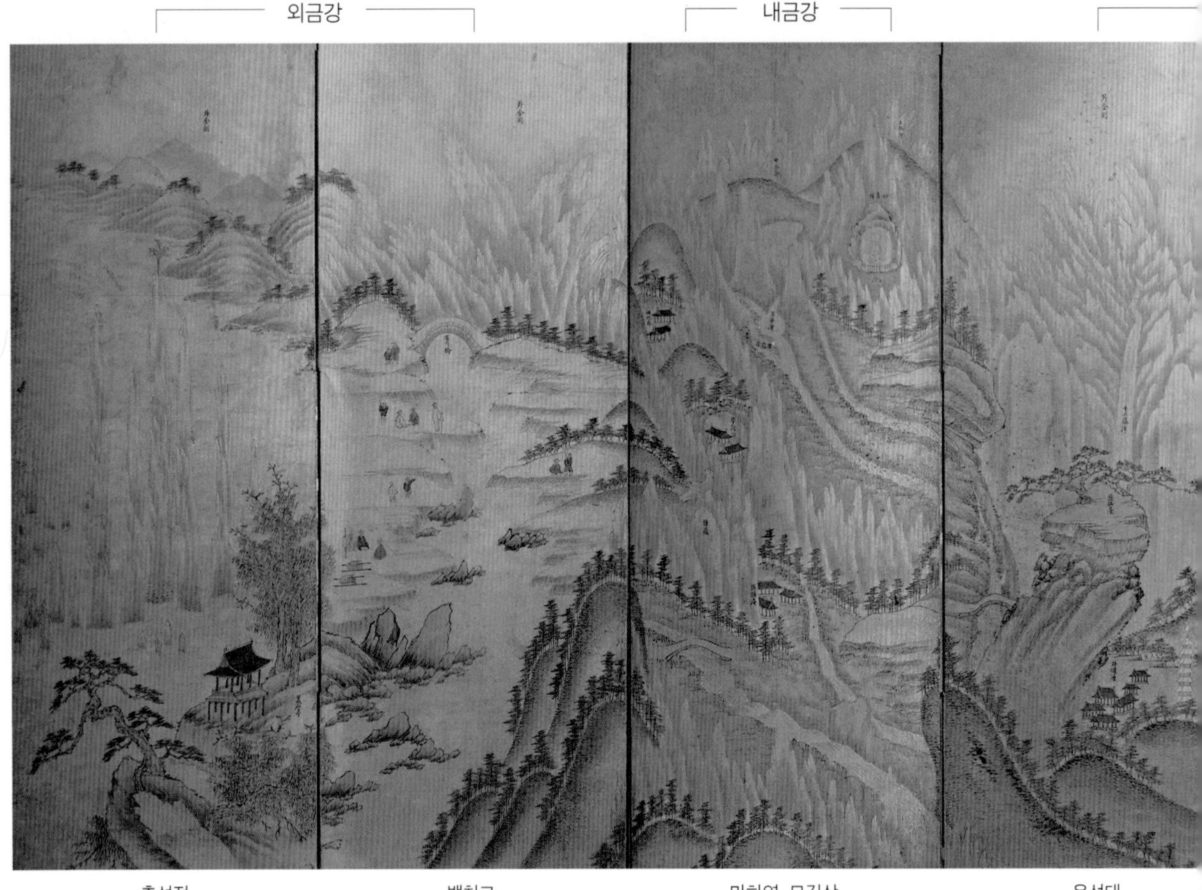

도10_10. 〈금강산도 8폭 병풍〉, 종이에 채색, 각 폭 169.5×46, 송은문화재단.

외금강

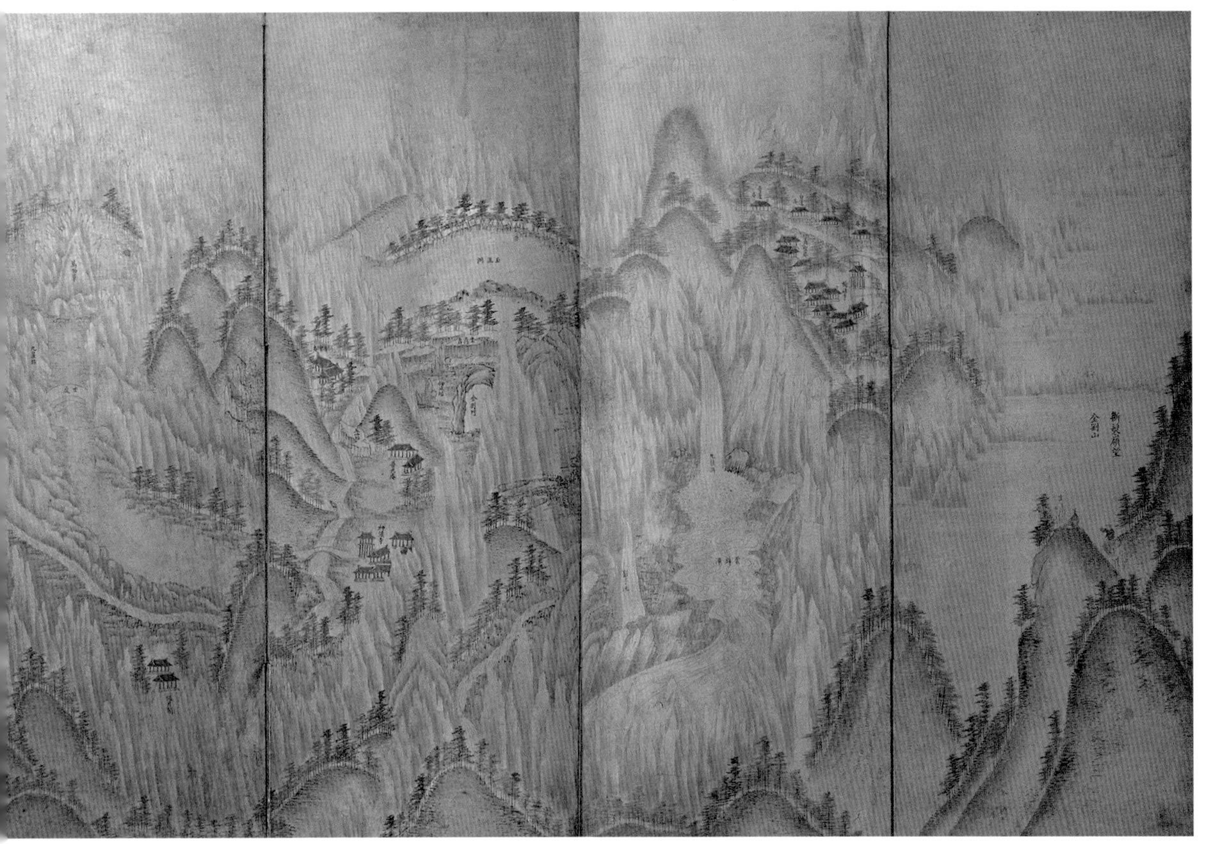

만물초 옥류동 구룡폭 단발령망금강

다시 금강산을 이야기하는 이유에 관하여

동아시아 문화권에서 안內·밖外의 개념이 여성과 남성의 사회적 역할과 연계되었음은 외금강과 내금강을 양과 음, 나아가 남성-여성으로 인식하기에 용이한 단초를 제공했을지도 모른다. 그러나 금강산 권역에 직접적으로 남녀를 투사하여 대조적으로 조망하는 행위는 금강산이 종교적 영산으로 이해되었던 환경에서는 결코 발현될 수 없었다. 금강산이 관광을 위한 세속적 공간으로 탈바꿈하는 시기, 개발자이자 적극적 향유자 입장이던 일본인의 저술을 중심으로 촉발되어 점차 외연을 넓혀갔던 것이다.

이와 같은 일본 제국주의 전략 아래 젠더는 제국과 식민지, 근대와 전근대를 구별하여 체험케 하는 효율적인 도구로 소환되었으며, 금강산이 대표적 관광지로 개발되는 과정에서 내·외금강산에 대한 이분법적 시각과 차별적 위계가 적용되면서 전통적인 인식과의 단절을 초래했다. 물론 젠더에 주목하여 일제강점기 금강산과 금강산의 표상을 살펴본 이 글이 금강산을 바라보는 절대적이고 명확한 시각을 제공하지는 않는다. 내금강 역시 금강산 관광의 상당부분을 차지하는 거대 영역이었으며, 금강산 시각문화 전반에 젠더의 기준을 적용하는 것도 불가능하다. 그럼에도 불구하고 금강산에 대한 젠더적 시각이 일제강점기, 특히 1910년대 조선총독부가 관광 개발과 관광 루트 확보를 주도하던 시기에 형성되었다는 점을 환기할 필요는 분명하다. 젠더는 외금강과 내금강의 이분법적 대조와 서열화, 새로운 명소 선정의 기준, 그리고 이에 따라 외금강→내금강 순서로 금강산을 돌아보는 반전된 여정과도 결합된 것이었으며, 실제 내·외금강산에 대한 인식과 미적 기준은 오늘날까지 무비판적으로 적용되고 있기 때문이다.

한편, 이 글의 첫머리에서 금강 외산은 웅건수특하여 남성적이며, 금강 내산은 온자우아하고 여성적임을 인용한 바 있다. 그런데 일제강점기, 금강산이 후지산과 비교되었을 때에는 과연 어떠한 모습으로 비추어졌을까? 이에 대한 단초는 일제강점기 국어교과서격인 『보통학교조선어독본』에서 찾아볼 수 있었다. 후지산과 금강산에 대해 "후지산富士山은 그 산용山容이 웅장수려雄壯秀麗함…금강산은 우미유수優美幽邃함…"으로 비교했기 때문이다.[36]

요컨대 식민 본국 후지산과 비교되는 상황에서 금강산은 상대적으로 얌전하고 그윽하고 깊숙한 것, 말하자면 다시금 여성으로 표상되었다. 그만큼 근대기 외금강과 내금강의 이분법적 이해라는 것은 조건부의 한정적이고 또 불완전한 비교에 불과했다는 점을 부연하고자 한다.

글을 마치며

현대를 살아가는 우리에게 금강산은 어떤 의미가 있을까. 휴전선 너머 닿을 수 없는 곳이 되고 말았지만, '그립고(그리운 금강산)', '다시금 찾아가고 싶은(금강산 찾아가자!) 금강산'까지 마음의 거리만큼은 그리 먼 것 같지 않다. 실제 2018년, 문재인 전 대통령과 김정은 국무위원장이 판문점 평화의 집에서 만나 악수를 나누는 극적인 순간에 우리는 다시 한 번 금강산을 만났다. 회담장에는 신장식 교수가 2001년 그린 금강산도 〈상팔담에서 본 금강산〉이 걸려 있었다. 본래 이 장소에는 한라산을 그린 작품이 있었으나 정상회담을 위해 개비된 것이다. 남북의 정상이 두 손을 맞잡은 너머로는 의도된 대로 푸른 금강산 그림이 장엄하게 펼쳐졌고, 이 날 금강산은 한반도와 민족 화합의 상징이자 사무치는 그리움의 대상으로 다시 한 번 각인되었다.

실상 금강산은 우리 문화에서 여러 가지 모습으로 비추어졌다. 담무갈보살曇無竭普薩 즉, 법기보살法起菩薩이 일만 이천 권속을 거느리고 설법하는 성지聖地였으며, 조선 시대 사람들에게는 일생에 한 번이라도 방문하기를 꿈꿨던 유람처였다. 그러나 일제강점기 금강산 관광 개발은 전근대적 금강산 인식과는 완전히 단절된 형태의 새로운 프레임을 구축했다. 외금강과 내금강 권역은 이 과정에서 이분법적, 차별적인 공간으로 인식되면서 근대와 전근대, 남성과 여성, 암석미와 계곡미와 같은 상대적 개념을 덧입었다.

외금강을 남성, 내금강을 여성으로 인식하는 시각은 오늘날까지도 충분히 유효하며, 이러한 인식의 틀은 우리 주변의 자연물을 바라보는 시선으로 전용되기도 한다. 설악산과

> "외금강을 남성, 내금강을 여성으로 인식하는 시각은 오늘날에도 유효하고, 이는 주변의 자연물을 바라보는 시선으로 전용되기도 한다. 거칠고 바위가 많은 산들은 남성적인 산으로, 부드러운 능선을 지니고 흙이 많으면 여성적인 산으로 설명한다. 우리는 남성적, 여성적 장소라는 통념 내에서 여전히 자유롭지 않다."

지리산을 비교하여 설악산을 남성적, 지리산을 여성적인 산이라 비교하는 예가 대표적이다. 대개로는 거칠고 바위가 많아 외금강과 비슷한 산들을 여전히 남성적인 산으로 묘사하고, 내금강처럼 부드러운 능선을 지니고 흙이 많은 토산土山을 여성적인 산으로 설명한다. 이처럼 우리는 남성적, 여성적 장소라는 사회적 통념 내에서 여전히 자유롭지 않다.

이제 이 자리에서는 젠더 렌즈를 통해 금강산 곳곳을 살펴보았던 여정을 마무리하며, 이 글이 선학의 섬세하고 치열한 연구에 큰 빚을 지고 있음을 밝히고자 한다. 지노 가오리千野香織 선생의 연구에서 영감을 얻었으며, 금강산도에 대한 미술사학계의 선행 연구를 비롯해 역사학, 지리학, 관광학, 건축학 등 다양한 분야에서 축적된 학문적 성과는 연구의 모든 단계에서 돌파구가 되었다. 각별히 금강산과 젠더라는 낯선 연구 주제를 꺼내놓았을 때 아낌없는 격려를 건네준 고연희 선생과 동료 연구자들, 거친 연구를 다듬어갈 수 있도록 귀한 조언을 보태주신 김현주, 권행가, 신정훈 선생께 깊은 감사를 드린다._김소연

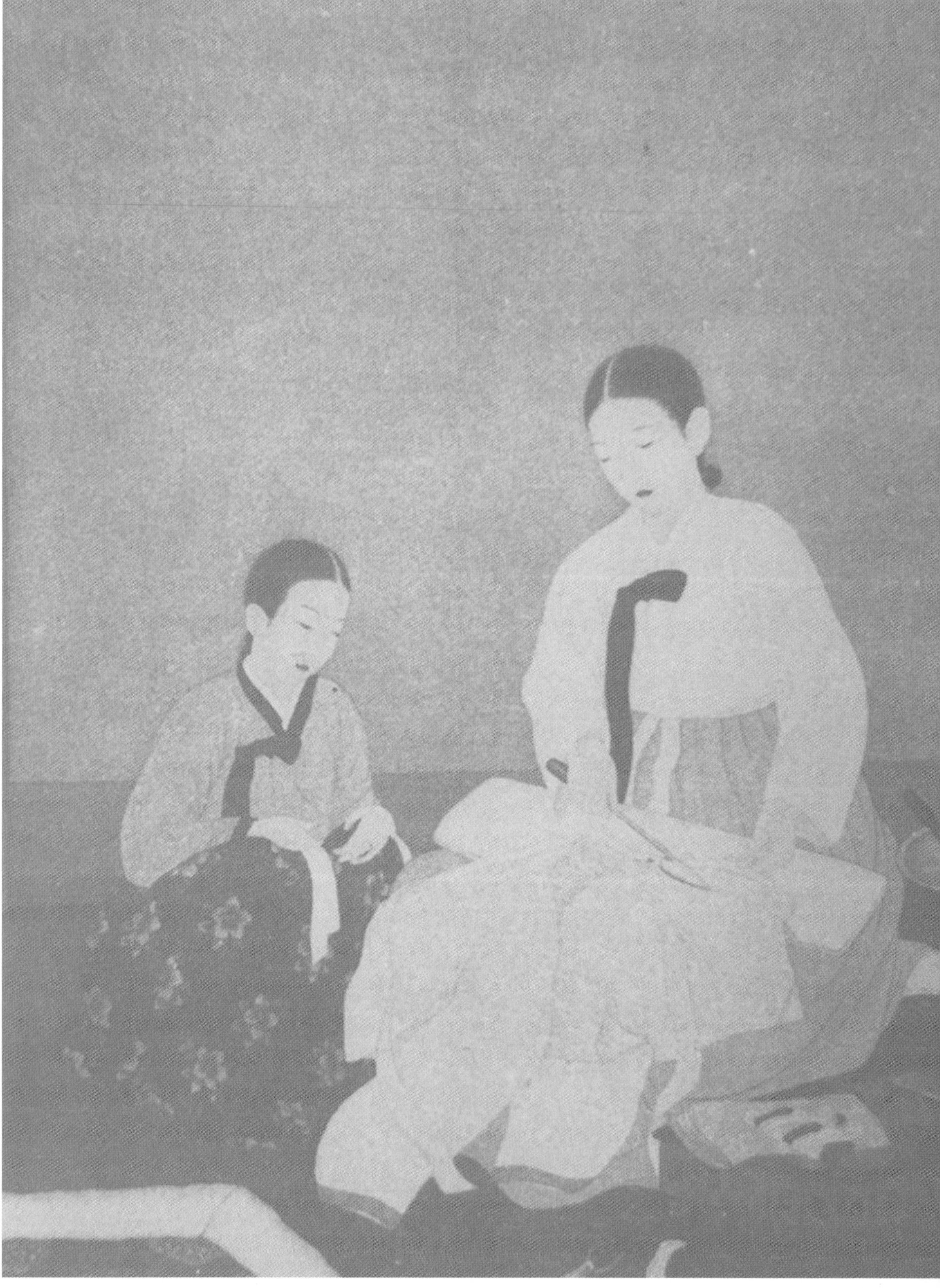

11.
근대,
소녀의 탄생 _김지혜

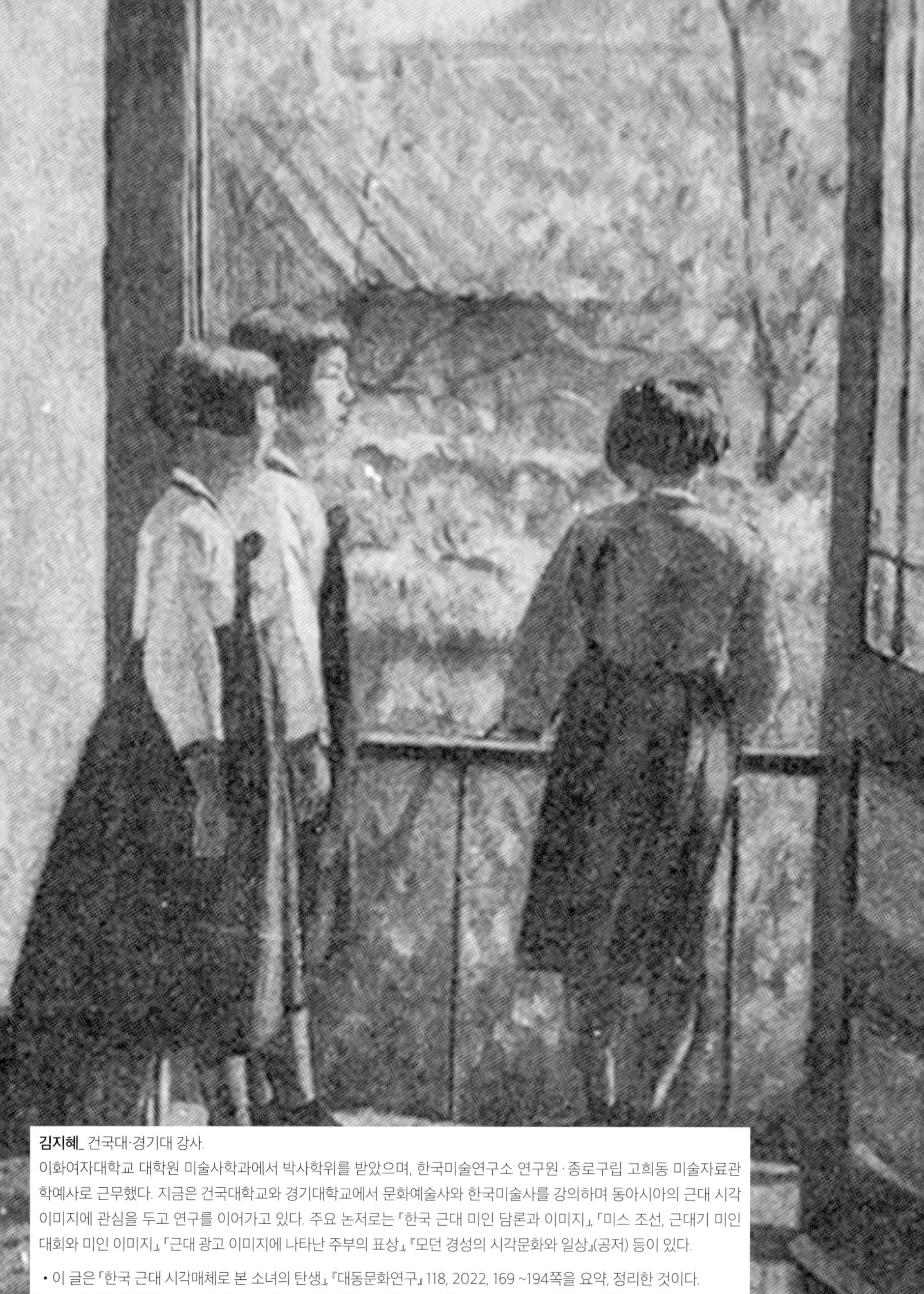

김지혜_ 건국대·경기대 강사.
이화여자대학교 대학원 미술사학과에서 박사학위를 받았으며, 한국미술연구소 연구원·종로구립 고희동 미술자료관 학예사로 근무했다. 지금은 건국대학교와 경기대학교에서 문화예술사와 한국미술사를 강의하며 동아시아의 근대 시각 이미지에 관심을 두고 연구를 이어가고 있다. 주요 논저로는 「한국 근대 미인 담론과 이미지」, 「미스 조선, 근대기 미인 대회와 미인 이미지」, 「근대 광고 이미지에 나타난 주부의 표상」, 『모던 경성의 시각문화와 일상』(공저) 등이 있다.

• 이 글은 「한국 근대 시각매체로 본 소녀의 탄생」, 『대동문화연구』 118, 2022, 169 ~194쪽을 요약, 정리한 것이다.

지금은 소녀시대

"지금은 소녀시대"라는 인사말과 함께 등장한 9명의 소녀들, 그룹 '소녀시대'는 2007년 이후 한국의 소녀 열풍을 이끈 대표적인 가수다. 그룹명답게 이들은 모두 10대 소녀 시기에 데뷔해 첫 앨범《다시 만난 세계》를 발표하며 여성 아이돌 가수의 세계, 소녀의 시대를 대중에게 알렸다. 소녀시대의 노래 중 가장 큰 인기를 끈 곡인 〈Gee〉2009는 첫사랑에 빠진 수줍고 어린 소녀에 대한 노래다. 사랑에 빠진 소녀들은 부끄러워 상대를 쳐다볼 수 없는 "떨리는 Girl", "수줍은 Girl"이자 "사랑에 타버려 후끈한 Girl"이 되기도 한다. 이들은 옅은 화장과 흰 티셔츠, 청바지 차림의 청순한 모습으로 노래를 부르지만, 동시에 하이힐과 스키니진, 골반춤은 이 소녀들에게서 성적인 매력도 느끼게 한다.

소녀는 사전상으로 "아직 완전히 성숙하지 아니한 어린 여자아이"를 뜻한다.[1] 즉, 임신과 출산 등의 생물학적 발육이 완전하지 않은 유년기와 성인기 사이의 여성을 의미한다. 그러나 나이가 어리더라도 초경 이후 생리학적으로 재생산의 기능을 갖추게 되며, 신체뿐만 아니라 정신적인 성숙도 고려한다면 실제 현실에서 소녀는 매우 모호한 연령대의 여성을 아우른다. 또한 문학적 분위기를 좋아하는 여성을 '문학소녀'라 칭하거나, 감상적이고 몽상적인 정서를 '소녀풍', '소녀 취향'으로 일컫는 등 소녀는 연령에 상관없이 비유적으로 사용되기도 한다. 이처럼 다중적이고 모호한 의미를 가진 오늘날의 소녀는 어떻게 탄생하고 시각화되었을까.

많은 용어와 개념이 근대기에 조어되고 재정의되었듯이 '소녀'도 이 시기 일본을 통해 새롭게 번역되고 통용된 단어였다. 식민지 상황에서 소녀와 그 이미지의 시현에 관한 논의는 복합적인 의미를 가진다. 여기에는 지배국과 피지배국의 정치적 관계, 성인과 아동의 지위와 사회적 권력 관계 등의 요소 외에도 식민지 하의 고유한 민족 문제와 아울러 남성에 대한 여성이라는 성의 문제가 다양하게 작용하고 있기 때문이다. 소녀는 성장 단계에서 발현되는 자연스러운 과정이 아니라 '성숙'이라는 목적 아래 여성의 신체를 사회적 문화적으로 재단하고 교육하며 이를 통해 스스로를 규율토록 만들어진 인위적인 개념이라 할 수 있다. 사회의 주류인 성인 남성에 의해 발견되고 시각화된 사회적 신체로서 소녀의 이미지는 시대에 따라 변화하며 주체자와 매체의 성격에 영향을 받으며 재현되었다.

근대 이전까지 소녀, 즉 오늘날의 정의로 '어린 여성'을 그린 이미지는 풍속화 속 여아나 기생을 그린 예외적인 도상을 제외하고는 거의 등장하지 않는다. 소녀상은 사실상 근대기에 탄생한 이미지였다. 소녀는 한국의 근대라는 특수한 시간과 공간 속에서 가부장 가족 구조의 유속과 식민지적 특성, 소비문화의 경향 속에서 탄생하고 시각화되었다. 걸그룹 소녀시대의 퍼포먼스가 제공하는 소녀의 순수함과 성적 매력 역시 근대에 만들어진 소녀의 표상에 근원을 두고 있다고 할 때, 근대의 소녀와 소녀상을 돌아보는 것은 근대뿐만 아니라 현대의 소녀상을 이해하는 데 도움을 줄 것이다.

소녀 이전의 소녀들

근대 이전까지만 해도 소녀는 주로 "결혼하지 아니한 여자가 윗사람을 상대하여 자기를 낮추어 이르는 1인칭 대명사"로 사용됐다. 나이가 어리거나 시집가지 않은 여성을 지칭하는 용어로는 계집아이나 계집애, 아가씨, 처녀 등이 따로 있었다.[2] 이는 신사상을 교육받은 여학생을 지칭할 때도 마찬가지였다. 1896년『독립신문』은 정부가 "계집아이 가르치는 학교"를 세워야 한다고 논설했으며, "계집아이들을 위하여 배설"된 이화학당 역시 학생들을 "여아"로 호명했다.[3] 이러한 전례는 1900년대 전반에도 이어져, 「녀자교휵」을 논한『태극학보』역시 "장래 문명의 기초"를 배울 교육의 대상을 "어린 계집아해"라 칭하고 있다.[4]

장지연이 역술譯述한『애국부인전』1907은 잔 다르크에 대한 전기 소설로, 조국 프랑스를 구하기 위해 백년전쟁에 출정할 당시 그의 나이는 16세에 불과했다. 현재 기준으로는 미성년에 해당하는 어린 나이지만 소설이 발표된 1900년대는 조선의 초혼 연령이 15세 미만이던 시대로, 잔 다르크도 애국 '소녀'가 아닌 '부인'으로 호칭되었다. 표지 삽화 역시 손에 든 긴 칼을 제외하면 드레스와 모자를 갖춘 하이칼라의 양장 부인상으로 그려졌다.[도 11_01] 이처럼 오늘날 '구국 소녀'로 불리는 잔 다르크가 당시에는 '애국 부인'으로 표기된 것은 지금과는 다른 소녀의 개념과 이미지를 보여준다고 할 수 있다.

'여아', '계집아이' 대신 '소녀'라는 단어가 서양식 '소녀girl'의 범주에 해당하는 나이 어린 여자아이를 지칭하는 오늘날의 의미로 자리 잡은 것은 근대기부터로, '소년boy'의 등장을 통해서였다고 할 수 있다.[5] 1908년 최남선이 창간한 잡지『소년』을 통해 '소년'은 서구적 개념의 소년, 즉 'Boy'의 번역어로서 문명개화를 실현할 주역이자 새롭게 구축되는 근대적 의미의 국민 국가를 견인할 주체로서 역할을 부여받았다. "우리 대한으로 하여금 소년의 나라로 하라"는 구호 속의 소년은 "신시대 사녀"인 남학생과 여학생을 두루 포괄하는 개념이었다.[6] 근대의 '소녀'는 이처럼 소년의 공표를 통해 이에 대응하는 언어 기표로서 그 등장에서부터 남성의 기표에 기대어 탄생하게 되었다.[7]

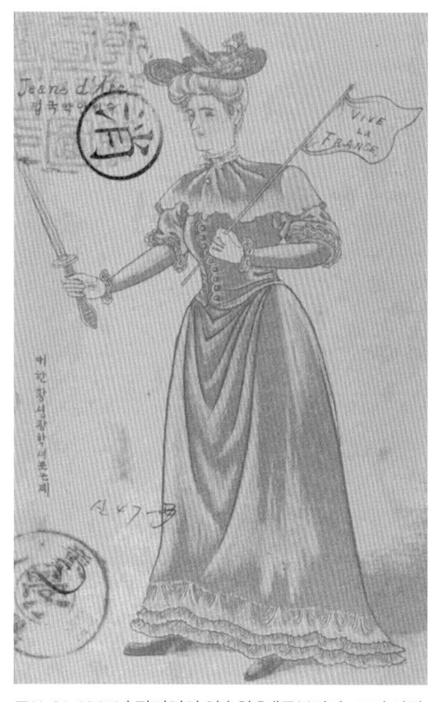

도11_01. 1907년 장지연이 역술한『애국부인전』표지 삽화.

근대 교육의 시작,
소년에 이어 등장한 소녀들

소년이 탄생한 1900년대 후반은 근대국가의 성립이라는 기획 속에서 "문명한 나라"를 만들기 위해 "남녀의 동등 자유"가 주창되었던 시기로, 여성 교육이 부국강병과 문명개화론을 기반으로 한 민족교육의 일환으로 추진되고 있었다.[8] "여자의 교육이 곧 국민의 지식을 인도하는 것"이며 "여자를 교육해야만 인민 모두를 계몽하고, 국가 기강을 다질 수 있다"는 믿음 속에서, 조선의 남학생뿐만 아니라 여학생 역시 근대식 교육을 받으며 봉건적 신분제

도의 타파와 남녀평등, 인권과 개인의 자유 등에 대해 새로운 인식을 가지던 시기였다.[9]

여학생 소녀는 개화기 교과서 삽화를 통해 시각화되었다. 대한국민교육회大韓國民教育會 발행의 『초등소학初等小學』1906의 권2 '아침' 편에는 등교를 준비하는 여학생 정희가 등장하는데 하나로 땋아 댕기를 두른 긴 머리에 한복차림으로 그려진 모습을 통해 당시 여학생의 차림새를 읽을 수 있다.[도11_02] '운동' 편은 여학생의 학교 생활을 엿볼 수 있는 삽화로, 남학생들이 힘차게 달리기 시합하는 동안 여학생들은 동그랗게 모여 손을 맞잡고 모여 있는 모습으로 그려졌다.[도11_03] 『최신초등소학』1908은 같은 장면의 삽화에 "여학도들은 발셔 운동을 맛치고 가진 상을 타가지고 서셔 애국가를 부르니 과연 대한국의 문명기상이올시다"고 적으며 여학생의 존재를 국가와 문명에 비유하기도 했다.[도11_04]

교과서 삽화 속 여학생은 학교보다는 가정과 관련된 공간에 주로 배치되었는데 이를 통해 당시 여학생에게 요구되었던 자질과 교육의 목표를 읽을 수 있다. 『최신초등소학』의 '아버지'와 '어머니' 삽화에 각각 아들소년에게 책을 읽어주며 교육하는 아버지의 모습과 딸소녀과 마주 앉아 바느질하는 어머니의 모습이 그려진 것은 전통적인 남성과 여성의 직분이 답습되고 있음을 보여준다.[도11_05] 보성관普成館 발행의 『초등소학』에서도 남학생인 "령길이는 글자를 쓰고" 여학생인 "룡희는 수를 놋소"라는 글과 삽화를 통해 구별된 남녀의 차이를 확인할 수 있다.[도11_06]

삽화에서도 볼 수 있듯이 소녀의 교육 목표는 소년처럼 '신대한新大韓'의 시대를 열어갈 책임을 진 지식인이자 '세계아世界兒'로서 '독립자존'하는 근대적 주체가 되는 데 있지 않았다. 여성 교육은 기본적으로 "부인의 직책과 가사 다스리는 법", 즉 "사회의 양처"가 되며 "가정의 현모"가 될 현모양처의 자질을 기르는 데 맞춰져 있었다.[10] 이처럼 여학생은 근대적 교육을 통해 여전히 전근대적이고 가부장적인 가정에 편입될 '예비 주부'로서의 정체성을 가진 모순적인 존재들이었다.

1920년대 들어 여자 고등보통학교 학생 수는 갈수록 늘어났다. 1919년까지 약 3,000~4,000 명에 불과했던 그 숫자는 1920년 말에 이르자 약 2만 명에 다다랐다.[11] 『여자계女子界』·『여자시론女子時論』·『신여자新女子』·『여성시대女性時代』·『소녀계少女界』 등 다양한 여성 잡지가 발간되었으며, 부녀자를 대상으로 한 잡지 『부인婦人』은 여학생을 독자로 하는

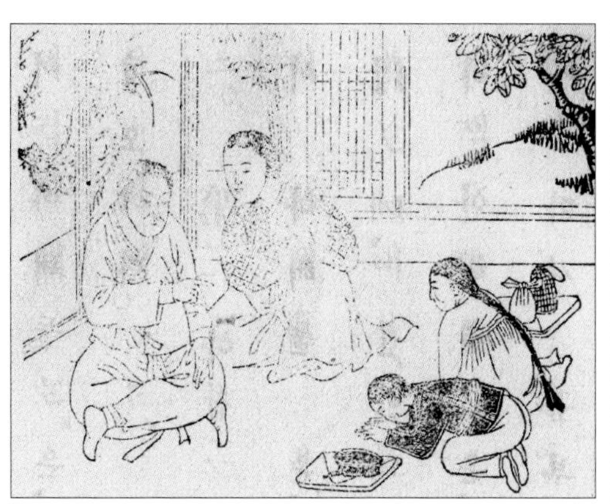

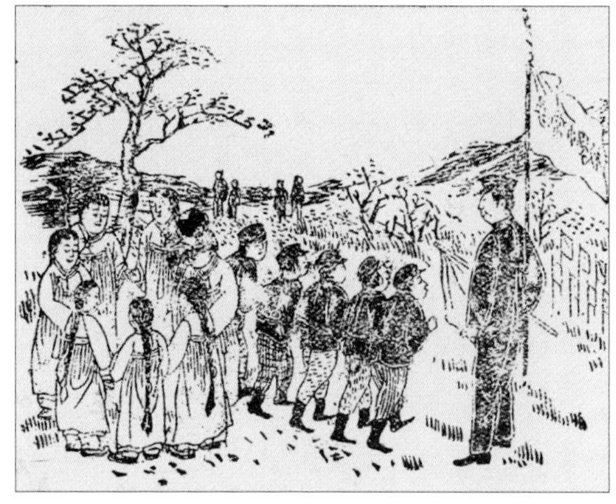

도11_02, 도11_03. 1906년 대한국민교육회 발행의 『초등소학』 권2에 실린 ‘아침’과 ‘운동’ 편 삽화.
한국학문헌연구소 편, 『한국개화기교과서총서』 4, 아세아문화사, 1977.

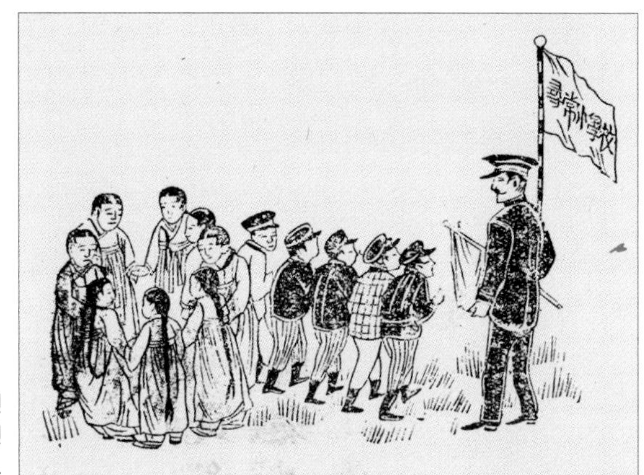

도11_04. 1908년 발간된
『최신초등소학』 권3에 실린
‘운동’ 편 삽화. 이화여자대학교.

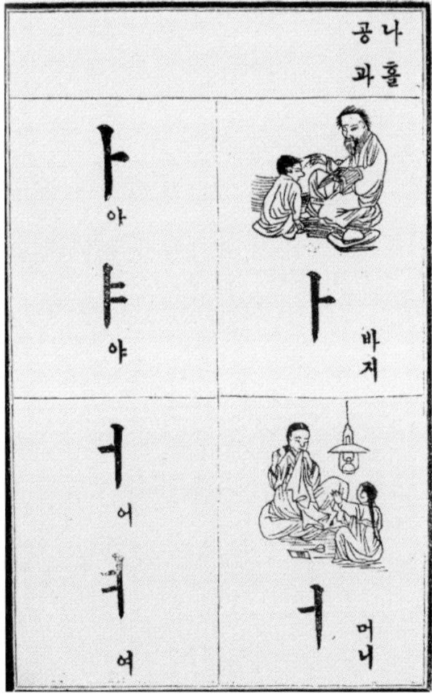

나홀 공과

ㅏ 바지
ㅓ 머니

ㅏ 아
ㅑ 야
ㅓ 어
ㅕ 여

도11_05. 1908년 발간된 『최신초등소학』 권1에 실린
‘아버지’, ‘어머니’ 해당 부분 삽화와 글.
이화여자대학교.

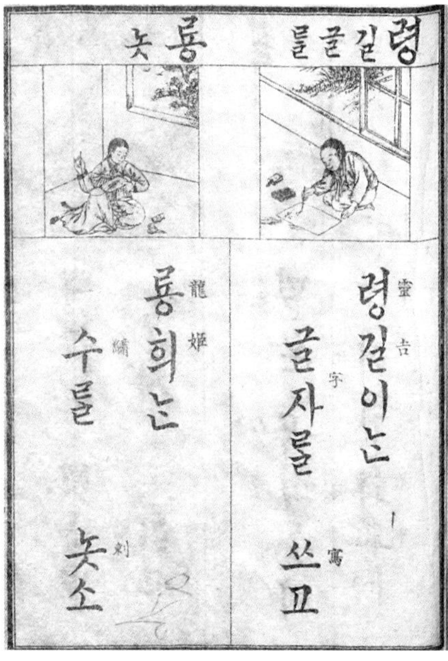

령길 글를 룡 놋

령길이는 글자를 쓰고
룡희는 수를 놋소

도11_06. 보성관 발행의 『초등소학』 권1에 실린
‘령’, ‘룡’ 해당 부분 삽화와 글.
이화여자대학교.

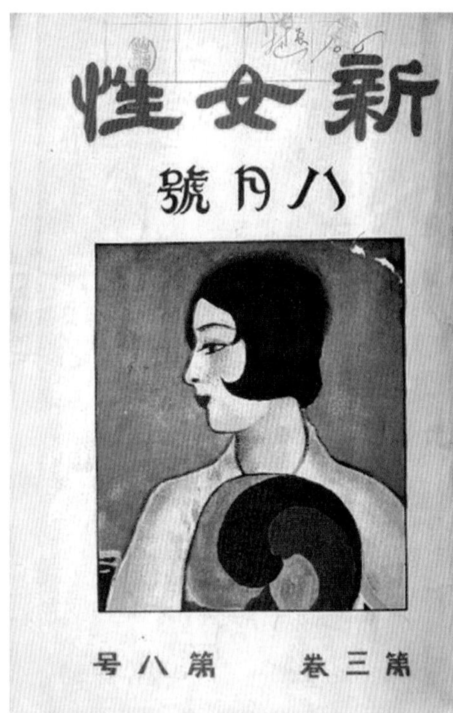

도11_07. 1925년 8월호 『신여성』 표지.

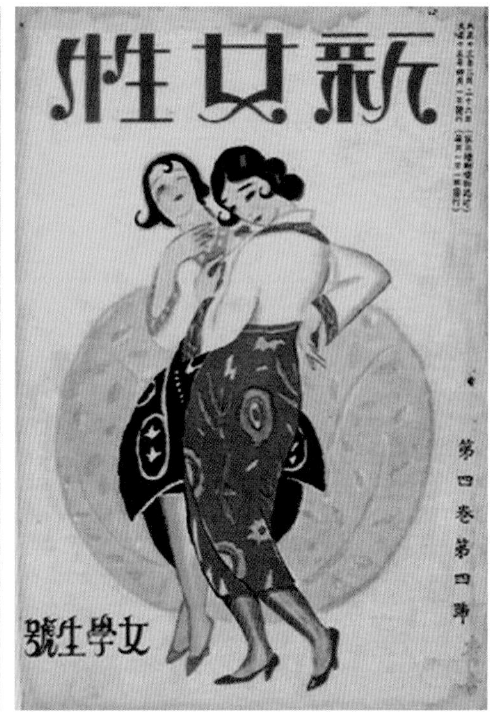

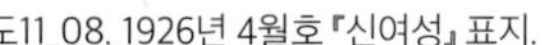
도11_08. 1926년 4월호 『신여성』 표지.

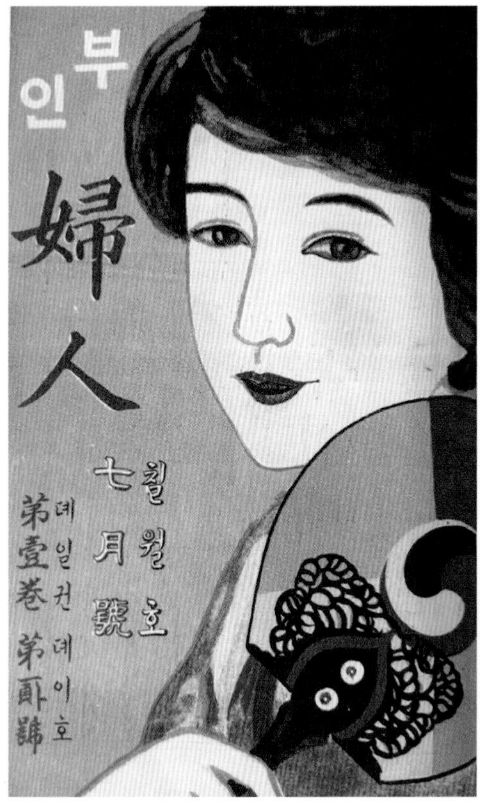

도11_09. 1922년 7월호 『부인』 표지.

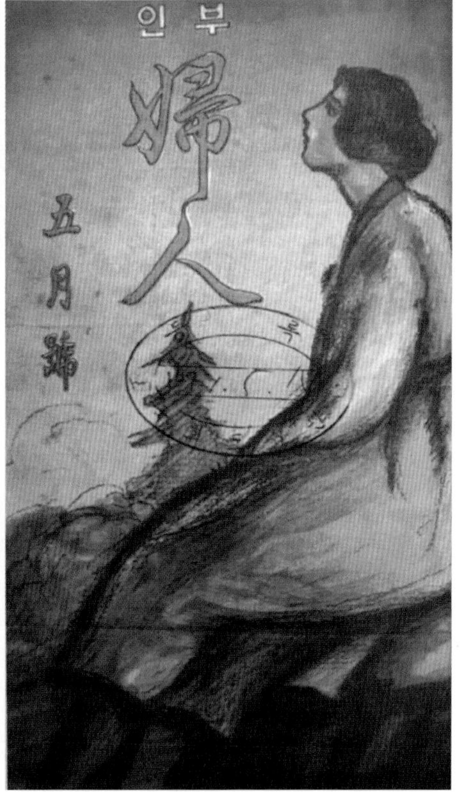

도11_10. 1923년 5월호 『부인』 표지.

『신여성新女性』으로 표제를 변경하기도 할 만큼 당시 신여성·여학생들은 문화의 주류로 성장하고 있었다. 이들은 잡지와 다양한 대중매체에 실린 논설과 소설, 시, 삽화, 광고 등을 통해 그들만의 문화를 형성해나갔다.[도11_07]~[도11_10]

가족 풍경에서 소외되던 딸들, 근대 가족의 구성원이자 국가의 일원으로

식민 지배를 공고하게 제도화하고자 했던 일제의 시각에서 조선의 소녀는 피지배국의 신민臣民으로 집계되었다. "좋은 가정 위에 좋은 사회가 있고 좋은 사회 위에 좋은 국가가 있을 것"이라 했듯이, 근대는 가족이 국가를 구성하는 기초 단위로 자리매김한 시기였다.[12] 사랑으로 결합한 일부일처와 미혼의 자녀로 구성되는 근대적 가정은 일제에 의해 국가 이데올로기를 수행하는 공간이자 근대화와 개량을 위한 교정의 장소로 기능했다.

1915년 경성에서 열린 가정박람회에는 모범적인 신가정의 모델로 "죠션의 샹류 가졍"의 모습이 소개되었다. 전시된 근대적 가정은 "쥬인 내외에 자녀 남매 잇는 가뎡"으로 그들의 일상은 신문을 읽는 남편과 공부하는 아들, 바느질하는 부인과 딸의 모습으로 재현되었다.[13] 이처럼 이전까지 부계 혈연 중심의 가족제도에서 소외되었던 여성인 딸 즉, 소녀는 가정을 이루는 식민지 구성원이자 국가의 일원으로서 파악될 수 있었다. 소녀는 신가정에서도 어머니와 집안일을 나누는 딸이라는 전통적인 역할과 교육과 개량을 통해 "장래의 양처현모로서 가정의 주인이 될 사람"으로 기대되는 존

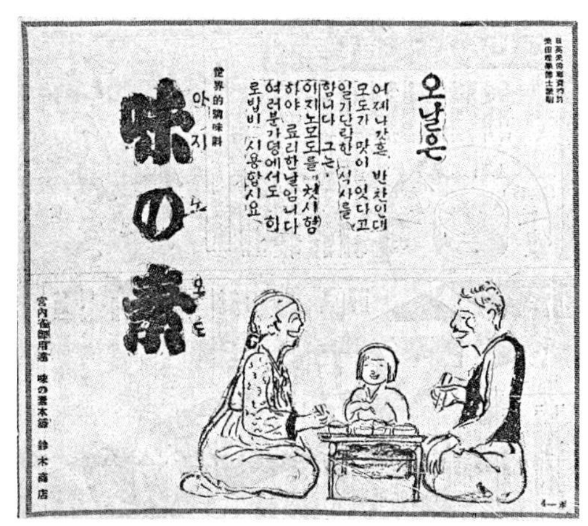

도11_11. 1928년 4월 22일자 『매일신보』에 실린 조미료 아지노모도味の素 광고. 단란한 가족의 이상적인 모습을 상품 광고 이미지로 재현한 사례다.

재였다. 근대적 가족 제도의 변화 속에서 등장한 소녀 이미지는 1929년 시정 20주년을 기념해 개최된 조선박람회에 설치된 조선생명보험회사의 전시에도 등장했다.[14] 온 가족이 둘러앉아 어린 소녀의 재롱을 보며 즐거워하는 모습은 근대의 이상적 가정의 모습을 담았다. 이러한 변화는 화단의 모녀상과 가족상 제작과 단란한 가정을 이상적으로 선전한 상품 광고 이미지로 재현되었다.[도11_11]

소비문화 확산,
또 다른 '걸', '못된껄', '모던걸'을 부르다

소비문화의 확산과 함께 등장한 '모던걸'이라는 새로운 표지는 또 다른 '걸' 즉, 소녀들의 존재 양상을 보여준다.[15] '근대 소녀'이자 '시체時體 계집애', 나아가 '못된껄'로 호명된 모던걸은 경성을 무대로 유행을 소비하며 서구적인 의장衣裝을 통해 자신의 정체성을 드러냈던 여성들로 "해방된 현대적 색씨"이자, "행색이 고혹적이며 그 이상이 감각적으로 꾸며진 나이 어린 처녀들"로 불렸다.[16] "양장이나 하고, 머리나 곱실곱실 지지고 물 우에 뜬 부평초처럼 정견이 없고, 도발적 미를 가진 것뿐"이라고 했듯이, 모던걸은 지식인 여성이라는 함의를 벗어버림으로써 더 넓은 범위의 근대 여성, '긔생'과 '녀학생', '카페 웨트레스'를 포괄하며 외형적인 미만을 추구하고 결혼 후에는 관습적인 여성의 삶으로 돌아가는 모순적인 여성상으로 그려졌다.[17] 안석주安碩柱, 1901~1950는 "황금 팔뚝시계 보석반지 이 두 가지를 구비치 못하면 무엇보담도 수치"라며 획일적인 치장을 한 모던걸들의 형상을 반복적으로 그린 신문 삽화를 통해 근대화가 불러온 물질만능주의와 유행에 의한 탈개성화에 대해 풍자하기도 했다.[도11_12]

소비를 장려하는 다양한 상품들 속에서 소녀는 이상적인 구매자이자 상품화된 이미지로서 등장했다. 광고는 소녀를 신식 가정을 구성하는 데 필요한 상품을 선전하기 위한 이미지이자 미인상으로 이상화했다. 위생과 건강의 개념에서 치약齒磨, 비누石鹼 같은 위생용품은 근대적으로 소녀의 신체를 개조하는 신문물로 선전되었으며, 백분白粉·크림·향수·

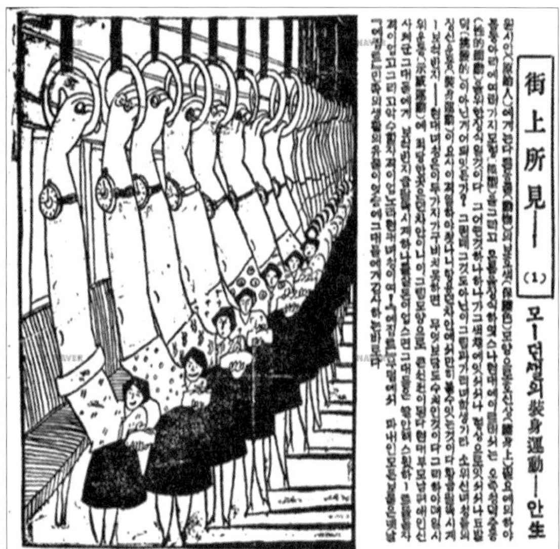

도11_12. 1928년 2월 5일자 『조선일보』에 실린 안석주의 「가상소견, 모던껄의 장신운동」 삽화.

미안수美顔水 같은 미용품 광고는 외모가 사유재산이 된 소비사회에서 신체를 단장하고 관리하기 위한 필수품으로 통용되었다. 또한 신문물을 대표하는 맥주와 담배 등의 기호품 광고 속에서 소녀는 시대가 요청하는 미인상으로 형상화되었다.[도11_13]~[도11_15]

조선의 향토적 장면의 모델, 아기 업은 가난한 소녀들

풍속도류를 제외하고는 근대 이전까지 소녀를 화제로 삼거나 소녀를 그린 이미지는 찾아보기 힘들다.[18] 모호한 개념과 범주 속에서 탄생한 소녀는 근대기 여성 교육의 수혜자인 여학생과 근대적 가정의 자녀, 소비사회 속의 이상적인 소비자로 시각화되기 시작했다. 이들의 이미지는 1920년대 형성된 소녀 문화를 통해 확산되며 신문과 잡지, 삽화 광고 등의 다양한 대중매체에 재현되고 화단에서 즐겨 그려졌다. 이처럼 근대기 소녀의 탄생과 함께 시각화된 소녀의 이미지는 근대성을 드러내는 표징으로 읽을 수 있다.

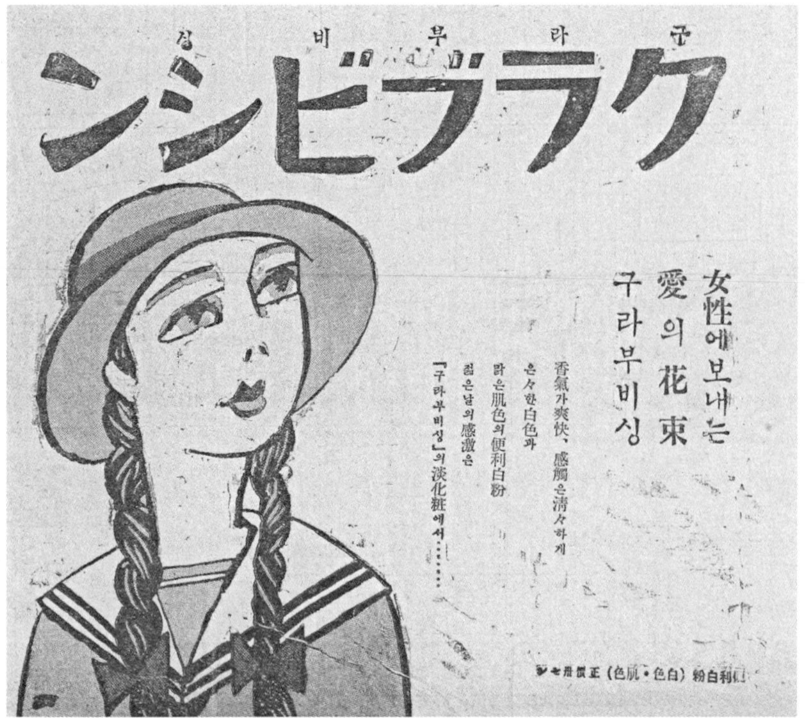

11_13. 1932년 12월 30일자 『매일신보』에 실린 구라부クラブ 화장품 광고.

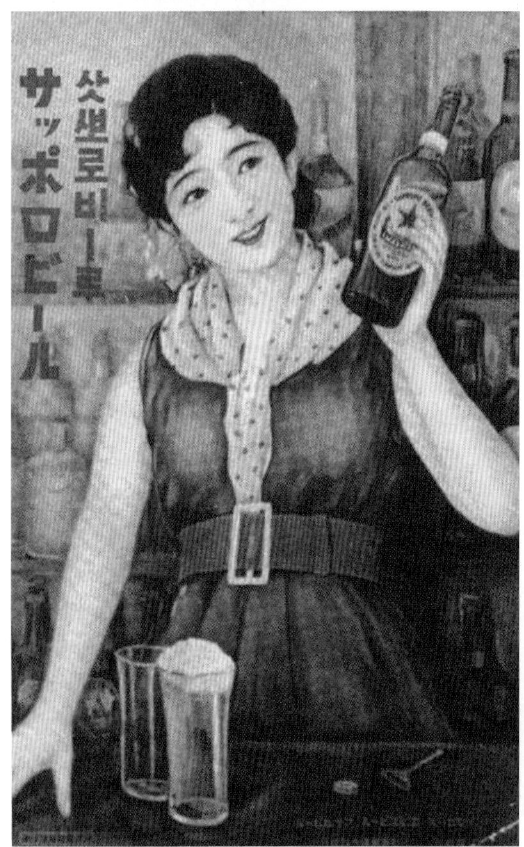

도11_14. 1932년 삿포로 맥주 광고 포스터.

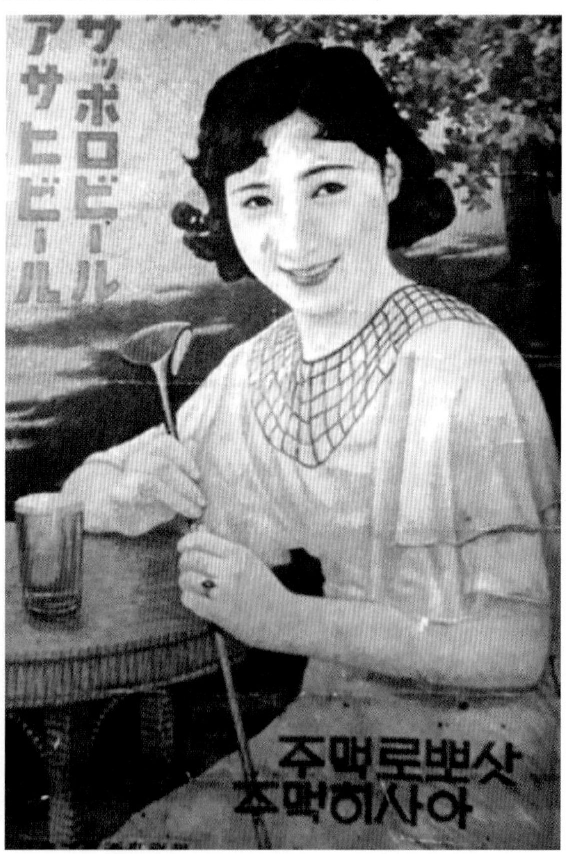

도11_15. 1936년 삿포로 아사히 맥주 광고 포스터.

조선미전에서 조선의 향토적 풍경을 그리는 데 즐겨 사용되던 어린 아기를 업은 여아의 도상은 신윤복申潤福의 《여속도첩女俗圖帖》 속 〈장옷 입은 여인〉뿐만 아니라 근대 이전의 풍속도류에서도 찾을 수 있다.[도11_16]

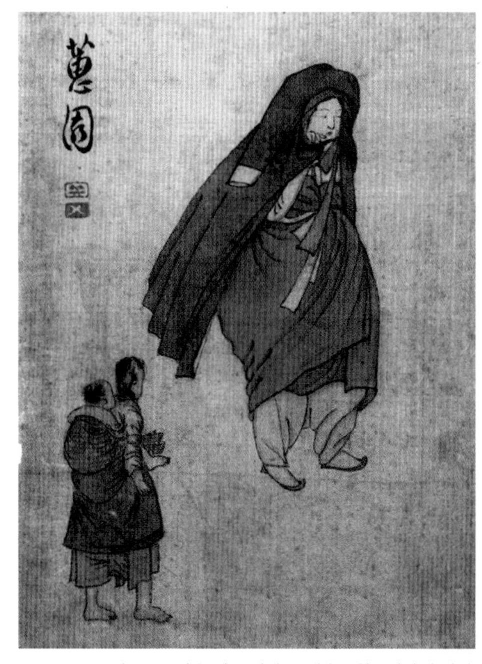

도11_16. 신윤복, 〈장옷 입은 여인〉, 《여속도첩》, 비단에 채색, 31.4×28.8, 18세기 후반~19세기 전반, 국립중앙박물관.

이러한 이미지는 이야마 게이타로飯山桂太郎의 〈신록의 계절若葉頃〉1923과[도11_17] 다카오카 가이치로高岡嘉一郎의 〈비 온 후의 촌락雨後の部落〉1924,[도11_18] 나카오 기쿠타로中尾菊太郎의 〈오후의 햇빛午後の陽〉1924,[도11_19] 〈따뜻한 눈 내리는 아침溫かい雪の朝〉1925[도11_20] 등과 같은 일본인 화가들의 작품에 즐겨 사용되던 도상으로 이들 모두 농촌 마을을 배경으로 아기 업은 소녀와 어린아이의 모습을 어우러지게 표현하며 조선적인 풍경으로 제시했다.

잠든 아기를 업고 손에 바구니를 든 소녀와 길가에 앉아 떨어진 낟알을 줍고 있는 더벅머리의 여아를 그린 이영일李英一, 1903~1984의 〈농촌의 아이들〉1928은 이러한 도상의 계보를 잇고 있다.[19] [도11_21] 다음해에 그린 〈보유輔乳의 휴식〉1930은 고된 노동 후 아기에게 젖을 먹이는 어머니와 이를 바라보는 두 소녀를 그린 작품으로 내용적인 면에서 〈농촌의 아이들〉과 이어진다고 할 수 있다.[도11_22] 이영일이 경성행 열차 속에서 차창 밖의 풍경을 보며 얻은 인상을 바탕으로 그린 작품이라고 밝혔듯이, 도시와 대비되는 농촌의 풍경과 작가가 생각하는 향토적 농촌의 이미지가 화면에서 재구성된 작품임을 알 수 있다.[20] 화면 속 인물들의 관계를 가족으로 추정한다면, 비근대화되고 미개화된 자연이자 순수한 조선의 공간으로 재탄생한 농촌은 이와 마찬가지로 비문명화된 상태의 인물인 소녀, 즉 농사일하는 어머니를 대신해 아이를 돌봐야하는 소녀가 존재할 수 있는 장소였다. 이처럼 아기 업은 소녀는

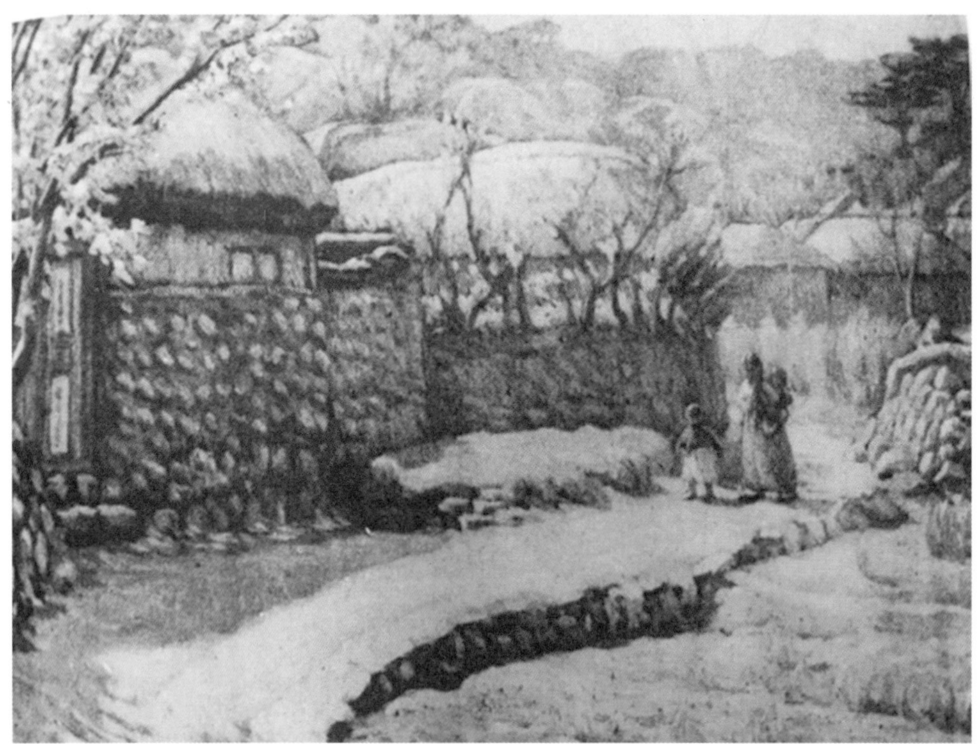

도11_17. 이야마 게이타로, 〈신록의 계절〉, 1923.

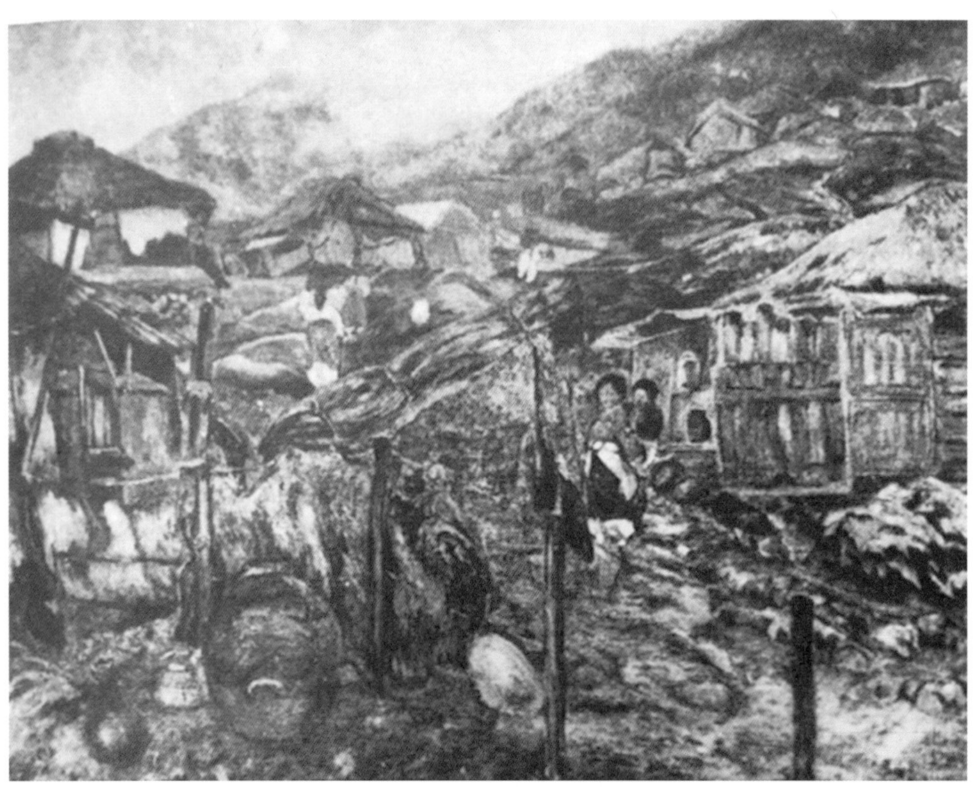

도11 18. 다카오카 가이치로, 〈비 온 후의 촌락〉, 1924.

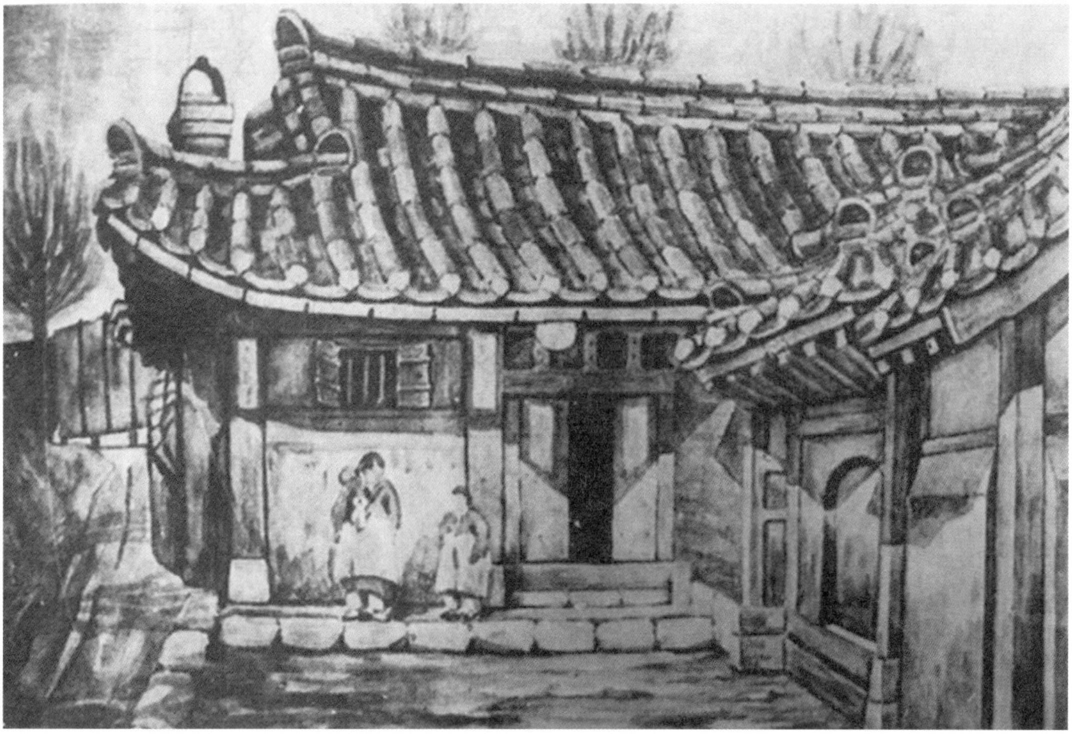

도11_19. 나카오 기쿠타로, 〈오후의 햇빛〉, 1924.

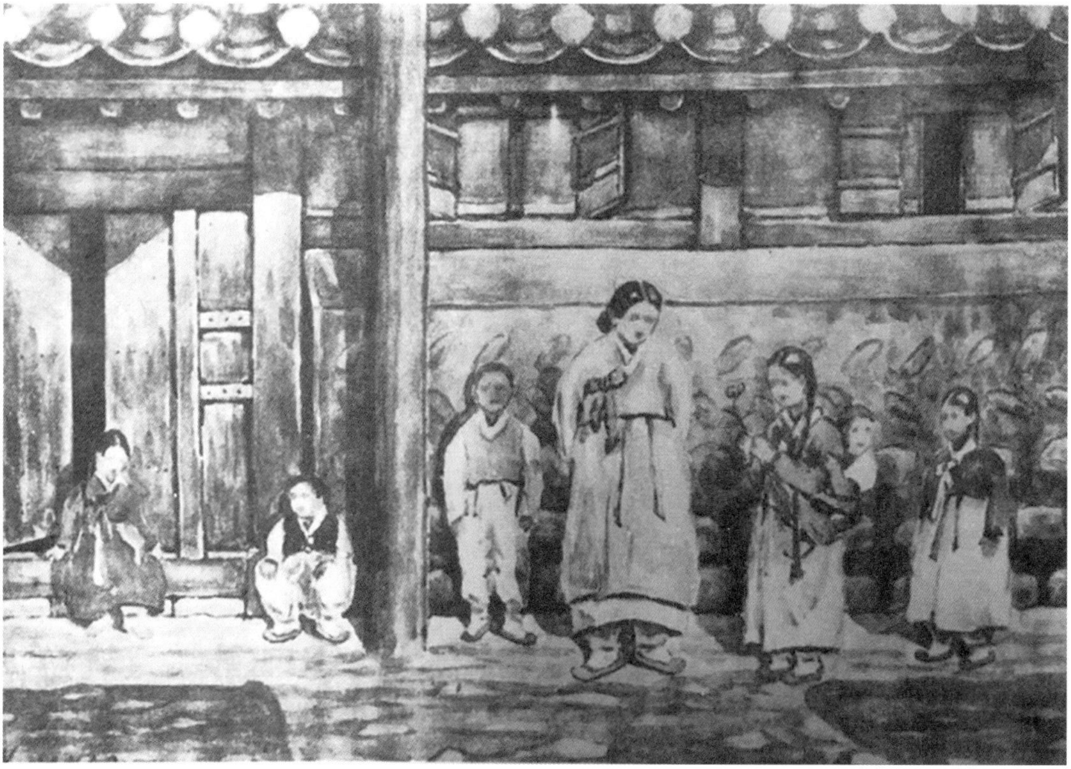

도11_20. 나카오 기쿠타로, 〈따뜻한 눈 내리는 아침〉, 1925.

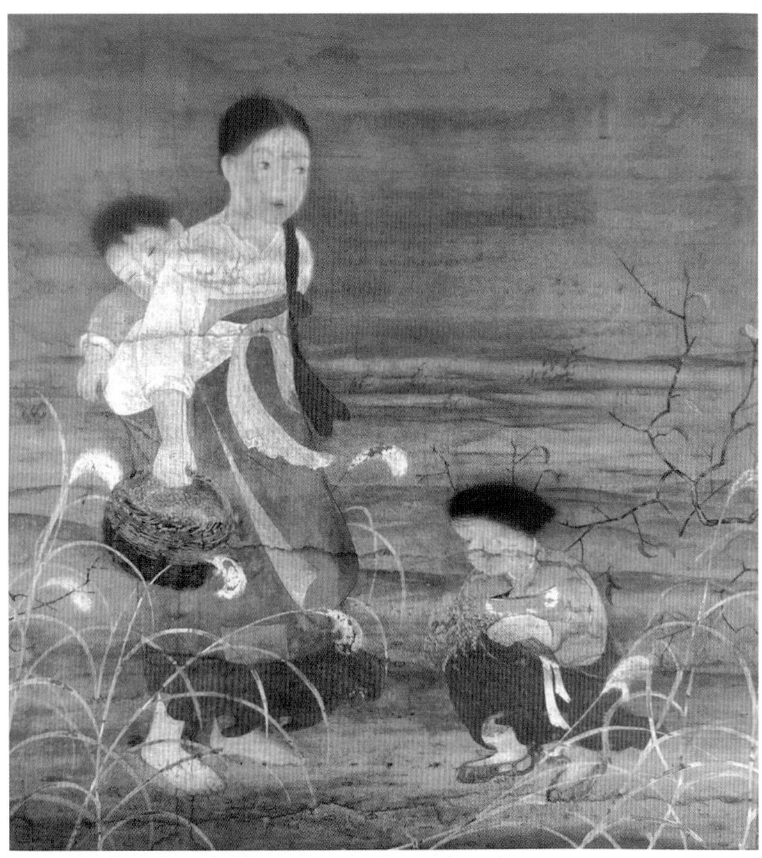

도11_21. 이영일, 〈농촌의 아이들〉, 비단에 채색, 152×142.7, 1928, 국립현대미술관.
오늘날에는 〈시골 소녀〉로 작품명이 바뀌었으나 1929년 조선미전에는 〈농촌의 아이들〉로 출품되었다.

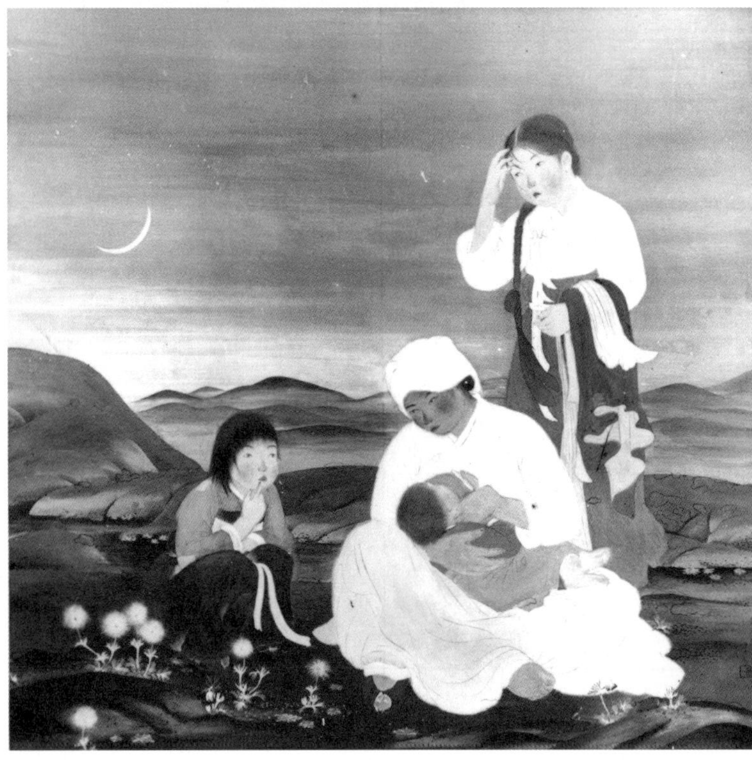

도11_22. 이영일, 〈보유의 휴식〉, 1930, 국립중앙박물관.

동생을 돌본다는 의미에서 어머니를 대신하는 대리모성의 장녀 이미지로도 읽을 수 있을 것이다. 이는 당시 조선미전이 선호했던 소재로 이 작품은 '조선 정조', '조선 고유의 장활한 특색'으로 평가되며 특선을 받았다. 또한 도상 속 소녀는 가족에 대한 향수, 나아가 고향과 조국을 표상하는 이미지로 확대되기도 했다.

우시로 가쓰마사後勝正의 〈어머니를 기다리다母を待つ〉1937와 같이 일본인 화가들에게 조선의 풍경은 생계를 위해 일하러 나간 어른들을 대신해 빈 촌락을 지키는 아이들로 채워지고 있다.[도11_23] 어른의 부재와 부모를 기다리는 아이들의 궁핍한 모습은 일본인들이 상상하고 제조한 식민지 조선의 모습이었다.

그러나 근대의 소녀상을 소녀의 성격과 시대성을 포괄하는 소녀의 표상으로 상정한다면, 이처럼 일본인 화가의 작품을 통해 구상된 농촌의 소녀와 아기 업은 전통적인 소녀의 이미지를 근대적인 소녀상으로 읽을 수 있을지 의문을 가지게 된다. 이들은 도시에 가지도, 신식 교육을 받지도 못하며, 여학생으로 성장할 수 없는, 내지의 농촌에서 동생을 돌보며 촌부村婦로 성장하게 될 여아들인 것이다. 이러한 농촌 소녀 이미지를 담은 그림들에서 '소녀'로 이름 붙여진 작품은 히라카와 마사오平川雅夫가 그린 〈계집애キチベ, 少女〉1932 단 한 점에 지나지 않는다는 점도 이를 방증한다.[도11_24] 그마저도 '소녀'는 제목의 부제로, 조선어 발음 '계집애'의 뜻을 설명하기 위해 쓰이고 있는데 이는 동시기에 많은 여성 단독상들이 '소녀'로 명명되었던 것과는 대조적이라 할 수 있다.

이들의 작품에서 알 수 있듯이, 전통적인 농촌과 자연의 풍광은 문명화된 도시에 대비되는 원시적인 공간으로 이는 소녀 도상을 통해 더욱 강화되고 있다. 요네자와 고지米澤康司의 〈경성소견〉1940에서 소녀가 서 있는 전통 가옥촌과 대비되는 후경의 높은 서양식 건물을 통해 소녀의 위치와 자리는 더욱 공고해진다.[도11_25] 여기에는 문명과 도시를 상징하는 남성 표상에 비해 자연, 미개로 비유되는 여성이라는 도식과 함께 식민지 상황에서 자연 속의 소녀가 피식민지를 상징하는 기호로 재현되고 있다. 이처럼 전통적인 소녀 이미지는 피주체인 식민지 조선을 여성으로 표상했던 일본적 오리엔탈리즘의 시선에 의해 향토색의 근원적 도상으로 재현되고 향유되었음을 볼 수 있다.

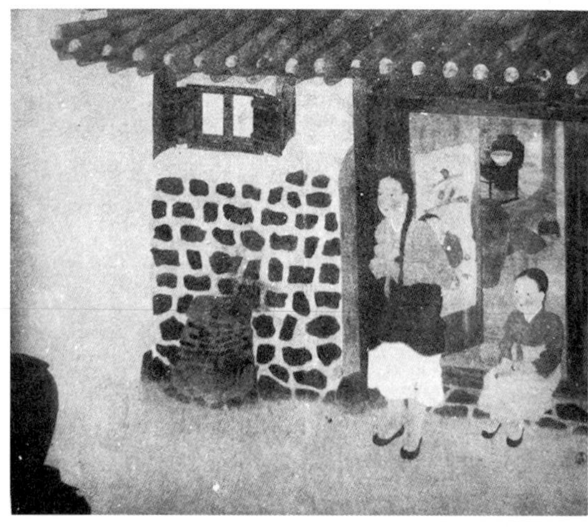

도11_23. 우시로 가쓰마사,
〈어머니를 기다리다〉, 1937.

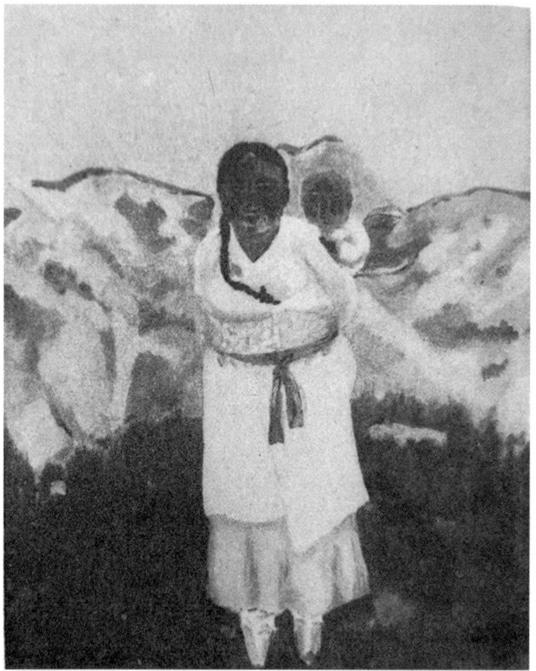

도11_24. 히라카와 마사오,
〈계집애〉, 1932.

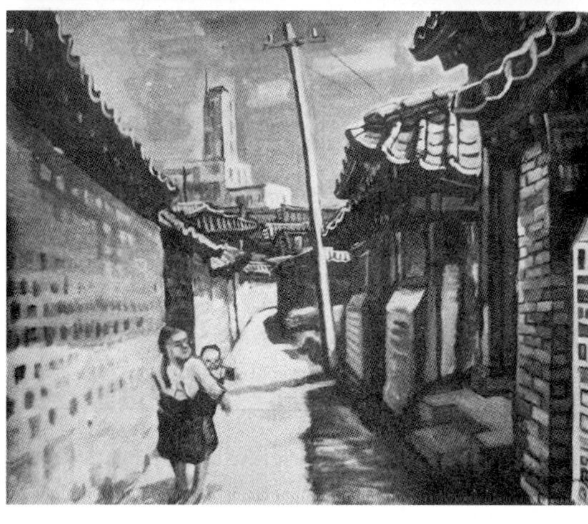

도11_25. 요네자와 고지,
〈경성소견〉, 1940

그림, 광고, 잡지 등의 인기 모델, 엄마와 아들 대신 엄마와 딸

소녀와 관련해 근대기에 새롭게 등장하는 화제 중 하나가 어머니와 딸을 그린 모녀의 이미지다. 근대 이전까지 모자상은 많았으나 모녀상은 거의 그려지지 않았다. 풍속화류나 경직도, 신한평申漢枰, 약 1726~1809년 이후의 〈자모육아慈母育兒〉에서 젖먹이는 어머니 옆에 앉은 여아의 모습을 겨우 찾을 수 있을 정도였다.[도11_26]

모녀의 따뜻한 외출 장면을 담은 백윤문白潤文, 1906~1979의 〈일난日暖〉1931은 근대기 변화된 가족의 모습을 보여주고 있다.[도11_27] 전통적인 미인상의 모습으로 그려진 어머니와 함께 신가정의 구성원으로 재발견된 소녀는 꽃을 들고 해맑게 웃는 모습으로 그려졌다. 앞서 1920년 제생당濟生堂 약방의 청심보명단靑心保命丹 광고 역시 모녀의 대화와 함께 이들의 정겨운 나들이 장면을 그렸다.[21][도11_28] 양산을 든 어머니와 함께 들꽃을 꺾는 데 여념이 없는 소녀의 모습은 아래와 같이 상품 광고로 이어지는 대화 속에서 정겨운 분위기를 자아낸다.

> "모: 복희야 그 꽃은 왜 따느냐."
> "여: 어머니 이 꽃에 향취가 대단해요."
> "모: 그러면 그보다 더 향기로운 것을 사주랴."
> "여: 그것이 무엇이야요, 그런 것을 사주서요."

화신백화점은 '초하初夏의 부인 아동 양품'으로 어머니와 소녀의 옷을 광고했는데 부인복과 아동복 상품의 부푼 소매와 각진 칼라 등은 모녀가 나들이에 입을 수 있는 커플룩을 선전한 것으로 보인다.[22][도11_29]

광고에서 모녀상은 화단보다 일찍 제작되고 있었다. 가테이カテイ 비누 광고는 엘리자베스 루이 비제 르 브룅Elisabeth-Louise Vigee-Le Brun, 1755~1842의 〈모녀상Self-portrait with Daughter, Julie〉을 광고 도안으로 사용한 것으로 유명하다.[도11_30], [도11_31] 이는 『경성일보』를 시작으로 『매일신보』와 『동아일보』, 『조선일보』, 잡지, 광고 포스터 등 다양한 대중매체에 게재되며 일본화된

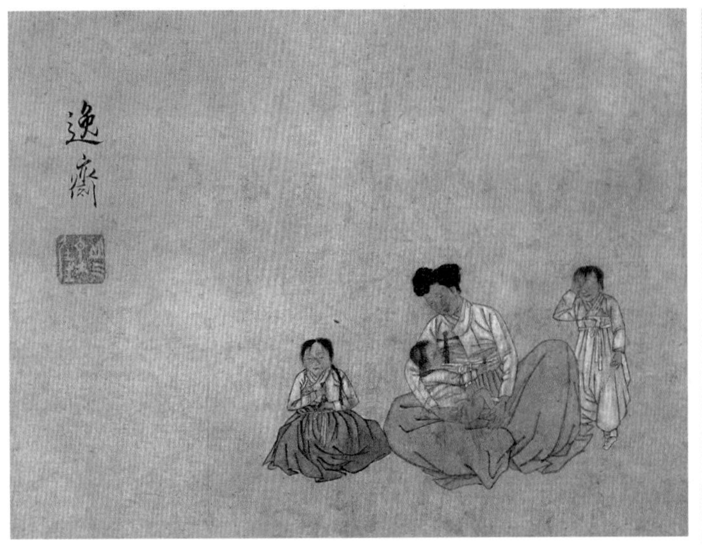

도11_26. 신한평, 〈자모육아〉, 종이에 채색, 23.5×31, 18세기 후반, 간송미술관.

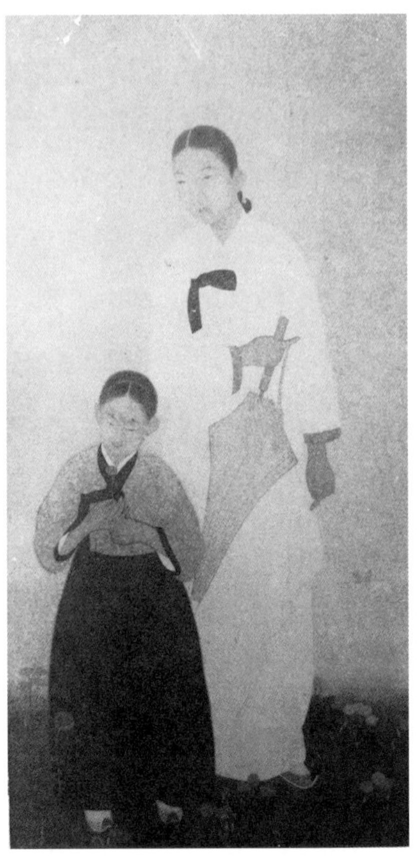

도11_27. 백윤문, 〈일난〉, 1931.

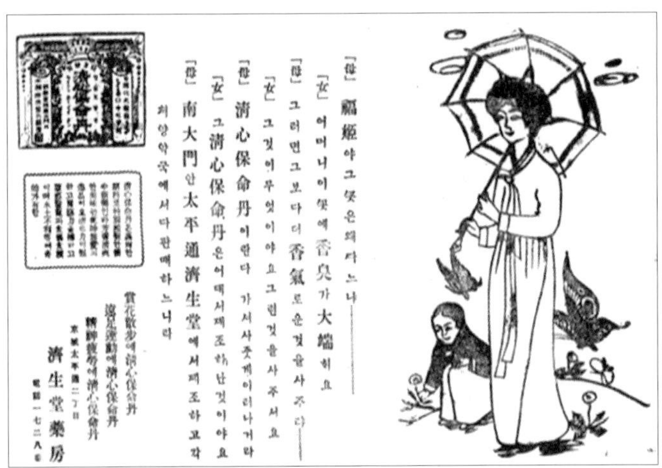

도11_28. 1920년 4월 14일자 『동아일보』에 실린 청심보명단 광고.

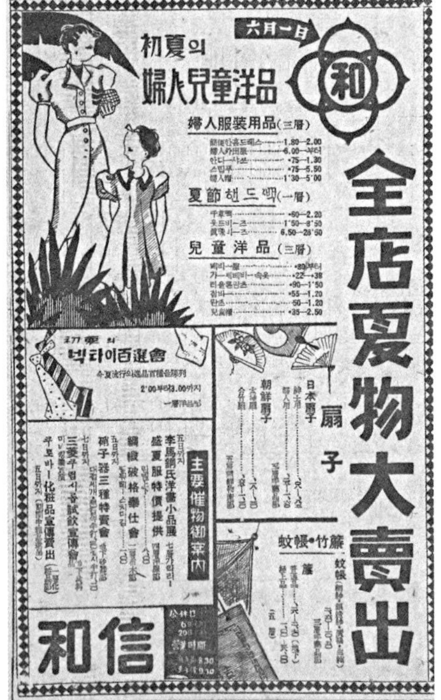

도11_29. 1938년 6월 1일자 『매일신보』에
실린 화신백화점 광고.

모자상으로 변용되기도 했다. 활짝 웃는 모녀의 모습은 근대적 가족 이미지와 함께 상품에 대한 만족감을 나타내는 기표였다.

소녀에게 글을 가르치는 어머니의 모습을 담은 이마무라 마사지로今村政二郎의 〈첫 배움學び初めて〉1924에서처럼 어머니는 소녀가 가정에서 만나게 되는 첫 스승이었다.[도11_32] 오주환吳周煥, 1915~1989의 〈실내〉1932 역시 어머니에게 독서지도를 받는 소녀의 모습을 담았다.[도11_33] 단발과 짧은 치마를 입은 소녀는 여학생의 신분으로 보이며 탁자 위에 놓인 『주부의 벗主婦の友』과 같은 잡지와 책들은 어머니 역시 신식 교육을 받은 신여성임을 보여준다. 그림 속 어머니가 보았을 여성 잡지에는 당시 「입학연령의 자녀를 둔 가정에게」나 「조혼 자녀를 기릅시다」, 「내 딸의 교육」 등과 같이 자녀의 양육, 교육에 관련된 다양한 기사들이 소개되고 있어 변화된 어머니의 역할을 상기시켰음을 보여준다.[23]

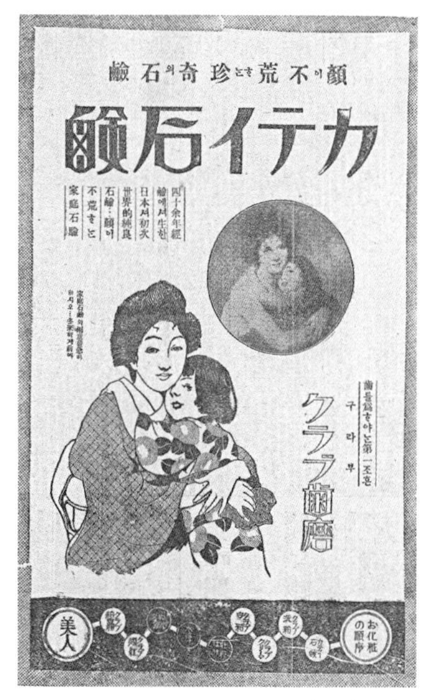

도11_30. 1921년 11월 14일자 『매일신보』에 실린 가테이 비누 광고.

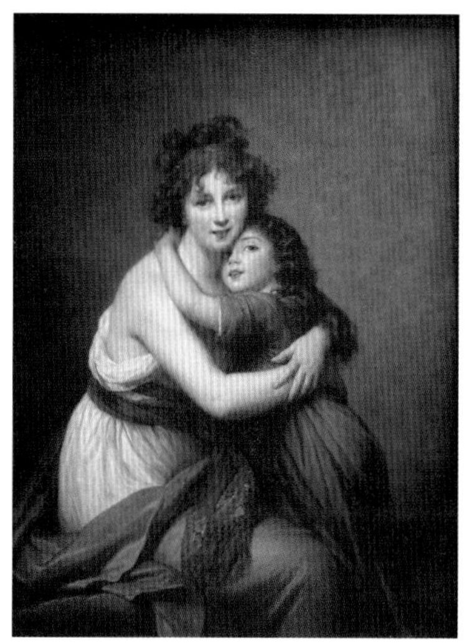
도11_31. 엘리자베스 루이 비제 르 브룅, 〈모녀상〉, 캔버스에 유화, 130×94, 1789, 루브르박물관.

광고 또한 모녀상을 통해 근대적 위생을 교육하고 선전하고자 했다. 「아동의 구중口中 위생」이나 「위생적 가정을 만드시오」, 「치아위생에 대하야」 등의 기사는 자녀와 가정의 위생이 어머니의 역할임을 알렸다. 라이온ライオン 치약은 "미와 건강을 위하여" "주무시기 전에도 니를 닥그십시오" "어린 때부터 니를 닥그십시오"를 선전하며 양치하는 모녀의 모습을 담았다.[24] 석감과 세분 등 위생상품의 광고 역시 어머니에게 가정위생을 교육받는 딸로서 소녀의 이미지를 그린 모녀상을 제시했다.

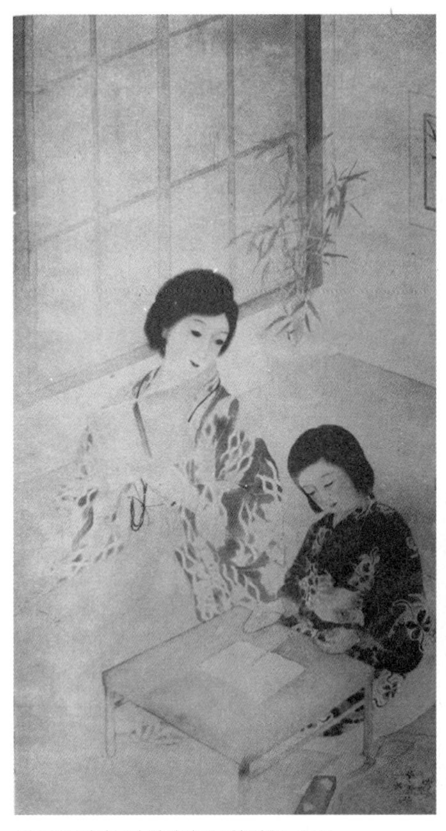

도11_32. 이마무라 마사지로, 〈첫 배움〉, 1924.

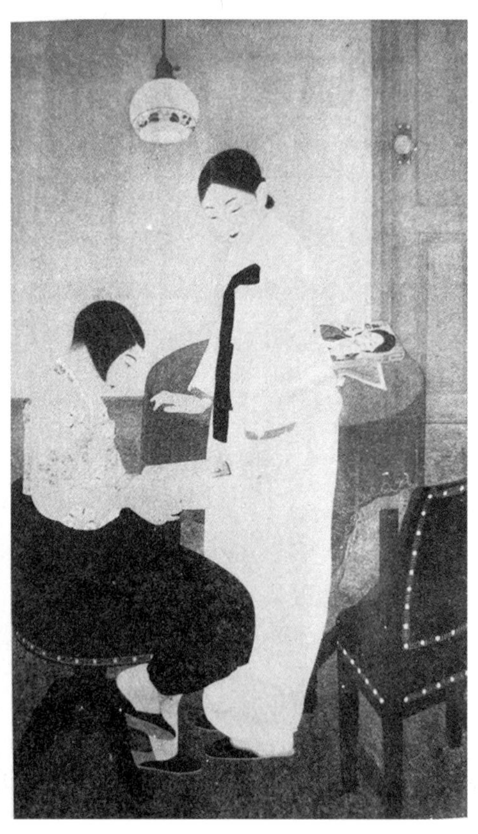

도11_33. 오주환, 〈실내〉, 1932.

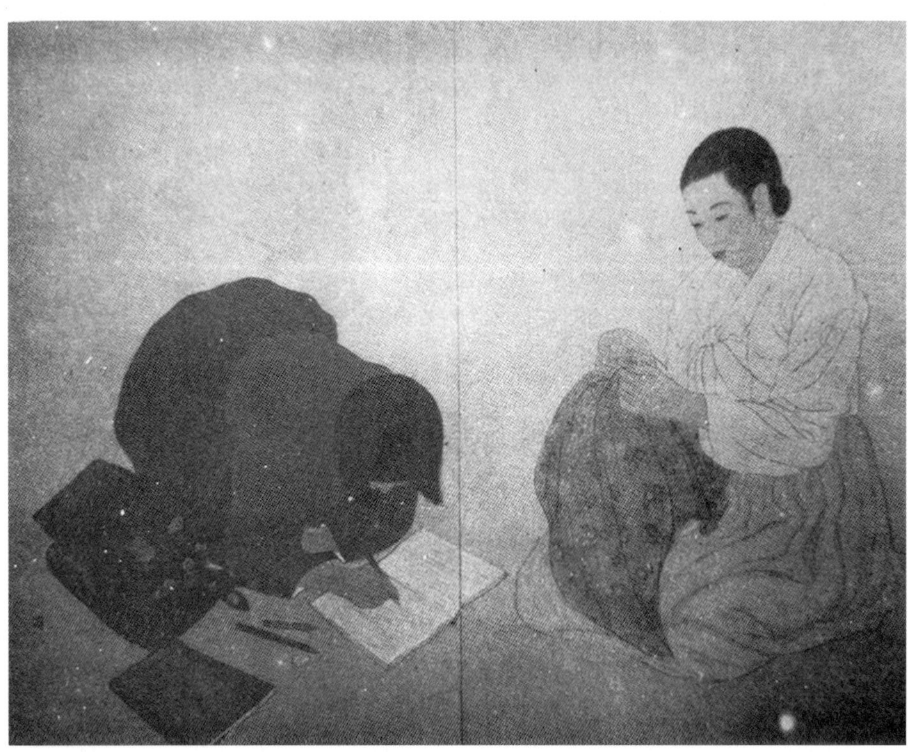

도11_34. 이종구, 〈모녀〉, 1940.

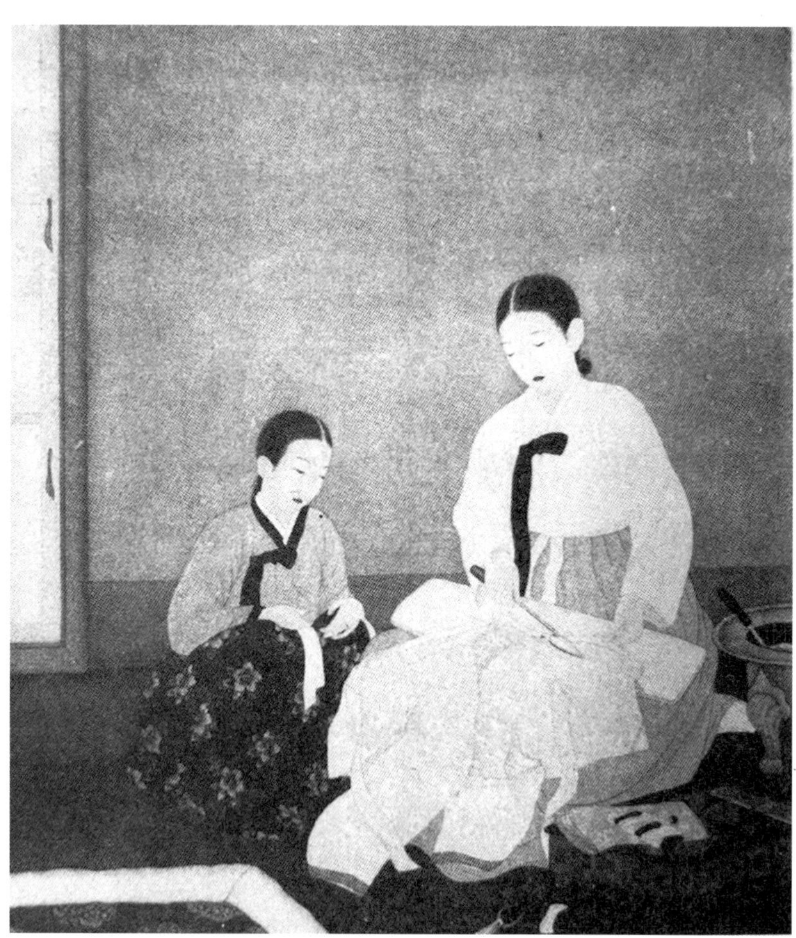

도11_35. 조용승,
〈모녀〉, 1936.

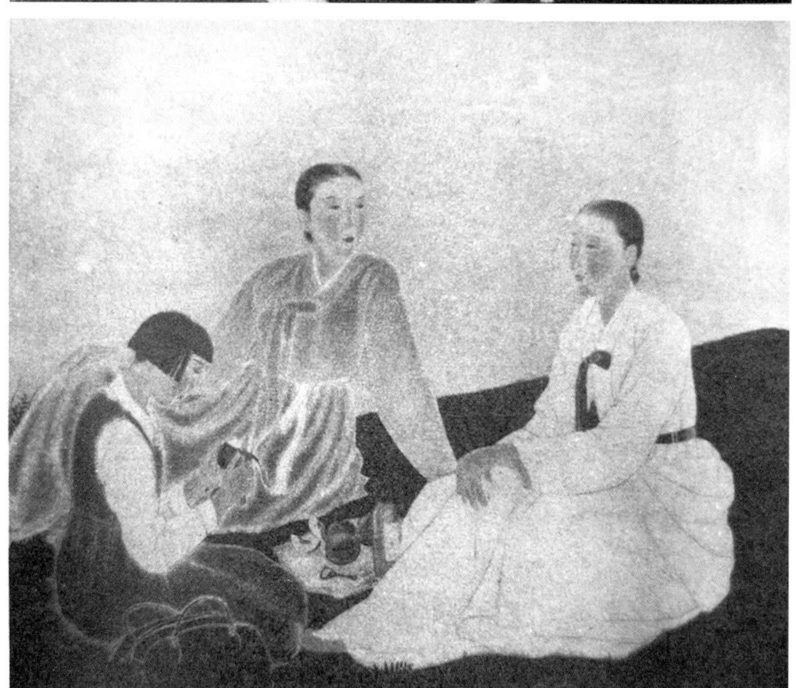

도11_36. 조용승,
〈춘구〉, 1940.

이종구李鍾九의 〈모녀〉1940는 바느질하는 어머니 곁에서 공부에 여념이 없는 소녀의 모습을 그렸다.[도11_34] 신분제도가 사라지고 교육을 통해 신분의 변화가 가능해진 사회에서 교육은 신분 상승의 수단이었으나 아무리 여성 교육이 중요해졌다고 하더라도 그것은 현모양처를 만들기 위한 범주 내에서만 가능한 것이었다. 인두로 다림질하는 어머니와 그를 지켜보는 소녀를 묘사한 조용승趙龍承, 1912~1946년 이후의 〈모녀〉1936는 장차 한 가정의 주부로서 미래의 현모양처가 될 소녀가 어머니에게 집안일을 배우는 모습을 담았다.[도11_35] 교복 차림으로 사과를 깎는 조용승의 〈춘구春丘〉1940 속 여학생 역시 학교에서 받는 근대적 교육은 결국 가정에서 가사를 수행하기 위한 것이었음을 보여준다.[도11_36]

여학생, 이상적인 연애의 대상

소녀 초상은 근대기 여성상의 제작 방식이 전통적인 춘정을 드러내는 것에서 조형적 아름다움을 표현하고 이들을 순수한 미적 대상으로 감상하는 것으로 변화했음을 보여주는 화제라 할 수 있다. 그중에서도 책 읽는 소녀를 그린 문학소녀의 이미지는 개량 한복에 긴 댕기머리를 늘어뜨린 윤희순尹喜淳, 1902~1947의 〈소녀〉1929와[도11_37] 김주경金周經, 1902~1981의 〈아침〉1930,[도11_38] 그리고 양 갈래로 땋은 머리에 양장 차림의 나혜석羅蕙錫, 1896~1948의 〈소녀〉1932[도11_39] 등에 등장하고 있다. 주로 사녀와 미인을 소재로 했던 윤두서의 〈미인독서도〉나[도02_02] 윤덕희의 〈책 읽는 여인〉[도02_01] 등의 전통적인 여성 독서도와 달리, 근대의 독서상은 문명화된 신식 여성을 표상한다고 할 수 있다. 그중에서도 소녀 독서상의 등장은 여성교육의 보급을 통해 여학생 소녀의 독서가 일반화되었음을 보여준다.[25] 댕기 머리에 한복 차림으로 그려지던 독서도 속 소녀는[도11_40] 점차 단발이나 양장을 통해 서구적이고 근대적인 이미지를 발신하는 모습으로 그려졌다.

독서도가 제작되기 시작한 1920년대는 소녀를 독자로 하는 다양한 잡지와 서적들이 발간되고 이들을 위한 소설과 문학작품이 인기를 끌며 '소녀'와 '문학'을 결합한 '문학소녀'라는 용어가 문단에 등장한 시기였다.[26] 소녀잡지와 소녀소설 속에서 정의되는 소녀의 이

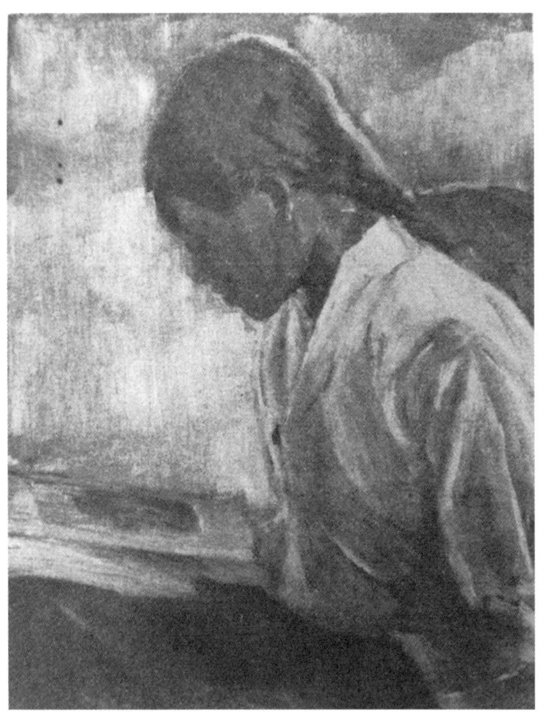

도11_37. 윤희순, 〈소녀〉, 1929.

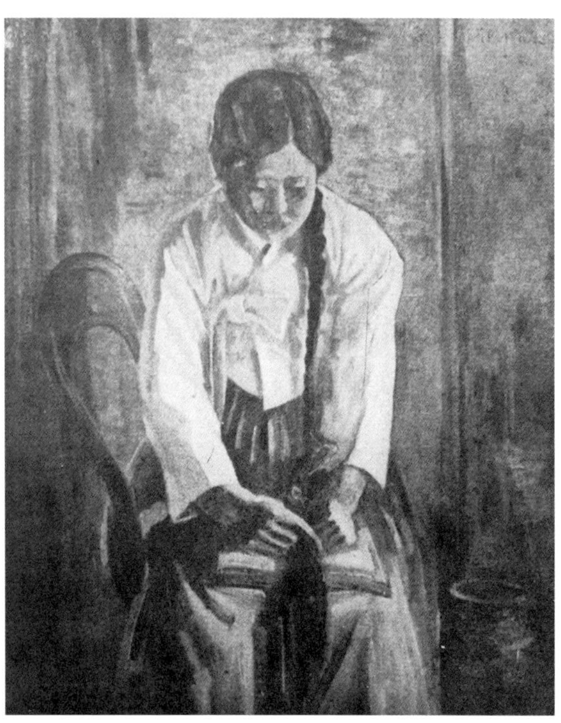

도11_38. 김주경, 〈아침〉, 1930.

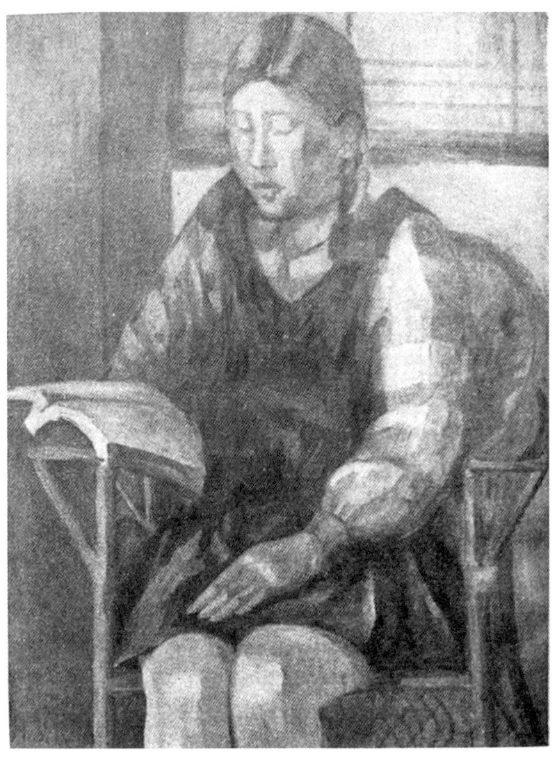

도11_39. 나혜석, 〈소녀〉, 1932.

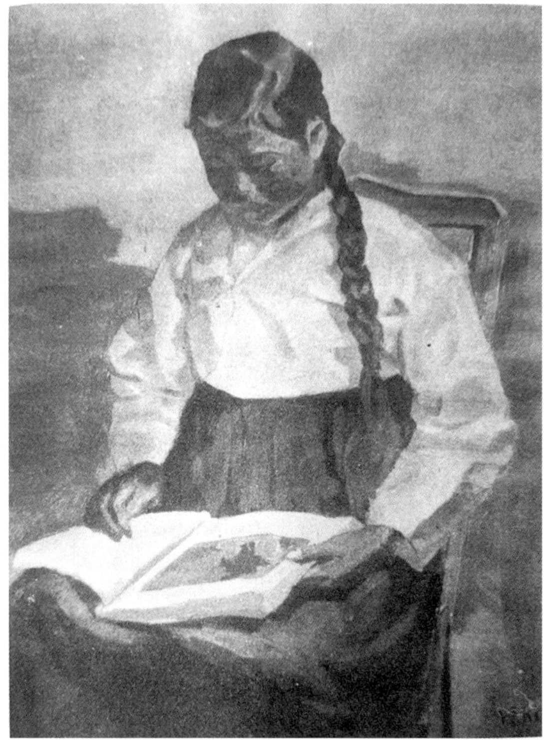

도11_40. 김용조, 〈화본을 보는 소녀〉, 1935.

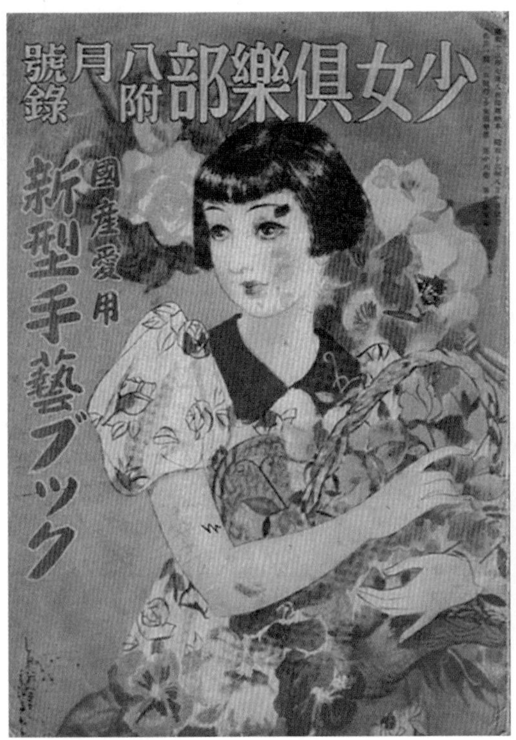

도11_41. 1938년 8월호 『소녀구락부少女俱樂部』 표지.

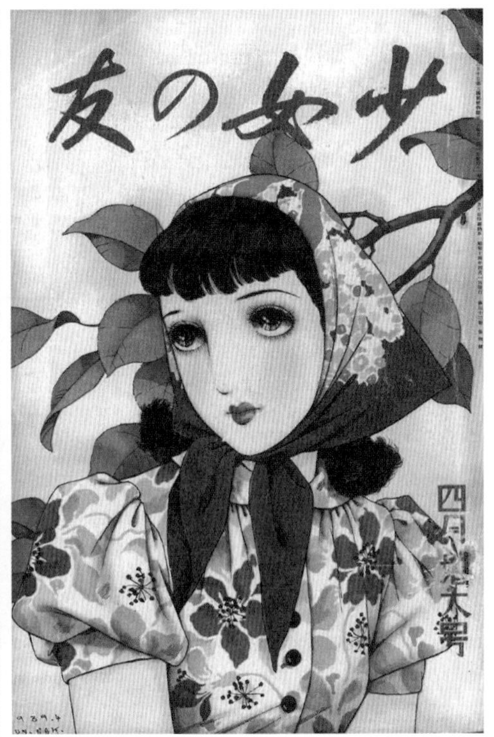

도11_42. 1939년 4월호 『소녀의 벗少女の友』 표지.

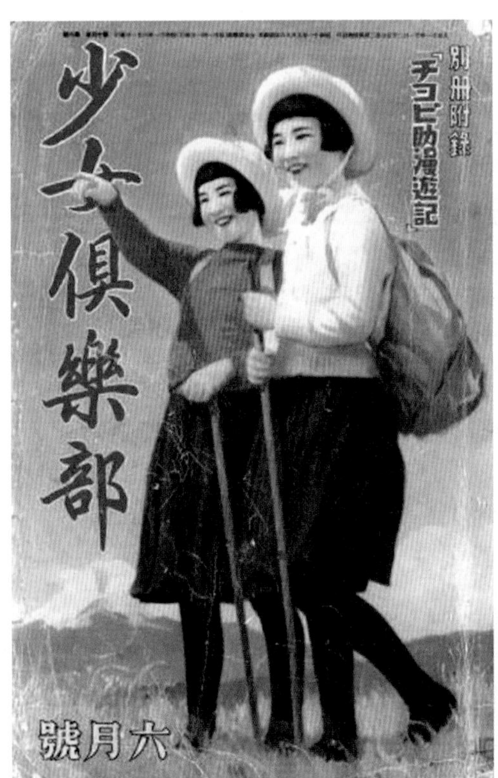

도11_43. 1936년 6월호 『소녀구락부』 표지.

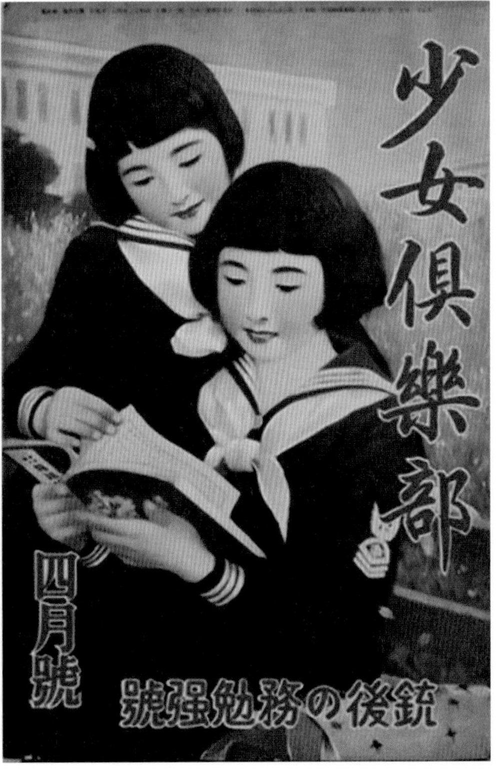

도11_44. 1938년 4월호 『소녀구락부』 표지.

미지는 근대적인 교육제도 속에서 정의되는 소녀와는 다소 다른 성격을 가진 것으로 소녀의 역할과 의무가 아니라 소녀 자체의 이미지와 특성을 묘사한 것이었다. 이러한 소녀 이미지는 동시대 일본에서 전해진 것으로 당시 일본 사회에서는 이미 소녀잡지의 붐과 확고한 여학생 독자층을 토대로 그들만의 감성 체계에 따라 소녀문화가 융성하고 있었다.[27] [도11_41]~[도11_44]그 속에서 형성된 일본 근대 소녀의 규범인 '애정'과 '순결', '미적' 가치는 조선의 소녀에게도 유효한 개념이었다.[28] 독서도에서 소녀들이 읽고 있던 책도 당시 조선에서 인기를 구가하던 일본의 소녀잡지 혹은 소녀소설류가 아니었을까. 대개 소녀소설 속의 소녀는 가련하고 순수한 존재로 순응적이고 감상적이며 의존적인 성격을 가진 인물로 그려졌다.[29] 소녀잡지와 소녀소설을 통해 만들어진 소녀문화 속 여학생 소녀의 이미지는 '사랑받는 존재'로 객체화되었는데, 타자의 시선에 따라 규정되는 소녀의 '사랑스러움'과 '천진함'은 소녀의 미적 가치로 이어지는 것이었다. 따라서 당시 시각화된 소녀 이미지는 대부분 이상적인 아름다움을 담은 새로운 미인상으로 소녀잡지의 표지를 장식했다. 이러한 소녀 이미지는 소녀의 표상으로 자리잡으며 근대뿐만 아니라 그 이후 소녀상의 재현에도 끊임없이 관여하게 된다.

거울을 보느라 여념이 없는 권진호權鎭浩, 1915~1951의 〈수경手鏡〉1940 속 여학생은 조금 전까지만 해도 독서 중이었는지 한 손에 책을 들고 있는 모습으로 그려졌다.[도11_45] 읽던 부분을 표시한 듯 손가락을 책장 사이에 낀 모습에서 독서의 내용과 거울을 보는 행위가 이어져 있음을 짐작하게 한다. 소설 속 주인공의 얼굴을 묘사한 부분을 읽다가 문득 자기 모습이 궁금해진 것일까, 혹은 연애소설을 읽다가 애정을 나누고픈 사람이 떠오른 것일까. 아니면 독서로 얻는 내면의 지식보다는 외모가 더 중요하다는 생각을 떠올렸을지도 모른다. 외모의 대상화는 이처럼 거울을 보는 여성의 도안으로 은유되기도 한다. 여성이 거울을 통해 응시하는 이미지는 그의 타자적 모습, 즉 타인의 시선에서 보여지는 모습으로 거울에 투영된 타자의 모습을 자기 모습과 동일시함으로써 여성은 '보여지는 존재', 즉 타자화된 자신의 모습을 내재화하게 되는 것이다.

근대기 연애의 탄생과 함께 가정의 개량을 위한 '자유연애'와 결혼의 개념은 지식인 남성들에게 근대적이고 문명화된 "가정의 주인"이 될 신여성의 여학생을 이상적인 연애의 대

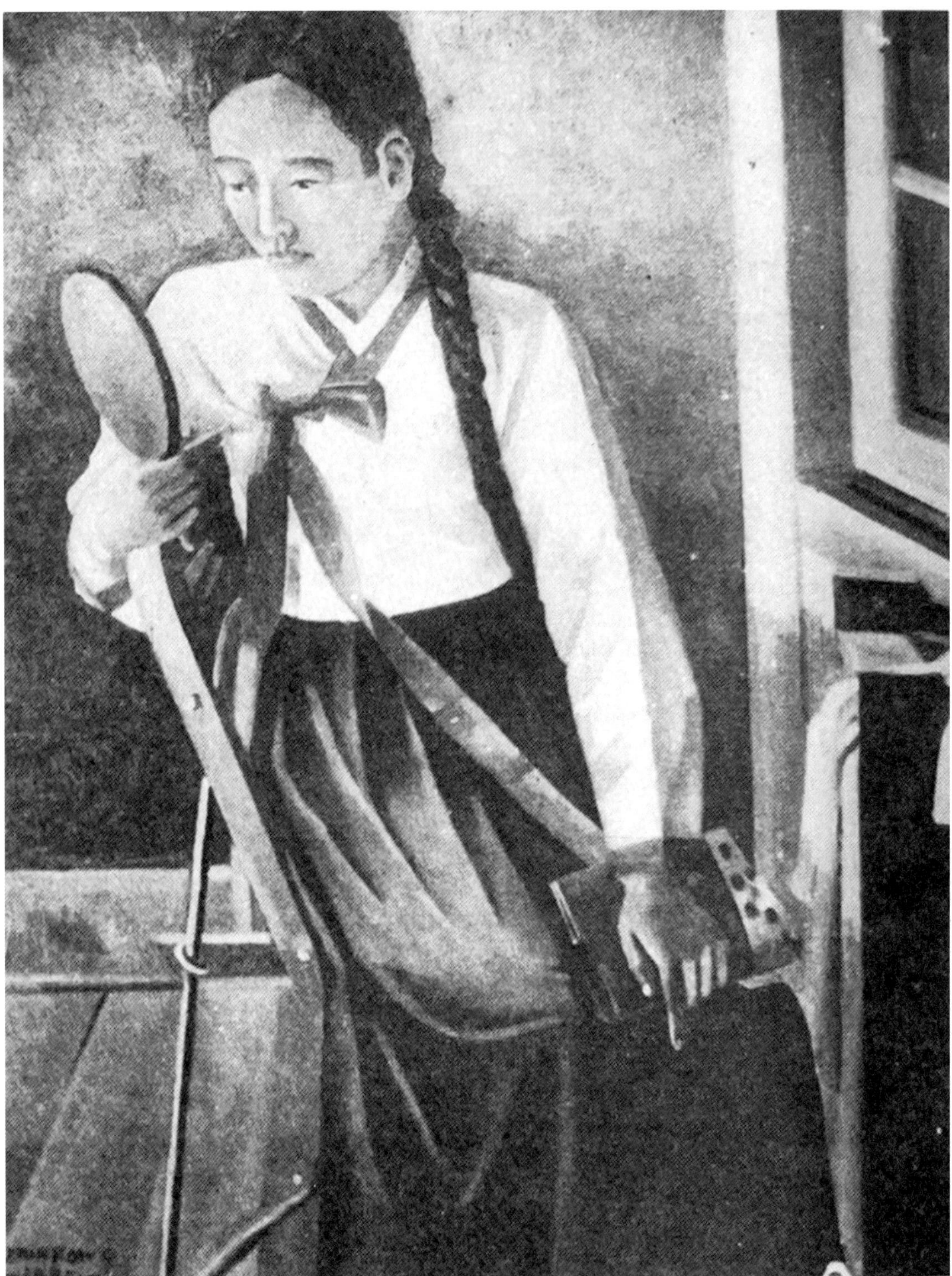

도11_45. 권진호, 〈수경〉, 1940.

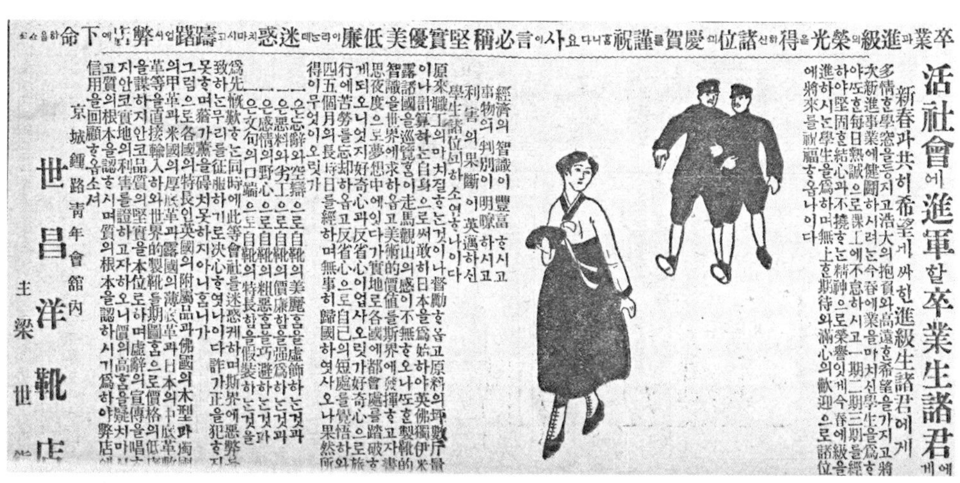

도11_46. 1923년 4월 6일자 『매일신보』에 실린 세창양화점 광고.

상으로 선망하게 했다. 연애의 시대에 외모는 중요한 경쟁력이 되었으며, 남녀 간의 자유와 평등을 구가하고자 하는 여성의 주체성에 비례해 여성의 몸에 대한 인식도 중시되었다. 연애 과정에서 상대방에게 일어나는 "열렬한 인력적 애정"은 "개성의 미"와 "정신의 미"에도 있지만, 우선 "용모의 미, 음성의 미, 거동의 미 등 표면적 미"에 있는 것이었다.[30] "연애는 미를 애모하는 인간본능의 발작으로 헌신적 애愛를 이성에게 경주하는 심리적 작용"으로써, 이는 미적 본능과 연관된 것으로 이해되기도 했다.[31]

> "녀학생이 지나가면 한 번 볼 것을 쪼차가서 우산 밋흐로라도 두 번 보는 것은 비단 우산 양머리 긴 저고리 짤분 치마 굽 놉흔 구두에 현긔가 나고 그 다음에는 분 바른 얼굴에 얼이 빠지기 때문이 아니냐? 그 계집애 얼굴에 졸업장이 씨어서 쪼차간 것도 아니요 언제 만낫다고 리해가 잇고 제 소위 사랑이 잇서서 두 번 치어다 본 것이 안일 게 아니냐?"[32]

신문명의 지식과 감각을 공유한다는 이유로 여학생을 이상적인 연애의 대상으로 말하지만, 실질적으로 여학생에 대한 남성들의 관심은 겉치장에 집중하고 있음이 비판되기도 했다.[도11_46] 남성들에게 이성 간의 "정신적인 미"보다 중요했던 것은 결국 일차적으로 "분

바른 얼굴" 즉, 여성의 미모였다. 「이분간二分間에 될 수 잇는 녀학생 화장법」은 화장에 익숙하지 못한 여학생들을 위해 학생답게 화장할 수 있는 미용법을 소개한 글로, 잡지와 일간지는 이들의 화장과 화장품에 관한 기사로 넘쳐났다.[33] 미용에 대한 여학생의 관심은 「금춘今春에 교문을 나선분 화장법은 이러케」, 「제복을 갓벗은 분의 화장비법」, 「학창學窓을 갓나온 이들의 화장」과 같은 기사를 통해서도 볼 수 있으며 이들의 화장을 장려했다.[34] 광고 또한 미용 기사와 연계해 여학생 도상을 이용해 이들을 상품의 구매자인 동시에 상품화시키며 대상화된 미의식을 학습하게 했다.

타락하고 못된, 순진하고 순결한,
그 경계에 세워진 소녀들

소녀 이미지의 시현 과정에서 알 수 있듯이, 근대의 소녀는 여학교에 등교하며 신문물의 소비가 가능한 도시의 여성, 또한 소녀문화를 누릴 수 있는 중산층 이상 가정의 자녀, 즉 여학생의 신분으로 특수성을 가진 집단이었다. 근대적 가족의 개념에서 탄생한 소녀는 남성 가부장의 보호 속에서 가부장적인 권력 질서가 감시 통제할 수 있는 여성을 의미했다. 소녀는 예비 주부로서 미래의 국민 구성원을 양육할 현모양처의 자질을 요구하는 가부장적 교육을 받은 여성으로 이러한 범주에서 벗어난 불온한 소녀들, 기생과 직업여성은 소녀의 표상이 될 수 없었다. 제도권 안에서 부인과 어머니로서 여성의 삶과 역할에 안주했던 여학생 소녀에 반해, 1930년대 모던걸과 직업여성들은 당당히 근대 여성문화 소비 주체로서 개인적인 삶을 주도하고 문화소비 욕망을 적극적으로 표현하고 실천함으로써 가부장제가 요청한 여성상에서 벗어나고 있다. 아래와 같은 언설을 담은 안석주의 「일일일화一日一話: 어듸서 그 돈이 생길가」는 모던걸의 소비풍조가 성적 타락으로 이어질 수 있음을 간접적으로 드러낸다.[35] [도11_47]

"다른 것보담도 나날히 놉하가는 것은 여자의 사치다. 서울 네 거리라는 중심지대의 가개

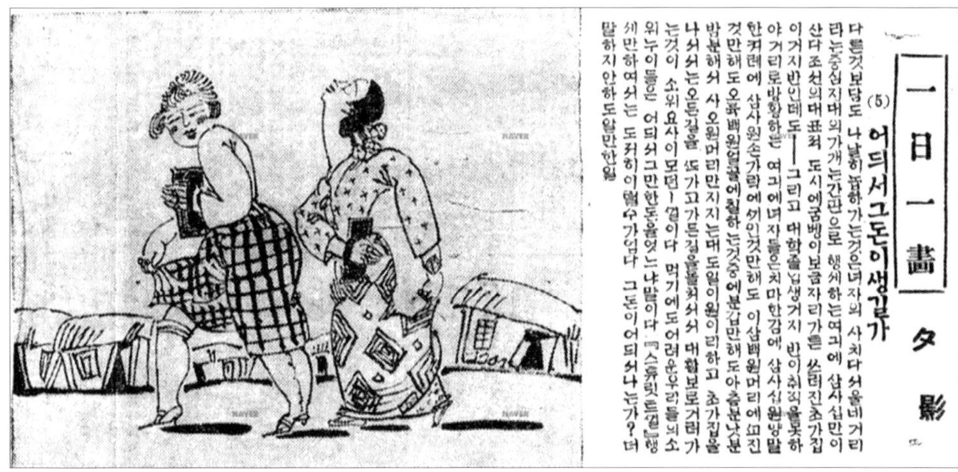

一日一畵 (5) 어듸서그돈이생길가 夕影

다른것보담도 나날히 흥하가는것은녀자의 사치다서울네거리라는중심지대의가개는간판으로 행세하는여긔에 삼사십만이산다조선의대표적 도시에궁뱅이보금자리가튼 쓰러진초가집이거지반인데도——그리고 대학졸업생거지 반이취직을못하야거리로방황하는 여긔에녀자들은치마한감에 삼사십원양말한켜레에 삼사원손가락에끼인것만해도 이삼백원머리에꼬진것만해도오륙백원얼골에칠하는것중에분갑만해도아츰분낫분밤분해서 사오원머리만지지는대도일이원이라하고 초가집을나서서는오든길을 또가고가든길을돌처서서 대활보로거러가는것이 소위요사이모던ㅣ껄이다 먹기에도어려운우리들의소위누이들은 어듸서그만한돈을엇느냐말이다 「스튜릿트껄」행세만하여서는 도저히이럴수가업다 그돈이어듸서나는가? 더말하지안하도알만한일

도11_47. 1930년 4월 8일자 『조선일보』에 실린 안석주의 「일일일화: 어디서그 돈이 생길가」 5 삽화.

는 간판으로 행세하는 여긔에 삼사십만이 산다. 조선의 대표적 도시에 굼뱅이 보금자리가 튼 쓰러진 초가집이 거지 반인데도, 그리고 대학졸업생 거지 반이 취직을 못하야 거리로 방황하는 여긔에 여자들은 치마 한 감에 삼사십원 양말 한켜레에 삼사원 손가락에 끼인 것만 해도 이삼백원 머리에 꼬진 것만해도 오륙백원 얼골에 칠하는 것중에 분갑만 해도 아츰 분 낫분, 밤분해서 사오원, 머리만 지지는 대도 일이원이라하고, 초가집을 나서서는 오든 길을 또 가고 가든 길을 돌처서서 대활보로 거러가는 것이 소위 요사이 모던껄이다. 먹기에도 어려운 우리들의 소위 누이들은 어듸서 그만한 돈을 엇느냐 말이다. '스튜릿트 껄' 행세만 하여서는 도저히 이럴 수가 업다. 그 돈이 어듸서 나는가? 더 말하지 안하도 알만한 일."

또한 다음과 같이, 노출이 심한 양장 차림의 모던걸 도상은 이들의 성적 방종을 드러내는 표지로 읽히기도 했다.[36]

"육체미를 발휘하자! 이것이 현대인의 부르지즘이라면 만약 '녀성 푸로파칸다 시대'가 오면 모던껄들의 옷이 몹시 간략해지겟다. 볼상에는 해괴망측하나 경제상 매우 리로울 것이니, 실 한 꾸레미와 인조견 한 필이면 삼대를 물릴 수도 잇겟슴으로 이것이 간리한 생활 방

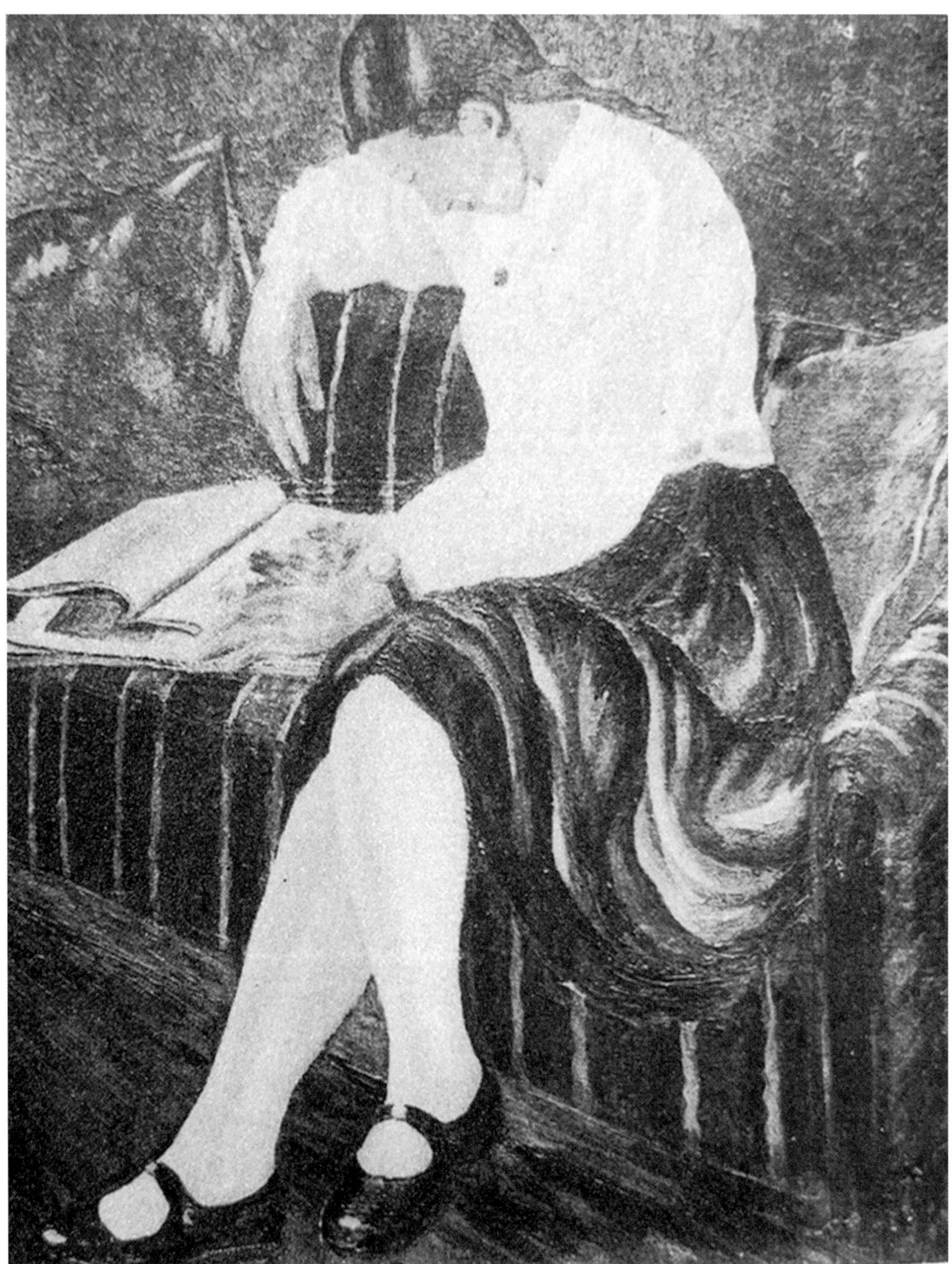

도11_48. 이제상, 〈K소녀〉, 1932.

식에 하나. 얼마 아니잇스면 모던껄들이 솔선하야 의복긴축 시위운동을 장대히 하게되지 안흘가?”

이처럼 모던걸은 남성을 유혹하는 섹슈얼리티의 기표와 결합해 타락하고 통속화된 못된걸, 불량소녀로 비판받는데, 이러한 부정적인 모던걸의 표상에는 가부장제를 벗어난 여성의 사회 진출과 소비욕구에 대한 지식인 남성들의 불안과 적대감, 남성을 유혹하고 위협하는 여성의 매력을 불온시한 전통이 작동되고 있었다. 근대 소녀상은 이러한 경계 밖의 ‘못된 소녀들’에 의해 더욱 강화되는데, 이들의 성적 방종과 노출을 비판함으로써 결과적으로 소녀상의 순진하고 순결함이 신화화되는 양상을 볼 수 있다.

그러나 순결과 순수에 대한 강박은 오히려 남성의 성적 충동을 일으켜 소녀를 성적 욕망의 대상으로 만드는 역설적인 상황을 발생시키기도 했다. 소녀는 성인이 되기 전의 여성으로 아직 사회의 구체적인 구성원이 되지 못한, 따라서 사회와 남성의 계몽과 교육이 필요한 존재였으므로, 남성화가의 시선이 적극적으로 개입될 수 있는 대상이었다. 김용준金瑢俊, 1904~1967은 「모델과 여성의 미에서」 화가는 모델에 대한 “불순한 감정은 털올만큼도 없이” “살어있는 인형 이상의 아모 것으로도 느껴지지 않는 것”이라고 했지만 이들의 재현방식에서 섹슈얼리티의 개입이 전혀 없다고 평가하기는 힘들 것이다.[37]

이제상李濟商의 〈K소녀〉1932는 독서하는 소녀 이미지를 주제로 했으나 시선은 화면의 반 이상을 차지하는 소녀의 다리에 맞춰지고 있다.[도11_48] 대부분 정자세로 그려졌던 여성독서상에 반해 이 그림은 긴 소파에 흐트러진 자세로 화보를 보는 소녀의 모습을 담으며 성적 긴장감을 느끼게 한다. 소녀가 착용한 금시계는 당시 여학생들이 선망했으나 높은 가격때문에 구매하기 힘든 장신구로, 시계를 사기 위해 자기 몸을 판 여학생의 일화가 소개될 정도였다.[38] 이러한 맥락에서 그림 속 소녀의 손목에 채워진 금시계 역시 소녀의 성적 일탈을 암시하는 기호로도 읽힌다. 앞으로 성녀聖女가 될 수도 혹은 성녀性女가 될 수도 있는 무한한 가능성을 가진 존재로, 그들은 경계 안의 소녀로 요청되지만 그들의 섹슈얼리티는 그 경계를 넘나들며 남성 욕망의 시선 속에서 재현되고 있었다.

근대의 구상품, 소녀의 시대는 지금도 현재진행형

근대기 소녀는 미성숙하고 미계몽된 상태에서 소년의 잉여적 존재로 탄생했다. 불안정하고 임의적인 기표를 가진 소녀의 기호처럼 소녀상 역시 소녀의 목소리가 배제된 채 사회의 주체인 성인 남성에 의해 적극적으로 제조되고 형상화될 수 있었다. 여기에 조선이 처한 식민지 상황은 소녀의 존재 양상과 시각화를 한층 더 복잡하게 만들었다.

근대기 새롭게 부상한 소녀의 존재는 근대화의 이상과 제국주의 담론을 실천하며 사회적으로 형성되고 변화하는 신체로서 발견되고 조형되었다. 소녀는 계몽과 근대화를 통해 부국강병을 이루기 위한 민족구성원이자 근대적 가정의 일원으로 포섭되었으며, 소비사회의 이상적 소비자로서 발견되어 다양한 매체를 통해 시각화되었다. 한일병합 이후에는 여성교육과 가족제도 모두 제국주의의 이념에 부합하는 방식으로 변화했으며, 소비사회 역시 일제의 상권에 포섭되었다는 점에서 소녀는 일제의 통치이념을 실천하는 신체로서 시각화되고 제도화되었음을 보여준다. 이처럼 소녀는 한국의 근대화 과정에서 근대가 표방한 이념들로 조합된 근대의 구상품이라 할 수 있다. 소녀의 개념이 소년에 기대어 기생적으로 정립되었듯이 근대 소녀상 역시 제국과 남성의 시선과 규율에 의해 제조되며 경계에 있는 여성들에 의해 강화되는 방식으로 조형되어왔다. 소녀상은 근대적 여성교육과 가족제도 안의 소녀라는 범주 속에서 작가와 제국, 사회의 시선과 의도가 적극적으로 작용될 수 있는 소재였으며, 그들의 취향에 맞춰 제조할 수 있는 순응적이고 이상적인 대상이었다. 소녀라는 말이 자신이 스스로를 칭하는 말이라기보다 철저히

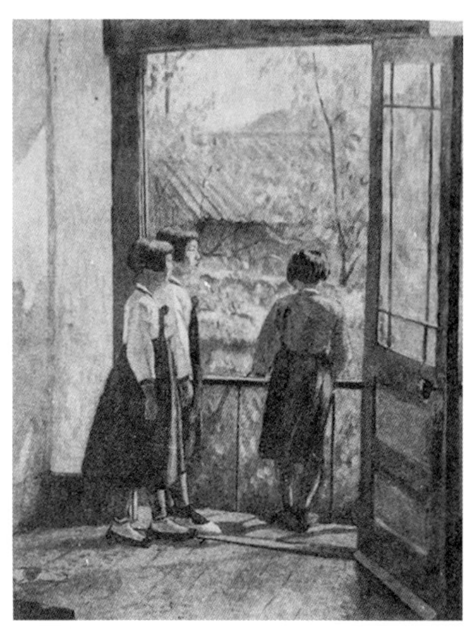

도11_49. 심형구, 〈소녀들〉, 1940.

타자의 시선에 의해 만들어진 개념이듯이, 소녀상에서 소녀의 주체는 주변화되며 이들은 스스로의 이미지로부터 가장 소외되는 존재였다.

출정한 소년을 기다리며 후방을 지키는 전시의 소녀를 그린 심형구沈亨求, 1908~1962의 〈소녀들〉 1940과[도11_49] 같이 근대기 소녀상의 순응적인 이미지는 일제가 그들의 정책이나 선전을 위해, 더 나아가 군국주의의 희생양으로 이용했던 현실과 무관하지 않게 진행되어왔다. 그러나 이처럼 순응적으로 재현되던 근대 소녀의 이미지는 오늘날 불의에 대한 항거와 외침을 담은 평화의 소녀상으로 재생되었다.[도11_50] 소녀상의 거칠게 잘린 단발머리는 그들의 의사와는 무관하게 끊어진 인연을, 움켜쥔 양손은 일본 정부에 맞서는 분노와 다짐을, 땅을 딛지 못하고 뒤꿈치가 들린 맨발은 강제징용으로 위안부가 되어 겪었던 고통을 상징하며, 말할 수 없었던 아픔과 피해 사실을 숨겨야 했던 이들의 목소리를 담고 있다. 이처럼 시대에 항거하는 그들의 목소리는 그간 소녀에게 요구되었던 순응적이고 단정한 모습을 통해 발신되고 있다.

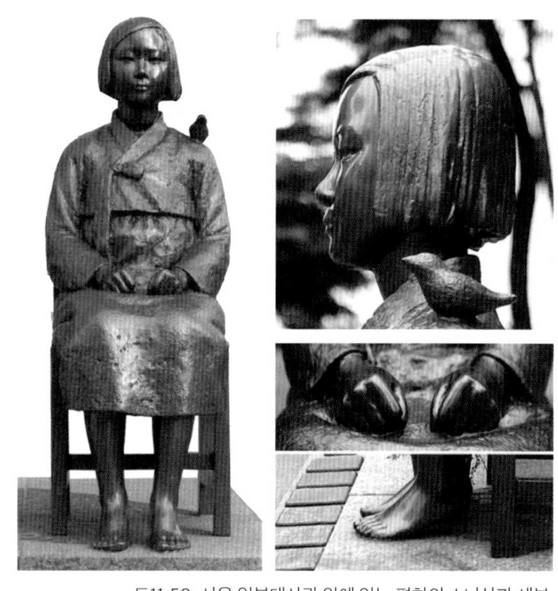

도11_50. 서울 일본대사관 앞에 있는 평화의 소녀상과 세부.

오늘날의 소녀는 더 이상 근대적 제도 속에서 예전처럼 훈육되고 통제되는 대상으로 존재하지 않는다. 대중문화의 주류를 차지하는 소녀의 표상은 청순함과 섹슈얼리티를 적극적으로 표출하며 소녀 스스로가 자신의 몸을 육체 자본으로 바라보는 상업주의적 의식을 내면화하고 주체 의식을 표현한다는 점에서 이전과 구분되는 양상을 보인다.[39] 그러나 이러한 변화에도 근대 소녀와 소녀상과 가부장적 소녀 담론은 여전히 우리를 규율하는 장치로 연연히 이어지고 있다는 점에서 근대의 소녀시대는 아직도 지속되고 있는 셈이다.

글을 마치며

이승철의 노래 〈소녀시대〉를 기억한다. 그 시대의 소녀는 "어리다고 놀리지 말아요 수줍어서 말도 못하고"라는 가사처럼, 사랑하는 이에게 마냥 수줍고 부끄러워, 그의 키스에도 "얼굴은 빨개지고 놀란 눈은 커다래지고, 떨리는 내 입술은 파란 빛깔 파도 같아"서, "아무 말도 하지 못하고 화를 낼까 웃어버릴까 생각"하는 이들이었다. 20년 후에 등장한 소녀들은 더 이상 수줍지 않았다. 가수 '소녀시대'의 〈다시 만난 세계〉에서처럼 당당하게 "사랑해"라고 외치며 "변치 않을 사랑으로 지켜줘", "언제까지 함께 하는 거야"라며 적극적으로 자신의 감정을 표현했다.

이승철 시대의 소녀였던 나는 소녀가 되어가는 5살 딸아이를 생각하며 이 글을 썼다. 이 아이의 소녀시대는 어떨지, 언제 소녀로 불리고 어떤 이미지가 될지 궁금했다. 나아가 소녀란 어떤 의미로 만들어져 어떻게 변화되어온 것일지도 궁금했다.

대부분의 청소년기가 그렇듯 나도 첫사랑과 이별을 겪었으며, 가족과 친구 관계의 변화를 맛봤다. 그러면서 성장에 대한 불안과 지금이라면 그냥 넘어갔을 크고 작은 고민들과 함께 소녀시대를 보냈다. 그런 나의 소녀시대를 돌아보며, 내 아이가 누구나 거치는, 거쳐야 하는 그 과정에서 스스로 겪어나갈 일들, 피해갈 수 없는 실수, 그것을 통해 배워나갈 것들을 떠올렸다. 그러다 보니 어쩐지 불안하고 위태롭고 유약해 보이는 소녀의 이미지가 어떻게 만들어진 것일지, 그 역사를 알아보고 또 이해하고 싶었다.

소녀라는 단어가 가진 의미와 이미지의 연원을 추적하는 과정은 근대의 민낯과 마주

"자신의 자아나 의지와는 무관하게 탄생한 근대의 소녀는
미숙함과 불완전함을 미덕으로 부여받으며 자신의 목소리를 갖지 못한 채로
사회의 주체인 성인 남성에 의해 제조되고 형상화되어왔다.
그렇기에 소녀는 근대가 표방한 이념, 근대의 이상과 담론들이 반영된
근대의 구상품으로 조형되었다."

하는 시간이었다. 자신의 자아나 의지와는 무관하게 탄생한 근대의 소녀는 미숙함과 불완전함을 미덕으로 부여받으며 자신의 목소리를 갖지 못한 채로 사회의 주체인 성인 남성에 의해 제조되고 형상화되어왔다. 그렇기에 소녀는 근대가 표방한 이념, 근대의 이상과 담론들이 반영된 근대의 구상품으로 조형되었다.

근대의 소녀들을 만나며 나의 소녀시대도 돌아볼 수 있었다. 그 시기의 소녀들이 느끼는 외로움과 불안감의 감성은, 물론 그 무게는 같지 않겠지만 어느 시대나 마찬가지였다는 점에서 위안을 받기도 했다. 소녀에 대한 흥미로운 이야기와 이미지들이 아직 많이 남아 있지만, 나의 부족한 역량으로 이를 모두 살피고 정리하지 못한 아쉬움이 크다. 기회가 된다면 더 많은 소녀를 만나고 그들의 이야기를 들어보고 싶다.

올해로 벌써 3년이 되는 이 모임에 훌륭한 선생님들과 함께 한 것을 늘 영광으로 생각하고 감사하고 있다. 선생님들의 따뜻한 격려 속에서 출산과 육아로 멀어졌던 책상에 다시 앉으며 소녀시대로 돌아간 듯한 기분으로 즐겁게 공부할 수 있었다. 앞으로의 모임과 연구도 기대된다._김지혜

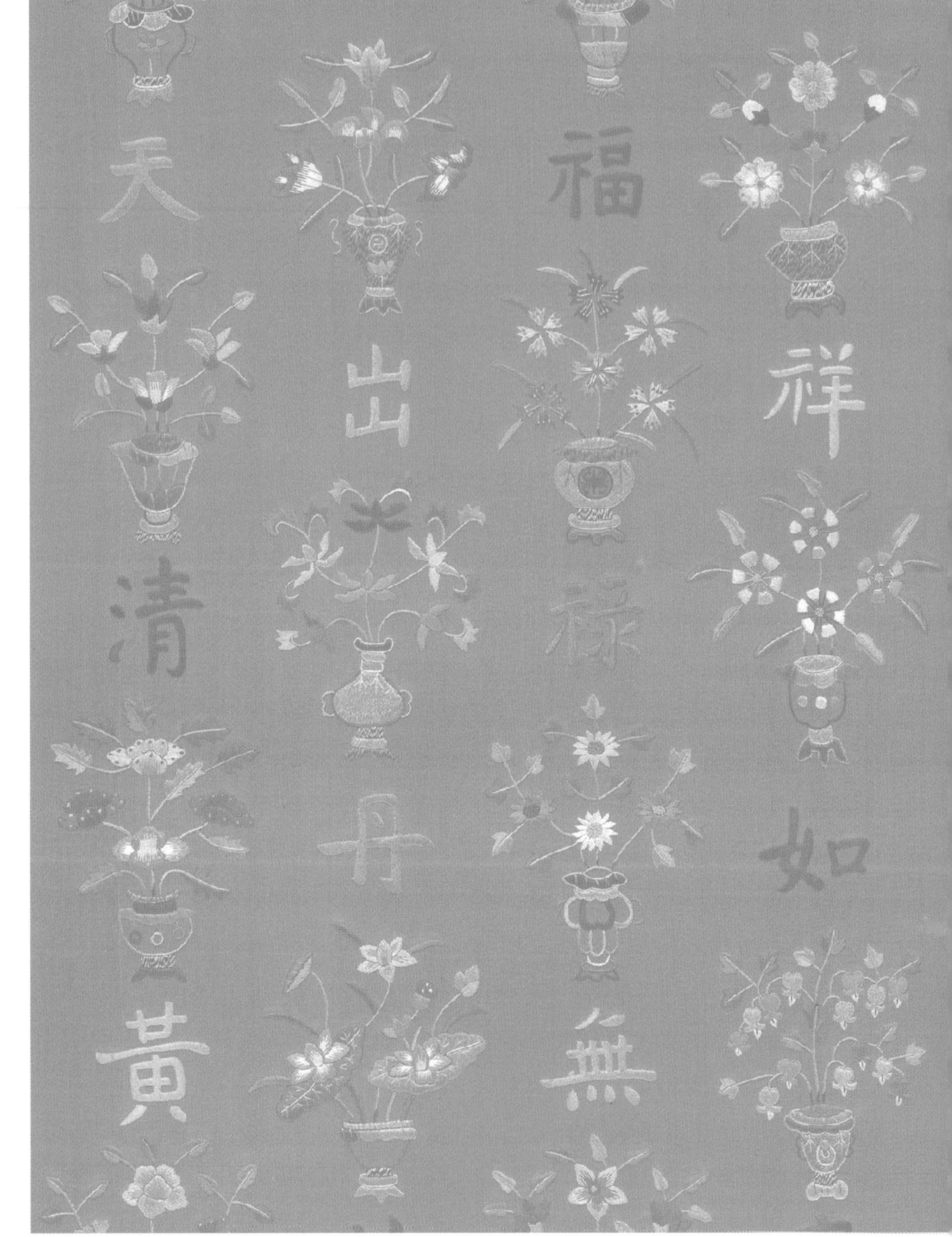

天
清
黃
出
丹
福
祿
無
祥
如

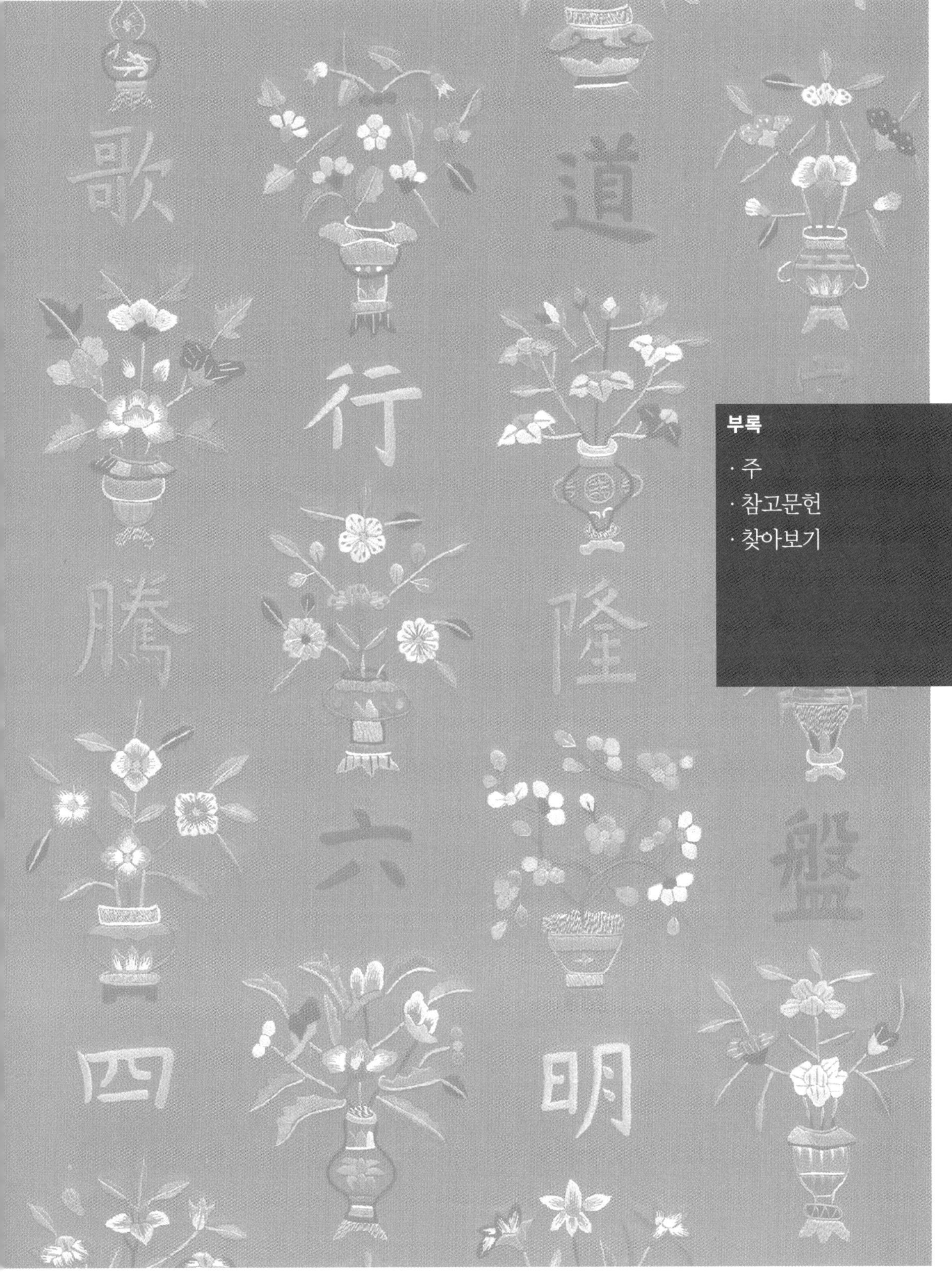

부록

· 주
· 참고문헌
· 찾아보기

주

01. 미인도 감상을 둘러싼 조선 문인들의 딜레마_유미나

1) 여성을 제재로 한 인물화를 일컫는 용어로 사녀도(仕女圖)·사녀도(士女圖)·채녀도(采女圖)·채녀도(綵女圖)·미인도(美人圖) 등이 있다. 조선 시대 제화시에서는 미인도와 사녀도가 혼용되었다. 이 글에서 중점적으로 다루는 국립중앙박물관 소장 《고사인물도》 중 채색 사녀도 9점은 상류층 여인의 생활 모습을 다루었기 때문에 '사녀도'라 부르고자 한다. 여성 제재 인물화의 용어에 대해서는 박은화, 「소한신(蘇漢臣)의 〈장정사녀도(妝靚仕女圖)〉와 남송 사녀도(南宋 仕女畵)의 양상」, 『고문화』 50, 1997, 251쪽; 고연희, 「미인도의 감상 코드」, 『대동문화연구』 58, 2007, 305쪽; 문선주, 「조선 시대 여성 주제 인물화 연구」, 홍익대 박사학위논문, 2014, 28~31쪽; 박청아, 「청대 사녀도 연구」, 홍익대 박사학위논문, 2017, 10~16쪽 참조.

2) Hui-shu Lee, *Empresses, Art, and Agency in Song Dynasty China*, Seattle and London: University of Washington Press, 2010, p. 103.

3) 조귀명(趙龜命), 『동계집(東谿集)』 권12, 「제여인도(題美人圖)」, "如何是畵中景 新莎半岸細如霧 芳樹千枝濃欲花. 如何是景中人 纖腰裊裊蓮生步 美貌盈盈月助輝. 如何是人中意 綠蕉闊展依微詠 斑管輕撩黯淡思. 如何是意中詩 春色一年駒隙駛 良人萬里鴈書稀. 美人折花看 惜春也惜春 而折花豈不轉傷春 是顧未知惜春 法 何如放在枝頭看."

4) 이에 대해서는 김용숙, 『조선조궁중풍속연구』, 일지사, 1987; 강미정, 「한국 궁사(宮詞)의 전개 양상 연구」, 건국대 석사학위논문, 1996; 강민경, 「조선 시대 「궁사」 소고」, 『동방학』 4, 1998, 279~297쪽; 조연숙, 「허난설헌의 〈궁사〉 연구), 『한중인문학연구』 27, 2009; 진명기, 「임진왜란 전후 궁사 연구」, 중앙대 석사학위논문, 2019; 이희목, 「이조 중기 당시풍(唐詩風) 시인들의 '궁사' 연구」, 『한문교육연구』 15, 2000, 337~359쪽.

5) 박지원, 『연암집』 권7 별집, 鍾北小選, 「菱洋詩集序」, "觀乎美人 可以知詩矣. 彼低頭 見其羞也. 支頤 見其恨也. 獨立 見其思也. 顰眉 見其愁也. 有所待也 見其立欄干下, 有所望也 見其立芭蕉下."

6) Hui-shu Lee, 위의 책, pp. 106~109.

7) 이승소(李承召, 1422~1484), 『삼탄집(三灘集)』 권9, 「미인도」.

8) 이승소, 『삼탄집』 권9, 「미인도」.

9) 서거정, 『사가집』, 사가시집 권2, 「미인도」. 번역은 한국고전번역원 DB. 조선 중기의 신흠의 제시에서도 "상사곡을 새로 배운 궁중의 미녀가 공후를 끌어안고 손놀림을 하고 있네"라는 구절이 있다. 신흠, 『상촌집』 권18, 「채녀도」, "鉤盡緗簾月印痕 碧紗窓畔又黃昏 吳娃新學相思曲 閒把箜篌手自翻."

10) 남송 고종(高宗)의 오황후(吳皇后, 1115~1197)와 영종(寧宗, 재위 1194~1224)의 양황후(楊皇后)가 대표적인 능서가였다. 또한 하남성(河南省) 신밀시(新密市) 평맥촌(平陌村)의 송묘(宋墓, 1108)에 그려진 벽화 중에는 화장하는 여인의 모

습, 가족을 위해 음식을 준비하는 모습과 함께 독서를 하고 글씨를 쓰는 여인의 모습이 담겨 있어 독서와 서예가 귀족 여성의 주요 활동이었음을 말해준다. Lee, Hui-shu, 앞의 책, pp.107~108.

11) 서거정, 『사가집』 권2, 「미인도」.

12) 이승소, 『삼탄집』 권9, 「미인도」.

13) 파도문 가리개를 여성성의 상징으로 본 의견은 박은화, 앞의 논문, 251~265쪽; 파도문이 여성성과 무관하다는 의견은 고연희, 「파도(波濤) 그림과 활수(活水) 이론이 엮은 회화사」, 『한국한문학연구』 73, 한국한문학회, 2019, 201~207쪽.

14) 소식, 「백보홍(百步洪) 이수(二首)」, "佳人未肯回秋波, 幼輿欲語防飛梭. 輕舟弄水買一笑, 醉中盪槳肩相摩. …."

15) 이제현, 『익제난고(益齋亂稿)』 권1, 「칠석(七夕)」, "脈脈相望邂逅難, 天敎此夕一團欒. 鵲橋已恨秋波遠, 鴛枕那堪夜漏殘. 人世可能無聚散, 神仙也自有悲歡. 猶勝羿婦偸靈藥, 萬古覊棲守廣寒."

16) 송상기(宋相琦), 『옥오재집(玉吾齋集)』 권2, 「칠석」.

17) 『太平廣記』 권198 「文章 · 盧渥」; 이인숙, 「파초의 문화적 의미망들」, 『대동한문학』 32, 2010, 312쪽 재인용.

18) 이항복, 『백사집』 권1, 「제이흥효미인도(題李興孝美人圖)」. 번역은 한국고전번역원 DB.

19) 미인도 감상에 따른 이러한 갈등에 대해서는 고연희, 「미인도의 감상 코드」, 『대동문화연구』 58, 2007, 305~306쪽에서도 논의되었다.

20) 성현, 『허백당집』 권9, 「제려인도후(題麗人圖後)」, "余惟心志旣定則外物遇之。將波流靡而逃矣。何暇亂吾眞。如或不定。雖戶牖置銘奚益."

21) 허균, 『성소부부고』 13, 「제이징화첩후(題李澄畫帖後)」, "余令澄畫各樣于小帖 終之洗兒二女 人曰不及楨 而細看則豐肌媚笑逞其妖嬌態 咄咄咄逼眞 亦妙品也. 不欲久展 久則恐敗蒲團上工夫也."

22) 巫鴻, 『中国绘画中的"女性空间"』, 北京: 生活·讀書·新知 三聯書店, 2019, 332~333쪽.

23) 문진형, 『장물지』(1621), 「현화월령」, "歲朝宜宋畵福神及古名賢像. 元宵前後宜看燈傀儡, 正二月宜春游仕女梅杏山茶玉蘭桃李之属, 三月三日宜宋畵眞武像, 清明前後宜牡丹芍藥, 四月八日宜宋元人畵佛及宋繡佛像, 十四宜宋畵純陽像, 端五宜眞人玉符, 及宋元名筆端陽景龍舟艾虎五毒之類, 六月宜宋元大樓閣大幅山水蒙密樹石大幅雲山採蓮避暑等圖, 七夕宜穿针乞巧天孫織女楼閣芭蕉仕女等圖, 八月宜古桂天香書屋等圖, 九十月宜菊花芙蓉秋江秋山楓林等圖圖, 十一月宜雪景蠟梅水仙醉楊妃等圖, 十二月宜鐘馗迎福驅魅嫁妹, 臘月廿五宜玉帝五色雲车等圖." 번역은 문진형 저, 김의정·정유선 역주, 『장물지』 상, 학고방, 2017, 397~404쪽 참조 및 일부 필자 수정.

24) 성현, 『허백당집』 권9, 「제려인도후」, "辛丑元日。上出歲畫六幅。賜于承政院。承旨六人。抽籌分受。耆之得謝安石携妓東山圖。余得綵女圖。其本松雪齋所畫。而後人描寫者也。座中傳視皆笑二老有風流佳致。其後每當歲春。掛諸壁間而觀之人有嘲其不合於文房之翫者."

25) 이 제시는 그의 문집에도 수록되어 있다. 이하곤, 『두타초(頭陀草)』 책8, 「제사녀장자(題仕女障子)」, 경자(庚子, 1720), "昔別阿郎梅發時 梅花又發但相思 春來無限心中事 獨有焚香侍女知." 해석은 이하곤 지음 · 정만호 · 오승준 · 이재숙 옮김, 『두타초』 3, 한국고전번역원 · 충남대 한자문화연구소, 2018, 549쪽.

26) 『세종실록』 세종23년 신유(1441) 9월 29일(임술) 기사; 『신증동국여지승람』 권7, 경기 여주목, "作《明皇戒鑑》則防逸樂也."; 이수웅, 『역주 명황계감언해』, 세종대왕기념사업회, 2019. 조선 초기 『명황계감』과 양귀비도에 대해서는 고연희, 앞의 논문, 307~311쪽; 문선주, 앞의 논문, 145~148쪽.

27) 감계화로 기능한 미인도에 대해서는 고연희, 앞의 논문(2007), 305~318쪽; 문선주, 「조선 시대 여성 주제 인물화 연구」, 홍익대 박사학위논문, 2014, 28~31쪽; 박청아, 앞의 논문, 10~16쪽 참조.

28) 이식, 『택당집』 권9, 「구십주여협도발(仇十洲女俠圖跋)」, "古之畵婦女 蓋以寓監戒 如女圖所載節義之槩及紂醉踞妲己之類是已."

29) 성현, 『허백당집』 권9, 「제려인도후」, "余得綵女圖 其本松雪齋所畫 而後人描寫者也."

30) 유미나, 「오랑캐의 포로 그리고 실절(失節), 〈문희별자도〉를 보는 조선 후기 문사들의 시각」, 『석당논총』 52, 2012, 4~9쪽.

31) 이명한, 『백주집』 권16, 「구씨여협도발(仇氏女俠圖跋)」, "…然繪事精妙 評騭簡適 可喜也."; 이하곤, 『두타초』 책17, 「恭愍王畫馬跋 上方又有申範華女俠畵 作障子」.

32) 이현석, 『유재집』 권10, 「제십미인도」, "丹青翰墨迥超倫 劫火經來眼轉新 盡日摩挲三歎息 百年陳迹大明人."

33) 차미애, 『공재 윤두서 일가의 회화』, 사회평론, 2014, 440~445쪽.

34) 장유, 『계곡집』 권3, 「구십주여협도발」, 迺仇生獨寫女俠何哉. … 繪事之妙 覽者知之 余故不容贅焉."

35) 이식, 『택당집』 권9, 「구십주여협도발」, 『仇十洲女俠圖跋』, "東陽公出示此圖 其畫品絶佳 尤可寶也."

36) 巫鴻, 앞의 책, 237쪽.

37) '득규각지태(得閨閣之態)'라는 표현은 양후(湯后)의 『고금화감(古今畫鑒)』에서 사용되었다. "仕女之工 在于得其閨閣之態." 홍선표, 「화용월태의 표상: 한국 미인화의 신체 이미지」, 『한국문화연구』 6, 2004, 35쪽; 巫鴻, 앞의 책, 237쪽.

38) 북송대의 왕선과 왕거정으로 전칭되고 있는 이들 작품은 남송대의 작품으로 여겨지고 있다. 박은화, 앞의 논문, 262쪽.

39) 巫鴻, 앞의 책, 327~331쪽.

40) Laing, Ellen J. "Qiu Ying's Three Patrons," *Ming Studies Newsletter* No. 8, 1979, pp. 49~56; Laing, Ellen J. "Sixteenth-Century Patterns of Patronage: Qiu Ying and the Xiang Family," JAOS 111, 1991, pp. 1~7.

41) 이 화책 중의 구영 사녀도 화풍에 대해서는 임미현, 「조선후기 미인도 연구」, 숙명여대 박사학위논문, 2019, 105쪽; 서윤정, 「조선에 전래된 구영의 작품과 구영 화풍의 의의」, 『미술사와 시각문화』 26, 2020, 51쪽 참조.

42) 『僞好物』, 臺北: 國立故宮博物院, 中華民國 107年 참조.

43) 臺北故宮博物院 홈페이지(https://painting.npm.gov.tw/) 참조.

44) 문진형, 『장물지』, 「현화월령」, "歲朝宜宋畵福神及古名賢像. 元宵前後宜看燈傀儡, 正二月宜春游仕女梅杏山茶玉蘭桃李之屬, 三月三日宜宋畵眞武像, 清明前後宜牡丹芍藥, 四月八日, 宜宋元人畵佛及宋繡佛像, 十四宜宋畵純陽像, 端五宜眞人玉符, 及宋元名筆端陽景龍舟艾虎五毒之類, 六月宜宋元大樓閣 … 至如宋元小景, 枯木竹石, 四幅大景, 又不當以時 序論也."

45) 명말의 소비문화에 대해서는 윤정분, 「명말 문인 문화와 소비 문화의 형성」, 『명청사연구』 23, 2005, 255~282쪽 참조. 문진형의 『장물지』와 회화에 대해서는 박은화, 「문진형의 『장물지』 중 '현화월령'과 명대 말기의 회화감상」, 『강좌미술사』 49, 2017, 229~245쪽 참조.

02.그림 속 책 읽는 여인을 향한 두 개의 시선_고연희

1) 이 그림의 형식에 대하여 차미애, 「낙서 윤덕희 회화 연구」, 홍익대 석사학위논문, 2001; 문선주, 「조선 시대 중국 사녀도의 수용과 변화」, 『미술사학보』 25, 2005, 71~106쪽에서 중국 사녀도의 영향을 보여준다고 하였다. 이 그림의 내용에 대하여, 손철주는 정독(精讀)의 자세를 주목하였고, 『손철주의 옛그림 옛사람』 51, 『조선일보』, 2013. 6. 20.; 김영민은 경전(經典)의 독서라 추정하였다. 김영민, 「본다는 것은」, 『동아일보』, 2020. 10. 12.; 박무영, 조혜란, 김경미, 『조선의 여성들』, 돌베개, 2004에서는 이 그림을 표지화로 선정하였다.

2) 소장처인 서울대 박물관에서 이 그림을 풍속화로 분류하고 '책 읽는 여인'이라 제목을 내었다.

3) 차미애, 앞의 논문; 문선주, 앞의 논문.

4) 이익, 『성호사설』 권16, 「부녀지교(婦女之敎)」 "讀書講義, 是丈夫事. …東俗與中土不侔, 凡文字之功, 非致力不能, 初非可責也. 其小學·內訓之屬都是丈夫之任, 宜嘿究而知其說隨事儆誨而已. 若令閨人緩於蠶織而先務執卷, 則奚可哉."

5) 홍대용, 『담헌서』 외집(外集), 권2, 「건정동필담(乾淨衕筆談)」 "余曰, 我國婦人, 惟以諺文通訊, 未嘗使之讀書. 况詩非婦人之所宜, 雖或有之, 內而不出.… 余曰, 女紅之餘, 傍通書史, 服習女誡, 行修閨範, 是乃婦女事. 若修飾文藻以詩得名, 終非正道."

6) 『성종실록』 성종1년(1470) 2월 7일 기사; 『명종실록』 명종21년(1566) 윤10월 13일 기사.

7) 김원행, 『미호집』 권13, 「서조대가여계후(書曹大家女誡後)」, "蓋觀古今之敎婦人, 必亟稱曹氏女誡. 余讀其文焉, 其爲義精爲言約, 其察於人情物態, 又甚明而至切, 使世之爲婦人者, 苟善學焉, 其亦足以淑身宜家, 而有餘裕者矣."

8) 조혜란, 「조선 시대 여성 독서의 지형도」, 『한국문화연구』 8, 2005, 29~59쪽, 17~18세기 남성 문인들의 여성에 대한 제문과 행장류에서 여성의 독서에 대한 구체적 사례로 보여준다.

9) 안정복, 『순암집』 권25, 「숙인조씨행장(淑人趙氏行狀)」, "稍長, 授以女誡三綱行實等書, 能通曉而誦習之. …誠以人道之大節, 惟在於三綱, 而扶植勸勵, 有不容已者矣."

10) 이러한 특별한 여성들에 대하여, 박무영, 김경미, 조혜란 공저, 앞의 책; 이숙인, 『또 하나의 조선』, 한겨레출판, 2021; 이혜순, 『조선조 후기 여성지성사』, 이화여대출판부, 2007 등 참조.

11) 이규상, 『병세재언록』, 임윤지당, "天才理學, 貫習經典, 年近七十, 每日咿唔經典, 如經生家." 성균관대 민족문학사연구소, 『18세기의 조선 인물지-병세재언록』, 창작과비평사, 1997 참조.

12) 이숙인, 「조선 시대 교육의 젠더 지형도」, 『정신문화연구』 29, 2006, 333~368쪽 참조.

13) 이러한 병태미(病態美)의 배경이 되는 남성의 왜곡된 심미안에 대하여는, 王宗英, 『中國仕女畵藝術史』, 東南大學出版社, 2008, 57~71쪽, 144~115쪽 참조. 당시의 봉건 제도는 많은 열녀를 배출하는 동시에 남성 문인의 호색 및 색정문화 발달이 비정상적으로 유약한 미인상을 발달시켰다.

14) 合山究, 『明清時代の女性と文学』, 東京: 汲古書院, 2006, 4장, 소설 · 희곡 · 회화에 두루 나타나는 '선녀(仙女) 숭배' 양상이 상술되어 있다.

15) 〈무릉춘도〉 뒤에 적혀 있는 서림(徐霖, 1462~1538, 명대 극작가)의 발문 내용이다. 巫鴻, 『中国绘画中的 "女性空间"』, 三聯書店, 2019 참조.

16) Wu Hung, *The Double Screen*, 1997, p.220~221 및 巫鴻, 위의 책 참조.

17) James Cahill, *Picture for Use and Pleasure: vernacular painting in high Qing China*, Berkeley: University of California Press, 2010.

18) Julia M. White, "Educated and probably dangerous women in seventeenth and eighteenth-Century Chinese painting," *Beauty Revealed, Images of Women in Qing Dynasty Chinese Painting.*; Dorothy Ko, *Teachers of the Inner Chamber: Women and Culture in Seventeenthe Century China,* (Stanford University Press, 1994)

19) 合山究, 앞의 책, 1장, 명청문인의 세계관에 '정(情)'이 핵심이었음이 논의되었다.

20) "소주편"의 제작과 조선 전래에 대하여는, 이주현, 「명청대 소주편 청명상하도 연구-구영관 소주편을 중심으로」, 『미술사학』, 2012, 167~199쪽; 서윤정, 「조선에 전래된 구영의 작품과 구영 화풍의 의의」, 『미술사와 시각문화』, 2020, 26~36쪽 참조.

21) 윤근수, 『월정만필(月汀漫筆)』 "於嘉靖乙卯倭變, 與諸將俱以失律, 謫配關西, 旋以立功自效. 移湖南興陽縣之鹿島. 未幾自鹿島捕全船倭寇, 水岳參於其功, 得放還, 以倭船所得. 贈我生綃畫美人半像. 美人手執白色花, 若嗅其香者, 題詩其上曰, 睡起重門浛浛寒, 鬢雲線繞練衫單. 閑情只恐春將晩, 折得花枝獨自看. 唐寅手題小詩如此."

22) 김상헌, 『청음집』 권9, 「제왕지린소화미인도(題王之麟所畫美人圖)」; 김창업, 『노가재연행일기』 권4 1713.1.23. 기록; 조현명, 『귀록집』 권4 「제주인벽상미인도(題主人壁上美人圖)」 등. 여기서 왕지린(王之麟, 1535~1600)은 명대 문인화가이다.

23) 김만중, 『서포집』 권2, 「제낙신홍선장자(題洛神紅線障子)」

24) 허균, 『성소부부고』 권13, 「제이징화첩후」 "李澄, … 余令澄畫各樣于小帖, 終之洗兒二女. 人曰不及楨, 而細看則豐肌媚笑, 逞其妖嬌態, 咄咄咄逼眞, 亦妙品也. 不欲久展, 久則恐敗蒲團上工夫也."

25) 유미나, 「고전적 미인도의 재현-국립중앙박물관 소장 채색 사녀도의 제작과 감상」, 『대동문화연구』 119, 2022, 103~137쪽 참조.

26) 문선주, 앞의 논문은 진홍수의 그림으로 비교하고, 차미애, 『공재 윤두서 일가의 회화 : 새로운 시대정신을 화폭에 담다』, 사회평론아카데미, 2014, 448쪽에서 당인의 「춘정행락도(春庭行樂圖)」를 추가하여, 중국 미인도와의 연관성을 보여주었다.

27) 허균, 『성소부부고』 권13, 「제이징화첩후」 "李澄, … 余令澄畫各樣于小帖, 終之洗兒二女. 人曰不及楨, 而細看則豐肌媚笑, 逞其妖嬌態, 咄咄咄逼眞, 亦妙品也. 不欲久展, 久則恐敗蒲團上工夫也."

28) 고연희, 「미인도의 감상 코드」, 『대동문화연구』 58, 2007, 303~338쪽.

29) 이하곤, 『두타초』 8책, 「제일원란방초광첩(題一源爛芳焦光帖)」; 『두타초』 8책, 「제사녀장자」.

30) 문선주, 앞의 논문; 고연희, 「19세기 남성 문인의 미인도 감상-재덕을 겸비한 미인상 추구를 중심으로」, 『한국근현대미술사학』 26, 2013, 41~64쪽.

31) '이이안' 즉 이청조는 북송 학자 조명성의 부인으로 학문과 시문에 뛰어났고, '관부인' 즉 관도승은 원나라 조맹부의 부인으로 시문과 그림에 뛰어났다. 신위의 독서미인도에 대한 관심에 대하여는 고연희, 앞의 논문, 2013 참조.

32) 고연희, 앞의 논문, 2013.

33) 이현일, 「조선 후기 경화세족의 이상적 여성상- 신위의 경우를 중심으로」, 『한국고전여성문학연구』 18, 2009에서 신위가 이청조-조명성, 관도승-조맹부, 유여시-전겸익의 부부상을 이상적으로 여겼음을 밝혔으며, 「자하 신위와 청대 문인들의 교유 연구(1)」, 『대동문화연구』 117, 2022에서 신위의 『도화선』에 대한 관심을 논하였다.

34) 박무영, 「18, 19세기 중국 여성 예술가의 소식과 조선의 반응」, 『한국고전여성문학』 17, 2008, 117~155쪽; 중국에서의 여성 문인 독서상에 대하여는, 고연희, 「역사적 인물에 대한 기억과 도상- 집옥재 소장 서적의 판화 삽도를 중심으로」, 『대동문화연구』 100, 2017, 389~420쪽.

35) 노병성, 「주자의 독서관에 관한 고찰」, 『한국출판학연구』 51, 2006, 131~172쪽 참조.

36) 윤이석, 「독서약계」, "讀書之時, 須是收心靜思, 兀然端坐, 必使眼着卷上, 字字行行, 切勿放過誤錯, 然後, 方可謂之眼到."

37) 조선 시대 '삽병'으로는, 국립고궁박물관에 어용(御容)을 걸기 위한 틀로 사용된 오봉도의 소규모 삽병이 유일하게 전하고 있다.

38) 김경숙, 「자하 신위와 그 시대 여성들 또는 여성상」, 『고전여성문학연구』 6, 2003; 박무영, 「여성 시문집의 간행과 19세기 경화사족의 욕망」, 『고전문학연구』 33, 2008; 박무영, 앞의 논문.

39) 고연희, 앞의 논문, 2013, 2017.

40) 여성독서상의 젠더 이슈를 첨예하게 다룬 James Colon, "Men Reading Women Reading: Interpreting Images of Women Readers," *Frontiers: A Journal of Women Studies*, Vol. 26, No. 2, 2005, pp. 37~58에서는, 책을 든 여성의 장면 자체가 남성에게 심리적 두려움(fear)을 야기시킨다는 전제 아래, 수태고지의 마리아가 책을 든 장면, 매혹적인 독서 여성상에 두려움이 도사리는 상황, 여성의 사색을 보여줌으로써 두려움을 노출시키고 극복하는 경우 등을 구별하였다. 한편 여성이 직접 그린 여성 독서화에는 그러한 두려움이 없다고 하였다.

41) 독서의 '즐거움(pleasure)'과 '축복(bliss)'에 대한 구분은, Roland Barthes, *The Pleasure of the Text*, trans, Richard Miller, New York: Hill and Wang, 1975, p. 17.

42) Julia M. White의 앞의 논문은 남성의 시선을 벗어난다고 판단되는 청대 여성독서상을 발굴하여 강조하였고, 왕종영의 앞의 책은 독서하는 이향군 그림이 여성의 내면적 성장을 반영한다고 해석했다.

43) 이 논의의 토론을 맡은 이숙인 선생이 윤덕희 주변 여성들의 독서 상황을 이 그림 해석에 반영할 것을 제안하였지만, 본 논의는 이 제안에 호응하지 못했다.

44) 이러한 문제는 젠더 연구에 인종, 민족성, 사회 계급, 나이 등의 개입에 대한 교차 모형의 모색과 연관된다. 로빈 라일 지음, 조애리 외 옮김 『젠더란 무엇인가』, 한울, 2015, 112~117쪽 참조.

45) Joshua S. Mostow, Norman Bryson, Maribeth Graybill, *Gender and Power in the Japanese Visual Field*, Honolulu: University of Hawai'i Press, 2003 참조.

46) 하야시 미치코, 「초기 문전(文展)에 보이는 '여성 독서도'에 대하여」, 『미술사논단』 3, 1996, 257~279쪽.

03. 그림 속 박제된 여성들, 다시 보는 명·청대 여성 초상화_지민경

1) 송대의 도학자인 정이(程頤, 1033~1107)는 초상화를 그릴 때 실제의 모습에서 만일 한 터럭의 수염이라도 더 그리면 다른 사람이 되므로 제의 시 초상화보다는 위패를 사용해야 함을 주장하였고, 이러한 생각은 주희에까지 이어져 「치령좌설혼백(置靈座設魂帛)」, 『가례』 권4에 언급되기에 이른다.

2) 해당 문장은 린다 노클린 논문의 명제를 차용한 것이다. Linda Nochlin, "Why Are There No Great Women Artists?", in Vivian Gornick, Barbara Moran eds., *Woman in Sexist Society: Studies in Power and Powerlessness*, New York: Basic Books. 1971, pp. 344~366.

3) 도라 칭(Dora C. Y. Ching), 「중국 회화에서의 초상화」, 『미술자료』 81, 2021, 23쪽.

4) Wai-kam Ho, "Development of Chinese Portrait Painting", In *Portraiture: International Symposium on Art Historical Studies* 6, Kyoto: Kyoto University, 1990, p. 131.

5) 郭若虛,『圖畫見聞志』.

6) Mary H. Fong, "Images of Women in Traditional Chinese Painting", *Woman's Art Journal* Vol. 17, No. 1, 1996, p. 23.

7) 박동인,『「여사서」에 나타난 중국 전통시대의 여성 담론과 그 사회·정치적 의미』,『율곡학연구』38, 2019, 197~246쪽.

8) 일례로 명대 역사가 장대(張岱, 1597~1684)의 유고인『명어월삼불후명현도찬(明於越三不朽名賢圖贊)』에는 109명의 명현의 초상과 찬이 실려 있는데, 그중에 여성은 단 6명뿐이며 그들마저도 효열(孝烈)과 절열(節烈)의 범주에만 국한되어 있다. Duncan M. Campbell, "Mortal Ancestors, Immortal Images: Zhang Dai's Biographical Portraits", *Portal: Journal of Multidisciplinary International Studies* Vol 9, No 3, 2012, p. 8.

9) 김현경,「청대 지방지「열녀전」의 서술과 특징 -『호구현지(湖口縣志)』를 중심으로」,『서울대 동양사학과 논집』34, 2010, 108쪽.

10) Susan Mann, "Writing Biography in Chinese History", *The American Historical Review*, Vol. 114, No. 3, 2009, p. 637.

11) Martin W. Huang, *Intimate Memory: Gender and Mourning in Late Imperial China*, Albany, NY: SUNY Press, 2018, pp. 15~16.

12) 歸有光,「先妣事略」,『震川先生集』卷 二十五.

13) Jan Stuart and Evelyn Rawski, *Worshiping the Ancestors: Chinese Commemorative Portraits*, Washington D.C., Freer Gallery of Art, 2001, p. 43.

14) Jan Stuart and Evelyn Rawski, 같은 책, p. 70.

15) 조인수,「중국 초상화의 세계: 종교적 성격을 중심으로」,『명청대 인물화』, 통도사성보박물관, 2008, 118쪽.

16) 卞向陽, 李夢珂,「明代婚禮服飾的藝術特徵與影響因素」,『服裝學報』Vol. 4, No. 6, 2019, 531~537쪽.

17) 胡佳琪,「論明中後期庶民女子服飾演變」,『學理論』9, 2020, 91~92쪽.

18) Quincy Ngan, "The Significance of Azurite Blue in Two Ming Dynasty Birthday Portraits", *Metropolitan Museum Journal* 53, 2018, p. 51.

19) 신혜성,『한국과 중국의 전통혼례복식에 관한 연구: 18~20세기 초를 중심으로』, 이화여대 박사학위청구논문, 2004, 161쪽.

20) 중세 이전의 고분벽화 속 묘주도가 사후의 시간을 즐기는 사자의 모습을 묘사하려 했던 것과 달리 명·청대 이후의 고분벽화 속 묘주도는 지하 영당에 설치된 초상화의 의미를 갖게 된다. 지민경,「중국 명청대 고분벽화의 묘주도」,『사림』78, 2021, 441~475쪽.

21) 지방 유력가(Local Elite)로 불리는 이들은 송대 이후 자본주의가 싹트면서 급성장하였으며, 관직이 없거나 관료가 되기 위해 크게 노력하지 않았던 부유한 상인, 지주들로서, 지역 단위로 권력을 행사하던 계층을 널리 아우른다. Robert P. Hymes, *Statesmen and Gentlemen: The Elite of Fu-Chou Chiang-Hsi, in Northern and Southern Sung*, Cambridge: Cambridge University Press, 1986, p. 7.

22) Christian De Pee, *The Writing of Weddings in Middle-Period China: Text and Ritual Practice in the Eighth through Fourteenth Centuries*, Albany: State University of New York Press, 2007, p. 232.

23) Nancy Steinhardt, "Yuan Period Tombs and Their Inscription: Changing Identities for the Chinese Afterlife", *Ars Orientalis*, 37, 2009, pp. 40~174.

24) 趙豐,「大衫與霞帔」,『文物』2, 2005, 75~85쪽.

25) Jan Stuart and Evelyn Rawski, 앞의 책, p. 47.

26) 양수정,「조선 17세기 자수그림의 이행에 관한 시론-절일흉배(節日胸背)를 중심으로-」,『동악미술사학』23, 2018, 5~36쪽.

1) 毛文芳, 『物·性·觀看-明末清初文化書寫新探』, 臺北: 學生書局, 2001; 최수경, 「명말의 기녀를 둘러싼 문화적 이미지와 그 의미」, 『중국어문논총』 31, 중국어문연구회, 2006, 233~263쪽.

2) Marsha Weidner ed., *Views from Jade Terrace: Chinese Women Artists, 1300-1912*, Indianapolis: Indianapolis Museum of Art, 1988; 同著, *Flowering in the Shadows: Women in the History of Chinese and Japanese Painting*, Honolulu: University of Hawaii Press, 1990; 李湜, 『明清女性繪畫史』, 湖南美術出版社, 2000; 赫俊紅, 『丹青奇葩-晚明清初的女性繪畫』, 文物出版社, 2007; 毛文芳, 『明清女性畫像文本探論』, 臺北: 學生書局, 2013; 장준구, 「16, 17세기 중국의 여성 화가」, 『한국예술연구』 21, 한국예술종합학교 한국예술연구소, 2018, 223~248쪽을 들 수 있다.

3) Dorothy Ko, *Teachers of the Inner Chambers: Women and Culture in Seventeenth Century China*, Stanford: Stanford University Press, 1994; Ellen Widmer, Kang-i Sun Chang eds., *Writing Women in Late Imperial China*, Stanford University Press, 1997; 박정숙, 「매정조(梅鼎祚)의 『청니연화기(青泥蓮花記)』에 관한 연구」, 『중국문화연구』 48, 중국문화연구학회, 2020, 71~99쪽; 최수경, 「낭만적 도덕과 화려한 애도: 〈영매암억어(影梅庵憶語)〉의 여성 서술과 모양(冒襄)의 문화적 공간」, 『중국학보』 95, 한국중국학회, 2021, 119~151쪽.

4) 合山究 著, 蕭燕婉 譯, 『明清時代的女性與文學』, 聯經, 2016(『明清時代の女性と文学』, 汲古書院, 2006), 103~136쪽; 大木康, 『風月秦淮-中國游里空間』, 聯經, 2007, 207~224쪽; 王陽, 「晚明花榜文學集《吳姬百媚》的文獻價值考略-兼與《金陵百媚》比較」, 『明清文學與文獻』 9, 社會科學文獻出版社, 2012, 237~260쪽; 溫珮琪, 「品花評豔-論《吳姬百媚》的文學評點與圖像敘事」, 『高雄師範大學報』 44, 高雄師範大, 2018, 59~82쪽; 金丹丹, 「析《吳姬百媚》-書及其影?與傳播」, 『職大學報』 5, 2020, 23~29쪽.

5) 合山究 著, 蕭燕婉 譯, 위의 책, 105~112쪽.

6) 중국 국가도서관본을 정리했으며, 「주마도」, 「투초도」, 「잠화도」, 「아학도」 4면이 소실되었다.

7) 내각문고본은 상하 2권 8책이며, 「이ㅁ도」, 「대월도」, 「피고도」, 「불석도」 4면이 소실되었다.

8) 鄧嫣, 「周之標戲曲活動研究」, 南京師範大 碩士學位論文, 2020, 17~22쪽.

9) "昔含香(劉蔻)與友人龍子猶最善 亦因是籍籍 劉翩之名 子猶所贈也."

10) "雖然媚 亦有辦焉. 涂脂抹粉 粧點顏色 媚之下也. 嬌歌嫩舞 夸詡伎倆 媚之中也. 天然色韻 亦不脂粉亦不伎倆 而自令人淫 媚而上."

11) "天生秀豔 性稟幽閑 花中之仙也. 百卉雖妍 誰及之者."

12) "馮湘皇之名 與馬湘蘭齊趨. 客至百下 以不見湘蘭之恨 客至吳下 亦以不見湘皇爲恨. 花前月下 無湘蘭不韻 無湘皇亦不趣. 趣從韻生 韻又從趣生 兩人豈相差哉?"

13) 高洪鈞, 「《金陵百媚》與馮夢龍跋」, 『文教資料』 6, 1994, 110~113쪽; 大木康, 앞의 책, 207~224쪽; 岩崎 華奈子, 「李雲翔の南京秦淮における交友と編著活動」, 『中國文學論集』 43, 福岡: 九州大學中國文學會, 2014, 165~174쪽.

14) 서연주, 「풍몽룡(馮夢龍) 민가집 연구」, 서울대 박사학위논문, 2017, 96~99쪽.

15) 『唐寅』, 臺北: 國立故宮博物院, 2014, 265쪽; 배다니엘, 「중국 고전시에 나타난 계수(桂樹) 묘사 고찰」, 『남서울대 논문집』 18, 남서울대, 2012, 281~298쪽.

16) "此天上之波 非人間之種. 芳韻依人 清標可挹. 花中之最貴者. 衆卉雖豔 雖得似之. 但貴人攀折固宜 凡輩盈頭可厭. 置之亞匹不忍 品之最上. 亦取其質 而不責其瑕乎."

17) 王陽, 앞의 논문, 240~242쪽.

18) "幼蘭本良家女.…能蘭能詩 一時無兩 曾見與金生者 涕泣不忍舍 凡欲自節 則幼蘭胎非青樓中人也."

19) 厲鶚, 湯漱玉·汪遠孫 著, 『玉臺書史 玉臺畫史』, 浙江人民美術出版社, 2012, 166, 168, 172쪽.

20) 최수경, 「명청시기 여성 문학 자료 역주와 해제(1)」, 『중국학논총』 19, 고려대 중국학연구소, 2006, 211~212쪽.

21) 기녀들의 현전 작품과 기록을 종합해보면, 난이 가장 많이 그려졌고 다음으로 수선화와 대나무가 그려졌다.

22) "公谷佳人絶世姿 翠羅爲帶玉爲肌 獨憐錯雜蕭蕭草 一段幽香秪自奇." 김원동, 「명말 기녀들의 삶과 문학과 예술(2): 마수진,

설소소, 유여시)」,『중국문학』36, 중국어문학회, 2001, 243쪽에서 재인용.

23) “道是深林種 還憐出欲香 不因風力緊 何以度瀟湘.” 권호종·신민야,「명대 기녀 경편편 시가 소고」,『외국학연구』37, 중앙대 외국학연구소, 2016, 310쪽에서 재인용.

24) 許文美,「晚明青樓畫家馬守真的蘭竹畫」,『故宮學術季刊』21(3), 國立故宮博物院, 1993, 81~115면; 신미야,「왕치등의「마상란만가사십이수(馬湘蘭挽歌詞十二首)」고찰」,『외국학연구』41, 중앙대 외국학연구소, 2017, 207~234쪽.

25) Ellen Johnston Laing, “Woman Painters in Traditional China,” Marsha Weidner ed., ibid, 1990, p. 91; Wun Sze Sylvia Lee, “The Icon of Garden: How Seventeenth-century Women Painter in Jiangnan Constructed and Developed their Public Personae and Artistic Identites,” Ph.D. Dissertation, The Chinese University of Hong Kong, 2011, pp. 18~24; 유순영,「명대 병화·분경도: 강남 문사들의 자기 표현과 취향」,『온지논총』61, 온지학회, 2019, 195~198쪽.

26) 오위의 작품은 林霄,「風流題客-吳偉青樓題材畫與周邊人」,『中國書風』3, 近墨堂書法研究基金會, 2020, 6~10쪽을 참조.

27) 우런수 지음, 김의정 외 옮김,『사치의 제국: 명말 사대부의 사치와 유행의 문화사』, 글항아리, 2019, 187~276쪽.

28) 유순영,「손극홍의 청완도(清玩圖): 명말기 취미와 물질의 세계」,『미술사학보』42, 미술사학연구회, 2014, 146~147쪽; 정준구,「진홍수의 은거 주제 회화 연구」, 홍익대 박사학위논문, 2016, 115~118쪽.

29) 馮幼衡,「唐寅仕女畫的類型與意涵-江南第一風流才子的曠古沉哀」,『故宮學術季刊』22(3), 臺北: 故宮博物院, 2005, 55~90쪽.

30) 권호종·이봉상,「명대 기녀 마수진 연구-《청루운어(青樓韻語)》를 중심으로」,『세계문학비교연구』63, 세계문학 비교학회, 2018, 91~118쪽; 김수희,「명대 기녀사에 나타난 기녀 모습과 그 의미」,『중국어문학지』37, 중국어문학회, 2011, 213~236쪽.

31) 許淑眞,『華夏之美—花藝』, 臺北: 幼獅文化事業公司, 1987, 12~78면; Ellen Johnston Liaing, “Notes on Ladies Wearing Flowers in their Hair,” *Orientations* Vol. 21, 1990, Feb, p. 37; 박청아,「청대 사녀도 연구」, 홍익대 박사학위논문, 2017, 66~67쪽.

32) “善和坊裡李端端 信是能行白牡丹 花月揚州金滿市 佳人價反屬窮酸.” 우홍 지음, 서성 옮김,『그림 속의 그림』, 이산, 1999, 209~210쪽;『唐寅』, 臺北: 國立故宮博物院, 2014, 303~304쪽.

33) 고연희,「그림 속 꽃과 새, '사랑'의 테마」,『옛 사람들의 사랑과 치정』, 한국학중앙연구원 장서각, 2017, 248~253쪽.

34) “沈六 諱瓊 字小玉 號瓊玖, 蘇州人, 沈雲停義女也. 年方十一 同居北檣子門.”

35) 배다니엘,「중국 고전시 중의 도화 이미지」,『중국어문논역총간』32, 중국어문논역학회, 2013, 41~65쪽.

05. 조선의 열녀, 폭력과 관음의 이중 굴레_유재빈

1) 『삼강행실도』및『오륜행실도』의 판화적 연구에서는 대부분『오륜행실도』의 양식 변화에 주목하였다. 행실도 판화의 특징에 대한 선행 연구는 다음 참조. 김원룡,「정리자판 오륜행실도-초간본 중간본 단원의 삽화」,『도서』1, 현대사, 1960; 정병모,「『삼강행실도』판화에 대한 고찰」,『진단학보』85, 진단학회, 1998, 185~227쪽; 송일기·이태호,「조선 시대 행실도 판본과 판화 연구」,『서지학연구』21, 서지학회, 2001, 79~121쪽.

2) 열녀전과 열녀 담론에 대한 연구는 다음의 단행본이 대표적이다. 한국고전여성문학회,『조선 시대의 열녀담론』, 월인, 2002; 이화중국여성문학연구회,『동아시아 여성의 기원 :『열녀전』에 대한 여성학적 탐구』, 이화여대 출판부, 2009; 강명관,『열녀의 탄생』, 돌베개, 2009; 이숙인,『정절의 역사』, 푸른역사, 2014.

3) 김훈식은『삼강행실도』가 전파하는 윤리를 가족주의적 사회 질서를 위한 가부장 윤리, 명분론적 사회 질서를 위한 군신윤리로 해석하였다. 김훈식,「『삼강행실도』보급의 사회사적 고찰」,『진단학보』85, 진단학회, 1998, 247~273쪽. 한편 강명관은『삼강행실도』가 비합리성과 잔혹성을 통해 약자에게 가해진 도덕의 폭력이라는 점을 부각시켰다. 강명관,「삼강행실도: 약자에게 가해진 도덕의 폭력」,『한국고전여성문학연구』5, 한국고전여성문학회, 2002, 5~32쪽.

4) 고연희는 열녀를 육체적 고통에 무감각한 듯 그리는 태도를 지적하였다. 고연희,「조선 시대 열녀도 고찰」,『한국고전여성

문학연구』 2, 한국고전여성문학회, 2001, 189~225쪽. 이정원은 자해나 자살에 마땅히 수반되는 인간적 번민과 고통에 대한 '이기적 무지'와 '이기적 응시'는 '열녀 되기'의 부조리와 폭력성을 반증하는 것이라고 하였다. 이정원, 「'삼강'의 권위적 지식이 판소리 문학에 수용된 양상」, 『조선 시대 책의 문화사』, 휴머니스트, 2008, 182~190쪽. 조현우는 『오륜행실도』 열녀편에서 고통을 미화시킨 '적절한 죽음'의 강요가 여성의 경제적 지위 하락과 관련이 있다고 주장하였다. 조현우, 「행실도 열녀편 도상 변화의 문화적 의미 : 『오륜행실도』에 나타난 변화 양상을 중심으로」, 『한국문학이론과 비평』 50, 한국문학이론과 비평학회, 2011, 333~357쪽.

5) 이혜순은 『삼강행실도』가 열행을 통해 변모된 독자적 여성상을 반영하고 있다고 분석하였다. 이혜순, 「열녀상의 전통과 변모-『삼강행실도』에서 조선 후기 「열녀전」까지」, 『진단학보』 85, 진단학회, 1998, 163~183쪽. 이경하는 『삼강행실도』에 담긴 열녀의 자기 폭력의 진정성에 대해 재고하였다. 이경하, 「『삼강행실도』의 폭력성 재고-열녀편을 중심으로」, 『한국고전문학연구』 35, 한국고전문학회, 2009, 453~483쪽.

6) 열녀도에 대한 미술사 분야의 연구는 다음을 참조하였다. 고연희, 앞의 논문, 2001; 신수경, 「열녀전과 열녀도의 이미지 연구」, 『미술사논단』 21, 한국미술연구소, 2005, 171~200쪽; 이필기, 「『삼강행실도』와 〈열녀도〉 판화」, 『조선왕실의 미술문화』, 대원사, 2005, 155~201쪽; 문선주, 「조선 시대 여성 소재 감계화 연구-현비고사도와 열녀도의 정치적 성격을 중심으로」, 『역사민속학』 43, 한국역사민속학회, 2013, 91~131쪽.

7) 여성의 신체에 주목한 편저서로 다음의 도움을 받았다. 국사편찬위원회 편, 『'몸'으로 본 한국여성사』, 경인문화사, 2011. 이 가운데 김언순, 「예와 수신으로 정의된 몸」, 123~163쪽은 조선 사회가 여성의 몸을 바라보는 시각을 가계를 계승하는 아들 낳는 몸, 노동하는 몸, 절개를 지키는 몸으로 나누어 살펴보았다.

8) 『오륜행실도』의 구성은 다음과 같다.

권1 : 효자 33인
권2 : 충신 35인
권3 : 열녀 35인
권4 : 형제 및 종족 31인
권5 : 붕우 및 사생 16인

권1~3은 『(산정)역주삼강행실도』에서 효자 2인의 고사 곽거매자(郭巨埋子)와 원각경부(元覺警父)를 제외한 것 외에는 대부분 일치한다. 권4~5는 『이륜행실도』와 일치한다. 본 연구에서는 이중 권3의 열녀 35인의 삽화를 다루겠다.

9) 정조는 『오륜행실도』의 서문에서 "우리 조선의 의물이 완비된 것이 세종의 융성기"라고 하였다. 또한 세종이 양로원을 베푼 이후 『삼강행실도』 편찬을 명한 것을 자신이 자궁의 회갑 잔치 이후 『오륜행실도』 편찬을 인쇄한 것에 비견하기도 하였다. 「오륜행실도서」 및 『정조실록』 권46, 정조 21년(1797) 1월1일. 손창수, 「『오륜행실도』의 편찬 과정 고찰」, 『동양예학』 35, 동양예학회, 2016, 149~174쪽. 『오륜행실도』가 포함되는 인물의 수를 더 늘리지 않은 것은 효자, 충신, 열녀들의 정표 문제를 피하기 위해서이기도 하다. 박주, 「정조대의 『오륜행실도』 간행 보급에 대한 일고찰」, 『한국사학논총』 상, 탐구당, 1992, 1043~1056쪽.

10) 『오륜행실도』 화풍의 변화에 대해서는 정병모, 앞의 논문, 1998; 고연희, 앞의 논문, 2001; 신수경, 앞의 논문, 2005; 문선주, 앞의 논문, 2014 등에서 이미 언급되었다. 이들은 모두 중국 소설 삽화의 유입을 그 원인으로 들었다.

11) 경서를 집대성하고 광범위한 집주 작업을 펼쳤던 정조의 경학 사업을 대표적인 예로 들 수 있다. 김문식, 『정조의 경학과 주자학』, 문헌과 해석사, 2000.

12) 주2) 참조.

13) 『삼강행실도』의 제기량 처 설화의 재해석에 대해서는 유재빈, 「열전에서 교화서로-『삼강행실도』 열녀편을 중심으로」, 『진단학보』 135, 진단학회, 2020, 421~427쪽 참조.

14) 『고열녀전』은 송대에서 원대 사이에 삽화가 제작되었을 것이라고 보며 근유당본 『고열녀전』이 가장 오래된 판화이다. 근

유당본은 가우본(嘉祐本, 1063), 가정본(嘉定本, 1214), 만력본(萬曆本, 1606), 도광본(道光本, 1825) 등으로 출간되었다고 전하나, 가우본·가정본은 현전하지 않는다. 그 온전한 실체를 알 수 있는 것은 현재 도광본뿐이다. 신수경, 앞의 논문, 2005, 173~176쪽.

15) 기량 처에 대한 설화 고증과 의미는 다음 논문 참조. 유태규, 「양기 처 고사의 연변 고- 춘추전국에서 위진남북조를 중심으로」, 『한국교통대 논문집』 37-1, 2002, 59~73쪽. 조숙자, 「고대 여인의 죽음과 그 그림자-기량의 아내 이야기를 중심으로」, 정재서 엮음, 『동아시아 열녀의 기원』, 이화여대출판문화원, 2009, 293~334쪽.

16) 이 설화가 맹강녀 설화로 민중에 급속히 퍼진 것에는 이러한 저항적 의식의 역할이 컸을 것으로 보인다. 楊振良, 『孟姜女研究』, 學生書局, 1986.

17) 박현모, 「세종의 변경관과 북방영토경영 연구」, 『정치사상연구』 13-1, 한국정치사상학회, 2007, 31~52쪽.

18) 『삼강행실도 언해본』(1481)의 판화는 『삼강행실도』와 같은 밑그림을 공유하거나 같은 판본이라 생각될 정도로 차이점이 없다. 중종대 『고열녀전』의 언해본이 제작되었는데, 여기에서는 성이 붕괴되는 일화와 장면을 일부 포함하였다. 유재빈, 앞의 논문, 2020, 425~427쪽. 『고열녀전』 언해본에 대해서는 『고열녀전』 언해본 해제」, 『(소장자료 총서2) 여러 여성들의 이야기, 열녀전』, 국립한글박물관, 2015, 10~17쪽.

19) 『삼강행실도』 제목에 대해서는 이혜순, 앞의 논문, 1998, 166~168쪽.

20) 명대에는 유향의 『열녀전』이 송대에 8권의 『고열녀전』으로 정착한 판본을 여러 번 복간하기도 하였지만, 『고금열녀전』(1410)과 같이 내용을 대폭 확대하여 재편집하기도 하였다. 열녀전의 판본에 대해서는 신수경, 앞의 논문, 2005; 김지선, 「삽화, 정전(正典)의 경계를 가로지르다 -만력 연간 왕씨증집 『열녀전』을 중심으로-」, 『중국어문학지』 42, 중국어문학회, 2013, 199~227쪽.

21) 만력 연간은 이미 구영의 생존 시기가 아니기에 『왕씨증집열녀전』을 구영이 직접 그렸을 가능성은 희박하다. 당시 소주 지역에 당인이나 구영의 화풍과 이름을 빌린 소설 판화의 유행을 반영한다. 명청 소설 삽화와 열녀전 삽화와의 밀접한 관계에 대해서는 다음 참조. Dorothy Ko, *Teachers of the Inner Chamber-Women and Culture in Seventeenth-Century China*, Stanford University Press, 1994, p. 51.

22) 왕씨의 『열녀전』은 총 16권으로 하대부터 명대에 이르기까지 307편의 전기에 319명 여성들의 사적들을 수록하였다. 현전하는 『열녀전』 중 가장 거대한 규모의 여성 전기집이다. 김지선, 앞의 논문, 2013, 201~206쪽.

23) 고연희, 앞의 논문, 2001; 신수경, 앞의 논문, 2005; 문선주, 앞의 논문, 2013 참조. 조선 시대 회화에 미친 중국 희곡 삽화의 영향에 대한 연구는 김상엽, 「김덕성(金德成)의 『중국소설회모본』과 조선 후기 회화」, 『미술사학연구』 207, 한국미술사학회, 2005, 49~71쪽; 박민정, 「명·청대 통속문학삽화의 연구」, 홍익대 석사학위논문, 2005, 94~96쪽.

24) 고연희, 「미인도의 감상 코드」, 『대동문화연구』 58, 성균관대 대동문화연구원, 2007, 324~329쪽.

25) 규방의 여인과 홀로 된 동물을 배치하여 외로움과 남성을 그리는 염정을 나타내는 미인도의 주제는 당(唐) 주방(周昉, 730-800) 이후로 흔히 볼 수 있는 소재이다. 고연희, 앞의 논문, 1998, 327~328쪽.

26) 여성의 몸에 대한 통제는 곧 무엇을 실행으로 규정할 것이며 어떻게 처벌한 것인가와 밀접하게 연관되어 있다. 간통만이 아니라 절이나 산천으로 다니는 가벼운 외출도 실행의 범주에 속하게 되었다. 이숙인, 앞의 책, 2014, 45~65쪽; 음행 여성의 논죄에 대해서는 이숙인, 같은 책, 2014, 65~77쪽.

27) 유승희, 「조선후기 형사법상의 젠더(gender) 인식과 여성 범죄의 실태」, 『조선 시대사학회』 53, 조선 시대사학보, 2010, 235~270쪽.

28) 박경, 「살옥 판결을 통해 본 조선 후기 지배층의 부처관계상-『추관지』 분석을 중심으로」, 『여성과 역사』 10, 한국여성사학회, 2009, 35~70쪽. 남편이 처를 살해한 경우에는 교형에, 처가 남편을 살해한 경우에는 능지처사나 참형에 처하도록 한 것으로 등급에 차이를 두었으나 사형에 이르게 된다는 점은 같다.

29) 문현아, 「판결문 내용 분석을 통한 조선후기 아내 살해 사건의 재해석」, 『진단학보』 113, 진단학회, 2011, 173~178쪽.

30) 박경, 앞의 논문, 2009, 60~64쪽.

31) 김현진, 「『심리록』을 통해 본 18세기 여성의 자살 실태와 그 사회적 함의」, 『조선 시대사학보』 52, 조선 시대사학회, 2010,

209~213쪽.

32) 김현진, 앞의 논문, 2010, 202~204쪽.

33) 김현진, 위의 논문, 2010, 215~224쪽. 정절을 지키기 위해 자살한 사례 중에 과반수 이상의 여성에게 사전(思田), 급복(給復), 복호(復戶), 정려(旌閭) 등이 하사되었다.

34) 백옥경, 「조선 시대의 여성폭력과 법 -경상도 지역의 〈검안〉을 중심으로」, 『한국고전여성문학연구』 19, 한국고전여성문학회, 2009. 103~109쪽.

35) 『심리록』에 기록된 여성 관련 범죄 연구에서 여성 간음 관련된 살인 사건의 경우 여성의 성적 보호와 감시, 지배를 위해 자행되었음을 밝혔다. 김선경, 「조선 후기 여성의 성, 감시와 처벌」, 『역사연구』 8, 역사학연구소, 2000, 57~100쪽.

36) 강명관, 앞의 책, 2009, 471~521쪽; 이숙인, 앞의 책, 2014, 97~150쪽.

37) 『여론어(女論語)』의 글에는 여성이 밖을 훔쳐보거나 돌아다니지 말아야 하며, 나갈 때에는 반드시 얼굴을 가려야 한다고 지시하고 있다. 이사벨라 비숍은 *Korea and Her Neighbors*(1898)에서 하층 여성을 제외한 대부분 여성은 집 안뜰에 격리된 채 한낮의 거리를 구경하기 어려웠고, 낮에 외출할 때는 반드시 뚜껑 덮인 가마를 이용한다는 인상기를 남겼다. 정해은, 「여성의 외모와 치장」, 『'몸'으로 본 한국여성사』, 경인문화사 2011, 230~253쪽.

06. 일본 경직도 속 여성의 노동, 드러나는 젠더_이정은

1) 이 글에서는 시대, 지명, 인명 등 일본어 고유명사는 일본어 발음에 따라 표기하며, 동아시아 삼국에 공통되는 용어이거나, 한국어 한자음으로 표기해도 무방한 경우 한국어 발음으로 표기했음을 밝힌다.

2) 송대 문헌기록 및 구체적인 내용은 巫鴻, 『中国绘画中的〈女性空间〉』, 生活 · 读书 · 新知三联书店, 2019, 248~249쪽.

3) 청대 간행된 세 종류의 어제 경직도 관련 세부 이미지와 시의 내용 및 제작 의미에 대해서는 Roslyn Lee Hammers, *The Imperial Patronage of Labor Genre Paintings in Eighteenth-Century China*, Routledge, 2021 참조.

4) 일본 경직도에 대한 대표적인 저술은 다음을 참조. 多田羅 多起子, 「近世初頭における京狩野家の耕作図: 堀家本原本との関係を中心に」, 『美術史』 57 (2), 美術史學會, 2008, 347~364쪽; 多田羅 多起子, 「狩野永納筆〈耕作·養蚕図屏風〉について」, 『デザイン理論』 49, 意匠学会, 2006, 49~62쪽; 榊原悟, 「狩野晴川院筆『四季耕作図屏風』について一御用絵師の仕事一」, 『研究紀要』 6, 野村文華財団, 1997, 58~81쪽; Shalmit Bejarano, "Picturing Rice Agriculture and Silk Production: Appropriation and Ideology in Early Modern Japanese Painting" PhD diss., University of Pittsburgh, 2010; 冷泉為人, 河野通明, 岩崎竹彦著, 並木誠士, 『瑞穂の国·日本--四季耕作図の世界』, 京都: 淡交社, 1996; 栗東歴史民族博物館, 『四季耕作図の世界 : 画かれた農事風景 : 企画展』, 栗東歴史民族博物館, 1992; 町田市立博物館, 『養蚕機織図』, 町田: 町田市立博物館, 2002; 吹田市立博物館, 『農耕の風景 : 摂津の四季耕作図』, 吹田: 吹田市立博物館, 2000.

5) 이 그림의 경작도 부분은 소실되었고, 잠직도는 세 부분으로 분리되어, 족자 형태로 개별적으로 전해지다가, 20세기 들어 두루마리의 형태로 복원되어 박물관에 기증되었다. 그림의 세부 이미지는, https://www.clevelandart.org/art/1977.5. 그림의 상세한 소장 이력과 경위에 대해서는, Wai-kam Ho, Laurence Sickman, Sherman E. Lee, and Marc F. W, *Eight Dynasties of Chinese Painting: the Collections of the Nelson Gallery-Atkins Museum, Kansas City, and the Cleveland Museum of Art*, Cleveland; Bloomington, Ind.: Cleveland Museum of Art, William Rockhill Nelson Gallery of Art and Mary Atkins Museum of Fine Arts, distributed by Indiana University Press, 1980, pp.78~80.

6) 총 279점이 기록된 그림 목록으로, 양해 · 목계 · 마원 등 남송대 화가의 이름이 다수 확인된다. 양해의 그림으로는 관음, 산수, 출산석가(出山釋迦) 등의 화제가 기록되어 있다.

7) 板倉聖哲, 「日本が見た東アジア美術ー書画 コレクション史の視点から」, 『日本美術全集』 6, 小学館, 2015, 171~181쪽; 中村翼, 「日元間の戦争と交易」, 『元朝の歴史 モンゴル帝国期の東ユーラシア』, 勉誠出版社, 2021.

8) 문헌에는 같은 방의 북쪽 벽, 선반에 놓여진 각종 가라모노 기물과 더불어, 양해의 〈포대(布袋)〉 그림도 기록되어 있다. 원문은 다음의 전시 도록에 실린 번각본 참조. 『東山御物: 「雜華室印」に関する新史料を中心に』, 東京: 根津美術館, 徳川美術

館, 1976, 161쪽. 고하나조노 천황의 행행과 그에 따른 쇼군 저택의 내부 공간과 장식 방법 및 그 의미에 대해서는, 이정은,「무로마치 시대 자시키(座敷) 장식의 정치성: 천황의 행행을 통해 본 아시카가 쇼군 저택 장식의 의미」,『미술사논단』41, 한국미술연구소, 2015, 63~86쪽 참조.

9) 『蔭涼軒日録』1489년 11월 17일. 그 외, 아시카가 요시마사의 저택 중 오가와고쇼(小河御所)와 히가시야마도노(東山殿)의 내부 장식에 대한 설명을 담고 있는〈小河御所并東山殿御飾圖〉의 원문은 1976년 전시 도록에 실린 번각본 참조.『東山御物:「雑華室印」に関する新史料を中心に』, 東京: 根津美術館, 徳川美術館, 1976, 169~197쪽. 문헌의 체계와 요시마사의 교토 저택 및 그 내부 장식 기물에 대해서는, 이정은,「아시카가의 문화적 권위와『군다이칸소초키(君臺観左右帳記)』제작의 경제적 의미」,『미술사학』36, 미술사교육학회, 2018, 219~228쪽 참조.

10) 『蔭涼軒日録』과 세 인물 사이의 그림 관련 다양한 논의 내용 세부 과정에 대해서는 Quitman E. Phillips, *The Practices of Painting in Japan, 1475-1500*, Stanford, Calif.: Stanford University Press, 2000 참조.

11) 가노 유키노부(狩野之信, 1513-1575) 전칭작으로 논의되며, 가노파의 작업 특성상 형 가노 모토노부와의 관련성도 지적되고 있다. 현재 사찰 내부에 있는 그림은 메이지 시대 제작된 모사본이며, 이 그림의 무로마치 시대 원본은 현재 교토국립박물관에 소장되어 있다. 다이센인 내부의 경작도와 소상팔경도의 상세한 내용에 대해서는, Richard P. Stanley-Baker, "Mid-Muromachi Paintings of the Eight Views of Hsiao and Hsiang," PhD diss. Art and Archaeology, Princeton University, 1979, p.88; Shalmit Bejarano, 앞의 논문, pp.63~79; 華』1120, 國華社, 1989, 13~30쪽; 小川裕充,「大仙院方丈襖絵考(中)」,『国華』1121, 1989, 33~49쪽; 小川裕充,「大仙院方丈襖絵考(下)」,『国華』1122, 國華社, 1989, 9~19쪽.

12) Shalmit Bejarano, 앞의 논문, pp.77~78; 小川裕充, 앞의 논문.

13) 『군다이칸소초키』여러 사본 중 오타니 대학 소장본에는, 마원풍 경작산수에 대한 내용도 기록되어 있어, 양해 이외 남송대 또 다른 경작도 혹은 경직도의 존재가 있었을 가능성을 시사한다. Shalmit Bejarano, 앞의 논문, p.60. 무로마치 시대 남송원체 화풍의 유행 및 선호와 관련해서는, 島尾新,「〈東山御物〉随想—イメージのなかの中國畫人たち」,『南宋繪畫—才情雅致の世界—展圖錄』, 東京: 根津美術館, 2004; 板倉聖哲, 앞의 논문, 171~181쪽.

14) 가노파의 분본과 모본 제작 및 가노파 내부 교육 시스템에 대해서는 많은 연구가 진행되었다. Yukio Lippit, "The Birth of Japanese Painting History: Kano Artists, Authors, and Authenticators of the Seventeenth Century," PhD diss., History of Art, Princeton University, Princeton. 2003; Gerhart, Karen M. "Talent, Training, and Power: The Kano Painting Workshop in the Seventeenth Century," In *Copying the Master and Stealing his Secrets: Talent and Training in Japanese Painting*, edited by B. G. Jordan, V. Weston. Honolulu: University of Hawaii Press, 2003.

15) 《학고도》에는 65점의 중국화와 13점의 일본화 총 78점의 그림이 화제와 그 화제의 가장 대표적인 화가의 이름과 함께 그려져 있다. 전체 그림은 Felice Fischer and Kyoko Kinoshita, *Ink and Gold: Art of the Kano*, Yale University Press, 2015. pp.288~291.

16) 여러 간행본 중 명대 송종노 본을 토대로 했다는 주장 및 당시 일본의 구체적 정황에 대해서는, 多田羅 多起子, 앞의 논문, 2006, 49~62쪽.

17) 원문은 일본 국립국회도서관에서 제공하는 DB를 참고하여 번역 및 분석했다. https://dl.ndl.go.jp/info:ndljp/pid/1286759

18) 이 두루마리 역시, 21개의 경도와 24개의 잠도로 구성되어 있으며, 세부 이미지는 다음을 참조. https://asia.si.edu/object/F1954.20/

19) 현재 일본에는 양잠과 방직의 장면을 함께 혹은 별도로 그린 우키요에가 다수 현전하는데, 개별 작품에 대한 명칭이 있는 경우 이를 사용하고, 이러한 장르를 총칭할 경우, 양잠 우키요에 혹은 잠직 우키요에라 부르고 있다. 東京農工大学附屬圖書館,『浮世絵にみる蚕織まにゅある: かゐこやしなひ草』, 東京農工大学附屬圖書館, 2002.

20) 《여직잠수업초》는 대표적으로 메트로폴리탄미술관, MFA 보스톤미술관, 영국박물관 등에 소장되어 있으며, 영국박물관 소장본의 경우 20세기 초 야마나카 상회에 의한 구입품임이 기록되어 있다. 본고에서는 영국박물관과 메트로폴리탄미술

관에서 제공하는 이미지를 토대로 분석했다.

21) 예를 들어, 《어직잠수업초》[도06_18]는 각 공정을 그림으로 묘사하고, 화면 상단에 주기를 통해 일련의 공정에 대해 설명하고 있다. 하잠 관련한 주기는 이러하다. "蚕種の紙に産み付けたるが三月中気穀雨前後に生まれ出るをかへるといふなり 既に帰り出て一番二番などゝ別ち折敷へ入 桑の葉をこまかにきざみあたふるなり これを黒子とも壱つずへともいふなり"

22) 『회본직지보』는 『회본사보대(絵本写宝袋)』 후편의 재속편으로, 총 9권 10책으로 이루어졌으며, 양잠 이외에도 중국과 일본의 성현, 선인(仙人), 산수나 팔경, 가선(歌仙), 초목에 이르기까지 다양한 화제를 포함한다. 그의 화보는 같은 시기는 물론 후대의 화가들에게도 큰 영향을 준 것으로 알려져 있는데, 스즈키 하루노부를 시작으로 많은 우키요에 화가들도 화제의 아이디어를 모리쿠니의 책에서 얻었던 것으로 보인다. 본고에서는 와세다대 소장본 DB를 참조했다. 또한, 다치바나 모리쿠니의 『회본통보지(絵本通宝志)』 1권에는 경작도가 포함되어 있는데, 그 기초 분석에 대해서는 다음을 참조. 河野通明, 「橘守国『絵本通宝志』の基礎的研究·上」, 『商経論叢』 36 (1), 神奈川大学経済学会, 2000.

23) 전체 이미지 및 세부 내용은 일본 국립국회도서관 참조. https://dl.ndl.go.jp/info:ndljp/pid/1286957

24) Thomas C. Smith, *Native Sources of Japanese Industrialization, 1750-1920,* Berkely: California University Press, 1988, pp.189~191.

25) 興右衛門『養蠶祕書』, 上卷, 下卷, 塚田茂平, 1894.

26) James T. Ulak, "Utamaro's Views of Sericulture." *Art Institute of Chicago Museum Studies* 18 (1): 1992, pp.90~103.

27) 에도 시대 우키요에의 검열 및 우타마로의 투옥 관련 상세한 내용에 대해서는, James T. Ulak 앞의 논문, pp.79~80; Sarah E. Thompson, "The Politics of Japanes Prints," *Undercurrents in the Floating World: Censorship and Japanese Prints,* New York: Asia Society Galleries, 1991, pp.29-46.

28) Chino Kaori, "Gender in Japanese Art," *Gender and Power in the Japanese Visual Field,* edited by J. S. Mostow, N. Bryson and M. Graybill. Honolulu: University of Hawaii Press. 2003, p.25.

29) 島尾新, 「日本美術としての「唐物」」, 『唐物と東アジア』, 東京:勉誠出版社, 2016; Shimao Arata,"Reconsidering the History of East Asian Painting." *East Asian Art in a Transnational Context,* edited by Eriko Kay and Toshio Watanabe, 2020, p.17.

30) 中野三敏, 『写楽: 江戸人としての実像』, 東京:中央公論新社, 2007, 13쪽.

07. 조선 여성, 글씨 쓰기_조인수

1) 전통미술에서의 여성적 특징에 대해서는 이성미, 『우리 옛 여인들의 멋과 지혜』, 대원사, 2002 참고.

2) Insoo Cho, "Writings in the Joseon Dynasty," *Beyond Line: The Art of Korean Writing,* Stephen Little and Virginia Moon (eds), Los Angeles: Los Angeles County Museum of Art, 2019, pp. 84~111.

3) 이 점이 잘 나타나는 기록으로 여성들에 대한 제문, 행장, 비문, 행적기 등이 있다. 김경미, 『가(家)와 여성: 18세기 여성 생활과 문화』, 여이연, 2012, 7~10쪽.

4) 홍선표, 「오세창과 『근역서화징』」, 『국역 근역서화징』, 『미술사논단』 7, 한국미술연구소, 1998, 331~336쪽.

5) 이는 오세창이 이덕무의 글을 인용한 것이다. 이덕무는 『훈민정음』 반포 이전에는 글씨에 능한 여성이 있었으나 그후로는 글씨로 이름난 여성이 아주 드물어졌다고 했다. 이덕무, 『청장관전서』 권57 「엽기(葉記)」 4, 「동국부인능서(東國婦人能書)」

6) 중국의 경우 일찍이 당대 『법서요록(法書要錄)』에서부터 여러 여성 서예가의 이름이 기재되어 있다. 衛鑠, 上官婉兒, 李清照, 管道升, 邢慈靜, 文俶 등이 있다. 周小儒, 蔣玲玲, -国历代女书法家, 济南: 山东画报出版社, 2012.

7) 고연희, 「'신사임당 초충도' 18세기 회화 문화의 한 양상」, 『미술사논단』 37, 한국미술연구소, 2013, 127~152쪽; 조규희, 「만들어진 명작: 신사임당과 초충도」, 『미술사와 시각문화』 12, 미술사와 시각문화학회, 2013, 58~91쪽.

8) 신좌모, 『담인집』 권8, 시 「교남기행」

9) 세 사람 모두 당시의 명필이었던 한호의 필법에서 많은 영향을 받았다. 오세현,「〈화정(華政)〉과《유합(類合)》」,『서울학연구』70, 서울학연구소, 2018, 101~139쪽.

10) 이 작품의 진위에 대해서는 논란이 있다. 오세현, 앞의 논문, 111쪽, 각주 36.

11) 이에 대해 1701년 정명공주의 막내아들 홍만회의 부탁을 받아 남구만이 쓴 발문에 상세히 설명되어 있다. 남구만,『약천집』권27,「정명공주필적발」.

12)『세종실록』79권, 세종 19년 11월 12일 무술.

13) 김경미,『임윤지당 평전』, 한겨레출판, 2019, 76~77쪽.

14) 이익,『성호사설』제16권「인사문」의 "부녀지교(婦女之教)"; 강명관,『그림으로 읽는 조선 여성의 역사』, 휴머니스트, 2012, 141쪽에서 재인용.

15) 박무영,「조선 여성의 삶, 다시 보고 다시 읽기」,『조선 여성의 일생』, 글항아리, 2010, 22~23쪽.

16) 황문환,『조선 시대의 한글 편지, 언간』, 역락, 2015, 21~22쪽.

17) 김인회,「조선 시대 사대부의 한글 사용과 의미」,『한국학』35(4), 한국학중앙연구원, 2012, 35~54쪽.

18) 윤재홍,「조선 시대 양반가의 한글교육의 양상-'진주하씨묘 출토 언간'을 중심으로」,『교육사상연구』32(1), 한국교육사상학회, 2018, 115~133쪽.

19)『숙종실록』권23, 숙종17년 9월 13일 갑자.

20) 김영희,「조선 시대 한글 글쓰기 체계의 발전과 여성」,『페미니즘 연구』17(2), 한국여성연구소, 2017, 128~129쪽.

21) 김경미,「18세기 양반여성의 글쓰기의 층위와 그 의미」,『한국고전여성문학연구』11, 한국고전여성문학회, 2005, 24쪽. 여성이 한글로 쓴 자전적 기록으로는『풍양조씨자기록』,『한산이씨고행록』등이 있다.

22) 이에 대해서 한글이 파스파 문자의 형태를 따랐다는 주장이 제기되기도 한다. Gari K. Ledyard, *The Korean Language Reform of 1446*, 신구문화사, 1998.

23) 노마 히데키,『한글의 탄생』, 돌베개, 2010, 326~333쪽.

24) 윤양희,「조선전기」,『조선 시대 한글서예』, 미진사, 1994, 11~34쪽.

25) 문희순,「17-19세기 동춘당 송준길 후손가 소장 한글 편지에 나타난 가족의 모습」,『장서각』37, 한국학중앙연구원, 2017, 255~257쪽.

26) 박정숙,『조선의 한글편지』, 다운샘, 2017, 103~107쪽.

27) Hwisang Cho, *The Power of the Brush*, Seattle: University of Washington Press, 2020, pp. 36~41.

28) 이경하,「17세기 상층여성의 국문생활에 대한 문헌적 고찰」,『한국문학논총』39, 한국문학회, 2005, 225쪽.

29) 박정숙, 앞의 책, 17-22쪽.

30) 편지의 내용은 특별전 도록『한글 소통과 배려의 문자』, 장서각, 2016, 276쪽 참조.

31) 이승희,「조선 후기 왕실여성의 한글 사용 양상」,『한국문화』61, 규장각 한국학연구원, 2013, 301~325쪽.

32) 김영희, 앞의 논문, 149쪽.

33) 혜경궁 홍씨, 정병설 옮김,『한중록』, 문학동네, 2010, 159쪽.

34) 여러 왕후들의 언간 289편 정도 남아 있다. 한소윤,「조선 시대 왕후들의 언간서체 특징 연구」,『한국사상과 문화』69, 한국사상문화학회, 2013, 404~424쪽.

35) 이 서첩에 수록된 편지는 모두 67편인데 장렬왕후, 현종, 명성왕후가 보낸 편지도 일부 포함되어 있다. 성첩 시기는 인물의 호칭으로 볼 때 1683~1688년으로 추정된다. 국립청주박물관 편,『조선 왕실의 한글 편지, 숙명신한첩』, 국립청주박물관, 2011.

36) 백두현,「조선 시대 왕실 언간의 문화중층론적 연구」,『한국학논집』59, 한국학연구원, 2015, 392~397쪽.

37) 모두 35편으로 장렬왕후, 현종, 명성왕후, 숙종, 인현왕후의 편지도 포함되어 있다. 장요한,『신한첩 곤』의 연구 및 역주』, 계명대출판부, 2019 및 문화재청,『한국의 옛 글씨-조선왕조 어필』, 문화재청, 2009.

38) 규장각 한국학연구원에 소장되어 있는 『순원왕후어필봉서』 32매, 『순원왕후어필』 25매의 편지는 친정의 재종동생 김홍근과 조카에게 보낸 것이다. 여기서 통상적인 안부 이외에 조정의 대소사를 논의하여 특이한데 순원왕후가 수렴청정을 했기 때문이다. 이승희, 「순원왕후 한글 편지의 자료적 특성에 대한 일고찰」, 『한국문화』 44, 규장각 한국학연구원, 2008, 31~47쪽.

39) 국립고궁박물관, 『명성황후 한글 편지와 조선왕실의 시전지』, 국립고궁박물관, 2010.

40) 북송 장역(張繹)의 좌우명에 나오는 "字畫必楷正"이란 구절로 『소학』 「가언」에도 인용된 내용이다. 『내훈』 「언행장」

41) 이덕무, 『청장관전서』, 30권 「사소절 7」 "부의2" 〈사물〉

42) 명성황후의 한글 편지 중에서 민응식 부자와 민영소에게 보낸 것은 친필이지만 나머지는 상궁들의 대필이다. 이기대, 「명성황후 관련 한글 편지의 문헌 고찰과 내용분석」, 『명성황후 한글 편지와 조선왕실의 시전지』, 142쪽.

43) 정복동, 「『숙명신한첩』의 한글 서예적 가치」, 『조선 왕실의 한글 편지, 숙명신한첩』, 29~41쪽.

44) 김용숙은 1960년대에 만난 상궁들로부터 이에 대한 이야기를 들었다. 김용숙, 『조선조궁중풍속연구』, 일지사, 1987, 54쪽 및 62~63쪽.

45) 이는 윤백영이 87세 되던 1974년에 기억을 더듬어 기록한 것이다. 조용선 편, 『(역주본)봉서』, 다운샘, 1997. 김용숙도 이 증언과 함께 또 다른 후궁의 면담을 바탕으로 서기이씨에 대해 언급한다. 김용숙, 앞의 책, 373~374쪽.

46) 창경궁 장서각에 보관되던 한문, 한글 발기 950여 건이 현재 한국학중앙연구원 장서각에 소장되어 있다. 김봉좌, 「왕실 의례를 위한 발기의 제작과 특성」, 『서지학연구』 65, 한국서지학회, 2016, 291~330쪽. 이전에는 719건이 파악되었다. 최영희, 「조선 시대 한글 발기의 서예사적 의의 및 궁체의 전형 모색」, 『서예학연구』 27, 한국서예학회, 2015, 325~362쪽.

47) 이덕무, 『청장관전서』 제30권 「사소절 7」 부의 2 〈사물〉; 강명관, 앞의 책, 317쪽에서 재인용.

48) 심경호, 「낙선제본 소설의 선행본에 관한 일고찰」, 『정신문화연구』 13(1), 한국학중앙연구원, 1990, 169~188쪽.

49) 이지영, 「한글 필사본에 나타난 한글 필사의 문화적 맥락」, 『한국고전여성문학연구』 17, 한국고전여성문학회, 2008, 273~308쪽.

50) 이원주, 「'잡록'과 '반조화전가'에 대하여」 『한국학논집』 7, 한국학연구원, 1980, 14쪽.

51) 이지영, 앞의 논문, 273~308쪽.

52) 궁체는 대략 18세기에 들어서 진전되기 시작했고, 19세기 후반에는 최고봉을 이루었다고 평가된다. 이완우, 「서예」, 국사편찬위원회 편 『신편 한국사 35: 조선후기의 문화』, 국사편찬위원회, 1998, 494~496쪽.

53) 김봉좌, 「한글본 가상존호 책문의 제작 배경과 특성」, 『한국학』 41(3), 한국학중앙연구원, 2018, 191~216쪽.

54) 옥영정, 「『천의소감(闡義昭鑑)』의 간행과 서지적 특성」, 『정신문화연구』 33(4), 한국학중앙연구원, 2010, 69~93쪽.

55) 『천의소감찬수청의궤』 「감결질」 11월 "대왕대비전(인원왕후)에 진상할 『천의소감』을 언서(諺書)로 번역할 때 정서(正書)하기 위해 어의궁 차지(於義宮次知) 송규빈(宋奎斌) 형제, 제용감 서원 이유담(李惟聃), 옥당 서사 유세관(柳世寬) 등을 신속히 장악원에 대령시키십시오." 『천의소감찬수청의궤』 (오세옥 옮김), 한국고전번역원, 2017, 144~145쪽. 송규빈(1696~1778)은 무관이었다.

56) 옥영정, 「한글본 『뎡니의궤』의 서지적 분석」, 『서지학연구』 39, 한국서지학회, 2008, 139~168쪽.

57) 최영희, 「조선 시대 한글 필사본 『뎡니의궤』 서체의 특징 연구」, 『서예학연구』 23, 한국서예학회, 2013, 173~204쪽 및 수원화성박물관, 『수원의 궁궐 화성행궁』, 수원화성박물관, 2018.

58) 『자경전진작정례의궤(즈경뎐진쟉졍례의궤)』 규장각 한국학연구원 〈古 4256.5-2〉 한글본/ 14535 한문본.

59) 왕명에 의한 언해서, 음사에 속하는 책문 등은 서사를 전문으로 하는 문신이 필사. 왕, 비빈, 세자 열람을 위하여 실용적인 목적의 음사나 기술의 자료는 내관이나 여관이 도맡았다고 보기도 한다. 김봉좌, 「왕실 한글 필사본의 전승 현황과 가치」, 『국어사연구』 20, 국어사학회, 2015, 56쪽.

60) 김봉좌, 「순조대 진작 의례와 한글 기록물의 제작」, 『정신문화연구』 38(3), 한국학중앙연구원, 2015, 151~178쪽.

61) 『무자진작의궤(戊子 進爵儀軌)』 규(奎) 14364 권2 상전 37b. "致詞繕寫寫字官 李東憲, 李東鉉 諺書書寫 白師訥."

62) 국립한글박물관에서 2019년 4월 25일부터 특별전 〈공쥬, 글시 뎍으시니〉를 개최했다. 국립한글박물관, 『공쥬, 글시 뎍으

시니』, 국립한글박물관, 2019.

63) 『중앙일보』 1966년 8월 25일 5쪽. 『벽허담관제언록』은 효정왕후의 내관이 쓴 것이라고 단정.

64) 박정자 외, 『궁체이야기』, 다운샘, 2001, 11~25쪽.

65) 박정숙, 「조선 중기 영남지방 한글편지의 서예미 고찰」, 『한국학논집』 61, 한국학연구원, 2015, 153~196쪽.

66) 국립한글박물관, 『소장자료총서 1』, 국립한글박물관, 2014.

67) 윤백영은 인터뷰에서 『벽허담관제언록』은 효정왕후의 내관이 쓴 것이라고 단정한다. 『중앙일보』 1966년 8월 25일 5쪽.

68) 이에 대한 노클린 스스로의 평가로는 Linda Nochlin, ""Why Have There Been No Great Women Artists?" Thirty Years After," *Women Artists at the Millennium*, Carol Armstrong and Catherine De Zegher (eds.), London: the MIT Press, 2006, pp. 21~32 참조.

08. 서화, 불화, 책, 자수에 쓰인 한글 텍스트_서윤정

1) Griselda Pollock, "Feminism and Language," in *A companion to feminist art*, eds. Hilary Robinson Robinson, Hilary, and Maria Elena Buszek, Hoboken, NJ : Wiley Blackwell, 2019, p. 265.

2) 이성미, 『우리 옛 여인들의 멋과 지혜』, 대원사, 2002; 황정연, 「19세기 기녀 죽향의 《화조화훼초충도첩》 연구」, 『아시아여성연구』 46:2, 숙명여대 아시아여성연구소, 2007. 55~84쪽; 최열, 「망각 속의 여성 : 19~20세기 기생 출신 여성화가」, 『인물미술사학』 14 · 15, 인물미술사학회, 2019, 333~341쪽.

3) 문선주, 「조선 시대 여성주제 인물화 연구」, 홍익대 박사학위논문, 2015; 고연희, 「19세기 남성문인의 미인도 감상-재덕을 겸비한 미인상 추구를 중심으로」, 『한국근현대미술사학』 26, 한국근현대미술사학회, 2013, 41~68쪽.

4) 홍인숙, 「조선후기 여성의(불)가능한 글쓰기와 윤리적 듣기의 가능성 -열녀 유서를 중심으로 한 한문학에서의 젠더 연구 방법론 시론-」, 『한국한문학연구』 79, 한국한문학회, 2020, 83쪽.

5) 송시열, 「사임당화제발」, 『송자대전』 권146; 이숙인, 「화가와 현모, 그 불편한 도가: 신사임당 어떻게 만들어졌는가」, 규장각 한국학연구원, 『조선 여성의 일생』, 글항아리, 2010, 60쪽에서 재인용.

6) 이황(전), 『규중요람』(필사본), 국립중앙도서관장, 「부의편」, 4쪽; 오세창, 『(국역)근역서화징』, 시공사, 1998, 542쪽.

7) 이황, 『규중요람』, 이성미, 앞의 책, 20쪽에서 재인용; 강관식, 「조선 후기 지식인의 회화 경험과 인식: 『이재난고』를 통해 본 황윤석의 회화 경험과 인식을 중심으로」, 강신항, 『(이재난고로 보는) 조선 지식인의 생활사』, 한국학중앙연구원, 2007, 513쪽에서 재인용.

8) 1648년 소세양의 시가 남겨진 신사임당의 그림을 이동명(李東溟, 1624~1692)이 소장하고 있었는데, 그 그림을 가지고 당시의 문장가였던 이경석(李景奭, 1595~1671)에게 1661년 발문을 받아 그림에 붙였다. 15년 뒤에 이동명은 또 우암 송시열에게 발문을 청했는데, 이때 송시열은 제시를 남긴 소세양에게 불편한 점을 토로하며 그림에 발문을 적는 것을 거절한다. 이후 송시열은 이 화첩이 이동명의 집에 가전되는 것으로 신사임당이 그의 고조모이고 시를 쓴 소세양도 선대의 족보에서 외가가 된다는 설명을 들은 이후에야 비로소 짧은 글을 남겼다. 이처럼 남녀의 구별이 엄격한 가운데 여성의 그림 위에 남성 평가자들의 언표를 남기는 것은 윤리적으로 용납될 수 없었었다. 송시열의 제발은 이은상 『증보 사임당의 생애와 예술』, 성문각(成文閣), 1966, 213~218쪽에 수록.

9) 이덕수(李德壽), 『서당사재(西堂私載)』 권10, 「정부인임씨묘지명(貞夫人林氏墓誌銘)」, 김경미, 「18세기 양반 여성의 글쓰기의 층위와 그 의미」, 『한국고전여성문학연구』 11, 한국고전여성문학회, 2005, 33쪽에서 재인용.

10) 원문과 해석은 김광국, 『(김광국의) 석농화원』, 눌와, 2015, 234~235쪽 참조.

11) 어숙권, 『패관잡기』 권4; 강세황, 「제이명기소사단섬소상(題李命基所寫丹蟾小像)」, 『표암고』, 권5; 박영민, 「조선 시대의 미인도와 여성 초상화 독해를 위한 제언」, 『한문학논집』 42, 단한한문학회, 2015, 59~63쪽.

12) 황정연, 앞의 논문, 68쪽.

13) 신흠은 『청창연담』에서 신종호의 시가 전해져 상림춘의 이름이 배나 값이 뛰었다고 전했고, 허균은 『학산초담』에서 신종

호의 시로 인해 상림춘의 명성이 10배나 높아졌다고 전하면서 사대부 남성들의 시가 기생의 위상과 존재 가치를 높이는 데 얼마나 중요한 역할을 했는지 짐작케 한다. 이에 관한 내용은 정우봉, 「조선 시대 기생 시첩의 존재 양상과 문화사적 의미」, 『한국고전여성문학연구』 18, 한국고전여성문학연구소, 2009, 428~430쪽.

14) 정약용은 전남 강진에서 유배 생활을 하던 1810년 부인 홍씨가 보내온 치마 여섯 폭을 잘라 두 아들인 학연과 학유를 위해 작은 서첩을 만들고 '하피(霞帔)'라 이름 지었다. 3년 뒤인 1813년에는 남아 있던 치마로 시집간 딸을 위해 활짝 꽃이 핀 매화 가지에 다정하게 앉아 있는 두 마리의 새를 그린 〈매화병제도〉를 그렸다. 『하피첩』의 내용과 의의에 관해서는 홍동현, 「다산 정약용의 강진 유배 생활과 「하피첩」」, 『다산과 현대』 9, 연세대 강진다산실학연구원, 2016, 285~298쪽.

15) 이종묵, 「매화 그림과 미인」, 『문헌과 해석』 83:1, 태학사, 2018, 26쪽.

16) "翩翩飛鳥 息我庭梅 有烈其芳 惠然其來 爰止爰棲 樂爾家室 華之旣榮 有 蕡其實"(훨훨 새 한마리 날아와 우리 뜰 매화나무에서 쉬네. 그윽한 그 매화향기에 끌려 반갑게 찾아왔네. 이곳에 머물고 둥지 틀어 네 집안을 즐겁게 해주어라. 꽃이 이미 활짝 피었으니 토실한 열매가 맺겠네.") 원문 해석은 국립민속박물관, 『하피첩, 부모의 향기로운 은택』, 국립민속박물관, 2016, 70~71쪽에서 재인용.

17) 엄밀한 의미에서 조선 시대에는 한문·이두·한글이라는 세 가지 문자 체계가 위계적으로 공존하였으며, 여성은 한글이라는 하위의 언어 사용자로 대변되었다. '한글'이 여성에게만 전유된 것도 아니고 여성이 '한글'이라는 문자만을 사용한 것도 아니지만, 여성의 문자 생활이 한글의 향유와 발전에 큰 역할을 담당하였다. 한글이라는 글쓰기 체계의 발전에 기여한 여성의 역할에 관해서는 김영희, 「조선 시대 한글 글쓰기 체계의 발전과 여성」, 『페미니즘 연구』 17:2, 한국여성연구소, 2017, 127~155쪽 참조.

18) 이숙인, 앞의 논문, 45~46쪽.

19) 권선문의 체재 및 내용에 관해서는 「설씨부인권선문첩I」, 최승희 감수, 서병패 해설, 『설씨부인권선문첩』, 문화재청, 2004, 7~10쪽 참조.

20) 『설씨부인권선문첩』의 성격과 작가, 양식 등 전반적인 성격에 관해서는 이성미, 「전설씨부인 〈광덕산부도암도〉와 〈화조도〉」, 『미술사학연구』 209, 한국미술사학회, 1996, 5~37쪽 참조.

21) 강소연, 「조선전기 왕실발원 〈안락국태자경변상도(安樂國太子經變相圖)〉의 불교적 주제 고찰」, 『원불교사상과 종교문화』 79, 원광대 원불교사상연구원, 2019, 215~245쪽;최경원, 「조선전기 왕실 비구니원(比丘尼院) 여승들이 후원한 불화에 보이는 여성구원」, 『동방학지』 156, 연세대 국학연구원, 2011, 177~211쪽.

22) 최경원, 앞의 논문, 194~200쪽.

23) 〈안락국태자경변상도〉는 보편적 의미로 사용되는 경전의 내용을 도해한 변상도라기보다, 산문과 운문이 섞여 있는 구어체 문장으로 쓰인 흔히 '변문(變文)'이라 일컫는 강창(講唱)의 도해라고 생각된다. 작품에 배치된 원문의 내용과 해설에 관해서는 김진영, 「그림과 문학의 상호 텍스트성과 그림연행 - 〈안락국태자경변상도〉를 중심으로」, 『어문연구』 51, 한국어문교육연구회. 2006, 7~11쪽 참조. 변상도의 의미에 관해서는 박도화, 「의미와 유형으로 본 '변상'의 분화」, 『미술사학연구』 277, 한국미술사학회, 2013, 41~67쪽 참조.

24) 김진영, 앞의 논문, 347~379쪽.

25) 그러나 대비가 수렴청정시 반포한 교서는 '언문'이 종종 사용되었는데, 이는 언어 생활에 있어 성별 위계의 영향력과 한글이 갖는 젠더성을 극단적으로 보여주는 예라고 할 수 있다. 조선 후기 왕후들의 언문교서의 양상과 의미에 관해서는 이승희, 「조선 후기 왕실 여성의 한글 사용 양상」, 『한국문화』 61, 규장각 한국학연구원, 2013. 306~308쪽 참조.

26) 중국 열녀전 수용 양상과 조선본 간행에 관해서는 박철상, 「조선본 열녀전의 서지적 의미」, 『여러 여성들의 이야기 열녀전: 소장자료총서2』, 국립한글박물관, 2015, 198~214쪽 참조.

27) 『중종실록』 권28, 중종 12년(1517) 6월 27일.

28) 한희숙, 「여학교는 없었다, 그러나 교육은 중요했다」, 규장각 한국학연구원, 『조선 여성의 일생』, 글항아리, 2010, 223~224쪽.

29) 조선 시대 여성 소재 감계화의 양상과 기능과 형식, 용도에 따른 고찰은 문선주, 「조선 시대 여성 소재 감계화 연구」, 『역사민속학』 43, 한국역사민속학회, 2013, 91~131쪽.

30) 1481년 간행된『언문삼강행실열녀도』는 1480년 성종은 어우동 사건을 계기로 부녀자들의 교화를 목적으로 삼강행실도 전체가 아닌 삼강행실열녀도만을 간행할 것을 명하였다. 최초의 언해본인『언문삼강행실열녀도』은 민간의 여성을 대상으로 한 것으로,『삼강행실도』의 한문 원문이 있는 한시 형식의 찬(贊)은 아예 번역에서 제외되었다. 이는 독자인 일반 백성에게 한시의 의미가 거의 없었기 때문이었다. 조선 시대 여성의 한시 향유 양상과 한글 번역문 체제 수립에 관해서는 이종묵,「조선 시대 여성과 아동의 한시 향유와 이중언어 체계(Diaglosia)」,『진단학보』104, 진단학회, 2007, 179~208쪽 참조.

31) 홍현보,「『삼강행실열녀도』의 출처 연구」,『한글』316, 한글학회, 2017, 269~271쪽.

32) 이종묵, 앞의 논문, 190쪽.

33) 이영경,「『동국신속삼강행실도』언해의 성격에 대하여」,『진단학보』112, 진단학회, 2011, 103~125쪽.

34) 현재 규장각 한국학연구원(규4188, 규6246, 규7896), 한국학중앙연구원 장서각 (K2-709), 캘리포니아 주립대 버클리 캠퍼스 동아시아 도서관 아사미 컬렉션(438926882) 등에 소장되어 있다.

35) Chino Kaori, "Gender in Japanese Art," in *Gender and Power in the Japanese Visual Field*, Joshua S. Mostow eds. Hawaii: University of Hawai'i Press, 2003, pp.23~24; Thomas LaMarre, *Uncovering Heian Japan*, North Carolina: Duke University Press, 2000, pp.107~109.

36) 이승희, 앞의 논문, 307~308쪽.

37) 왕실에서 자수를 담당했던 궁녀인 침선장 또는 침선비의 작업과 활동에 대해서는 황정연,「19-20세기 초 조선 궁녀의 침선 활동과 궁중 자수서화 병풍의 제작」,『한국근현대미술사학』26, 한국근현대미술사학회, 2013. 16~22쪽 참조.

38) 박윤희,「궁중자수의 전통과 화원의 수본(繡本) 제작」, 국립고궁박물관,『아름다운 궁중자수』, 안그라픽스 미디어사업부, 2013, 194~205쪽.

39) 허동화,『한국의 자수』, 삼성출판사, 1978, 262~263쪽.

40) 왕실 여성들의 시주 공예품의 성격과 왕실 여성의 불교 미술 후원 양상에 관해서는 정지희,「담양 용화사 묵담유물관의 왕실 시주 공예품 연구」,『남도문화연구』37, 순천대 남도문화연구소, 2019, 255~283쪽 참조.

41) 국립고궁박물관,『아름다운 궁중자수』, 안그라픽스 미디어사업부, 2013, 76~78쪽.

42) 〈복온공주 자수방석〉은 가로 97.4센티미터의 대형 크기로 운지문고단(雲實紋庫緞) 바탕에 연꽃·모란·매화 등의 꽃과 봉황·학·원앙·오리·나비·박쥐 등 다양한 문양을 오색실로 섬세하게 가득 수놓아져 있어 궁중자수의 뛰어나 솜씨를 보여준다. 봉황과 학, 원앙새는 암수가 한쌍을 이루고 서로 마주보고 있는 모습으로 배치되어 있다.

43) 권근,『양촌선생문집』권지(卷之)22, 발어류(跋語類), 수성원불발(繡成願佛跋);『세종실록』64권, 세종 16년(1434) 4월 10일; 조선 시대 불교 공덕 자수 그림의 전반적인 성격에 관해서는 양수정,「조선 17세기 자수그림의 전승과 이행」,『미술사학보』48, 미술사학연구회, 2017, 45~48쪽 참조.

44) 박윤미,「해인사 비로자나불복장 섬유류 유물에 관한 고찰」,『복식』64:5, 한국복식학회, 2014, 141~153쪽.

45) 조선 전기의 경우 분청자에 나타나는 한글 명문은 주로 가마터에서 그릇에 제작된 시점에 시문된 것들인데 비해, 백자에 시문된 명문들은 그릇이 소비되는 과정에서 부여되는 경우가 다수를 차지한다. 조선 전기 자기에 쓰인 한글 명문이 있는 자기의 특징과 한글 명문의 의미에 관해서는 박정민,「조선 전기 한글 명문이 있는 자기(瓷器)의 특징과 의미」,『미술사와 문화유산』1, 명지대 문화유산연구소, 2012, 143~164쪽;「조선 전기 복잡한 서울살이의 분명한 증거:점각명 백자와 묵서 백자」,『발굴, 그후: 청진지구: 2020 국가귀속유물 특별전』, 서울:한성백제박물관, 2020, 232~248쪽.

09. 남성에 의한, 남성을 위한, 남성의 자수_김수진

1) 유럽 자수사에 대한 단행본을 출간한 로지카 파커(Rozsika Parker, 1945~2010)는 자수의 역사를 아는 것이 여성사를 아는 것이라 천명한 바 있다. Rozsika Parker, *Subversive Stitch: Embroidery and the Making of the Feminine*, London: I.B. Tauris, 2010. p. ix.

2) 로지카 파커는 페미니즘을 기반으로 한 미술사학자 혹은 여성 미술사학자들 사이에서도 자수를 어떻게 평가할 것인가에

대한 다양한 시각이 존재함을 논의한 바 있다. 여기에는 우선 순수미술과 공예 간의 위계(hierarchy)를 구분한 역사가 자수의 저평가에 영향을 끼쳤음을 지적하는 시각이 있다. 이와 관련해 남성 주도의 순수 미술이 가진 이성주의에 반해 여성의 자수는 자유로운 상상력의 발현으로 평가할 수 있다는 입장도 있다. 아울러 자수가 가부장제에 저항하는 여성적 무기이기 때문에 자수를 여성사의 도전과 저항의 발로로 봐야 한다는 시각도 있다. Rozsika Parker, 앞의 책, pp. 1~16.

3) 중세 유럽 길드에서 활약한 남성 자수가들에 대해서는 Kay Staniland, *Embroiderers*. Toronto: University of Toronto Press, 1991, pp. 13~18; 로지카 파커는 빅토리아 시대에 궁정 소속으로 활약했던 남성 자수가들에 대한 기록은 축소되는 대신 수동적 여성성을 표상하는 여성의 자수 행위에 대한 기록이 부각되었다는 논의를 펼친 바 있다. Rozsika Parker, 앞의 책, pp. 17~39; 900~1500년 사이 영국에서 종교 및 정치 권력을 위해 만들어진 고급 자수(opus anglicanum)의 제작에 수녀를 포함한 여성 자수가뿐 아니라 사제를 포함한 남성 자수가가 참여했다는 데에 대해서는 Rozsika Parker, 앞의 책, pp. 40~59.

4) 일본 제실기예원에 대해서는 林洋子, 「二代川島甚兵衛の実像」, (明治神宮鎮座70年記念)甦る明治の巨匠展-珠玉の絵画·彫刻·工芸, 産経新聞社, 1990, 90~99쪽; 제실기예원 중 자수가 명단은 John E. Vollmer, *Re-envisioning Japan: Meiji fine art textiles*, New York: Harry N. Abrams, 2016, pp. 225-227. 중국에서 활약한 남성 자수가들에 대해서는 양수정, 「18세기 이후 자수와 제작가에 관한 제면모」, 『미술사학』 54, 2020, 112쪽; 양수정, 「조선 후기 자수의 고수 수용과 전개」, 『미술사학연구』 311, 2021, 58쪽.

5) 침선장이 남성일 가능성에 대해서는 홍순민, 「조선 시대 국왕의 복식」, 『역사비평』 73, 2005, 368~376쪽. 침선장, 침선비, 침선기의 역할에 대한 논의는 황정연, 「19~20세기 초 조선 궁녀의 침선 활동과 궁중 자수서화병풍의 제작」, 『한국근대미술사학』 26, 2013, 16~19쪽. 19세기에 활동한 침선비에 대해서는 장경희, 「20세기 초 양기훈 필 자수매화병풍 연구」, 『한국예술연구』 35, 2022, 224~226쪽.

6) 초본은 국립고궁박물관에 전하며 동일한 작품이 현재 영국 빅토리아앤드앨버트미술관(Victoria&Albert Museum), 서울공예박물관, 리움미술관에 소장되어 있다. 이에 대해서는 김수진, 「19-20세기 병풍차(屛風次)의 제작과 유통」, 『미술사와 시각문화』 21, 2018, 42~43쪽.

7) 장서각 소장 「기명건기(器皿件記)」가 작성된 정확한 연대는 확인되지 않는다. 다만 1994년에 장서각 소장 발기를 영인한 팀에서는 장서각 소장 721건의 발기가 1819년 효명세자의 가례부터 일제강점기 사이에 작성된 것으로 보았다. 한국정신문화연구원 편, 『고문서집성십이: 장서각 편 Ⅲ』, 한국정신문화연구원, 1994, 해제 5쪽.

8) 1795년 왕실 내입 회화 병풍의 가격이 크기에 따라 50냥 혹은 100냥이었다는 점에 대해서는 박정혜, 『조선 시대 궁중기록화 연구』, 일지사, 2000, 274쪽, 400~404쪽. 1848년 왕실 행사를 마친 후에 제작된 왕실 내입 병풍의 가격에 대해서는 전통예술원 편, 『국역 헌종무신진찬의궤』 3권, 민속원, 2006, 246~250쪽.

9) 이에 대한 선행 연구는 황정연, 앞의 논문, 27쪽; 김수진, 『조선 후기 병풍 연구』, 서울대 박사학위논문, 2017, 175~176쪽.

10) 장서각 소장 「신축년정동가물종기(辛丑年貞洞家物種記)」에는 '남문 왜사거리'에 있던 집 28개호의 가격 목록이 정리되어 있는데, 김윤모가 소유한 초가삼간의 가격이 900냥이라 되어 있다. 참고로 초가오간은 1,500냥, 초가육간은 2,500냥이었다. 한국정신문화연구원 편, 『고문서집성 13권: 장서각 편4』, 한국정신문화연구원, 1994, 402~405쪽.

11) 19세기 중엽에 출간된 규장각 한국학연구원 소장 『안주목읍지(安州牧邑誌)』에는 「토산(土産)」 항목에 '사(絲)'가 있기는 하나 자수와 관련한 별다른 언급이 없다. 다만 이 문건의 내용 대부분이 1530년에 출간된 『신증동국여지승람』과 겹치고 있어 이것이 19세기 중엽 안주의 실상을 얼마나 잘 반영한 것인가에 대해서는 재고의 여지가 있다.

12) 이유원, 「하상제」, 『임하필기』 30. 국역은 한국고전번역원 DB 참조.

13) 수원박물관 소장 「무이구곡시」 병풍에 대해서는 수원박물관, 『병풍 속 글씨와 그림의 멋』, 수원박물관, 2011, 46~51쪽.

14) 오형률의 인터뷰는 1974년 10월 29일에 진행되었는데, 당시 나이가 64세로 기록되어 있다. 이를 통해 오형률이 1910년 혹은 1911년생이었을 것이라 추정된다. 인터뷰를 정리한 내용은 다음 두 권의 책에 중복 게재되었다. 수림원 편, 『이조의 자수』, 창진사, 1974, 261~267쪽; 수림원 편, 『흉배: 전시도록』, 지혜사, 1979, 143~149쪽. 이 글에서 언급되는 오형률의 회고는 모두 같은 책에서 인용.

15) 안주 자수뿐만 아니라 같은 규모의 회화 병풍에 비해 자수 병풍이 20-30배 가량 값비쌌다는 데에 대해서는 김수진, 앞의

논문, 2018, 57~58쪽.

16) 양기훈의 관서가 있는 자수병풍들이 안주 자수와 관련이 있을 것이라는 점에 대해서는 서정민, 「석연 양기훈의 회화 연구」, 한국학중앙연구원 석사학위논문, 2012, 27쪽.

17) 서정민, 「석연 양기훈 노안도 연구」, 『한국근현대미술사학』 29, 2015, 110쪽.

18) 한국 철도의 초기 역사와 경의선에 대해서는 허우긍, 『일제강점기의 철도 수송』, 서울대출판문화원, 2010, 38~54쪽.

19) 병풍의 가격은 재료와 공임의 비용에 따라 책정된다. 이로 인해 궁 밖 남성에 의해 제작된 대형 수병은 상대적으로 가격이 높을 수밖에 없었을 것이다. 자수 병풍의 가격 책정에 있어 남녀의 임금 차를 그 요인으로 고려하기 위해서는 동일한 자수 제작 프로젝트에 참여한 남녀의 임금을 비교할 필요가 있겠으나 이를 입증할 만한 사료는 알려진 바가 없다. 다만 궁수 및 안주수로 된 병풍은 그 크기 외에도 궁녀들과 안주의 장인들 간에 있었을 임금 차가 작품의 가격에 큰 영향을 끼쳤을 것이다. 이와 관련하여 15세기 영국에서 여성 자수가의 임금이 남성 자수가 임금의 60퍼센트에 지나지 않았음을 논의한 내용은 Rozsika Parker, 앞의 책, pp. 46~47.

20) 오형률은 자수 작업이 체력 소모가 많기 때문에 여성이 하기에 힘에 부치고 고된 일이라고 설명하면서, 안주 출신 남성 수사들의 수명이 길지 않은 이유도 거기에 있을 것이라 추측했다. 오형률의 인터뷰 출처는 수림원 편, 앞의 책, 1979, 144쪽.

21) 근대적 모빌리티로서 기차가 갖는 성격에 대해서는 피터 애디 지음, 최일만 옮김, 『모빌리티 이론』, 앨피, 2019, 321~339쪽.

22) 화면의 아래위를 잘라 나무의 중단부를 강조한 구도를 전수식, 일자형(一字式), 일지형(一枝形)이라 부른다. 『개자원화전(芥子園畵傳)』에는 이러한 나무 형식을 전수식이라 표기했다.

23) 스미스소니언 소장 사진 속에 배설된 병풍에 대해서는 김수진, 「근대 전환기 조선 왕실에 유입된 일본 자수 병풍」, 『미술사논단』 36, 2013, 91~94쪽.

24) 끌라르 보티에 · 이뽀리트 프랑뎅 지음, 김상희 · 김성언 옮김, 『프랑스 외교관이 본 개화기 조선』, 태학사, 2002, 78쪽.

25) 에밀 부르다레 지음, 정진국 옮김, 『대한제국 최후의 숨결』, 글항아리, 2009, 126쪽.

26) 1909년 융희제의 순행과 관련해서는 이왕무, 「대한제국기 순종의 남순행 연구」, 『한국학』 107, 2007, 59~88쪽; 이왕무, 「대한제국기 순종의 서순행 연구」, 『동북아역사논총』 31, 2011, 285~318쪽. 순종은 순행을 떠나기 앞서 1907년에 식산 · 흥업 · 교육을 강조하는 조령을 내린 바 있다. 이에 대해서는 대해서는 『순종실록』 1권, 순종 1년 7월 21일 기사.

27) 융희제 순종이 신안주역에서 만난 사람들과 진헌받은 선물의 내역은 1909년 1월 31일자 『내각일기』 7, 166a; 『서순행일기』 1, 61b.

28) Dorothy Ko, "Between the Boudoir and the Global Marketplace: Shen Shou, Embroidery and Modernity at the Turn of the Twentieth Century" in Jennifer Purtle, Hans Bjarne Thomsen, *Looking Modern: East Asian Visual Culture from Treaty Ports to World War II*. Chicago: Art Media Resources and Center for the Art of East Asia, University of Chicago, 2009, pp. 52~53.

29) Dennis L McNamara, *Textiles and Industrial Transition in Japan*, Ithaca: Cornell University Press, 1995, p. 34. 일본 메이지 시기 자수 산업에 대해서는 김수진, 앞의 논문, 2013, 105~108쪽.

30) 일본 자수 병풍이 구미에서 크게 유행한 데에 대해서는 Hiroko T. Mcdermott, "Meiji Kyoto Textile Art and Takashimaya", *Monumenta Nipponica*, vol. 65, no. 1, 2010, pp. 37~88. 교토에서의 연간 자수 병풍 생산량에 대해서는 같은 책, p.75.

31) 고종은 서양 여러 국가와 수교를 맺는 과정에서 직물 산업의 교류에 대한 세부 조약을 맺었다. 이에 대해서는 김수진, 앞의 논문, 2013, 111~112쪽.

32) 『승정원일기』 고종 19년 8월 23일 기사.

33) 『고종실록』 30권, 고종 30년 11월 9일 기사.

34) 장지연, 「논공예장려지술」, 『황성신문』 1903년 10월 1일 기사; 장지연, 「공예가일발달」, 『황성신문』 1904년 4월 25일 기사.

35) 『매일신보』 1914년 11월 3일 기사 「수불봉안식(繡佛奉安式)의 성황(盛況)-불교열심(佛敎熱心)의 남작 김성근씨」. 이 기사에 대해서는 김우경, 「근대 자수천수관음보살도(刺繡千手觀音菩薩圖)의 양상과 조성 배경」, 『미술사학』 39, 2020, 235쪽; 양수정, 앞의 논문, 2020, 112~113쪽.

36) 안제민의 활동에 대해서는 문명대, 「지장암 수 아미타괘불도」, 『강좌미술사』 33, 2009, 350~351쪽; 김우경, 앞의 논문, 222~226쪽.

37) 1906년, 「한성부궁서견평방호적」 안제민 조; 한국학중앙연구원, 《한국학진흥사업성과포털》 참조. 이에 대한 선행 연구는 양수정, 앞의 논문, 2020, 113쪽.

38) 이들 가계에 대해서는 문명대, 앞의 논문, 351쪽.

39) 지장암 소장 「아미타삼존 자수괘불도」는 1924년 1월 18일부터 1926년 6월 11일까지 2년 6개월 간 제작되었으며, 화기를 제외한 자수 화면의 크기만 448×303.5센티미터에 달한다. 이에 대해서는 문명대, 앞의 논문, 343~345쪽; 김우경, 앞의 논문, 224~225쪽.

40) 지장암 「아미타삼존 자수괘불도」에 대해서는 한상수, 『수불(繡佛): 불교수상과 도장장엄』, 수림원, 1983, 97쪽. 이 책에서 한상수는 안제민 일가의 출신을 밝히면서 이들이 지장암 괘불 자수 작업을 마친 후에 서울을 떠나 경기도 파주로 갔다고 기록했다. 당시 파주에는 궁중이나 종로에서 유통되던 자수를 납품하던 수공업체들이 모여 있었다고 한다.

41) 일제강점기 이후 안주 자수가 확산되었다 쇠락하는 과정에 대해서는 김수진 「19~20세기 평안도 안주 자수의 성쇠와 그 의미」, 『대동문화연구』 119, 2022, 234~240쪽.

42) 로지카 파커는 자수 공방이 조직화되고 자본화될 때 자수 산업에서 여성의 영역이 줄어든다는 점을 논의한 바 있다. Rozsika Parker, 앞의 책, pp. 44~45.

10. 금강산을 향한 근대 이후의 젠더적 시선_김소연

1) 바다에 가까운 해금강을 별도로 구별하고, 신금강을 추가하기도 한다. 크게 보아 해금강과 신금강을 외금강 권역 내에서 이해하기도 한다. 이 밖에, 일제강점기에는 오금강, 남금강, 중금강, 북금강 같은 용어를 사용하여 권역을 세분화하기도 했다.

2) 「"화려한 속살" 드러낸 내금강…절경에 "넋잃어"」, 『세계일보』, 2006. 5. 29; 「내금강산, 신비한 속살 보여주기 부끄러운 듯…」, 『매일경제』 2007. 5. 29; 「시범관광 답사기… 살포시 드러낸 금강 속살 숨이 멎는 듯」, 『국민일보』, 2007. 5. 29; 「살포시 드러낸 금강산 내금강 고운 속살」, 『서울경제』, 2006. 6. 7; 「눈부신 '금강의 속살'에 넋을 잃다」, 『동아일보』, 2007. 5. 30; 「반세기 만에 품어보는 '그대'… 그 자태 아직도 곱구나」, 『헤럴드경제』, 2007. 6. 1; 「내금강 속살 볼수록 아름답고 신기하구나」, 『주간동아』 2007. 6. 7; 「반세기 만에 열린 내금강: 고와라, 다시 품은 금강의 속살」, 『경향신문』, 2007. 6. 7. 이 글에서는 빅카인즈 검색서비스를 활용했다. (https://www.bigkinds.or.kr)

3) 「금강산」, 『한국민족문화대백과사전』 인터넷판(http://encykorea.aks.ac.kr).

4) 본래 금강산은 법기보살(法起菩薩)이 일만 이천 권속을 거느리고 반야경을 설법하며, 이상향을 이룬 성스러운 공간이었다. 박은순, 『금강산도 연구』, 일지사, 1997, 14~34쪽.

5) 今川宇一郎, 「朝鮮始政五年記念共進會と金剛山の紹介の好機」, 『朝鮮及滿洲』 97, 朝鮮及滿洲社, 1915. 8.

6) 조성운, 「1910년대 조선총독부의 금강산 관광 개발」, 『한일민족문제연구』 30, 한일민족문제학회, 2016, 37쪽.

7) 『金剛山遊覧の栞』, 朝鮮総督府鐵道局, 1915, 8쪽. 『金剛山遊覧の栞』은 『朝鮮鉄道旅行案内』의 권말 부록과 같은 성격을 지닌다.

8) 田村剛, 「金剛山と其風景開発策」, 『大日本山林会報』 408, 大日本山林会, 1916, 15쪽. 동일한 글이 1917년 『朝鮮彙報』에도 수록된다.

9) 다무라 쓰요시가 언급한 '어느 화가'는 금강산 옥룡굴에서 수년 간 거주한 도쿠다 교쿠류(德田玉龍)이거나, 일본인들을 이끌고 종종 금강산 관광에 나섰던 다카기 하이스이(高木背水)일 가능성이 있다. 다카기 하이스이는 소위 '금강산통'으로 금

강산 풍경으로 개인전을 개최하기도 했다. 그러나 현재 주어진 자료만으로는 명확히 확증하기 어렵다. 다카기 하이스이를 '금강산통'으로 언급하고 있는 자료는 大町芳衛, 『滿鮮遊記』, 大阪屋號書店, 1919, 17쪽.

10) 菊池幽芳, 『朝鮮金剛山探勝記』, 洛陽堂, 1918, 16쪽.

11) 최찬식, 「대자연의 금강」, 『반도시론』, 반도시론사, 1917. 11, 21쪽; 부산대 한국민족문화연구소, 『(잡지로 보는) 한국 근대의 풍경과 지역의 발견』 9, 강원도, 국학자료원, 2013, 298쪽 재수록.

12) 이광수, 『금강산유기』, 시문사, 1925; 이광수, 문형렬 해제, 도서출판 기파랑, 2011, 192~193쪽; 최남선, 『금강예찬』, 한성도서주식회사, 1928; 최남선, 황형주 역주, 『금강예찬』, 동명사, 2000에서 재인용, 30, 36, 60, 157쪽.

13) 박재청, 「금강산근참기(4)」, 『고려시보』, 1933. 11. 1.; 박재청, 「금강산근참기(5)」, 『고려시보』, 1933. 11. 16; 여태천 · 박광현 편저, 『춘파 박재청 문학전집』, 서정시학, 2010, 408~413쪽.

14) 김석우, 「명산을 꿈에 그린다」, 『조선일보』, 1935. 6. 25. 한편, 남성성과 여성성의 사회적 통념에 대해서는 일본 장벽화와 공간 배치를 통해 젠더를 읽어낸 미술사학자 지노 가오리(千野香織) 교수의 선행연구를 참고해볼 수 있다. 지노 가오리, 「일본의 장벽화에 나타난 젠더의 구조: 전근대의 중국문화권에서」, 『미술사논단』 4, 한국미술연구소, 1997; Chino Gaori, "Gender in Japanese Art", *Gender and Power in the Japanese Visual Field*, University of Hawaii Press, 2003.

15) 釋尾旭邦, 「金剛山行」(其下), 『朝鮮及滿洲』 112, 朝鮮及滿洲社, 1916. 1, 8쪽.

16) 외금강에 비해 내금강의 격이 훨씬 높음을 지적하는 조선 시대 문헌을 참고할 수도 있다. 율곡 이이는 '풍악산에서 본 것을 읊다'에서 다음과 같이 내외금강을 언급했다.

> "승려의 말이 내금강은 상전처럼 격이 높고, 외금강은 하인처럼 격이 떨어진다 하네. 외금강이 벌써 이처럼 수려한데 저 내금강이야 그 경치 오죽하겠나([僧言內山好, 外山同輿], 外山已如此, 況彼內山哉)"

『임하필기』 37권 「봉래비서」; 이유원, 김동주 역, 『국역 임하필기』 8, 민족문화추진회, 2000, 36쪽.

17) 복도훈, 「미와 정치: 낭만적 자아에서 숙명적 자아로의 유랑기-이광수의 금강산유기를 중심으로」, 『동악어문학』 46, 동악어문학회, 2006, 37쪽.

18) '경관(landscape)'이라고 하는 것은 외부에 실재하거나 존재하는 자명한 것이 아니라, 조망하는 인간의 심상에 의해 선택, 발견되는 것이다. 경관은 문화적 이미지이며, 경관을 창출하는 사회의 문화적 코드를 활용하며, 이러한 코드는 사회의 권력 구조 안에 배태되어 있다. 질리언 로즈 지음, 정현주 옮김, 『페미니즘과 지리학: 지리학적 지식의 한계』, 한길사, 2011, 216~217쪽; 에드워드 렐프는 공간이란 과학적인 측정을 통해 재현된 본래 물리적인 환경 그 자체를 의미하지만, '장소(place)'란 정치적, 문화적, 사회적 가치가 부여되며 인문학적 의미가 창출되는 공간이라 정의했다. 에드워드 렐프 지음, 김덕현 · 김현주 · 심승희 옮김, 『장소와 장소상실』, 논형, 2005, 93~94쪽.

19) 더욱이 전근대기 유람객들에게 애호되었던 수많은 금강산의 명소들 가운데 근대기에 이르러 대조적으로 부각된 두 경관, 만물상의 뾰족하고 높은 바위산, 만폭동의 계곡은 남성 · 여성의 성적 상징과 결합하여 그 의미가 더욱 공고해졌을 것임을 추정해볼 수도 있다.

20) 강상중 지음, 이경덕 · 임성모 옮김, 『오리엔탈리즘을 넘어서』, 이산, 2012, 94쪽; 박형지 · 설혜심, 『제국주의와 남성성-19세기 영국의 젠더 형성』 대우학술총서 573, 아카넷, 2016, 72쪽.

21) 근대성과 남성성의 동일시에 대해서는, 리타 펠스키 지음, 김영찬 · 심진경 옮김, 『근대성의 젠더』, 자음과 모음, 2010, 48~89쪽.

22) 김현숙은 금강산을 전통/근대, 동양/서양, 조선/일본, 관광/순례, 주체/타자가 혼거하는 공간으로 보고 혼성적 성격을 논했다. 김현숙, 「근대기 혼성문화공간으로서의 금강산과 금강산 그림」, 『온지논총』 53, 온지학회, 2013, 458쪽.

23) 「金剛の名勝を世界的楽園に」, 『경성일보』, 1926. 12. 24.

24) "내금강은 빼어난 계곡미, 이곳저곳에 존재하는 암사(庵寺)가 풍치를 더한다." 조선총독부철도국 편, 『조선여행안내기』, 조선총독부철도국, 1934, 165쪽.

25) 菊池幽芳, 『朝鮮金剛山探勝記』, 洛陽堂, 1918, 18쪽. 금강산에 대해 '처녀림'이라고 직접 언급한 이는 경성주재 독일총영사 크루거(Dr. Kruger) 박사였다. '도끼가 들어가지 않은(인간의 발길이 닿지 않은) 처녀림, 그 기괴한 협곡, 순결한 폭포'라는 크루거 박사의 감상은 기쿠치 유호(菊池幽芳)의 책 『조선금강산탐승기』 (3쪽)에 인용되면서, 일제강점기 출간된 많은 팸플릿, 출간물에도 거듭 인용되었다.

26) 『金剛山小唄』, "球玉の繪卷よ金剛山は蔦の架橋若葉の渡瀨誰を待つやら明鏡臺を照す雪洞春霞"

27) 철도국은 당시 철도 역사를 건축하면서 지역색을 적용하려 했고, 이는 관광 부흥 정책의 일환이었다. 내금강(역)은 '조선의 전통적 풍경'의 장소로 해석되었으며, 대조적으로 서구식으로 건축된 외금강(역)은 외금강을 서구와 대등한 근대적 산악 경관으로 정의했던 것이다. 성나연·전봉희, 「1930년대 금강산 국립공원 추진 계획의 경과와 의미」, 『대한건축학회논문집』 37(8), 대한건축학회, 2021, 110~111쪽.

28) 정비석, 「산정무한」, 『산정무한: 정비석 수필집』, 휘문출판사, 1963, 31쪽.

29) 김지영, 「일제시기 철도여행안내서와 일본인 여행기 속금강산 관광공간 형성 과정」, 『대한지리학회지』 54(1), 대한지리학회, 2019; 박삼헌, 「메이지 일본의 '풍경' 발견」, 『일본비평』 7(2), 서울대 일본연구소, 2015; 표세만, 「자연 인식과 일본인의 '자기 이미지' 형성: 시가 시게타카(志賀重昂)의 『일본풍경론』을 중심으로」, 『일본어문학』 1(49), 한국일본어문학회, 2011. 다무라 쓰요시에 대해서는 성나연·서효원·전봉희, 「1930년대 금강산 국립공원 계획에 의한 금강산 영역의 재편과 변천」, 『한국건축역사학회 추계학술발표대회 논문집』, 한국건축역사학회, 2019, 45쪽.

30) 조선총독부 편, 『조선: 사진첩』, 조선총독부, 1921.

31) 김선정, 「1920년 창덕궁 희정당 벽화-식민지배와 근대성의 표상으로서의 금강산도」, 『도시역사문화』 8, 서울역사박물관, 2009, 147~148쪽. 이 밖에도 김규진은 만물상, 구룡폭, 옥류동 등 외금강의 절경만을 선별한 〈외금강 6폭병〉을 남겼음을 참고할 수 있다. 김규진, 〈외금강 6폭병〉, 비단에 채색, 각 123×21.7, 개인 소장.

32) 조선미술전람회에서는 금강산을 묘사했지만 지역을 특정하기 어려운 경우도 많으며, 20회 이후로는 도록이 존재하지 않아 제목만으로 파악할 수밖에 없다. 따라서 정확한 통계를 인용하기는 어려우나, 최소로 보아도 내금강 10점, 외금강이 19점이 확인된다. 『조선미술전람회도록』, 조선사진통신사, 1922~1940.

33) 이러한 변화를 살펴볼 수 있는 첫 번째 여행안내서는 1914년, 도쿄에서 다케우치 나오마(竹內直馬)가 출간한 『조선금강산탐승기』(富山房, 1914)다. 180쪽 분량의 『조선금강산탐승기』는 온정리부터 시작하는 외금강 구역을 먼저 소개하고 있는 점에서 구성상의 특징을 보인다. 경부철도경영을 위해 조선에 파견되었던 바 있었던 저자 다케우치 나오마가 외금강으로 이어지는 경원선 철도의 역할을 강조한 것으로 생각되며, 더욱이 『조선금강산탐승기』가 일본에서 출간되어 일본 현지로부터의 이동을 고려해 경로를 제안하고 있다는 점도 참작할 수 있다.

34) 도쿠다 사진관은 금강산만을 주제로 삼은 『금강산 사진첩』을 출간했다. 형 도쿠다 도미지로(德田富次郎)는 사진사였으며, 도쿠다 고쿠류(德田玉龍)는 금강산에 기거한 바 있었던 화가다. 1912년 『금강산 사진첩』 초간본은 개인 소장으로, 그 존재만 확인될 뿐 내용을 직접 참고하지 못했음을 밝혀둔다. 다만 일본국회도서관 소장본 1915년판을 참조할 때, 1915년판과 유사한 구성으로 추정된다. 『금강산 사진첩』에서 다루고 있는 경관 목록은 김지영의 논문에 자세하다. 김지영, 「일제시기 '금강산 사진첩'의 금강산 경관 구조화」, 『역사문화지리』 31(2), 한국문화역사지리학회, 2019, 24쪽 표3 참조.

35) 내외금강산명소도라는 명칭은 진준현의 논고에서 언급되었다. 민화 금강산도에 대해서는 다음의 논고를 참고했다. 진준현, 「민중의 꿈, 민화 금강산도의 양식계보」, 『미술사학연구』 279·280, 한국미술사학회, 2013; 이영수, 「민화 금강산도에 관한 고찰」, 『미술사연구』 14, 미술사연구회, 2000.

36) 조선총독부, 「제40과 후지산과 금강산」, 『(보통학교)조선어독본』, 조선서적인쇄, 1935, 78쪽.

11. 근대, 소녀의 탄생_김지혜

1) 표준국어대사전 참조. 유의어로는 계집아이, 계집애, 아가씨, 여아 등이 있으며, 동녀(童女), 소랑(小娘) 또한 소녀와 비슷한 뜻을 가진다.

2) 근대 이전에도 나이 어린 10대나 시집가지 않은 여성을 소녀로 칭했던 기록이 있으나 대부분 장녀, 중녀, 소녀 등 자녀의

출생 순서를 가리키는 용어로 사용되었다. "십세니상이십세이하소녀(十歲以上二十歲以下少女)", 『세종실록』 권44, 세종 11년 4월 24일; "미가소녀(未嫁少女)"『세종실록』 권81, 세종 20년 4월 23일; 『성종실록』 권215, 성종 19년 4월 15일 등.

3) 『독립신문』, 1896. 5. 12; 8. 20; 1898. 9. 9.

4) 김낙영(金洛泳), 「녀자교휵」, 『태극학보(太極學報)』, 1906. 38~42쪽.

5) 소년도 근대 이전의 용례를 찾을 수 있으나 주로 어린 시절을 의미하는 예로 사용되었으며, 나이 어린 남성은 소동(少童), 소남(少男), 동남(童男) 등으로 불렀다. "소년기습(少年氣習)", 『세종실록』 권127, 세종 32년 2월 22일; 『세조실록』 권34, 세조 10년 8월 23일; 『성종실록』 권13, 성종 2년 11월 22일 등.

6) 「창간사」, 『소년』, 1908. 11.

7) 『소년』의 '소년'이 남녀학생을 지칭한다고 하더라도 이는 대개 남성을 호명하는 것이었다. 또한 이들은 현재 우리가 사용하는 소년의 개념으로 "완전히 성숙하지 않은 어린 사내"이자 "결혼하지 않은 남성"이 아니었다. 당시 대부분의 남성이 어린 나이에 혼인했기 때문에 이들은 결혼한 가장으로서 신학문을 공부하는 '미성숙'하지 않은 10대의 남학생이었다. 한지희, 『우리시대 대중문화와 소녀의 계보학』, 경상대출판부, 2015, 75~92쪽.

8) 「신민자(新民子), 여학생제씨(女學生諸氏)여」, 『서북학회월보(西北學會月報)』 16, 1909. 10; 「여자교육의 필요」, 『여자지남(女子指南)』, 1908. 5; 청해백(靑海伯), 「남녀의 동등론」, 『여자지남』, 1908. 5.

9) 장지연, 「총론」, 『여자독본(女子讀本)』, 1908; 강화석(姜華錫), 『부유독습(婦幼獨習)』 권하, 1908.

10) 「신민자, 여학생제씨여」, 『서북학회일보』 16, 1909. 10; 「여자교육의 필요」, 『여자지남』, 1908. 5

11) 전체 여성 인구수에서 본다면, 1910년대 초반 보통학교 입학률은 1%대에 머물었지만, 1920년대에는 3%, 1934년 이후 10%대로 증가했으며, 1930년대 후반에는 20%, 40년 이후에는 30%대에 진입했다. 김경일, 『여성의 근대, 근대의 여성』, 푸른역사, 2004, 281, 283쪽, 표2, 3 참조.

12) 「우리의 가뎡 권두(卷頭)에 쓴 말」, 『우리의 가뎡』, 1913. 12.

13) 「가정전(家庭博)의 개회(開會)」, 『매일신보』, 1915. 9. 12.

14) 이성례, 「한국 근대 시각문화의 현모양처 이미지」, 이화여대 박사학위논문, 2016, 75쪽.

15) 최학송(崔鶴松), 「모던껄 모던뽀이 대논평: 데카단의 상징」, 『별건곤』, 1927. 12.

16) 최학송, 박영희(朴英熙), 유광열(柳光烈), 박팔양(朴八陽), 성서인(城西人), 일기자(一記者), 「모던껄 모던뽀이 대논평」, 『별건곤』, 1927. 12.

17) 「근래에 차차 생기는 모던걸이란?」, 『조선일보』, 1927. 3. 31; 안석주, 「여성선전시대(女性宣傳時代)가 오면」3, 『조선일보』, 1930. 1. 14.

18) 혼인하지 않은 젊은 여성을 그렸다는 점에서 기생을 그린 미인도류도 소녀 이미지로 볼 수 있으나, 이들은 소녀의 근대적 범주가 내포하는 가정의 범위에 포함될 수 없는 인물군이었다는 점에서 배제하고자 한다. 이처럼 소녀가 그려지기 힘들었던 것은 당시의 낮은 혼인 연령으로 인해 소녀의 시기가 짧고 모호했으며 남녀가 구별하여 이들이 외부에 모습을 드러낼 수 없었던, 말 그대로 시각화될 수 없었던 보수적인 시대상에 기인한다고 할 수 있다. 근대 소녀 범주의 모호함과 마찬가지로 이미지 역시 확실하게 구분되지 않으나, 본고에서는 화제로 '소녀'를 명시한 작품들과 부인상을 제외한 여학생, 유년기 이상의 연령으로 식별되는 여아의 이미지로 한정하고자 한다.

19) 현재는 「시골 소녀」로 알려져 있으나 조선미전 출품 당시 제목은 「농촌의 아이들」이었다.

20) 「빛나는 영예와 특선작가의 감상」, 『매일신보』, 1929. 8. 30.

21) 제생당약방 광고, 『동아일보』, 1920. 4. 14.

22) 화신백화점 광고, 『매일신보』, 1938. 6. 1.

23) 박달성(朴達成), 「입학연령의 자녀를 둔 가정에게」, 『신여성』, 1924. 3; RSH, 「조혼 자녀를 기릅시다」, 『신여성』, 1934. 1; 박술음(朴術音), 「내딸의 교육」, 『여성』, 1940. 5,

24) 라이온(ライオン) 치마(齒磨) 광고, 『매일신보』, 1930. 9. 6.

25) 하야시 미치코, 「초기 문전(文展)에 보이는 '여성독서도'에 대하여」, 『미술사논단』 3, 1996. 9, 257~279쪽.

26) 김미지, 「식민지 조선의 '소녀'독자와 근대 대중 문학의 동시대성」, 『대중서사연구』 20, 2014, 13쪽.

27) 일본에서는 『숙녀계(淑女界)』(1903)를 시초로 『소녀계』, 『여학세계』, 『일본지소녀(日本之少女)』, 『소녀지식화보』, 『소녀세계』, 『소녀지우』, 『소녀』, 『소녀화보』, 『소녀구락부』 등이 창간되어 높은 판매부수를 기록했다. 이들 잡지를 통해 일본의 소녀들은 주체적 존재 양식과 심리적 정체성을 형성하고 그들의 문화를 발전시킬 수 있었지만, 소비의 주체가 잡지를 구독해주는 부모이고 잡지를 만드는 편집자 대부분이 남성이었다는 점에서 소녀잡지는 여전히 남성의 시각이 개입될 수밖에 없다는 한계성을 가진다. 한지희, 앞의 책, 111~116쪽; 김소원, 『시대가 그려낸 소녀: 한일 순정만화의 역사』, 소명출판, 2021, 67~75쪽. 조선의 경우에는 식민지 상황에서 일본에서 수입된 일본식 모던이 급격하게 수용되면서 자체적으로 소녀문화를 형성하거나 공유, 비판할 시간이 부족했기 때문에 소녀와 소녀상의 타자성이 더욱 두드러졌다고 할 수 있다.

28) 渡部周子, 『「少女」像の誕生: 近代日本における「少女」規範の形成』, 新泉社, 2007, 22~129쪽

29) '소녀소설'이란 용어는 일본에서 유입된 것이지만 그 인물과 구조는 한국에서 오랫동안 사랑받아온 '가련한 여인 이야기'와 유사하다. 최배은, 「한국 근대 '소녀소설'의 '소녀'연구」, 『아시아여성연구』 53:2, 2014, 133쪽.

30) 이광수, 「혼인에 대한 관견(管見)」, 『학지광』, 1917. 4.

31) 최상현(崔相鉉), 「연애의 의의」, 『조선문단』, 1925. 7; 김지영, 『연애라는 표상』, 소명출판, 2007, 66~67쪽 재인용.

32) 염상섭, 「너희들은 무엇을 어덧느냐」, 『동아일보』, 1923. 9. 17.

33) 「이분간(二分間)에 될 수 잇는 녀학생 화장법」, 『신여성』, 1931. 4, 99~102쪽.

34) 「금푼(今春)에 교문을 나선분 화장법은 이러케」, 『여성』, 1936. 5; 「제복을 갓벗은 분의 화장비법」, 『여성』, 1937. 5; 「학창(學窓)을 갓나온 이들의 화장」, 『여성』, 1939. 5.

35) 안석주, 「일일일화(一日一話): 어듸서 그 돈이 생길가」5, 『조선일보』, 1930. 4. 8.

36) 안석주, 「여성선전시대가 오면」3, 『조선일보』, 1930. 1. 14; 「모껄 제삼기(第三期): 1932년 모껄시위행렬」, 『조선일보』, 1932. 1. 20.

37) 김용준(金瑢俊), 「모델과 여성의 미」, 『여성』, 1936. 9.

38) 「요새 조선의 칠(七). 칠 불가사의」, 『별건곤』, 1927. 3; 양백화(梁白華), 「여학생과 금시계, 수감수상(隨感隨想)」, 『별건곤』, 1927. 12.

39) 한지희, 앞의 책, 242~243쪽.

참고문헌

01. 미인도 감상을 둘러싼 조선 문인들의 딜레마_유미나

* 강미정, 「한국 궁사의 전개 양상 연구」, 건국대 석사학위논문, 1996.
* ______, 「조선시대 「궁사」 소고」, 『동방학』 4, 1998.
* 고연희, 「미인도의 감상 코드」, 『대동문화연구』 58, 2007.
* ______, 「19세기 남성 문인의 미인도 감상-재덕을 겸비한 미인상 추구를 중심으로」, 『한국근현대사미술사학』 26, 2013.
* 국립중앙박물관 편, 『조선시대 고사인물화 3』, 국립중앙박물관, 2017.
* 문선주, 「조선시대 여성주제 인물화 연구」, 홍익대 박사학위논문, 2014.
* ______, 「조선시대 중국 사녀화의 수용과 변화」, 『미술사학보』 25, 2005.
* 문진형 지음, 김의정·정유선 역주, 『장물지』, 학고방, 2017.
* 박은화, 「소한신(蘇漢臣)의 〈장정사녀도(妝靚仕女圖)〉와 남송 사녀화의 양상」, 『고문화』 50, 1997.
* ______, 「문진형의 장물지 중 '현화월령과 명대 말기의 회화감상」, 『강좌미술사』 49, 2017.
* 박청아, 「청대 사녀화 연구」, 홍익대 박사학위논문, 2017.
* 서윤정, 「조선에 전래된 구영의 작품과 구영 화풍의 의의」, 『미술사와 시각문화』 26, 2020.
* 우홍 지음, 서성 옮김, 『그림 속의 그림-중국화의 매체와 표현』, 이산, 1999.
* 유미나, 「오랑캐의 포로 그리고 실절(失節), 〈문희별자도〉를 보는 조선후기 문사들의 시각」, 『석당논총』 52, 2012.
* ______, 『조선 후반기 구영 회화의 전래 양상과 성격』, 『위작, 대작, 방작, 협업 논쟁과 작가의 바른 이름』 2018, 미술사학대회 발표집, 2018. 6.
* 이방 · 김장환 외 옮김, 『태평광기』 8, 학고방, 2002.
* 이수웅, 『역주 명황계감언해』, 세종대왕기념사업회, 2019.
* 이인숙, 「파초의 문화적 의미망들」, 『대동한문학』 32, 2010.
* 이하곤 지음, 정만호 · 오승준 · 이재숙 옮김, 『두타초』 3, 한국고전번역원 · 충남대 한자문화연구소, 2018.
* 이홍주, 「조선시대 궁중 채색인물화에 보이는 중국 원체 인물화의 영향」, 홍익대 석사학위논문, 2006.
* 이희목, 「이조 중기 당시풍 시인들의 '궁사' 연구」, 『한문교육연구』 15, 한국한문교육학회, 2000.
* 임미현, 「중국 명청 통속문학 삽화와 조선후기 미인도와의 관계」, 『숭실사학』 40, 2018.
* ______, 「조선후기 미인도 연구」, 숙명여대 박사학위논문, 2019.

* 조연숙, 「허난설헌의 〈궁사〉 연구」, 『한중인문학연구』 27, 2009.
* 진명기, 「임진왜란 전후 궁사 연구」, 중앙대 석사학위논문, 2019.
* 진홍섭 편, 『한국미술사자료집성(2)』, 일지사, 1991.
* 차미애, 『공재 윤두서 일가의 회화: 새로운 시대정신을 화폭에 담다』, 사회평론, 2014.
* 홍선표, 「화용월태의 표상: 한국 미인화의 신체 이미지」, 『한국문화연구』 6, 2004.

* 『僞好物』, 臺北: 國立故宮博物院, 中華民國 107年.
* 巫鴻, 『中国绘画中的 "女性空间"』, 北京: 生活·讀書·新知 三聯書店, 2019.

* Laing, Ellen J., "Qiu Ying's Three Patrons," *Ming Studies Newsletter* No. 8, 1979,.
* ____________, "Sixteenth-Century Patterns of Patronage: Qiu Ying and the Xiang Family," *JAOS* 111, 1991.
* ____________, "Qiu Ying's Delicate Style," *Ars Orientalis* Vol. 27, 1997.
* Lee, Hui-shu, *Empresses, Art, and Agency in Song Dynasty China*, Seattle and London: University of Washington Press, 2010.
* Ngan, Quincy Yik Him, "The materiality of azurite blue and malachite green in the age of the Chinese colorist Qiu Ying(ca. 1498 - ca. 1552)," Ph.D. Dissertation, The University of Chicago, 2016.

02.그림 속 책 읽는 여인을 향한 두 개의 시선_고연희

* 김만중, 『서포집』
* 김상헌, 『청음집』
* 김원행, 『호미집』
* 신위, 『경수당전고』
* 안정복, 『순암집』
* 원매(袁枚), 『수원시화 보유(隨園詩話 補遺)』
* 윤근수(尹根壽), 『월정만필(月汀漫筆)』
* 이곡(李穀), 『가정집(稼亭集)』
* 이규상(李奎象), 『병세재언록(幷世才彦錄)』
* 이익, 『성호사설』
* 이하곤, 『두타초』
* 정약용, 『여유당전서』
* 최립, 『간이집』
* 허균, 『성소부부고』
* 홍대용, 『담헌집』
* 『조선왕조실록』 (http://sillok.history.go.kr.)
* 한국고전번역원 DB (https://db.itkc.or.kr)

* 강명관, 『그림으로 읽는 조선 여성의 역사』, 휴머니스트, 2018.
* 고연희, 「미인도의 감상코드」, 『대동문화연구』 58, 2007.

* ______, 「19세기 남성문인의 미인도 감상-재덕을 겸비한 미인상 추구를 중심으로」, 『한국근현대미술사학』 26, 2013.
* ______, 「역사적 인물에 대한 기억과 도상-집옥재 소장 서적의 판화삽도를 중심으로」, 『대동문화연구』 100, 2017.
* 김경숙, 「자하 신위와 그 시대 여성들 또는 여성상」, 『고전여성문학연구』 6, 2003.
* 김영, 「독서, 자기성찰과 세계인식의 통로」, 한국문화연구 8, 이화여대 한국문화연구원 2005.
* 김영민, 「본다는 것은」, 『동아일보』, 2020.10.12.
* 노병성, 「주자의 독서관에 관한 고찰」, 『한국출판학연구』 51, 2006.
* 문선주, 「조선 시대 중국 사녀도의 수용과 변화」, 『미술사학보』 25, 2005.
* 박무영, 조혜란, 김경미, 『조선의 여성들』, 돌베개, 2004.
* ______, 「여성시문집의 간행과 19세기 경화사족의 욕망」, 『고전문학연구』 33, 2008.
* ______, 「18-19세기 중국 여성예술가의 소식과 조선의 반응」, 『한국고전여성문학』 17, 2008.
* 손철주, 「손철주의 옛그림 옛사람」 [51], 『조선일보』, 2013.6.20.
* 안대회, 『선비답게 산다는 것』, 푸른역사, 2007.
* 이숙인, 「조선시대 교육의 젠더지형도」 『정신문화연구』 29, 2006.
* ______, 『또 하나의 조선』, 한겨레출판, 2021.
* 이현일, 「조선후기 경화세족의 이상적 여성상-신위의 경우를 중심으로」 『한국고전여성문학연구』 18. 2009.
* ______, 「자하 신위와 청대 문인들의 교유연구(1)」, 『대동문화연구』 117, 2022.
* 이혜순, 『조선조후기 여성지성사』, 이화여대출판부, 2007.
* 차미애, 「낙서 윤덕희 회화 연구」, 홍익대 석사학위논문, 2001.
* ______, 『공재 윤두서 일가의 회화 :새로운 시대정신을 화폭에 담다』, 사회평론아카데미, 2014.
* 로빈 라일 지음, 조애리 외 옮김, 『젠더란 무엇인가』, 한울, 2015.
* 하야시 미치코, 「초기 문전(文展)에 보이는 '여성독서도'에 대하여」, 『미술사논단』 3, 1996.

* 王宗英, 『中國仕女畵藝術史』, 東南大學出版社, 2008.
* 巫鴻, 『中国绘画中的"女性空间"』, 三聯書店, 2019.
* 合山究, 『明清時代の女性と文学』, 東京: 汲古書院, 2006.

Barthes, Roland. trans, Richard, Miller. *The Pleasure of the Text*, New York: Hill and Wang, 1975.

Cahill, James. Picture for Use and Pleasure: *Vernacular Painting in High Qing China*, Berkeley: University of California Press, 2010.

Colon, James. "Men Reading Women Reading: Interpreting Images of Women Readers," *Frontiers: A Journal of Women Studies*, Vol. 26, No.2, 2005, pp. 37-58.

Mostow, Joshua S, Norman Bryson, and Maribeth Graybill, *Gender and Power in the Japanese Visual Field*, Honolulu: University of Hawai'i Press, 2003.

White, Julia M, and James Cahill, et al. *Beauty Revealed, Images of Women in Qing Dynasty Chinese Painting*, Berkeley: University of California, Berkeley Art Museum and Pacific Film Archive, 2013.

Ko, Dorothy, *Teachers of the Inner Chamber: Women and Culture in Seventeenth Century China*, Stanford University Press, 1994.

* 귀유광(歸有光), 『진천선생집(震川先生集)』
* 정이(程頤), 『이정유서(二程遺書)』
* 주희, 『가례』

* 곽약허(郭若虛) 지음, 박은화 옮김, 『도화견문지(圖畫見聞志)』, 시공사·시공아트, 2005.
* 김현경, 「청대 지방지 「열녀전」의 서술과 특징 -『호구현지(湖口縣志)』를 중심으로」, 『서울대 동양사학과 논집』 34, 2010.
* 도라 칭(Dora C. Y. Ching), 「중국 회화에서의 초상화」, 『미술자료』 81, 2012.
* 박동인, 「『여사서』에 나타난 중국 전통시대의 여성담론과 그 사회·정치적 의미」, 『율곡학연구』 38, 2019.
* 신혜성, 「한국과 중국의 전통혼례복식에 관한 연구: 18~20세기 초를 중심으로」, 이화여대 박사학위논문, 2004.
* 양수정 「조선 17세기 자수그림의 이행(移行)에 관한 시론-절일흉배(節日胸背)를 중심으로-」, 『동악미술사학』 23, 2018.
* 조인수, 「중국 초상화의 세계: 종교적 성격을 중심으로」, 『명청대 인물화』, 통도사성보박물관, 2008.
* 지민경, 「보산묘(寶山墓)를 통해 본 요 초기 시각문화」, 『미술사논단』 41, 2015.

* 卞向陽, 李夢珂, 「明代婚禮服飾的藝術特徵與影響因素」, 『服裝學報』 4~6, 2019.
* 趙豐, 「大衫與霞帔」, 『文物』 2, 2005.
* 胡佳琪, 「論明中後期庶民女子服飾演變」, 『學理論』 9, 2020.

* Christian De Pee, *The Writing of Weddings in Middle-Period China: Text and Ritual Practice in the Eighth through Fourteenth Centuries*, Albany: State University of New York Press, 2007.
* David Ake Sensabaugh, "Fashioning Idenities in Yuan-Dynasty Painting: Images of the Men of Culture," *Ars Orientalis* Vol. 37, 2009.
* Duncan M. Campbell, "Mortal Ancestors, Immortal Images: Zhang Dai's Biographical Portraits", *Portal: Journal of Multidisciplinary International Studies* Vol. 9, No 3, 2012.
* Ellen Johnston Laing, "Chinese Palace-Style Poetry and the Depiction of a Palace Beauty", *The Art Bulletin* Vol. 72, No. 2, 1990.
* Jan Stuart and Evelyn Rawski, *Worshiping the Ancestors: Chinese Commemorative Portraits*, Washington D.C., Freer Gallery of Art, 2001.
* Klaas Ruitenbeek Ed., *Faces of China: Portrait Painting of the Ming and Qing Dynasties(1368-1912)*, Berlin, Museum für Asiatische Kunst, Staatliche Museen zu Berlin; Petersberg: Michael Imhof Verlag, 2017.
* Linda Nochlin, 《Why Are There No Great Women Artists?》, In Vivian Gornick, Barbara Moran eds., *Woman in Sexist Society: Studies in Power and Powerlessness*, New York: Basic Books. 1971.
* Mark Halperin, "Domesticity and the Dharma: Portraits of Buddhist Laywomen in Sung China", *T'oung Pao* Vol. 92, 2006.
* Martin W. Huang, *Intimate Memory: Gender and Mourning in Late Imperial China*, Albany, NY: SUNY Press, 2018.
* Mary H. Fong, "Images of Women in Traditional Chinese Painting", *Woman's Art Journal* Vol. 17, No. 1, 1996.
* Nancy Steinhardt, "Yuan Period Tombs and Their Inscription: Changing Identities for the Chinese Afterlife", *Ars Orientalis* Vol. 37, 2009.
* Quincy Ngan, "The Significance of Azurite Blue in Two Ming Dynasty Birthday Portraits", *Metropolitan Museum Journal* Vol. 53, 2018.

* Robert J. Maeda, "The Portrait of a Woman of the Late Ming - Early Ch'ing Period: Madame Ho-tung", *Archives of Asian Art* Vol. 27, 1973/1974.

* Susan Mann, "Writing Biography in Chinese History", *The American Historical Review* Vol. 114, No. 3, 2009.

* Wai-kam Ho, "Development of Chinese Portrait Painting", In *Portraiture: International Symposium on Art Historical Studies* 6, Kyoto: Kyoto University, 1990.

* Wen-chien Cheng, "Idealized Portraits of Women for the Qing Imperial Court", *Orientations* Vol. 45 No. 4, 2014.

04. 꽃에 빗대 품평받은 명나라 말기, 그림 속 기녀들_유순영

*『吳姬百媚』, 1617, 中華再造善本 明代編 子部, 北京圖書館出版社, 2003.

*『金陵百媚』, 1618, 日本公文書館 內閣文庫.

* 우런수 지음, 김의정 외 옮김, 『사치의 제국: 명말 사대부의 사치와 유행의 문화사』, 글항아리, 2019.

* 장조 지음, 이민숙 외 옮김, 『우초신지』, 소명출판, 2011.

* 권호종 · 이봉상, 「명대 기녀 마수진(馬守眞) 연구-《청루운어(靑樓韻語)》를 중심으로」, 『세계문학비교연구』 63, 세계문학비교학회, 2018.

* 권호종 · 신민야, 「명대 기녀 경편편(景翩翩) 시가 소고」, 『외국학연구』 37, 중앙대 외국학연구소, 2016.

* 김세서리아, 「양명학의 도덕 주체를 통한 여성 주체 형성의 모색」, 『양명학』 15, 한국양명학회, 2005.

* 김원동, 「명말 기녀들의 삶과 문학과 예술(1) · (2): 마수진(馬守眞), 설소소, 유여시」, 『중국문학』 35 · 36, 한국중국어문학회, 2001.

* 박정숙, 「매정조(梅鼎祚)의 『청니연화기(靑泥蓮花記)』에 관한 연구」, 『중국문화연구』 48, 중국문화연구학회, 2020.

* 배다니엘, 「중국 고전시에 나타난 계수(桂樹) 묘사 고찰」, 『남서울대 논문집』 18, 남서울대, 2012.

* ______, 「중국 고전시 중의 도화(桃花) 이미지」, 『중국어문논역총간』 32, 중국어문논역학회, 2013.

* 박청아, 「청대 사녀화 연구」, 홍익대 박사학위논문, 2017.

* ______, 「명말청초 사녀화에 나타난 기녀 이미지 고찰」, 『2017 한국미술사학회 추계학술대회 발표자료집』, 2017.

* 서연주, 「풍몽룡(馮夢龍) 민가집 연구」, 서울대 박사학위논문, 2017.

* 신미야, 「왕치등의 「마상란만가사십이수(馬湘蘭挽歌詞十二首)」 고찰」, 『외국학연구』 41, 중앙대 외국학연구소, 2017.

* 유순영, 「명대 강남 문인들의 원예취미와 화훼화」, 홍익대 박사학위논문, 2018.

* ______, 「명대 병화(甁花) · 분경도(盆景圖): 강남 문사들의 자기표현과 취향」, 『온지논총』 61, 온지학회, 2019.

* 이기훈, 「『청루운어』 시가에 대한 통시적 고찰」, 『세계문학비교연구』 51, 세계문학비교학회, 2015.

* 장준구, 「16,17세기 중국의 여성화가」, 『한국예술연구』 21, 한국예술종합학교 한국예술연구소, 2018.

* 최수경, 「명말의 기녀를 둘러싼 문화적 이미지와 그 의미」, 『중국어문논총』 31, 중국어문연구회 2006.

* ______, 「명청시기 여성문학 자료 역주와 해제(1)」, 『중국학논총』 19, 고려대 중국학연구소, 2006.

* ______, 「시집의 속화: 17세기 여성 시문총집 『난해집』 연구」, 『중국어문논집』 79, 중국어문학연구회, 2013.

* 大木康, 『風月秦淮—中國游里空間』, 臺北: 聯經, 2007.

* 厲鶚, 湯漱玉, 汪遠孫 著, 『玉臺書史 玉臺畵史』, 浙江人民美術出版社, 2012.

* 毛文芳, 『物·性·觀看-明末清初文化書寫新探』, 臺北: 學生書局, 2001.

* ______, 『明清女性畵像文本探論』, 臺北: 學生書局, 2013.

* 錢謙益,『列朝詩集小傳』, 上海古籍出版社, 2008.
* 合山究 著, 蕭燕婉 譯,『明清時代的女性與文學』, 聯經, 2016(『明清時代の女性と文學』, 汲古書院, 2006).
* 許淑眞,『華夏之美—花藝』, 臺北: 幼獅文化事業公司, 1987.
* 高洪鈞,「《金陵百媚》與馮夢龍跋」,『文教資料』6, 1994.
* 金丹丹,「析《吳姬百媚》一書及其影响與傳播」,『職大學報』5, 2020.
* 鄧嫣,「周之標戲曲活動研究」, 南京師範大 碩士學位論文, 2020.
* 溫珮琪,「品花評豔-論《吳姬百媚》的文學評點與圖像敍事」,『高雄師範大學報』44, 國立高雄師範大, 2018.
* 王陽,「晚明花榜文學集《吳姬百媚》的文獻價値考略-兼與《金陵百媚》比較」,『明清文學與文獻』9, 社會科學文獻出版社, 2012.
* 王鴻泰,「美人相伴-明清文人的美色品賞與情藝生活的經營」,『新史學』24(2), 三民書局, 2013.
* 馮幼衡,「唐寅仕女畫的類型與意涵-江南第一風流才子的曠古沉哀」,『故宮學術季刊』22(3), 國立故宮博物院, 2005.
* 許文美,「晚明青樓畫家馬守眞的兰竹畫」,『故宮學術季刊』21(3), 國立故宮博物院, 1993.
* ______,「宮中行樂-仇英〈漢宮春曉〉研究」,『故宮學術季刊』36(1), 國立故宮博物院, 2019.
* 岩崎 華奈子,「李雲翔の南京秦淮における交友と編著活動」,『中國文學論集』43, 福岡: 九州大學中國文學會, 2014.

* Ko, Dorothy, *Teachers of the Inner Chambers: Women and Culture in Seventeenth Century China*, Stanford: Stanford University Press, 1994.
* Weidner, Marsha ed., *Views from Jade Terrace: Chinese Women Artists 1300-1912*, Indianapolis: Indianapolis Museum of Art, 1988.
* ________, Flowering in the Shadows: *Women in the History of Chinese and Japanese Painting*, Honolulu: University of Hawaii Press, 1990.
* Laing, Ellen Johnston, "Chinese Palace-Style Poetry and the Depiction of a Palace Beauty," *The Art Bulletin*, Vol. 72, No. 2, Jun., 1990.
* Lee, Wun Sze Sylvia, "The Icon of Garden: How Seventeenth-century Women Painter in Jiangnan Constructed and Developed their Public Personae and Artistic Identites," Ph.D. Dissertation, The Chinese University of Hong Kong, 2011.

05. 조선의 열녀, 폭력과 관음의 이중 굴레_유재빈

*『고열녀전』
*『삼강행실도』
*『오륜행실도』
*『왕씨증집열녀전』
*『정조실록』.
*『중국소설회모본』

* 강명관,「삼강행실도: 약자에게 가해진 도덕의 폭력」,『한국고전여성문학연구』5, 한국고전여성문학회, 2002.
* ______,『열녀의 탄생』, 돌베개, 2009.
* 고연희,「조선시대 열녀도 고찰」,『한국고전여성문학연구』2, 한국고전여성문학회, 2001.
* ______,「미인도의 감상코드」,『대동문화연구(大東文化硏究)』58, 성균관대 대동문화연구원, 2007.
* 국립한글박물관,「『고열녀전』 언해본 해제」,『(소장자료 총서2)여러 여성들의 이야기, 열녀전』, 국립한글박물관, 2015.

* 국사편찬위원회 편, 『몸'으로 본 한국여성사』, 경인문화사, 2011.
* 김문식, 『정조의 경학과 주자학』, 문헌과 해석사, 2000.
* 김상엽, 「김덕성(金德成)의 《중국소설회모본》과 조선후기 회화」, 『미술사학연구』 207, 한국미술사학회, 2005.
* 김선경, 「조선후기 여성의 성, 감시와 처벌」, 『역사연구』 8, 역사학연구소, 2000.
* 김원룡, 「정리자판(整理字版) 오륜행실도-초간본 중간본 단원의 삽화」, 『도서』 1, 현대사, 1960.
* 김지선, 「삽화, 정전(正典)의 경계를 가로지르다-만력(萬曆)연간 왕씨증집(汪氏增輯)《열녀전》을 중심으로-」, 『중국어문학지』 42, 중국어문학회, 2013.
* 김현진, 「『심리록(審理錄)』을 통해 본 18세기 여성의 자살실태와 그 사회적 함의(含意)」, 『조선시대사학보』 52, 조선시대사학회, 2010.
* 김훈식, 「〈삼강행실도〉 보급의 사회사적 고찰」, 『진단학보』 85, 진단학회, 1998.
* 문선주, 「조선시대 여성소재 감계화 연구-현비고사도(賢妃故事圖)와 열녀도의 정치적 성격을 중심으로」, 『역사민속학』 43, 한국역사민속학회, 2013.
* 문현아, 「판결문 내용분석을 통한 조선후기 아내살해 사건의 재해석」, 『진단학보』 113, 진단학회, 2011.
* 박경, 「살옥(殺獄) 판결을 통해 본 조선후기 지배층의 부처(夫妻)관계상- 『추관지(秋官志)』 분석을 중심으로」, 『여성과 역사』 10, 한국여성사학회, 2009.
* 박민정, 「명청대 통속문학삽도의 연구」, 홍익대 석사학위논문, 2005.
* 박주, 「정조대의 『오륜행실도』 간행보급에 대한 일고찰」, 『한국사학논총』 상, 탐구당, 1992.
* 박현모, 「세종의 변경관(邊境觀)과 북방영토경영 연구」, 『정치사상연구』 13-1, 한국정치사상학회, 2007.
* 백옥경, 「조선시대의 여성폭력과 법 -경상도 지역의 〈검안(檢案)〉을 중심으로」, 『한국고전여성문학연구』 19, 한국고전여성문학회, 2009.
* 손창수, 「『오륜행실도』의 편찬과정 고찰」, 『동양예학』 35, 동양예학회, 2016.
* 송일기 · 이태호, 「조선시대 행실도 판본과 판화연구」, 『서지학연구』 21, 서지학회, 2001.
* 신수경, 「열녀전과 열녀도의 이미지 연구」, 『미술사논단』 21, 한국미술연구소, 2005.
* 정병모, 「《삼강행실도》 판화에 대한 고찰」, 『진단학보』 85, 진단학회, 1998.
* 정해은, 「여성의 외모와 치장」, 『몸'으로 본 한국여성사』, 경인문화사 2011.
* 유승희, 「조선후기 형사법상의 젠더(gender) 인식과 여성 범죄의 실태」, 『조선시대사학회』 53, 조선시대사학보, 2010.
* 유재빈, 「열전에서 교화서로-『삼강행실도』 열녀편을 중심으로」, 『진단학보』 135, 진단학회, 2020.
* 유태규, 「양기 처 고사의 연변 고- 춘추전국에서 위진남북조를 중심으로」, 『한국교통대 논문집』 37-1, 2002.
* 이경하, 「『삼강행실도』의 폭력성 재고 -열녀편을 중심으로」, 『한국고전문학연구』 35, 한국고전문학회, 2009.
* 이숙인, 『정절의 역사』, 푸른역사, 2014.
* 이정원, 「'삼강'의 권위적 지식이 판소리 문학에 수용된 양상」, 『조선시대 책의 문화사』, 휴머니스트, 2008.
* 이필기, 「『삼강행실도』와 〈열녀도〉 판화」, 『조선왕실의 미술문화』, 대원사, 2005.
* 이혜순, 「열녀상의 전통과 변모-《삼강행실도》에서 조선 후기 〈열녀전〉까지」, 『진단학보』 85, 진단학회, 1998.
* 이화중국여성문학연구회, 『동아시아 여성의 기원 : 『열녀전』에 대한 여성학적 탐구』, 이화여대 출판부, 2009.
* 조숙자, 「고대 여인의 죽음과 그 그림자-기량의 아내 이야기를 중심으로」, 정재서 엮음 『동아시아 열녀의 기원』, 이화여대출판문화원, 2009 .
* 조현우, 「행실도 열녀편 도상 변화의 문화적 의미 : 『오륜행실도』에 나타난 변화 양상을 중심으로」, 『한국문학이론과 비평』 50, 한국문학이론과 비평학회, 2011.
* 한국고전여성문학회, 『조선시대의 열녀담론』, 월인, 2002.
* 楊振良, 『孟姜女研究』, 學生書局, 1986.

* Ko, Dorothy, *Teachers of the Inner Chamber-Women and Culture in Seventeenth-Century China*, Stanford University Press, 1994.

06. 일본 경직도 속 여성의 노동, 드러나는 젠더_이정은

*『蔭涼軒日録』

* 강명관, 「국가와 가족의 경제를 떠받치는 손: 경직도와 속화에 표현된 여성의 노동」, 『그림으로 읽는 조선 여성의 역사』, 휴머니스트, 2012.
* 이정은, 「무로마치 시대 자시키(座敷) 장식의 정치성: 천황의 행행(行幸)을 통해 본 아시카가 쇼군 저택 장식의 의미」, 『미술사논단』 41, 한국미술연구소, 2015.
* ______, 「아시카가의 문화적 권위와 『군다이칸소초키(君臺観左右帳記)』 제작의 경제적 의미」, 『미술사학』 36, 미술사교육학회, 2018.

* 王潮生, 『中国古代耕织图』, 中国农业博物馆编, 1995.
* 巫鸿, 『中国绘画中的〈女性空间〉』, 生活 · 读书 · 新知三联书店, 2019.
* 東京農工大学附屬圖書館, 『浮世絵にみる蚕織まにゅある: かゐこやしなひ草』, 東京農工大学附屬圖書館, 2002.
* 冷泉為人, 河野通明, 岩崎竹彦著, 並木誠士, 『瑞穂の国·日本: 四季耕作図の世界』, 京都: 淡交社, 1996.
* 栗東歴史民族博物館, 『企画展 四季耕作図の世界: 画かれた農事風景』, 栗東歴史民族博物館, 1992.
* 武田恒夫, 『狩野派障屏画の研究:和様化をめぐって』 東京: 吉川弘文館, 2002.
* 福島県立博物館, 『天の絹絲: ヒトと虫の民俗誌: 日本人にとって「生きもの」とは、「自然」とは』, 会津若松: 福島県立博物館, 1998.
* 町田市立博物館, 『「農耕図と農耕具」展』 町田市立博物館, 1993.
* 中野三敏, 『写楽: 江戸人としての実像』, 東京: 中央公論新社, 2007.
* 町田市立博物館, 『たはらかさね耕作絵巻 : 康熙帝御製耕織図』, 町田: 町田市立博物館, 2000.
* 吹田市立博物館, 『農耕の風景 : 摂津の四季耕作図』, 吹田: 吹田市立博物館, 2000.
* 町田市立博物館, 『養蚕機織図』, 町田: 町田市立博物館, 2002.

* 多田羅 多起子, 「狩野永納筆 〈耕作·養蚕図屏風〉 について」, 『デザイン理論』 49, 意匠学会, 2006.
* ____________, 「近世初頭における京狩野家の耕作図--堀家本原本との関係を中心に」, 『美術史』 57 (2), 美術史學會, 2008.
* 島尾新, 「〈東山御物〉随想—イメージのなかの中國書人たち」, 『南宋繪畫—才情 雅致の世界—展圖錄』, 東京: 根津美術館, 2004.
* ______, 「日本美術としての「唐物」」, 『唐物と東アジア』, 東京: 勉誠出版社, 2016.
* 渡部武, 「中国農書「耕織図」の琉伝とその影響について」, 『東海大学紀要 文学部』 46, 1986.
* ______, 「「探幽縮図」中の「耕織図」と高野山遍照尊院所蔵の「織図」について : 中国農書「耕織図」の流伝とその影響について(補遺一)」, 『東海大学紀要』 50, 1988.
* 小川裕充, 「大仙院方丈襖絵考 (上)—方丈襖絵の全体計画と東洋障壁画史に占めるその史的位置」, 『国華』, 1120, 國華社, 1989.
* _______, 「大仙院方丈襖絵考 (中)—方丈襖絵の全体計画と東洋障壁画史に占めるその史的位置」, 『国華』, 1121, 國華社, 1989.
* _______, 「大仙院方丈襖絵考 (下)—方丈襖絵の全体計画と東洋障壁画史に占めるその史的位置」, 『国華』, 1122, 國華社, 1989.
* 榊原悟, 「狩野晴川院筆 『四季耕作図屏風』について一御用絵師の仕事一」, 『研究紀要』 6, 野村文華財団, 1997.
* 新城理恵, 「絹と皇后—中国の国家儀礼と養蚕」, 『天皇と王権を考える: 生産と流通』, 東京: 岩波書店, 2002.

* 永田生慈,「浮世絵と中国民間版画との関わりについて」,『錦絵と中国版画展：錦絵はこうして生まれた』, 東京: 太田記念美術館, 2000.
* 原田正俊,「室町殿の室礼:唐物と禅宗」,『日本仏教綜合研究』9, 日本仏教綜合研究学会, 2011.
* 板倉聖哲,「日本が見た東アジア美術ー書画コレクション史の視点から」,『日本美術全集』6, 東京: 小学館, 2015.
* 河野通明,「堀家本『四季耕作絵巻』の成立」,『歴史と民俗』7, 東京: 平凡社, 1991.
* _______,「橘守国『絵本通宝志』の基礎的研究·上」,『商経論叢』, 36 (1), 神奈川大学経済学会, 2000.

* Bejarano Shalmit, "Picturing Rice Agriculture and Silk Production: Appropriation and Ideology in Early Modern Japanese Painting" PhD diss, University of Pittsburgh, 2010.
* Bray, Francesca, *Technology and Gender: Fabrics of Power in Late Imperial China*, Berkeley: University of California Press, 1997.
* Cahill, James, *Sōgen-ga: 12th-14th century Chinese Painting as Collected and Appreciated in Japan*, Berkeley: University Art Museum, University of California, Berkeley, 1982.
* Como, Michael, *Weaving and Binding: Immigrant Gods and Female Immortals in Ancient Japan*, Honolulu: University of Hawaii Press, 2009.
* Fischer Felice and Kinoshita Kyoko, *Ink and Gold: Art of the Kano*, New Haven: Yale University Press, 2015.
* Hammers, Rosyln Lee, *Pictures of Tilling and Weaving: Art, Labor, and Technology in Song and Yuan China*, Hong Kong University Press, 2011.
* _________, *The Imperial Patronage of Labor Genre Paintings in Eighteenth-Century China*, Routledge, 2021.
* Ho, Wai-kam, Sickman Laurence, Lee Sherman E., and Wilson Marc F., *Eight Dynasties of Chinese Painting: The Collections of the Nelson Gallery-Atkins Museum, Kansas City, and the Cleveland Museum of Art*, Cleveland; Bloomington, Ind.: Cleveland Museum of Art, William Rockhill Nelson Gallery of Art and Mary Atkins Museum of Fine Arts, distributed by Indiana University Press, 1980.
* Phillips, Quitman E, *The Practices of Painting in Japan, 1475-1500*, Stanford, Calif.: Stanford University Press, 2000.
* Yabuta Yutaka, *Rediscovering Women in Tokugawa Japan*, Cambridge, Mass.: Harvard University Edwin O. Reischauer Institute of Japanese Studies. 2000.

* Chino Kaori. "Gender in Japanese Art," *Gender and Power in the Japanese Visual Field*, edited by J. S. Mostow, N. Bryson and M. Graybill. Honolulu: University of Hawaii Press. 2003.
* Davis, Julie Nelson. "Artistic Identity and Ukiyo-e Prints: The Representation of Kitagawa Utamaro to the Edo Public," *In The Artist as Professional in Japan*, edited by M. Takeuchi. Stanford, Calif.: Stanford University Press. 2004.
* Gerhart, Karen M. "Talent, Training, and Power: The Kano Painting Workshop in the Seventeenth Century," In *Copying the Master and Stealing his Secrets: Talent and Training in Japanese Painting.*, edited by B. G. Jordan, V. Weston. Honolulu: University of Hawaii Press, 2003.
* Kishi Fumikazu, "The Sociocultural Identity of the Ukiyo-e Artist: Observations Derived from Rewards and Punishments," in *The Artsit in Edo*, Yale University Press, 2018.
* Peterson, Lisa Lee, "Who Does the Weaving, Who Wears the Robe? Didactic Poems and Pictures of Ancient Chinese Weavers," *Arts of Asia* 26 (3) 1996.
* Ulak, James T, "Utamaro's Views of Sericulture," *Art Institute of Chicago Museum Studies*, 18 (1): 1992.
* Yokota Fuyuhiko. "Imagining Working Women in Early Modern Japan," *Women and Class in Japanese History*. ed-

ited by H. Tonomura, A. Walthall and H. Wakita. Ann Arbor: Center for Japanese Studies the University of Michigan. 1999.

07. 조선 여성, 글씨 쓰기_조인수

* 남구만, 『약천집』
* 신좌모, 『담인집』
* 이덕무, 『청장관전서』
* 『내훈』
* 『무자진작의궤』
* 『세종실록』
* 『숙종실록』
* 『천의소감찬수청의궤(闡義昭鑑纂修廳儀軌)』
* 『ᄌᆞ경뎐진쟉졍례의궤(慈慶殿進爵整禮儀軌)』
* 周小儒, 蔣玲玲, 『中国历代女书法家』, 济南: 山东画报出版社, 2012.

* 강명관, 『그림으로 읽는 조선 여성의 역사』, 휴머니스트, 2012.
* 고연희, 「'신사임당 초충도' 18세기 회화문화의 한 양상」, 『미술사논단』 37, 한국미술연구소, 2013.
* 국립고궁박물관, 『명성황후 한글편지와 조선왕실의 시전지』, 국립고궁박물관, 2010.
* 국립청주박물관 편, 『조선 왕실의 한글 편지, 숙명신한첩』, 국립청주박물관, 2011.
* 국립한글박물관, 『소장자료총서 1』, 국립한글박물관, 2014.
* ______________, 『공쥬, 글시 뎍 으시니』, 국립한글박물관, 2019.
* 김경미, 「18세기 양반여성의 글쓰기의 층위와 그 의미」, 『한국고전여성문학연구』 11, 한국고전여성문학회, 2005.
* ______, 『가(家)와 여성: 18세기 여성 생활과 문화』, 여이연, 2012.
* _______, 『임윤지당 평전』, 한겨레출판, 2019.
* 김봉좌, 「왕실 한글 필사본의 전승 현황과 가치」, 『국어사연구』 20, 국어사학회, 2015.
* ______, 「순조대 진작 의례와 한글 기록물의 제작」, 『정신문화연구』 38(3), 한국학중앙연구원, 2015.
* ______, 「왕실 의례를 위한 발기(件記)의 제작과 특성」, 『서지학연구』 65, 한국서지학회, 2016.
* ______, 「한글본 가상존호 책문의 제작 배경과 특성」, 『한국학』 41(3), 한국학중앙연구원, 2018.
* 김영희, 「조선시대 한글 글쓰기 체계의 발전과 여성」, 『페미니즘 연구』 17(2), 한국여성연구소, 2017.
* 김용숙, 『조선조궁중풍속연구』, 일지사, 1987.
* 김인회, 「조선시대 사대부의 한글 사용과 의미」, 『한국학』 35(4), 한국학중앙연구원, 2012.
* 노마 히데키, 『한글의 탄생』, 돌베개, 2010.
* 문화재청, 『한국의 옛 글씨-조선왕조 어필』, 문화재청, 2009.
* 문희순, 「17-19세기 동춘당 송준길 후손가 소장 한글편지에 나타난 가족의 모습」, 『장서각』 37, 한국학중앙연구원, 2017.
* 박무영, 「조선 여성의 삶, 다시 보고 다시 읽기」, 『조선 여성의 일생』, 글항아리, 2010.
* 박정숙, 「조선 중기 영남지방 한글편지의 서예미 고찰」, 『한국학논집』 61, 한국학연구원, 2015.
* ______, 『조선의 한글편지』, 다운샘, 2017.
* 박정자 외, 『궁체이야기』, 다운샘, 2001.

* 백두현, 「조선시대 왕실언간의 문화중층론적 연구」, 『한국학논집』 59, 한국학연구원, 2015.
* 수원화성박물관, 『수원의 궁궐 화성행궁』, 수원화성박물관, 2018.
* 심경호, 「낙선제본 소설(小說)의 선행본에 관한 일고찰」, 『정신문화연구』 13(1), 한국학중앙연구원, 1990.
* 오세현, 「〈화정(華政)〉과 《유합(類合)》」, 『서울학연구』 70, 서울학연구소, 2018.
* 옥영정, 「한글본 「뎡니의궤」의 서지적 분석」, 『서지학연구』 39, 한국서지학회, 2008.
* ______, 「『천의소감』의 간행과 서지적 특성」, 『정신문화연구』 33(4), 한국학중앙연구원, 2010.
* 윤양회, 「조선전기」, 『조선시대 한글서예』, 미진사, 1994.
* 윤재홍, 「조선시대 양반가의 한글교육의 양상-'진주하씨묘 출토 언간'을 중심으로」, 『교육사상연구』 32(1), 한국교육사상학회, 2018 .
* 이기대, 「명성황후 관련 한글편지의 문헌 고찰과 내용분석」, 『명성황후 한글편지와 조선왕실의 시전지』, 국립고궁박물관, 2010 .
* 이경하, 「17세기 상층여성의 국문생활에 대한 문헌적 고찰」, 『한국문학논총』 39, 한국문학회, 2005.
* 이성미, 『우리 옛 여인들의 멋과 지혜』, 대원사, 2002.
* 이승희, 「순원왕후 한글편지의 자료적 특성에 대한 일고찰」, 『한국문화』, 44, 규장각 한국학연구원, 2008.
* ______, 「조선 후기 왕실여성의 한글사용 양상」, 『한국문화』 61, 규장각 한국학연구원, 2013.
* 이완우, 「서예」, 국사편찬위원회 편 『신편 한국사 35: 조선후기의 문화』, 국사편찬위원회, 1998.
* 이원주, 「'잡록'과 '반조화전가'에 대하여」 『한국학논집』 7, 한국학연구원, 1980.
* 이지영, 「한글 필사본에 나타난 한글 필사(筆寫)의 문화적 맥락」, 『한국고전여성문학연구』 17, 한국고전여성문학회, 2008.
* 장서각, 『한글 소통과 배려의 문자』, 장서각, 2016.
* 장요한, 『『신한첩(宸翰帖) 곤(坤)』의 연구 및 역주』, 계명대출판부, 2019.
* 정복동, 「『숙명신한첩』의 한글 서예적 가치」, 『조선 왕실의 한글 편지, 숙명신한첩』, 국립청주박물관, 2011.
* 조규희, 「만들어진 명작: 신사임당과 초충도」, 『미술사와 시각문화』 12, 미술사와 시각문화학회, 2013.
* 조용선 편, 『(역주본)봉서』, 다운샘, 1997.
* 최영희, 「조선시대 한글 필사본 『뎡니의궤』 서체의 특징 연구」, 『서예학연구』 23, 한국서예학회, 2013.
* ______, 「조선시대 한글 발기의 서예사적 의의 및 궁체의 전형 모색」, 『서예학연구』 27, 한국서예학회, 2015.
* 한소윤, 「조선시대 왕후들의 언간서체 특징 연구」, 『한국사상과 문화』 69, 한국사상문화학회, 2013.
* 혜경궁 홍씨, 정병설 옮김, 『한중록』, 문학동네, 2010.
* 홍선표, 「오세창과 『근역서화징』, 『국역 근역서화징』」 『미술사논단』 7, 한국미술연구소, 1998.
* 황문환, 『조선시대의 한글 편지, 언간』, 역락, 2015.

* Gari K. Ledyard, *The Korean Language Reform of 1446*, 신구문화사, 1998.
* Hwisang Cho, *The Power of the Brush, Seattle*: University of Washington Press, 2020.
* Insoo Cho, "Writings in the Joseon Dynasty," *Beyond Line: The Art of Korean Writing*, Stephen Little and Virginia Moon (eds), Los Angeles: Los Angeles County Museum of Art, 2019.
* Linda Nochlin, ""Why Have There Been No Great Women Artists?" Thirty Years After," *Women Artists at the Millennium*, Carol Armstrong and Catherine De Zegher (eds.), London: the MIT Press, 2006.

08. 서화, 불화, 책, 자수에 쓰인 한글 텍스트_서윤정

* 『(국역)대동야승』, 민족문화추진위원회, 1982.
* 『규중요람』,(필사본), 국립중앙도서관, 한古朝25-40.
* 강세황, 『표암고』,한국문집총간 속 80, 한국고전번역원, 2009.
* 송시열, 『송자대전』권146, 한국문집통간 108~116, 민족문화추진위원회, 1989.
* 권근, 『양촌선생문집』, 한국문집총간 7, 민족문화추진위원회, 1990.

* 최승희 감수, 서병패 해설, 『설씨부인권선문첩』, 문화재청, 2004.

* 강소연, 「조선전기 왕실발원 〈안낙국태자경변상도(安樂國太子經變相圖)〉의 불교적 주제 고찰」, 『원불교사상과 종교문화』 79, 원광대 원불교사상연구원, 2019.
* 고연희, 「19세기 남성문인의 미인도 감상-재덕을 겸비한 미인상 추구를 중심으로」, 『한국근현대미술사학』 26, 한국근현대미술사학회, 2013.
* 고연희 외, 『신사임당, 그녀를 위한 변명』, 다산기획, 2016.
* 국립고궁박물관, 『아름다운 궁중자수』, 안그라픽스 미디어사업부, 2013.
* 국립민속박물관, 『하피첩, 부모의 향기로운 은택』, 국립민속박물관, 2016.
* 김광국, 『(김광국의) 석농화원』, 눌와, 2015.
* 김경미, 「18세기 양반여성의 글쓰기의 층위와 그 의미」, 『한국고전여성문학연구』 11, 한국고전여성문학회, 2005.
* 김영희, 「조선시대 한글 글쓰기 체계의 발전과 여성」, 『페미니즘 연구』17:2, 한국여성연구소, 2017.
* 김진영, 「그림과 문학의 상호 텍스트성과 그림연행-〈안락국태자경변상도〉를 중심으로」, 『어문연구』 51, 한국어문교육연구회. 2006.
* 문선주, 「조선시대 여성주제 인물화 연구」,홍익대 박사학위논문, 2015.
* ______, 「조선시대 여성소재 감계화 연구」, 『역사민속학』43, 한국역사민속학회, 2013.
* 박도화, 「의미와 유형으로 본 '변상(變相)'의 분화」, 『미술사학연구』 277, 한국미술사학회, 2013.
* 박영민, 「조선시대의 미인도와 여성초상화 독해를 위한 제언」, 『한문학논집』 42, 단한한문학회, 2015.
* 박윤미, 「해인사 비로자나불복장 섬유류 유물에 관한 고찰」,『복식』64:5, 한국복식학회, 2014.
* 박윤희, 「궁중자수의 전통과 화원의 수본 제작」, 국립고궁박물관,『아름다운 궁중자수』, 안그라픽스 미디어사업부, 2013.
* 박정민, 「조선 전기 한글 명문이 있는 자기(瓷器)의 특징과 의미」,『미술사와 문화유산』1, 명지대 문화유산연구소, 2012.
* 박지현, 「화가에서 어머니로 : 신사임당을 둘러싼 담론의 역사, 『동양한문학연구』 25, 동양한문학회, 2007.
* 박철상, 「조선본 열녀전의 서지적 의미」, 『여러 여성들의 이야기 열녀전: 소장자료총서2』, 국립한글박물관, 2015.
* 오세창, 『(국역)근역서화징』, 시공사, 1998.
* 이성미, 『우리 옛 여인들의 멋과 지혜』, 대원사, 2002.
* 이승희, 「조선 후기 왕실 여성의 한글 사용 양상」,『한국문화』61, 규장각 한국학연구원, 2013.
* 이은상, 『증보 사임당의 생애와 예술』, 성문각, 1966.
* 유정은, 「신사임당의 서화작품 발문으로 살펴 본 조선 사대부들의 담론 및 한계점 연구, 『동서철학연구』 86, 한국동서철학회, 2017.
* 이성미, 「전(傳) 설씨부인(薛氏夫人) 〈광덕산부도암도(廣德山浮圖庵圖)〉 와 〈화조돈(花鳥圖)〉」, 『미술사학연구(美術史學研究)』 209, 한국미술사학회, 1996.
* 이숙인, 「화가와 현모, 그 불편한 도가: 신사임당 어떻게 만들어졌는가?」, 규장각 한국학연구원, 『조선 여성의 일생』, 글항아리,

2010.
* 이영경, 「『동국신속삼강행실도』 언해의 성격에 대하여」, 『진단학보』112, 진단학회, 2011.
* 이종묵, 「매화 그림과 미인」, 『문헌과 해석』83:1, 태학사, 2018.
* ______, 「조선시대 여성과 아동의 한시 향유와 이중언어 체계(Diaglosia)」, 『진단학보』104, 진단학회, 2007.
* 정우봉, 「조선시대 기생(妓生) 시첩(詩帖)의 존재양상과 문화사적 의미」, 『한국고전여성문학연구』18, 한국고전여성문학연구소, 2009.
* 정지희, 「담양 용화사(龍華寺) 묵담유물관(默潭遺物館)의 왕실 시주 공예품 연구」, 『남도문화연구』 37, 순천대 남도문화연구소, 2019.
* 최경원, 「조선전기 왕실 비구니원(比丘尼院) 여승(女僧)들이 후원한 불화에 보이는 여성구원」, 『동방학지』 156, 연세대 국학연구원, 2011.
* 최열, 「망각 속의 여성 : 19~20세기 기생출신 여성화가」, 『인물미술사학』14 · 15, 인물미술사학회, 2019.
* 한희숙, 「여학교는 없었다, 그러나 교육은 중요했다」, 규장각 한국학연구원, 『조선 여성의 일생』, 글항아리, 2010.
* 허동화, 『한국의 자수』, 삼성출판사, 1978.
* 홍동현, 「다산 정약용의 강진 유배생활과 「하피첩」」, 『다산과현대』9, 연세대 강진다산실학연구원, 2016.
* 홍인숙, 「조선후기 여성의(불)가능한 글쓰기와 윤리적 듣기의 가능성 -열녀 유서를 중심으로 한 한문학에서의 젠더 연구 방법론 시론-」, 『한국한문학연구』 79, 한국한문학회, 2020.
* 홍현보, 「『삼강행실열녀도』의 출처 연구」, 『한글』 316, 한글학회, 2017.
* 황정연, 「19-20세기 초 조선 궁녀의 침선 활동과 궁중 자수서화 병풍의 제작」, 『한국근현대미술사학』 26, 한국근현대미술사학회, 2013.
* ______, 「19세기 기녀 죽향의 《화조화훼초충도첩》연구」, 『아시아여성연구』 46:2, 숙명여자대 아시아여성연구소, 2007.

* Chino Kaori, "Gender in Japanese Art," in *Gender and Power. In the Japanese Visual Field*, Joshua S. Mostow eds. Hawaii: University of Hawai'i Press, 2003.
* Griselda Pollock, "Feminism and Language," in *A companion to feminist art*, eds. Hilary Robinson Robinson, Hilary, and Maria Elena Buszek, Hoboken, NJ : Wiley Blackwell, 2019.

09. 남성에 의한, 남성을 위한, 남성의 자수_김수진

김수진, 「근대 전환기 조선 왕실에 유입된 일본 자수 병풍」, 『미술사논단』 36, 2013.
* ______, 「조선 후기 병풍 연구」, 서울대 박사학위논문, 2017.
* ______, 「19~20세기 평안도 안주 자수의 성쇠와 그 의미」, 『대동문화연구』 119, 2022.
* 김우경, 「근대 자수천수관음보살도의 양상과 조성배경」, 『미술사학』 39, 2020 .
* 김주현, 「여성 공예와 한국 근대 자수 - 페미니즘 '예술' 개념을 위한 비판적 분석」, 『한국여성학』, 25-3, 2009.
* 김철효, 「근대기 한국 '자수'미술 개념의 변천」, 『한국근대미술사학』 12, 2004.
* ______, 「구술사를 통해 본 20세기 한국의 자수미술가들」, 『이화여대 아시아여성학센터 학술대회자료집』, 2011.
* 김태자, 「활옷과 병풍을 중심으로 본 조선시대 자수의 재조명」, 『복식』 58-5, 2008.
* 문화재청 무형문화재과, 『문화재대관: 복식 · 자수 편』, 문화재청, 2006.
* 서정민, 「석연 양기훈의 회화 연구」, 한국학중앙연구원 석사학위논문, 2012.
* 수림원 편, 『이조의 자수』, 창진사, 1974.
* ________, 『흉배: 전시도록』, 지혜사, 1979.

* 양수정, 「조선 17세기 자수 그림의 전승과 이행」, 『미술사학보』 48, 2017.
* ______, 「18세기 이후 자수와 제작가에 관한 제면모」, 『미술사학』 54, 2020.
* 이왕무, 「대한제국기 순종의 남순행 연구」, 『한국학』 107, 2007.
* ______, 「대한제국기 순종의 서순행 연구」, 『동북아역사논총』 31, 2011.
* 장경희, 「20세기 초 양기훈 필 자수매화병풍 연구」, 『한국예술연구』 35, 2022 .
* 피터 애디 지음, 최일만 옮김, 『보빌리티 이론』, 엘피, 2019.
* 한국정신문화연구원 편, 『고문서집성12: 장서각 편 Ⅲ』, 한국정신문화연구원, 1994.
* 허우긍, 『일제강점기의 철도 수송』, 서울대출판문화원, 2010.
* 황정연, 「19~20세기 초 조선 궁녀의 침선 활동과 궁중 자수서화병풍의 제작」, 『한국근대미술사학』 26, 2013.

* 太田彩, 「明治期 "美術染織"の意義: 伝統技術の誇り」, 宮内庁三の丸尚蔵館編, 『美術染織の精華–織·染·繍による明治の室内装飾』, 宮内庁, 2011.
* 太田彩, 「明治宮殿の室内装飾用織物と二代川島甚兵衛」, 宮内庁三の丸尚蔵館編, 『明治の宮中デザイン: 和中洋の融和の美を求めて』, 2003.
* 宮内庁三の丸尚蔵館編, 『美術染織の精華–織·染·繍による明治の室内装飾』, 宮内庁, 2011.
* 五味聖, 「皇室建築と美術染織」, 宮内庁三の丸尚蔵館編, 『美術染織の精華–織·染·繍による明治の室内装飾』, 宮内庁, 2011.
* 林洋子, 「二代川島甚兵衛の実像」, 『(明治神宮鎮座70年記念) 甦る明治の巨匠展-珠玉の絵画·彫刻·工芸』, 産経新聞社, 1990.

* Ko, Dorothy, "Between the Boudoir and the Global Marketplace: Shen Shou, Embroidery and Modernity at the Turn of the Twentieth Century" in Jennifer Purtle, Hans Bjarne Thomsen, *Looking Modern: East Asian Visual Culture from Treaty Ports to World War II*. Chicago: Art Media Resources and Center for the Art of East Asia, University of Chicago, 2009.
* McDermott, Hiroko T., "Meiji Kyoto Textile Art and Takashimaya," *Monumenta Nipponica*, Vol. 65, No. 1, 2010.
* __________, "Old Tradition, New Directions: a History of Ornamental Textiles in Meiji Japan," Hiroko T. McDermott and Clare Pollard ed, *Threads of Silk and Gold: Ornamental Textiles from Meiji Japan*, Oxford: Ashmolean Museum, 2012.
* __________, "The Way of the Newcomer: History of the Iida Shinshichi House Takashimaya," Hiroko T. McDermott and Clare Pollard ed, *Threads of Silk and Gold: Ornamental Textiles from Meiji Japan*, Oxford: Ashmolean Museum, 2012.
* McNamara, Dennis L., *Textiles and Industrial Transition in Japan*, Ithaca: Cornell University Press, 1995.
* Parker, Rozsika, *Subversive Stitch: Embroidery and the Making of the Feminine*, London: L.B. Tauris, 2010.
* Staniland, Kay, *Embroiderers. Medieval Craftsmen series*. Toronto: University of Toronto Press, 1991.
* Sapin, Julia, "Merchandising Art and Identity in Meiji Japan: Kyoto Artists' Designs for Takashimaya Department Store, 1868-1912," Journal of Design History Vol. 17 Issue 4, 2004.
* Vollmer, John E., *Re-envisioning Japan: Meiji fine art textiles*. New York: Harry N. Abrams, 2016.

10. 금강산을 향한 근대 이후의 젠더적 시선_김소연

* 菊池幽芳, 『朝鮮金剛山探勝記』, 洛陽堂, 1918.
* 今川宇一郎, 「朝鮮始政五年記念共進會と金剛山の紹介の好機」, 『朝鮮及滿洲』 97, 朝鮮及滿洲社, 1915.8.

* 今川宇一郎, 『朝鮮金剛山大觀』, 1914.
* 大町芳衛, 『滿鮮遊記』, 大阪屋號書店, 1919.
* 満鉄京城鉄道局 編, 『万二千峰朝鮮金剛山』, 満鉄京城鉄道局, 1924.
* 釋尾旭邦, 「金剛山行」(其下), 『朝鮮及滿洲』 112, 朝鮮及滿洲社, 1916.1.
* 松本武正 · 加藤松林, 『朝鮮 金剛山探勝案内』, 京城 亀屋商店, 1926.
* 田村剛, 「金剛山と其風景開発策」, 『大日本山林会報』 408, 大日本山林会, 1916.
* 田村剛, 「金剛山と其風景開発策」, 『朝鮮彙報』 1917.5.
* 朝鮮總督府, 『(普通學校)朝鮮語讀本』, 朝鮮書籍印刷, 1935.
* 朝鮮総督府鉄道局 編, 『金剛山遊覧の栞』, 朝鮮総督府鐵道局, 1915.
* 朝鮮総督府鉄道局 編, 『朝鮮旅行案内記』, 朝鮮総督府鉄道局, 1934.
* 竹內直馬, 『朝鮮金剛山探勝記』, 富山房, 1914.

* 강상중 지음, 이경덕 옮김, 『오리엔탈리즘을 넘어서』, 이산, 1997.
* 고연희, 『조선후기 산수기행예술 연구』, 일지사, 2001.
* 국사편찬위원회 편, 『여행과 관광으로 본 근대』, 두산동아, 2008.
* 기혜경, 「근대 금강산도 연구」, 『현대미술관연구』 14, 국립현대미술관, 2003.
* 김지영, 「일제시기 '금강산 사진첩'의 금강산 경관 구조화」, 『역사문화지리』 31(2), 한국문화역사지리학회, 2019.
* ______, 「일제시기 철도여행안내서와 일본인 여행기 속 금강산 관광공간 형성 과정」, 『대한지리학회지』 54(1), 대한지리학회, 2019.
* 김현숙, 「근대기 혼성문화공간으로서의 금강산과 금강산 그림」, 『온지논총』 53, 온지학회, 2013.
* 리타 펠스키 지음, 김영찬·심진경 옮김, 『근대성의 젠더』, 자음과 모음, 2010.
* 박도진, 「근·현대 금강산도 연구」, 홍익대 석사학위논문, 2017.
* 박은순, 『금강산도 연구』, 일지사, 1997.
* 박형지·설혜심, 『제국주의와 남성성-19세기 영국의 젠더 형성』 대우학술총서 573, 아카넷, 2016.
* 복도훈, 「미와 정치: 낭만적 자아에서 숙명적 자아로의 유랑기: 이광수의 금강산유기를 중심으로」, 『동악어문학』 46, 동악어문학회, 2006.
* 서기재, 「기이한 세계로의 초대-근대 〈여행안내서〉를 통하여 본 금강산」, 『일본어문학』 40, 한국일본어문학회, 2009.
* 성나연·전봉희, 「1930년대 금강산 국립공원 추진 계획의 경과와 의미」, 『대한건축학회논문집』 37(8), 대한건축학회, 2021.
* 에드워드 렐프 지음, 김덕현·김현주·심승희 옮김, 『장소와 장소상실』, 논형, 2005.
* 원두희, 「일제강점기 관광지와 관광행위 연구—금강산을 사례로」, 한국교원대 석사학위논문, 2011.
* 유승훈, 「근대 자료를 통해 본 금강산 관광과 이미지」, 『실천민속학연구』 14, 실천민속학회, 2009.
* ______, 「일제시기 투어리즘(tourism)과 금강산 관광의 근대적 창출」, 『사진엽서에서 만난 관광명소』, 부산박물관, 2008.
* 이경순, 『금강산 가는 길—조선총독부 철도국 발간 금강산 관광 안내 지도 연구』, 대한민국역사박물관, 2020.
* 이영수, 「19세기 금강산도 연구」, 명지대 박사학위논문, 2016.
* ______, 「민화 금강산도에 관한 고찰」, 『미술사연구』 14, 미술사연구회, 2000.
* 조성운, 「1910년대 조선총독부의 금강산 관광개발」, 『한일민족문제연구』 30, 한일민족문제학회, 2016.
* ______, 『관광의 모더니즘—식민지 조선의 근대관광과 수학여행』, 민속원, 2019.
* 지노 가오리, 「일본의 장벽화(障壁畵)에 나타난 젠더의 구조: 전근대의 중국문화권에서」, 『미술사논단』 4, 한국미술연구소, 1997.

* 진종헌, 「금강산 관광의 경험과 담론분석: '관광객의 시선'과 자연의 사회적 구성」, 『문화역사지리』 17(1), 2005.
* 진준현, 「민중의 꿈, 민화 금강산도의 양식계보」, 『미술사학연구』 279·280, 한국미술사학회, 2013.
* 질리언 로즈 지음, 정현주 옮김, 『페미니즘과 지리학-지리학적 지식의 한계』, 한길사, 2011.
* 최남선 지음, 황형주 역주, 『금강예찬』, 동명사, 2000.
* 표세만, 「자연 인식과 일본인의 '자기 이미지' 형성: 시가 시게타카(志賀重昂)의 『일본풍경론』을 중심으로」, 『일본어문학』 1(49), 한국일본어문학회, 2011.

* 鈴木杜幾子 · 馬渕明子 · 千野香織 編著, 『美術とジェンダー--非対称の視線』, ブリュッケ, 2003.

* Chino Gaori, "Gender in Japanese Art", *Gender and Power in the Japanese Visual Field*, University of Hawaii Press, 2003.

11. 근대, 소녀의 탄생_김지혜

* 『독립신문』
* 『동아일보
* 『매일신보』
* 『별곤건,
* 『소년』
* 『신여성』
* 『여성』
* 『여자지남(女子指南)』
* 『조선일보』
* 『태극학보』
* 『몽학필독(蒙學必讀)』
* 『신정심상소학(新訂尋常小學)』
* 『초등소학』
* 『초등여학독본』
* 『최신초등소학』

* 김경일, 『여성의 근대, 근대의 여성』, 푸른역사, 2004.
* 김미지, 「식민지 조선의 '소녀' 독자와 근대 대중 문학의 동시대성」, 『대중서사연구』20, 2014.
* 김소원, 『시대가 그려낸 소녀: 한일 순정만화의 역사』, 소명출판, 2021.
* 김지영, 『연애라는 표상』, 소명출판, 2007.
* 김지혜, 「한국 근대 미인 담론과 이미지」, 이화여대 박사학위논문, 2015.
* 안현정, 『근대의 시선, 조선미술전람회』, 이학사, 2012.
* 연구공간 수유+너머 근대매체연구팀, 『신여성: 매체로 본 근대 여성 풍속사』, 한겨레신문사, 2005.
* 이성례, 「한국 근대 시각문화의 현모양처 이미지」, 이화여대 박사학위논문, 2016.
* 이화형 외, 『한국근대여성의 일상문화』, 국학자료원, 2004.

* 조희정, 「근대계몽기 국어 교과서 삽화 연구」, 『국어교육학연구』50, 2015. 12.
* 최배은, 「한국 근대 '소녀소설'의 '소녀' 연구」, 『아시아여성연구』 53, 2014.
* 최은경, 「근대일본 소녀소설에서 보는 '소녀' 표상」, 『일본근대학연구』42, 2013.
* 하마나카 신지, 「일본 미인화의 탄생, 그리고 환영」, 『미술사학보』25, 2005. 12.
* 하야시 미치코, 「초기 문전(文展)에 보이는 '여성독서도'에 대하여」, 『미술사논단』3, 1996. 9.
* 한국광고단체연합회 편, 『한국광고 100년』, 한국광고단체연합회, 1996.
* 한국미술연구소 한국근대시각문화연구팀, 『모던 경성의 시각문화와 일상』, 한국미술연구소, 2018.
* 국립현대미술관 편, 『신여성 도착하다』, 국립현대미술관, 2017.
* 한지희, 『우리시대 대중문화와 소녀의 계보학』, 경상대출판부, 2015.
* 홍선표, 『한국 근대미술사』, 시공사, 2009.

* 渡部周子, 『「少女」像の誕生: 近代日本における「少女」規範の形成』, 新泉社, 2007.

* Chun Dongho, "The Battle of Representations: Gazing at the Peace Monument or Comfort Women Statue", *Positions-Asia Critique* 28:2, 2020.

찾아보기

〈ㄱ〉
가노 단유(狩野探幽) 190~192, 195
가노 마사노부(狩野正信) 185
가노 모토노부(狩野元信) 185, 189
가노 에이노(狩野永納) 191, 193~196, 210
가노파(狩野派) 183, 190, 191, 197, 205, 209
가쓰카와 슌쇼(勝川春章) 197, 201
가택신(家宅神) 6, 105, 107
강세황(姜世晃) 256
『강화품조(江花品藻)』 118
건란(建蘭) 119, 121, 123, 124, 126, 134
〈걸시도(乞詩圖)〉 120, 125, 137, 138
경작도(耕作圖) 183~185, 187, 190~193, 195, 196, 208
경직도(耕織圖) 183, 184, 187, 190, 191, 193~195, 197, 205, 208~210, 213, 377
경편편(景翩翩) 133, 134, 137
『계녀서(戒女書)』 60
『고금열녀전(古今列女傳)』 157, 263
고사도(故事圖) 36, 40
《고사인물도(高士人物圖)》 18, 20, 22, 24, 26, 28, 30, 32, 34, 47, 65, 165, 168, 270
《고씨화보(顧氏畫譜)》 64
『고열녀전(古列女傳)』 157~161, 263
고하나조노 천황(後花園) 184
공상임(孔尙任) 67
공의왕대비(恭懿王大妃) 259
곽약허(郭若虛) 86
〈관녀도(官女圖)〉 40, 42
관도승(管道昇) 67, 255
〈관란도(灌蘭圖)〉 122, 127, 142, 143
관부인(管夫人) 67
관상법(觀相法) 91
〈관연도(觀蓮圖)〉 122, 127, 142, 143
『괘지아(掛枝兒)』 129
교서(校書) 133
〈교환도(交歡圖)〉 120, 125, 144, 147
구영(仇英) 39~41, 43, 44, 49, 50, 62, 64, 65, 69, 70, 72, 113, 115, 134, 161
『구회열녀전(仇會列女傳)』 161
궁사(宮詞) 29
궁체(宮體) 8, 238, 242, 247
권진호(權鎭浩) 385, 386
귀유광(歸有光) 89, 90
규각지태(閨閣之態) 50
규원(閨怨) 21, 35, 40, 51, 139
규원시(閨怨詩) 139
『근역서화징(槿域書畫徵)』 218
금강산도(金剛山圖) 348~352, 356, 357
『금광명최승왕경(金光明最勝王經)』 272
『금릉기품(金陵妓品)』 118
『금릉백미(金陵百媚)』 113, 118, 119, 121, 127, 129, 130~138, 141~145, 147, 149, 151

『금병매(金甁梅)』 93, 94, 248
「기명건기(器皿件記)」 281
기보(棋譜) 124, 127, 134
기쿠치 유호(菊池幽芳) 339, 341, 342
기타가와 우타마로(喜多川歌麿) 197, 204~207
기타오 시게마사(北尾重政) 197, 201
김광국(金光國) 255
김규진(金圭鎭) 285, 291, 292, 312, 315, 317, 323, 345, 346
김병익(金炳翼) 269
김상헌(金尙憲) 39, 64
김석기(金碩基) 267
김석봉(金碩奉) 267, 269
『김씨세효도(金氏世孝圖)』 267~269
김안국(金安國) 256
김운(金雲) 60, 222
김원행(金元行) 60
김윤광(金潤光) 267
김이양(金履陽) 256
김정희(金正喜) 242, 244
김주경(金周經) 382, 383
김창업(金昌業) 64
김창협(金昌協) 60, 222
김학성(金學性) 267, 269
김호연재(金浩然齋) 225

〈ㄴ〉
나신걸(羅臣傑) 225
나혜석(羅蕙錫) 331, 382
〈낙신홍선도(洛神紅線圖)〉 64
난파여사(蘭坡女史) 253
『난해집(蘭咳集)』 122
『남사신보(南詞新譜)』 122
『내훈(內訓)』 59, 60, 221, 229
노악(盧渥) 33
노클린, 린다(Nochlin, Linda) 212, 247
녹악매 119, 121, 123, 124, 127
〈농촌의 아이들〉 371, 374
누숙(樓璹) 183, 191

〈ㄷ〉
다무라 쓰요시(田村剛) 339, 343
다치바나 모리쿠니(橘守国) 197, 202
단선(團扇) 137
단선점준 259
단섬(丹蟾) 256
당인(唐寅) 41, 43, 62, 64~67, 69, 71, 134, 137~140
『대명률(大明律)』 170
대수삼(大袖衫) 102
대필(代筆) 234, 235, 237
덕빈 윤씨(德嬪 尹氏) 259
덕온공주(德溫公主) 229, 234, 237, 242, 243, 271
『덩니의궤(整理儀軌)』 239, 240
〈도곡증사도(陶穀贈詞圖)〉 69, 71, 73
〈도하지이도(桃下支頤圖)〉 20, 168
『독립신문(獨立新聞)』 362
〈독서사녀도(讀書仕女圖)〉 67
〈독서약계(讀書約戒)〉 68
『동국신속삼강행실도』 157, 263, 264, 266,
동년(董年) 121, 126, 129, 131
〈동소완상(董小宛像)〉 139, 141
두근(杜菫) 134

〈ㅁ〉
마관(馬觀) 119, 124, 131, 133
마수진(馬守眞) 133, 137
매주 김씨(梅廚 金氏) 255, 256
매창 이부인(梅窓 李夫人) 253
〈매화병제도(梅花倂題圖)〉 257, 258
맹영광(孟永光, 孟榮光) 64, 67
명기(名妓) 7, 43, 61, 113, 118, 129, 137, 149, 151
명성황후(明成皇后) 229, 234, 235
〈명연도(鳴燕圖)〉 121, 127, 142, 143
『명황계감(明皇戒鑑)』 39
〈모녀〉 380~382

모던걸 368, 388, 389, 391
묘주도(墓主圖) 97, 101~103
묘지(墓誌) 88, 102
묘표(墓表) 88
〈무릉춘도(武陵春圖)〉 61, 63, 134, 135
〈무산신녀도(巫山神女圖)〉 64
문안지(問安紙) 228
문진형(文震亨) 37, 50, 51
물화(物化) 123, 124, 126, 127, 134
미인도(美人圖) 17, 19, 21, 23, 25, 29, 35, 36, 39~41, 43, 50, 51, 55, 61, 64, 65, 67, 68, 91, 165, 169, 177, 183, 204, 205, 207, 209, 210
〈미인 독서도(美人讀書圖)〉 55, 57, 65, 68
「민우시(憫牛詩)」 219, 220

〈ㅂ〉
바르트, 롤랑(Barthes, Roland) 75
박미(朴瀰) 64
박지원(朴趾源) 21
박천(博川) 324, 325
반소(班昭) 60, 74, 75
반죽(斑竹) 29
반첩여(班婕妤) 137, 139
〈반희단선도(班姬團扇圖)〉 137, 138
발기(發記) 237
〈방당인사녀도(倣唐人仕女圖)〉 139, 140
백사눌(白師訥) 241
백사송묘(白沙宋墓) 벽화 101
백윤문(白潤文) 377, 378
『번역소학(飜譯小學)』 267
병화(秉花) 139
보문(寶文) 97
보복(補服) 103
〈보유의 휴식〉 371, 374
보자(補子) 83, 96, 102, 103, 105
복온공주(福溫公主) 270, 271
부르다레, 에밀(Bourdaret, Émile Jean-Louis) 320
〈분향도(焚香圖)〉 121, 127, 134, 136
『불설아미타경(佛說阿彌陀經)』 272
브라이슨, 노먼(Bryson, Norman) 77
비지(碑誌) 88
〈빙란도(凭欄圖)〉 119, 123, 124, 128

〈ㅅ〉
〈사계경작도〉 189, 190, 192, 195, 196
사녀도(仕女圖) 17, 19, 31, 35~41, 43, 50, 51, 91, 165
〈사란도(寫蘭圖)〉119, 124, 131, 132
『사략(史略)』 60
사마상여(司馬相如) 29
〈사방한추봉료화연(傻幫閑趨奉鬧華筵)〉 93, 94
『산가(山歌)』 129
『산정언해삼강행실도』 263
『삼강행실도(三綱行實圖)』 60, 155~161, 177, 178, 263, 264, 267
『삼강행실도 언해본(三綱行實圖諺解本)』 263~265
삼백법(三白法) 19
삼종지도(三從之道) 103
상림춘(上林春) 256
〈상사도(相思圖)〉 120, 121, 125, 127, 142, 143, 146
상죽(湘竹) 29
〈색구도(索句圖)〉 121, 126, 131, 132, 145
샤쿠오 슌죠(釋尾旭邦) 340
서거정(徐居正) 25, 29
서기이씨(書記李氏) 234, 236, 237, 247
서사(書寫) 241
서사(書史) 59, 60
서영수합(徐令壽閤) 222
《석농화원(石農畵苑)》 255, 256
선비행장(先妣行狀) 88
선세도(先世圖) 105, 106
설도(薛濤) 67, 133
설소소(薛素素) 133, 137
설씨부인(薛氏夫人) 259
『설씨부인권선문(薛氏夫人勸善文)』 259, 260
성현(成俔) 36, 37
세종(世宗) 39, 156, 159, 178, 221, 223, 263, 264

세화(歲畵) 36, 37, 39, 40
〈소녀〉 382, 383
〈소녀들〉 392, 393
『소년(少年)』 363
소세양(蘇世讓) 255
소식(蘇軾) 31
소운종(蕭雲從) 139
소주편(蘇州片) 43, 64, 65
『소학(小學)』 59, 60, 221, 223, 263, 267
『소학언해(小學諺解)』 267
소한신(蘇漢臣) 40, 50
『속삼강행실도』 157, 263~265
송시열(宋時烈) 60, 255
〈송하탄금도松下彈琴圖)〉 34, 35, 41, 46
〈수경(手鏡)〉 385, 386
〈수롱효경도(繡櫳曉鏡圖)〉 41, 42, 50
「수병가액명세서(繡屛價額明細書)」 284, 291, 315, 322
수선화 37, 119, 121, 123, 126, 317
〈수음독서도(樹蔭讀書圖)〉 22, 25, 41, 42, 65
〈수조도(垂釣圖)〉 121, 125, 144, 147
숙명공주(淑明公主) 228~230, 247
『숙명신한첩』 228, 230
숙휘공주(淑徽公主) 229
순(舜) 29
순원왕후(純元王后) 229, 232, 239, 241, 242, 270
순정효황후 315, 316
순종(純宗) 315~322
시가 시게타카(志賀重昂) 343
신말주(申末舟) 259
신명연(申命衍) 74
신범화(申範華) 43, 49
신사임당(申師任堂) 218, 219, 253, 255, 330, 331
신석희(申錫禧) 269
신여성 367, 379, 385
『신여성(新女性)』 366, 367
신위(申緯) 67, 68, 74, 256
〈신유하오월조덕경사억재증숙조팔십오령수도(辛酉夏五月祖德敬寫抑齋曾叔祖八十五齡壽圖)〉 99
신익성(申翊聖) 39
신정왕후(神貞王后) 234
신종호(申從濩) 256
신천강씨 226, 227
『신한첩』 229, 231
〈실내〉 379, 380
『심리록(審理錄)』 172
심형구(沈亨求) 392, 393
〈십미인도(十美人圖)〉 39, 40, 43

〈ㅇ〉
아시카가 요시노리(足利義教) 184
아시카가 요시마사(足利義政) 185
아황(娥皇) 29
악기(樂妓) 133
안견파 259
〈안락국태자경변상도(安樂國太子經變相圖)〉 259, 261
안석주(安碩柱) 368, 369, 388, 389
안정복(安鼎福) 60
안제민(安濟珉) 323~326
안주(安州) 9, 279, 284, 285, 291, 314, 315, 320~325
『애국부인전(愛國婦人傳)』 362, 363
애제(哀祭) 88
양귀비(楊貴妃) 23, 39, 67
양기훈(楊基薰) 291, 296, 302, 304, 308, 315, 317, 323, 324
양명좌파 129, 142
양명학 129, 149
양잠(養蠶) 197, 201, 202, 204, 205, 207~211
양해(梁楷) 184~186, 190, 191, 209
〈어초문답도(魚樵問答圖)〉 43, 47
언서서사(諺書書寫) 241
『여계(女誡)』 59~61, 263
『여사서(女四書)』 60
여성성 31, 118, 144, 149~151, 212, 270, 279, 328, 338, 340, 341
여영(女英) 29
〈여인도(麗人圖)〉 39
《여직잠수업초(女織蚕手業草)》 197, 198, 205, 206

여학생 362~364, 367, 369, 375, 379, 382, 385, 387, 388, 391
〈여협도(女俠圖)〉 39, 40, 43, 49, 64
여훈서(女訓書) 87, 88, 107
연거복(燕居服) 96
『연대선회품(蓮臺仙會品)』 118
연행(演行) 64, 262
『열녀전(列女傳)』 60, 87, 159, 161, 263
『열조시집소전(列朝詩集小傳)』 133
『영모첩(永慕帖)』 68
오도일(吳道一) 60
『오륜행실도(五倫行實圖)』 155~169, 171~179, 263, 264, 266, 269
오세창(吳世昌) 218
오위(吳偉) 61, 63, 134, 135
『오유췌아(吳歈萃雅)』 122
오주환(吳周煥) 379, 380
오토코데(男手) 269
오형률(吳亨律) 291, 315, 325
『오희백미(吳姬百媚)』 7, 113, 118, 119, 122, 125, 128, 129, 131~135, 137, 138, 142~144, 146~149, 151
『옥대서사(玉臺書史)』 133
『옥원재합기연』 238
온나데(女手) 269
〈완매도(玩梅圖)〉 121, 126, 144, 147
〈완시덕노부상(阮祖德老婦像)〉 98
완유자(宛瑜子) 122
왕거정(王居正) 41, 42
왕미(王微) 133, 137
왕새(王賽) 119, 123, 137
왕선(王詵) 41, 42, 50
왕소군(王昭君) 43, 67
『왕씨증집열녀전(汪氏增輯列女傳)』 161~164, 172, 177
『왕씨열녀전(汪氏列女傳)』
→『왕씨증집열녀전』
왕치등(王穉登) 133, 137
우키요에(浮世繪) 183, 197, 204, 205, 207~210
운정월태(雲情月態) 43
운초(雲楚) 256
원경왕후(元敬王后) 272
원령포(圓領袍) 102
원이엄마 226, 227, 247
『월인석보(月印釋譜)』 224, 259
〈월하관란도(月下觀瀾圖)〉 30, 41, 46
위림자(爲霖子) 129
유송년(劉松年) 40, 42, 50
유향(劉向) 87, 159, 263
윤근수(尹根壽) 64
윤덕희(尹德熙) 55, 56, 65, 68, 69, 74, 77, 79, 382
윤두서(尹斗緖) 55, 57, 58, 65, 67, 68, 382
윤백영(尹伯榮) 234, 241, 242
윤용구(尹用求) 241, 242
윤이석(尹爾錫) 68
윤정현(尹定鉉) 269
윤희순(尹喜淳) 382, 383
『음식디미방』 237
〈응조도(凝眺圖)〉 121, 126, 137, 138
〈의란도(倚蘭圖)〉 121, 127
〈의목제선도(倚木題扇圖)〉 18
의인왕후(懿仁王后) 259
이광수(李光洙) 340
이규상(李奎象) 60
이단단(李端端) 137, 139
이민구(李敏求) 43
이상좌(李上佐) 256, 263
이숭(李嵩) 40
이승소(李承召) 23, 29
이식(李植) 39
이영일(李英一) 371, 374
이옥(李鈺) 238
이운상(李雲翔) 126, 129, 133, 142, 149
이유원(李裕元) 285
이이안(李易安) 67
이익(李瀷) 59, 222
이재관(李在寬) 67
이정(李楨) 64, 65
이제상(李濟商) 390, 391
이종구(李鍾九) 380, 382

이지(李贄) 142
이징(李澄) 64, 65
이토 히로부미(伊藤博文) 320, 322
이하곤(李夏坤) 39, 40, 67
이항복(李恒福) 33
이향군(李香君) 67
이현석(李玄錫) 40, 43
이흥효(李興孝) 64
인목대비(仁穆大妃) 219, 220, 272
《인물고사도(人物故事圖)》 69, 72
인선왕후(仁宣王后) 228, 230
인원왕후(仁元王后) 239
〈일난(日暖)〉 377, 378
『임송인화책(臨宋人畵冊)』 49, 50
임윤지당(任允摯堂) 60

〈ㅈ〉

『자경전기』 242, 243
『자경전진작정례의궤』 239, 240
〈자수 '상궁청신녀'명 연화봉황문 방석〉 270~272
잠직도(蠶織圖) 7, 183, 184, 186, 187, 190, 191, 193~196, 204, 205, 209, 211
잠화(簪花) 120, 137, 139
〈잠화사녀도(簪花仕女圖)〉 139, 140
장계향(張桂香) 218~220, 237
『장문부(長門賦)』 29
『장물지(長物志)』 37, 50, 51
장봉익(張鳳翼) 137
장지연(張志淵) 323, 362, 363
전겸익(錢謙益) 133
전곡(錢穀) 113, 117
전장(傳狀) 88
〈절계도(折桂圖)〉 121, 126, 129, 130
접선(摺扇) 131, 142
정두서미묘(釘頭鼠尾描) 43
정명공주(貞明公主) 219~221
정문부(鄭文孚) 64
정비석(鄭飛石) 343
정사룡(鄭士龍) 256
정약용(丁若鏞) 257, 258
정조(正祖) 7, 156, 170, 221, 239, 242, 245, 246, 263, 264, 375
〈정필서수도(停筆舒手圖)〉 26, 41, 42
제국주의(Imperialism) 341, 354, 392
제문(祭文) 88
〈제사녀장자(題士仕女障子)〉 67
제실기예원(帝室技芸員) 279, 322
제혜진(齊慧眞) 61
젠더 76, 79, 118, 150, 151, 156, 170, 210, 212, 213, 253~255, 257, 262, 263, 269, 270, 272~275, 279, 325, 328~330, 338, 339, 341, 354, 357
조귀명(趙龜命) 19
조맹부(趙孟頫) 39, 255
조선미술전람회 345, 371, 374, 375
조선미전
→ 조선미술전람회
조성하(趙成夏) 269
조세걸(曺世傑) 39, 64
〈조앵도(調鸚圖)〉 41, 42
조용승(趙龍承) 381, 382
조종화(祖宗畵) 93, 105
조해묘(棗核描) 43
조현명(趙顯命) 64
존정(尊情) 64, 67
종성(鍾惺) 133
주서(周序) 139, 141
주지표(周之標) 122, 129, 131, 134, 137, 142, 149
죽향(竹香) 218, 253, 256
『중국소설회모본(中國小說繪模本)』 165, 166
쥘부채 124, 127, 131, 133
지석영(池錫永) 322
진홍수(陳洪綬) 65, 67
진황후(陳皇后) 29
〈진회야유도(秦淮冶遊圖)〉 117

〈ㅊ〉

〈창암촌사도(蒼巖村舍圖〉 255, 256
〈채녀도(綵女圖)〉 36, 37, 64
〈책 읽는 여인〉 55, 56, 65, 68, 69, 73~76, 78, 79, 382
천뢰각(天籟閣) 50
『천의소감(闡義昭鑑)』 239
〈천추절염도(千秋絶艶圖)〉 48, 50
청루(青樓) 43, 50, 61, 68, 74, 113, 118, 129, 134, 144, 149
〈청명상하도〉 115
『초등소학(初等小學)』 364, 365
최남선(崔南善) 340, 363
『최신초등소학(最新初等小學)』 364, 365
최애(崔涯) 137, 139
『추관지(秋官志)』 170
추파(秋波) 31
〈추풍집선도(秋風執扇圖)〉 137
〈춘수도(春睡圖)〉 120, 125, 144, 147
춘정도(春情圖) 142
〈춘정행락도(春情行樂圖)〉 65
충정복(忠靜服) 96
〈취춘도(醉春圖)〉 119, 124, 144, 148
침선기(針線妓) 280
침선비(針線婢) 270, 280
침선장(針線匠) 270, 280

〈ㅋ, ㅌ, ㅍ〉

캐힐, 제임스(Cahill, James) 76
〈소녀〉 390, 391
〈탄기도(彈棋圖)〉 119, 122, 124, 127, 134, 135
〈탄슬농아도(彈瑟弄兒圖)〉 24, 41, 46
〈팔협도(八俠圖)〉 39, 43
〈품화도(品花圖)〉 119, 126, 129, 130
풍몽룡(馮夢龍) 122, 129, 137, 142, 149
풍희(馮喜) 119, 123, 124, 129
프랑뎅, 이폴리트(Frandin, Hippolyte) 320
〈피고도(披古圖)〉 119, 121, 123, 124, 128
핍진성(逼眞性) 86, 105

〈ㅎ〉

하야시 미치코 77
하피(霞帔) 102
《학고도(學古圖)》 191, 192
『학발첩(鶴髮帖)』 219, 220
〈한궁춘효도(漢宮春曉圖)〉 41, 44, 46, 69, 70
한무제(漢武帝) 29
함인숙(咸仁淑) 253
항원변(項元汴) 50
허균(許筠) 36, 64, 65, 67
허난설헌(許蘭雪軒) 218
헤론, 존(Heron, John W.) 281, 284
「현화월령(懸畵月令)」 37, 50
혜경궁 홍씨 228, 234, 235, 242
혜빈 정씨(惠嬪 鄭氏) 259, 262
혜월(慧月) 259
혜인(慧因) 259
호응린(胡應麟) 133
홍대용(洪大容) 59~61
〈홍엽제시도(紅葉題詩圖)〉 32, 168
〈홍엽제시사녀도(紅葉題詩仕女圖)〉 65, 66
홍한철(洪在喆) 269
화방(花榜) 118
『화본보능루(画本宝能縷)』 197, 201, 207
화안(花案) 113, 118, 119, 129, 139, 149
화이트, 줄리아(White, M Julia) 76
「화정(華政)」 220, 221
『회본직지보(絵本直指宝)』 197, 202
『효경(孝經)』 60, 89, 223
〈후원희영도(後園戲嬰圖)〉 28, 41, 42
『훈민정음(訓民正音)』 224, 225, 272
희천(熙川) 291, 325

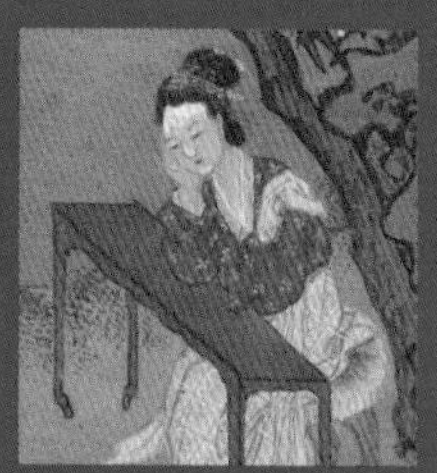

"그림 속 여인들을 감상했던 조선의 남성 문인들은 그녀들의 고립된 처지와
'규원'의 메시지를 이해하고 공감했을까. 더 나아가 같은 처지로 살아가는 여인들이
그들 곁에도 존재한다는 사실을 알고 있었을까?" _유미나

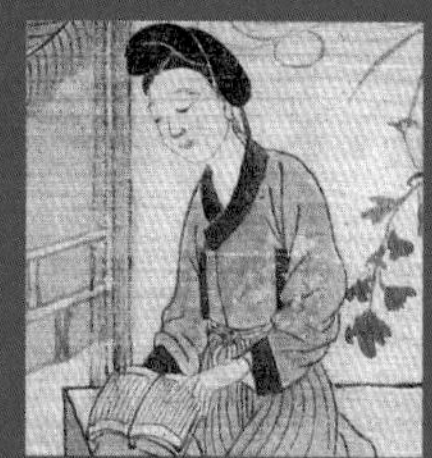

"그림 속 책은 남성들이 기대할 만한 책, 즉 그림 속 그녀에게 주어진 사회적 질서를
실천하는 데 위배되지 않는 책이었다. 이 그림의 제작자와 향유자는 남성이었다.
이 그림이 보여주는 모순의 양상과 그 모순이 내포한 한계는, 그리하여
여성의 문제가 아니라 남성의 문제, 혹은 남성의 전략, 혹은 남성의 한계였다." _고연희

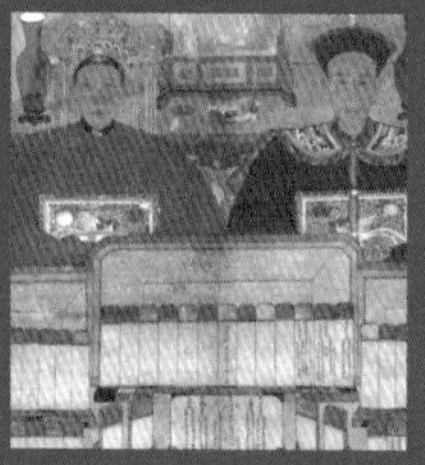

"미술은 차마 말과 글로 드러내지 못하는 인간의 세속적 욕망을 담아내고,
또 그것이 소비됨으로써 그 욕망은 인정되고 확장된다.
이것이 바로 눈에 보이지 않는 진실을 밝히는 미술의 의미 아닐까?" _지민경

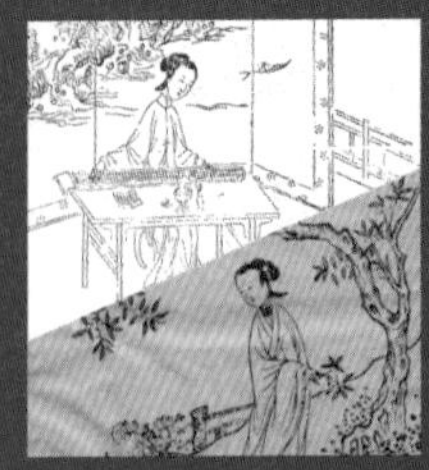

“기녀를 테마로 한 것은 가부장적인 신분 사회에서 남성과 여성, 지위와 신분을 넘나드는 기녀의 독특한 위치 때문이다. 기녀 이미지 아래 놓인 남성들의 로망을 읽고 싶었으며, 텍스트보다 이미지를 통해 남성 문인들의 욕망과 그들이 발견한 여성성을 드러내고 싶었다.” _유순영

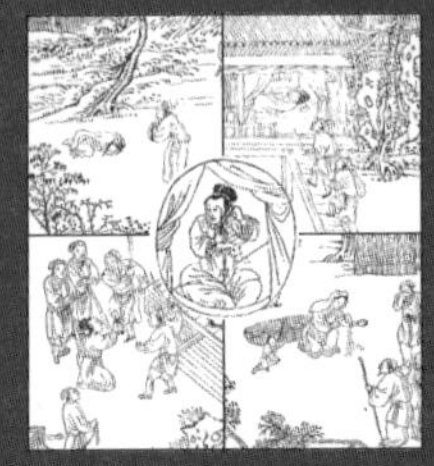

“그렇게 다른 내가 되어보니 결과적으로 『오륜행실도-열녀편』은, 비록 전통적인 주제를 새로운 시각언어로 재현하려는 야심 찬 계획을 가졌으나, 정작 새로운 여성상을 담아내지는 못했음을 발견하게 되었다. 나아가 오히려 왜곡된 열녀상과 화려하고 감각적인 화풍 사이의 간극이 기묘하게 억압적인 분위기를 만들어내고 있음을 마주하게 되었다.” _유재빈

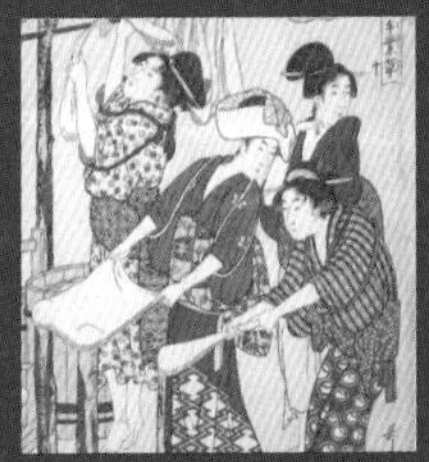

“여성 이미지에서 출발한 이번 작업을 통해 전근대 동아시아에서 사회가 요구했던 여성의 모습, 사회에서 받아들인 여성의 모습, 더 나아가 사회 경제의 중요한 부분을 담당하는 여성의 노동을 다루는 태도와 모습에서, 본질적이고 제도적으로 이중적인 잣대와 양가적인 측면이 존재했음을 알 수 있었다. 가장 전통적이라고 여겨졌던 경직도가 완전히 새롭게 다가온 순간이었다.” _이정은

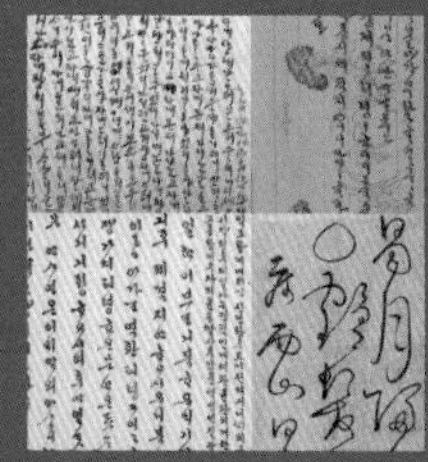

"딱히 여성을 의식하면서 연구한 것은 아니다. 지극히 매력적인 한글 글씨를 좇다보니 여성이 있었다. 간혹 남자인 내가 여성 미술을 다루는 것에 대해서 유별나게 반응할 때는 이해가 가지 않았다. 그만큼 미술사는 지독하게 남성중심적이다. 역사와 세상처럼." _조인수

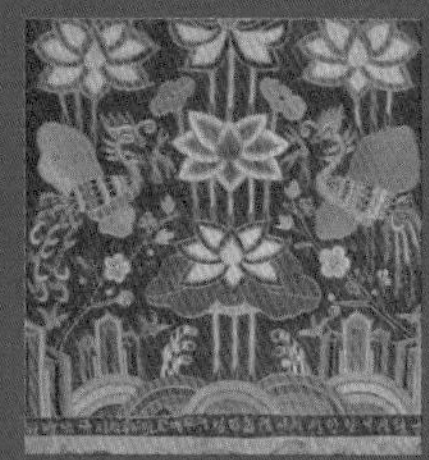

"글을 쓸수록 갈등과 차별에 지혜롭게 대처한 수많은 여성들의 역사를 기록하는 일의 가치를 깨닫게 되었다. 아마 다시는 20대의 피 끓는 "마녀"는 될 수 없을지 모른다. 그러나 지금껏 이름을 부여받지 못한 수많은 여성들의 삶과 예술, 투쟁을 역사학자로서 기록할 수는 있지 않을까? 이것이 이 글의 이유가 될 수 있을 것이다." _서윤정

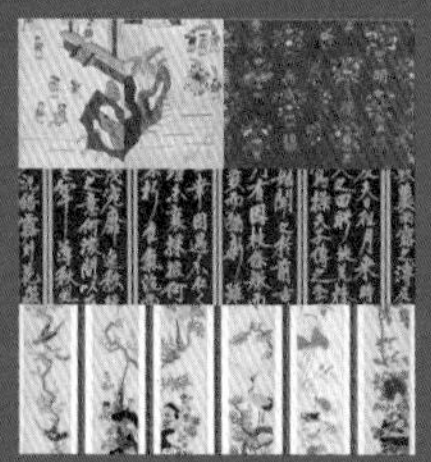

"'여성 화가의 작품'들은 과연 '여성주의적 시각'으로 바라볼 만한가?, 열녀와 기생 이미지는 가부장적 질서를 강화하는 방식으로 시각화되고, 사대부가 출신 신사임당은 작가로서보다 현모양처로 조명되어온 역사를 어떻게 설명해야 할까?, 여성 문제에 진보적이었던 나혜석이 정물과 풍경만 그린 건 어떻게 보아야 할까?' 나의 질문은 이렇게 시작되었다." _김수진

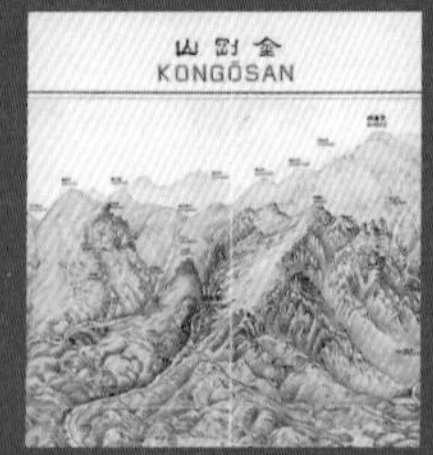

"외금강을 남성, 내금강을 여성으로 인식하는 시각은 오늘날에도 유효하고, 이는 주변의 자연물을 바라보는 시선으로 전용되기도 한다. 기칠고 바위가 많은 산들은 남성적인 산으로, 부드러운 능선을 지니고 흙이 많으면 여성적인 산으로 설명한다. 우리는 남성적, 여성적 장소라는 통념 내에서 여전히 자유롭지 않다." _김소연

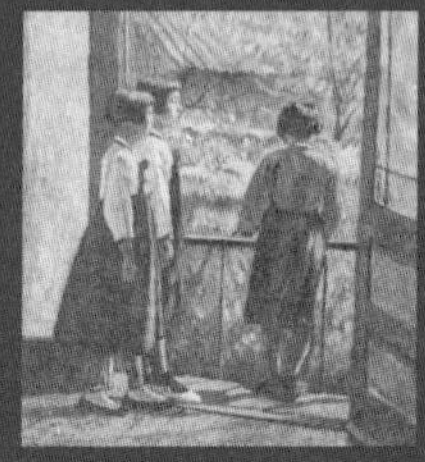

"자신의 자아나 의지와는 무관하게 탄생한 근대의 소녀는 미숙함과 불완전함을 미덕으로 부여받으며 자신의 목소리를 갖지 못한 채로 사회의 주체인 성인 남성에 의해 제조되고 형상화되어왔다. 그렇기에 소녀는 근대가 표방한 이념, 근대의 이상과 담론들이 반영된 근대의 구상품으로 조형되었다." _김지혜

이 책을 둘러싼 날들의 풍경

한 권의 책이 어디에서 비롯되고, 어떻게 만들어지며,
이후 어떻게 독자들과 이야기를 만들어가는가에 대한 편집자의 기록

2022년 11월 28일. 아주 오래전 몇 차례 출간을 제안하였으나 뜻을 이루지 못한 채 그후로 멀리서 소식만 전해 듣던 미술사학자 고연희 선생으로부터 오랜만에 연락을 받다. 선생은 편집자에게 그동안 성균관대학교 동아시아학술원의 지원으로 이루어지는 한국회화사 전공 학자들의 자발적 공부 모임의 결과물을 '동아시아 회화사 연구'라는 시리즈명으로 출간해 왔다는 것, 시리즈의 세 번째 권으로 선생을 포함하여 모두 11분의 미술사학자가 동아시아 미술을 젠더의 시선으로 살펴본 원고가 준비되었다는 것을 전하며 출간 검토를 제안하다. 편집자는 대상 주제에 대한 호기심과 고연희 선생에 대한 신뢰로 긍정적으로 검토하겠으나, 다만 현재 진행 중인 업무를 고려하여 2023년 4월 무렵 출간이 가능함을 전하며, 그 일정에 대한 고려를 요청하다. 그날 오후 선생으로부터 1차 원고와 수록할 도판의 파일을 메일로 전달받다. 읽기 시작할 때만 해도 딱딱하고 건조한 글이 아닐까 생각했던 편집자는 막상 원고를 읽으며 대상의 다양함과 접근 방식의 흥미로움으로 원고에 대한 마음가짐이 완전히 달라짐을 느끼다. 몰입하여 읽고 싶은 마음이 컸으나 당장 마무리해야 할 다른 원고가 있음으로 우선 후기 및 도판, 주석, 참고문헌, 찾아보기 항목 등 원고의 기본 구성 요소 등을 검토하여 누락된 부분을 요청하다.

2022년 12월. 약 일주일 남짓 집필에 참여한 11분의 저자들로부터 누락된 요소들이 차곡차곡 들어오기 시작하다. 한 번도 만나지 못한 저자들과 이메일로 첫 인사를 나누는 과정에서 각각 다른 스타일을 동시다발적으로 접하다. 편집자는 여러 저자들의 원고 점검을 동시에 진행하면서 혹시 일어날 수도 있는 혼돈과 실수를 막기 위해 엑셀 프로그램으로 현황판을 만들어 각 저자들의 원고 및 도판, 구성 요소 등의 입수 및 보완 사항 등을 기록하기 시작하다.

개별 원고의 숙독과 도판의 일별을 마친 뒤 전체적인 편집계획서를 작성하다. 공간적으로는 한국·중국·일본을 아우르고, 시기적으로는 조선, 명·청, 에도로부터 근대까지를 넘나드는 원고의 특성과 흔히 보지 못하던 다양한 이미지를 최대한 부각하기 위하여 책의 판형 및 구성의 방향을 고민하다. 아울러 여러 명의 저자가 함께 집필하는 책의 경우 자칫 개별 저자의 특성이 드러나지 않을 수 있다는 점을 고려하여 제각각 흥미로운 주제의 글들이 독자들에게 잘 전달될 수 있는 방안을 함께 고민하다. 이런 고민과 2023년 4월경 출간을 위한 주요 일정 계획, 전체 책의 원고 수록 순서의 제안, 제목 및 부제의 안 등을 담은 편집계획서를 정리하여 고연희 선생에게 공유를 요청하다. 아울러 11개의 원고마다 보완 또는 수정 요청 사항, 원고의 전체 제목, 중간 제목 등을 적어 별도의 파일로 첨부하다.

다른 책에 비해 이 과정을 앞에 둔 까닭은 여러 명의 저자가 함께 한 원고의 특성상 만들어갈 책의 형상을 명확히 하고, 수정 및 보완의 의견을 미리 취합하여 일어날 수 있는 시행착오의 가능성을 미연에 막기 위한 시도임을 설명하다.

아울러 원고에 언급된, 국내에 처음 소개되는 해외 자료들은 물론, 내용의 이해를 위해 필요한 도판 등의 추가를 각별히 요청하다. 이에 대한 1차 마감을 12월 28일로 요청하다. 이에 따라 12월 28일을 전후하여 보완된 원고와 추가 도판 등의 파일이 속속 들어오다. 보완 원고가 들어오는 대로 11분의 저자들께 이에 대한 검토 의견을 메일로 회신하다. 일정이 충분하지 않음을 고려하여 해가 바뀌기 전 디자이너 김명선에게 본문 레이아웃 디자인을 의뢰하다.

2023년 1월. 개별 원고의 검토 및 누락, 추가할 사항 등을 점검하고 필요에 따라 11분의 저자들과 여러 차례 소통하다. 문맥의 정리, 설명의 보충 등 독자의 이해를 돕기 위한 보완을 요청하는 동시에 때로는 이미지 소장처 등에 협조 공문을 보내기도 하고, 또 때로는 더 좋은 화질의 이미지를 찾기 위해 국내외 주요 박물관의 데이터베이스를 검색하기도 했으며, 처음에 제공받은 이미지 외에 더 들어가면 좋을 요소들을 요청하기도 하다. 이런 과정을 거치면서 점점 11개의 원고들이 머릿속에 차곡차곡 정리되어 들어앉는 듯한 느낌과 동시에 한 번도 만나지 못한 저자들마다의 스타일에 점점 익숙해져 가는 시간을 보내다. 엑셀 현황판에 상황을 추가할 필요를 느끼지 못하다. 디자이너 김명선으로부터 받은 레이아웃 시안을 저자들께 공유하다. 이후 교정 작업을 원활히 하기 위하여 화면상에서의 초교 교정에 집중하다. 디자인 시안에 대한 저자들의 동의를 얻은 뒤 본문 전체 조판용 데이터를 정리하여 디자이너에게 넘기다.

2023년 2월. 성균관대학교 동아시아 학술원과의 출간 계약서를 작성하다. 부록으로 들어갈 주, 참고문헌, 찾아보기 항목 등을 정리하여 디자이너에게 넘기다. 원고 및 수록 이미지 보완 등을 위해 필요에 따라 11분의 저자들과 주로 이메일로 소통하다. 처음부터 그랬듯 날짜를 따로 특정할 필요가 없을 만큼 수시로 소통이 이루어지다. 원고에 따라 때로는 일본, 때로는 중국 등 해외 여러 기관 등의 협조를 구해 그동안 독자들이 흔히 볼 수 없던 이미지들을 대폭 수록하게 되다. 어느 날, 문득 원고와 도판을 숙독하던 편집자는 새삼 이렇게 열심히, 꾸준히 공부하고 있는 저자들의 결과물에 홀로 감동을 받기도 하다. 인문학의 위기라는 말이 새삼스럽지 않으며, 편집자 스스로도 조금만 깊이 들어가거나 다소 낯선 주제를 책으로 만들 때의 염려가 익숙해진 이런 시기에 짧게는 십수 년, 길게는 몇십 년 동안 학문의 길 위에 서 있는 이들의 존재가 귀하다는 생각을 품게 되다. 그런 한편으로 과연 이런 책은 몇 부를 제작해야 할 것인가부터 어떻게 하면 더 많은 독자들에게 이 책을 알릴 수 있을까, 하는 매우 근본적인 고민에 빠져들기도 하다. 2월 14일 1차 조판을 마친 교정 파일을 저자들께 보내다. 저자들의 교정 시한을 2월 28일로 정하다. 마감일을 전후하여 11분의 저자들로부터 교정을 마친 파일이 속속 들어오다. 저자 약력 부분에 저자들의 프로필 사진 등을 넣자는 의견을 냈으나 저자들로부터 응답을 받지 못한 편집자는 민망함을 견디지 못하여 두 번 거론을 하지 않기로 하다. 책의 마무리 단계에서 다시 한 번 요청할까 했으나 역시 말을 꺼내지 말기로 하다.

2023년 3월. 모든 원고의 교정 파일을 입수하다. PDF파일에 수정사항을 표시하거나, 한글 파일에 수정사항을 정리하거나, 수정이 필요한 부분만 출력, 스캔을 받아 이미지 파일로 보내거나, 이메일로 몇몇 부분을 적어 보내거나, 파워포인트로 정리해 보내는 등 11분 저자들의 스타일이 모두 다 달라 받을 때마다 혼자 공연히 웃기도 하다. 각각 수정사항을 정리, 반영하여 초교를 마치다. 디자이너의 수정 작업을 거쳐 재교를 시작하다. 제목 및 부제를 두고 저자들의 의견을 구하다. 동아시아, 미술, 옛그림, 젠더 등의 키워드를 두고 다양한 방식의 조합을 해본 뒤 책에 담은 다양한 주제를 포괄하기에 가장 적절하다는 결론에 의해 제목을 '동아시아 미술, 젠더Gender로 읽다'로 정하다. 부제는 좀 더 고민해 보기로 하다. 이 제목을 바탕으로 표지의 시안을 의뢰하다.
2023년 4월. 재교 단계에서 필요에 따라 저자들께 수정 및 보완, 확인 등을 요청하다. 표지의 시안을 공유하고, 의견을 모아 1차 방향을 정하다. 부제를 다시 의논하여 '한중일 여성을 생각하는 11개의 시선'으로 확정하다. 이로써 제목 및 부제를 확정하고, 표지 디자인의 수정을 진행하다. 최종교를 진행하다. 저자들의 마지막 점검을 요청하다. 표지 및 본문의 모든 요소를 확정하다. 디자이너와 최종 수정 및 점검을 마치다. 이로써 모든 작업을 2022년 12월 예정한 주요 일정에 맞춰 끝내다. 표지 및 본문 디자인은 김명선이, 제작 관리는 제이오에서(인쇄 : 민언 프린텍, 제본 : 다온바인텍, 용지 : 표지-아르떼 210그램, 본문-뉴플러스100그램 백색, 면지-화인페이퍼110그램), 기획 및 편집은 이현화가 맡다.
2023년 5월 5일. 혜화1117의 스무 번째 책, 『동아시아 미술, 젠더Gender로 읽다-한중일 여성을 생각하는 11개의 시선』이 출간되다. 이 날은 혜화1117이 출판사를 시작하고 첫 책을 낸 지 만 5년이 되는 날이기도 하다. 이후의 기록은 2쇄 이후 추가하기로 하다.

글월 보고 됴히 이시니 깃거ᄒᆞ노라
뉵례 냥식 츅 보내엿더니 본다
안엿ᄌᆞᆸ고 야간 면ᄌᆞ 등이 수대로 보내
셩후 안녕ᄒᆞᄋᆞ오신 문 노라
안아ᄋᆞᆸ고져 ᄇᆞ라오며 날이 푸오니 더옥 섭섭ᄒᆞᄋᆞ오미 아ᄆᆞ라타
업ᄉᆞ와 ᄒᆞᄋᆞᆸᄂᆞ이다

대왕어셔

네 글월은 예셔 고텨 슉명공쥬

셔 보내려 ᄒᆞ노라 ᄌᆞᄅᆞᆯ노 보ᄂᆡ

가시 드러 셔 ᄉᆡᆯᄅᆞᆯ 노라ᄒᆞ 쓰고

라ᄒᆞ야 ᄌᆞ시 보와라

동아시아 회화사3

동아시아 미술, 젠더Gender로 읽다

한중일 여성을 생각하는 11개의 시선

2023년 5월 5일 초판 1쇄 발행

엮은이 고연희
지은이 유미나·고연희·지민경·유순영·유재빈·이정은·조인수·
서윤정·김수진·김소연·김지혜
펴낸이 이현화
펴낸곳 혜화1117 **출판등록** 2018년 4월 5일 제2018-000042호
주소 (03068)서울시 종로구 혜화로11가길 17(명륜1가)
전화 02 733 9276 **팩스** 02 6280 9276 **전자우편** ehyehwa1117@gmail.com
블로그 blog.naver.com/hyehwa11-17 **페이스북** /ehyehwa1117
인스타그램 / hyehwa1117

ISBN 979-11-91133-09-7 03600

* 이 저서는 2018년 대한민국 교육부와 한국연구재단의 지원을 받아 수행된 연구임.
(NRF-2018S1A6A3A01023515)

Publishers : HYEHWA1117 11-gagil 17, Hyehwa-ro, Jongno-gu, Seoul, 03068, Republic of Korea.
Email. ehyehwa1117@gmail.com